Analysen und Dokumente
Wissenschaftliche Reihe des Bundesbeauftragten

Band 11

Analysen und Dokumente

Wissenschaftliche Reihe
des Bundesbeauftragten für die Unterlagen des Staatssicherheitsdienstes
der ehemaligen Deutschen Demokratischen Republik

Herausgegeben von der Abteilung Bildung und Forschung

Redaktion:
Siegfried Suckut, Ehrhart Neubert, Clemens Vollnhals,
Walter Süß, Roger Engelmann

Karl Wilhelm Fricke
Roger Engelmann

„Konzentrierte Schläge“

Staatssicherheitsaktionen und politische Prozesse in der DDR 1953–1956

Ch. Links Verlag, Berlin

Die Meinungen, die in dieser Publikationsreihe geäußert werden, geben ausschließlich die Auffassungen der Autoren wieder.

Die Deutsche Bibliothek – CIP-Einheitsaufnahme

Fricke, Karl Wilhelm:
„Konzentrierte Schläge“ : Staatssicherheitsaktionen und
politische Prozesse in der DDR 1953–1956 /
Karl Wilhelm Fricke ; Roger Engelmann. – Berlin : Links, 1998
(Wissenschaftliche Reihe des Bundesbeauftragten für die Unterlagen des
Staatssicherheitsdienstes der Ehemaligen Deutschen Demokratischen Republik ; 11)
ISBN 3-86153-147-X

1. Auflage, März 1998

Zehdenicker Straße 1, 10119 Berlin, Tel. (030) 44 02 32-0
Umschlaggestaltung: KahaneDesign, Berlin
Satz: LVD GmbH, Berlin
Druck und Bindung: WB-Druck, Rieden am Forggensee

ISBN 3-86153-147-X

Inhalt

1. Einleitung

Der Aufstand des 17. Juni 1953 war gleichbedeutend mit einem politischen Bankrott des SED-Regimes, wie er schlimmer kaum ausfallen konnte. Mit dieser ersten Massenerhebung gegen den Stalinismus war die „Machtfrage“ gestellt worden. Ohne das Eingreifen der sowjetischen Besatzungsmacht wäre die Herrschaft der Kommunisten nicht zu halten gewesen. Dieses Trauma hat die SED bis zu ihrem politischen Ende begleitet.

Darüber hinaus warf der Juni-Aufstand für die Staatspartei ein besonderes legitimatorisches Problem auf: Die Initiative war von der Arbeiterschaft ausgegangen, und die Arbeiter waren in der Erhebung das aktivste Element gewesen.[1] Sie hatten sich gegen ein Regime gewandt, das sich selbst als „Herrschaft der Arbeiterklasse“ ausgab und geschichtsphilosophisch legitimierte. Von der SED konnte daher keine auch nur halbwegs realitätsnahe Wahrnehmung und Analyse des weitgehend spontanen Aufstandsgeschehens erwartet werden; dies wäre mit der eigenen Herrschaftsideologie unvereinbar gewesen. So wurde das Konstrukt des vom Westen aus geplanten und durch „Agenten“ umgesetzten „faschistischen Putschversuches“ kanonisiert. Es war Aufgabe der Staatssicherheit, jene „feindlichen Stützpunkte“ zu liquidieren, die das „konterrevolutionäre Abenteuer“ angeblich hervorgebracht hatten.

Diktatorische Regime reagieren auf die Gefährdung ihrer Herrschaft regelmäßig mit einer Doppelstrategie des Zuckerbrotes und der Peitsche. Zu dem schon am 9. Juni 1953 verkündeten Neuen Kurs, der vor allem wirtschafts- und gesellschaftspolitische, aber auch dosierte justizpolitische Erleichterungen brachte,[2] gesellte sich eine offensivere und in manchen Aspekten eindeutig härtere staatssicherheitspolitische Gangart: die Strategie und Taktik der „konzentrierten Schläge“. Es handelte sich um stabsmäßig geplante, massive Repressionswellen gegen aktive Regimegegner, denen zumeist Kontakte zu solchen westlichen Organisationen und Stellen vorgeworfen wurden, die die Staatssicherheit unter dem Begriff „Feindzentralen“ subsumierte: unter anderem die Ostbüros der Parteien, der Untersuchungsausschuß Freiheitlicher Juristen, die Kampfgruppe ge-

1 Trotz der Forschungskontroverse darüber, ob der 17. Juni adäquater als Arbeiter- oder als Volksaufstand zu charakterisieren ist, besteht Einigkeit über die zentrale Rolle der Arbeiterschaft. Vgl. Torsten Diedrich: Zwischen Arbeitererhebung und gescheiterter Revolution in der DDR. Retrospektive zum Stand der zeitgeschichtlichen Aufarbeitung des 17. Juni 1953, in: Jahrbuch für Historische Kommunismusforschung 1994, S. 288–305; Armin Mitter: Der Tag X und die „Innere Staatsgründung“ der DDR, in: Ilko-Sascha Kowalczuk, Armin Mitter und Stefan Wolle (Hrsg.): Der Tag X. 17. Juni 1953. Die „Innere Staatsgründung“ der DDR als Ergebnis der Krise 1952/54, 2. durchges. Aufl., Berlin 1996, S. 9–30.

2 Falco Werkentin: Politische Strafjustiz in der Ära Ulbricht, 2. überarb. Aufl., Berlin 1997, S. 112 f.

gen Unmenschlichkeit, der Rundfunksender RIAS oder auch westliche Geheimdienste.

Schnelle Festnahmen waren die Devise des neuen Staatssicherheitschefs Ernst Wollweber; abwartendes Taktieren und langwierige geheimdienstliche Beobachtungen wie unter seinem Vorgänger Wilhelm Zaisser ließen sich mit der Forderung der Partei nach schnellen „operativen Erfolgen" nicht vereinbaren. Nicht zuletzt gehörte zum neuen offensiven Vorgehen auch die systematische Planung und Realisierung von Entführungen aus Westdeutschland und Westberlin. Im Visier waren hier vor allem exponierte Mitarbeiter der politischen Widerstandsorganisationen, aber auch Geheimdienstangehörige.

Eine weitere Lehre aus dem 17. Juni zog das Regime auf dem Feld der Propaganda: Die neue Strategie und Taktik der „konzentrierten Schläge" beinhaltete umfangreiche und teilweise ausgeklügelte Aktivitäten zur „Popularisierung" der Arbeit der Staatssicherheit. In der Staatssicherheitsagitation verband sich kalkulierte Einschüchterung mit dem Bemühen, das Ansehen der Repressionsorgane in der Bevölkerung zu verbessern. Sie versuchte den Eindruck willkürlicher Unterdrückung zu verwischen und betrieb gleichzeitig eine systematische Diffamierung der westlichen „Feindorganisationen". In diesem Zusammenhang spielten Schauprozesse eine zentrale Rolle, bei denen – gewissermaßen als volkspädagogische Inszenierung – die drakonische Abstrafung ausgewählter Täter vorgeführt und als Unschädlichmachung gemeingefährlicher Verbrecher präsentiert wurde.

Die Phase der „konzentrierten Schläge" endete im Jahr 1955 im Zusammenhang mit einer Prioritätenverlagerung bei der Staatssicherheit zugunsten der „Aufklärung" und der „Westarbeit". Nach Einschätzung der Entscheidungsträger war die Strategie der Großaktionen erfolgreich gewesen und konnte daher ad acta gelegt werden. Tatsächlich kann kaum in Abrede gestellt werden, daß sie zur Stabilisierung der Diktatur in der prekären Phase nach dem Juni-Aufstand beigetragen hat. Die Massenverhaftungen und Schauprozesse haben zur Dezimierung widerstandsbereiter Menschen geführt und zu ihrer Demoralisierung beigetragen. Unübersehbar ist auch, daß die in dieser Phase entfalteten Aktivitäten der Staatssicherheit folgenreiche Erosionsprozesse bei einigen westlichen Widerstandsorganisationen ausgelöst oder mitbedingt haben. Die politische Resignation, die sich nach dem Scheitern des Juni-Aufstands unter den Regimegegnern breitgemacht hatte, wurde in der Phase der „konzentrierten Schläge" vertieft und verfestigt.

Die vorliegende Studie basiert überwiegend auf MfS-Unterlagen aus dem Leitungsbereich, teilweise auch auf Sachakten mit operativem Charakter sowie auf personenbezogenen Operativ- und Untersuchungsvorgängen. Letztere enthalten neben den Ermittlungsakten des Untersuchungsorgans der Staatssicherheit auch die entsprechenden Justizunterlagen, das heißt, Anklageschriften und andere Dokumente der Staatsanwaltschaft sowie Gerichtsprotokolle und Strafurteile.[3] Anhand dieser Quellen lassen sich die Vorgänge auf allen Ebenen recht genau re-

3 Vgl. Hansjörg Geiger: Justizakten in den Beständen des ehemaligen Ministeriums für Staatssicherheit (MfS) der DDR, in: Im Namen des Volkes? Über die Justiz im Staat der DDR. Wissenschaftlicher Begleitband zur Ausstellung, hrsg. vom Bundesministerium der Justiz, Leipzig 1994, S. 37–43.

konstruieren. Eine Ausnahme bilden Entscheidungsprozesse, die sich in der Politbürokratie der SED vollzogen. Hier waren punktuell Akten aus dem zentralen Parteiarchiv heranzuziehen. Alle diese Unterlagen spiegeln in erster Linie die Sichtweise des Regimes und seiner Repressionsorgane wider, das Selbstverständnis der Widerständigen und Verfolgten scheint nur wenig auf. Es findet sich in den Quellen lediglich versteckt und verzerrt wieder und muß – soweit überhaupt möglich – mühsam herausgefiltert werden. Aus diesem Grunde gibt die vorliegende Darstellung vor allem Auskunft über das Funktionieren des Herrschaftsapparates, seine Sprachregelungen und die Deutungen seiner Funktionäre. Sie soll damit einen Beitrag zur Erforschung der Rolle von Partei, Staatssicherheit und Justiz in einer entscheidenden Phase diktatorischer Herrschaftsausübung leisten.

1.1. Zum Verhältnis von SED und Staatssicherheit

Die Geschichte des Ministeriums für Staatssicherheit der Deutschen Demokratischen Republik ist mit der Geschichte der Sozialistischen Einheitspartei Deutschlands unlösbar verbunden. Ohne das Regime der SED wäre der Staatssicherheitsdienst nicht geschaffen worden – ohne den Staatssicherheitsdienst hätte die SED ihr Regime nicht dauerhaft durchsetzen können. Selbst die formal auf dem Gesetz vom 8. Februar 1950 beruhende Bildung des Ministeriums für Staatssicherheit war siebzehn Tage zuvor im Politbüro beschlossen worden.[4] Der wechselseitige Kausalzusammenhang zwischen der Politik der SED und den Aktivitäten des MfS war auch und gerade für die Entwicklung der DDR in den fünfziger Jahren charakteristisch, in denen die Diktatur der SED ihre Fundierung und Strukturierung erfuhr.[5] Die 2. Parteikonferenz der SED, die vom 9. bis 12. Juli 1952 in Ostberlin abgehalten wurde, hatte mit ihrem Beschluß über den „Aufbau des Sozialimus“ in der DDR zugleich die „Verschärfung des Klassenkampfes“ für „unvermeidlich“ erklärt und sanktioniert, daß „die Werktätigen den Widerstand der feindlichen Kräfte brechen müssen.“[6] Da zu den „grundsätzlichen Aufgaben der Volksmacht“ ausdrücklich die vermeintliche Notwendigkeit zählte, „den feindlichen Widerstand zu brechen und die feindlichen Agenten unschädlich zu machen“[7], erwuchsen auch und speziell dem Ministerium für Staatssicherheit besondere Aufgaben bei der Durchsetzung und Sicherung der Herrschaft der SED.

Das Verhältnis der herrschenden Politbürokratie zu den Organen der Staats-

4 Vgl. Beschluß des Politbüros vom 24.1.1950 über das Ministerium für Staatssicherheit, in: Dierk Hoffmann, Karl-Heinz Schmidt und Peter Skyba (Hrsg.): Die DDR vor dem Mauerbau. Dokumente zur Geschichte des anderen deutschen Staates 1949–1961, München 1993, S. 55.

5 Zusammenfassend zu diesem Thema: Walter Süß: Zum Verhältnis von SED und Staatssicherheit, in: Andreas Herbst, Gerd-Rüdiger Stephan und Jürgen Winkler (Hrsg.): Die SED. Geschichte – Organisation – Politik. Ein Handbuch, Berlin 1997, S. 215–240.

6 Entschließung der 2. Parteikonferenz der SED, in: Protokoll der Verhandlungen der 2. Parteikonferenz der Sozialistischen Einheitspartei Deutschlands, (Ost-)Berlin 1952, S. 492.

7 Ebenda.

sicherheit war in den in dieser Studie zu berücksichtigenden Jahren 1953 bis 1956 nicht frei von politischen Spannungen, die ihre Ursachen im wesentlichen in Meinungsverschiedenheiten zwischen Walter Ulbricht, damals Generalsekretär bzw. Erster Sekretär des ZK der SED und Stellvertreter des Ministerpräsidenten der DDR, und Wilhelm Zaisser, damals Mitglied des Politbüros und Minister für Staatssicherheit, über die Rolle des MfS im Herrschaftssystem der DDR hatten. Sie lassen sich auf die Formel verkürzen, daß Ulbricht die Staatssicherheit von Anfang an als Machtinstrument der SED begreifen wollte, als „Schild und Schwert der Partei", während Zaisser im MfS ein relativ eigenständiges Staatsorgan sah, das zwar im Auftrag der SED handelte, aber an konkrete Weisungen der Politbürokratie und speziell Ulbrichts nicht unmittelbar gebunden war – eine Position, in der sich Zaisser zweifellos durch Rückendeckung seitens der „sowjetischen Freunde" bestärkt sah. Zwar hatte auch Zaisser der Auffassung nicht widersprochen, daß die Arbeit der Staatssicherheit gleichsam spezifische Parteiarbeit sei: „Das, was wir hier machen, ist Parteiarbeit. Wir sind das Schwert der Partei. Wir stehen an vorderster Front im Klassenkampf. Alles, was wir tun, tun wir für die Partei",[8] aber er hatte den Apparat des MfS der unmittelbaren Kontrolle durch die Politbürokratie zu entziehen oder ihren Einfluß zumindest zu beschränken versucht. Die in der Staatssicherheit auch der frühen fünfziger Jahre auf allen Ebenen, in allen Strukturen und Diensteinheiten bereits existierenden Parteiorganisationen, die im MfS ein ähnliches „Parteileben" zur Indoktrination und Disziplinierung der Kader realisieren sollten, wie es die SED in anderen Ministerien und Verwaltungen praktizierte, dürfte bei den leitenden Kadern im MfS jener Jahre wenig ernst genommen worden sein.[9] Das belegen nicht nur Vorwürfe, die Ulbricht später gegen Zaisser erhob, sondern das geht bereits aus einer Entschließung des Politbüros zur Arbeit im Ministerium für Staatssicherheit vom 18. März 1952 hervor.[10] Mit Kritik wurde darin nicht gegeizt.

„Die Arbeit des Ministeriums für Staatssicherheit weist bis heute noch eine Reihe ernsthafter Mängel und Schwächen auf", wurde darin nach Attestierung „beachtlicher Erfolge" festgestellt. „Das Ministerium für Staatssicherheit hat es vor allem nicht verstanden, das volle Vertrauen der gesamten fortschrittlichen Bevölkerung zu gewinnen, und es konnte sich deshalb bei der Durchführung seiner Aufgaben nur schwach auf deren Mithilfe stützen."[11] Im einzelnen rügte das Politbüro, „daß die fachliche Schulung sowohl als auch die politische im Ministerium viel zu spät eingesetzt hat und bis heute unzureichend ist" sowie „die demokratische Gesetzlichkeit nicht immer eingehalten wurde", daß man auch die Parteiarbeit „lange Zeit vernachlässigt" habe.[12]

8 Zitiert bei Wilfriede Otto: SED und MfS – zur Rolle einer stalinistischen Grundstruktur, in: Gregor Gysi, Uwe Jens Heuer und Michael Schumann (Hrsg.): Zweigeteilt. Über den Umgang mit der SED-Vergangenheit, Hamburg 1992, S. 161.

9 Vgl. Silke Schumann: Parteierziehung in der Geheimpolizei. Zur Rolle der SED im MfS der fünfziger Jahre, Berlin 1997, S. 22–33 und 46–57.

10 Entschließung des Politbüros über die Arbeit des Ministeriums für Staatssicherheit, Anlage Nr. 8 zum Protokoll Nr. 102 vom 18.3.1952; SAPMO-BA, DY 30, IV 2/2/202.

11 Ebenda, S. 1 f.

12 Ebenda, S. 2.

Um alle Mängel zu beheben, „empfahl“ (!) das Politbüro vor allem „entscheidende Maßnahmen zur Verbesserung der Parteiarbeit“ im MfS. „Die Landesleitung VIIc der Partei[13] ist qualitativ und quantitativ zu verstärken. Der gesamte Parteiapparat ist zu festigen. [...] Das ideologische Niveau der Genossen ist systematisch zu heben. Dem Praktizismus ist der entschiedenste Kampf anzusagen.“[14] Das war eine massive Kritik an Zaissers Führungsstil, ohne daß der Adressat benannt wurde: Ulbrichts offene Abrechnung mit dem Chef der Staatssicherheit wurde erst ein Jahr später aktuell.

Die 2. Parteikonferenz der SED, die knapp vier Monate nach der Entschließung des Politbüros zusammentrat, wies den Organen der Staatssicherheit, wie erwähnt, erweiterte Aufgaben zu. Ulbricht hatte sein Grundsatzreferat unter anderem auch zu äußerst heftigen Angriffen auf die „Frontstadt“ Westberlin genutzt. In Westberlin wollte er „die Basis für den amerikanischen, englischen und französischen Spionagedienst und [das] Organisationszentrum der Sabotagetätigkeit gegen die Deutsche Demokratische Republik“[15] sehen. In seiner scharf polemischen Rede, die heftige Attacken gegen das Bundesministerium für gesamtdeutsche Fragen und die Dienststelle Blank[16] ebenso wie gegen die Kampfgruppe gegen Unmenschlichkeit (KgU) und die Vereinigung Politischer Ostflüchtlinge (VPO) sowie gegen die Ostbüros von SPD, FDP und CDU enthielt, verstieg sich Ulbricht zur Verunglimpfung selbst der Freien Universität Berlin. „Hier werden zum Studium nur solche Personen zugelassen, die die Gewähr bieten, daß sie genügend reaktionär eingestellt und der Deutschen Demokratischen Republik feindlich gesinnt sind und daß sie sich zur Agententätigkeit verwenden lassen.“[17] Erwähnung verdienen diese Auslassungen nur deshalb, weil durch sie die Zielobjekte fixiert wurden, die die Staatssicherheit in ihrer „operativen Arbeit“ anzugreifen hatte, und weil sie eben diesen Zugriff politisch-ideologisch rechtfertigen sollten.

Das Grundsatzreferat des Generalsekretärs des ZK der SED bedeutete für die Mitarbeiter des MfS und ihre Vorgehensweise in der DDR selbstverständlich eine bindende politische Orientierung, die nicht zuletzt darauf gerichtet war, jegliche Kontakte aus der DDR zu den von Ulbricht inkriminierten „Agentenzentralen“ unter operative Kontrolle zu nehmen und zu bekämpfen, um sie wirksam zu unterbinden. Die zu diesem Zweck außerhalb der DDR, speziell in Westberlin, eingeleiteten Operationen der Staatssicherheit reichten von der konspirativen Durchdringung der genannten Institutionen und Organisationen bis zur Entführung einzelner ihrer Mitarbeiter.

Die Zeit zur Abrechnung mit Zaisser kam für Ulbricht nach dem Juni-Aufstand 1953 in Ostberlin und der DDR.[18] Das dramatische Geschehen hatte nicht

13 So lautete die damalige Bezeichnung der Parteileitung im MfS.
14 Entschließung des Politbüros (Anm. 10), S. 3.
15 Protokoll der Verhandlungen der 2. Parteikonferenz der SED, S. 70.
16 Von Theodor Blank geleitete Dienststelle. Sie war für Fragen der alliierten Besatzungstruppen und Sicherheitsfragen zuständig. Vorläufer des Bundesverteidigungsministeriums.
17 Ebenda, S. 73.
18 Zur Geschichte des Juni-Aufstands vgl. Kowalczuk/Mitter/Wolle (Hrsg.): Der Tag X, sowie die darin enthaltene Auswahlbibliographie zu dieser Thematik.

nur die tiefe Krise aufbrechen lassen, in die die Diktatur der SED geraten war, es hatte zugleich die Unfähigkeit des MfS demonstriert, die Zeichen der Zeit zu erkennen oder gar zu deuten. Unter Berufung auf angebliche Feststellungen des Politbüros konstatierte Ulbricht auf dem 15. Plenum des Zentralkomitees der SED (24.–26. Juli 1953) rigoros, „daß die Leitung des Ministeriums für Staatssicherheit versagt hat. Das Ministerium für Staatssicherheit hat sich nicht auf die Hauptaufgabe, auf den Kampf gegen die faschistische Untergrundbewegung konzentriert. Es hat die Initiative und Verantwortlichkeit der Mitarbeiter nicht entwickelt; es hat Tendenzen der Überheblichkeit gegenüber der Partei gefördert und eine formal-bürokratische administrative Arbeit geduldet.“[19] Schließlich brachte er die Ursache dieser Zustände, wie er sie sah, zur Sprache: „Diese Zustände konnten sich nur entwickeln, weil die Parteiorganisation im Ministerium für Staatssicherheit sich in einem ideologisch und organisatorisch vernachlässigten Zustand befindet. Von den leitenden Funktionären des Ministeriums wurde die Parteiarbeit gehemmt und als eine nebensächliche Angelegenheit behandelt.“[20] Damit war der Stab über Zaisser gebrochen, sein Sturz besiegelt.[21] Es hatte ihm auch nichts genutzt, daß es – seiner eigenen Versicherung zufolge – „keine wesentliche prinzipielle Entscheidung im Ministerium für Staatssicherheit bis hinunter zu den Verhaftungen einflußreicher und hervorragender Menschen“ gegeben habe, die nicht vorher mit Ulbricht abgesprochen worden sei.[22]

Mit dem Wechsel an der Spitze wurde zugleich die Eigenständigkeit des MfS als Institution aufgehoben: „Der Ministerrat hat am 23. Juli 1953 gemäß § 7 des Gesetzes vom 23. Mai 1952 über die Regierung der Deutschen Demokratischen Republik beschlossen, das Ministerium für Staatssicherheit als Staatssekretariat in das Ministerium des Innern einzugliedern, und hat zur Leitung dieses Staatssekretariats den Staatssekretär Herrn Ernst Wollweber unter Entbindung von seiner Funktion als Leiter des Staatssekretariats für Schiffahrt zum Stellvertreter des Ministers des Innern ernannt.“[23] Dieser Entscheidung war am 30. Juni 1953 ein entsprechender Beschluß des Politbüros vorausgegangen, der seinerseits auf Vorschlag des Vertreters der sowjetischen Geheimpolizei in Berlin-Karlshorst

19 Walter Ulbricht: Die Politik der Partei, ihre Erfolge und ihre Fehler, in: Das 15. Plenum des Zentralkomitees der SED, Berlin 1953, S. 73 („Parteiinternes Material“).

20 Ebenda.

21 Wilhelm Zaisser wurde durch Beschluß des ZK aller Funktionen enthoben und aus dem Zentralkomitee, ein halbes Jahr später auch aus der SED ausgeschlossen. Vgl. dazu Karl Wilhelm Fricke: Die DDR-Staatssicherheit. Entwicklung – Strukturen – Aktionsfelder, Köln 1989, S. 27–30 und 204–209.

22 Vgl. Roger Engelmann: Diener zweier Herren. Das Verhältnis der Staatssicherheit zur SED und zu den sowjetischen Beratern 1950–1959, in: Siegfried Suckut und Walter Süß (Hrsg.): Staatspartei und Staatssicherheit. Zum Verhältnis von SED und MfS, Berlin 1997, S. 51–72, hier 54 f.

23 Schreiben des Ministerpräsidenten Otto Grotewohl an den Präsidenten der Volkskammer vom 25.7.1953, zitiert in: Volkskammer der Deutschen Demokratischen Republik (Stenographisches Protokoll), Sitzung vom 30.7.1953, S. 981. – Zur Biographie Wollwebers vgl. Jan von Flocken und Michael F. Scholz: Ernst Wollweber. Saboteur – Minister – Unperson, Berlin 1995, sowie Roger Engelmann und Silke Schumann: Der Ausbau des Überwachungsstaates. Der Konflikt Ulbricht-Wollweber und die Neuausrichtung des Staatssicherheitsdienstes der DDR 1957, in: Vierteljahrshefte für Zeitgeschichte 43 (1995) 2, S. 341–378.

gefaßt, aber vorläufig ausgesetzt worden war, bis ihn das Politbüro laut Protokoll in seiner Sitzung am 18. Juli 1953 bestätigte.[24]

Als seine vordringlichsten Aufgaben an der Spitze der Staatssicherheit sah Wollweber die radikale Erneuerung des Apparates und die Effektivierung der operativen Arbeit an, speziell durch Ausbau des „inoffiziellen Netzes" innerhalb und außerhalb der DDR, sowie die Aktivierung und Disziplinierung der Parteiorganisation in der Staatssicherheit, die Intensivierung der „Parteiarbeit". Auf diese Weise glaubte er das kritische Verhältnis zur Politbürokratie entspannen zu können. Viel Zeit blieb dem neuen Sicherheitschef dazu nicht. Um den Kadern der Staatssicherheit die Irritationen über den Juni-Aufstand und den Sturz Zaissers zu nehmen, waren binnen weniger Wochen intern Versammlungen der Grundorganisationen der SED und Parteiaktivtagungen inszeniert worden. Zum 21. August 1953 berief er eine Dienstbesprechung nach Ostberlin ein, an der die Leiter aller operativen Abteilungen in der Zentrale mit Ausnahme der Abteilung XV[25] sowie die Bezirkschefs der Staatssicherheit teilnahmen.[26] Neben Wollweber referierten Erich Mielke, Otto Last, Martin Weikert, Joseph Gutsche, Rudolf Menzel und andere hohe Offiziere der Staatssicherheit, teils aus der Zentrale, teils aus den Bezirksverwaltungen. Wollweber, als neuer Chef der Staatssicherheit für deren Fehler und Versagen nicht mitverantwortlich, brauchte in der kritischen Einschätzung des bislang Geleisteten keinerlei Nachsicht oder Rücksicht zu üben. Statt dessen plädierte er für „eine entschlossene Wendung in der ganzen Arbeit", wobei er gleich einleitend auf das 15. Plenum des ZK unmittelbar Bezug nahm:

> „Auf dem 15. Plenum des ZK wurde bereits festgestellt, daß wir die faschistischen und sozialdemokratischen Organisationen und Zentren nicht entdeckt hatten und nach dem 17. Juni keine bedeutenden Resultate in den Agenturen hatten. Wir hatten keine Kenntnis von der Konzentration feindlicher Elemente an bestimmten wichtigen Punkten. Wir hatten keine Verbindung und Zusammenarbeit mit den Parteiorganisationen in den Bezirken, Kreisen und Betrieben. Wir hatten keine persönliche Verantwortlichkeit gegenüber schlechten Ergebnissen in der Arbeit. Wir hatten vollkommen verkannt die Bedeutung der Aufgaben in bezug auf Westdeutschland und Westberlin. Wir haben weiter unterschätzt die Bedeutung der Tätigkeit des Ostbüros [der SPD] und seiner Agenturen."[27]

Von den Schlußfolgerungen, die Wollweber nach seiner Analyse zur Verbesserung der Arbeit in der Staatssicherheit zog, sind im gegebenen Kontext zwei besonders hervorzuheben. Erstens forderte er vehement ein „Eindringen in die feindlichen Zentralen", worauf noch zurückzukommen sein wird, und zweitens unterstrich er, natürlich, die Notwendigkeit zu verbesserter Parteiarbeit, ohne

24 Vgl. dazu Schumann: Parteierziehung in der Geheimpolizei, S. 31, Anm. 106.
25 Damals zuständig für „Agenturen im Strafvollzug". Ende 1953 aufgelöst.
26 Protokoll der Dienstbesprechung mit den Leitern der Bezirksverwaltungen und den Abteilungsleitern im Staatssekretariat vom 21.8.1953; BStU, ZA, SdM 1921, Bl. 203–228 (Auszug als Dokument 1).
27 Ebenda, Bl. 203.

sich inhaltlich selbst dazu zu äußern. Vielmehr kündigte er „in der nächsten Zeit" einen diesbezüglichen Beschluß des Politbüros an, „ein Dokument über die Parteiorganisation im Staatssekretariat und in den Organen für Staatssicherheit über die Aufgaben, Verhältnis und Bedeutung dieser Parteiorganisation."[28] Ein weiteres Papier des Politbüros, das Wollweber in diesem Zusammenhang in Aussicht stellte, sollte generell die Arbeit des Staatssekretariats behandeln.

Zehn Tage nach dieser Ankündigung lag dem Politbüro der Entwurf zu einem Beschluß über die Arbeit der Parteiorganisation in der Staatssicherheit vor.[29] Der Entwurf wurde in dieser Form nie spruchreif, und es kann als gesichert angenommen werden, daß er am sowjetischen Widerstand scheiterte.[30] Gleichwohl spiegelte sich in diesem Entwurf, an dessen Formulierung Otto Walter, damals Chef der Parteiorganisation im Staatssekretariat, mitgewirkt hatte, in frappanter Weise das Denken wider, das damals die Politbürokratie hinsichtlich der Staatssicherheit beseelt hat. In einer präambelhaften Einleitung wurde darin zunächst erneut Fundamentalkritik an der Arbeit des MfS unter Leitung Wilhelm Zaissers geübt. Sie war offenbar dazu gedacht, etwa noch vorhandene Sympathien für ihn in den Reihen der Tschekisten restlos zu tilgen und die politisch-ideologische Erziehungsarbeit in der Staatssicherheit, die genuine Aufgabe der Parteiorganisation, gleichsam verbindlich festzulegen.

Das Verdikt – um nichts anderes handelte es sich – begann mit der lakonischen Feststellung, daß das ehemalige MfS „den ihm gestellten Aufgaben nicht gerecht geworden" sei, worauf nachstehend wiedergegebene Begründung folgte:

> „Durch das parteifeindliche und defätistische Verhalten des ehemaligen Ministers Zaisser sowie durch die falsche Einstellung einiger Mitglieder der Leitung des ehemaligen Ministeriums für Staatssicherheit zur Parteiarbeit wurden die Organe für Staatssicherheit in ihrer Schlagkraft gelähmt. Der Kampf gegen die feindlichen Agenturen wurde nicht energisch durchgeführt. Die Stärke der faschistischen Untergrundorganisation wurde unterschätzt. Demzufolge gab es keine Konzentration des Kampfes gegen die faschistische Untergrundbewegung. Die gegen das Ostbüro der SPD und seine Filialen in der DDR ergriffenen Maßnahmen waren unzureichend und ungenügend. Sie waren von vornherein zum Scheitern verurteilt, weil wir weder in den feindlichen Agenturen außerhalb der DDR, noch in den zahlreichen Untergrundorganisationen in unserer Republik Informatoren hatten, ebenfalls weil für den Kampf gegen die Untergrundorganisationen des Ostbüros Mitarbeiter mit wenig Parteierfahrung eingesetzt und diese ungenügend angeleitet und kontrolliert wurden."[31]

28 Ebenda, Bl. 208.

29 Vorlage der Abteilung Leitende Organe der Partei und Massenorganisationen an das Sekretariat des ZK vom 31.8.1953; SAPMO-BA, DY 30, IV 2/5/2, Bl. 169–176; textidentisch mit: Entwurf für einen Beschluß des Politbüros o.D. über die Arbeit der Parteiorganisation im Staatssekretariat für Staatssicherheit des MdI; BStU, ZA, SdM 1199, Bl. 159–164. Vollständig dokumentiert bei Schumann: Parteierziehung in der Geheimpolizei, S. 160–165.

30 Engelmann: Diener zweier Herren, S. 57. Vgl. auch das Kapitel 1.2 der vorliegenden Studie.

31 Entwurf für einen Beschluß des Politbüros vom 31.8.1953, zitiert nach Schumann: Parteierziehung in der Geheimpolizei, S. 160.

In einigen Passagen enthielt der Entwurf Formulierungen, die an den Sprachgebrauch der Gestapo erinnerten – so etwa, wenn von „Schädlingen" die Rede war, die nicht rechtzeitig festgenommen worden seien. „Dadurch konnten sie ihre verbrecherische Arbeit weiter verrichten. Statt kämpferisch an die Ausrottung unserer Feinde heranzugehen, wurde mit der Verhaftung oft gezögert, obwohl einwandfrei feststand, daß es sich um aktive Klassenfeinde handelte."[32]

Schließlich wurde der Vorwurf der Überheblichkeit, der Schönfärberei und der Isolierung von den Massen erneuert – alles „infolge einer falschen Erziehungsarbeit" durch die Parteiorganisation. „Die Leitung der Parteiorganisation versuchte nicht, sich kämpferisch gegen die falschen Maßnahmen Zaissers und anderer leitender Funktionäre des ehemaligen Ministeriums durchzusetzen. Sie wich vor Zaisser zurück, obwohl sie manche seiner Anordnungen als falsch erkannte. Sie setzte Zaisser keinen energischen Widerstand entgegen, als er die Parteiarbeit kommandierte und dadurch die innerparteiliche Demokratie verletzte. Dadurch vermochte die Parteiorganisation nicht, die im Ministerium vorhandenen Mißstände ernsthaft zu bekämpfen."[33] Ulbrichts Handschrift bei der Formulierung dieser Vorwürfe war unverkennbar. Sie stimmten inhaltlich weitgehend mit seiner Kritik an der Arbeit des MfS und seinen Angriffen auf Zaisser auf dem 15. Plenum des ZK überein.

Unter den politisch-erzieherischen Aufgaben, die der Parteiorganisation in der Staatssicherheit in Übereinstimmung mit dem Statut der SED zugedacht waren, fand sich auch die Verpflichtung zur Kritik und Selbstkritik „zur Überwindung von Fehlern und Mängeln sowohl in der politischen Arbeit als auch in der operativen Arbeit", wozu ausdrücklich hervorgehoben wurde: „Sie [die Parteiorganisation] schaltet sich in operative Vorgänge größeren Ausmaßes ein, sie hilft den Mitarbeitern in ihrer operativen Arbeit, entwickelt ihr Verantwortungsbewußtsein und zieht die Mitglieder unserer Partei bei ernsthaften Unterlassungen oder Fehlern in der operativen Arbeit zur Verantwortung."[34]

Eine strikte Trennung von Parteiarbeit und operativer Arbeit war von der Politbürokratie in dieser Zeit mithin nicht intendiert. Dies hätte bedeutet, daß die Parteiorganisation der SED auch für die operative Arbeit in der Staatssicherheit unmittelbar mitverantwortlich gewesen wäre. Es ist aufschlußreich, daß nahezu vier des insgesamt knapp sieben Seiten umfassenden Entwurfs inhaltlich-politischen Aufgaben vorbehalten waren, während die organisatorischen Regelungen nur drei Seiten umfaßten. Wie schon erwähnt wurde der Entwurf aber in dieser Form nicht umgesetzt. Zu einer Aufweichung der operativen Verantwortung der dienstlichen Leitungen ist es später nicht gekommen.[35] Die führende Rolle der SED vermittelte sich weiterhin in erster Linie über das Verhältnis zwischen Politbürokratie und Staatssicherheitsführung.

Die Aktivierung und Erneuerung der Staatssicherheit nach Zaissers Sturz bestimmte nicht nur die politisch-ideologische Arbeit der SED in der Staatssicher-

32 Ebenda, S. 160 f.
33 Ebenda, S. 161.
34 Ebenda, S. 162.
35 Vgl. Schumann: Parteierziehung in der Geheimpolizei, S. 134–142.

heit, die Disziplinierung ihrer Kader, sie zeitigte auch strukturelle Konsequenzen. Ulbricht selbst, seit dem 15. Plenum des ZK nicht mehr Generalsekretär, sondern nur noch Erster Sekretär des Zentralkomitees, der auf dem 16. Plenum (17.–19. September 1953) des zwischen den Parteitagen formell höchsten beschließenden Gremiums seine Machtposition hatte festigen können, sorgte nun mit ungewöhnlicher Intensität für politische Veränderungen in der Staatssicherheit.

Bereits am 23. September 1953, vier Tage nach dem 16. Plenum, setzte er im Politbüro – von dem er sich am 4. August die Sekretariatszuständigkeit für Sicherheitsfragen hatte übertragen lassen[36] – eine erneute Beratung über die Staatssicherheit auf die Tagesordnung. Ein Beschluß[37], an dessen Zustandekommen außer Ulbricht nur Otto Grotewohl, Hermann Matern, Karl Schirdewan und Willi Stoph mitgewirkt zu haben scheinen, denn die Namen der übrigen Mitglieder und Kandidaten des Politbüros blieben unerwähnt, zu dessen Beratung allerdings Wollweber, Mielke und Walter hinzugezogen worden waren, setzte sich abermals ungewöhnlich kritisch mit der Arbeit der Staatssicherheit auseinander. Der Entwurf des Beschlusses hatte bezeichnenderweise dem sowjetischen Hochkommissar in der DDR, Wladimir S. Semjonow, und seinem Stellvertreter, Pawel N. Judin, sowie dem Chef der sowjetischen Sicherheitsorgane in Ostberlin, Generalleutnant Jewgeni P. Pitowranow, vorgelegen. Ihre Vorschläge waren in den Beschluß mit eingearbeitet worden.[38] Das Verfahren veranschaulicht, welchen Zugriff die sowjetischen „Freunde" auf die Staatssicherheit betreffende Entscheidungen zu diesem Zeitpunkt noch besaßen, was bei den in Ostberlin gegebenen Machtverhältnissen freilich nicht überrascht.

Vermutlich in Abstimmung mit den Sowjets problematisierte das Politbüro noch einmal das Versagen des MfS im Vorfeld des 17. Juni. „Trotz der vorhandenen großen Anzahl operativer Mitarbeiter erwiesen sich die Organe des MfS der DDR nicht fähig, die Vorbereitung des faschistischen Putsches in Berlin und anderen Städten und Industriezentren der DDR aufzudecken, sie gaben nicht ein einziges Signal über die Vorbereitung der Provokationen."[39] Die Überlegung, daß infolge der Spontaneität des Aufstands dessen „Vorbereitung" nicht hatte signalisiert werden können, lag den Schlüsselfiguren des Politbüros fern. Sie wurden Opfer der eigenen Agitation, wenn sie der Staatssicherheit weiterhin Versagen in dieser Hinsicht vorhielten. „Trotzdem [sic!] schon drei Monate seit den Ereignissen des 17. Juni vergangen sind, haben die Staatssicherheitsorgane auch bis jetzt nicht die Organisatoren der Provokationen entlarvt. Sie deckten nur wenige faschistische Untergrundzentren auf, obwohl sie auf die Konzentration von sozialdemokratischen und faschistischen Elementen in Leipzig, Halle, Magdeburg und anderen Bezirken hingewiesen wurden."[40] Politische Einsichten in die realen Ursachen des 17. Juni wurden gerade auch im Politbüro verdrängt.

36 Vgl. Protokoll der Politbürositzung am 4.8.1953; SAPMO-BA, DY 30, J IV 2/2/312, Bl. 3.
37 Vgl. Beschluß des Politbüros vom 23.9.1953; Dokument 2.
38 Schumann: Parteierziehung in der Geheimpolizei, S. 36. Vgl. auch Kapitel 1.2 der vorliegenden Studie.
39 Beschluß des Politbüros vom 23.9.1953; Dokument 2, S. 249.
40 Ebenda.

Unter diesen Voraussetzungen mußte die SED-Führung, bedrängt nicht zuletzt von den sowjetischen „Freunden", auch zu entsprechenden Schlußfolgerungen für die Arbeit der Staatssicherheit gelangen. Gleichzeitig mit der Weisung, die Strukturen und Mechanismen zur Überwachung und Unterdrückung innerhalb der DDR auszubauen und zu verstärken, wurde der Staatssicherheit aufgetragen, auch ihre operative Arbeit in Westberlin und Westdeutschland grundlegend zu verbessern. Für das Macht- und Entscheidungsmonopol der SED war charakteristisch, daß diesen Beschluß das Politbüro gefaßt hatte, eine Instanz der Partei, und nicht der Ministerrat der DDR oder der Minister des Innern, dem zu dieser Zeit das Staatssekretariat für Staatssicherheit formell unterstellt war.

Zur Koordinierung der Westarbeit verfügte das Politbüro – im gegebenen Zusammenhang durchaus plausibel – die Eingliederung des bis dahin dem Ministerium für Auswärtige Angelegenheiten zugeordneten Außenpolitischen Nachrichtendienstes der DDR in das SfS. Insoweit gleicht der Politbürobeschluß vom 23. September 1953 einer Geburtsurkunde der für Spionage und „aktive Maßnahmen" zuständigen Hauptabteilung XV, aus der drei Jahre später die Hauptverwaltung A des MfS hervorging. Wörtlich hieß es: „Der außenpolitische Aufklärungsdienst der Deutschen Demokratischen Republik wird in das Staatssekretariat für Staatssicherheit eingegliedert. [...] Der Leiter ist Stellvertreter des Staatssekretärs und ihm unmittelbar unterstellt."[41] Der Beschluß dokumentiert auch, daß die Führung der SED sich keineswegs darauf beschränkt hat, der Staatssicherheit grundsätzliche Weisungen zu erteilen oder allgemeine Rahmenbedingungen vorzuschreiben, sondern konkret strukturelle und kaderpolitische Entscheidungen traf. In diesem Sinne war auch die Stoph und Wollweber übertragene Aufgabe zu verstehen, „bis zum 15. Oktober den Struktur- und Stellenplan des Staatssekretariats für Staatssicherheit unter Beachtung der Gewährleistung einer zuverlässigen Zusammenarbeit zwischen operativen Abteilungen, der Beseitigung der doppelten Arbeit in einzelnen Teilen des Apparates sowie der Vereinfachung der Organisation der Leitung der Staatssicherheitsorgane auszuarbeiten und dem Politbüro des ZK der SED zur Bestätigung vorzulegen".[42] Auch dieser Passus veranschaulicht, wie detailliert die Spitze der Partei über Belange der Staatssicherheit entschieden hat.

Dazu paßt ferner die in diesem Zusammenhang Schirdewan, Stoph und Wollweber gemeinsam übertragene Aufgabe, „einen Plan konkreter Maßnahmen zur Einstellung [...] 1.500 politisch zuverlässiger und geschulter Mitglieder der SED und FDJ, darunter 60–70 Fachleute, die über besondere Kenntnisse auf dem Gebiet der Ökonomie und der Technik verfügen, mindestens 100 Mitglieder der Partei, die in der Partei und Arbeiterbewegung erfahren sind, den Kampf gegen das Ostbüro der SPD zu führen, auszuarbeiten und diesen Plan bis zum 15. Oktober dem Politbüro zur Bestätigung vorzulegen".[43]

Im zeitlichen Zusammenhang mit den genannten Maßnahmen stand auch die

41 Ebenda, S. 251.
42 Ebenda, S. 254.
43 Ebenda.

Erarbeitung eines Statuts für das Staatssekretariat für Staatssicherheit[44], das Otto Grotewohl als Ministerpräsident am 15. Oktober 1953 unterzeichnete und somit formell in Kraft setzte. Mit diesem Grundsatzdokument, das bis zum Erlaß eines neuen Statuts am 30. Juli 1969 Gültigkeit behielt, hatte die Staatssicherheit erstmals eine interne Bestimmung ihrer Aufgaben und Zuständigkeiten erhalten.

Für das Verhältnis von SED und Staatssicherheit war die unter Ziffer 1 niedergelegte Feststellung erheblich, daß Grundlage der Arbeit im SfS „die Beschlüsse und Direktiven des ZK bzw. des Politbüros der SED“[45] zu sein hätten. Erst danach nannte das Statut „die Gesetze und Verordnungen bzw. die Anweisungen des Ministerpräsidenten sowie die Befehle und Anordnungen des Ministers des Innern“.[46] Folgerichtig schrieb das Statut unter Ziffer 5 vor, daß die Bestätigung der leitenden Kader in der Staatssicherheit entsprechend der Nomenklatur des ZK der SED zu erfolgen hätte.

In seinem Beschluß erneuerte das Politbüro im übrigen den Vorwurf an Zaisser, die Organe der Staatssicherheit „von der Parteileitung und ihrer Kontrolle“ isoliert zu haben. „Die führende Rolle der Partei wurde mißachtet.“[47] Um die Aktivität der Parteiorganisationen in der Staatssicherheit zu verbessern und ihre Funktion bei der Erziehung der Kader zu verstärken, ordnete das Politbüro an, „die Parteiorganisationen in den Bezirksverwaltungen und Kreisdienststellen den entsprechenden Bezirks- und Kreisparteiorganen zu unterstellen“, um so „eine aktive und tägliche Leitung der parteipolitischen Arbeit in den Organen zu gewährleisten und zu erwirken, daß alle operativen Mitarbeiter die Politik der SED und die sich aus dem neuen Kurs ergebenden Aufgaben gut kennen und all ihre Kräfte und ihr Können für die ehrenvolle Sache der Gewährleistung der staatlichen Sicherheit der Deutschen Demokratischen Republik einsetzen“.[48]

Die Botschaft des Politbürobeschlusses war unmißverständlich: Die Staatssicherheit hatte uneingeschränkt „Schild und Schwert der Partei“ zu sein. Ulbricht verfolgte eine doppelte Zielsetzung. Einerseits ging es ihm darum, die operative Arbeit der Staatssicherheit sowohl DDR-intern als auch DDR-extern zu aktivieren, zu intensivieren und aus einer eher defensiv angelegten Konzeption, wie sie dem politischen Denken Zaissers entsprochen hatte, in eine offensive Alternative mit Stoßrichtung gegen Westberlin und Westdeutschland zu transformieren. Andererseits wollte der Parteichef die ideologische Disziplinierung der Kader in der Staatssicherheit und ihre Kontrolle durch die Politbürokratie gewährleistet wissen, gleichzeitig aber den Chef der Staatssicherheit von der Führung der Partei fernhalten. Anders als Zaisser durfte Wollweber niemals Mitglied des Politbüros werden.

Als die Mitglieder des Sekretariats der Parteileitung der Staatssicherheit in Anwesenheit Wollwebers und seiner Stellvertreter am 3. November 1953 eine

44 Statut des Staatssekretariats für Staatssicherheit vom 15.10.1953; BStU, ZA, SdM 1574, Bl. 1f.
45 Ebenda.
46 Ebenda.
47 Beschluß des Politbüros vom 23.9.1953; Dokument 2, S. 250.
48 Ebenda, S. 253. Ausführlich Schumann: Parteierziehung in der Geheimpolizei, S. 57–67.

erste Einschätzung der bis dahin erreichten Erfolge vornahmen, hieß es zwar, daß die Struktur der Parteiorganisation verändert worden war, „um sie näher an ihre eigentlichen Aufgaben heranzubringen“, aber gleichwohl zeigten sich die verantwortlichen Funktionäre keineswegs zufrieden: „Ein besonderes Problem bei uns: Parteisekretäre haben den Blick zu sehr nach innen gerichtet als vielmehr nach außen auf den Feind“, lautete die selbstkritische Feststellung. „Man kann bei der Staatssicherheit die Aufgaben der Parteiorganisation von den Aufgaben der Organe der Staatssicherheit als solche nicht trennen.“[49] Das entsprach ganz der Philosophie, wonach Arbeit in der Staatssicherheit als „spezifische Parteiarbeit“ gedeutet wurde.

Die Beratung im Sekretariat der Parteileitung diente zudem der Vorbereitung einer zentralen Dienstkonferenz im Staatssekretariat für Staatssicherheit, die am 11./12. November 1953 in Ostberlin stattfand. Auf ihr ergriffen Hermann Matern, damals Mitglied des Politbüros und Vorsitzender der Zentralen Parteikontrollkommission der SED, und Ernst Wollweber das Wort zu Referaten, die ihrer politischen Bedeutung wegen sogar schriftlich ausgefertigt und zusätzlich auf Tonband vervielfältigt wurden, um sie für interne Schulungszwecke zur Verfügung stellen zu können.[50] Gleichsam zur Einstimmung der versammelten Genossen wurde die Dienstkonferenz durch Verlesung zweier Dokumente eingeleitet, bei denen es sich um den Politbürobeschluß vom 23. September 1953 und um das Statut des SfS vom 15. Oktober 1953 gehandelt haben dürfte. Beide Texte waren selbst den leitenden Kadern der Staatssicherheit bis dahin nicht bekannt.

Matern, damals der nach Ulbricht einflußreichste Mann im Politbüro, bekräftigte nach Ausführungen zur internationalen und deutschlandpolitischen Lage die Kritik an Zaisser, dem er eine „defätistische Auffassung“ und „kapitulantenhafte Vorstellung von der Einheit Deutschlands“ vorwarf, nicht ohne dabei erneut die Legende vom 17. Juni als von westlicher Seite inszenierten Putschversuch zu bemühen, aber auch das Versagen der Staatssicherheit zu geißeln. „In diesen Tagen zeigte sich auch, daß die Organe der Staatssicherheit ihren Aufgaben nicht gewachsen waren. Das hat natürlich in erster Linie politische Ursachen.“[51] Die Hauptursache machte Matern an dem Verhältnis des MfS zur Politbürokratie fest.

> „Zaisser glaubte, sich in seinem Versuch, die Parteiführung zu erobern, auf seine Staatsposition stützen zu können. Deshalb hat er schon mit der Schaffung des Ministeriums für Staatssicherheit begonnen, eine Mentalität zu schaffen, das Ministerium über die Partei zu stellen. Die Auffassung, daß die Staatssicherheitsorgane außerhalb oder über der Partei stehen, ist bei den Mitarbeitern ziemlich weit verbreitet. Aber es muß ein für allemal damit Schluß sein. Es

49 Kurze Niederschrift über die Besprechung des Staatssekretärs und der Stellvertreter mit dem Sekretariat der Betriebsparteileitung am 3.11.1953; BStU, ZA, SdM 1921, Bl. 201.

50 Vgl. Referat von Hermann Matern auf der Dienstkonferenz am 11.11.1953; Dokument 5, und Referat des Staatssekretärs Wollweber auf der Dienstkonferenz am 11./12.11.1953; Dokument 6.

51 Referat von Hermann Matern; Dokument 5, S. 263.

gibt nichts neben und nichts über der Partei. Alle Organe sind der Partei untergeordnet und werden von der Partei geleitet. Alles, was wir sind, sind wir durch die Partei."[52]

Offensichtlich argwöhnte der „Großinquisitor" der Partei, daß „diese gefährliche Erscheinung, sich über die Partei zu stellen", in der Staatssicherheit „noch nicht völlig überwunden" sei. „Wie die Tatsachen aber beweisen, wird der, der sich über die Partei stellt oder Staatspositionen zum Kampf gegen die Partei benutzen will, unbedingt scheitern."[53] Neben der unterschwelligen Drohung war Matern gleichzeitig bestrebt, den nach Zaissers Sturz verunsicherten Kadern der Staatssicherheit neues Selbstbewußtsein einzuflößen. Das belegen folgende Passagen seiner Rede:

„Auf dem 15. Plenum wurde das ehemalige Ministerium für Staatssicherheit ernsthaft kritisiert. Diese Kritik hat nur zum Ziel, die Organe der Staatssicherheit zu festigen und schlagkräftiger zu machen. Es wäre völlig falsch, aus der Kritik der Partei die Schlußfolgerung zu ziehen, daß die Arbeit der Staatssicherheit bei uns abgeschwächt werden soll. Ganz im Gegenteil. Ich brauche nicht auseinanderzusetzen, daß der Klassenkampf an Schärfe zunimmt. Wir haben ein gespaltenes Vaterland. Die imperialistischen Agenturen und die Adenauer-Bande versuchen alles, um die Entwicklung in der Deutschen Demokratischen Republik zu verhindern. Wir wissen, daß der Aufstieg zu einem besseren Leben anziehend auf die Werktätigen in Westdeutschland wirkt. Die Schläge, die in den letzten Tagen von euch gegen Agentengruppen in der Deutschen Demokratischen Republik erfolgten, zeigen ein Ausmaß der erfolgreichen Arbeit und daß ihr stärker geworden seid, die Agenten vernichtend zu schlagen."[54]

Um das Gespenst des Defätismus aus der Staatssicherheit zu verscheuchen, wurde Matern noch massiver: „In den Reihen der Staatssicherheit darf es keinen Liberalismus geben gegen die Feinde unserer Republik. Wir müssen hart und rücksichtslos zuschlagen. Für knieweiche Pazifisten oder Mondgucker ist in unseren Reihen kein Platz. Genosse Ulbricht hat einmal auf einer ZK-Sitzung erklärt: ‚Wir müssen die Deutsche Demokratische Republik zu einer Hölle für die feindlichen Agenten machen.' Genossen, das ist im wesentlichen eure Aufgabe."[55] Das waren Ermutigungen, wie sie die Tschekisten nach dem 17. Juni nötig hatten – Stalinismus ohne Stalin.

Matern schloß seine an intellektuellem Niveau kaum zu unterbietende Rede mit Ausführungen zur Rolle der Parteiorganisationen. „Im wesentlichen haben die Parteiorganisationen in den Organen der Staatssicherheit die gleichen Aufgaben wie die übrigen Parteiorganisationen. Wir haben deswegen beschlossen, das wurde auch vordem mitgeteilt, die selbständige Parteiorganisation von oben bis unten aufzuheben. Die Parteiorganisation im Staatssekretariat wird vom ZK direkt angeleitet und die Parteiorganisationen in den Bezirken und Kreisen werden

52 Ebenda, S. 265.
53 Ebenda.
54 Ebenda, S. 266.
55 Ebenda, S. 266f.

angeleitet von der jeweiligen Bezirksleitung. Wir wollen eine engere Verbindung zur Partei erreichen."[56] Der Sache nach wiederholte Matern mit diesen Hinweisen nur, was im Politbürobeschluß vom 23. September 1953 schon präzise ausgeführt worden war.

Wollweber ging in seinem Referat vor allem auf die operative Arbeit der Staatssicherheit ein und sprach sich unter Hinweis auf den Schlag „gegen die faschistischen Spionage-, Zersetzungs- und Diversionsorganisationen" – gemeint war die Aktion „Feuerwerk"[57] – für den Ausbau des inoffiziellen Informationsnetzes der Staatssicherheit sowohl innerhalb wie außerhalb der DDR aus, „um in alle Organisationen und Zentren des Gegners einzudringen".[58]

Interessant und für den neuen politischen Stil der Staatssicherheit charakteristisch war Wollwebers Ankündigung, Ergebnisse und Erfolge in der operativen Arbeit künftig für die Agitation und Propaganda in der DDR sowie für die psychologische Kriegsführung gegen Westberlin und Westdeutschland nutzbar zu machen. „Wollen wir auf der einen Seite auf diese Weise die Wachsamkeit der Bevölkerung erhöhen und den Wirkungskreis der Organe der Staatssicherheit erweitern, so wollen wir auf der anderen Seite die Zentren der feindlichen Tätigkeit desorientieren und unsicher machen, dem einzelnen Agenten feindlicher Organisationen die Gefährlichkeit seines Tuns vor Augen führen, daß er nur kurze Zeit gefährlich in Freiheit leben kann und dann lange sitzen muß, wenn er seine Tätigkeit fortführt."[59]

Mit der zentralen Dienstkonferenz im SfS am 11. und 12. November 1953 wurde die Auseinandersetzung mit Zaisser innerhalb der Staatssicherheit beendet. Der Einfluß der Politbürokratie auf die Sicherheitsorgane war eindeutig gestärkt. Innerhalb der SED war die Zaisser-Affäre jedoch noch nicht ad acta gelegt. Um die eigene Position in der Politbürokratie zu behaupten und zu festigen und die politische Kontrolle der Staatssicherheit künftig gewährleistet zu wissen, wurde diese Auseinandersetzung von Ulbricht bewußt instrumentalisiert und gleichsam exzessiv geführt. Ganz in diesem Sinne nutzte der Erste Sekretär des ZK die zum 22./23. Januar 1954 einberufene 17. Plenartagung des Zentralkomitees, um Zaisser politisch den Garaus zu machen. Zusammen mit Rudolf Herrnstadt, seinerzeit Kandidat des Politbüros und Chefredakteur des „Neuen Deutschland", wurde er „nach Abschluß der Untersuchungen über die parteifeindliche Gruppe Zaisser-Herrnstadt"[60] aus der SED ausgeschlossen.

Den politischen Schlußpunkt zur Zaisser-Affäre setzte erst der IV. Parteitag der SED, der vom 30. März bis 6. April 1954 in Ostberlin abgehalten wurde. Matern sprach als Vorsitzender der ZPKK ein endgültiges Verdikt über die „parteifeindliche Gruppe" und erklärte unter dem Beifall der Delegierten: „Für Fraktionisten und Vertreter des Sozialdemokratismus ist in den Reihen der Partei kein

56 Ebenda, S. 270.
57 Vgl. dazu die Darstellung der Aktion „Feuerwerk" in Kapitel 2.1 der vorliegenden Studie.
58 Referat von Ernst Wollweber am 11./12.11.1953; Dokument 6, S. 275.
59 Ebenda.
60 Autorenkollektiv: Geschichte der deutschen Arbeiterbewegung. Chronik. Teil III, (Ost-)Berlin 1967, S. 408 f.

Platz. Deshalb wurden Herrnstadt und Zaisser aus der Partei ausgeschlossen."[61] Bezüglich des Verhältnisses der SED-Führung zur Staatssicherheit bedeuteten Ulbrichts Dank und Lob an die Adresse Wollwebers „für eine bessere Arbeit der staatlichen Sicherheitsorgane"[62] ein politisches Entspannungssignal. Der Chef der Staatssicherheit nahm es unverzüglich auf:

> „Die Feststellung des Genossen Walter Ulbricht, daß sich die Arbeit der Organe der Staatssicherheit seit der Entfernung Zaissers verbessert hat, ist den Genossen in der Staatssicherheit Verpflichtung, nach diesem Parteitag in verstärktem Maße alles zu tun, um die Organe der Staatssicherheit in einen solchen Zustand der Kampffähigkeit zu versetzen, daß sie auch unter den Bedingungen eines sich noch weiter verschärfenden Klassenkampfes und trotz großer Anstrengungen der feindlichen Zentren ihre Aufgabe erfüllen werden."[63]

Wollwebers Äußerung war mehr als ein Lippenbekenntnis. Der Schluß seiner Rede gedieh zu einer tschekistischen Huldigung an die SED.

> „Unsere Genossen in der Staatssicherheit haben einen besonderen Auftrag; aber das ist ein Parteiauftrag. Unsere Partei – das hat sich auch bei der Entlarvung Zaissers gezeigt – kann sich auf die Genossen in der Staatssicherheit verlassen. Das muß auch so sein, denn die Staatssicherheit soll ein scharfes Schwert sein, mit dem unsere Partei den Feind unerbittlich schlägt, gleichgültig, wo er sich festgesetzt hat."[64]

Das waren Worte in Ulbrichts Sinn, wie es überhaupt dem neuen politischen Stil der Staatssicherheit entsprach, daß ihr Chef auf einem Parteitag der SED eine Rede hielt. Zaisser hatte weder 1950 auf dem III. Parteitag noch 1952 auf der 2. Parteikonferenz das Wort ergriffen, obwohl jedesmal Belange der inneren Sicherheit zur Sprache gebracht worden waren.

Ein weiteres Element des neuen politischen Stils, der sich unter Wollwebers Ägide in der Staatssicherheit einbürgerte, stellte sein und seines Stellvertreters Auftreten auf Plenartagungen des Zentralkomitees der SED dar, wo sie von Zeit zu Zeit über die Arbeit der Staatssicherheit berichteten. Formal war Wollweber durch seine Wahl als Mitglied des ZK durch den IV. Parteitag dazu legitimiert. Mielke gehörte dem ZK bereits seit dem III. Parteitag als Mitglied an.

Ulbricht sorgte andererseits dafür, daß sich das ZK nach dem IV. Parteitag gleich zweimal innerhalb von acht Monaten mit der Arbeit der Staatssicherheit befaßte – auf dem 20. Plenum (8./9. September 1954) und auf dem 23. Plenum (13.–15. April 1955). Auf die politische Aufwertung des SfS bedacht, nutzten Wollweber und Mielke das Forum des Zentralkomitees natürlich, um Erfolge der operativen Arbeit zu bilanzieren. Sie wirkten dabei gleichsam in verteilten Rollen. Wollweber, ganz „Staatsmann", behielt sich eher prinzipielle politische Aussagen zur Staatssicherheit und ihrer Strategie und Taktik vor, auch die For-

61 Hermann Matern: Bericht der Zentralen Parteikontrollkommission, in: Protokoll der Verhandlungen des IV. Parteitages der SED, Bd. 1, (Ost-)Berlin 1954, S. 221.
62 Walter Ulbricht: Die gegenwärtige Lage und der Kampf um das neue Deutschland, in: ebenda, Bd. 2, S. 62.
63 Ernst Wollweber in der Diskussion des IV. Parteitages, in: ebenda, S. 703.
64 Ebenda, S. 710.

mulierung neuer Aufgaben: „Es hat keinen Zweck mehr, darüber zu reden, daß es richtig war, daß die Staatssicherheit aus der Anonymität heraustrat“, erklärte er zum Beispiel auf dem 20. ZK-Plenum. „Es ist erwiesen, daß das richtig war. Das ist klar. Aber die Aufgaben stehen etwas anders, erweitert. Wir müssen heute dazu kommen, durch die operative Arbeit der Staatssicherheit der politischen Führung unserer Partei Waffen in die Hand zu geben für ihren politischen Kampf.“[65] Mielke dagegen unterbreitete den Mitgliedern des ZK zum Beispiel konkrete „Analysen“ aus der operativen Praxis. So berichtete er auf dem 20. Plenum ausführlich über die am 2. August 1954 schlagartig durchgeführte Großaktion „Pfeil“ – so die interne Deckbezeichnung –, in deren Verlauf angeblich 547 sogenannte Agenten und Spione „unschädlich“ gemacht wurden. Auf dem 23. Plenum informierte er verhältnismäßig detailliert über eine ähnliche, im SfS unter dem Codewort „Blitz“ geplante und durchgeführte Aktion, der 521 „Agenten“ und „Spione“ in der DDR und in Westberlin zum Opfer gefallen seien.[66]

Immerhin hatte sich das Verhältnis der SED zur Staatssicherheit bis zum Herbst 1955 dermaßen verbessert, daß Wollwebers Apparat und seinen Organen eine demonstrative Aufwertung zuteil wurde. Das Staatssekretariat wurde aus seiner von seinen Kadern stets als diskriminierend empfundenen Eingliederung in das Ministerium des Innern erlöst. Am 24. November 1955 beschloß der Ministerrat im Zuge mehrerer Strukturveränderungen im Regierungsapparat auch die folgende: „Das Staatssekretariat für Staatssicherheit wird in ein Ministerium für Staatssicherheit umgewandelt.“[67] Damit war der Status quo der Ära Zaisser wiederhergestellt. Das MfS mit Wollweber als Minister an der Spitze hatte seine Eigenständigkeit im Rahmen der Diktatur der SED wiedererlangt. Ulbrichts Einstellung zur Staatssicherheit hatte sich offenkundig positiv gewandelt, auch wenn die Parteiarbeit im MfS noch manche Mängel aufwies. Rückschlüsse aus der Direktive 1/56 über die Beseitigung von Hemmnissen bei der Entfaltung eines innerparteilichen Lebens durch eine unbehinderte Kritik und Selbstkritik in den Parteiorganisationen der Organe der Staatssicherheit, die der Minister am 10. Februar 1956 erließ, erlauben jedenfalls diese Folgerung.[68]

Das ungetrübte Einvernehmen zwischen dem Ersten Sekretär des ZK der SED und dem Minister für Staatssicherheit sollte indes nicht lange andauern. Die Verwerfungen in der DDR infolge des „politischen Tauwetters“ im Jahre 1956, die Auswirkungen einerseits des XX. Parteitages der Kommunistischen Partei der Sowjetunion (14.–25. Februar 1956), auf dem der sowjetische Partei- und Re-

65 Referat von Ernst Wollweber auf dem 20. ZK-Plenum am 9.9.1954; Dokument 11, S. 311.

66 Vgl. die Reden Erich Mielkes auf dem 20. ZK-Plenum am 8.9.1954; Dokument 10, und auf dem 23. Plenum am 14.4.1955; Dokument 15. Siehe dazu auch die Kapitel 2.2 und 2.3 der vorliegenden Studie.

67 Bekanntmachung des Beschlusses des Ministerrates über die Veränderung der Struktur des Regierungsapparates vom 24.11.1955, in: Gesetzblatt der DDR vom 4.1.1956 (Nr. 1), S. 1.

68 Direktive 1/56 des Ministers für Staatssicherheit über die Beseitigung von Hemmnissen bei der Entfaltung eines innerparteilichen Lebens durch eine unbehinderte Kritik und Selbstkritik in den Parteiorganisationen der Organe der Staatssicherheit vom 10.2.1956; SAPMO-BA, DY 30, IV 2/12/102. Dokumentiert bei Schumann: Parteierziehung in der Geheimpolizei, S. 200–204.

gierungschef Nikita S. Chruschtschow eine bedingte „Entstalinisierung“ einleitete, und andererseits der 3. Parteikonferenz der SED (24.–30. März 1956), auf der die Staatspartei der DDR ihre sogenannten Schlußfolgerungen aus dem Moskauer Kongreß zog, beschworen nicht zufällig einen neuen Konflikt zwischen Ulbricht und Wollweber herauf. Er sollte zum zweiten Mal zum Sturz eines Ministers für Staatssicherheit in Ostberlin führen.[69]

1.2. Die Rolle der sowjetischen Berater

Eine entscheidende Einschränkung der „führenden Rolle der Partei“ war in der ersten Hälfte der fünfziger Jahre durch die Stellung der sowjetischen „Brudermacht“ gegeben, deren Sicherheitsorgane auf verschiedenen Ebenen einen maßgeblichen Einfluß auf Ausrichtung und Tätigkeit der DDR-Geheimpolizei ausübten. Die DDR besaß bis zum September 1955 ohnehin auch formell nur eine eingeschränkte Souveränität, und auf dem Feld der Staatssicherheit war der Führungsanspruch der Sowjets naturgemäß besonders ausgeprägt. Hier beanspruchte der Apparat der für die Staatssicherheit zuständigen sowjetischen Instrukteure bzw. Berater eine weitgehende Entscheidungs- und Federführungskompetenz. An der Spitze dieses Apparats stand der Ostberliner „Chefresident“ der sowjetischen Sicherheitsorgane und oberster „Chefberater“ der Staatssicherheit – ausnahmslos ein Geheimdienstoffizier im Generalsrang, der zumindest zeitweise auch die Funktion eines für Sicherheitsfragen zuständigen Stellvertreters des sowjetischen Botschafters ausübte.[70] Angesichts der dominanten Stellung der „Freunde“ gegenüber der DDR-Geheimpolizei kann man diese in den fünfziger Jahren mit Fug und Recht als „Diener zweier Herren“[71] bezeichnen.

Besonders stark war die Stellung der sowjetischen Organe in der Phase vor dem 17. Juni 1953, also in der Amtszeit Wilhelm Zaissers als Minister für Staatssicherheit: Die strukturell noch schwache DDR-Staatssicherheit wurde in dieser Zeit vom sowjetischen Instrukteurapparat umfassend angeleitet.[72] Wie aus

69 Vgl. dazu Roger Engelmann und Silke Schumann: Kurs auf die entwickelte Diktatur. Walter Ulbricht, die Entmachtung Ernst Wollwebers und die Neuausrichtung des Staatssicherheitsdienstes 1956/57, BStU, Berlin 1995.

70 Für Jewgeni P. Pitowranow („Chefberater“ 1953–1957) ist diese Funktion jedenfalls nachweisbar. Vgl. Wollweber an Ulbricht vom 14.9.1954; BStU, ZA, SdM 1201, Bl. 298f.

71 Wortprägung bei Walter Süß: „Schild und Schwert“ – Das Ministerium für Staatssicherheit und die SED, in: Klaus-Dietmar Henke und Roger Engelmann (Hrsg.): Aktenlage. Die Bedeutung der Unterlagen des Staatssicherheitsdienstes für die Zeitgeschichtsforschung, Berlin 1995, S. 88. Zur Thematik: Engelmann: Diener zweier Herren.

72 George Bailey, Sergej A. Kondraschow und David E. Murphy: Die unsichtbare Front. Der Krieg der Geheimdienste im geteilten Berlin, Berlin 1997, S. 65–80 und 379–383. Vgl. außerdem Bernhard Marquardt: Die Zusammenarbeit zwischen MfS und KGB, in: Materialien der Enquete-Kommission „Aufarbeitung von Geschichte und Folgen der SED-Diktatur in Deutschland“, hrsg. vom Deutschen Bundestag, Bd. VIII: Das Ministerium für Staatssicherheit – Seilschaften, Altkader, Regierungs- und Vereinigungskriminalität, Baden-Baden 1995, S. 297–361, hier 302f.; siehe auch die mit zahlreichen Dokumenten angereicherte Fassung in: Karl Wilhelm Fricke und Bernhard Marquardt: DDR Staatssicherheit. Das Phänomen des Verrats. Die Zusammenarbeit zwischen MfS und KGB, Bochum 1995, S. 50–169.

einem Bericht des damaligen MGB-„Residenten" in Berlin, Generalmajor Michail K. Kawerznew, von Februar 1952 hervorgeht, besaßen die sowjetischen Instrukteure in der Anfangszeit die uneingeschränkte operative Federführung in den Diensteinheiten des MfS und übernahmen in aller Regel die Bearbeitung der bedeutsameren Vorgänge selbst. Auch die Anleitung und Kontrolle der Länderverwaltungen der Staatssicherheit oblag in dieser Zeit nicht primär der Berliner Zentrale des MfS, sondern dem sowjetischen Instrukteurapparat. Um die Jahreswende 1951/52 erfolgte dem Bericht Kawerznews zufolge eine erste Stärkung der Eigenverantwortung des MfS durch die Übergabe von Vorgängen, die bis dahin von sowjetischer Seite bearbeitet worden waren, an deutsche Offiziere und durch die Einführung der direkten Berichterstattung der Länderverwaltungen an die Zentrale des MfS – diese war bis dahin offenbar über die Instrukteure gelaufen.[73] Zu den damals in der Staatssicherheit tätigen Instrukteuren liegt zwar bisher keine Gesamtzahl vor, sie dürfte aber dreistellig gewesen sein.[74]

In den MfS-Akten finden sich für diese Zeit Informationen zur Stellung und Rolle der Instrukteure im Apparat der Staatssicherheit – vorwiegend verstreut in Unterlagen mit operativem Charakter –, die belegen, daß die den Diensteinheiten zugeordneten sowjetischen Instrukteure tatsächlich ungehinderten Einblick in die operative Tätigkeit und De-facto-Weisungsbefugnisse hatten. Häufig wurde die Staatssicherheit überhaupt erst auf Veranlassung der sowjetischen Stellen aktiv, und selbst wenn sie Verhaftungen aus eigener Initiative vornahm, durfte sie Anfragen von Angehörigen Verhafteter nur mit Zustimmung der Instrukteure beantworten.[75] Auch in der Kaderpolitik scheint ihr Einfluß bestimmend gewesen zu sein. Aufschlußreich hierfür ist ein Schriftstück der „Freunde" von 1952, in dem – unter detaillierter Angabe der notwendigen Qualifikationen – von der SED-Führung faktisch die Rekrutierung von 127 wissenschaftlich-technischen Hochschulkadern für die volkswirtschaftlichen Linien der Staatssicherheit gefordert wird.[76]

Es besteht kein Zweifel, daß die politischen Machtkämpfe des Frühsommers 1953 in Moskau und Ostberlin das Verhältnis zwischen DDR-Staatssicherheit und ihren Beratern berührte. Quellenbedingt liegen diese Vorgänge aber immer noch weitgehend im dunkeln. Inwieweit Wilhelm Zaisser zu dieser Zeit als verlängerter Arm einer deutschlandpolitischen Strategie Berijas fungierte, die auf

73 Generalmajor Kawerznew an den Chef des MGB Ignatiew vom 29.2.1952, auszugsweise dokumentiert bei: Sergei A. Kondraschew: Stärken und Schwächen der sowjetischen Nachrichtendienste, insbesondere in bezug auf Deutschland in der Nachkriegszeit, in: Wolfgang Krieger und Jürgen Weber (Hrsg.): Spionage für den Frieden? Nachrichtendienste in Deutschland während des Kalten Krieges, München 1997, S. 145–153, hier 152.

74 Ein Stellenplan vom September 1958 weist knapp 100 „Freunde" (einschließlich Dolmetscher und Experten) aus; Verzeichnis der sowjetischen Berater beim MfS der DDR, Stand: 12. September 1958; SAPMO-BA, DY 30, J IV 2/202/62. Man muß dabei in Rechnung stellen, daß die Anzahl der Berater zwischen 1953 und 1958 erheblich geschrumpft ist.

75 Richtlinie Nr. 4 vom 6.1.1951: Verfahrensweise bei Anfragen von Angehörigen verhafteter oder festgenommener Personen durch das MfS, auch Verfahrensweise bei Personen, die sich in der Gewalt sowjetischer Dienststellen befinden; BStU, ZA, DSt 101094.

76 Russisches Schreiben ohne Kopf, ohne Datum, ohne Unterschrift, einschließlich Übersetzung vom 22.12.1952; SAPMO-BA, DY 30, J IV 2/202/62.

die Ablösung Ulbrichts und eine Öffnung gegenüber dem Westen zielte, muß noch durch weitere Forschungen geklärt werden.[77] Einige Bemerkungen, die Zaisser im Frühsommer 1952 und unmittelbar vor dem 17. Juni 1953 gemacht haben soll, könnten jedenfalls darauf hindeuten, daß er in deutschlandpolitische Planspiele der sowjetischen Seite eingeweiht war, in der die Preisgabe der DDR eine mögliche Option war.[78] Tatsache ist, daß der Aufstand am 17. Juni 1953 die Position der Ulbricht-Gegner im Politbüro untergrub und der anschließende Sturz Berijas ihnen endgültig den Boden unter den Füßen wegzog.

Parallel zur Liquidierung des gefürchteten Chefs des erweiterten MWD wurde Ende Juni 1953 auch der in Berlin weilende Sonderbeauftragte Berijas und designierte MWD-„Resident" Amajak Kobulow verhaftet und nach Moskau zurückgebracht.[79] Der von der sowjetischen Führung um Chruschtschow, Malenkow und Molotow gegen Berija erhobene Vorwurf, er habe die DDR preisgeben wollen, verschaffte Ulbricht und den anderen Hardlinern im SED-Politbüro Munition gegen ihre Widersacher. Nachdem sich der SED-Chef Anfang Juli in Moskau die entsprechende politische Rückendeckung geholt hatte, war die Entmachtung seines Hauptrivalen in der Parteiführung, Rudolf Herrnstadt, und die Absetzung Zaissers als Staatssicherheitschef nur noch eine Frage der Zeit. Auf der Linie der Vorwürfe gegen Berija konnte ihnen jetzt eine defätistische parteifeindliche Verschwörung vorgeworfen werden.[80]

Besonders aufschlußreich für die Rolle der sowjetischen Berater ist die Geschichte des schon ausführlich zitierten Entwurfs für einen Politbürobeschluß über die Arbeit der Parteiorganisation im Staatssekretariat für Staatssicherheit, der im August 1953 maßgeblich vom Parteisekretär der Staatssicherheit Otto Walter ausgearbeitet wurde. Der Text enthielt grundlegende Aussagen zum Verhältnis zwischen territorialen Parteileitungen und den entsprechenden Dienststellen des Staatssicherheitsdienstes. Neben umfassenden Informationspflichten der Bezirksverwaltungen gegenüber den 1. Sekretären der territorialen Bezirksleitungen nannte der Entwurf deren Auftragsbefugnis in „parteipolitischer" und „fachlicher Hinsicht". Ausdrücklich erwähnt werden operative Aktionen, Festnahmen und die Konzentration der Arbeit auf bestimmte Schwerpunkte. Für den Fall, daß die Bezirksverwaltung die erteilten Aufträge für undurchführbar halten sollte, sah der Entwurf eine komplizierte Entscheidungsfindung unter Einbeziehung der dienstlichen Leitung und der Parteileitung des Staatssekreta-

77 Einige Hinweise mit begrenzter Aussagekraft bei: Bailey/Kondraschew/Murphy: Die unsichtbare Front, S. 198–210; Lew Besymenski: Sowjetischer Nachrichtendienst und Wiedervereinigung Deutschlands: Der Berija-Plan von 1953, in: Krieger/Weber (Hrsg.): Spionage für den Frieden?, S. 155–159; Pawel A. Sudoplatow und Anatolij Sudoplatow: Handlanger der Macht. Enthüllungen eines KGB-Generals, Düsseldorf 1994, S. 421–426.

78 Aussagen der Stellvertreter des Ministers Hermann Gartmann, Martin Weikert, Otto Last, Rudolf Menzel, Otto Walter sowie des Mielke-Stellvertreters Josef Gutsche gegenüber der ZPKK bzw. dem Politbüro (Anfang August 1953); BStU, ZA, SdM 2580, Bl. 74, 77–85. Außerdem Redebeitrag von Fritz Lange vor dem 15. ZK-Plenum, 24.–26.7.1953; SAPMO-BA, DY 30, IV/2/1/120, Bl. 86–90, hier 86f.

79 Bailey/Kondraschew/Murphy: Die unsichtbare Front, S. 209 und 227: Sudoplatow: Handlanger, S. 410f., 425 und 430f.

80 Vgl. Helmut Müller-Enbergs: Der Fall Rudolf Herrnstadt. Tauwetterpolitik vor dem 17. Juni, Berlin 1991, S. 307f.

riats und – sollte sie auch hier nicht gelingen – den Schiedsspruch von Ulbricht vor.[81]

Dieser Entwurf wurde nie spruchreif, weil er am Widerstand des sowjetischen Chefberaters scheiterte. Inzwischen war als neuer Residentur-Chef der als Malenkow-Protegé geltende MWD-Generalleutnant Jewgeni P. Pitowranow[82] nach Berlin entsandt und der bisherige Resident Iwan Fadeikin zu seinem Stellvertreter degradiert worden. Unter Pitowranows Mitwirkung und mit Beteiligung des Hochkommissars Semjonow und seines Stellvertreters Judin kam es zur Ausarbeitung eines völlig anders lautenden Politbürobeschlusses, dessen Passus zur Parteiorganisation im SfS und zum Verhältnis von territorialen Parteileitungen und Dienststellen der Staatssicherheit wortwörtlich einem in letzter Minute eingebrachten Änderungsvorschlag Pitowranows entsprach.[83]

Die Neuregelung bedeutete die Abschaffung der einheitlichen Parteiorganisation im SfS.[84] In diesem Zusammenhang besonders wichtig ist jedoch, daß von fachlichen Aufträgen der territorialen Parteileitungen an die Staatssicherheitsorgane oder ähnlichem nicht mehr die Rede war, sondern nur noch von parteipolitischer Anleitung. Außerdem wurde ausdrücklich betont: „Zur Wahrung der Konspiration dürfen sich [...] die örtlichen Parteiorgane nicht unmittelbar in die Arbeit mit Informatoren [...] einmischen."[85] Die „Freunde" schoben somit – entgegen der ursprünglichen Absicht der SED-Führung – allzu direkten Einflußnahmen bzw. einem allzu ungehinderten Einblick der territorialen Bezirks- und Kreisleitungen einen Riegel vor.

Ungeachtet verstärkter Anleitungsbemühungen der Parteispitze blieb die Stellung der „Freunde" weiterhin stark. Auch nach Zaissers Sturz besaßen sie de facto weitgehende Weisungs- und Vetorechte, die sich jetzt auch mit in Protokollen festgehaltenen mündlichen Anweisungen seines Nachfolgers, Ernst Wollweber, belegen lassen. So gab Wollweber in einer Dienstbesprechung im August 1953 die Maßregel aus: „Wenn ein sowjetischer Instrukteur eingreift wie in Halle, so macht man den Instrukteur aufmerksam, daß man anderer Meinung ist, befolgt aber den Rat des Instrukteurs."[86] Und im Dezember desselben Jahres verkündete er: „Keine Maßnahmen sollen getroffen werden gegen die Meinung unserer Freunde." Wenn Entscheidungen der Bezirksverwaltungschefs vorlägen, mit der

81 Vorlage der Abteilung Leitende Organe der Partei und Massenorganisationen an das Sekretariat des ZK vom 31.8.1953; SAPMO-BA, DY 30, IV 2/5/2, Bl. 169–176; textidentisch mit: Entwurf für einen Beschluß des Politbüros o. D. über die Arbeit der Parteiorganisation im Staatssekretariat für Staatssicherheit des MdI; BStU, ZA, SdM 1199, Bl. 159–164. Dokumentiert bei Schumann: Parteierziehung in der Geheimpolizei, S. 160–165.

82 Zum Teil widersprüchliche Angaben zum Lebensweg von Pitowranow bei Bailey/Kondraschew/Murphy: Die unsichtbare Front, S. 70, 73–75; Pawel A. Sudoplatow und Anatolij Sudoplatow: Handlanger der Macht. Enthüllungen eines KGB-Generals, Düsseldorf 1994, S. 383, 391.

83 Wollweber an Ulbricht vom 23.9.1953; SAPMO-BA, DY 30, J IV 2/202/62.

84 Vgl. Schumann: Parteierziehung in der Geheimpolizei, S. 57–67.

85 Entwurf zum Punkt 8 des Politbürobeschlusses, handschriftlich von Wollweber: „Vorschlag der Freunde", Anlage zu seinem Schreiben an Ulbricht; SAPMO-BA, DY 30, J IV 2/202/62. Wortgleich wie die entsprechende Passage des Punktes 9 im verabschiedeten Beschluß. Vgl. Beschluß des Politbüros vom 23.9.1953; Dokument 2, S. 253.

86 Wollweber auf der Dienstbesprechung am 21.8.1953; BStU, ZA, SdM 1921, Bl. 228.

die Freunde nicht einverstanden seien, müsse dies sofort mit einer Stellungnahme der Leitung in Berlin gemeldet werden.[87]

Auch bei Kaderentscheidungen bis hinunter zur Ebene der Kreisdienststellenleiter ist in den Jahren 1953 bis 1955 vereinzelt die Beteiligung der Berater nachzuweisen. So findet sich zum Beispiel in einer Kaderakte der Vermerk von November 1953: „Der Obengenannte wird nach Absprache mit der befreundeten Dienststelle als stellvertretender Leiter der Kreisdienststelle [...] vorgeschlagen."[88] Zur selben Person notiert die Kaderabteilung ein gutes Jahr später: „Die Leitung der Bezirksverwaltung Suhl sowie die Genossen Berater sind der Meinung, daß der Oberleutnant [...] aufgrund seiner moralischen Entgleisungen seiner Funktion als Dienststellenleiter der Kreisdienststelle [...] enthoben und als Sachbearbeiter in der Abteilung II der Bezirksverwaltung Suhl eingesetzt wird."[89]

Besonders aufschlußreich sowohl im Hinblick auf die Rolle der „Freunde" als auch auf die immer noch schwachen Parteistrukturen ist 1954 die Klage ausgerechnet des 1. Sekretärs der Parteiorganisation im SfS, Hermann Steudner, jede operative Abteilung besitze einen sowjetischen Berater, der ihr helfe, die Beschlüsse der Partei in operative Arbeit umzusetzen, nur das Büro der Kreisleitung müsse die politische Linie allein finden.[90]

Es muß allerdings angemerkt werden, daß Anleitung durch die Partei und Anleitung durch die Berater in einem gewissen Ausmaß komplementär waren. Die Anleitung der Berater betraf zum größten Teil operative Fragen, Fragen der Organisation, Vermittlung von geheimpolizeilichem Handwerk, während die eigentlich politische Anleitung primär Aufgabe der SED war. Überschneidungen gab es naturgemäß bei den grundsätzlicheren Fragen, doch ist hier zumeist ein Gleichklang zu verzeichnen. Die „Dauerbrenner" der Kritik am MfS in den Jahren 1953 bis 1957: mangelnde Qualifikation der Mitarbeiter, mangelhafte Arbeit mit Informatoren, unzureichende Erfolge bei der Bekämpfung der sogenannten Untergrundzentralen und bei der Aufklärung der sogenannten Konzernverbindungen finden sich sowohl in den Stellungnahmen der Berater als auch in den Äußerungen von Ulbricht. Die Quellen legen dabei die Vermutung nahe, daß Ulbricht zumindest einen Teil der Kritikpunkte von den „Freunden" übernommen hat und nicht umgekehrt.[91]

Im Zusammenhang mit dem hier behandelten Thema ist die Rolle der sowjetischen Seite bei der Ausarbeitung der Strategie der „konzentrierten Schläge" im Spätsommer und Herbst von besonderer Bedeutung. Neben Walter Ulbricht und Hermann Matern als Vertreter der Partei waren der sowjetische Chefberater

87 Wollweber auf der Dienstbesprechung am 13.12.1953; ebenda, Bl. 199.
88 Abt. Personal der BV Suhl an Abt. Personal des SfS vom 9.11.1953; BStU, ZA, KS 87/69, Bl. 110.
89 Abt. KuSch der BV Suhl an HA KuSch vom 6.1.1955; ebenda, Bl. 107f.
90 Protokoll der Sitzung der Kreisleitung am 21.9.1954; BStU, ZA, KL-SED 197, Bl. 209f.
91 Vgl. Protokoll der Besprechung am 8.1.1954 zwischen dem für das SfS zuständigen sowjetischen Chefberater (Pitowranow) und Ulbricht sowie Stoph, Wollweber, Mielke, Walter, Last, Weikert und Röbelen; SAPMO-BA, DY 30, IV 2/12/119, Bl. 1–9; außerdem Kritik der Berater an der agenturischen Arbeit des SfS o. D.; BStU, ZA, SdM 1201, Bl. 202–206.

Pitowranow und sein Stellvertreter Iwan Fadeikin[92] an der Formulierung einer Konzeption beteiligt, die sowohl die Neuorganisation des Apparates der Staatssicherheit als auch die grundlegende Neuausrichtung der operativen Tätigkeit im Sinne der neuen Strategie sowie deren intensive propagandistische Flankierung beinhaltete.[93]

Auch bei der Umsetzung der Offensivstrategie spielten die Berater eine entscheidende Rolle. Im Einsatzbefehl zur ersten Großaktion im Oktober 1953 heißt es kategorisch: „Sämtliche während der Aktion ‚Feuerwerk' und ‚Nachschlag' durchzuführenden Maßnahmen sind rechtzeitig mit den sowjetischen Instrukteuren abzustimmen."[94] Aus den Unterlagen zur Aktion „Pfeil" vom Frühsommer 1954 geht hervor, daß die Behandlung einzelner Vorgänge und konkrete Festnahmen detailliert mit den jeweils zuständigen sowjetischen Beratern abgesprochen wurden, wobei die „Freunde" sich offensichtlich koordinierende und kontrollierende Kompetenzen vorbehielten. So heißt es in einer Aktennotiz der Hauptabteilung II/1 über eine „Absprache mit dem Gen[ossen] Berater" unter anderem:

> „Rücksprache mit der Verwaltung Groß-Berlin, Abteilung V, wegen Gruppenvorgang ‚Ami-Spionage'. Berater gibt an, es sollen 26 Personen festgenommen werden, 22 Vorführberichte wurden nur geschickt. Wo sind die anderen?
>
> Mit Gen[osse] Jehle Rücksprache nehmen zu Gruppenvorgang ‚Donau'. Warum ist die Frau K. [Name anonymisiert] nicht zur Festnahme vorgesehen? Vorführungsbericht schreiben, in Schema nachtragen.
>
> [...]
>
> Der G[ruppen]V[organg] ‚Verbindung' von der BV Rostock soll vom Schema gestrichen werden."[95]

Bemerkenswert ist auch die Bleistiftnotiz: „Übersetzt aus dem Russischen: Carlsohn",[96] unter dem detaillierten Operativplan vom März 1955 zur zweiten Phase der Aktion „Blitz",[97] welche darauf hinweist, daß das Original von den sowjetischen Beratern verfaßt wurde. Offensichtlich hatten sich die „Freunde" auch bei dieser letzten Großaktion der Staatssicherheit die detaillierte Festlegung der operativen Maßnahmen vorbehalten.

Von Bedeutung ist, daß die Beendigung der Phase der „konzentrierten Schläge" im Hochsommer 1955 ebenfalls auf sowjetische Initiative zurückging. Schon

92 Vgl. Schlußwort von Wollweber auf der zentralen Dienstkonferenz am 11./12.11.1953, S. 1; BStU, ZA, DSt 102272.
93 Vorgetragen von Wollweber auf der zentralen Dienstkonferenz am 11./12.11.1953; Dokument 6.
94 Einsatzbefehl 333/53 zur Aktion „Feuerwerk" vom 28.10.1953; Dokument 4, S. 259.
95 HA II/1, betr.: Absprache mit dem Gen. Berater am 17.7.1954; BStU, ZA, AS 97/55, Bl. 211 f.
96 Die Übersetzung stammt höchstwahrscheinlich von Sonja Carlsohn, der Ehefrau des damaligen persönlichen Referenten Mielkes und späteren Leiters des Sekretariats des Ministers, Hans Carlsohn. Sonja Carlsohn, geborene Klemm, hatte als Tochter deutscher Emigranten Kindheit und Jugend in der Sowjetunion verbracht und war im Zeitraum der Aktion „Blitz" Mitarbeiterin der HA V im Range eines Oberleutnants.
97 BStU, ZA, AS 171/56, Bd. 1, Bl. 68–88, hier 88; Dokument 14, S. 320, Anm. 950.

seit Anfang des Jahres drängte die sowjetische Seite auf eine Stärkung der „Arbeit im und nach dem Westen“: Eine erste Weichenstellung in diese Richtung erfolgte schon bei einer Beratung der Staatssicherheitsdienste der Sowjetunion, Polens, der ČSR und der DDR im März 1955 in Moskau, die im SfS zur Schaffung der Aufklärungsabteilungen XV in den Bezirksverwaltungen und zur Ausweitung der Aufklärungsaufgaben der Abwehrlinien führte.[98] Nach der Genfer Gipfelkonferenz im Juli 1955 kam es dann zu einer Präzisierung und Zuspitzung dieser Orientierung, die von Wollweber vor den Leitern der Diensteinheiten der Staatssicherheit mit der herrschenden Kriegsgefahr einerseits und mit den diagnostizierten Differenzierungen im westlichen Lager andererseits begründet wurde. Er machte dabei – wie noch ausführlicher darzulegen sein wird – keinen Hehl aus seiner Einschätzung, daß diese Schwerpunktverlagerung zugunsten der Westarbeit, zumindest teilweise, auf Kosten der inneren Überwachung gehen mußte, was nicht unbedingt den Vorstellungen des SED-Chefs entsprach.[99] In der vorliegenden Situation waren aber die sowjetischen Vorgaben für die Staatssicherheit maßgebend. Erst zwei Jahre später sollte Ulbricht unter veränderten innen- und außenpolitischen Bedingungen mit seinen Vorstellungen die Oberhand gewinnen.

1.3. Persönlichkeit und Rolle Ernst Wollwebers als Chef der Staatssicherheit

Der neue Staatssicherheitschef Ernst Wollweber war kein ausgesprochener Gefolgsmann Ulbrichts, seine Berufung trug deutlich die Handschrift der Sowjets,[100] die damit die Verdienste ihres deutschen Sabotageexperten würdigten. Daß er ein ausgeprägtes Selbstbewußtsein besaß, dürfte eher zu seinen Gunsten ausgeschlagen haben, denn in der gegebenen Situation konnte die Sowjetunion in dieser Stellung kein Interesse an einem unterwürfigen Befehlsempfänger des SED-Chefs haben. Tatsächlich war die Persönlichkeit Wollwebers vielschichtig und deckte sich auch keineswegs mit dem ihm vorauseilenden Ruf des „Rabauken“, wenn auch seine Rolle als Leiter der Staatssicherheit zweifellos von seiner bewegten Biographie geprägt war.

Der 1898 in Hannoversch-Münden geborene Tischlersohn verfügte über den Werdegang eines Berufsrevolutionärs. 1918 beteiligte er sich am Kieler Matrosenaufstand und 1920 an den Kämpfen im Gefolge des Kapp-Putsches. Im Jahre 1921 wurde er erster Sekretär der KPD-Organisation im Kreis Hessen-Waldeck. Er begnügte sich allerdings nicht mit der Rolle des politischen Funktionärs; we-

98 Vgl. Protokoll der Dienstbesprechung am 22.3.1955; BStU, ZA, SdM 1921, Bl. 104–111.
99 Vgl. Kapitel 7.1 der vorliegenden Studie.
100 Der These von Flocken/Scholz, daß die „Deutschlandabteilung“ des sowjetischen Sicherheitsorgans Wollweber mit „tiefem Mißtrauen“ beobachtete, kann nicht zugestimmt werden. Sie beruht offensichtlich auf einer fehlerhaften Quellenzuordnung; Flocken/Scholz: Ernst Wollweber, S. 150–152.

nig später stürzte er sich in die bewaffneten Auseinandersetzungen in Thüringen. Seine militanten und konspirativen Neigungen führten zur Einbindung in den sogenannten M(ilitär)-Apparat der KPD. 1923 berief ihn die Partei zum M-Leiter für Hessen-Waldeck und Thüringen, und bald darauf erhielt er die entsprechende Ausbildung auf der Ersten Militärschule in Moskau. Danach wurde er Verbindungsmann der Geheimdienstabteilung der Roten Armee, zuständig für Sabotage.[101]

Im Mai 1924 kam Wollweber in Haft und wurde im folgenden Jahr vom Reichsgericht zu drei Jahren Haft verurteilt. Nach seiner vorzeitigen Entlassung im Februar 1926 schickte ihn der neue KPD-Vorsitzende Ernst Thälmann als Instrukteur des Zentralkomitees nach Schlesien, um die dortige Parteiorganisation von Rechtsabweichlern zu säubern, und er erwies sich hier wie auch später als zuverlässiger Verbündeter des Parteichefs bei der Stalinisierung der KPD.[102] Nach der Wahl zum Abgeordneten des preußischen Landtags zog Wollweber 1930 nach Berlin um. Dort fungierte er als Mitglied des Reichskomitees der Revolutionären Gewerkschaftsopposition (RGO) und als Reichsleiter des „Einheitsverbandes der Seeleute, Hafenarbeiter und Binnenschiffer" in der Internationale der Seeleute und Hafenarbeiter (ISH). In dieser Funktion organisierte er vermutlich auch schon Schmuggel- und Sabotagegruppen.[103]

Der große Wahlsieg der KPD am 6. November 1932 brachte Wollweber in den Genuß eines Reichtagsmandats, an dem er allerdings nur wenige Wochen seine Freude hatte. Im Januar 1933 kamen die Nationalsozialisten an die Macht. Die ISH-Zentrale mußte von Hamburg nach Kopenhagen ausweichen, und im Mai 1933 folgte ihr Wollweber auf Moskauer Befehl. Unter sowjetischer Anleitung baute er im Laufe des Jahres 1936 aus dem Kaderstamm seiner Seeleutegewerkschaft eine Sabotageorganisation auf, die schwerpunktmäßig von Skandinavien aus operierte und vor allem in der Phase des spanischen Bürgerkrieges Sprengstoff- und Brandanschläge auf spanischen, italienischen, deutschen und japanischen Schiffen ausführte. Nach Kriegsausbruch wurde die Situation für Wollweber schwierig. Deutschland besetzte im April 1940 Dänemark und Norwegen, und er mußte mit seiner Organisation nach Schweden ausweichen, wo er wenig später verhaftet wurde. Es folgte ein Tauziehen zwischen Deutschland und der Sowjetunion um seine Auslieferung. Die schwedischen Behörden lavierten hin und her; schließlich stellten sie ihn vor ein schwedisches Gericht, das ihn wegen Anstiftung zum Sprengstoffdiebstahl zu drei Jahren Gefängnis verurteilte. Die Übergabe an die Gestapo blieb ihm nur knapp erspart. Im November 1944, als er seine Haftstrafe verbüßt hatte und der Kriegsverlauf eine baldige Niederlage Deutschlands voraussehen ließ, durfte er in die Sowjetunion ausreisen.[104]

Es gehört zu den Merkwürdigkeiten der sowjetischen Politik, daß Wollweber

101 Ebenda, S. 22–38.
102 Ebenda, S. 43–45, siehe auch: Ernst Wollweber: Aus Erinnerungen. Ein Porträt Walter Ulbrichts, dokumentiert von Wilfriede Otto, in: Beiträge zur Geschichte der Arbeiterbewegung 32 (1990), S. 353 f.
103 Flocken/Scholz: Wollweber, S. 47–50.
104 Ebenda, S. 53–115.

erst im März 1946, zehn Monate nach Kriegsende, nach Berlin zurückkehrte. Möglicherweise wollte man sich den Sabotageexperten zunächst noch für etwaige andere Missionen reservieren, doch gab man dem Drängen Wollwebers schließlich nach und gewährte ihm die Rückkehr in die Heimat. In der Sowjetischen Besatzungszone erhielt er zunächst das Amt des stellvertretenden Leiters der Generaldirektion Schiffahrt. Im Februar 1947 wurde er Generaldirektor und nach Gründung der DDR Staatssekretär für Schiffahrt im Verkehrsministerium. Vieles deutet aber darauf hin, daß Wollweber in diesen Funktionen einer konspirativen Zweitbeschäftigung nachging, die mit seiner Tätigkeit in den dreißiger Jahren eng verwandt war. Unter dem Dach seines Amtes scheint der sowjetische Geheimdienst auf dem Territorium der DDR mehrere Ausbildungsstätten unterhalten zu haben, in denen in bewährter Tradition westliche Seeleute für Schmuggel-, Spionage- und Sabotageoperationen ausgebildet wurden. Entsprechende Informationen gelangten unter anderem über Walter Gramsch (Deckname „Brutus"), einen Abteilungsleiter in Wollwebers Staatssekretariat, der für die Organisation Gehlen arbeitete, in den Westen. Als Anfang der fünfziger Jahre diverse Sprengstoffanschläge auf britische und amerikanische Schiffe verübt wurden, brachte man Wollweber damit in Verbindung.[105]

Möglicherweise legte Wollwebers Vergangenheit als nervenstarker Chefsaboteur nahe, daß er für die Aufgaben, die sich der Staatssicherheit nach Ansicht der Parteiführung und der „Freunde" im Jahre 1953 stellten, besonders geeignet war. Nach dem Schock des 17. Juni sollte die eher abwartende operative Praxis seines Vorgängers Zaisser überwunden und der „Konterrevolution" durch harte Maßnahmen möglichst schnell jede Basis entzogen werden. Einiges deutet darauf hin, daß Wollweber das neue Amt nicht mit einer langen Perspektive übernommen hatte und es auch nicht unbedingt als seine Berufung ansah. Laut eigenen Erinnerungen soll er Ulbricht schon nach einer der ersten Großoperationen mitgeteilt haben, „daß noch ein paar Schläge nötig seien, um die Aktivität der Konterrevolution so zu reduzieren, daß sie keine Gefahr mehr bildete". „Ich schätzte ein, daß in zwei, spätestens drei Jahren diese Aufgabe erfüllt sei, und man möge sich schon nach einem Nachfolger für mich umsehen; denn ich verspürte keinerlei Lust, diese Arbeit bis ans Lebensende fortzuführen. Dasselbe sagte ich meinen sowjetischen Beratern."[106]

Ein Vergleich Wollwebers mit seinem 1. Stellvertreter und Nachfolger Erich Mielke macht einige Unterschiede augenfällig. Übermäßiger Ehrgeiz und persönliches Machtstreben, eine Eigenschaft, die sowohl Ulbricht als auch Mielke kennzeichnete, war ihm geradezu zuwider. In dieses Bild paßt, daß er es als einen Hauptfehler seines Vorgängers Zaisser ansah, daß sich dieser im Frühsommer 1953 „mit Karrieristen in der Partei eingelassen" habe.[107] Das operative Tagesgeschäft

105 Ebenda, S. 116–132. Außerdem die Broschüre: Vom Höllenmaschinisten zum Staatssekretär, hrsg. von „Freiheit"-Aktion der Jugend, Bonn o. D. (1953); Reinhard Gehlen: Der Dienst. Erinnerungen 1942–1971, Mainz-Wiesbaden 1971, S. 200.

106 Wollweber: Erinnerungen, S. 359.

107 Bericht Bruno Beaters vom 15.2.1957 über ein Gespräch mit Wollweber; SAPMO-BA, DY 30, J IV 2/202/4/1, publiziert in: Engelmann/Schumann: Der Ausbau des Überwachungsstaates, S. 368–370, hier 369.

überließ er, wie übrigens auch schon Zaisser, über weite Strecken Mielke, der sich intern und gegenüber der SED-Führung als emsiger Kärrner profilierte. Dafür besaß Wollweber einen ungleich größeren politischen und intellektuellen Horizont. Er war im Unterschied zu seinem Nachfolger in der Lage, die Arbeit der Staatssicherheit in einer rhetorisch wirkungsvollen Art öffentlich darzustellen und in internen Besprechungen auch einigermaßen qualifiziert in einen größeren politischen Zusammenhang einzuordnen. Überhaupt war er ein verhältnismäßig begabter Redner, eine Fähigkeit, die er häufig unter Beweis stellen mußte, weil die neue Strategie und Taktik der Staatssicherheit ihrem Chef ständige Agitationseinsätze in der Öffentlichkeit abverlangte. Sein Freund Karl Schirdewan charakterisierte ihn in seinen Memoiren als „großartig in der Ausdrucksweise, nicht engstirnig, kein Buchstabengelehrter".[108] Man muß hierbei im Auge behalten, daß Wollweber noch in den politischen Auseinandersetzungen der Weimarer Zeit geschult worden war. Er hatte sich damals als Diskussionsredner unter anderem rhetorische Duelle mit Philipp Scheidemann geliefert, der ihn damals immerhin „nicht zu den ganz Verrückten seiner Partei, sondern zu den Halbvernünftigen" rechnete.[109]

Die Amtsführung Wollwebers als Staatssicherheitschef war, zumindest in den Jahren 1953 bis 1955, durch ausgesprochene Härte gekennzeichnet. Es war die Gnadenlosigkeit des Parteisoldaten, dem in einer herrschaftspolitisch prekären Phase die Aufgabe der Machtsicherung übertragen worden war und der diese in dem Bewußtsein ausübte, damit eine historische Mission zu erfüllen. Wollweber hat dieser Haltung 1954 in seinem berühmten Ausspruch auf dem IV. Parteitag der SED Ausdruck gegeben, als er die Staatssicherheit als das scharfe Schwert der Partei bezeichnete, mit dem der Feind unerbittlich geschlagen werde.[110]

Wollweber hatte 1953 einen Apparat übernommen, der in vieler Hinsicht noch ungefestigt war und mit großen Qualifikationsdefiziten, zuweilen auch mit disziplinarischen Problemen, zu kämpfen hatte. Von Anfang an trat er als Zuchtmeister auf. So verkündete er in seiner ersten Dienstbesprechung:

> „Wenn jemand, um leichter ans Ziel zu kommen, ungesetzliche Behandlung von Gefangenen vornimmt, wird er bestraft werden. Wenn jemand ohne Grund, nur um ein Resultat zu haben, jemand[en] ins Gefängnis steckt, so wird er bestraft werden. Wenn jemand eine Verhaftung nicht vornimmt, und dieser Feind ausrückt nach dem Westen, wird er besonders hart bestraft werden."[111]

Kennzeichnend für seine Amtszeit ist auch der gnadenlose Umgang mit abtrünnigen Mitarbeitern. Ab Herbst 1953 wurden geflüchtete Staatssicherheitsoffiziere

108 Karl Schirdewan: Aufstand gegen Ulbricht, Berlin 1994, S. 93.
109 Flocken/Scholz: Wollweber, S. 29.
110 Ernst Wollweber in der Diskussion des IV. Parteitages, in: Protokoll der Verhandlungen des IV. Parteitages der SED, (Ost-)Berlin 1954, Bd. 2, S. 702–710, hier 703.
111 Protokoll der Dienstbesprechung mit den Leitern der Bezirksverwaltungen und den Abteilungsleitern im Staatssekretariat vom 21.8.1953; BStU, ZA, SdM 1921, Bl. 226.

systematisch in die DDR zurückgeholt und abgeurteilt.[112] Zur Abschreckung gab Wollweber die erfolgten Hinrichtungen im SfS bekannt. Den Mitarbeitern sollte vor Augen geführt werden, daß es für „Verräter" kein Entrinnen gab. So heißt es in seinem Tagesbefehl aus Anlaß der Exekution des Ehepaars Bruno und Susanne Krüger, ehemalige Mitarbeiter der Bezirksverwaltung Schwerin, die geflohen und aus dem Westen verschleppt worden waren:

> „Jeden Verräter an unserer gerechten Sache ereilt sein Schicksal. Er wird genau wie die beiden Krüger ergriffen, auch wenn er sich in einem noch so sicheren Versteck zu finden glaubt, und entgeht in keinem Fall seiner gerechten Strafe, denn die Macht der Arbeiterklasse reicht über alle Grenzen hinaus."[113]

Auch die brutale Härte, mit der die „konzentrierten Schläge" gegen Regimegegner sowie tatsächliche und vermeintliche Agenten realisiert wurden, und die Skrupellosigkeit, mit der die Staatssicherheit in diesem Zusammenhang Menschenraubaktionen durchführte, liegen auf dieser Linie. Auch wenn die Willkür der Sicherheitsorgane im Vergleich zur Zeit vor Stalins Tod in mancher Hinsicht nachgelassen hatte, ist die erste Phase der Ära Wollweber bis Ende 1955 zu den härtesten Repressionsjahren der DDR-Geschichte zu rechnen.

Daß die Persönlichkeit Wollwebers sich nicht völlig in der Rolle des treuen und unerbittlichen Parteisoldaten erschöpfte, zeigte allerdings sein weiterer Werdegang. Entscheidend ist hier das Jahr 1956, das für Wollweber einen doppelten Einschnitt bringen sollte. Der erste war politischer Natur und wurde durch den XX. Parteitag der KPdSU gesetzt, auf dem die Verbrechen Stalins parteioffiziell verurteilt wurden. Die zweite Zäsur war persönlicher Art: Im Juni 1956 ereilte ihn ein Herzinfarkt, der ihn langfristig schwächen und seiner vollen Arbeitskraft berauben sollte. Beide Ereignisse, so muß man vermuten, bewirkten, daß sich andere Seiten in seiner Persönlichkeit in den Vordergrund schoben.

Obwohl man Wollweber sicherlich als einen Stalinisten kennzeichnen muß, hatte er sich schon früher dadurch ausgezeichnet, daß er zu einer eigenen Meinung fähig war, die er zuweilen auch offen vertrat. Schon der Informant der Organisation Gehlen im Staatssekretariat für Schiffahrt berichtete seinen Auftraggebern von unter politisch-ideologischen Gesichtspunkten erstaunlich ketzerischen Aussprüchen seines Chefs, die dahin gingen, die „Lehren Lenins und Stalins mit den Erfahrungen des Westens" verbinden zu wollen.[114] Als 1952 auf der 2. Parteikonferenz der SED überraschend der planmäßige Aufbau des Sozialismus verkündet wurde, ohne daß zuvor eine entsprechende Diskussion in der Partei

112 Es handelt sich um die Fälle des Prenzlauer Kreisdienststellenleiters Paul Rebenstock (1953/54), des Kraftfahrers der HA I Paul Köppe (1954/55), des operativen Mitarbeiters der Kreisdienststelle Wittenberg Heinz-Georg Ebeling (1954/55), des Offiziers der Untersuchungsabteilung IX der Bezirksverwaltung Schwerin, Bruno Krüger, und seiner Ehefrau Susanne Krüger, Sekretärin in der dortigen Kaderabteilung (1954/55), des Mitarbeiters der Zentrale des MfS Johannes Schmidt (1955) und des ehemaligen Majors der Bezirksverwaltung Schwerin Sylvester Murau (1955/56). Vgl. Karl Wilhelm Fricke: „Jeden Verräter ereilt sein Schicksal". Die gnadenlose Verfolgung abtrünniger MfS-Mitarbeiter, in: Deutschland Archiv 27 (1994) 3, S. 258–265; siehe auch ders.: Das Phänomen des Verrats in der DDR-Staatssicherheit, in: ders. und Bernhard Marquardt: DDR-Staatssicherheit, S. 9–49.

113 Fricke: Jeden Verräter ereilt sein Schicksal, S. 262.

114 Vgl. Flocken/Scholz: Wollweber, S. 134.

stattgefunden hatte, scheint er sein Mißfallen über dieses Vorgehen nicht verhehlt zu haben.[115] Die sich anschließende Phase bis zum Neuen Kurs nannte er im Rückblick die „Zeit des Reglementierens und Kommandierens".[116]

Auch für die Zeit vor 1956 ist belegt, daß er in Fällen, wo er sich nicht eindeutig „Feinden" und „Verrätern" gegenüber sah, auch zuweilen Skrupel entwickeln konnte. Das mag unter anderem auf den Einfluß seiner Lebensgefährtin Clara Vater zurückgehen, die die Mühlen der Stalinschen Säuberungen in der Sowjetunion am eigenen Leibe schmerzhaft erfahren hatte.[117] Schon im Jahr 1954 regte er jedenfalls gegenüber dem ZK eine Haftüberprüfung bei früheren Parteimitgliedern und ehemaligen Angehörigen der Volkspolizei an, die in der Vergangenheit „außerordentlich harte Strafen [...] für verhältnismäßig geringfügige Vergehen oder Verbrechen" erhalten hätten.[118]

Im Spätherbst 1956 entbrannte der offene Konflikt mit Ulbricht, und wohl erst in seinem Verlauf fand Wollweber zu einer grundsätzlicheren Kritik an der Politik des SED-Chefs. Bei einem verbalen Ausbruch am 10. Februar 1957 in Anwesenheit zweier seiner Stellvertreter trat diese in ungeschminkter Form zutage. Von Ulbricht war ihm vorgeworfen worden, er habe mit der Herausgabe eines Meldeordnungsbefehls den Versuch unternommen, sich als Staatssicherheitsminister über die Partei zu stellen, was er natürlich empört zurückwies. Der konkrete Vorgang soll hier nicht weiter thematisiert werden, auf ihn wird noch im Schlußkapitel näher eingegangen. Interessant sind in diesem Zusammenhang lediglich die grundsätzlichen Bemerkungen Wollwebers. Nach einem Bericht seines Stellvertreters Bruno Beater soll er unter anderem die rhetorische Frage gestellt haben, was denn das für eine Parteiführung sei, „wenn immer nur ein Mann bestimmt". „Wir haben doch die Erfahrungen, der XX. Parteitag usw. Wir müssen doch endlich davon abkommen, daß einer befiehlt, ohne daß die gesamte Leitung davon weiß. So war das doch auch mit den Festnahmen in der Vergangenheit, nachher will keiner verantwortlich sein."

In der DDR habe man einen „festen immer bestehenden Komplex", das sei der 17. Juni. Er habe sich jedoch das Ziel gesetzt zu beweisen, „daß die Tragödie in allen sozialistischen Ländern mit ihrer Staatssicherheit keine Gesetzmäßigkeit" sei, die „Übergriffe, die da waren", seien „zu ersparen". Dafür aber bedürfe es „einer Ordnung, die erst noch zu schaffen" sei.[119]

Diese Bemerkungen, die Ulbricht zugetragen wurden und mit denen sich Wollweber in den Augen des Parteichefs als Minister für Staatssicherheit endgültig disqualifizierte, verweisen auf zwei wesentliche Elemente: die Kritik am auto-

115 Schirdewan: Aufstand gegen Ulbricht, S. 34 f. Seine genaue Position in dieser Frage ergibt sich aus Wollweber: Erinnerungen, S. 357.

116 Ebenda.

117 Vgl. Flocken/Scholz: Wollweber, S. 129, 150 f., 178, und Fricke: Die DDR-Staatssicherheit, S. 212.

118 Wollweber an Anton Plenikowski, Abteilungsleiter Staatliche Verwaltung des ZK, vom 26.7.1954; BStU, ZA, SdM 1200, Bl. 303 f.

119 Bericht Bruno Beaters vom 15.2.1957 über ein Gespräch mit Wollweber; SAPMO-BA, DY 30, J IV 2/202/4/1, dokumentiert bei: Engelmann/Schumann: Ausbau des Überwachungsstaates, S. 368–370.

kratischen Regiment des Ersten Sekretärs und die Suche nach einer Herrschaftspraxis, die zumindest auf extreme Formen der Willkür und des Terrors verzichtet. Man sollte letzteres allerdings nicht überbewerten, schließlich ist eine selbstkritische Sicht Wollwebers auf seine eigene Amtsführung nicht überliefert, und es spricht vieles dafür, daß er mit den „Übergriffen" im wesentlichen die Verfolgung fiktiver Parteifeinde in der Zeit bis 1953 meinte. Aber immerhin stellte dieses Geschehen für ihn ein grundsätzliches Problem dar, und das unterschied ihn von denjenigen Parteiapparatschiks, die sich strikt und ohne große Mühe an die Vorgabe Ulbrichts hielten, keine „Fehlerdiskussionen" zuzulassen.

1.4. Wollwebers neue Strategie und Taktik

Persönlichkeit und politischer Habitus Ernst Wollwebers haben die operative Arbeit der Staatssicherheit fraglos stark geprägt, solange er an ihrer Spitze stand. Anders als bei Wilhelm Zaisser waren sein Denken und Handeln weniger defensiv, eher offensiv bestimmt. Mit Beginn seiner Amtszeit begann er, unter dem Eindruck des Aufstands vom 17. Juni 1953 und des Sturzes seines Vorgängers im Ministeramt, operative Erfolge gleichsam herbeizuzwingen, spektakuläre Erfolge nach Möglichkeit, die zum einen die innere Sicherung der Macht gewährleisten halfen und sich zum anderen in Agitation und Propaganda umsetzen ließen – sei es zur Abschreckung der Bevölkerung, sei es zur Aufwertung der Staatssicherheit. Denn darin bestand ein wichtiger Aspekt seiner neuen Strategie und Taktik: Agitation und Propaganda sollten in die Überwachungs- und Unterdrückungsmaßnahmen der Staatssicherheit gegen den „Klassenfeind" im eigenen Land einbezogen werden, um die Fehlleistungen und das Versagen des Regimes auf äußere Einwirkung abzuwälzen, auf „westliche Agententätigkeit", und um auf diese Weise die Massen des Volkes zu „revolutionärer Wachsamkeit" zu erziehen und politisch zu mobilisieren.

Im Gegensatz zu Zaisser suchte Wollweber daher von Anfang an die Öffentlichkeit. Er inspirierte sorgfältig vorbereitete Pressekonferenzen mit Enthüllungen über „westliche Spionage" und „subversive Umtriebe" in der DDR, die es in den Hoch-Zeiten des Kalten Krieges mit Berlin als Brennpunkt[120] ja auch tatsächlich gegeben hat, er produzierte Materialien für Regierungserklärungen in der Volkskammer, veranlaßte Wanderausstellungen über den Kampf der Staatssicherheit, nahm auf Plenartagungen des Zentralkomitees das Wort, sprach auf dem IV. Parteitag der SED und auf der 3. Parteikonferenz der SED, wie anderenorts schon erwähnt, und erschien auf Belegschaftsversammlungen „volkseigener" Betriebe, um vor „Werktätigen" die Arbeit der Staatssicherheit zu popularisieren. Nicht zufällig wurde unter Wollwebers Verantwortung 1955 auch eine „Abteilung Agitation" in der Zentrale des SfS geschaffen.[121] Selbst die politische

120 Vgl. hierzu vor allem Bailey/Kondraschow/Murphy: Die unsichtbare Front.
121 Ausführlicher im Kapitel 4 der vorliegenden Studie.

Strafjustiz wurde in die neue Strategie und Taktik der Staatssicherheit einbezogen, insoweit bereits in einem frühen Stadium der Ermittlungen an die Inszenierung politisch geeigneter Schauprozesse gedacht wurde. Darin lag schlechthin der wesentliche Unterschied zu dem herkömmlichen Arbeitsstil der Staatssicherheit: Bei der Planung und Organisierung geheimpolizeilicher Operationen wurde von vornherein ihre Nutzanwendung für Agitation und Propaganda mit ins Kalkül gezogen. Sie war für manche Aktionen, was Verlauf und Zeitpunkt anbelangt, geradezu ausschlaggebend.

Konzeptionell bestand Wollwebers neue Strategie und Taktik darin, den Kampf gegen den „inneren Klassenfeind" systematisch mit dem geheimpolizeilichen Angriff auf Institutionen und Organisationen außerhalb der DDR zu kombinieren, die aus der Sicht der SED als „Agentenzentralen" zu gelten hatten. Von den Ostbüros der SPD, der CDU und der FDP, von Widerstandszentren wie der Kampfgruppe gegen Unmenschlichkeit, dem Untersuchungsausschuß Freiheitlicher Juristen und Flüchtlings- und Emigrantenorganisationen reichte die Skala bis hin zu den Dienststellen des Gesamtdeutschen Ministeriums und des Verfassungsschutzes, bis zu Filialen der Organisation Gehlen, der Vorläuferorganisation des Bundesnachrichtendienstes, und bis zu den Niederlassungen westlicher Geheimdienste, vor allem in Westberlin. Zwar hatte es auch zu Zaissers Zeiten grenzüberschreitende Aktivitäten und Operationen der Staatssicherheit gegeben, auch Menschenraubaktionen wie im Fall des Rechtsanwalts Dr. Walter Linse,[122] aber sie hatten sich auf singuläre Operationen beschränkt. Unter Wollweber wurde die Kombination DDR-interner und DDR-externer Aktionen systematisch geplant und stabsmäßig koordiniert. Wollwebers Leitgedanke war die Forderung, „daß der Kampf gegen Provokateure, gegen Saboteure, Diversanten, Putschisten und die Organisatoren der Zersetzung offensiv geführt wird, mit konzentrierten Schlägen gegen die Feinde".[123] So hatte er sich auf der bereits mehrfach erwähnten Dienstbesprechung im SfS am 11./12. November 1953 geäußert und damit ein Konzept bekräftigt, das er rund drei Monate zuvor, auf einer Dienstbesprechung im SfS am 21. August 1953, mit folgenden Sätzen entwickelt hatte:

> „Wir werden erst genaue Informationen haben, wenn unsere Informatoren in den feindlichen Zentren sind. Die Absichten der Gegner für die nächste Zeit können wir nur erfahren, wenn wir unsere Informatoren in den feindlichen Zentren haben. Überall, wo wir stehen, müssen wir eine entschlossene Wendung machen. Überall, in jeder Kreisdienststelle, die Möglichkeit überprüfen, wie wir unsere Arbeit nach dem Westen verstärken können, d.h. in diese Zentralen hineinkommen können."[124]

Wollweber gab auch gleich Empfehlungen, wie und über wen sich das am besten bewerkstelligen ließe.

122 Vgl. Kapitel 3.5 der vorliegenden Studie.
123 Referat von Ernst Wollweber auf der zentralen Dienstkonferenz am 11./12.11.1953; Dokument 6, S. 274.
124 Protokoll der Dienstbesprechung mit den Leitern der Bezirksverwaltungen und den Abteilungsleitern im Staatssekretariat vom 21.8.1953; BStU, ZA, SdM 1921, Bl. 204f.

„Gute politische Leute, die wir aus kaderpolitischen Gründen in unserem Apparat nicht arbeiten lassen können wegen Westverwandtschaft usw., überprüfen, ob diese Leute nicht über ihre Westverwandtschaft an diese Zentralen herankommen können. Den Blick mehr nach dem Westen richten und alle Möglichkeiten erwägen, wie man an die Zentralen herankommen kann. Die Schaffung der Möglichkeiten hierfür ist Aufgabe jedes Mitarbeiters der Staatssicherheit."[125]

Neu war die zum Zwecke „konzentrierter Schläge" erfolgende Bildung zentraler Einsatzstäbe, die die geplanten Großaktionen der Staatssicherheit allseitig vorzubereiten und zu koordinieren hatten – nämlich einmal horizontal durch Zusammenführung verschiedener Hauptabteilungen, deren Zusammenwirken den Erfolg der Operationen optimieren sollte, und zum anderen auch vertikal durch Einschaltung der entsprechenden Abteilungen in den Bezirksverwaltungen. Die Stäbe arbeiteten nach Dienstanweisungen und Einsatzbefehlen, die im Regelfall von Erich Mielke unterzeichnet oder wahrscheinlich, soweit sie von Wollweber unterzeichnet wurden, von ihm entworfen worden waren.

Der entscheidende Impuls zu diesem Wandel ging allerdings vom Politbüro der SED aus, das in seinem schon zitierten Beschluß vom 23. September 1953 die Leitung des Staatssekretariats für Staatssicherheit u. a. konkret auf die „Durchführung einer aktiven Aufklärungsarbeit in Westdeutschland und Westberlin" verpflichtet hatte, und zwar ausdrücklich „mit dem Ziel des Eindringens in die wichtigsten Institutionen der westlichen Besatzungsmächte, der Bonner Regierung, in die Zentralvorstände der SPD und der bürgerlichen Parteien und besonders in ihre Ostbüros, in den Kreis westdeutscher Industrieller und anderer monopolistischer Vereinigungen, in militärische und wissenschaftliche Forschungsämter und Institutionen."[126] Ein Unrechtsbewußtsein wegen des eindeutig illegalen Charakters der grenzüberschreitenden Aktivitäten im Zuge „konzentrierter Schläge" offenbarten die führenden Männer der Staatssicherheit nicht. Hatte sie nicht das Statut des SfS sogar ausdrücklich ermächtigt, „in Westdeutschland, Westberlin und der Deutschen Demokratischen Republik effektiv arbeitende Agenturen zu errichten und zu unterhalten"?[127] In tschekistischer Logik erschienen nicht die eigenen Aktionen, sondern deren Abwehr in Westberlin sozusagen illegitim. In einem Schreiben an die Leiter der Bezirksverwaltungen des SfS vom 10. Mai 1954 teilte Mielke zum Beispiel mit, „daß von den Spionage- und Untergrundorganisationen als auch offiziellen Dienststellen in Westberlin Maßnahmen geplant werden, um die Bekämpfung der verbrecherischen Tätigkeit dieser Agentenzentralen durch das SfS zu behindern", nicht ohne geradezu entrüstet hinzuzufügen:

„Das Senatsbüro für ‚Gesamtberliner Fragen' beauftragte die Justiz- und Senatsabteilung des Innern mit der Ausarbeitung umfangreicher Maßnahmen, die die Tätigkeit der Organe der Staatssicherheit unmöglich machen sollen.

125 Ebenda, Bl. 205.
126 Beschluß des Politbüros vom 23.9.1953; Dokument 2, S. 251 f.
127 Statut des Staatssekretariats für Staatssicherheit vom 15.10.1953, Ziff. 4d; BStU, ZA, SdM 1574, Bl. 2.

Geplant ist der Ausbau des Westberliner Warnsystems bei ‚Menschenraub'. Bei begründetem Verdacht sollen Alarmsirenen ertönen, die den gesamten Westberliner Verkehr stillegen sollen."[128]

Es folgte ein sechs Ziffern umfassender Katalog von Sicherheitsvorkehrungen des SfS, „um den Maßnahmen des Gegners wirksam zu begegnen".[129] Von Unrechtsbewußtsein keine Spur, obschon es psychologisch verräterisch war, daß sich Mielke des Wortes „Menschenraub" – wenn auch natürlich in Gänsefüßchen – bediente.

Unter den gegebenen Voraussetzungen ist es begründet, von einer Umorientierung in der operativen Arbeit der Staatssicherheit zu sprechen. Auch die Eingliederung des Außenpolitischen Nachrichtendienstes in den Apparat der Staatssicherheit, die wie dargelegt mit dem Politbürobeschluß vom 23. September 1953 verfügt worden war, diente letztlich in der Hauptsache dazu, das Zusammenwirken von „Aufklärung" und „Abwehr" zu optimieren und einer einheitlichen Leitung zu unterstellen.

Die neue Strategie und Taktik der Staatssicherheit wurde im Herbst 1953 erstmals realisiert. Zwischen dem 30. Oktober und dem 1. November 1953 verhaftete das SfS schlagartig, meist nachts, eine größere Anzahl Verdächtiger – entsprechend einem Operativplan, der wenige Tage zuvor, am 28. Oktober 1953, vorgelegt worden war.[130] Er war mit einem Propagandacoup verbunden, der die Organisation Gehlen treffen sollte.

Schulbeispielhaft ließ Wollweber am 9. November 1953 den Krimi-Autor Hans Joachim Geyer, der anderthalb Jahre lang in einer Filiale der Organisation Gehlen in Westberlin tätig gewesen war, vor Journalisten aus Ost und West auf einer Pressekonferenz als reuigen Sünder präsentieren: „Mit dem heutigen Tage habe ich mit meiner verbrecherischen Tätigkeit gebrochen und mich an die Regierung der Deutschen Demokratischen Republik gewandt und um Aufnahme in dem Gebiet der DDR gebeten", hieß es in einer von ihm verlesenen Erklärung,[131] die Wollwebers Handschrift ahnen ließ. Da die gegen die Organisation Gehlen vorgebrachten Anschuldigungen ins Maßlose übersteigert waren, brachte sich das SfS selbst um den erstrebten Propagandaeffekt, obwohl über Struktur und Arbeitsweise der Organisation erstmals ausführlich informiert worden war. Selbstverständlich blieb auf der Pressekonferenz verschwiegen, was in der internen Geschichtspflege später stolz herausgestellt wurde: Hans Joachim Geyer war im Auftrage des Ministeriums für Staatssicherheit bis dahin als stellvertretender Leiter der „Westberliner Filiale X 9592 des Geheimdienstes ‚Organisation Gehlen' tätig gewesen".[132] Der reuige Sünder war ein Doppelagent des SfS.

128 Rundschreiben Mielkes an die Leiter der HA/selbst. Abt. und BV/V vom 10.5.1954, betr. Hinweise über geplante und beabsichtigte Maßnahmen des Gegners in Westberlin; BStU, ZA, DSt 101537.
129 Ebenda.
130 Vgl. Einsatzbefehl 333/53 des Staatssekretärs für Staatssicherheit vom 28.10.1953; Dokument 4.
131 Aus der Erklärung von Hans Joachim Geyer, in: Dokumentation der Zeit, Nr. 61/1954, Sp. 3806f.
132 Studienmaterial zur Geschichte des Ministeriums für Staatssicherheit, Teil III, JHS Potsdam 1980, S. 92.

Unausgesprochen blieb auch die Tatsache, daß die Einschleusung Geyers in die Organisation Gehlen einer Leistung Zaissers hatte zugeschrieben werden müssen, die sich Wollweber nun selbst anrechnen ließ, indem er den seine Enttarnung befürchtenden Doppelagenten zurückzog. Freilich hatte Geyer auch die Namen von in der DDR tätigen V-Leuten der Organisation Gehlen an die Staatssicherheit weitergegeben, so daß sein West-Ost-Wechsel Festnahmen und Strafverfolgung auslöste. Die Chronisten der Staatssicherheit resümierten daher mit Genugtuung, daß „die im November und Dezember 1953 durch das SfS erfolgten Verhaftungen von Gehlen-Agenten [...] den ersten größeren Schlag gegen diese Organisation" bedeutet hätten. „Diese Erfolge waren darauf zurückzuführen, daß es dem MfS in der Vergangenheit gelungen war, in verschiedene feindliche Zentralen einzudringen."[133] Dies kam immerhin einer diskreten, wenn auch verspäteten Anspielung auf Zaissers Leistung gleich.

Geyers öffentlicher Auftritt war Bestandteil einer in diesem Umfang wohl erstmals stabsmäßig organisierten Großaktion der Staatssicherheit, in der unter dem Codewort „Feuerwerk" schlagartige Massenfestnahmen durchgeführt wurden.[134] Im Nachgang zu dieser Operation kam es auch zu einer Entführung aus Westberlin, deren Opfer Werner Haase wurde, ein ehemaliger Major der Wehrmacht, der unter dem Decknamen „Fritz Heister" in Westberlin eine Filiale der Organisation Gehlen geleitet hatte. Nur gut vier Wochen nach seiner Entführung stand er gemeinsam mit sechs Mitangeklagten aus der DDR in einem spektakulären Schauprozeß vor Gericht.[135]

Dem ersten folgten weitere „konzentrierte Schläge". Anfang August 1954 wurde abermals eine Großaktion unter dem Codewort „Pfeil" durchgeführt, die zur Verhaftung von angeblich 547 „Agenten" führte.[136] Diese Aktion lief, wie schon die Aktion „Feuerwerk" in der Zuständigkeit der Linie II, das heißt, der für die Spionageabwehr zuständigen Hauptabteilung II und ihrer nachgeordneten Abteilungen in den Bezirksverwaltungen. Einige Opfer der Aktion „Pfeil" wurden in einem Schauprozeß zur Rechenschaft gezogen, den der 1. Strafsenat des Obersten Gerichts am 8. und 9. November 1954 in Ostberlin inszenierte.[137]

Ähnlich verhielt es sich mit der Aktion „Blitz", die um die Jahreswende 1954/55 in erster Linie in der Verantwortung der Linie V realisiert wurde. Hier standen Massenfestnahmen und Entführungsaktionen auf dem Plan, denen offiziellen Angaben zufolge 521 „Agenten" zum Opfer fielen.[138] Da es die für die Bekämpfung von „politischer Untergrundtätigkeit" zuständige Hauptabteilung V war, die spätere Hauptabteilung XX, erfaßte sie speziell politische Gegner, „Verräter" und „Renegaten": ehemalige Funktionäre der SED, Mitarbeiter von Ostbüros, regimefeindlich eingestellte Journalisten. Die propagandistische Nutzanwendung dieser Aktion steigerte sich bis zu einer Regierungserklärung, die Otto Grotewohl

133 Ebenda, S. 93.
134 Vgl. Kapitel 2.1 der vorliegenden Studie.
135 Fallstudie zu Haase in Kapitel 6.1.
136 Vgl. Kapitel 2.2 der vorliegenden Studie.
137 Fallstudie Bandelow und Misera in Kapitel 6.2.
138 Vgl. Kapitel 2.3 der vorliegenden Studie.

am 12. April 1955 vor der Volkskammer abgab,[139] und einer drei Wochen danach veranstalteten „internationalen Pressekonferenz“ mit psychologisch kalkulierter Absicht: „Auf der Pressekonferenz vom 5. Mai 1955 gab man bekannt, daß gemäß den Anweisungen des Ministerrates der DDR entsprechende Maßnahmen eingeleitet worden wären, ‚daß jeder, der noch weiterhin diesen Agentenzentralen Hilfe leistet oder für sie arbeitet, seiner gerechten Strafe zugeführt wird‘. Gleichzeitig wurde mitgeteilt, daß über 80 Agenten, die sich seit der Erklärung der Regierung der DDR vom 12.4.1955 freiwillig den Staatsorganen gestellt hatten, straffrei ausgegangen waren.“[140] Naturgemäß entziehen sich solche Behauptungen jeder kritischen Nachprüfung.

Über das Jahr 1955 hinaus sind vergleichbare Großaktionen der Staatssicherheit nicht erkennbar. Hatte die Staatssicherheit alle widerständigen und oppositionellen Kräfte in der DDR dezimiert oder, wie sie das nannte, „unschädlich“ gemacht? Wohl kaum. Aber zu ihrer Einschüchterung haben die „konzentrierten Schläge“ sicherlich beigetragen, so daß die Staatssicherheit zu unauffälligeren und propagandistisch weniger aufgeladenen Aktionsformen zurückkehren konnte. Hinzu kamen Veränderungen der politischen Rahmenbedingungen, die zur Umschichtung der Kapazitäten des MfS zugunsten der „Westarbeit“ führten, worauf am Ende dieser Studie noch näher eingegangen wird.[141] Nach dem XX. Parteitag der KPdSU und der 3. Parteikonferenz der SED waren spektakuläre Staatssicherheitsaktionen politisch ohnehin nicht mehr opportun.

139 Vgl. Die Erklärung des Ministerrats der DDR vom 12.4.1955, in: Dokumentation der Zeit Nr. 94/1955, S. 7064–7071.
140 Studienmaterial zur Geschichte des Ministeriums für Staatssicherheit, Teil III, S. 105.
141 Siehe Kapitel 7.1.

2. Großaktionen der Staatssicherheit

Die Kritik der Partei an der Staatssicherheit auf dem 15. Plenum und der hierbei erteilte Auftrag, die „Organisatoren des faschistischen Putsches am 17. Juni 1953“ aufzudecken, setzte das SfS unter kurzfristigen Erfolgszwang. Schon auf der folgenden 16. Tagung des ZK im September 1953 fühlten sich Innenminister Willi Stoph, als der nunmehr formell zuständige Ressortchef, und Erich Mielke veranlaßt, über erste operative Erfolge der Staatssicherheitsorgane zu berichten. So verwies Stoph auf die Verhaftung von 29 „Agenten“ seit dem 15. Plenum und die damit einhergehende „Liquidierung“ einer Westberliner Spionageorganisation mit dem Decknamen „Institut für Betriebshygiene“ sowie auf die Festnahme von acht jugendlichen „Diversanten und Terroristen“ in Potsdam, die angeblich im Kontakt mit der Kampfgruppe gegen Unmenschlichkeit die Sprengung einer Eisenbahnbrücke geplant hatten.[142] Mielke ergänzte die Ausführungen des Innenministers, indem er Festnahmen von Kontaktleuten der Ostbüros von SPD und CDU sowie des Untersuchungsausschusses Freiheitlicher Juristen ins Feld führte. Mit besonderem Nachdruck wies er darauf hin, daß einige der verhafteten „Agenten“ Staatsfunktionäre und Mitglieder der SED gewesen seien. Es erschwere die Arbeit der Staatssicherheit, daß sie sich „auch um solche Menschen kümmern“ müsse, die sich mit dem Mitgliedsbuch der Partei tarnten.[143] Die Konsequenz müsse sein – so Mielke –, daß die Organe der Staatssicherheit noch mehr als bisher „in Verbindung mit den verantwortlichen Genossen im Staatsapparat“ arbeiteten. Er appellierte an die Parteiorganisation, „alle Mitglieder zur erhöhten Wachsamkeit [zu] mobilisieren und jedes, manchmal auch unbedeutend erscheinende Signal an die Organe der Staatssicherheit [zu] geben“.[144]

2.1. Aktion „Feuerwerk“ – im Visier die Organisation Gehlen

Die von Stoph und Mielke auf dem 16. Plenum präsentierten „operativen Erfolge“ waren aber gewissermaßen nur das „Vorgeplänkel“ zum ersten „konzentrierten Schlag“, den die Staatssicherheit sieben Wochen später ausführte. Schon Wochen bevor Wollweber am 10. November 1953 auf der zentralen Dienstkon-

142 Protokoll des 16. ZK-Plenums, 17.–19.9.1953, Redebeitrag von Willi Stoph am 17.9.1953; SAPMO-BA, DY 30, IV 2/1/122, Bl. 154–160, hier 154–156.

143 Protokoll des 16. ZK-Plenums, 17.–19.9.1953, Redebeitrag von Erich Mielke am 18.9.1953; SAPMO-BA, DY 30, IV 2/1/122, Bl. 226–233.

144 Ebenda, Bl. 232.

ferenz des Staatssekretariats für Staatssicherheit die neue Strategie verkündete, liefen die Vorbereitungen zu dieser ersten Großaktion an. Am 20. Oktober verabschiedete Erich Mielke den Operativplan zur Aktion „Feuerwerk". Dieser war von dem für die Spionageabwehr „auf der deutschen Linie" zuständigen Referat 4 der Abteilung IV ausgearbeitet worden und richtete sich primär gegen die Organisation Gehlen. Der Operativplan sah die Festnahme der „Agenten" und „Spione" vor, die in einer nicht näher bezeichneten „Agentenkartei des deutschen Geheimdienstes General von [sic!] Gehlen einliegen".[145] Gemeint waren hier in erster Linie die V-Leute der Berliner Filiale X 9592, deren stellvertretender Leiter, Hans Joachim Geyer, seit Januar 1953 für die Staatssicherheit gearbeitet und seinen Auftraggebern umfangreiches internes Material der Organisation übermittelt hatte.[146] Aber die Verhaftungsaktion war keineswegs auf diesen Personenkreis und nicht einmal auf die Organisation Gehlen beschränkt, vielmehr – und dies ist ein Kennzeichen auch der späteren „konzentrierten Schläge" – wurden die zuständigen operativen Leiter angewiesen, im Zuge der Aktion „Feuerwerk" unter dem bezeichnenden Codewort „Nachschlag" „sämtliche z. Zt. in Bearbeitung befindlichen Vorgänge zu liquidieren, sofern diese operativ ausgereift [sind] und strafrechtlich dazu die Voraussetzungen vorliegen".[147] Die Ausweitung der Verhaftungen auf alle „Feinde" und „Agenten", die nach den Maßstäben der Staatssicherheit als überführt galten, bezweckte eine Verstärkung des Einschüchterungseffekts und diente zweifellos auch propagandistischen Zwekken. Hinterher konnten dreistellige Festnahmezahlen präsentiert und der heterogene Personenkreis der Verhafteten pauschal einem geheimdienstlich gesteuerten „amerikanischen Untergrundkrieg"[148] zugeordnet werden.

Die Aktion „Feuerwerk" stand unter der straffen Leitung der Berliner Staatssicherheitszentrale. Den von der Aktion besonders betroffenen Bezirksverwaltungen wurden Offiziere der Abteilung IV (Spionageabwehr) des Staatssekretariats als Instrukteure zugeordnet, die den jeweiligen Bezirksverwaltungschefs und den Leitern der örtlichen Abteilungen IV die in der Zentrale vorliegenden Materialien zu den V-Leuten der Organisation Gehlen zu überbringen und mit ihnen die Maßnahmepläne abzustimmen hatten.[149] Im Staatssekretariat für Staatssicherheit selbst bildete man einen Einsatzstab unter der Leitung von Erich Mielke, dem als stellvertretender Stabschef der Leiter der Abteilung IV, Rolf Markert, und die Leiter der Abteilungen IX (Untersuchung), Alfred Scholz, und V („Untergrund"), Bruno Beater, angehörten. Die analog zusammengesetzten Einsatzstäbe in den Bezirksverwaltungen waren Mielke direkt unterstellt und hatten

145 Operativplan zur Aktion „Feuerwerk" vom 20.10.1953; Dokument 3, S. 255.

146 Bericht der Bezirksverwaltung Dresden, Abt. IV, vom 2.1.1953 über die durchgeführte Werbung; BStU, ZA, AIM 11553/87, Teil I, Bd. 1, Bl. 27 f. und Abschlußbericht zum IM-Vorgang „Grell" vom 17.11.1987; ebenda, Bd. 2, Bl. 130–132. Vgl. auch Hermann Zolling und Heinz Höhne: Pullach intern. General Gehlen und die Geschichte des Bundesnachrichtendienstes, Hamburg 1971, S. 257–260.

147 Einsatzbefehl 333/53 des Staatssekretärs Wollweber zur Aktion „Feuerwerk" vom 28.10.1953; Dokument 4, S. 258.

148 So die Formulierung im Neuen Deutschland vom 11.11.1953.

149 Operativplan zur Aktion „Feuerwerk" vom 20.10.1953; Dokument 3, S. 255 f.

ihm „ständig und unverzüglich" über Festnahmen, Untersuchungsergebnisse und „besondere Vorkommnisse" zu berichten.[150] Bemerkenswert ist die Weisung an die Sachbearbeiter der Untersuchungsabteilungen, „im Verlaufe der Vernehmung der Vorbereitung eines neuen Tages ‚X' besondere Aufmerksamkeit zu widmen".[151]

Entscheidende Voraussetzung für die Aktion „Feuerwerk" war, wie schon erwähnt, das Wirken des Mitarbeiters der Organisation Gehlen Hans Joachim Geyer als „Geheimer Mitarbeiter" der Staatssicherheit. Geyer war zunächst einfacher Kurier der Organisation gewesen und bei einem Einsatz von Mitarbeitern der Bezirksverwaltung Dresden festgenommen worden. Den Mitarbeitern der Dresdner Spionageabwehr gelang die Überwerbung, und Geyer stieg wenig später zum stellvertretenden Leiter seiner Filiale auf. Er lieferte der Staatssicherheit hochkarätige Informationen und unzählige Materialien. Die Zufriedenheit seiner Auftraggeber war so groß, daß er im September 1953 als „Anerkennung" die damals astronomische Summe von 10.000 DM zugesprochen bekam.[152] Hinweise auf eine eventuelle Dekonspiration veranlaßten die Staatssicherheit dann, ihn abzuziehen und die Aktion „Feuerwerk" durchzuführen.[153]

Alle im Rahmen der Aktion „Feuerwerk" vorgesehenen Festnahmen erfolgten schlagartig innerhalb von 48 Stunden. Laut einer späteren Aufstellung der Hauptabteilung II des MfS handelte es sich um insgesamt über 100 Verhaftungen.[154] Trotz einer etwas überstürzten Auslösung der Aktion scheint die Operation zur Zufriedenheit der Staatssicherheitsführung abgelaufen zu sein, denn am folgenden Tag erließ Wollweber einen Tagesbefehl an die Leiter der Bezirksverwaltungen, in dem er ihnen für ihre „erfolgreiche Mitarbeit" bei dem „Schlag gegen die Feinde unserer Werktätigen und unserer Deutschen Demokratischen Republik" seinen „persönlichen Dank" aussprach,[155] und auf der zehn Tage später stattfindenden zentralen Dienstkonferenz sprach er von einem „großen Erfolg", auf den alle Mitarbeiter stolz sein könnten, die daran beteiligt waren.[156]

Mit ungewöhnlicher Geschwindigkeit setzte sich auch der Propagandaapparat in Bewegung. „Feindliche Spionage-Agenturen in der DDR zerschlagen" titelte „Neues Deutschland" am 1. November, und schon in diesem Artikel waren die neuen Agitationsrichtlinien erkennbar. Die erfolgreiche Aufdeckung einer „Reihe Spionage-, Sabotage- und Terrorgruppen", „ein Netz von Agenten des im Dienste der Amerikaner stehenden westdeutschen Spionageapparates unter der Leitung des ehemaligen Hitlergenerals von [sic!] Gehlen sowie Agentengruppen vom amerikanischen CIC", wurde der fiktiven „Wachsamkeit von Bürgern der

150 Einsatzbefehl 333/53 zur Aktion „Feuerwerk" vom 28.10.1953; Dokument 4, S. 259.
151 Ebenda.
152 Befehl des Staatssekretärs für Staatssicherheit vom 25.9.1953; BStU, ZA, AIM 11553/87, Teil I, Bd. 1, Bl. 96.
153 Abschlußbericht zum IM-Vorgang „Grell" vom 17.11.1987; ebenda, Bd. 2, Bl. 130–132.
154 Der Abschlußbericht zum IM-Vorgang „Grell" vom 17.11.1987 nennt 108 Verhaftungen; ebenda, Bl. 130.
155 Befehl 336/53 des Staatssekretärs Wollweber vom 31.10.1953; BStU, ZA, DSt 100077.
156 Referat Wollwebers auf der zentralen Dienstkonferenz des SfS am 11./12.11.1953; Dokument 6, S. 275.

Deutschen Demokratischen Republik" zugeschrieben. In einer schon aus früheren Kampagnen bekannten rituellen Weise geißelte das Zentralorgan der SED die Aktivitäten der „Agenten", freilich mit der aktuell obligatorischen Bezugnahme auf den Neuen Kurs der Partei:

> „So unterschiedlich die Aufgaben der Festgenommenen im einzelnen waren, so eindeutig war ihr Hauptziel. Jedes Mittel ist recht, wenn es dazu beiträgt, den neuen Kurs der SED und der Regierung der DDR zu durchkreuzen, die Verbesserung der Lebenslage der Werktätigen, die in der letzten großen Preissenkung und der Lohnsteuersenkung erneut ihren für alle fühlbaren Ausdruck fand, zu verhindern.
>
> Sprengung von Brücken und Verkehrsanlagen, Brandstiftungen in Betrieben und Dörfern, Desorganisation von Handel und Verkehr und damit die direkte Bedrohung von Leben und Gut der Bürger der DDR, alles gehörte zu diesen verbrecherischen Plänen."[157]

Die nun folgende Kampagne zielte auf eine intensive Popularisierung der Tätigkeit der Staatssicherheit. Der Öffentlichkeit wurden Geheimsender amerikanischer Herkunft, Codebücher und interne Anweisungen der Organisation Gehlen präsentiert. Am 5. November sprachen Wollweber und Mielke vor den Belegschaften von Ostberliner Großbetrieben – der Staatssekretär bei Siemens-Plania und sein 1. Stellvertreter im Kabelwerk Oberspree. Immerhin gab sich Wollweber alle Mühe, naheliegende Befürchtungen zu zerstreuen, die umfangreichen Verhaftungen könnten auch Unbeteiligte treffen. In seiner vom „Neuen Deutschland" in Auszügen wiedergegebenen Rede betonte er:

> „Wenn man zuschlägt, muß man richtig treffen. Daß die Richtigen getroffen wurden, beweist, daß der weitaus größte Teil der Verhafteten bereits unmittelbar nach der Verhaftung umfassende Geständnisse abgelegt hat, die vollkommen bestätigen, was die Organe der Staatssicherheit schon vor der Verhaftung dieser Agenten wußten. [...]
>
> Die Zahl der am letzten Sonnabend verhafteten Agenten in der Deutschen Demokratischen Republik ist bedeutend größer als bei der Durchführung ähnlicher Operationen. Es handelt sich aber keinesfalls um eine Verhaftungswelle. Die Operation selbst wurde in 24 Stunden begonnen und beendet. Natürlich ergeben sich aus den Vernehmungen neue Spuren.
>
> Jeder, der ehrlich seiner Arbeit nachgeht und die Gesetze der Deutschen Demokratischen Republik einhält, hat nichts zu befürchten. Die Aufgabe der Organe der Staatssicherheit besteht eben darin, diese ehrlichen Menschen zu schützen und den Staat zu sichern."[158]

Die Ausführungen Wollwebers gipfelten in dem doppelten Appell an „diejenigen, die Agenten kennen, ohne selbst welche zu sein [...], diese Agenten den Staatsorganen mitzuteilen" und an „jene Agenten, die schon tätig sind, aber das große Verbrechen noch vor sich haben [...], sich in kürzester Frist bei den Staatsorganen zu melden", wenn sie straffrei ausgehen wollten.[159]

157 Neues Deutschland vom 1.11.1953.
158 Den Banditen rechtzeitig das Handwerk legen, in: Neues Deutschland vom 7.11.1953.
159 Ebenda.

Mielke, rhetorisch weniger befähigt als Wollweber, formulierte gröber. Darauf läßt jedenfalls die Berichterstattung in der führenden Zeitung der Partei schließen:

> „Generalleutnant Mielke erläuterte die Gefährlichkeit der faschistischen Wühl- und Terrororganisationen. Mit der Zerschlagung der Spionageagenturen, die unter der Leitung des faschistischen Generals von [sic!] Gehlen ihre Organisation in der DDR ausbreitete, gelangten viele Geheimdokumente in die Hände unserer Staatssicherheitsorgane. Sie beweisen die Spionagearbeit auf allen Gebieten, sei es in den Betrieben, im Handel, Verkehr oder in der Forschungsarbeit. Die Dokumente enthüllten aber auch, wer die Auftraggeber der schändlichen Banditenorganisationen sind, deren Drahtzieher in Westberlin und Westdeutschland sitzen."[160]

Als Anschauungsbeispiel für das nachsichtige Verhalten der DDR gegenüber reuigen Sündern und als Höhepunkt der Kampagne im Nachgang der Aktion „Feuerwerk" führte die Staatssicherheit wenige Tage später ihren Doppelagenten Hans Joachim Geyer auf einer von Albert Norden geleiteten internationalen Pressekonferenz vor. Geyer las eine vom SfS vorformulierte „persönliche" Erklärung[161] vor, die – neben einigen sehr konkreten Informationen zum Pullacher Nachrichtendienst – im wesentlichen den Kanon der aktuellen Staatssicherheitsagitation enthielt: die Organisation Gehlen als Hort ehemaliger Hitler-Offiziere sowie SS-, SD- und Gestapo-Mitarbeiter, der angeblich zynische Umgang mit den eigenen V-Leuten, die „Vorbereitung eines neuen Eroberungskrieges" und vor allem die „antinationale" Rolle im Dienste der Amerikaner. Letzteres spielte bei der Begründung für den „Übertritt" Geyers, der als Gewissensentscheidung präsentiert wurde, die entscheidende Rolle. Er habe sich zu diesem Schritt entschlossen, um seine „patriotische Ehre zu retten". Zunehmend habe er sich davon überzeugen müssen, daß alles, was sie taten, „für den amerikanischen Geheimdienst war" und „daß die gesamte Tätigkeit eine verbrecherische" sei, die sich „gegen das deutsche Volk und gegen mein Vaterland" auswirke. Maßgebliche Mitarbeiter der Organisation Gehlen seien „ohne Moral und ohne einen Funken Nationalgefühl". Die Erklärung endete mit einem Appell an seine ehemaligen Kollegen, „die schändliche Tätigkeit, die den Interessen Deutschlands entgegensteht, einzustellen und den gleichen Schritt zu tun wie ich".[162]

Bei der Pressekonferenz fungierte erstmals der spätere Agitationschef der Staatssicherheit Gustav Borrmann als Sprecher des SfS. Seine Rolle in dieser wie auch in späteren Pressekonferenzen bestand in erster Linie darin, durch Präsentation von detaillierten Informationen den Eindruck zu vermitteln, die Staatssicherheit habe insbesondere hinsichtlich der gegnerischen Geheimdienste einen hervorragenden Kenntnisstand. Er zitierte aus Vernehmungsprotokollen, nannte Dienststellen mit ihrer Adresse sowie leitende Mitarbeiter mit ihrem Namen

160 Ebenda.

161 Eine eigenhändige handschriftliche Fassung von Geyer befindet sich in der Akte; es handelt sich allerdings schon weitestgehend um die endgültige; BStU, ZA, AIM 11553/87, Teil I, Bd. 1, Bl. 97–106.

162 Erklärung des ehemaligen stellvertretenden Leiters der USA-Spionagestelle „Filiale X/9592" in Westberlin, in: Neues Deutschland vom 10.11.1953.

und machte authentisch wirkende Angaben über operative Methoden, Aufträge und Agentenlöhne.[163] Kenntnisse und Möglichkeiten der Staatssicherheit sowie die anschauliche Darstellung der „verbrecherischen Tätigkeit“ des Gegners sollten die eigene Bevölkerung und auch den Westen beeindrucken.

Die Aktion „Feuerwerk“ zog eine Serie von Operationen und Kampagnen nach sich. Schon zwei Wochen später gelang es der Staatssicherheit – wahrscheinlich aufgrund der Information eines V-Mannes der Organisation Gehlen –, den Filialleiter Werner Haase in ihre Gewalt zu bringen – ein Fall, der noch ausführlich dargestellt wird.[164] Die Kampagne erhielt damit neue Nahrung und lief praktisch bruchlos weiter. Allerdings erwies sich bald, daß die Staatssicherheit mit den Verhaftungen und vor allem mit der Propaganda überzogen hatte. Um eine „Psychose der Republikflucht“ zu verhindern, mußte Wollweber seinen Apparat wieder ein wenig zurückpfeifen. Am 3. Dezember 1953 erließ er eine Dienstanweisung, in der er unter anderem befahl:

> „Von unüberlegten Festnahmen ist Abstand zu nehmen. Festnahmen erfolgen bei begründetem Verdacht, wo [sic!] hauptsächliche Verbindungen einer feindlichen Organisation aufgeklärt sind.
> In bezug auf technische und wissenschaftliche Intelligenz sind bei Festnahmen alle Einzelheiten eines begründeten Verdachts zu überprüfen und eine feindliche Tätigkeit aufzuzeigen. […]
> Von der Veröffentlichung von Verhaftungen und Liquidierung von Agentengruppen ist vorerst Abstand zu nehmen. Es muß unbedingt verhindert werden, daß durch Veröffentlichung von Verhaftungen die Tendenz einer steigenden Republikflucht eintritt und sich bestimmte Unruheherde in den Kreisen der Bevölkerung bilden.“[165]

So trat zur Jahreswende 1953/54 zunächst eine taktisch motivierte, vorübergehende Beruhigung ein. Im folgenden Sommer erwies sich jedoch, daß die Aktion „Feuerwerk“ nur der Auftakt für noch umfassendere „konzentrierte Schläge“ gewesen war.

2.2. Aktion „Pfeil“ – Ausweitung des Aktionsspektrums

Nach zwei kleineren Aktionen mit den Codenamen „Anton“ und „Rakete“ liefen im Frühsommer 1954 die Vorbereitungen für einen „konzentrierten Schlag“ mit ganz neuen Dimensionen an. Daß die SED-Führung in die Planung der Operation konkret einbezogen war und welch große Bedeutung sie ihrer propagandistischen Aufbereitung zumaß, läßt sich am Protokoll der Sitzung der Sicherheitskommission des Politbüros vom 6. Juli 1954 ablesen. Es enthält die Passage:

163 Neues Deutschland vom 10.11.1953 und 11.11.1953.
164 Siehe Kapitel 6.1.
165 Dienstanweisung 39/53 des Staatssekretärs Wollweber vom 3.12.1953; BStU, ZA, DSt 100101.

„Zur journalistischen Auswertung einer durch das SfS durchzuführenden besonderen Aktion werden dem Gen[ossen] Wollweber durch das ZK zwei qualifizierte, zuverlässige Genossen Journalisten vorübergehend zur Verfügung gestellt. Außerdem wird der Leiter der Abteilung Außenpolitik des ZK, Gen[osse] Florin, bei dieser Auswertung als Berater mitwirken.“[166]

Trotz schütterer Quellenlage ist erkennbar, daß die sowjetischen Berater des SfS an der operativen Planung der Aktion federführend beteiligt waren. Wie schon an anderer Stelle erwähnt, wurden die Festnahmelisten in den beteiligten Diensteinheiten der Staatssicherheit zusammen mit den jeweils zuständigen sowjetischen „Freunden“ aufgestellt.[167] In die Verhaftungen wurden auch Personen einbezogen, die beim SfS gar keinen Vorgang hatten, sondern ausschließlich vom KGB „bearbeitet“ wurden, ein Sachverhalt, der in den Festnahmelisten durch die Angabe „o[hne] Vorgang, Fr[eunde]“ erkennbar ist.[168] Im Visier waren primär die Organisation Gehlen und die amerikanischen Geheimdienste, aber wie schon bei der Aktion „Feuerwerk“ sollten auch darüber hinaus möglichst viele „Agenten“ und „Feinde“ verhaftet werden. So heißt es in einer aufschlußreichen Notiz der Bezirksverwaltung Dresden vom 8. Juli 1954:

„Von unseren Beratern wurde uns der Hinweis gegeben, auch auf anderen Linien[169] Vorbereitungen zu treffen, um mehrere Vorgänge, die abschlußreif sind, zu liquidieren. Auch auf diesem Gebiet wurden Überprüfungen durchgeführt und in der Bezirksverwaltung Dresden acht Vorgänge mit zwölf Personen für abschlußreif befunden. Es handelte sich hierbei um Zeugen Jehovas und andere Feindgruppen.“[170]

In bezug auf die Organisation Gehlen setzte sich die Staatssicherheit ein hohes Ziel: In der grundlegenden Dienstanweisung zur Aktion „Pfeil“ vom 26. Juli 1954 verkündete Mielke, daß die Organisation sich von der Aktion „Feuerwerk“ noch nicht erholt habe. Es herrsche in ihren Reihen große Unsicherheit, fortlaufend führe sie umfangreiche Überprüfungen ihrer eigenen Mitarbeiter durch. Mit der geplanten Aktion solle „die politische Auswirkung des letzten Schlages“ solchermaßen vertieft werden, „daß es unter Umständen sogar zur Auflösung der Gehlen-Organisation kommen“ könne.[171]

Nach bewährtem Muster wurden Einsatzstäbe gebildet. Mielke ließ es sich nicht nehmen, wieder den zentralen Einsatzstab zu leiten. Dieser umfaßte außerdem drei Vertreter der Ende 1953 neu gebildeten Hauptabteilung II (Spionageabwehr), deren Chef Josef Kiefel sowie die für die „westdeutsche“ und die „amerikanische Linie“ zuständigen Leiter Helmut Träger und Karl-Heinz Boede, die

166 Protokoll der Sitzung der Sicherheitskommission am 6.7.1954, S. 1 f.; BA-MA, DVW 1/39543.
167 HA II/1, Betr.: Absprache mit dem Gen. Berater am 17.7.1954; BStU, ZA, AS 97/55, Bl. 211 f., sowie zahlreiche russische Bemerkungen und Korrekturen auf den Festnahmelisten in dieser Akte.
168 Liste vom 31.7.1954 ohne Überschrift, beinhaltet die im Rahmen der Aktion „Pfeil“ geplanten Festnahmen auf der „amerikanischen Linie“; BStU, ZA, AS 97/55, Bd. 1, Bl. 37–41.
169 Gemeint sind andere „Linien“ als die im Zentrum der Aktion stehende (west-)deutsche und amerikanische „Linie“ der Spionageabwehr.
170 Stellvertretender Leiter der BV Dresden, Winter, an Mielke vom 8.7.1954; ebenda, Bl. 54.
171 Dienstanweisung 44/54 zur Aktion „Pfeil“ vom 26.7.1954, S. 1 f.; Dokument 8, S. 296.

stellvertretenden Leiter der Hauptabteilung IX (Untersuchung) Walter Heinitz und der Abteilung VIII (Beobachtung, Verhaftungen, Durchsuchungen) Alfred Kessler. Auf Bezirksebene setzte sich der Einsatzstab entsprechend aus den Leitern der Bezirksverwaltungen und der Abteilungen II, VIII und IX zusammen.

Die Festzunehmenden wurden zentral im Staatssekretariat festgelegt und entsprechende Listen den territorial zuständigen Bezirksverwaltungen mit der Maßgabe übergeben, die Festnahmen möglichst konspirativ zu vollziehen – was nicht zuletzt mit der Absicht im Zusammenhang stand, „Überwerbungen von Agenten" vorzunehmen, die „die Perspektive besitzen, in die feindlichen Zentralen einzudringen".[172] Durch die Vernehmung der Verhafteten bekannt werdende „Agenten" sollten nach Rücksprache mit dem jeweiligen Einsatzstab ebenfalls sofort festgenommen werden. Dabei lautete die in der Praxis wohl nicht immer leicht einzulösende Vorgabe, einerseits „keine unqualifizierten Festnahmen" zu tätigen, die Wiederfreilassungen unumgänglich machten, andererseits aber auch keine „Agenten" entkommen zu lassen.[173]

Ende Juli 1954 waren die Vorbereitungen zur Aktion „Pfeil" abgeschlossen. Allein auf der „amerikanischen Linie" waren für die erste Welle 136 Festnahmen vorgesehen.[174] Am 2. August wurde die Aktion ausgelöst, die erste Verhaftungswelle war im wesentlichen schon nach 24 Stunden abgeschlossen. Allerdings führten die Vernehmungen sehr schnell zu weiteren Festnahmen, so daß die Anzahl der Verhafteten in den folgenden Tagen noch weiter anwuchs.[175] Nach Angaben von Mielke auf dem 20. Plenum des ZK wurden schon am ersten Tag der Aktion 274 Personen festgenommen; diese Zahl stieg in den folgenden Tagen und Wochen auf mehr als das Doppelte. Angeblich wurden zwei Filialen und vier „Residenturen" der Organisation Gehlen sowie vier amerikanische und zwei französische „Residenturen" ausgeschaltet. 277 Verhaftete wurden von der Staatssicherheit der Organisation Gehlen, 176 den amerikanischen Geheimdiensten und 94 dem französischen Nachrichtendienst zugeordnet.

Auf dem 20. Plenum des Zentralkomitees der SED versuchte Mielke mit einem Vortrag zur sozialen Zusammensetzung der Festgenommenen[176] zu glänzen, der zwar wirr und völlig unanalytisch war, aber doch einige aufschlußreiche Anhaltspunkte enthielt. Unter den Verhafteten waren einige hochrangige Staatsfunktionäre, zum Beispiel ein Abteilungsleiter aus dem Ministerium für Schwerindustrie, der Leiter der Kontrollabteilung des Landwirtschaftsministeriums und ein Direktor der Wasserstraßendirektion, außerdem einige leitende Reichsbahnangestellte, unter ihnen der hauptamtliche Vorsitzende der Betriebsgewerkschaftsleitung des Bahnhofs Berlin-Lichtenberg, dem die Staatssicherheit Kontakte zum

172 Ebenda, S. 297.

173 Ebenda, S. 296.

174 Liste vom 31.7.1954 ohne Überschrift; BStU, ZA, AS 97/55, Bd. 1, Bl. 37–41. Zahlen für die „deutsche Linie" wurden bisher nicht aufgefunden.

175 Vgl. die Fernschreiben der BV Leipzig und Suhl an den Einsatzstab im SfS vom 3. und 4.8.1954, in denen um die Veranlassung bzw. Genehmigung weiterer Festnahmen gebeten wird; BStU, ZA, AS 97/55, Bd. 1, Bl. 13f.

176 Die statistische Basis hierfür waren wohl nur die 274 Personen der ersten Verhaftungswelle, da nur so die Zahlen in etwa aufgehen; Dokument 10, S. 302f.

Ostbüro des DGB vorwarf. Die beiden größten Gruppen bildeten die Arbeiter (78) und Angestellten (70) volkseigener und Privatbetriebe, es folgten die Staatsangestellten (unter Einschluß der Reichsbahn) mit insgesamt 55 und die Gewerbetreibenden mit 29 Festgenommenen.

Nicht gerade im Einklang mit der offiziellen Doktrin, nach der sich „Agenten“ und „Feinde der DDR“ angeblich überwiegend aus „faschistischen“ Milieus rekrutierten, standen die Zahlen Mielkes zur politischen und militärischen Vergangenheit der Verhafteten. Es konnten nur 33 ehemalige NSDAP-Mitglieder und acht ehemalige Wehrmachtsoffiziere ausgemacht werden. Nicht besonders beglückend für das ZK-Plenum dürften auch die Zahlen zur aktuellen Parteimitgliedschaft der Verhafteten gewesen sein. Mit 48 festgenommenen SED-Mitgliedern führte die „Partei der Arbeiterklasse“ die Aufstellung mit großem Abstand an, es folgten CDU und LDPD mit jeweils neun, sowie die NDPD mit sechs und die SPD mit einem Verhafteten – bei letzterem handelte es sich wahrscheinlich um ein Mitglied der in Ostberlin noch zugelassenen sozialdemokratischen Organisation. Bezeichnend ist, daß der im Vortrag Mielkes zutage tretende statistische Fetischismus der Staatssicherheit nicht mit einer nur halbwegs adäquaten Analyse einherging. Die geringe Anzahl ehemaliger NSDAP-Mitglieder war für den Generalleutnant des SfS ebensowenig kommentierenswert wie die hohe Anzahl der SED-Mitglieder.

Unmittelbar nach der ersten Verhaftungswelle berichtete Mielke im Kollegium des SfS über die bisherigen Ergebnisse der Aktion „Pfeil“, und auch hierbei wird deutlich, wie ausgeprägt die propagandistische Zielrichtung war. Das Sitzungsprotokoll vermerkt in einer unnachahmlich primitiv-ideologisierten Sprache:

> „Das gefundene Material zeigt die Gefährlichkeit der Organisation Gehlen, deren Ziel die Vorbereitung eines neuen Krieges ist; davon zeugt das gefundene Material.
>
> Das vorhandene Material sowie die Belastungen geben große Möglichkeiten zur Durchführung von Prozessen und Aufzeigen des Tatsachenmaterials in der Öffentlichkeit. [...]
>
> Es ist notwendig, die Auswertung durch eine politische Erklärung, Aufzeigen von Material und eine Pressekonferenz durchzuführen. Es ist dadurch das öffentliche Interesse zu wecken im Kampf gegen die EVG[177] und für die Vorbereitungen der Durchführung der Volkswahl.“[178]

Für die Woche vom 16. bis 21. August wurde eine erste Staffel öffentlicher Versammlungen in Betrieben anberaumt, auf denen leitende Kader der Staatssicherheit eine „Auswertung“ der Aktion „Pfeil“ vorzunehmen hatten. Hierzu erhielten sie eine von Wollweber verfaßte Rededisposition und von Mielke eine Sammlung von Fallbeispielen.[179] Nach späteren Angaben Mielkes wurden innerhalb von gut drei Wochen über 200 Betriebsversammlungen dieser Art durchgeführt.[180]

177 Europäische Verteidigungsgemeinschaft. Der EVG-Vertrag wurde am 30.8.1954 von der französischen Nationalversammlung abgelehnt; die EVG-Pläne waren damit gescheitert.
178 Protokoll der Kollegiumssitzung am 9.8.1954; Dokument 9, S. 299 f.
179 Ebenda, S. 300.
180 Referat Mielkes auf dem 20. ZK-Plenum am 8.9.1954; Dokument 10, S. 305.

Zu einer Pressekampagne in der Qualität und Größenordnung der Aktion „Feuerwerk“ kam es diesmal allerdings nicht; es war eher ein „müder Abklatsch“. Wiederum feierte „Neues Deutschland“ die „Wachsamkeit deutscher Patrioten“, die zusammen mit den „den Organen der Staatssicherheit zur Verfügung stehenden Dokumente[n] und Informationen“ zur Aufdeckung der „Spionage- und Schädlingstätigkeit“ der Organisation Gehlen und des amerikanischen Geheimdienstes geführt habe.[181] Wieder wurden „Überläufer“ ins Rampenlicht geschickt. Der ehemalige Mitarbeiter der Organisation Gehlen, Gerhard Prather, präsentierte der Öffentlichkeit wenige Tage nach der Aktion eine wenig originelle „Erklärung“, in der er alle zu diesem Thema existierenden Gemeinplätze der SED-Propaganda herunterbetete: Da er seine bisherige Tätigkeit nicht mehr mit seinem Gewissen vereinbaren könne, habe er „nach schweren inneren Kämpfen den Entschluß gefaßt“, sich „freiwillig den Sicherheitsorganen der Deutschen Demokratischen Republik zu stellen und um politisches Asyl zu bitten“. Im Laufe seiner Tätigkeit habe er festgestellt, „daß sämtliche Hauptagenten des Geheimdienstes Gehlen aus Kreisen ehemaliger Faschisten und hoher Wehrmachtsoffiziere des faschistischen Abwehrdienstes“ stammten. An der Spitze der „faschistischen Untergrundzentralen“ in Westberlin stünden „ehemalige aktive Nazis, kriminelle Elemente, Karrieristen, Gauner“, die „unter dem Schutz der amerikanischen Besatzungsmacht niederträchtige und [...] antidemokratische Dinge durchführen“. „Diese schmutzigen Elemente belügen ehrliche Menschen, um sie für ihre Verbrechen zu mißbrauchen.“[182]

Das einzige bemerkenswerte Element der Kampagne betraf angebliche antifranzösische Aktivitäten der Organisation Gehlen, die sich hervorragend in die laufende Anti-EVG-Propaganda der DDR einfügten, welche unter anderem darauf zielte, ohnehin bestehende Antipathien der französischen Öffentlichkeit bezüglich einer westdeutschen Wiederbewaffnung zu verstärken. Unter dem Titel „Westdeutsche ‚Fünfte Kolonne‘ wühlt gegen Frankreich – Gehlen-Spione arbeiten an der Vorbereitung eines neuen ‚Marsches nach Paris‘“ konstruierte „Neues Deutschland“ mit dürftigen und teilweise völlig an den Haaren herbeigezogenen Belegen eine Verschwörung.[183] Die Kampagne gegen die Europäische Verteidigungsgemeinschaft bekam allerdings, bedingt durch den zeitweiligen, freiwillig-unfreiwilligen Übertritt des Verfassungsschutzpräsidenten Otto John und durch den Abzug des Agenten der HV A und CDU-Bundestagsabgeordneten, Karlfranz Schmidt-Wittmack, einen anderen Schwerpunkt. Die „Auswertung“ der Aktion „Pfeil“ wurde angesichts der sehr viel öffentlichkeitswirksameren Pressekonferenzen mit diesen prominenten „Überläufern“ in den Hintergrund gedrängt.[184]

181 Neues Deutschland vom 5.8.1954.
182 Neues Deutschland vom 6.8.1954.
183 Neues Deutschland vom 27.8.1954.
184 Warum ich in die DDR kam. Erklärung von Otto John auf der internationalen Pressekonferenz am 11.8.1954, in: Neues Deutschland vom 12.8.1954; Politik der Stärke führt nicht zur Wiedervereinigung. Erklärung von Karl-Franz Schmidt-Wittmack auf der Pressekonferenz des Ausschusses für Deutsche Einheit am 26.8.1954, in: Neues Deutschland vom 27.8.1954.

2.3. Aktion „Blitz“ – der politische Widerstand im Zentrum der Operationen

Im November 1954 lief der dritte und größte „konzentrierte Schlag“ unter dem Codenamen „Blitz“ an. Im Unterschied zu den vorausgegangenen Großaktionen „Feuerwerk“ und „Pfeil“ hatte hierbei nicht die Spionageabwehr die Federführung, sondern die für die Bekämpfung des „politischen Untergrundes“ zuständige Hauptabteilung V.[185] Im Zentrum der Operation standen diesmal nicht die westlichen Nachrichtendienste, sondern Organisationen, die der „Untergrundbewegung“ zugeordnet wurden: die Kampfgruppe gegen Unmenschlichkeit, der Untersuchungsausschuß Freiheitlicher Juristen, die Vereinigung politischer Ostflüchtlinge (VPO), die Ostbüros der SPD, CDU und FDP, eine von der Staatssicherheit als „SED-Abteilung“ bezeichnete Dienststelle beim amerikanischen Hochkommissar und die – im Jargon des SED-Regimes – „reaktionäre Kirchenführung“.[186] An anderer Stelle wurden zusätzlich noch die Organisation Gehlen und das Amt Blank[187] genannt.[188] Als allgemeine Ziele der Aktion waren festgelegt:

„1. eine größere Anzahl Agenturen der Untergrundbewegungen zu liquidieren,
2. weiter in den feindlichen Apparat der Untergrundbewegungen einzudringen, die bestehenden Verbindungen zu stören und Unsicherheit hineinzutragen,
3. öffentliche Auswertung der verbrecherischen Tätigkeit der Untergrundbewegungen und damit Erzeugung von Haß und Verstärkung der Wachsamkeit bei allen anständigen deutschen Menschen,
4. Beweisführung über die Einheit und Geschlossenheit der Partei, indem nachgewiesen wird, daß die SED-Opposition nicht besteht, sondern ein Machwerk der Agentenzentralen ist.“[189]

Die Aktion „Blitz“ war auf Initiative der SfS-Führung und der sowjetischen Berater am 11. November 1954 auf einer Abteilungsleiterbesprechung der Linie V[190] beschlossen worden. Die Ergebnisse dieser Besprechung wurden anschließend vom Leiter der Hauptabteilung V, Bruno Beater, in einer entsprechenden Dienstanweisung festgeschrieben.[191] Zum 5. Jahrestag der Gründung der Staatssicher-

185 Dienstanweisung 54/54 des Leiters der HA V, Bruno Beater, vom 16.11.1954; Dokument 12.
186 Kurze Einschätzung des stellv. Leiters der HA V, Hugo Treßelt, zum bisherigen Verlauf der Aktion „Blitz“ vom 17.1.1955; BStU, ZA, AS 171/56, Bd. 1, Bl. 6–8.
187 Gemeint war hier zweifellos nicht das Amt selbst, sondern der ihm unterstehende und von Friedrich Wilhelm Heinz geleitete kurzlebige Nachrichtendienst (FWH-Dienst). Siehe hierzu: Susanne Meinl: Im Mahlstrom des Kalten Krieges. Friedrich Wilhelm Heinz und die Anfänge der westdeutschen Nachrichtendienste 1945–1955, in: Wolfgang Krieger und Jürgen Weber (Hrsg.): Spionage für den Frieden? Nachrichtendienste in Deutschland während des Kalten Krieges, München 1997, S. 247–266.
188 Aktennotiz zur Aktion „Blitz“ o.D. (vermutlich Anfang Januar 1955), ohne Unterschrift; BStU, ZA, AS 171/56, Bd. 1, Bl. 27–34.
189 Kurze Einschätzung des stellv. Leiters der HA V, Hugo Treßelt, zum bisherigen Verlauf der Aktion „Blitz“ vom 17.1.1955; ebenda, Bl. 6.
190 Die Linie V bestand aus der HA V des Staatssekretariats für Staatssicherheit und den fachlich nachgeordeneten Abteilungen V der Bezirksverwaltungen.
191 Dienstanweisung 54/54 vom 16.11.1954; Dokument 12, S. 314.

heit am 8. Februar 1955 sollte die Aktion abgeschlossen sein; offensichtlich war vorgesehen, die Feierlichkeiten durch ihre propagandistische „Auswertung“ zu krönen. Der für die Koordinierung der Operation zuständige Einsatzstab war diesmal mit erstaunlich niederrangigen Kadern besetzt: Als Vertreter der einzelnen Linien fungierten Offiziere, die in den entsprechenden Abteilungen der Hauptabteilung V bestenfalls den Rang von Referatsleitern hatten, und die Leitung des Stabes übernahm der stellvertretende Chef der Hauptabteilung Hugo Treßelt.[192] Wie üblich wurden von der Hauptabteilung zunächst Sachstandsberichte zu allen einschlägigen Vorgängen eingeholt, „die zur Liquidierung reif und als Festnahmeaktion von Bedeutung“ waren, bevor die zentrale Planung der Aktion anlief. Schon ganz zu Beginn war allerdings klar, daß im Rahmen der Aktion „Blitz“ Entführungen eine große Rolle spielen würden.[193]

Die Vorbereitungen standen unter hohem Zeitdruck, was bemerkenswerterweise mit den bevorstehenden Wahlen zum Westberliner Abgeordnetenhaus begründet wurde, die offenbar – so die merkwürdige Vorstellung der Akteure – durch die Operation im Sinne der DDR beeinflußt werden sollten.[194] Am 29. November vergatterte Mielke die Leiter der Bezirksverwaltungen im Hinblick auf die Aktion nochmals zur Termintreue und zur Ausschöpfung aller in ihrem Verantwortungsbereich liegenden Möglichkeiten.[195] Eine gute Woche später erfolgten die ersten Festnahmen.

Anders als bei den vorausgegangenen Großaktionen zogen sich die Verhaftungen aber über viele Wochen hin. Die Leitung der Staatssicherheit war mit dem Fortgang der Operation zunächst höchst unzufrieden. Mielke stellte in einer Dienstbesprechung fest, daß die Erfüllung der Aufgaben als sehr ungenügend anzusehen sei. Er trug eine kuriose Statistik vor, nach der die Hauptabteilung V ihre Aufgaben zu 27 Prozent und die Bezirksverwaltungen Erfurt und Magdeburg zu 11 Prozent erfüllt hätten, die anderen Bezirksverwaltungen lägen noch darunter.[196] Grundlage für die Kritik Mielkes war ein Papier des Leiters des Einsatzstabes Treßelt, in dem als Gründe für den schlechten Verlauf der Aktion mangelnde Koordinierung zwischen den verschiedenen SfS-Dienstellen und bezeich-

192 Ebenda. Die weiteren Mitglieder des Einsatzstabes waren Major Eichler (Abt. 1: Ostbüro der SPD und des DGB), Oberfeldwebel Mederake (Abt. 2: „Trotzkismus“), Leutnant Richter (Abt. 3: „bürgerliche Parteien“, Kirchen), Oberleutnant Werner Franke (Abt. 4: Staatsapparat), Leutnant Eichhorn (Abt. 5: KgU, UFJ). Die Zuständigkeiten spiegeln den Stand von November 1954 wider. Im Januar 1955, also noch während der Aktion „Blitz“, kam es zu einer grundlegenden Umstrukturierung der HA V.

193 „Besondere Bedeutung kommt hierbei den Vorgängen zu, deren Liquidierung in Westberlin und Westdeutschland ihren Ausgang finden muß.“ Ebenda, S. 315.

194 Ebenda, S. 316.

195 Rundschreiben Mielkes vom 19.11.1954 an die Leiter der Bezirksverwaltungen; BStU, ZA, DSt 100932.

196 Vermerk über die Dienstbesprechung am 19.1.1955 mit den Leitern der HA/selbst. Abt., BV/V; BStU ZA, SdM 1921, Bl. 116–132, hier 119. Die Statistik zur Aufgabenerfüllung geht folgendermaßen weiter: BV Karl-Marx-Stadt 9 %, Verwaltung Wismut 8 %, BV Halle 7 %, BV Gera 7 %, Verwaltung Groß-Berlin 6 %, BV Schwerin 5 %, BV Potsdam 3 %, BV Dresden 3 %, BV Cottbus 2 %, BV Neubrandenburg 1 %, BV Leipzig 1 %, BV Suhl 0 %, BV Rostock 0 %, BV Frankfurt/O. 0 %; Kurze Einschätzung zum bisherigen Verlauf der Aktion „Blitz“ vom 17.1.1955; BStU, ZA, AS 171/56, Bd. 1, Bl. 6f.

nenderweise auch der Umstand genannt wurden, „daß noch immer zu sehr auf Verhaftungen hingearbeitet wird, weniger aber auf qualifizierte Anwerbungen, um tiefer oder überhaupt in die Agentenzentralen einzudringen". Außerdem hätten die Bezirksverwaltungen bisher nicht darauf geachtet, „zugleich Material für die propagandistische Auswertung" zu erarbeiten.[197] In der Aktion traten offenbar Defizite des Apparates zutage. Der neu eingesetzte Leiter der Abteilung V der Bezirksverwaltung Schwerin etwa schilderte die Lage in seinem Verantwortungsbereich als „trostlos" und chaotisch, man habe bisher „vollkommen durcheinander und planlos" gearbeitet. Material, das mit Hilfe eines Geheimen Mitarbeiters erarbeitet worden sei, halte keiner Überprüfung stand. Sein Kollege aus Rostock beklagte sich, daß fünf seiner 18 Mitarbeiter „äußerst schwach" seien.[198]

Die Planungen zur Aktion „Blitz" sahen zahlreiche Entführungen vor, von denen nur ein Teil realisiert wurde. Ein entsprechendes Papier, das vermutlich von Anfang Januar 1955 stammt, zeigt, wie weit die Absichten der Staatssicherheit gingen: Neben der zu diesem Zeitpunkt schon durchgeführten Verschleppung des ehemaligen SED-Kreissekretärs E. Ch. auf die noch ausführlich eingegangen wird, waren als Entführungsopfer ins Visier genommen: drei Mitarbeiter des Ostbüros der CDU, darunter dessen Leiter Werner Jöhren, der stellvertretende Leiter der Außenstelle des Ostbüros der FDP, Paul Willert, der Journalist Karl Wilhelm Fricke, der bezeichnenderweise nur durch die Information gekennzeichnet wurde, daß er „ein wertvolles Archiv" unterhalte und für den „Schachtverlag" arbeite, außerdem zwei KgU-Mitarbeiter, ein UFJ-Mitarbeiter sowie eine Person, der eine Zusammenarbeit mit verschiedenen Nachrichtendiensten vorgeworfen wurde.[199] Im Operativplan von März 1955 war ein Teil dieser Verschleppungspläne nicht mehr aufgeführt, dafür kamen andere hinzu. Sie betrafen den stellvertretenden Leiter des CDU-Ostbüros Pleschinger (statt Jöhren), den stellvertretenden Leiter der Berliner Außenstelle des SPD-Ostbüros, Eberhard Zachmann, sowie die Publizistin Carola Stern.[200] Das Gros dieser Entführungspläne kam nicht zur Durchführung oder mißlang.

Nach Abschluß der Aktion „Blitz" waren aus dem genannten Personenkreis drei Entführungsopfer zu verzeichnen: der schon genannte E. Ch. sowie Paul Behm, der wie dieser der sogenannten „SED-Abteilung" des amerikanischen Hochkommissars zugeordnet wurde, in den Verschleppungsplanungen aber zunächst gar nicht berücksichtigt worden war, und Karl Wilhelm Fricke, bei dem die Staatssicherheit besonders große Zuordnungsprobleme hatte und den sie daher in denselben Zusammenhang stellte.[201] Es fällt schwer, die Häufung der Ent-

197 Ebenda, Bl. 7f.

198 Koordinierung mit anderen Abteilungen, Aktennotiz von Hugo Treßelt vom 25.1.1955; ebenda, Bl. 67.

199 Aktennotiz zur Aktion „Blitz", o.D. (vermutlich Anfang Januar 1955), ohne Unterschrift; ebenda, Bl. 27–34.

200 Plan zur Operation „Blitz", o.D. (März 1955); Dokument 14 (Auszüge), S. 321f.

201 Aktennotiz zur Aktion „Blitz", o.D.; BStU, ZA, AS 171/56, Bd. 1, Bl. 27–34, und Übersicht zu den „gezogenen Residenten" der Aktion, o.D.; ebenda, Bd. 2, Bl. 54. Drei andere Personen, die hier auch als „gezogene Residenten" aufgeführt sind, wurden wahrscheinlich nicht entführt, sondern – laut entsprechenden Planungen – auf dem Territorium der DDR festgenommen.

führungen bei diesen „Zielpersonen“ für einen Zufall zu halten, denn die Unterlagen weisen auf eine besondere Schwerpunktsetzung hin.

So heißt es in einem der Grundsatzpapiere zur Aktion „Blitz“ (im problematischen Deutsch der Hauptabteilung V), der politisch-propagandistische Wert der gesamten Aktion liege „in der Auswertung der zur Veröffentlichung geeigneten Materialien, die den Agentensumpf in Westberlin aufzeigen und geißeln, das Verabscheuungswürdige der Agentenwerbung charakterisieren und den Agenten außerhalb der menschlichen Gesellschaft stellen“.[202] Sie ermögliche, „das Verwerfliche des Verrates solcher Mitglieder der SED, die zu Agenten wurden, [zu] zeigen [und] die Methoden, besonders SED-Angehörige anzuwerben, auf[zu]decken“. Damit trage sie „zur Vorbeugung und Stärkung der Reihen der Partei“ bei. Man werde in die Lage versetzt, die Bemühungen der „Abteilung SED“ des HICOG, „die Kraft der SED zu schwächen, lächerlich [zu] machen und [zu] beweisen, daß sie die Urheber der Fälschungen, ‚SED-Opposition‘ u. ähnlicher Materialien, sind [sic!]“. Es könne deutlich gemacht werden, daß „Uneinigkeit unter Parteimitgliedern nur dem amerikanischen Imperialismus und der Vernichtung der deutschen Nation hilft“.[203]

Wie auch in anderen Fällen reagierten die SED-Machthaber besonders allergisch auf vermeintliche und tatsächliche Gefährdungen der „Einheit der Partei“, und so wurden die angeblich „von den Amerikanern in Westberlin geschaffenen feindlichen Gruppierungen, welche unter der Tarnung ‚SED-Opposition‘ ihre gesamte Tätigkeit gegen den Parteiapparat richten“, als eine besondere Bedrohung angesehen.

Ganz ähnlich lag der Fall bei einer anderen Kategorie von „Verrätern“, den in den Westen geflohenen ehemaligen Mitarbeitern der Staatssicherheit, von denen vier im Zusammenhang mit der Aktion „Blitz“ in die DDR „zurückgeholt“ wurden,[204] unter ihnen der ehemalige Vernehmungsoffizier aus der Schweriner Bezirksverwaltung Bruno Krüger und seine Frau, beide wurden zum Tode verurteilt und hingerichtet.[205]

Ähnlich wie bei den vorangegangenen Aktionen war die Aktion „Blitz“, die in ihrer zweiten Phase auch den Codenamen „Frühling“ trug, vor allem durch pauschale Festnahmen von DDR-Bürgern gekennzeichnet, die sich in irgendeiner Weise verdächtig oder mißliebig gemacht hatten. Eine entsprechende Aufstellung zeigt, daß bei einem erheblichen Teil der Festgenommenen lediglich sogenanntes „Überprüfungsmaterial“ vorlag, nach den damaligen Kategorien der Staatssicherheit das Kennzeichen für die niedrigste Verdachtsstufe.[206] Als Festnahmegründe nennt das Dokument – neben dem Standardvorwurf Spionage

202 Aktennotiz zur Aktion „Blitz“ o. D.; ebenda, Bd. 1, Bl. 28.
203 Ebenda.
204 Übersicht zu den „gezogenen Residenten“ der Aktion, o. D.; ebenda, Bd. 2, Bl. 54. Hier sind neben Krüger noch drei weitere „Verräter“ verzeichnet.
205 Vgl. Karl Wilhelm Fricke: „Jeden Verräter ereilt sein Schicksal“. Die gnadenlose Verfolgung abtrünniger MfS-Mitarbeiter, in: Deutschland Archiv 27 (1994) 3, S. 258–265, hier 260–262.
206 Aufstellung, o. D.: „Liquidierte Vorgänge während der Aktion ‚Frühling‘ auf der Linie V in den Bezirksverwaltungen“; BStU, ZA, AS 171/56, Bd. 2, Bl. 58–68.

für eine westliche Stelle oder Organisation – so unterschiedliche Dinge wie „Hetze gegen die DDR und SU“, Flugblattverteilung, „antidemokratische Tätigkeit“, illegaler Waffenbesitz, Mitgliedschaft bei den Zeugen Jehova, Brandstiftung und „Schädlingstätigkeit“.[207] Auch die im März 1955 verhafteten studentischen „Rädelsführer“ der Protestaktionen an der medizinischen Fakultät der Universität Greifswald tauchen in der Festnahmestatistik der Aktion „Blitz“ auf.[208] Sofern eine Zuordnung zu einer westlichen „Feindzentrale“ erfolgte, wird bei den auf der Linie V („Untergrund“) Verhafteten eine ziemlich gleichmäßige Verteilung auf KgU, UFJ und die Ostbüros der Parteien sichtbar; einzelne Nennungen betreffen auch die Vereinigung der Opfer des Stalinismus (VOS) und die russische Emigrantenorganisation NTS.[209]

Den von Mielke auf dem 23. Plenum des ZK präsentierten Daten ist zu entnehmen, daß die Staatssicherheit von den 521 insgesamt Festgenommenen 56 der KgU, 32 dem UFJ, 27 dem Ostbüro der FDP und 17 dem Ostbüro der SPD zuordnete. Der Mehrzahl der Verhafteten wurden allerdings wiederum Geheimdienstkontakte vorgeworfen: 188 hatten angeblich Verbindungen zu amerikanischen, 105 zu britischen und circa 100 zu westdeutschen Stellen.[210] Diese hohen Zahlen ergeben sich teils aus der geheimdienstfixierten Optik der Staatssicherheit, die es mit sich brachte, daß Westkontakte anderer Natur pauschal zu nachrichtendienstlichen Verbindungen gemacht wurden. Beziehungen zum RIAS oder zu Margarete Buber-Neumanns Befreiungskomitee für die Opfer totalitärer Willkür etwa galten als Spionagekontakte „auf der amerikanischen Linie“.[211] Teils sind sie dadurch bedingt, daß im Verlauf der unter dem Kennwort „Frühling“ laufenden zweiten Phase der Aktion „Blitz“ die Beschränkung auf die Linie V („Untergrund“) aufgehoben wurde und parallel Operationen der „Spionageabwehr“ stattfanden.

Zu diesem Zweck ergingen im Januar Anweisungen zur „Überprüfung und Zusammenfassung des vorhandenen Materials auf der Linie Gehlen“ und „auf der Linie BVSA [Bundesverfassungsschutzamt]“ sowie zur „Koordinierung der Arbeit auf englischer Linie“.[212] Letzteres war der Auftakt zu einer Operation gegen den britischen Secret Intelligence Service (SIS), die offenbar durch die Tätigkeit des Top-Agenten des KGB George Blake in der Berliner Dienststelle

207 Ebenda.

208 Ebenda, Bl. 59. Zur Einordnung dieser Vorgänge vgl. Thomas Ammer: Die Gedanken sind frei. Widerstand an den Universitäten 1945 bis 1961, in: Ulrike Poppe, Rainer Eckert, Ilko-Sascha Kowalczuk (Hrsg.): Zwischen Selbstbehauptung und Anpassung. Formen des Widerstandes und der Opposition in der DDR, Berlin 1995, S. 142–161.

209 Aufstellung, o. D.: „Liquidierte Vorgänge während der Aktion ‚Frühling‘ auf der Linie V in den Bezirksverwaltungen“; BStU, ZA, AS 171/56, Bd. 2, Bl. 59–62. NTS: Narodno-trudowoi sojus – Volksarbeitsbund (russische Emigrantenorganisation).

210 Stenographisches Protokoll des 23. ZK-Plenums, 14.4.1955; Dokument 15, S. 328.

211 Zu letzterem siehe Aktennotiz des SfS: „Trotzkistische Agenturen und Trotzkisten, welche bezahlte Agenten der imperialistischen Agenturen und Geheimdienste sind“, o. D.; BStU, ZA, AS 183/56, Bl. 108–110.

212 Rundschreiben Mielkes an die Diensteinheiten vom 13.1.1955; BStU, ZA, DSt 101552, und vom 24.1.1955; ebenda, DSt 101553 und 101554.

des Geheimdienstes möglich geworden war.[213] Die große Anzahl von Verhafteten, die in Mielkes Statistik dem britischen Nachrichtendienst zugeordnet wurden, findet hierdurch seine Erklärung. Von besonderer Bedeutung ist die ebenfalls im Frühjahr 1955 unter der Federführung der Hauptabteilung II („Spionageabwehr“) gegen den Rundfunksender RIAS durchgeführte Aktion „Enten“, bei der es sich letztlich auch um eine Teiloperation der Aktion „Blitz“ handelte. Noch stärker als sonst stand hier die propagandistische Zweckbestimmung im Vordergrund.[214] Auf dieses Thema wird im Kapitel zum RIAS-Schauprozeß noch ausführlicher zurückzukommen sein.[215]

Von Interesse ist die von Mielke vor dem ZK referierte geographische Verteilung der im Rahmen der Aktion „Blitz“ erfolgten Festnahmen. Berlin bildete mit 159 Festnahmen den Schwerpunkt, gefolgt von den Bezirken Halle mit 53, Potsdam mit 43, Erfurt mit 42 und Leipzig mit 32.[216] Hinsichtlich der Parteizugehörigkeit der Festgenommenen stand die SED mit 36 Betroffenen wiederum an der Spitze, dicht gefolgt von der LDPD mit 35, der NDPD mit 15 und der CDU mit elf.[217] Die relativ hohe Anzahl von LDPD-Mitgliedern unter den Verhafteten ist im Zusammenhang mit Erkenntnissen zu sehen, die die Staatssicherheit bei einem Einbruch in die Berliner Außenstelle des FDP-Ostbüros gewann; von dieser unter dem Codewort „Feierabend“ durchgeführten Teiloperation der Aktion „Blitz“ wird an anderer Stelle noch die Rede sein.[218] Bei der beruflichen Stellung der Festgenommenen ragt mit 103 Betroffenen die Gruppe der staatlichen Angestellten heraus, es folgen mit 63 Verhafteten die Angestellten volkseigener Betriebe und mit 46 die „sonstigen Verwaltungsangestellten“. Hervorzuheben ist auch die Gruppe der Reichsbahnangehörigen mit 34 Festnahmen.[219]

Nach der ursprünglichen Planung sollte der 5. Jahrestag der Gründung des MfS am 8. Februar 1955 den feierlichen Hintergrund für die öffentliche „Auswertung“ der Aktion „Blitz“ abgeben, aber daraus wurde nichts, weil das Ende der Aktion zu diesem Zeitpunkt noch nicht abzusehen war.[220] Überhaupt scheint der Jahrestag nicht besonders in die aktuellen Agitationserfordernisse gepaßt zu haben, denn selbst der geplante und von Wollweber schon geschriebene Jubi-

213 Aufstellung zu den Aktionen der HA II: „Hinweise, die bereits durch die ehemalige Arbeitsgruppe Traditionszimmer erarbeitet wurden“, o. D.; BStU, ZA, HA II/AKG, Bündel 27. Dieses Dokument verdanken die Autoren der Kollegin Hanna Labrenz-Weiß. Blake befand sich in der Tat seit Anfang 1955 in der Berliner SIS-Mission. Ob die Angabe im vorgenannten MfS-Dokument zutrifft und die Festnahmen wirklich auf ihn zurückgehen, muß angesichts der extremen Formen der Konspiration, die im Zusammenhang mit seiner Person beachtet wurden, zweifelhaft bleiben. Vgl. Bailey/Kondraschow/Murphy: Die unsichtbare Front, S. 257 bis 274 und 281.

214 Operativplan zur Aktion „Enten“ vom 10.2.1955; Dokument 13.

215 Vgl. Kapitel 6.6.

216 Stenographisches Protokoll des 23. ZK-Plenums, 14.4.1955; Dokument 15, S. 328.

217 Ebenda.

218 Siehe Kapitel 3.3 und 6.8.

219 Stenographisches Protokoll des 23. ZK-Plenums, 14.4.1955; Dokument 15, S. 328 f.

220 Noch Anfang Januar 1955 ging man von größeren öffentlichen Aktivitäten im Zusammenhang mit dem Jubiläum aus. Vgl. Otto Walter an die Leiter der Bezirksverwaltungen vom 6. und 13.1.1955, betr. 5. Jahrestag der Gründung der Staatssicherheitorgane; BStU, ZA, DSt 101549.

läumsartikel „Fünf Jahre Staatssicherheit“ blieb unveröffentlicht in der Schublade liegen.[221] Offenbar war die Forcierung des polarisierenden Themas „Staatssicherheit“ in dieser Phase nicht opportun, als es der SED-Führung primär um ein Einwirken auf die westdeutsche Öffentlichkeit im Sinne einer Ablehnung der Pariser Verträge ging.[222]

Nachdem die Pariser Verträge am 18. März 1955, mit der Zustimmung des Bundesrates zum Deutschlandvertrag, alle parlamentarischen Hürden genommen hatten, waren taktische Rücksichten dieser Art obsolet. Am 31. März gab die Sicherheitskommission des Politbüros ihre Zustimmung zu einem „neuen konzentrierten Schlag“; es handelte sich wohl um die schon erwähnte kurzfristig durchgeführte Aktion der Hauptabteilung II und des sowjetischen „Bruderorgans“ gegen den britischen SIS. Gleichzeitig legte die Sicherheitskommission fest, daß eine Regierungserklärung über die „Liquidierung der Agentenzentralen“ erfolgen solle.[223]

Einer ungehemmten propagandistischen „Auswertung“ der Aktion „Blitz“ stand nun nichts mehr im Wege. Am 12. April gab der Ministerrat der DDR die beschlossene Erklärung unter dem Titel „Spionage- und Terrorgruppen unschädlich gemacht“ heraus, in der von „521 Agenten westlicher Geheimdienste“ die Rede war, die „mit Unterstützung aus breitesten Kreisen der Bevölkerung in den letzten Tagen“ verhaftet worden seien. Obwohl die Aktion „Blitz“ mit allen ihren Ausläufern etwa vier Monate gedauert hatte, hielt die Propaganda an der Fiktion des kurzen zielgerichteten Schlages ebenso fest wie an der der Bevölkerungsbeteiligung. Bezeichnend ist auch, daß alle Verhafteten, einschließlich der Flugblattverteiler, der Zeugen Jehova und der protestierenden Greifswalder Medizinstudenten, als Geheimdienstagenten ausgegeben wurden, eine Darstellung, die durch die Kennzeichnung der angeblich oder tatsächlich hinter den Festgenommenen stehenden Organisationen noch bestärkt wurde: „amerikanische und britische Geheimdienststellen“, die „Spionageorganisation Gehlen“ sowie die „Westberliner Hilfsorgane der genannten Geheimdienste“ KgU, UFJ, RIAS und Ostbüros.[224]

Nach der Beschreibung einiger für propagandistische Zwecke besonders geeigneter Fälle, die teilweise schon älteren Datums waren und mit der Aktion „Blitz“ gar nichts zu tun hatten, endet die Erklärung mit der Drohung, daß „kein Spion, kein Diversant, kein Saboteur und Terrorist seiner verdienten Strafe“ entgehe, und dem obligatorischen Appell, „rechtzeitig mit den imperialistischen Agenturen [zu] brechen und sich freiwillig den Sicherheitsorganen [zu] stel-

221 Artikelentwurf „Fünf Jahre Staatssicherheit“ mit dem Vermerk: „Dieser Artikel wurde nicht veröffentlicht. 8.2.1955“; BStU, ZA, SdM 2612, Bl. 88–93.

222 Ein Indiz hierfür ist auch die von Markus Wolf am Artikelentwurf Wollwebers geäußerte Kritik. Wolf schreibt an Wollweber am 31.1.1955: „Ich weiß nicht, ob es in der jetzigen Situation richtig ist, einmal besonders zu unterstreichen, daß in einem staatlichen Organ nur im Klassenkampf erprobte Kader der Arbeiterbewegung tätig sein können und zum anderen im Zusammenhang mit dem Reservoir für feindliche Agentenwerbung von ehemaligen Bourgeois zu sprechen.“ BStU, ZA, SdM 1909, Bl. 222f.

223 Protokoll der Sitzung der Sicherheitskommission am 31.3.1955, S. 6; BA-MA, DVW 1/39546.

224 Neues Deutschland vom 14.4.1955.

len“, da dann Straffreiheit oder Strafmilderung gewährt werde. Hinzu kam diesmal auch ein Appell an die „Bevölkerung Westberlins“, „gegen die Spionage- und Sabotagezentralen aufzutreten und deren sofortige Auflösung zu verlangen“. Die „Ausnutzung Westberlins“ als Zentrum dieser Organisationen schaffe „eine Spannung in Berlin“, die – so der drohende Unterton – „zu unerwünschten Folgen und zu besonderen Schwierigkeiten für die Bevölkerung Westberlins führen muß“.[225]

Offenbar bestand im Staatssekretariat für Staatssicherheit zunächst keine endgültige Klarheit über die einzelnen propagandistischen Schwerpunkte. Ein Papier der für die Ostbüros von SPD und DGB und den „Trotzkismus“ zuständigen Abteilung 2 der Hauptabteilung V deutet darauf hin, daß zunächst eine Konzentration auf dieses Feld geplant war,[226] das unter operativen Gesichtspunkten eine große Rolle gespielt hatte. Die propagandistische Verwertbarkeit der hier vorliegenden Fälle scheint allerdings nicht entsprechend den ursprünglichen Erwartungen gewesen zu sein, denn auf der internationalen Pressekonferenz am 4. Mai 1955 traten ganz andere Schwerpunkte hervor. Gustav Borrmann gab hier als Vertreter der Staatssicherheit – wie „Neues Deutschland“ tags darauf schrieb – „ungeheuerliche Einzelheiten über die verbrecherische Tätigkeit der kürzlich verhafteten 521 Spione und Diversanten“ bekannt. Herausgestellt wurden vor allem reine Spionagefälle sowie Fälle, die der KgU und dem RIAS zugeordnet wurden. In dieser Schwerpunktsetzung kündigten sich schon die großen Schauprozesse des Frühsommers 1955 gegen Mitarbeiter von westlichen Geheimdiensten bzw. der KgU und des RIAS an, denen dieses Buch jeweils ein eigenes Kapitel widmet.[227]

In bewährter Manier wurden auch diesmal wieder reuige „Überläufer“ präsentiert, neben zwei Geheimdienstmitarbeitern, die die „Kriegsvorbereitungspläne“ ihrer ehemaligen Dienststellen zu „enthüllen“ hatten, traten der ehemalige RIAS-Mitarbeiter Siegfried Meisel und der ehemalige „Stahlhelm“-Angehörige Wolfgang Schurrath mit Erklärungen auf. Meisel fiel die Rolle zu, den RIAS als Spionageeinrichtung zu „enttarnen“, und Schurraths Mitteilungen aus dem Innenleben des „Stahlhelm“, der Deutschen Partei und der „Schwarzen Front“ Otto Strassers sollten den Nachweis für die „faschistischen“ Gefahren liefern, denen die Bürger Westberlins ausgesetzt seien.[228] Es kennzeichnet diese Art von Enthüllungen, daß zuvor neben dem Text der Erklärungen, auch die anschließenden Fragen und Anworten detailliert festgelegt worden waren.[229] Die Regie der Pressekonferenz steuerte auf ein politisches Fazit zu, das der Leiter des DDR-Presseamtes, Fritz Beyling, in seinem hohl-pathetischen Schlußwort formulierte:

225 Ebenda.
226 Aktennotiz der HA V/2 vom 2.4.1955: „Vorschläge zur Auswertung der von der HA V durchzuführenden Prozesse innerhalb der Aktion ‚Frühling‘“; BStU, ZA, AS 183/56, Bl. 102–107.
227 Kapitel 6.3, 6.5 und 6.6.
228 Neues Deutschland vom 5.5.1955, 6.5.1955 sowie 17.5.1955.
229 Erklärungen von Siegfried Meisel, Walter Hoffmann und Wolfgang Schurrath einschließlich vorbereiteter Fragen und Anworten für die Pressekonderenz; BStU, ZA, AS 183/56, Bl. 136–157.

„Die Verbrecher und die dirigierenden fluchwürdigen Kriegstreiber versuchen […] vergeblich, das Rad der Geschichte zurückzudrehen. Ihre Schandpläne, ihre Untaten und alle hier enthüllten und angeprangerten Verbrechen – das sind verzweifelte Bemühungen, die Deutsche Demokratische Republik, den Staat der Arbeiter und Bauern, die Basis des Kampfes unseres ganzen deutschen Volkes um Frieden, Einheit, Demokratie und sozialen Fortschritt in ihrer steten Festigung hindern und aufhalten zu wollen.

Diese Bemühungen sind ebenso verzweifelt wie aussichtslos."

Direkter und ungeschminkter hatte sich zuvor der Staatssicherheitsvertreter Borrmann geäußert, der – an die „Anhänger der Politik der Stärke" gerichtet – die schlichte „Lehre" formulierte: „Wer im Dienste der Kriegsprovokateure steht, wird vernichtet."[230]

In der Staatssicherheit wurde die Aktion „Blitz" als großer operativer Erfolg gefeiert: Sie sei „ein wichtiger Beitrag" – so die Formulierung Wollwebers – „im Kampf gegen die Durchführung der Pariser Kriegsverträge [sowie] für die Erhaltung des Friedens" und habe entscheidend dazu beigetragen, „Westberlin in der gesamten Öffentlichkeit als Zentrum der verschiedenen Spionage- und Sabotagegruppen zu entlarven".[231] Ein wahrer Prämienregen ging über die an der Aktion beteiligten SfS-Mitarbeiter nieder. Rund 200 Mitarbeiter der Hauptabteilungen II und V sowie der Bezirksverwaltungen erhielten Sonderzuwendungen zwischen 100 und 1.000 Mark, insgesamt eine Summe von über 63.000 Mark.[232]

230 Erklärung von Gustav Borrmann auf der Pressekonferenz am 4.5.1955; BStU, ZA, AS 183/56, Bl. 135.
231 Befehl 121/55 Wollwebers vom 27.4.1955; BStU, ZA, HA KuSch 1068, Bl. 262.
232 Ebenda.
233 Hans Halter: Berlin, Hauptstadt der Agenten. Der Kalte Krieg und seine Schauplätze, in: Die

3. Spionage und Widerstand

Wollwebers neue Strategie und Taktik, die „konzentrierten Schläge“ der Staatssicherheit gegen den inneren Klassenfeind und seine vermeintlichen und tatsächlichen äußeren Stützpunkte, fielen in eine Zeit, in welcher der Kalte Krieg auf deutschem Boden längst das politische Geschehen überlagert hatte. Berlin mußte in diesem historischen Kontext geradezu zwangsläufig zu einem politischen Brennpunkt werden. Hier stießen Sowjetdiktatur und parlamentarische Demokratie, die beiden damaligen weltpolitischen Systeme, unmittelbar aufeinander. Im Zeichen des Kalten Krieges verwandelte sich Berlin in ein internationales Zentrum nachrichtendienstlicher und geheimpolizeilicher Operationen. „Wie ein Magnet zog die geteilte, von den vier Großmächten besetzte Stadt schon im Sommer 1945 die Spione aller Länder und Kontinente an. Zentrum der Aktivitäten war der Ostteil der Stadt. In Berlin boten sich ideale Arbeitsbedingungen: interessante Informationen, reichlich V-Leute und Nachrichtenhändler, konträre Staatsgewalten und offene Bars ohne Polizeistunde.“[233] Diese Einschätzung von Hans Halter mag salopp formuliert sein, aber sie trifft wohl die Realität.

Die frühzeitig einsetzenden Anfänge demokratischer Opposition und antikommunistischen Widerstands in Ostberlin und der sowjetischen Besatzungszone heizten die ohnehin explosive Atmosphäre im geteilten Berlin zusätzlich an, denn in der Auseinandersetzung mit der aufziehenden Gefahr einer totalitären Herrschaft im östlichen Teil Deutschlands konnte auch Spionage als antikommunistischer Widerstand begriffen werden. Ein Bauarbeiter aus Niesky, der 1947 zur Spionage für die Organisation Gehlen gewonnen worden war, brachte sein Motiv auf die schlichte Formel: „Ich fühlte mich moralisch zum Kampf gegen den kommunistischen Feind im Lande berechtigt und verpflichtet. Ich kam mir nicht als Spion vor, sondern als Widerständler gegen die Besatzungsmacht und ihre Pankower Quislinge.“[234] Dem 1955 wegen Spionage zum Tode verurteilten Karl Laurenz bescheinigte das Oberste Gericht der DDR in seinem Urteil ausdrücklich, „aus Feindschaft gegen die Sozialistische Einheitspartei Deutschlands und die von ihr maßgebend bestimmte Politik der Regierung der Deutschen Demokratischen Republik gehandelt zu haben“.[235] Ähnliche Formulierungen sind in zahlreichen Strafurteilen wegen Spionage zu finden.

Umgekehrt lag es durchaus im nüchternen Interesse westlicher Geheimdienste, sich eben solcher Menschen, die Spionage für eine legitime Form antikom-

Welt der Agenten, Spiegel-Spezial, Nr. 1/1996 (Beilage).

234 Zitiert bei Zolling/Höhne: Pullach intern, S. 139.

235 Urteil des Obersten Gerichts vom 23.9.1955 gegen Karl Laurenz und Elli Barczatis, S. 10; Dokument 18.

munistischen Widerstands hielten, für ihre eigenen Zwecke zu bedienen. Für die Betroffenen hat sich das häufig fatal ausgewirkt, insofern ihre politische Motivation von den Nachrichtendiensten in politisch verantwortungsloser, vielfach auch dilettantischer Weise mißbraucht wurde.

3.1. Berlin – Brennpunkt des Kalten Krieges und der Ost-West-Spionage

In Berlin, der 1945 unter Vier-Mächte-Kontrolle gestellten Hauptstadt des ehemaligen Deutschen Reiches, traten die Gegensätze unter den Alliierten des Zweiten Weltkrieges notgedrungen frühzeitig zutage. Seit 1945 hatten hier der Alliierte Kontrollrat und die Alliierte Kommandantur ihre Amtssitze, im Ostsektor richtete die Sowjetische Militäradministration in Deutschland (SMAD) ihren Sitz ein. In den drei Westsektoren nahmen amerikanische, britische und französische Kommandanturen ihre Tätigkeit auf, nachdem ihre Truppenkontingente in den ersten Julitagen 1945 in die für sie bestimmten Sektoren von Berlin eingerückt waren. Erstmals wurde die Ost-West-Konfrontation manifest, als sich in den drei Westsektoren Widerstand gegen die von der sowjetischen Besatzungsmacht gewollte Zwangsvereinigung von KPD und SPD zur Sozialistischen Einheitspartei Deutschlands zu formieren begann. Am 31. März 1946 konnte unter dem Protektorat der westlichen Besatzungsmächte in Westberlin eine in Ostberlin unterbundene Urabstimmung unter den Mitgliedern der SPD stattfinden, in deren Ergebnis die Vereinigung von KPD und SPD in Westberlin abgelehnt wurde.[236] In Berlin mußte die SED sieben Monate später sodann ihre erste Niederlage in freien Wahlen hinnehmen: Als am 20. Oktober 1946 Wahlen zur Stadtverordnetenversammlung und zu den Bezirksverordnetenversammlungen von Berlin durchgeführt wurden, bei denen aufgrund des Vier-Mächte-Status sowohl die SPD als auch die SED in allen vier Sektoren zugelassen waren, war das Ergebnis für die Kommunisten niederschmetternd. Im Gesamtberliner Durchschnitt entfielen auf die SED 19,8 Prozent der abgegebenen gültigen Stimmen gegenüber 48,7 Prozent für die SPD. Selbst im Ostsektor, wo die SED die ungenierte Unterstützung durch die sowjetische Besatzungsmacht erfahren hatte, wurde sie von der SPD überflügelt.[237] Der Ausgang dieser Wahlen trug bereits den Keim der Spaltung Berlins in sich.

Die Entwicklung eskalierte, als die drei westlichen Allierten am 23. Juni 1948 die wenige Tage zuvor in Westdeutschland durchgeführte Währungsreform auch auf ihre drei Sektoren in Berlin ausdehnten, indem die Deutsche Mark – vorerst

236 Ausführliche Schilderung bei Harold Hurwitz: Die Anfänge des Widerstands, Teil 2: Zwischen Selbsttäuschung und Zivilcourage: Der Fusionskampf, Köln 1990, S. 1180–1368.

237 Günter Braun: Wahlen und Abstimmungen, in: Martin Broszat und Hermann Weber (Hrsg.): SBZ-Handbuch. Staatliche Verwaltungen, Parteien, gesellschaftliche Organisationen und ihre Führungskräfte in der Sowjetischen Besatzungszone Deutschlands 1945–1949, 2. Aufl., München 1993, S. 381–431, hier 422.

noch mit dem Stempel „B“ versehen – zum allein gültigen Zahlungsmittel erklärt wurde. Die sowjetische Reaktion bestand in der Blockierung aller Straßen, Schienen- und Wasserwege zwischen Westberlin und Westdeutschland ab 24. Juni 1948. Die Westallierten reagierten ihrerseits zwei Tage später mit der Eröffnung einer „Luftbrücke“ zur Versorgung der Westberliner Bevölkerung per Flugzeug. In einer bis dahin einmaligen Leistung wurden binnen eines knappen Jahres auf nahezu 200.000 Flügen 1,44 Millionen Tonnen Versorgungsgüter aller Art auf dem Luftwege nach Westberlin transportiert.

Die politische Situation in Berlin begann sich gefährlich zuzuspitzen. Nachdem es in der Stadtverordnetenversammlung wiederholt zu provozierten Unruhen gekommen war, entzog sich die große Mehrheit der Abgeordneten den Pressionen durch Wechsel in eine Tagungsstätte im britischen Sektor von Berlin. Die politische Einheit Berlins war damit bedroht. Auch der gewählte Magistrat verlagerte sich nach Westberlin. Daraufhin trat am 30. November 1948 in Ostberlin eine „außerordentliche Stadtverordnetenversammlung“ zusammen, deren Mitglieder nicht gewählt, sondern berufen worden waren. Die demokratisch nicht legitimierten „Abgeordneten“ erklärten den gewählten Magistrat unter dem amtierenden Bürgermeister Ferdinand Friedensburg für abgesetzt und „wählten“ einen neuen Magistrat unter Oberbürgermeister Friedrich Ebert (SED). Damit war die politische Spaltung Berlins vollzogen.

Nach knapp einjähriger Blockade, am 12. Mai 1949, wurde der Verkehr auf Land- und Wasserwegen zwischen Berlin und Westdeutschland zwar wieder freigegeben, aber die politische Stimmung in den Westsektoren entspannte sich kaum, im Gegenteil, ein Gefühl latenter Bedrohung machte sich unter der Bevölkerung breit. Aus den westlichen Besatzungsmächten wurden „Schutzmächte“, die die Freiheit in Westberlin garantierten. Die Lage komplizierte sich, als mit der Gründung der beiden deutschen Staaten auch die staatliche Spaltung Deutschlands Realität wurde.

Zusätzlich verschärft wurde die politische Situation durch die internationale Entwicklung. Das Scheitern einer gemeinsamen Deutschlandpolitik der Siegermächte des Zweiten Weltkrieges, die Oktroyierung kommunistischer Diktaturen in Polen, der Tschechoslowakei, Ungarn, Rumänien und Bulgarien durch Stalin, die Bildung der NATO und nicht zuletzt der Korea-Krieg in den Jahren 1950 bis 1953 ließen den Kalten Krieg im geteilten Deutschland und im geteilten Berlin Formen der politischen Auseinandersetzung hervorbringen, die 1945, zum Zeitpunkt des nationalsozialistischen Zusammenbruchs und des allgemeinen „antifaschistischen Konsenses“, kaum denkbar waren. Die Ost-West-Konfrontation, die seit 1948/49 in der SBZ/DDR zur Aufstellung paramilitärischer Verbände geführt hatte, brachte die Frage einer deutschen Wiederbewaffnung auch in der Bundesrepublik auf die Tagesordnung. Die Auseinandersetzung darüber nahm in wachsendem Maße militante Züge an.

Die politischen Verhältnisse Berlins in der ersten Hälfte der fünfziger Jahre müssen vor dem Hintergrund dieser Entwicklung gesehen werden. Während die Regierung der DDR Ostberlin zu ihrer „Hauptstadt“ auf- und ausbaute, wandelte sich Westberlin zu einem „Brückenkopf der Freiheit“, in dem Menschen Zuflucht fanden, die sich mit den Zuständen in der DDR nicht abfinden wollten oder dort verfolgt wurden. Schon in den Jahren 1950 bis 1955 flüchteten Hunderttausende von Menschen über Berlin in den Westen, zumal nach der Abriegelung der Demarkationslinie zwischen beiden deutschen Staaten durch die Sperrmaßnahmen vom 26. Mai 1952. Die Radikalisierung der Politik in der DDR nach der 2. Parteikonferenz der SED trieb die DDR schließlich in ihre erste revolutionäre Krise. Dabei rückte Berlin immer wieder in den Brennpunkt des politischen Geschehens. Von hier aus, durch Streiks und Demonstrationen der Bauarbeiter in der Stalinallee, nahm auch der Juni-Aufstand 1953 seinen Ausgang.

Es wäre geradezu verwunderlich gewesen, wenn sich angesichts dieser Entwicklung in der Nachkriegszeit in Berlin nicht auch und gerade geheime Nachrichtendienste aller Provenienz angesiedelt hätten – und zwar auf beiden Seiten, im Osten wie im Westen. Optimale Voraussetzungen, wonach Berlin zu einem Brennpunkt des Kalten Krieges werden sollte, zur politischen „Frontstadt“, eben deswegen auch zu einer Drehscheibe internationaler Spionage, waren objektiv gegeben.

Für die vier Siegermächte des Zweiten Weltkrieges verstand es sich von selbst, daß sowohl die sowjetische Besatzungsmacht als auch die drei westlichen Alliierten durch personalstarke Residenturen ihrer geheimen Nachrichten- und Sicherheitsdienste in Berlin präsent waren. Die sowjetischen Geheimpolizei- und Spionagedienste konnten dabei insoweit von einem taktischen Vorteil ausgehen, als sie 1945 zwei Monate lang ganz Berlin allein besetzt hielten, bis die westlichen Alliierten in die alte Reichshauptstadt einrückten. Auch der Aufbau einer Berliner Operationsbasis für ihre Nachrichtendienste konnte mithin nur verzögert beginnen. „Am 4. Juli 1945, dem ersten Tag, an dem das OSS[238] Zugang zu Berlin hatte, ließ es umgehend eine Gruppe von Agenten einfliegen. Als sie auf dem Flugplatz Tempelhof landete, befand sich dieser noch unter sowjetischer Kontrolle. Als Hauptquartier wählte Allen Dulles den ehemaligen Kommandostand von Feldmarschall Wilhelm Keitel im Föhrenweg im zu Zehlendorf gehörenden Villenvorort Dahlem.“[239] Es folgte eine Zeit des Umbaus in Strukturen und Zuständigkeiten, ehe sich die Berliner Operationsbasis der US-Geheimdienste als arbeitsfähig erwies und Effizienz in der operativen Aufklärung erreicht hatte. Analoges widerfuhr den Briten und Franzosen.

Auch Strukturen und Zuständigkeiten der sowjetischen Spionage, Gegenspionage und Spionageabwehr boten in den ersten Nachkriegsjahren ein unübersichtliches Bild. Mit dem Aufbau der Sowjetischen Militäradministration in Deutschland, deren Zentrale ihren Sitz in Berlin-Karlshorst nahm und deren Unterbau Landesverwaltungen und Kreiskommandanturen bildeten, wurde die SBZ auch von einem Netz von Dienststellen des NKWD/MWD und des NKGB/MGB überzogen. Die Leitung hatte Generaloberst des NKGB Iwan A. Sjerow, ein erfahrener Tschekist, der durch Befehl Nr. 1 der SMAD vom 9. Juni 1945 zum Stellver-

238 OSS: Office of Strategic Services (Amt für Strategische Dienste), Vorläuferorganisation der CIA.

239 Bailey/Kondraschow/Murphy: Die unsichtbare Front, S. 17.

treter des Obersten Chefs der SMAD „in Sachen der Ziviladministration“ ernannt worden war.[240] In Deutschland hatte das NKWD-NKGB den stärksten Apparat.[241] Ergänzt wurde dieser durch Residenturen des am 30. September 1947 geschaffenen geheimen Komitees für Information beim Ministerrat der UdSSR, dem bis zu seiner Eingliederung in das MGB am 1. November 1951 weitreichende Kompetenzen in der Auslandsaufklärung eingeräumt waren.[242] Erst mit Bildung des KGB im März 1954 hatte sich der sowjetische Sicherheitsapparat strukturell konsolidiert, war der Wirrwarr konkurrierender Kompetenzen endgültig überwunden.

Flankiert wurden die sowjetischen Geheimpolizei- und Sicherheitsorgane in der SBZ durch die Aktivitäten der Hauptverwaltung für Aufklärung (GRU)[243] – der sowjetischen Militäraufklärung –, deren operative Schwerpunkte in Westeuropa und den USA auszumachen waren. Ihre deutsche Residentur hatte sich in Zossen-Wünsdorf etabliert, wo die Kommandozentrale der Gruppe der sowjetischen Besatzungstruppen in Deutschland ihren Sitz hatte.

Von den drei westlichen Besatzungszonen, vor allem aber von den drei Westsektoren Berlins aus operierten die Geheimdienste der Westalliierten in den Osten hinein. Die aufwendigsten Geheimdienstaktivitäten waren bei der amerikanischen Besatzungsmacht zu orten. Während in der unmittelbaren Nachkriegszeit in Westberlin ähnlich wie in der amerikanischen Besatzungszone Deutschlands die Spionage- und Gegenspionagedienste der amerikanischen Streitkräfte tätig wurden, in der Hauptsache die im Counter Intelligence Corps (CIC) – später Defence Intelligence Agency (DIA) – zusammengefaßte Aufklärungs- und Abwehrorganisation der US-Army, trat in den fünfziger Jahren mehr und mehr die 1947 geschaffene Central Intelligence Agency (CIA) auf den Plan, die zivile US-amerikanische Auslandsaufklärung, die weltweit tätig wurde und logischerweise auch und gerade von Westberlin aus operierte, soweit es die DDR, Polen, die Tschechoslowakei und auch die europäischen Regionen der Sowjetunion als Zielgebiete betraf. Die CIA unterhielt Dienststellen hauptsächlich in Berlin-Dahlem und in Berlin-Zehlendorf, wo sich die Berliner Dependance des High Commissioner for Germany (HICOG) niedergelassen hatte.

Ähnlich verhielt es sich mit dem britischen Geheimdienst, verkörpert durch Military Intelligence Nr. 5 (MI 5), der Spionageabwehr und Gegenspionage, die auch als Defence Intelligence (DI) bezeichnet wurde, sowie durch Military Intelligence Nr. 6 (MI 6), auch Secret Intelligence Service (SIS) genannt, der mi-

240 Vgl. Befehl Nr. 1: Über die Organisation der Militärverwaltung zur Verwaltung der sowjetischen Besatzungszone in Deutschland, vom 9.6.1945, in: Befehle des Obersten Chefs der Sowjetischen Militärverwaltung in Deutschland. Aus dem Stab der Sowjetischen Millitärverwaltung in Deutschland, Sammelheft 1, (Ost-)Berlin 1946, S. 9. – Nach Beendigung seiner Tätigkeit in Deutschland 1946 nach Moskau zurückbeordert, nahm Sjerow hier die Position eines Ersten Stellvertreters des Innenministers ein. Nach der Erschießung des sowjetischen Sicherheitschefs Lawrentij P. Berija leitete Sjerow von 1954 bis 1958 das KGB.

241 Vgl. Lew Besymenski: Sowjetischer Nachrichtendienst und Wiedervereinigung Deutschlands: Der Berija-Plan von 1953, in: Krieger/Weber (Hrsg.): Spionage für den Frieden?, S. 157.

242 Vgl. Bailey/Kondraschow/Murphy: Die unsichtbare Front, S. 60–80.

243 GRU: Hauptverwaltung für Aufklärung beim Generalstab der Sowjetarmee.

litärische Aufklärungsdienst. Ihre Berliner Dienststellen hatten sich in Charlottenburg niedergelassen.

Die französischen Sicherheits- und Aufklärungsbelange wurden durch den Service de Documentation Extérieure et de Contre-Espionage (SDECE), zuständig für die Auslandsaufklärung und die Gegenspionage, sowie durch die Sûreté Nationale (SN) wahrgenommen, dem Nationalen Sicherheitsdienst, dessen Dienststelle in Berlin-Frohnau übrigens in Strafurteilen der DDR-Justiz erwähnt worden ist. Darüber hinaus hatten sich auch der Service des Renseignements Militaires (SR) und die Sûreté Militaire etabliert.

Natürlich waren in Berlin auch andere östliche und westliche Dienste vertreten. Zum Beispiel unterhielten sowohl die polnische Militärmission und die Militärmission der ČSR nachrichtendienstliche Strukturen in Berlin als auch der dänische Nachrichtendienst.

Die vorliegende Studie will keine Geschichte der Geheimdienste sein. Es braucht in diesem Zusammenhang daher nicht detailliert nachgezeichnet werden, welche Strukturen und Zweige der westlichen Geheimdienste im einzelnen tätig wurden. Außer Zweifel steht, daß sie alle von Westberlin aus Aufklärung und Gegenspionage in der SBZ/DDR sowie in Osteuropa und der Sowjetunion betrieben haben. Das ergab sich nicht nur aus den Zuspitzungen des Kalten Krieges, sondern verstand sich weithin auch als Reaktion auf den geheimdienstlichen Angriff der sowjetischen Dienste gegen den Westen. Auf die dominierende Rolle der CIA ist bereits verwiesen worden. Ob der Eindruck zutrifft, daß ihre Vorgehensweise skrupelloser und aggressiver war als die der britischen und französischen Dienste, denen mehr Professionalität und konspirative Umsicht attestiert wurde, kann hier nicht erörtert werden.

DDR-Publizisten, die sich offenkundig auf Quellenmaterial des MfS stützten, wollten in den fünfziger Jahren in Westberlin „über 80 nachgewiesene Dienststellen der Geheimdienste der USA, der BRD, Großbritanniens und Frankreichs und von ihnen ausgehaltene und verwendete Agenturen auf- und ausgebaut" wissen.[244] Ihre Analyse diagnostizierte einen „Untergrundkrieg", einen „subversiven Krieg gegen die sozialistischen Staaten und speziell gegen die DDR", in dessen Verlauf es gelang, „das Gebiet der Westsektoren Berlins zu einer ‚Frontstadt' inmitten der sowjetischen Besatzungszone und späteren DDR auszubauen und zum größten Spionagezentrum in Europa zu machen".[245] Dies reflektierte, wenn überhaupt, allenfalls die eine Seite der Medaille. Die andere Seite zeigte gleichsam die antiwestlichen Aktivitäten östlicher Dienste, die von Ostberlin ausgingen. Nicht von ungefähr trug eine Denkschrift des (West-)Berliner Senators für Inneres aus den fünfziger Jahren den Titel: „Östliche Untergrundarbeit gegen Westberlin".[246] Freilich erfaßte die „östliche Untergrundarbeit" auch West-

244 Albrecht Charisius und Julius Mader: Nicht länger geheim. Entwicklung, System und Arbeitsweise des imperialistischen deutschen Geheimdienstes, (Ost-)Berlin 1969, S. 168.

245 Hans Teller: Der kalte Krieg gegen die DDR. Von seinen Anfängen bis 1961, (Ost-)Berlin 1979, S. 95.

246 Östliche Untergrundarbeit gegen Westberlin. Denkschrift, hrsg. vom Senator für Inneres, Berlin 1959.

deutschland, nicht nur Westberlin, sie zielte auch auf Frankreich und Großbritannien als Operationsgebiete. Insoweit war es durchaus berechtigt, das Berlin des Kalten Krieges eine internationale Drehscheibe der Ost-West-Spionage zu nennen, ein Dorado der Geheimdienste.

Mit ihrem Auf- und Ausbau zu einem geheimen Nachrichtendienst faßte auch die legendenumwobene Organisation Gehlen in Westberlin Fuß, auf die ausführlich zurückzukommen sein wird, sowie andere bundesdeutsche Dienste der fünfziger Jahre, unter anderem der Verfassungsschutz.

Es ist schon darauf aufmerksam gemacht worden, daß die westalliierten und bundesdeutschen Geheimdienste im geteilten Berlin ideale Arbeitsbedingungen vorfanden. Aus dem besonderen Rechtsstatus der alten Reichshauptstadt resultierte auch die Einrichtung von Befragungsstellen im Flüchtlingsdurchgangslager Berlin-Marienfelde, durch das im Laufe der Jahre bis zum Bau der Berliner Mauer nahezu drei Millionen Flüchtlinge aus Ostberlin und der DDR geschleust wurden, zumal nach der Abriegelung der Demarkationslinie zwischen beiden deutschen Staaten Ende Mai/Anfang Juni 1952. So trat zum Beispiel die „Amerikanische Verbindungsstelle Berlin im Durchgangslager Marienfelde“ durch Verbindungsoffiziere der US-Army als solche offiziell in Erscheinung. Ähnliche Befragungsstellen unterhielten der Verfassungsschutz und das Bundesministerium für gesamtdeutsche Fragen.

Wer als politischer Flüchtling anerkannt werden wollte, hatte sich im Flüchtlingslager der Befragung durch alliierte und bundesdeutsche Behörden zu stellen. Hier wurden unendlich viel Informationen abgeschöpft – hier wurden auch konspirative Kontakte geknüpft, zumal in solchen Fällen, in denen Flüchtlinge sich bereit zeigten, zu ihren in der DDR verbliebenen Genossen, Bekannten und Freunden Verbindung aufzunehmen, sie anzusprechen und zu Besuchen nach Westberlin zu animieren, um sie hier gegebenenfalls nachrichtendienstlichen Kontakten zuzuführen. Das mag aus rückwärts gewandter Perspektive problematisch scheinen, erklärt sich aber aus dem Kontext des Kalten Krieges. Die Geheimdienste der UdSSR und seit 1950 der DDR bedienten sich gleicher oder ähnlicher Methoden.

Mit den westlichen Geheimdiensten kooperierten auch Widerstandsorganisationen und -zentren, die sich in Westberlin in den späten vierziger Jahren nicht selten mit Unterstützung oder unter dem Schirm dieser Dienststellen gebildet hatten und die deshalb in der Agitation und Propaganda der SED selbst als „Spionageagenturen“ verunglimpft wurden. Das betraf die Ostbüros der demokratischen Parteien, die Kampfgruppe gegen Unmenschlichkeit (KgU) und den Untersuchungsausschuß Freiheitlicher Juristen (UFJ) sowie das Befreiungskomitee für die Opfer totalitärer Willkür, um die wichtigsten Organisationen zu nennen. Sie haben die Kooperation mit westlichen Diensten nie öffentlich eingeräumt. Es war aber eigentlich immer ein offenes Geheimnis. Sie hätten sich angesichts des besatzungsrechtlichen Status’ im Berlin der späten vierziger, frühen fünfziger Jahre allerdings auch kaum verweigern können. Natürlich wurde ihre Tätigkeit von den sowjetischen Sicherheitsorganen und später von der Staatssicherheit der DDR als „Agententätigkeit“ und „Spionage“ gebrandmarkt, ihre Mitarbeiter und

Verbindungsleute sahen sich als „Agenten“ und „Spione“ erbarmungsloser Verfolgung ausgesetzt – vor allem dann, wenn sie aus politischen Motiven gehandelt hatten, denn das machte sie besonders gefährlich.

Damit wird die Frage, inwieweit Spionage als politischer Widerstand gelten kann, noch einmal aufgegriffen. Unabhängig davon, daß Spionage gegen die DDR auch aus pekuniären Beweggründen betrieben wurde, kennt die Geschichte des Widerstands gegen die Diktatur der SED eine Fülle von Beispielen, in denen das Sammeln und Überbringen geheimer und nicht geheimer Nachrichten nach Westberlin bewußt als Widerstand begriffen und praktiziert wurde. „Die Tatsache, daß das Wirken des Ostbüros und damit einer politischen Partei in die SBZ/DDR hinein im Sinn von Informationsvermittlung, Kontakten und Sammlung von Informationen mit illegalen, konspirativen und nachrichtendienstlichen Methoden geschah, entsprang den Bedingungen eines Systems, das eine freie politische Betätigung von Parteien, das Meinungs- und Informationsfreiheit nicht zuließ, wie sie in Demokratien westlicher Prägung selbstverständlich sind.“[247] Diese speziell für das Ostbüro der SPD von Beatrix Bouvier gemachte Aussage galt generell für die in Westberlin tätigen Widerstandszentren, soweit sie nicht wie die KgU auch zu Sabotageaktionen übergegangen waren. Das wird im einzelnen noch differenziert darzustellen sein.

3.2. Die Organisation Gehlen

Neben den westalliierten Geheimdiensten begann schon frühzeitig auch die Organisation Gehlen in Westberlin Fuß zu fassen und ergänzend zu ihrer Operationsbasis in Westdeutschland von hier aus ihre nachrichtendienstlichen Aktivitäten zu entfalten – mit Wissen, mit Unterstützung, unter Kontrolle und im Schutz der amerikanischen Nachrichtendienste CIC und CIA.

Die Geschichte der nach ihrem Leiter, dem früheren Chef der 12. Abteilung („Fremde Heere Ost“) im Generalstab des Heeres, Generalleutnant Reinhard Gehlen, benannten Organisation begann bereits unmittelbar vor dem Ende des Zweiten Weltkrieges. „In klarer Erkenntnis der bevorstehenden Katastrophen faßte Gehlen Ende 1944/Anfang 1945 den Entschluß, besondere Ausfertigungen sämtlicher Berichte, Studien und Archivunterlagen über die Streitkräfte und Nachrichtendienste, die militärische Kriegsproduktion, das Regierungs-, das militärische und Parteiführungs-System zur Erhaltung des Nachrichtenapparates für die spätere Zeit sicherzustellen“, schreibt Gert Buchheit in seinem Standardwerk über die Geheimdienste. „Im Zuge der Kriegsereignisse wurde die 12. Abteilung des Generalstabes des Heeres (‚Fremde Heere Ost‘) am 19. April 1945 vom Lager Maybach bei Zossen nach Oberbayern in die Nähe des Städtchens Miesbach verlegt. Dabei wurden die Duplikate des gesamten Nachrichtenma-

247 Beatrix Bouvier: Ausgeschaltet! Sozialdemokraten in der Sowjetischen Besatzungszone und in der DDR 1945–1953, Bonn 1996, S. 277.

terials der 12. Abteilung in 50 Stahlkoffern an einem gesicherten Ort untergebracht."[248] Das Fundament, auf dem die Organisation Gehlen aufgebaut werden konnte, war gesichert.

Mit einer Gruppe von Offizieren kam Gehlen am 23. Mai 1945 in amerikanische Kriegsgefangenschaft. Nach Vernehmungen bei verschiedenen militärischen US-Stäben in Deutschland und den USA, wohin Gehlen verbracht worden war, unterbreitete er „das Angebot, seinen eingespielten, organisatorisch und materialtechnisch nahezu unversehrten nachrichtendienstlichen Apparat zum Einsatz gegen die Sowjets zur Verfügung zu stellen".[249] Die Amerikaner akzeptierten unter dem Eindruck des sich entwickelnden Ost-West-Konflikts. Im Juli 1946 kehrte Gehlen nach Deutschland zurück. Fortan konnte sein alter Apparat als Organisation Gehlen mit amerikanischer Unterstützung vorerst unter Kontrolle der US-Army, seit 1947 der CIA, seine militärische Aufklärungstätigkeit im europäischen Osten wiederaufnehmen. Es war für Gehlen selbstverständlich, daß er sich weithin auf ehemalige Offiziere aus seinem früheren Umfeld stützte.[250] Auch Spezialisten aus dem früheren Reichssicherheitshauptamt beim Reichsführer SS waren willkommen.

Dank einer in ihrer Einfachheit fast schon genialen Idee verstand es der Gehlen-Dienst, seinen Wissensstand über die Sowjetunion frühzeitig zu aktualisieren und zu verdichten, indem er im Sommer 1947 eine detaillierte Befragungsaktion in den westdeutschen Aufnahmelagern unter aus Rußland heimkehrenden Kriegsgefangenen begann. „Sie wurde ergiebiger, als eine Tiefenaufklärung mit Einzel-Agenten in der Sowjetunion je hätte ausfallen können. Zudem war sie das humanste Spionageunternehmen der Nachkriegsgeschichte, weil sie nicht ein einziges Opfer kostete. Ihr Deckname: ‚Aktion Hermes'."[251] Da die Ergebnisse der sich über Jahre erstreckenden Heimkehrerbefragung mit den Archivunterlagen der Abteilung „Fremde Heere Ost" zusammengeführt wurden, entstand ein für Jahre gültiges militärisches Lagebild von der Sowjetunion, das in seinem Informationsgehalt kaum überschätzt werden konnte.

Schon von Oberursel/Taunus aus, wo die Organisation Gehlen zunächst ihre Zentrale eingerichtet hatte, wurden Filialen in Westberlin aufgebaut. Nachdem sich die Organisation im Dezember 1947 nach Pullach bei München zurückgezogen und ihren Ausbau personell verstärkt fortgeführt hatte, begann sie unter Nutzung früherer persönlicher Beziehungen von hier aus ihre konspirativen Netze auch und gerade in der SBZ zu knüpfen. Das geschah von der Öffentlichkeit weithin unbemerkt. „In den ersten Aufbaujahren war es der Organisation gelungen, durch sorgfältige Tarnung und vorsichtiges Verhalten in der Öffentlichkeit jede Publizität zu vermeiden", resümierte Gehlen in seinen Memoiren gewiß zutreffend. „Auch die östlichen Geheimdienste hielten mit ihren Erkenntnissen zurück,

248 Gert Buchheit: Die anonyme Macht. Aufgaben, Methoden, Erfahrungen der Geheimdienste. Mit einer Einführung von Wilhelm Ritter von Schramm, Frankfurt/Main 1969, S. 100.

249 Ebenda.

250 Vgl. dazu Mary Ellen Reese: Organisation Gehlen. Der Kalte Krieg und der Aufbau des deutschen Geheimdienstes, Berlin 1992, S. 118–142.

251 Zolling/Höhne: Pullach intern, S. 124.

um einerseits ihren vermeintlichen Wissensstand noch zu vergrößern, andererseits aber vor allem, um einen günstigen Zeitpunkt für den Beginn massiver Angriffe gegen die ‚Organisation Gehlen‘ abzuwarten.“[252] Schrittweise erweiterte sie ihren Aktionsraum auch auf Polen, die Tschechoslowakei und nicht zuletzt auf die westlichen Regionen der Sowjetunion. Das Ziel war zwar vordringlich die militärische Aufklärung in der Sowjetunion und den von ihr beherrschten Gebieten, eine Aufgabenstellung, die sich aus der Verschärfung des Kalten Krieges ergab, aber sie erstreckte sich bald auch auf die Erfassung politischer und wirtschaftlicher Informationen. „Für Gehlen bedeutete der Ausbau der Organisation keineswegs einfach nur eine Ausweitung der Agententätigkeit. Wie immer hatte er die Zukunft im Blick, und seine Vision – auch wenn es nicht zum Krieg mit der Sowjetunion kam – war eine Partnerschaft mit den Vereinigten Staaten und den übrigen Alliierten, in der Deutschland der stärkste der europäischen Partner sein würde.“[253] In bezug auf die SBZ/DDR kam in Gehlens Denken auch die Perspektive der deutschen Wiedervereinigung hinzu.

Vertikal gliederte sich die Organisation Gehlen in die als „Generaldirektion“ firmierende Zentrale, der „Generalvertretungen“, „Bezirksvertretungen“, „Untervertretungen“ und „Filialen“ nachgeordnet waren. Die Dienststellen der Organisation Gehlen traten nach außen als Handelsfirmen und Industrievertretungen getarnt in Erscheinung. In Westberlin entstanden Untervertretungen und Filialen. „Gruppenführer“ steuerten von hier aus V-Leute und setzten Kuriere ein, um so eine nachrichtendienstliche Infrastruktur zu schaffen und die Logistik, zum Beispiel das Leeren Toter Briefkästen in der SBZ/DDR, zu gewährleisten. Auch Funker für den Fall eines militärischen Ost-West-Konflikts wurden gewonnen und mit geeignetem Gerät meist US-amerikanischer Provenienz ausgerüstet. Hingegen ist der Vorwurf der Sabotage offenbar zu Unrecht erhoben worden: Zolling und Höhne betonen, daß die Organisation Gehlen Sabotagearbeit stets abgelehnt habe.[254] Und auch die für die vorliegende Studie ausgewerteten MfS-Unterlagen enthalten keine Hinweise, die zu dieser Aussage im Widerspruch stehen.

Die Intensität, mit welcher die Organisation Gehlen besonders von Westberlin – freilich auch von Grenzorten nahe der damaligen Demarkationslinie – aus tätig wurde, provozierte logischerweise Gegenmaßnahmen der sowjetischen Geheimpolizei und vor allem der DDR-Staatssicherheit, nachdem sie 1950 gebildet worden war. Schon unter der Ägide Wilhelm Zaissers gelang es dem MfS, eine Reihe von Doppelagenten in Filialen der Organisation Gehlen einzuschleusen. Neben erstaunlichen Erfolgen hatte die Organisation Gehlen daher bittere Rückschläge hinzunehmen – namentlich nach Zaissers Sturz, als dessen Nachfolger Ernst Wollweber in „konzentrierten Schlägen“ umfangreiche Festnahmeaktionen durchführen ließ.[255] Die Schauprozesse der DDR-Strafjustiz gegen „Gehlen-Agenten“ wurden nicht zufällig nach dem Aufstand vom 17. Juni 1953

252 Reinhard Gehlen: Der Dienst. Erinnerungen 1942–1971, Mainz/Wiesbaden 1971, S. 185f.
253 Reese: Organisation Gehlen, S. 153.
254 Zolling/Höhne: Pullach intern, S. 225.
255 Vgl. dazu die Kapitel 6.1, 6.2 und 6.3 der vorliegenden Studie.

inszeniert: Sie entsprangen der Projektion der Politbürokratie und der Staatssicherheit, der Aufstand sei „Agentenwerk“ gewesen.

Die Erfolge des Gehlen-Dienstes in der DDR waren unbestreitbar. Eine seiner wichtigsten Quellen (Deckname „Helwig“) war Professor Dr. Hermann Kastner gewesen, zeitweilig immerhin Vorsitzender der LDPD und Stellvertreter des Ministerpräsidenten, seit 1951 Vorsitzender des Förderungsausschusses für die Intelligenz beim Ministerrat der DDR. Gemeinsam mit seiner Frau ließ er jahrelang wichtige Informationen nach Pullach fließen. Ihm gelang 1956 die Flucht nach Westdeutschland.[256] Indes standen solchen Erfolgen empfindliche Niederlagen gegenüber. Zahlreiche V-Leute der Organisation haben ihren Einsatz mit langen Jahren ihrer Freiheit bezahlt – eine noch unbekannte Anzahl auch mit ihrem Leben. Sie gingen in den Zwangsarbeitslagern Workutas und in den Zuchthäusern der DDR zugrunde. Einige wurden zum Tode verurteilt und hingerichtet. Zu nennen sind die in dieser Studie behandelten Schicksale von Karli Bandelow und Ewald Misera sowie von Wilhelm Lehmann und Hans-Joachim Koch. Selbst Gehlens legendärer Coup, die Gewinnung einer Chefsekretärin im Büro des Ministerpräsidenten Otto Grotewohl als Quelle, wurde zugleich eine fatale Niederlage: Elli Barczatis und Dr. Karl Laurenz, der als Kurier tätig gewesen war, wurden nach ihrer Enttarnung zum Tode verurteilt und hingerichtet.[257]

Nachdem die Organisation Gehlen mit Wirkung vom 1. April 1956 als Bundesnachrichtendienst in die Zuständigkeit des Bundes übergegangen war, wurden auch ihre Niederlassungen in Westberlin einbezogen und in solche des Bundesnachrichtendienstes umgewandelt. Wie Reinhard Gehlen in seinen Memoiren schreibt, hatte sich „die ursprünglich bereits für die Jahre 1952/53 erwogene Übernahme der Organisation in die Hoheit des Bundes“ erst mit Verzögerung verwirklichen lassen. „Die Angriffe aus dem Osten sowie die ‚Pannen‘, die wir im Jahre 1953 hinnehmen mußten und gegen die kein Nachrichtendienst der Welt gefeit ist“, hatten „vorübergehend Bedenken“ geweckt, „ob die Organisation ihrem Ruf gerecht werden und mit der Übernahme ihre Aufgaben als ein schlagkräftiges Instrument der Bundesrepublik erfüllen könne.“[258]

3.3. Die Ostbüros der demokratischen Parteien und des DGB

Wie auch die anderen antistalinistischen Widerstandsorganisationen entstanden die Ostbüros der demokratischen Parteien und des DGB als Konsequenz der politischen Verfolgung in der DDR. Ihr Wirken war die Folge des politischen Gleichschaltungsprozesses in der SBZ/DDR und des Stromes politischer Flüchtlinge, der sich ab 1946 in den Westen ergoß. Die sich herausbildenden diktatorischen Verhältnisse bedingten spezielle konspirative Formen der Kontaktpflege zu den

256 Vgl. Zolling/Höhne: Pullach intern, S. 158–162.
257 Vgl. Kapitel 6.7 der vorliegenden Studie.
258 Gehlen: Der Dienst, S. 207.

jeweiligen politischen Anhängern im Osten und brachten das Betätigungsfeld der Flüchtlingsbetreuung hervor. Mit den Ostbüros schufen sich die Parteien hierfür besondere organisatorische Strukturen, die bald schon ein Eigenleben entwickelten und eine wichtige Rolle in der politischen Auseinandersetzung mit dem SED-Regime in der Phase des Kalten Krieges einnahmen.

Die Aktivitäten der Ostbüros sind vor dem Hintergrund der damals noch allgemein verbreiteten Erwartung einer baldigen Wiedervereinigung zu sehen. Verbindungsarbeit, Informationsbeschaffung und Propagandatätigkeit waren letztlich der Versuch einer politischen oder – im Falle des DGB – auch gewerkschaftlichen Selbstbehauptung von westlich-demokratisch orientierten Kräften unter den Bedingungen der deutschen Teilung und der sich verfestigenden kommunistischen Herrschaft in der SBZ/DDR. Dieser Ausgangspunkt und Kern der Ostbüroaktivitäten muß hervorgehoben werden, auch wenn er im Verlauf des Kalten Krieges zunehmend durch die Bedingungen der globalen Blockkonfrontation und zuweilen auch durch geheimdienstliche Einflüsse überlagert wurde.

Die Zwangsvereinigung von KPD und SPD zur SED in der Sowjetischen Besatzungszone im Jahre 1946 und die damit einsetzende Verfolgung der Vereinigungsgegner unter den Sozialdemokraten führte zur Gründung des ersten Ostbüros. Auf Initiative Kurt Schumachers nahm das Ostbüro der SPD, wahrscheinlich noch vor der SED-Gründung im April 1946, in Hannover unter der Bezeichnung „Betreuungsstelle Ost“ seine Arbeit auf.[259] Es hatte zunächst vor allem die Aufgabe, aus der SBZ geflohene Sozialdemokraten zu betreuen, und bildete daneben die Kontaktstelle für jene Genossen, die sich der Zwangsvereinigung und dem politischen Anpassungsdruck widersetzten.

In den ersten Jahren war das SPD-Ostbüro Anlauf- und Koordinationsstelle für Aktivitäten, die streckenweise noch die Qualität einer illegalen sozialdemokratischen Parteiarbeit hatten. Das Ostbüro hatte Verbindungen zu einzelnen Anhängern, aber auch zu ganzen Gruppen, die sich schlicht als Teil der SPD empfanden. Die Umstände zwangen das Ostbüro jedoch, seine Kontakte in die SBZ nach konspirativen Regeln zu gestalten. Zu diesem Zweck baute es ein verdecktes Kurier- und V-Leute-System auf, das in erster Linie zwei Aufgaben erfüllte: Nachrichtenbeschaffung und Verteilung von Propagandamaterial.[260]

Das Ostbüro der SPD stand zunächst unter der Leitung von Rudi Dux, einem sozialdemokratischen Journalisten, der schon in der NS-Zeit politischen Widerstand geleistet hatte und dafür ins Zuchthaus gekommen war. Nach dem Krieg hatte er in Madgeburg die SPD wieder aufgebaut, war dort Parteisekretär geworden und im Februar 1946 nach Konflikten mit der Sowjetischen Militäradministration in den Westen geflohen.[261] Unter seiner Leitung machte das damals nur drei hauptberufliche Mitarbeiter zählende Ostbüro die ersten, noch wenig professionellen Gehversuche. Das sollte sich ändern, als im April 1947 der frü-

259 Wolfgang Buschfort: Das Ostbüro der SPD. Von der Gründung bis zur Berlin-Krise, München 1991, S. 17. Siehe auch die Überblicksdarstellung eines Beteiligten: Helmut Bärwald: Das Ostbüro der SPD, Krefeld 1991; außerdem Bouvier: Ausgeschaltet, S. 261–291.
260 Buschfort: Ostbüro der SPD, S. 28–38.
261 Ebenda, S. 17f.

here stellvertretende Polizeipräsident von Leipzig, Günther Weber, eingestellt wurde. Dieser verfocht das Konzept eines forcierten organisatorischen Ausbaus und einer „nachrichtendienstlichen“ Professionalisierung, mit der sich Dux nicht anfreunden konnte. Nach internen Auseinandersetzungen wechselte dieser zum SOPADE-Informationsdienst. Als seinen Nachfolger berief der Parteivorstand Siegmund Neumann, einen ehemaligen Kommunisten, der 1934 wegen „revisionistischer“ Ansichten aus der KPD ausgeschlossen worden war und die NS-Zeit – nach einer Teilnahme am Spanischen Bürgerkrieg – im schwedischen Exil überstanden hatte.[262] Ihm wurde Stephan Thomas als Stellvertreter zur Seite gestellt, der nach 1933 als Sozialdemokrat illegal gearbeitet hatte und, aus der britischen Kriegsgefangenschaft heraus, Mitarbeiter der BBC geworden war. Thomas, der zuvor im Polizeipräsidium von Hannover tätig gewesen war, avancierte ein gutes Jahr später selbst zum Leiter des Ostbüros.

Vorangegangen war eine schwere Krise der Organisation, die durch flächendeckende Verhaftungen von Kurieren und Kontaktleuten ausgelöst wurde. Die Massenverhaftungen von Sozialdemokraten gingen aber nicht nur auf Infiltrationserfolge der sowjetischen Geheimpolizei zurück, sondern sind auch im Zusammenhang mit der Umwandlung der SED in eine genuin stalinistische Partei seit Sommer 1948 zu sehen. Dieser Umschmelzungsprozeß fand seinen Ausdruck in der Kampagne gegen den „Sozialdemokratismus“ und in entsprechenden Parteisäuberungen.[263] Die sich in dieser Phase vollziehende Gleichschaltung, die im übrigen auch die bürgerlichen Blockparteien betraf, beseitigte die letzten politischen Spielräume in der SBZ und zerstörte die verbliebenen Hoffnungen auf eine Kehrtwendung der sowjetischen Besatzungspolitik.

Stephan Thomas mußte nach seiner Berufung zum Leiter des Ostbüros im November 1948 die Arbeit von Grund auf neu organisieren. Das Konzept einer illegalen Parteiorganisation in der SBZ wurde fallengelassen und statt dessen ein auf strengeren konspirativen Regeln basierendes System von Einzelkontakten geschaffen. Außerdem gelang es Thomas endlich, einen funktionierenden Stützpunkt in Berlin aufzubauen, was aus naheliegenden logistischen Gründen von größter Bedeutung war. Das bisher in Berlin die Funktion eines Ostbüros erfüllende Ostsekretariat des Landesverbandes war nur lose mit der Zentrale in Hannover verbunden gewesen.[264]

In den Augen der SED-Führung ergab sich die besondere Gefährlichkeit des SPD-Ostbüros aus der Vermutung einer besonderen Anfälligkeit des eigenen Parteivolkes gegenüber sozialdemokratischen Argumenten. Das Aktionsfeld des Büros konnte daher bis in Mitgliedschaft und Funktionärskreise der eigenen Partei hineinreichen. Aus diesem Grunde war der Kampf gegen das Ostbüro nie allein Sache der Sicherheitsorgane, sondern immer auch des Parteiapparats. In einer der ersten einschlägigen Dienstanweisungen, mit der das Ministerium für Staatssicherheit im Januar 1951 den Versuch unternahm, sich einen Überblick über alle Vorgänge zum Ostbüro der SPD, „Schumacher-Agenten“, „Sozialdemo-

262 Ebenda, S. 22.
263 Ebenda, S. 38–49; Bouvier: Ausgeschaltet, S. 161–174.
264 Buschfort: Ostbüro der SPD, S. 33–36.

kratismus" und „Reformismus" im Verantwortungsbereich seiner Länderverwaltungen zu verschaffen, heißt es bezeichnenderweise: „Um eine möglichst genaue Übersicht zu erhalten, ist mit den zuständigen Genossen des Landesvorstandes [der SED] Rücksprache zu halten, um zu erreichen, daß auch alle der Partei bekannten Vorgänge auf dieser Linie mit erfaßt werden."[265]

Der besondere Respekt des SED-Regimes vor dem Ostbüro der SPD steigerte sich nach dem Juni-Aufstand von 1953 zur Hysterie. Sein Auslöser war der Protest gegen die Erhöhung der Arbeitsnormen gewesen, und die Arbeiterschaft hatte das Rückgrat der Bewegung gebildet. Es lag also nahe, den „Putsch" auf sozialdemokratische Aktivitäten zurückzuführen. So realitätsfern diese Verschwörungstheorie angesichts der Spontaneität des Aufstandes auch war, einen kleinen sachlichen Kern hatte sie. Informations- und Propagandatätigkeit der Ostbüros von SPD und DGB zur Frage der Normenerhöhung und zu der sich im Frühjahr 1953 entwickelnden Streikbewegung waren natürlich nicht ganz ohne Wirkung geblieben.[266] Außerdem mußte die aktive Rolle zahlreicher Gesinnungssozialdemokraten – teilweise auch solcher mit Parteibuch der SED – während der Tage um den 17. Juni[267] alle Angstphantasien mobilisieren, die die Stalinisten mit dem Ostbüro verbanden. In den folgenden Jahren stand in der Staatssicherheit *das* Ostbüro für die „konterrevolutionäre" Bedrohung schlechthin.

Angesichts ihrer zumeist jungen und politisch unerfahreren Mitarbeiter sah sich die Geheimpolizei auf diesem Feld jedoch mit einer schwierigen Aufgabe konfrontiert. Es entsprach dem Auftrag der Partei, daß Wollweber diesen Punkt gleich in seiner ersten großen Dienstbesprechung im August 1953 nachdrücklich ansprach:

> „Was weiß der junge Mitarbeiter über die alten Sozialdemokraten, die die Organe des Ostbüros sind, er weiß darüber fast nichts. Es ist die politische Wirklichkeit, daß diese Menschen da sind, die sich dazu hergeben, solche Gruppen zu bilden. [...] Das Ostbüro und seine Organe sind eine sehr ernste Sache. Das Ostbüro ist ein politisches Zentrum von erstrangiger Bedeutung in Westdeutschland und Westberlin, mit festen sozialdemokratischen Organisationen in unseren Betrieben."[268]

Wollweber dürfte die letzte Feststellung auch auf das Ostbüro des DGB gemünzt haben, das zu dieser Zeit noch über gute Verbindungen zu Betriebsbelegschaften in Ostberlin und der DDR verfügte, was unter anderem in der täglichen RIAS-Sendung „Werktag der Zone" seinen Ausdruck fand.[269] Bezeichnenderweise war für die Sicherung des FDGB-Apparats und die Bekämpfung des DGB-Ostbüros bis 1958 in der Staatssicherheit dieselbe Abteilung zuständig.[270] In einem

265 Dienstanweisung 2/51-V vom 16.1.1951 an die Länderverwaltungen; BStU, ZA, DSt 100829.
266 Vgl. auch Kapitel 6.6.
267 Buschfort: Ostbüro der SPD, S. 94–96; Karl Wilhelm Fricke: Opposition und Widerstand in der DDR. Ein politischer Report, Köln 1984, S. 96.
268 Protokoll der Dienstbesprechung am 21.8.1953; BStU, ZA, SdM 1921, Bl. 208.
269 Vgl. Kapitel 6.6.
270 Bis Ende 1953 war dies die Abt. VI/3, dann die HA V/1, ab Januar 1955 die HA V/2, später die HA V/6 und schließlich ab Januar 1957 die HA III/6. Im Oktober 1958 ging der Verantwortungsbereich DGB dann an die HV A/II.

einschlägigen Grundsatzdokument des SfS heißt es, das Ostbüro des DGB habe unter anderem zum Ziel, „Widerstandsgruppen“ in den Betrieben zu organisieren und „von den Widerstandsgruppen vorgeschlagene Personen in die Leitungen des FDGB wählen zu lassen“.[271] Tatsächlich propagierte das DGB-Ostbüro die Wahl von regimekritischen Arbeitern und Angestellten in die Betriebsgewerkschaftsleitungen, was in den frühen fünfziger Jahren in bestimmten Betrieben und auf der Ebene der Abteilungsgewerkschaftsleitungen durchaus noch möglich war.[272] Das Anfang 1951 im Rahmen des Berliner Landesbezirkes gegründete Ostbüro setzte sich größtenteils aus geflohenen ehemaligen FDGB-Funktionären zusammen, die 1948/49 teilweise der „Unabhängigen Gewerkschaftsopposition“ (UGO) angehört hatten.[273] Verantwortlich für das Ostbüro war der Rechtsschutzsekretär des Berliner DGB, Gerhard Haas. Diese Funktionskombination ergab sich aus der Tatsache, daß die arbeitsrechtliche Beratung von DDR-Bürgern, etwa bei politisch motivierten Kündigungen, einen Schwerpunkt der Ostbürotätigkeit bildete. Wie die Ostbüros der Parteien kümmerte sich das DGB-Büro darüber hinaus um Flüchtlingsbetreuung, Nachrichtenbeschaffung und Propaganda. In ihren Publikationen, etwa der „Kleinen Tribüne“ oder auf Flugblättern, sprach das Büro im Namen einer nach Landesbezirken und Industriegewerkschaften gegliederten „Nurgewerkschaftlichen Opposition im FDGB“ (NGO).[274] Dabei dürfte es sich weitgehend um eine Fiktion gehandelt haben, auch wenn einzelne regimekritische FDGB-Funktionäre zu dieser Zeit noch Verbindungen zum DGB pflegten. Erwähnenswert ist in diesem Zusammenhang die Verhaftung des hauptamtlichen Vorsitzenden der Betriebsgewerkschaftsleitung des Bahnhofs Berlin-Lichtenberg 1954 im Rahmen der Aktion „Pfeil“ wegen seiner Kontakte zum Ostbüro des DGB.[275]

Das DGB-Ostbüro unterstützte klassische gewerkschaftliche Aktionsformen wie Proteste gegen bestimmte Lohnregelungen, 1951 etwa gegen die Betriebskollektivverträge, oder auch spontane Streiks, die vor allem in den Jahren 1952 und 1953 eine Rolle spielten.[276] Daneben propagierte es auch Protestformen, die für die Auseinandersetzungen in dieser Phase des Kalten Krieges typisch waren und von der Staatssicherheit als „Sabotage“ angesehen wurden. Zu nennen ist hier die sogenannte „Schneckenaktion“. Schneckensymbole wurden als Aufforderung, langsam zu arbeiten, an die Wände gemalt, um, wie es in einem Aufruf hieß, „sichtbar [zu] machen, wie groß die Widerstandsbewegung gegen die vom FDGB erzwungenen sowjetischen Ausbeutungsmethoden bereits ist“.[277]

271 Sachakte „Kleine Tribüne“, Einschätzung (Juli 1953); BStU, ZA, DSt 100897, Bl. 5 (MfS-Paginierung).
272 „Vorsicht bei den BGL-Wahlen!“, in: Die Kleine Tribüne 2 (1952) 11, S. 1; Kopie ebenda, Bl. 31 (MfS-Paginierung).
273 Ebenda, Bl. 4 (MfS-Paginierung).
274 Vgl. den Beschluß des provisorischen Vorstandes der NGO; Kopie ebenda, Bl. 34 (MfS-Paginierung).
275 Vgl. Kapitel 2.2.
276 Vgl. Ulrich Gill: FDGB. Die DDR-Gewerkschaft von 1945 bis zu ihrer Auflösung 1990, Köln 1991, S. 43–49.
277 „Schneckentier auf jeder Mauer“, in: Sachakte „Kleine Tribüne“; BStU, ZA, DSt 100897, Bl. 34 (MfS-Paginierung).

Später wurden die Aktionsformen zurückhaltender. Auch dürfte der Einfluß des DGB-Ostbüros in den Betrieben Mitte der fünfziger Jahre nachgelassen haben, was das MfS aber nicht daran hinderte, noch 1957 von „Versuchen des Gegners" zu sprechen, „in die betrieblichen und örtlichen Gewerkschaftsorgane einzudringen, um sie zu zersetzen und schließlich Stützpunkte der Konterrevolution aufzubauen",[278] eine Formulierung, die vor dem Hintergrund der Arbeiterunruhen in Polen und der Arbeiterrätebewegung in Ungarn sowie vereinzelter Streiks und Arbeiterproteste des Jahres 1956 in der DDR zu sehen ist.[279]

Flüchtlingsbetreuung, Kontakte zu den in der SBZ/DDR verbliebenen politischen Anhängern, Informationsbeschaffung und Ostpropaganda waren auch die Tätigkeitsfelder des 1948 von Jakob Kaiser ins Leben gerufenen Ostbüros der CDU und des 1950 gegründeten Ostbüros der FDP. Kontaktleute dieser Ostbüros waren in der Regel oppositionelle Mitglieder und Funktionäre der „Schwesterparteien" CDU(D) und LDPD, deren Leitungen in den Jahren 1947 bis 1952 politisch gleichgeschaltet wurden.

Bei der CDU war der Zusammenhang zwischen der Einrichtung des Ostbüros und dem Streben ostzonaler Christdemokraten nach politischer Selbstbehauptung besonders direkt. Es entwickelte sich aus dem „Büro Kaiser", das unmittelbar nach der Absetzung der beiden Vorsitzenden der CDU in der SBZ, Jakob Kaiser und Ernst Lemmer, durch die Sowjetische Militäradministration im Dezember 1947 in Westberlin seine Arbeit aufnahm und als Stabsstelle des „rechtmäßigen Hauptvorstandes" fungierte. Die Beziehungen des „Büros Kaiser" zu regionalen und örtlichen CDU-Gliederungen waren anfangs fast eine Selbstverständlichkeit, denn für die meisten CDU-Funktionäre und Mitglieder war Kaiser nach wie vor der gewählte Erste Vorsitzende der Partei.[280] Erst die Kriminalisierung aller nicht regimekonformen politischen Auffassungen in der Ost-CDU durch mehrere Säuberungs- und Repressionswellen, in deren Verlauf Verhaftungen und Fluchten die Zusammensetzung der Parteigremien auf allen Ebenen veränderten, drängte die Aktivitäten des Büros ab Sommer 1948 in die Illegalität. Nach dem Muster ihres Pendants in der SPD begann das Ostbüro der CDU nun mit dem Aufbau eines Kurier- und V-Leute-Systems, konnte dabei aber immer noch in hohem Maße an Parteistrukturen der Ost-Union anknüpfen.[281]

Spätestens nachdem Jakob Kaiser im Oktober 1949 Bundesminister für gesamtdeutsche Fragen wurde, avancierte er zum Hauptgegner der SED-Machthaber. Seine Behörde, im Jargon der SED das „Bonner Sabotageministerium", galt als Schaltzentrale aller gegen die DDR gerichteten Aktivitäten. In diesem Zusammenhang erfuhr auch die Arbeit des CDU-Ostbüros in den Augen der Staatssicherheit eine Aufwertung. In einer Richtlinie Mielkes vom November

278 Arbeitsrichtlinie für die Sicherung der Objekte des Freien Gewerkschaftsbundes vom 13.2.1957; BStU, ZA, DSt 100174.

279 Vgl. Armin Mitter und Stefan Wolle: Untergang auf Raten. Unbekannte Kapitel der DDR-Geschichte, München 1993, S. 214–224 und 249–260.

280 Vgl. Michael Richter: Die Ost-CDU 1948–1952. Zwischen Widerstand und Gleichschaltung, Düsseldorf 1991, S. 59 f.

281 Ebenda, S. 275–284.

1950 zur „Bearbeitung“ des Gesamtdeutschen Ministeriums heißt es: „Als ehemaliger Vorsitzender der CDU in der ehemaligen sowjetisch besetzten Zone Deutschlands ist es ihm [Kaiser] im Laufe der letzten Jahre gelungen, eine Reihe führender reaktionärer Funktionäre der CDU nach dem Westen zu dirigieren, welche ihrerseits wieder ihre Stützpunkte in der DDR zurückgelassen haben.“[282] Als Konsequenz wurde eine zentrale Erfassung und intensive Überwachung der DDR-Verbindungen aller geflohenen ehemaligen Funktionäre der Ost-CDU angeordnet.

Leiter des CDU-Ostbüros war Werner Jöhren. Er hatte nach dem Krieg die CDU auf Usedom mitbegründet und war dort Landrat geworden. 1946 erhielt er ein Mandat im Landtag Mecklenburg-Vorpommern und wurde Vorsitzender der CDU-Fraktion. Nachdem die SED eine Kampagne gegen ihn eröffnete und auch die SMA ihm „Sabotage am Wiederaufbau“ vorwarf, legte er im Februar 1948 seine Ämter nieder und floh nach Westberlin. Wenig später übernahm er die Leitung des „Büros Kaiser“. Er leitete das Ostbüro bis zu seinem Tode im Jahr 1959.[283]

Die Arbeit des Ostbüros der CDU war durch vergleichsweise geringe Verluste gekennzeichnet. Entführungs- und Einbruchspläne der Staatssicherheit kamen nicht zur Durchführung, und Infiltrationen durch „Geheime Mitarbeiter“ hielten sich in Grenzen.[284] Eine MfS-interne Analyse von 1968 hebt die „strengen Richtlinien“ des CDU-Ostbüros auf dem Felde der Konspiration und die Zuverlässigkeit seiner V-Leute hervor, die aus „religiöser Gebundenheit“ und Überzeugung arbeiteten.[285] Gleichwohl mußten auch christdemokratische Widerstandsgruppen mit Kontakten zum Ostbüro einen großen Aderlaß hinnehmen. Zur Abschreckung inszenierte das Regime um die Jahreswende 1952/53 in Erfurt und Gera Schauprozesse, in denen oppositionelle CDU-Angehörige zu langjährigen Zuchthausstrafen verurteilt wurden. In beiden Verfahren lautete der Vorwurf bezeichnenderweise, die Angeklagten hätten Kreisverbände der „West-CDU“ ins Leben gerufen. Die seit September 1950 existierende Exil-CDU, in der die CDU-Flüchtlinge aus der SBZ/DDR organisiert waren und für die das Ostbüro als Stabsstelle fungierte, bildete für die Widerstandsgruppen einen wichtigen Bezugspunkt.[286] Das Büro war damit in eine Organisation eingebunden, die ihrer Informations- und Propagandatätigkeit eine breite Basis gab.

Der Fall des FDP-Ostbüros ist in mancher Hinsicht ähnlich gelagert wie der des Ostbüros der CDU. Beide Büros entstanden im Zusammenhang mit der Verfolgung der Gesinnungsgenossen in der SBZ/DDR sowie der Gleichschaltung der jeweiligen „Schwesterparteien“ und dienten der illegalen Parteiarbeit in Erwartung eines nicht allzu fernen Endes des SED-Regimes. Das erst 1950 gegründete Ostbüro der FDP hatte aber einen ungleich schwereren Stand als seine Pendants bei CDU und SPD. Es litt unter chronischen Finanzproblemen und am

282 Richtlinie I/IVa/50 vom 9.10.1950; BStU, ZA, DSt 101092.
283 Vgl. Richter: Ost-CDU, S. 58 und 413.
284 Wolfgang Buschfort: Das Ostbüro der CDU, unveröffentlichtes Manuskript, passim.
285 Analyse der HA XX über das Ostbüro der CDU o. D. (1968), S. 33; BStU, ZA, HA XX, unerschlossener Bestand, Bündel 17.
286 Richter: Ost-CDU, S. 282 f.

Desinteresse führender Freidemokraten an seiner Arbeit. Die Befürchtung, bei gesamtdeutschen Wahlen auf dem Gebiet der DDR gegenüber der Konkurrenz von SPD und CDU ins Hintertreffen zu geraten, scheint letztlich eine maßgebliche Rolle bei der Entscheidung des FDP-Bundesvorstandes für die Einrichtung eines „Hilfsdienstes Ost", wie das Ostbüro zunächst hieß, auf Bundesebene gespielt zu haben. Vorläuferstellen, die sich im wesentlichen mit Flüchtlingsbetreuung beschäftigten, gab es zu diesem Zeitpunkt schon in Berlin und Gießen; sie unterstanden allerdings den regionalen Parteigliederungen, also dem Berliner Landesverband bzw. dem Gießener Kreisverband.[287] Leiter des Bonner Büros wurde Karl-Heinz Naase, der vor seiner Flucht aus der SBZ Kreissekretär der LDP in Meiningen und später Bezirkssekretär in Eisenach sowie LDP-Landesjugendreferent für Thüringen gewesen war.[288] Wie bei der CDU wurde die Arbeit des FDP-Ostbüros durch „Zonenflüchtlinge" getragen. Allerdings gab es unter den LDP-Flüchtlingen nicht unbeträchtliche politische Vorbehalte gegenüber der FDP, die gesellschaftspolitisch und im Hinblick auf die Haltung zur NS-Vergangenheit als zu „rechts" empfunden wurde.[289] Daß nicht alle LDP-Flüchtlinge ihre politische Heimat automatisch in der FDP sahen, dürfte auch zum verzögerten Start der Ostbüroaktivitäten der Partei beigetragen haben.

Nachdem das Berliner Büro, das zunächst noch weitgehend vom Landesverband kontrolliert wurde, im Laufe des Jahres 1951 zu einer Außenstelle des Bonner Ostbüros geworden war, erlangte neben der Flüchtlingsarbeit auch die Propagandatätigkeit eine größere Bedeutung. Wie auch die anderen Ostbüros schleuste das Ostbüro der FDP ab 1952 unterschiedliche Zeitungen, Broschüren und Flugblätter in die DDR. Die Verbreitung dieser Materialien über Kuriere und den Postweg war unterdessen schon recht schwierig geworden, und so ging man dazu über, Flugschriften in größeren Mengen mittels Gasballons über die Zonengrenze zu schaffen. Allein von Mai bis Juni 1952 wurden 4.000 Ballons mit mehr als 17.000 Flugblätter in den Osten geschickt.[290] Diese Ausweitung der Aktivitäten des Ostbüros, insbesondere die teuren Flugblattaktionen, konnten aus den begrenzten Mitteln der FDP schon bald nicht mehr bezahlt werden. Naase erschloß dem Ostbüro daher anderweitige Geldquellen: private Spenden, Mittel des Bundesministeriums für gesamtdeutsche Fragen und vor allem amerikanischer Stellen.[291] Die Propagandaaktionen des FDP-Ostbüros wurden in der Folgezeit fast ausschließlich mit amerikanischen Zuwendungen finanziert.[292]

Die Informationssammlung nahm in der Arbeit des Ostbüros der FDP, im Ver-

287 Wolfgang Buschfort: Die Tätigkeit des Ostbüros der FDP, unveröffentlichtes Manuskript, 1996, S. 9–13.
288 Vgl. Wolfgang Schollwer: Liberale Opposition gegen Adenauer. Aufzeichnungen 1957–1961, hrsg. von Monika Faßbender, München 1990, S. 218.
289 Vgl. Wolfgang Schollwer: Das Ostbüro der FDP. Aufzeichnungen 1951–1957, unveröffentlichtes Manuskript, Eintragungen vom 18.8., 5.11. und 1.12.1951.
290 Wolfgang Schollwer: Die Staatssicherheit und das Ostbüro der FDP, in: Deutschland Archiv 29 (1996) 1, S. 100.
291 Buschfort: Ostbüro der FDP, S. 39–41.
292 Vgl. Roger Engelmann: Brüchige Verbindungen. Die Beziehungen zwischen FDP und LDPD 1956–1966, in: ders. und Paul Erker: Annäherung und Abgrenzung. Aspekte deutsch-deutscher Beziehungen, München 1993, S. 33.

gleich etwa mit den Aktivitäten des SPD-Büros, zunächst eine untergeordnete Rolle ein. Im Februar 1953 wurde jedoch unter der Ägide des Berliner Landesverbandes und der Leitung des ehemaligen KgU-Mitarbeiters Joachim Porzig alias „Selle“ eine regelrechte nachrichtendienstliche Struktur geschaffen: die „Informationsstelle“, intern auch „Büro Selle“ genannt. Man vereinbarte eine strikte organisatorische Trennung und strenge Abschottung zwischen der „Informationsstelle“ und dem eigentlichen Ostbüro, die schon allein aus Sicherheitsgründen geboten war, weil das „Büro Selle“ auch Aufträge des amerikanischen Geheimdienstes, von dem es in großem Umfang finanziert wurde, entgegennahm.[293] In der Praxis konnte von einer tatsächlichen Trennung der beiden Bereiche allerdings keine Rede sein, was sich als verhängnisvoll erweisen sollte.

Im Laufe des Jahres 1953 führte die Staatssicherheit mehrere Operationen mit weitreichenden Folgen gegen das Ostbüro der FDP und die „Informationsstelle“ durch. Es gelang ihr, Günter Hegewald, einen Abteilungsleiter des LDPD-Bezirksvorstandes Dresden, zu werben, zunächst in eine Dresdner LDPD-Untergrundgruppe einzuschleusen und nach deren Zerschlagung als „Flüchtling“ nach Westberlin zu schicken, wo er es erreichte, vom Ostbüro angestellt zu werden. Im Oktober 1953 wurde der Ostbüroangestellte Hans Füldner von der Staatssicherheit entführt. Es folgten Verhaftungen unter Mitgliedern der LDPD, die zwar nur zu einem kleinen Teil auf die Aussagen Füldners zurückgingen, aber einen verheerenden Eindruck hinterließen. Ein beträchtlicher Teil der Festgenommenen hatte mit dem Ostbüro und auch mit der „Informationsstelle“ nie etwas zu tun gehabt,[294] doch regten sich in der FDP negative Stimmungen gegen die „Ostarbeiter“, und selbst der Leiter der Berliner Außenstelle Hans Bach war der irrigen Meinung, Füldner sei ein Agent gewesen, den die Staatssicherheit abgezogen habe.[295] Dem SfS waren solche Gerüchte natürlich sehr recht, sie lenkten den Verdacht von den echten Staatssicherheitsagenten ab, die im Ostbüro und in der „Informationstelle“ oder deren Umfeld arbeiteten.

In der Folgezeit unterminierte die erfolgreiche Werbung neuer Geheimer Mitarbeiter die weitere Entwicklung des FDP-Ostbüros. Zwei von ihnen, der GM „Radeberg“ und der GM „Heimat“, sollten eine entscheidende Rolle bei Einbrüchen des SfS spielen. Zuerst wurde bei der „Informationsstelle“ eingebrochen, die durch die Verhaftungen des Herbstes 1953 ohnehin schon angeschlagen war. Dies führte letztlich im September 1954, wahrscheinlich auf Initiative der Amerikaner, zu ihrer Auflösung. Es folgte im Februar 1955 der Einbruch in die Berliner Außenstelle des Ostbüros im Rahmen der Aktion „Blitz“, bei der dem SfS umfangreiche Materialien in die Hände fielen. Sie führten zu etwa 23 Festnahmen – es handelte sich hierbei vor allem um die Pritzwalker Gruppe um Alfred Effinger[296] – und zu Erkenntnissen über 957 regimekritische LDPD-

293 Buschfort: Ostbüro der FDP, S. 32–36.

294 Memorandum von Naase zum „Fall Ludwig“ für das MdB Theodor Blank, damals Sicherheitsbeauftragter der Bundesrepublik, o. D. (Ende 1953); BStU, ZA, AOP 1539/65, Bd. I/2, Bl. 37–47.

295 Schollwer: Aufzeichnungen 1951–1957, Eintragungen vom 12. und 16.10. sowie vom 21.11.1953.

296 Vgl. Kapitel 6.8.

Mitglieder.[297] Noch einschneidender waren die Folgen des Einbruchs in die Bonner Zentrale des Ostbüros im Dezember 1955. Zwar folgten daraus unmittelbar nur vier Festnahmen, aber das SfS bemächtigte sich so vieler brisanter Unterlagen, daß das Ostbüro für die DDR-Geheimpolizei zu einer gleichsam gläsernen Einrichtung wurde. Unter anderem fielen der Staatssicherheit die Personalakten, der Ordner zum Fall Füldner und der Briefwechsel des Bonner Ostbüros mit der Berliner „Informationsstelle“ in die Hände.[298] Mit diesem Material alimentierte das SfS Diffamierungskampagnen gegen das Ostbüro und einzelne seiner Mitarbeiter, die auch im Westen nicht ohne Wirkung blieben.[299] Dieser Ansehensverlust und der koalitions- und deutschlandpolitische Kurswechsel der FDP, der seinen Ausdruck unter anderem auch in Gesprächen mit der regimekonformen LDPD-Führung fand, führten im folgenden Jahr de facto zur Einstellung der Ostbüroaktivitäten.[300]

Das Schicksal des FDP-Ostbüros bildete sicherlich den Extremfall, aber es ist auch für die anderen Ostbüros festzustellen, daß Verhaftungen, Zersetzungsmaßnahmen und Kampagnen der Staatssicherheit mitverantwortlich für ihren Bedeutungsverlust waren. In einem seltsamen Kontrast zu diesem realen Bedeutungsrückgang stand allerdings die Pflege eines – auf das SPD-Büro bezogenen – regelrechten Ostbüro-Mythos' in der SED-Führung und im Apparat der Staatssicherheit, der 1956/57 durch den Fall Wolfgang Harich und die „Lehren“ reaktiviert wurde, die Ulbricht aus der ungarischen Erhebung zog. Das „Ostbüro“ wurde in der zweiten Hälfte der fünfziger Jahre zur Chiffre für die allgegenwärtigen Gefahren der „Zersetzung“, die der Partei nach Auffassung der Stalinisten durch den „Sozialdemokratismus“ drohten. Mit tatsächlichen Ostbüroaktivitäten hatte das zumeist wenig zu tun, auch wenn die „Ostarbeit“ der SPD, wie auch die der CDU, mit einiger Intensität bis in die sechziger Jahre fortgesetzt wurde.

3.4. Die Kampfgruppe gegen Unmenschlichkeit

Die Kampfgruppe gegen Unmenschlichkeit gehörte zweifellos zu den kompromißlosesten und militantesten Widersachern der sowjetischen Besatzungsmacht und des SED-Regimes. Wenn man ihre Bedeutung an der Menge der zu ihr vorhandenen MfS-Akten ablesen will, war sie in der ersten Hälfte der fünfziger Jahre zweifellos einer der Hauptgegner der Staatssicherheit. Aufgrund ihres widersprüchlichen Erscheinungsbildes ist die KgU ein schwieriges Thema. In ihr

297 Vgl. Plan zur Operation „Blitz“ o. D., (März 1955); Dokument 14, S. 322 f.

298 Schollwer: Staatssicherheit und Ostbüro der FDP, S. 104.

299 Hierzu sowie im Überblick zur „Bearbeitung“ des Ostbüros der FDP durch die Staatssicherheit: Abschlußbericht der HA V/5 zum Gruppenvorgang „Allee“ vom 27.10.1959; BStU, ZA, AOP 1539/65, Bd. II/4, Bl. 2–7.

300 Schollwer: Staatssicherheit und Ostbüro der FDP, S. 105. Vgl. auch Siegfried Suckut: Die Gespräche zwischen FDP und LDPD im Jahre 1956 – Vorgeschichte, Verlauf, DDR-interne Erwartungen und Reaktionen, in: Jahrbuch zur Liberalismusforschung 4 (1992), S. 85–141, sowie Engelmann: Brüchige Verbindungen, S. 17–33.

verband sich eine ausgeprägte ethische Fundierung und eine zunächst starke karitative Ausrichtung mit besonders intensiven geheimdienstlichen Verbindungen sowie mit Aktionsformen, die wegen ihrer Militanz in der westdeutschen Öffentlichkeit schon damals, in der Hochphase des Kalten Krieges, umstritten waren.

Neben karitativer, propagandistischer und nachrichtendienstlicher Tätigkeit, wie sie auch von anderen Widerstandsorganisationen betrieben wurde, verfolgte die KgU in den frühen fünfziger Jahren eine Strategie der massiven Destabilisierung der SED-Diktatur, zu deren Aktionsrepertoire sogar Brand- und Sprengstoffanschläge gehörten. Es schloß im Hinblick auf unmittelbar drohende kriegerische Auseinandersetzungen auch den Aufbau eines Untergrundnetzes ein, das nicht nur eine politische, sondern auch Ansätze einer „militärischen" Komponente hatte. Es erwies sich aber bald, daß sie hiermit überfordert war, zumal sie in den sowjetischen Sicherheitsorganen und der Staatssicherheit einen auf dem Felde der konspirativen Techniken weit überlegenen Gegner hatte. Eine massive repressive und propagandistische Gegenoffensive des SED-Regimes führte zur Ausblutung ihrer Basis in der DDR und zu ihrer Diskreditierung im Westen. Schon 1952 begann der Isolierungsprozeß der KgU, ihre politisch-propagandistischen Erfolge und karitativen Verdienste verblaßten in der Diskussion über ihre Aktionsformen.

In der Anfangsphase ihres Bestehens 1948 bis 1950 war die Situation völlig anders gewesen. Zu dieser Zeit bewegte sich die KgU im parteiübergreifenden Konsens des Kalten Krieges. Es ist zudem hervorzuheben, daß sie mit ihrem Gründer und Leiter Rainer Hildebrandt und seinem Stellvertreter Ernst Tillich über zwei unter politisch-moralischen Gesichtspunkten ungewöhnlich integre Führungspersönlichkeiten verfügte. Beide waren in der NS-Zeit in Widerstandskreisen aktiv und deshalb inhaftiert gewesen.

Rainer Hildebrandt wurde 1914 in Stuttgart geboren, sein Vater war Kunsthistoriker, seine Mutter Malerin. In der NS-Zeit verlor der Vater seinen Lehrstuhl, sein Name erschien auf der „Schwarzen Tafel" der Münchner Ausstellung „Entartete Kunst". Noch ernstere Gefahren für die Familie konnten nur abgewendet werden, weil es gelang, die jüdische Mutter, unter anderem mit Hilfe einer falschen eidesstattlichen Erklärung des Sohnes, zur „Halbarierin" zu machen. Hildebrandt studierte an der Berliner Universität Sozialwissenschaft und Philosophie. Er besuchte die Vorlesungen von Albrecht Haushofer, bekam zu ihm persönlichen Kontakt und wurde von ihm später in die Attentatspläne der Militäropposition eingeweiht. Im Auftrag von Haushofer übernahm er Kurierdienste. Im Frühjahr 1943 wurde er von der Gestapo verhaftet und verbrachte ein Jahr in einem Wehrmachtsgefängnis. Kurz nach seiner Entlassung wurde er nach dem 20. Juli für weitere sechs Wochen inhaftiert. Nach seiner Haftzeit diente er als Wachmann in einem Gefangenenlager der Wehrmacht;[301] die DDR-Propaganda konstruierte daraus später einen „Sturmbannführer" Hildebrandt.

301 Biographische Angaben bei Uwe Merz: Kalter Krieg als antikommunistischer Widerstand. Die Kampfgruppe gegen Unmenschlichkeit 1948–1959, München 1987, S. 16–18, 22–26.

Ernst Tillich wurde 1910 als Sohn eines Amtgerichtsrates in Marienwerder/ Westpreußen geboren. Unter dem Einfluß seines Onkels, des bedeutenden Theologen Paul Tillich, entschied er sich für das Theologiestudium an der Bonner Universität. Dort lehrte in dieser Zeit Karl Barth, mit dem die beiden Tillichs das politische Bekenntnis zum „religiösen Sozialismus" verband. Obwohl dieser weltanschaulich-politische Ansatz eher in der Tradition der konservativen Kapitalismuskritik stand, näherten sich Ernst Tillich wie auch sein Onkel politisch der SPD; eine Zeitlang fungierte er sogar als Vorsitzender des SDS an der Universität Bonn. 1933 wurde er Assistent an der theologischen Fakultät der Berliner Universität, mußte aber schon ein Jahr später auf Druck der Nationalsozialisten wieder ausscheiden. Er übernahm daraufhin ein Vikariat und schloß sich 1934 der Bekennenden Kirche an, lehnte aber die in ihr vorhandenen Tendenzen einer „klerikalistischen" Selbstbeschränkung ab. Dem Nationalsozialismus mußte in den Augen Tillichs *politischer* Widerstand entgegengesetzt werden, eine Vorstellung, die er auch alsbald umsetzte. 1936 spielte er der ausländischen Presse – gegen den Willen der Leitung der Bekennenden Kirche – deren an Hitler gerichtete geheime Denkschrift zu; wenig später wurde er von der Gestapo verhaftet. Nach dreijähriger Haftzeit im KZ Sachsenhausen und später in Berlin war er zunächst Sachbearbeiter bei Siemens. 1942 zog ihn die Wehrmacht zum Sanitätsdienst ein. In den besetzten Niederlanden, wo seine Einheit stationiert war, hatte er Kontakte zum einheimischen Widerstand. Nach dem Krieg trat Tillich der SPD bei und war in verschiedenen sozialpolitischen Einrichtungen, zuletzt als stellvertretender Leiter des Berliner Hauptsozialamtes tätig. 1948 ging er als Dozent an die neugegründete Hochschule für Politik, von wo ihn Hildebrandt wenig später zur KgU holte.[302]

Die Biographien von Hildebrandt und Tillich demonstrieren auf ihre Weise die Kontinuitäten zu ihrem späteren Engagement in der Kampfgruppe gegen Unmenschlichkeit. Für beide Protagonisten der KgU war aktiver Widerstand gegen eine Herrschaft, deren Unrechtscharakter sich offenbart hatte, moralische Verpflichtung. Die Devise „Nichtstun ist Mord", unter der die KgU von Hildebrandt im Oktober 1948 gegründet wurde, brachte diese Haltung eindringlich zum Ausdruck.

Die Gründungsphase der KgU ist stark vom politischen Klima der Blockadezeit in Westberlin geprägt, das neben Bedrohungsgefühlen auch, vor allem in jugendlichen Kreisen, durch politischen Aktivismus gekennzeichnet war. Entscheidend waren in diesem Zusammenhang die Berichte der Häftlinge der sowjetischen Speziallager, von denen im Sommer 1948 ein Teil entlassen worden war, über die Verhörmethoden der sowjetischen Geheimpolizei und die Zustände in den Lagern, in denen es aufgrund der Hungerrationen und der grassierenden Seuchen zu erschreckenden Dezimierungen kam. Besonders bedrückend war die Praxis der sowjetischen Sicherheitsorgane, die Angehörigen der Verhafteten nicht über die erfolgte Festnahme zu benachrichtigen, so daß die Betroffenen einfach spurlos verschwanden. Die Speziallager des NKWD/MWD waren Schweigelager.

302 Ebenda, S. 13–15, 19–22 und 26–30.

So lag es nahe, daß die KgU im Januar 1949 als ihr erstes großes Aufgabenfeld einen Suchdienst zur Ermittlung von Verbleib und Schicksal in der SBZ inhaftierter Personen einrichtete. Durch Befragung von entlassenen Häftlingen und Flüchtlingen wurden Informationen zusammengetragen, die dann wiederum an auskunftssuchende Verwandte von Insassen der Speziallager und Haftanstalten weitergegeben wurden. Schon ein halbes Jahr nach der Einrichtung des Suchdienstes, im Juni 1949, waren 12.000 Suchanträge karteimäßig erfaßt und 8.500 Häftlinge ermittelt.[303] Aus der SBZ entlassene Häftlinge bildeten zu einem guten Teil den anfänglichen Mitarbeiterstamm der KgU.

Den zweiten großen Tätigkeitsbereich der KgU bildete die Propaganda. Am 20. Juli 1949 gaben Rainer Hildebrandt und Ernst Tillich auf einer großen Gedächtnisveranstaltung zum Widerstand gegen Hitler symbolträchtig den Startschuß für die sogenannte F-Kampagne. Auf ein als Kulissenhintergrund angebrachtes überdimensionales F deutend, rief Tillich seinen Zuhörern zu: „Die Aufgabe der Widerstandsbewegung von heute lautet ebenso wie die in der Vergangenheit: *Freiheit* für die terrorisierten Menschen und *Feindschaft* gegen das terroristische System.“ Der Buchstabe F solle als Symbol des Widerstandswillen der Bevölkerung in der SBZ an Häuserwände geschrieben oder anderweitig verbreitet werden.[304]

Die F-Kampagne fiel bei der Bevölkerung der SBZ auf fruchtbaren Boden; die Volkspolizei wurde den Aufschriften bald nur noch Herr, indem sie die Fs zu FDJ ergänzte. Wie die anderen Widerstandsorganisationen stellte die KgU außerdem Flugschriften und Broschüren her, die durch ihre Kontaktleute, später auch mit Hilfe von Gasballons auf der anderen Seite des Eisernen Vorhanges verbreitet wurden. Besonderer Beliebtheit erfreute sich die satirische Zeitschrift „Tarantel“.[305]

Nach und nach ging die Kampfgruppe zu aggressiveren Aktionsformen über. Im Zuge der Befragung von Flüchtlingen, Kontaktleuten und Besuchern erstellte sie eine umfangreiche Spitzelkartei und begann später, die Namen dieser tatsächlichen oder vermeintlichen Zuträger der Unterdrückungsapparate über den RIAS bekannt zu machen. Eine Spezialität der KgU war außerdem das Verschicken von Drohbriefen an linientreue oder opportunistische Funktionäre sowie der Einsatz von Stinkbomben gegen politische Veranstaltungen und von sogenannten Reifentötern gegen Wagenkolonnen der Machtträger.[306]

Eine Schlüsselrolle für die Entwicklung der KgU spielten zweifellos amerikanische Dienststellen. Schon im August ermöglichte eine großzügige Zuwendung des Counter Intelligence Corps (CIC) den Umzug der KgU in ein geräu-

303 Ebenda, S. 49. Vgl. Auch Gerhard Finn: Die Widerstandsarbeit der Kampfgruppe gegen Unmenschlichkeit, in: Unrecht überwinden – SED-Diktatur und Widerstand, Sankt Augustin 1996, S. 23–32.
304 Merz: Kalter Krieg, S. 68–71.
305 Walter Schulz-Heidorf: Preis unbezahlbar – Die „Tarantel“. Heiße Lektüre im Kalten Krieg, Berlin 1997.
306 Erika Fehse: Bomben, Gift und Reifentöter. Die Kampfgruppe gegen Unmenschlichkeit, Filmmanuskript, o. O., o. D. (Köln 1996), S. 16f.

migeres Gebäude im amerikanischen Sektor. Später wurde das CIC vom Office of Policy Coordination der CIA (OPC) verdrängt, das verdeckte „psychologische“ Operationen durchführte und an der Schaffung eines sogenannten „stay behind net“, einer geheimen Guerilla- und Sabotageorganisation, im sowjetischen Machtbereich arbeitete.[307] Daß die KgU später die Realisierung einer solchen Struktur verfolgt hat, davon zeugt unter anderem auch ein in den MfS-Unterlagen überlieferter Fragenkatalog der Organisation, mit der die Bereitschaft ihrer V-Leute ermittelt wurde, die Verbindung auch im Kriegsfall aufrechtzuerhalten, Funkgeräte, Waffen sowie Sprengladungen aufzubewahren und Widerstandskämpfer aufzunehmen.[308]

Wahrscheinlich geht auch die Stärkung der Stellung Tillichs gegenüber Hildebrandt sowie die Umorientierung und „Professionalisierung“ der konspirativen Aktivitäten der KgU durch die Einstellung einer Reihe von ehemaligen Kriminalpolizisten Anfang 1951 auf den amerikanischen Einfluß zurück. Der Hildebrandt-Vertraute Heinrich von zur Mühlen, der mit dem „Büro Hoffmann“ schon die Vorläuferorganisation der KgU organisiert hatte, mußte als Chef der Widerstandsabteilung dem ehemaligen Leiter des German Criminal Investigation Service im US-Sektor, Gerd Baitz, weichen, der fast alle maßgeblichen Stellen in seinem Bereich mit Berufskollegen besetzte.[309] Die für die Aktionen in der DDR zuständige Abteilung IIb, später VII, entwickelte unter Baitz deutliche Verselbständigungstendenzen gegenüber Hildebrandt, wahrscheinlich teilweise auch gegenüber Tillich, was wohl nicht zuletzt auf das Wirken des stellvertretenden Leiters der Berliner Operationsbasis der CIA, Henry Hecksher, zurückging, der, obwohl er formal nicht dem OPC angehörte, Verbindung zur KgU hielt.[310] Er fühlte sich, einer Bemerkung Hildebrandts zufolge, gewissermaßen als der dritte Leiter der KgU. Zu seiner Rolle äußerte der KgU-Gründer: „Es war ein tragisches Verhängnis, daß ausgerechnet dieser soviel Einfluß [...], soviel Geld gehabt hat.“[311]

Spätestens im Frühjahr 1951 ging die KgU dazu über, in der DDR sogenannte „administrative Störungen“ herbeizuführen, und das MfS identifizierte sie auch sehr bald als den Verursacher. In einer Dienstanweisung informierte Mielke am 16. Mai 1951 die Leiter der Landesverwaltungen der Staatssicherheit:

> „Seit Anfang April ist dem Ministerium Berlin bekannt, daß die ‚Hildebrandtgruppe‘ Vorbereitungen trifft, um Desorganisationen in der Tätigkeit der staatlichen, wirtschaftlichen u. gesellschaftlichen Organisationen der DDR und der

307 Merz: Kalter Krieg, S. 157f.; Bailey/Kondraschow/Murphy: Die unsichtbare Front, S. 144 bis 151.

308 Der Fragenkatalog o. D. enthält folgende Bemerkung: „Die obengenannten Fragen sind an *alle* V-Leute zu richten. Die Beantwortung ist sehr wichtig für unsere zukünftige Arbeit. Es werden nur bestimmte V-Leute dafür in Frage kommen.“ BStU ZA, ZAIG/1 9684, Bl. 16, teilweise zitiert bei Fehse: Bomben, S. 13.

309 Merz: Kalter Krieg, S. 157.

310 Hecksher gehörte zunächst dem CIA-Büro für Sonderoperationen (OSO) an, später kümmerte er sich auch um OPC-Angelegenheiten, ohne Mitarbeiter des OPC zu sein; Bailey/Kondraschow/Murphy: Die unsichtbare Front, S. 159f., 168, 200; Fehse: Bomben, S. 17.

311 Ebenda, S. 18.

Länder zu organisieren. Sie versprechen sich damit [sic!], Unruhe u. Verwirrung unter der Bevölkerung hervorzurufen."[312]

Konkret nennt er falsche Einladungen zu Besprechungen und Sitzungen, gefälschte Kündigungsschreiben und falsche Anweisungen der FDGB-Landesvorstände. Als Muster enthält die Dienstanweisung außerdem die Abschrift einer gefälschten Rundverfügung des DDR-Finanzministeriums vom 7. Mai 1951, in der die Finanzämter angewiesen werden, ab sofort von der Erhebung der sogenannten Kulturabgabe abzusehen. Von einer gewissen Ratlosigkeit zeugt die Schlußfolgerung Mielkes am Ende dieses Dokuments, die auch die einzige wirkliche Weisung beinhaltet: „Um Sabotageakte dieser Art zu verhindern, müssen entsprechende Maßnahmen in den Ländern eingeleitet werden. Es muß zumindest erreicht werden, daß derartige Fälschungen sofort erkannt werden u. umgehend nach hier berichtet wird."[313] Weitere administrative Störungen bestanden im Umleiten von Lebensmitteltransporten oder in der Verbreitung von gefälschten Lebensmittelkarten.

Im Dezember 1951 nennt eine Dienstanordnung des MfS im Zusammenhang mit der KgU dann auch „Sprengmittel in Konservendosen", die zur „Sprengung von Eisenbahnschienen und Hochspannungsleitungen" gedacht seien.[314] Einen Monat später erging eine weitere Dienstanweisung zur Kampfgruppe, in der schon von ausgeführten Brand- und Sprengstoffanschlägen unter anderem auf einen Ausstellungspavillon und ein Gebäude der Gesellschaft für deutsch-sowjetische Freundschaft die Rede war. Dem Dokument zufolge wurden in allen Fällen mit Brandmasse bzw. Sprengstoff gefüllte Konservendosen verwendet, in denen ein Zeitzünder eingebaut war. Laut Quelle entstand in allen Fällen „aufgrund der zu schwachen Brand- und Sprengfüllung" nur geringer Sachschaden.[315]

Schon 1951 war es dem MfS gelungen, einen unter Druck geworbenen Geheimen Mitarbeiter in die Widerstandsabteilung der KgU einzuschleusen, der seine Auftraggeber „laufend über geplante Aktionen" unterrichtete.[316] Noch detailliertere Informationen erlangte das MfS, als sich Anfang Mai 1952 eine kurz zuvor aus der Abteilung entlassene Sekretärin – den Lockungen des MfS folgend – in die DDR absetzte und der Staatssicherheit ihre Kenntnisse zur Verfügung stellte. Ihrer Aussage vor den MfS-Vernehmern ist zu entnehmen, daß es etwa im Februar 1952 zu einer Auseinandersetzung zwischen Baitz und Tillich über die Frage der Sprengstoffanschläge gekommen war. Tillich soll demnach gesagt haben, mit Sprengungen sei er nicht einverstanden und er wolle damit nichts zu tun haben. Nachdem Baitz die Notwendigkeit dieser Aktionsformen nochmals bekräftigt habe, soll Tillich erwidert haben, *er* wolle jedenfalls nichts damit zu tun haben, und wenn es schon nicht anders ginge, dann müsse Baitz es selbst

312 Dienstanweisung 8/51/V/C des Staatssekretärs Mielke vom 16.5.1951; BStU, ZA, DSt 100836.
313 Ebenda.
314 Dienstanordnung des Staatssekretärs Mielke vom 18.12.1951; BStU, ZA, DSt 100843.
315 Dienstweisung 1/52/V/C des Staatssekretärs Mielke vom 17.1.1952; BStU, ZA, DSt 100843.
316 HA V/5/B: Vorschlag zur Festnahme des GM „Vohs" vom 5.5.1954; BStU, ZA, AS 42/57, Bd. 3/7, Bl. 19–31, hier 19.

verantwortten.[317] Dies unterstreicht die Vermutung, daß die Widerstandsabteilung eine gewisse Autonomie genoß und ihre Weisungen teilweise von anderer Stelle bekam.

Zu einem mißlungenen Brandanschlag der KgU-Widerstandsabteilung auf eine hölzerne Autobahnbrücke bei Finowfurt war es schon im Vorfeld der Weltjugendfestspiele im August 1951 gekommen. Nach Auskunft des damaligen CIA-Leiters in Westberlin herrschte in seinem Dienst zu dieser Zeit eine richtiggehende Vorkriegsstimmung und überhaupt kursierten Befürchtungen, die Festspiele könnten den Auftakt für den Einmarsch der Sowjets in Westberlin bilden. Mit dem Anschlag auf die Brücke sollte der „Ansturm auf Berlin" verhindert werden.[318]

Noch weiter ging allerdings das, was im Mai 1952 in einem Schauprozeß vor dem Obersten Gericht dem Hauptangeklagten Johann Burianek zur Last gelegt wurde: die geplante Sprengung der Eisenbahnbrücke bei Erkner während der Durchfahrt des „Blauen Express", eines Fern-D-Zuges, der auf der Strecke Berlin-Moskau verkehrte und von sowjetischem Personal benutzt wurde. Da hierzu detaillierte und sich weitgehend deckende Aussagen unterschiedlicher Beteiligter in den MfS-Vernehmungsprotokollen überliefert sind,[319] ist davon auszugehen, daß der Anschlag tatsächlich in dieser Form geplant war. Auch an der Tatsache, daß die für Berlin und Brandenburg zuständigen Mitarbeiter der Widerstandsabteilung der KgU mit den Decknamen „Roller" und „Saalmann" an diesen Planungen maßgeblich beteiligt waren und den Sprengsatz in einem Koffer an Burianek übergeben haben, ist angesichts der Aktenlage kaum zu zweifeln. Die von Burianek in der Vernehmung gemachte Aussage über das beabsichtigte Timing des Zündvorganges deutet zudem darauf hin, daß bei diesem Attentat von der Widerstandsabteilung der KgU nicht nur in Kauf genommen wurde, daß Menschen zu Schaden kommen konnten, sondern dies geradezu beabsichtigt war.[320] Es blieb jedoch bei den Planungen, angeblich, weil zum festgesetzten Termin ein geeigneter Kraftwagen nicht beschafft werden konnte. Möglicherweise hatten die Verantwortlichen in der KgU aber auch kalte Füße bekommen.[321] Burianek wurde wenig später verhaftet, am 15. Mai 1952 zum Tode verurteilt und hingerichtet. Seine Mitangeklagten erhielten lebenslängliche oder langjährige Zuchthausstrafen. Es muß allerdings betont werden, daß der geplante Anschlag

317 Angaben zur KgU aus der Vernehmung von Christa L.; BStU, ZA, AU 308/55, BA/EV, Bd. 5, Bl. 12.

318 Aussage von Peter Sichel, dem damaligen Chef der CIA-Dienststelle in Berlin, in: Fehse: Bomben, S. 11.

319 Vernehmungsprotokoll Christa L. vom 13.5.1992; BStU, ZA, AU 308/55, BA/EV, Bd. 5, Bl. 57–68; Vernehmungsprotokoll Renate K. vom 6.3.1952; BStU, ZA, AS 311/56, Bd. 14, Bl. 1–3; Vernehmungsprotokoll Johann Burianek vom 8.3.1952; ebenda, Bl. 54–56.

320 Ebenda.

321 Der in Burianeks Wohnung deponierte Sprengkoffer wurde von Abgesandten der KgU später abgeholt, angeblich um noch in derselben Nacht eine Eisenbahnbrücke bei Spindlersfeld in die Luft zu jagen. Dort sollen sie beim Anbringen des Sprengsatzes von der Volkspolizei überrascht worden und nach einem Schußwechsel geflohen sein; Strafsache gegen Burianek u. a. (Prozesse vor dem Obersten Gericht der Deutschen Demokratischen Republik, Heft 1), (Ost-)Berlin 1953, S. 41.

auf den „Blauen Express“ ein Extremfall war. Zumeist blieb es beim Auskundschaften von Objekten, die wohl erst im sogenannten Ernstfall, also bei kriegerischen Auseinandersetzungen gesprengt werden sollten.[322] Auf dem derzeitigen Kenntnisstand ist zu konstatieren, daß von der KgU letztlich kein einziger schwerer Anschlag erfolgreich durchgeführt wurde.

Im August desselben Jahres fand ein weiterer Schauprozeß gegen den Leiter des KgU-Labors, Wolfgang Kaiser, statt, der im Ostsektor verhaftet worden war, nachdem er sich auf ein gefährliches Doppelspiel mit der Staatssicherheit eingelassen hatte.[323] Kaiser wurde die Bereitstellung von hochprozentigen Säuren, Brand- und Sprengsätzen sowie Gift vorgeworfen.[324] In der Tat hatte die KgU auch Kathardin, das Gift der spanischen Fliege, an einige Kontaktleute der Widerstandsabteilung ausgegeben, was nicht nur aus MfS-Unterlagen hervorgeht, sondern auch durch die Aussage eines beteiligten Zeitzeugen belegt ist.[325] Dies sollte aber, anders als in der DDR-Propaganda dargestellt, nicht der ziellosen Vergiftung der Bevölkerung dienen, sondern im Kriegsfall gegen sowjetische Truppen eingesetzt werden. Zur Anwendung ist es nie gekommen. Kaiser wurde am 9. August 1952 zum Tode verurteilt und vier Wochen später, am 6. September, hingerichtet. In einer Stellungnahme bezeichnete die KgU die Geständnisse der Angeklagten als „durch monatelange Torturen“ erpreßt und die Angaben als „frei erfunden“.[326]

Im Zusammenhang mit den Schauprozessen gegen Burianek und Kaiser entfaltete die DDR eine aufwendige Propagandakampagne, in der die KgU zur Terror- und Mordorganisation gestempelt wurde. Zwar glaubte man in dieser Zeit den DDR-Medien grundsätzlich nicht, aber die Kampagne scheint ihre Wirkung auch im Westen nicht ganz verfehlt zu haben, denn das Jahr 1952 markierte einen Wendepunkt hinsichtlich des öffentlichen Ansehens und des politischen Rückhaltes der KgU.[327]

Im November 1952 wurde Tillich aus der SPD ausgeschlossen, und der sozialdemokratische „Telegraf“ stellte bei dieser Gelegenheit fest, daß die Leitung der KgU „Dinge unternommen und gefördert“ habe, „die der Durchführung solcher Schauprozesse mindestens sehr entgegengekommen“ seien.[328] Fast zeitgleich trat Rainer Hildebrandt aus der Organisation aus. Er wandte sich mit einer Erklärung an die Öffentlichkeit, in der er von „Aufgabenüberschreitungen“ der KgU sprach, die gegen Satzung und Gründungsidee der Gruppe verstoßen hätten und ohne sein Wissen geschehen seien. Der Gandhi-Verehrer Hildebrandt spielte hierbei zweifellos auf den § 2 der KgU-Satzung an, in dem der Aktions-

322 Vgl. Kapitel 6.5.
323 Schlußbericht zum „Einzelvorgang“ Wolfgang Kaiser vom 11.5.1952; BStU, ZA, AOP 40/53, Bl. 124–129, hier 128 f. Da Kaisers Verhalten kein Einzelfall war, muß man vermuten, daß die KgU systematisch Versuche unternahm, in die Staatssicherheit einzudringen.
324 Merz: Kalter Krieg, S. 168 f.
325 Schlußbericht zum „Einzelvorgang“ Wolfgang Kaiser vom 11.5.1952; BStU, ZA, AOP 40/53, Bl. 127; Aussage von Walther Schöbe, in: Fehse: Bomben, S. 23 f.
326 Merz: Kalter Krieg, S. 169.
327 Vgl. ebenda, S. 179–189.
328 Ebenda, S. 186.

rahmen der Organisation auf „friedliche Mittel“ beschränkt wurde.[329] Wenig später äußerte sich auch der Berliner Innensenator kritisch zur Kampfgruppe, und ein Sprecher des Bundesministeriums für gesamtdeutsche Fragen erklärte, seine Behörde leiste schon seit einem Jahr keinerlei Zahlungen mehr an die KgU und sei bestrebt, in Verhandlungen mit den zuständigen US-Stellen stärkeren Einfluß auf die Gruppe zu gewinnen – ein Statement, das nur als Distanzierung verstanden werden konnte.[330]

Auch Tillich selbst reagierte auf die Ereignisse des Jahres 1952. Er erklärte auf einer Arbeitstagung der KgU, Sabotageaktionen seien „unverantwortlich zum gegenwärtigen Zeitpunkt“.[331] Tatsächlich ist auch den MfS-Akten zu entnehmen, daß die Aktionsformen der KgU ab 1953 wieder zurückhaltender wurden. Trotzdem hat sich die KgU politisch nie mehr von der Krise des Jahres 1952 erholt. Ohne die Rückendeckung durch die Amerikaner wäre ihr Fortbestehen, zumindest in dieser Form, wohl schon damals fraglich gewesen.

Trotz größerer Vorsicht und Zurückhaltung folgten für die KgU weitere Niederlagen. Dem SfS gelangen weitere Infiltrationen. Die schwerstwiegende dürfte die 1954 erfolgte Anwerbung von Karl Siegmund, dem „Sicherheitsbeauftragten“ der KgU und für Berlin-Brandenburg zuständigen Mitarbeiter der Widerstandsabteilung, gewesen sein.[332] Kontaktleute der KgU wurden in der DDR zu Hunderten verhaftet und abgeurteilt. Im Anschluß an die Aktion „Blitz“ kam es im Juni 1955 abermals zu einem Schauprozeß gegen eine KgU-Gruppe aus Weimar mit Todesurteilen für die Hauptangeklagten Gerhard Benkowitz und Hans-Dietrich Kogel; dieser Fall wird noch in einem eigenen Kapitel dargestellt.[333] Wenig später vermochte das MfS, Rupprecht Wagner, den ehemaligen Landesverantwortlichen der Widerstandsabteilung für Thüringen, zum Übertritt in die DDR zu bewegen und propagandistisch ausgiebig gegen die KgU zu nutzen.[334] Die politische Entspannung nach dem XX. Parteitag der KPdSU sowie Verwicklungen in einige innenpolitische Querelen und Skandale führten zum endgültigen Niedergang der Kampfgruppe. Auf Betreiben von Berliner Senatsstellen und des Bundesministeriums für gesamtdeutsche Fragen wurde sie im März 1959 aufgelöst.[335]

329 Ebenda, S. 189.
330 Ebenda, S. 187.
331 Ebenda, S. 188.
332 Zwischenbericht der Abt. V/5 (der Verwaltung Groß-Berlin) zum GM-Vorgang „Karl“ vom 25.6.1958; BStU, ZA, AIM 2703/58, Teil I, Bd. 1, Bl. 74–76. Zu weiteren Infiltrationen siehe Fehse: Bomben, passim. Daß die KgU stark mit Agenten der sowjetischen und ostdeutschen Sicherheitsorgane durchsetzt war, ist den zuständigen amerikanischen Stellen offenbar schon damals bewußt gewesen. Vgl. Bailey/Kondraschow/Murphy: Die unsichtbare Front, S. 150.
333 Siehe Kapitel 6.5.
334 Merz: Kalter Krieg, S. 209–212.
335 Ebenda, S. 225–235.

3.5. Der Untersuchungsausschuß Freiheitlicher Juristen

Im Oktober 1949, unmittelbar nach Gründung der Deutschen Demokratischen Republik, machte in Westberlin zum ersten Mal eine Institution von sich reden, die binnen kurzer Zeit zu einem Kristallisationspunkt des Widerstands in der Justiz des SED-Staates werden sollte – der „Untersuchungsausschuß Freiheitlicher Juristen der Sowjetzone“, für den sich bald das Kürzel UFJ einprägen sollte, namentlich in der DDR.

Es war ein Rechtsanwalt aus Belzig, Horst Erdmann, der den UFJ mit einer Handvoll Gleichgesinnter ins Leben rief. Er wählte dafür die Rechtsform einer Körperschaft, die einem privaten Verein unterstellt war – der „Vereinigung Freiheitlicher Juristen der Sowjetzone“ e. V.; zu ihr gehörten namhafte, vielfach aus der SBZ/DDR stammende Juristen:

> „Wurde der UFJ also in der SBZ gegründet, etwa zeitgleich mit der DDR, so mußte er aus verständlichen Gründen organisatorisch in Berlin (West) aufgebaut werden. Seinen Kern bildete ein Stab hauptamtlicher Mitarbeiter. Ihm gehörten qualifizierte Juristen und andere Fachkräfte an. Von den Juristen, die längere Zeit hindurch beim UFJ tätig waren, sind u. a. zu nennen: ein aus Mitteldeutschland geflüchteter Universitätsprofessor, der später Senatsdirektor (heute ‚Staatssekretär‘) in der Senatsverwaltung für Arbeit und Sozialwesen (in Berlin) wurde, ein ehemaliger Arbeitsrichter aus der SBZ/DDR, der später eine hohe Funktion in der IG Metall, Landesbezirk Berlin, bekleidete, eine damals noch junge Juristin, die zuletzt bis zu ihrer Pensionierung als Vorsitzende Richterin beim Bundesverwaltungsgericht tätig war, ein weiterer junger Jurist, der zum Senatsrat in der Innenverwaltung des Landes Berlin aufstieg und wiederholt Landeswahlleiter war.“[336]

Soweit der Bericht des ehemaligen UFJ-Mitarbeiters Siegfried Mampel. Die merkwürdig anmutende Rechtskonstruktion des UFJ erklärt sich aus den Gegebenheiten der damaligen Zeit im Deutschland unter alliierter Kontrolle. Seinen Sitz nahm der UFJ im damaligen US-Sektor von Berlin – zunächst in der Troppauer Straße 4 in Lichterfelde-West, später in der Limastraße 29 in Zehlendorf –, weshalb seine Gründung auch einer Lizenzierung einerseits durch die amerikanischen Besatzungsbehörden, andererseits durch den Magistrat von Groß-Berlin bedurfte. Lizenzträger waren drei Rechtsanwälte, ein Amtsgerichtsrat und ein ehemaliger Landrat. Daß die Gründung des UFJ – wie drei ehemalige Schlüsselfiguren der Geheimdienstszene in ihrem gemeinsamen Buch über den Kalten Krieg im geteilten Berlin behaupten – ursprünglich die Idee des schon erwähnten stellvertretenden Leiters der Berliner Operationsbasis der CIA, Henry Hecksher, gewesen sein soll, muß bezweifelt werden, ohne daß dessen Rolle als För-

336 Siegfried Mampel: Der Untergrundkampf des Ministeriums für Staatssicherheit gegen den Untersuchungsausschuß Freiheitlicher Juristen in Berlin (West) (Schriftenreihe des Berliner Landesbeauftragten für die Unterlagen des Staatssicherheitsdienstes der ehemaligen DDR, Bd. 1), Berlin 1994, S. 9. – Zur Geschichte und zum Wirken des UFJ vgl. auch Frank Hagemann: Der Untersuchungsausschuß Freiheitlicher Juristen 1949–1969, Frankfurt/Main 1994.

derer und auch als Geldbeschaffer geschmälert werden soll.[337] Erster Leiter des UFJ wurde sein Gründer, Horst Erdmann, der aus Sicherheitsgründen den Decknamen Dr. Theo Friedenau angenommen hatte.

Die Aufgaben, die sich der UFJ gestellt hatte, sahen im wesentlichen die Erfassung von Informationen und Dokumenten aus Justiz und Verwaltung der DDR zwecks Untersuchung von Unrechtshandlungen „unter Ausnutzung hoheitsrechtlicher Funktionen auf Anweisung oder mit Billigung der augenblicklichen Staatsgewalt“[338] vor, ferner die Registrierung dieser Unrechtshandlungen, die Vorbereitung von Ermittlungs- und Strafverfahren gegen Personen, die sich derartiger Willkürakte schuldig gemacht hatten, den Entwurf von Anklageschriften und deren öffentliche Zustellung durch Flugblätter, Presse und Rundfunk. Frühzeitig erweiterte der UFJ sein Informationsinteresse auch auf Daten aus der Wirtschaft und auf die Sozialpolitik der DDR.

Finanziert wurde der UFJ, der zeitweilig bis zu 80 hauptamtliche Mitarbeiter zählte, Juristen, Verwaltungsexperten, Journalisten, Sekretärinnen usw., in seinen Anfängen zunächst nur aus amerikanischen Zuwendungen, vorwiegend solche der CIA, die gewiß nicht ohne Gegenleistung gewährt wurden. Frühzeitig kamen aber auch finanzielle Mittel aus dem Bundesministerium für gesamtdeutsche Fragen dazu, das schließlich die gesamte Finanzierung übernahm.

Die Mitarbeiter des UFJ wollten das Unrecht, das sie in der DDR wahrnahmen und erfaßten, öffentlich machen, um die Verantwortlichen politisch und moralisch unter Druck zu setzen. Es war demokratischer Widerstand, der hier initiiert werden sollte, provoziert durch die Diktatur der SED und die durch sie bedingten Zustände in der Justiz der DDR, beeinflußt freilich auch durch die Atmosphäre des Kalten Krieges. So enthielt eines der ersten Flugblätter des UFJ „An die Bevölkerung der Ostzone“ mit Datum vom 28. Oktober 1949 die aggressiv formulierte Aufforderung, Unrechtshandlungen in der DDR nach Westberlin zu melden:

> „Jedermann, dem von der augenblicklichen Staatshoheit und ihren Vertretern sanktionierte oder sogar befohlene Verbrechen bekannt werden, soll bei dem Untersuchungsausschuß sofort Anzeige erstatten. [...]
> Rechtzeitige Warnung der Opfer, Abschwächung oder Boykottierung ergangener unmenschlicher Befehle und nunmehr die Benachrichtigung des Untersuchungsausschusses sind die Möglichkeiten für alle, die dem Unrecht Widerstand leisten wollen.“[339]

Das war der Geist, der die Arbeit des UFJ in seinen ersten Jahren beseelte. In gleichem Sinne war ein Flugblatt „An alle Richter, Staatsanwälte, Rechtsanwälte und Verwaltungsangestellten in der Sowjetzone“ vom 10. Dezember 1949 for-

337 Vgl. Bailey/Kondraschow/Murphy: Die unsichtbare Front, S. 159f.

338 Statuten der „Vereinigung Freiheitlicher Juristen der Sowjetzone“ und des im Rahmen der Vereinigung tätigen Untersuchungsausschusses „Freiheitlicher Juristen der Sowjetzone“, zitiert bei Frank Hagemann: Der Untersuchungsausschuß Freiheitlicher Juristen, S. 210f.

339 „An die Bevölkerung der Ostzone!“ (Flugblatt des UFJ vom 28.10.1949), faksimiliert bei Friedrich-Wilhelm Schlomann: Mit so viel Hoffnung fingen wir an. 1945–1950, München 1991 (nicht paginierter Anhang).

muliert, mit dem der UFJ die Zielgruppe in der DDR anzusprechen versuchte, auf die sich primär und von Anfang an seine Aufmerksamkeit gerichtet hatte.

> „Die Bevölkerung der Sowjetzone erwartet von dem Berufsstand der Juristen, daß seine Angehörigen Hüter des Rechts sind, daß sie sich bemühen, Willkür und Ungerechtigkeiten zu vermeiden.
> Die jüngste Geschichte hat gezeigt, daß Verbrechen, die auf Befehl oder mit Billigung der Staatsgewalt geschehen, Verbrechen bleiben. Sie in einem totalitären Staat zu verhindern, ist schwer. Der geschlossene Widerstand der Bevölkerung wird aber auch ein auf Bajonette gestütztes Gewaltregime beseitigen."[340]

Indes begnügten sich die Verfasser nicht mit allgemeinen Appellen. Der UFJ „zeigte Möglichkeiten praktischer Hilfe für die Bevölkerung aus dem Recht der DDR auf. Die Verfassung der DDR von 1949 enthielt einen ausführlichen Grundrechtsteil, der scheinbar an die Tradition der Paulskirchenverfassung und jener von Weimar anknüpfte. Sie bot sich deshalb besonders an."[341] Auf dieser Basis entwickelte der UFJ alsbald die Beratung von Ratsuchenden aus der DDR, soweit sie ihn in Westberlin aufsuchten, und er entfaltete zudem eine umfangreiche Propaganda- und Publikationstätigkeit. Allein die von ihm vorgelegten vier Dokumentationen „Unrecht als System"[342] gediehen zu justizgeschichtlichen Quellenwerken von bleibendem Wert.

Neben rechtspolitischen Schriften gab er in seinen besten Zeiten regionale und berufsgruppenspezifische Informationsblätter heraus, Titel wie „Chemnitzer Anzeiger", „Oder-Zeitung", „Lausitzer Freiheitsbote", „Ostsee-Kurier" und „Schweriner Echo" beziehungsweise „Der Bauernbrief", „Die Privatwirtschaft", „Bedarf und Versorgung" und „Neue Deutsche Presse", die – natürlich illegal – in der DDR verbreitet wurden, teils durch postalischen Versand, teils durch Gasballons. Ihres gediegenen Informationsgehalts wegen besaßen sie hohe Glaubwürdigkeit.

Zu den Verdiensten des UFJ zählte nicht zuletzt die Einberufung eines Internationalen Juristenkongresses, der vom 25. Juli bis 1. August 1952 in Westberlin tagen sollte. Der Einladung folgten über hundert prominente Juristen aus 44 Ländern, um sich mit der Entwicklung des Rechts und der Rechtsanwendung in den Ländern „hinter dem Eisernen Vorhang" auf wissenschaftlichem Niveau kritisch auseinanderzusetzen.[343]

Es lag primär an den Verhältnissen in der DDR, wenn sich die Tätigkeit des UFJ in den fünfziger Jahren außerordentlich erfolgreich entwickelte. Selbst Experten aus dem Geheimdienstmilieu erkennen das heute an.

„Im Sommer 1950 hatte sich der Ausschuß in einer Weise etabliert, die nie-

340 Ebenda.
341 Hagemann: Der Untersuchungsausschuß Freiheitlicher Juristen, S. 29.
342 Vgl. Unrecht als System. Dokumente über planmäßige Rechtsverletzungen im sowjetischen Besatzungsgebiet, hrsg. vom Bundesministerium für gesamtdeutsche Fragen, Bde. I-IV, Bonn/Berlin 1952–1962.
343 Vgl. Internationaler Juristen-Kongreß. Gesamtbericht, hrsg. vom Internationalen Juristen-Ausschuß Den Haag, Berlin 1952.

mand für möglich gehalten hätte. Er hatte unter den Juristen in der DDR ein Netzwerk aufgebaut, das sowohl über Unrechtshandlungen des SED-Regimes berichtete als auch Beweise sammelte, aufgrund derer in einem künftigen nichtkommunistischen Deutschland Strafverfahren hätten eingeleitet werden können. Der Einfluß der Gruppe war in der DDR spürbar. [...] Die Freiheitlichen Juristen waren in gewisser Weise zu einem Schattenjustizministerium der DDR geworden."[344]

Die auch im UFJ umstrittenen Pläne der CIA, das Netzwerk des UFJ in der DDR ähnlich wie bei der KgU „in paramilitärische Untergrundaktivitäten in Ostdeutschland einzubeziehen"[345], das heißt, aus seinen illegalen Kräften mit Funkgeräten und Waffen ausgerüstete Widerstandszellen zu bilden und ihre Verfügbarkeit im Kriegsfall sicherzustellen, sind über organisatorische Anfänge in den frühen fünfziger Jahren nicht hinausgekommen. Auch in amerikanischen Geheimdienstkreisen stieß das Vorhaben auf Ablehnung. „In einem Memorandum vom 12. Mai 1952 legte Henry Hecksher, der in Washington auf Urlaub war, die Gründe dar, die dagegen sprachen, den Freiheitlichen Juristen paramilitärische Aufgaben zu übertragen." Der Förderer des UFJ war davon überzeugt, „daß die Organisation durch das geplante paramilitärische Unternehmen von ihrem eigentlichen Zweck, der Verfolgung staatlichen Unrechts in der DDR, abgebracht werden würde."[346] Über die Jahre 1952/53 hinaus wurden die Pläne nicht weiter verfolgt, aber sie haben erheblich zu der gnadenlosen Härte beigetragen, mit der Mitarbeiter des UFJ vom MfS wie vom KGB bekämpft und verfolgt wurden.

Auch die Krise, in die der UFJ durch den wenig rühmlichen Rücktritt seines ersten Leiters[347] im Sommer 1958 geraten war, konnte seine Arbeit letztlich nicht nachhaltig beeinträchtigen, zumal in dem ehemaligen Oberrichter Walther Rosenthal als neuer Leiter ein fähiger Jurist an seine Spitze trat. Die Bedeutung des UFJ minderte sich erst, als mit dem Bau der Berliner Mauer am 13. August 1961 der Besucherstrom aus der DDR gleichsam über Nacht versiegte. Den Schwerpunkt seiner Arbeit verlagerte der UFJ nun von der Erfassung von Informationen aus der DDR auf die Analyse ihrer Gesetzgebung sowie auf gutachterliche Tätigkeit und wissenschaftliche Forschung.

Die Machthaber der DDR reagierten auf die „Verschwörung der Rechtlichen" um so militanter, je wirksamer der UFJ zu agieren und sein Informationsnetz unter Staatsanwälten, Richtern und Rechtsanwälten sowie in Verwaltung und Wirtschaft der DDR zu knüpfen vermochte. Schon frühzeitig, am 15. März 1951, erließ Erich Mielke eine Dienstanweisung an sämtliche Leiter der Landesverwaltungen des MfS, betreffend „Agenten-Zentrale ‚Untersuchungsausschuß freiheitlicher Juristen'".[348] Aus seiner Sicht hatte sich der UFJ „zu einer

344 Bailey/Kondraschow/Murphy: Die unsichtbare Front, S. 160.
345 Ebenda, S. 167.
346 Ebenda, S. 168.
347 Horst Erdmann alias Dr. Theo Friedenau wurde öffentlich der Fragebogenfälschung hinsichtlich seiner Biographie und seines Werdeganges bezichtigt, woraufhin er am 6.7.1958 seinen Rücktritt bekanntgeben ließ.
348 Dienstanweisung 5/51-V/A des Staatssekretärs, Erich Mielke, vom 15.3.1951; BStU, ZA, DSt 100833.

gefährlichen, vom amerikanischen Geheimdienst finanzierten Organisation, die Spionage, Sabotage u. Terrorakte durchführen läßt, entwickelt“.

> „Die Zentrale setzt sich fast ausschließlich von aus der DDR geflüchteten Justizangestellten zusammen [sic!].
> Von hier aus erstreckt sich auf den Justizapparat in der DDR ein Netz von Agenten, die versuchen, organisierte Schädlingsarbeit in der DDR durchzuführen.
> Ihre Tätigkeit beschränkt sich aber nicht nur auf die Justiz, sondern erstreckt sich auf alle Gebiete der Wirtschaft u. Verwaltung. [...]
> Bei aufgedeckten Wirtschaftsverbrechen stellen sie den Beschuldigten Rechtsanwälte, die wiederum zu Gunsten der Beschuldigten Rechtsbeugungen vornehmen u. Angestellte der Untersuchungsorgane bestechen.
> Zur Erregung von Unruhe verbreiten sie unwahre Gerüchte in Wort u. Schrift u. hetzen gegen Personen des öffentlichen Lebens.“[349]

Als Sofortmaßnahme wies Mielke unter anderem an, „in den Justizministerien, Landgerichten, Amtsgerichten, Oberstaatsanwaltschaften, Staatsanwaltschaften geeignete GM zu verpflichten“ und ebenso „unter Rechtsanwälten, Notaren sowie Rechtsberatern nach GM oder Informatoren zu suchen“.[350]

Dieser Logik entsprach auch die ebenfalls von Mielke unterzeichnete Richtlinie 21 vom 20. November 1952 zur Anwerbung sogenannter Informatoren und Geheimer Mitarbeiter für die Staatssicherheit, die folgenden, auf den UFJ gemünzten Passus zur Werbung von inoffiziellen Mitarbeitern in der Justiz enthielt:

> „Die Suche geeigneter Personen zur Arbeit gegen die sogenannten ‚Freiheitlichen Juristen‘ zum Beispiel muß in dem Personenkreis durchgeführt werden, aus dem diese Agentenzentrale selbst ihre Agenten wählt. Von den in den letzten Prozessen abgeurteilten Verbrechern des sogenannten ‚Untersuchungsausschusses Freiheitlicher Juristen‘ waren
> 32 Prozent in Ministerien und im Staatsapparat,
> 31 Prozent als Ingenieure und Konstrukteure in volkseigenen Betrieben und
> 10 Prozent als Abteilungsleiter in VEB beschäftigt.
> 10 Prozent waren selbständige Handwerker und Geschäftsleute und
> 17 Prozent Juristen, Rechtsanwälte und Rechtsberater.
> In der Zentrale selbst sind 50 Prozent aller hauptamtlichen Angestellten ehemalige Volljuristen.“[351]

Gesetzt den Fall, die Aufschlüsselung ist einigermaßen repräsentativ, so vermittelt sie ein interessantes Indiz für die soziale Zusammensetzung der Menschen in der DDR, die in den frühen fünfziger Jahren Verbindung mit dem UFJ aufnahmen. Um eben dies, die Verbindungsaufnahme zu dieser „Agentenzentrale“, zu bekämpfen, inszenierte das Regime zur Abschreckung der Bevölkerung frühzeitig auch eine Reihe von Schauprozessen vor dem Obersten Gericht der DDR

349 Ebenda, S. 1 f.
350 Ebenda, S. 2.
351 Richtlinie 21 vom 20.11.1952: Über die Suche, Anwerbung und Arbeit mit Informatoren, geheimen Mitarbeitern und Personen, die konspirative Wohnungen unterhalten, zitiert nach Helmut Müller-Enbergs (Hrsg.): Inoffizielle Mitarbeiter des Ministeriums für Staatssicherheit. Richtlinien und Durchführungsbestimmungen, Berlin 1996, S. 165 f.

sowie vor den Bezirksgerichten in Dresden, Halle/Saale und Potsdam, in denen gnadenlos harte Strafen wegen „Spionage“ verhängt wurden. Gleichzeitig reichten die gegen den Untersuchungsausschuß Freiheitlicher Juristen auf dem Territorium Westberlins durchgeführten Aktionen der DDR-Staatssicherheit von der Durchdringung der Organisation mit inoffiziellen Mitarbeitern über Psychoterror und gezielte Zersetzungsmaßnahmen bis zur Entführung zweier führender Mitarbeiter des UFJ.

Ein erster, mit hohem Aufwand an Agitation und Propaganda inszenierter Strafprozeß fand unter Vorsitz von Hilde Benjamin, damals Vizepräsidentin des Obersten Gerichts der DDR, vor dem 1. Strafsenat des höchstinstanzlichen Gerichts in Ostberlin statt. Sieben Angeklagte hatten sich wegen Kontakten zum UFJ zu verantworten. Der Prozeßbeginn war nicht zufällig, sondern wohlkalkuliert auf den 25. Juli 1952 festgelegt worden: Am selben Tag begann in Westberlin der anderenorts bereits erwähnte Internationale Juristen-Kongreß, dessen Vorbereitung im wesentlichen Sache des UFJ gewesen war. Durch das am folgenden Tag ergangene Urteil wurden nicht nur harte Strafen verhängt – lebenslänglich Zuchthaus in zwei Fällen, Zuchthaus zwischen zwölf und 15 Jahren in den übrigen Fällen,[352] sondern in der Urteilsbegründung wurde der UFJ als eine „Hilfsorganisation des amerikanischen Geheimdienstes CIC“ stigmatisiert und der Juristen-Kongreß sogar indirekt angesprochen:

> „Der sogenannte ‚Untersuchungsausschuß freiheitlicher Juristen‘ gibt in der Öffentlichkeit vor, er sei eine Vereinigung von Juristen, die Einwohner der Deutschen Demokratischen Republik und des demokratischen Sektors von Berlin in Rechtsangelegenheiten berate, ihnen ‚Rechtsschutz‘ gewähre, gutachterliche Äußerungen erstatte, ‚Rechtsbrüche‘ registriere, an gesamtdeutschen Problemen mitarbeite und dergleichen mehr. Solche angeblichen Aufgaben werden von den Sprechern des ‚Untersuchungsausschusses‘ in der westlichen Presse und im Rundfunk sowie beim Auftreten in ‚Pressekonferenzen‘, neofaschistischen und sonstigen reaktionären öffentlichen Zusammenkünften und ‚Kongressen‘, unter reichlicher Anwendung neofaschistischer Phraseologie von ‚Demokratie‘ und ‚Freiheit‘ als ethisch-moralischer Maske in den Vordergrund gerückt.“[353]

Indes sei alles nur Tarnung. In gewissem Sinne desavouierte sich das Oberste Gericht durch sein Urteil gegen die sieben UFJ-„Agenten“ selbst, denn die Angeklagten zeichneten sich allesamt durch verantwortungsvolle berufliche Stellungen aus und waren aus Gründen mit dem UFJ in Kontakt getreten, die als repräsentativ angesehen werden können. Möglicherweise waren sie gerade deshalb für den Prozeß ausgewählt worden.[354] Der Hauptangeklagte Karl Neugebauer war Betriebsleiter im Berliner VEB Glühlampen-Werk. Unter den Mitangeklagten war der Betriebsleiter einer Genossenschaftsmolkerei und ein Abteilungsleiter einer Bauunion, beide aus Stralsund, außerdem ein Gruppenleiter des Konstruk-

352 Vgl. Urteil des Obersten Gerichts vom 26.7.1952, Aktenzeichen: 1 Zst (I) 10/52, in: Neue Justiz 6 (1952) 11, S. 490–494.
353 Ebenda, S. 490.
354 Vgl. Hagemann: Der Untersuchungsausschuß Freiheitlicher Juristen, S. 133 f.

tionsbüros im Wildauer VEB Schwermaschinenbau „Heinrich Rau“, ein Konstrukteur aus dem zentralen Konstruktionsbüro des Ministeriums für Maschinenbau und ein weiterer Konstrukteur aus einem Görlitzer Maschinenbaubetrieb. Drei von ihnen hatten sich mit der Bitte um Rechtsrat an den UFJ gewandt und waren danach mit ihm im Kontakt geblieben, zwei hatten die Verbindung von vornherein aus Systemgegnerschaft hergestellt.[355]

Dem Schauprozeß vor dem Obersten Gericht war zweieinhalb Wochen zuvor die spektakuläre Entführung des Leiters der Abteilung Wirtschaft des UFJ, Rechtsanwalt Dr. Walter Linse, aus Westberlin vorausgegangen, der übrigens maßgeblich an der Vorbereitung des Internationalen Juristen-Kongresses mitgewirkt hatte.[356] Er wurde am 8. Juli 1952 morgens um 7.25 Uhr auf dem Weg zu seinem Büro vor seinem Haus in der Gerichtsstraße in Berlin-Lichterfelde, damals amerikanischer Sektor, von vier vom MfS gedungenen Kriminellen überfallen, überwältigt und in ein bereitstehendes Kraftfahrzeug gestoßen. Trotz verzweifelter Gegenwehr, die durch zwei Pistolenschüsse in die Beine des Opfers gebrochen wurde, passierte der Entführungswagen den nahegelegenen Grenzübergang nach Lichterfelde-Ost. Hier übernahm den Entführten eine Operativgruppe des MfS, die ihn in das Zentrale Untersuchungsgefängnis Berlin-Hohenschönhausen einlieferte. Offenkundig sollte er ebenfalls in den zu diesem Zeitpunkt vorbereiteten Schauprozeß vor dem Obersten Gericht einbezogen werden, worauf der Umstand deutet, daß die sieben Angeklagten nach Aktenlage erst unmittelbar nach Linses Entführung verhaftet worden waren: zwischen dem 8. und 12. Juli. Da er sich jedoch nicht „kooperativ“ oder „geständnisfreudig“ zeigte, wurde der verschleppte Rechtsanwalt am 3. Dezember 1952 den Untersuchungsorganen der sowjetischen Geheimpolizei in Berlin-Karlshorst überstellt. Nach rund zehn Monaten, am 23. September 1953, verurteilte ihn das Militärtribunal des sowjetischen Truppenteils 48240 in Berlin-Lichtenberg wegen „Spionage“, „antisowjetischer Propaganda“ und „antisowjetischer Gruppenbildung“ zum Tode durch Erschießen. Nachdem das Urteil für rechtskräftig erklärt worden war, wurde es am 15. Dezember 1953 in Moskau, wohin Walter Linse zwischenzeitlich verbracht worden war, in der Butirka vollstreckt. Vierundzwanzig Jahre nach seiner Entführung wurde das Opfer vom Generalstaatsanwalt der Russischen Föderation rehabilitiert.[357]

Nicht zuletzt der Fall Linse demonstrierte die Härte, mit der die Staatssicherheit gegen den UFJ vorging. Davon zeugen auch zahlreiche Richtlinien, Dienstanweisungen, Aktions- und Maßnahmepläne sowie interne Schulungsmaterialien, in denen der Kampf gegen den UFJ zu einer Schwerpunktaufgabe erklärt wurde. In der für die Unterbindung von „politischer Untergrundtätigkeit“ zuständigen Hauptabteilung V wurde zu diesem Zweck ein eigenes Referat eingerichtet, in dem sich mehrere Offiziere auf den UFJ „spezialisierten“. Bezeich-

355 Ebenda.
356 Aussage des ehemaligen Mitarbeiters des UFJ, Hans Lindemann, vom 30.7.1997.
357 Vgl. dazu Karl Wilhelm Fricke: Entführungsopfer postum rehabilitiert, in: Deutschland Archiv 29 (1996) 5, S. 713–717, und ders.: Postskriptum zum Fall Walter Linse, in: Deutschland Archiv 29 (1996) 6, S. 917–919.

nenderweise war dieses Referat gleichzeitig für die Überwachung des Justizapparates der DDR verantwortlich.[358]

Als exemplarisch ist ein „Maßnahmeplan zur Aktion ‚Wiedersehen'" anzusehen, der für die Zeit vom 15. September bis 31. Dezember 1955 entwickelt worden war. „Das Ziel der Aktion besteht in der erneuten Entlarvung des ‚UFJ' und der Schaffung von Voraussetzungen zur Liquidierung des ‚UFJ'", wurde in dem undatierten Dokument festgestellt. „Die Taktik und Methode in der Aktion ‚Wiedersehen' besteht darin, mit fünf Angriffssäulen vorzugehen."[359] Die fünf „Angriffssäulen", die von einem vierzehnköpfigen Stab unter Leitung des damaligen Oberst Bruno Beater befehligt werden sollten, umfaßten „direkte operative Maßnahmen", worunter „Festnahmen im Gebiet der DDR und Durchführung von Prozessen" zu verstehen waren, ebenso die „Überwerbung von Hauptagenten" und die „Anwerbung von Personen, die Verbindung zu den Hauptagenten aufnehmen können". Ferner waren operative Maßnahmen geplant, die „Zersetzung und Desinformation im ‚UFJ' hervorrufen" sollten sowie „die Diffamierung einzelner Hauptagenten" bezweckten. Vorgesehen waren schließlich „Maßnahmen zur Auswertung bereits vorhandener Informationen und deren Veröffentlichung durch Presse, Rundfunk und Publikationen".

Eine der aufwendigsten Publikationen war ein mit Fotos und Faksimiles illustrierter „Dokumentarbericht" von 192 Druckseiten, in dem das bis dahin ermittelte Wissen des MfS über den UFJ zusammengetragen war. Dieses Buch berichte „vom Entstehen, vom Charakter und von den Verbrechen einer im europäischen Konzentrationspunkt imperialistischer Subversionstätigkeit beheimateten Agentenzentrale", las man im Vorwort. „Die Hetzpropaganda und die Spionagetätigkeit des ‚Untersuchungsausschusses Freiheitlicher Juristen' stehen in vollem Einklang mit den Zielen der aggressivsten Kreise des internationalen Finanzkapitals und des Bonner Obrigkeitsstaates."[360] In Erwägung gezogen waren außerdem nicht näher bestimmte „Sondermaßnahmen"[361] – alles in allem also ein Katalog plan- und stabsmäßig organisierter Vorgehensweisen, der ermessen läßt, mit welcher Militanz die Staatssicherheit ihre Aktionen im Kalten Krieg konzipiert hatte.

So geschah es auch mit einer gewissen Zwangsläufigkeit, daß die Verfolgung des ehemaligen Abteilungsleiters im DDR-Justizministerium, Dr. Rudolf Reinartz, und die Verhaftung des Staatsanwalts Lothar Cetti aus Leipzig in die Aktion „Blitz" einbezogen wurden. Kontakte zum UFJ sowie zum Befreiungskomitee für die Opfer totalitärer Willkür waren dafür ausschlaggebend.[362]

Verurteilungen, das hatte schon der erste UFJ-Prozeß vor dem Obersten Gericht der DDR erwiesen, betrafen nicht nur Juristen, sondern auch viele andere

358 Schreiben Beaters an die Abteilungen V der BV/V vom 3.1.1955 (Anlage); BStU; ZA, DSt 101551.
359 Maßnahmeplan zur Aktion „Wiedersehen"; BStU, ZA, AOP 1725/64, Bd. 45a, Bl. 1.
360 „Im Dienste der Unterwelt". Dokumentarbericht über den „Untersuchungsausschuß freiheitlicher Juristen". Verein kraft Verleihung. Berlin-Zehlendorf-West, Limastraße 29, (Ost-)Berlin 1959, S. 6f.
361 Maßnahmeplan zur Aktion „Wiedersehen"; BStU, ZA, AOP 1725/64, Bd. 45a, Bl. 1.
362 Vgl. dazu Kapitel 6.4 der vorliegenden Studie.

Bürger aus der DDR, die den Untersuchungsausschuß Freiheitlicher Juristen in Westberlin aufgesucht hatten, weil sie ihm Informationen über die inneren Verhältnisse, über ökonomische Schwierigkeiten oder über ihnen widerfahrenes Unrecht überbringen oder sich juristischen Rat holen wollten. Wieviel Kontaktleute und Besucher des UFJ in der DDR der Verfolgung durch Staatssicherheit und Strafjustiz zum Opfer gefallen sind, „kann zur Zeit noch nicht zahlenmäßig belegt werden", schreibt Siegfried Mampel als Insider. „Keiner der Verurteilten war vom UFJ von Berlin (West) in die SBZ/DDR mit Aufträgen geschickt worden. Alle hatten das Motiv, in Verantwortung für gerechte Zustände in der SBZ/DDR zu handeln, gewaltfrei, freiwillig und ohne Entgelt. Sie wußten auch, daß ihre Tätigkeit mit einem hohen Risiko belastet war. Sie handelten trotzdem."[363] Nach realistischen Schätzungen dürfte sich die Zahl der verurteilten UFJ-Kontaktleute auf mehrere hundert beziffert haben.

In ihrem Tun ebenso wenig beirren ließen sich auch die hauptamtlichen Mitarbeiter des UFJ, obwohl sie sich der latenten Bedrohung durch die Staatssicherheit bewußt waren. Das Schicksal von Dr. Erwin Neumann – auch er ein Flüchtling aus der DDR und nach Linses Entführung dessen Nachfolger als Leiter der Abteilung Wirtschaft im UFJ – hatte sie ihnen erneut wieder vor Augen geführt. Während einer Segeltour auf dem Wannsee wurde der promovierte Jurist im eigenen Segelboot unter Mitwirkung eines inoffiziellen Mitarbeiters dem MfS in die Hände gespielt. Der 1. Strafsenat des Bezirksgerichts Frankfurt/Oder verurteilte ihn in einem Geheimprozeß am 14. November 1959 wegen „Spionage im schweren Fall" zu lebenslänglich Zuchthaus. Er starb, 55jährig, am 3. Juli 1967 in strenger Isolationshaft im Gefängnis Berlin-Hohenschönhausen.[364] Seine Hinterbliebenen durften davon erst nach dem Umbruch in der DDR erfahren.

Das Ende des Untersuchungsausschusses Freiheitlicher Juristen kam, als durch Erlaß des Bundesministers für gesamtdeutsche Fragen, Herbert Wehner, vom 25. Juni 1969 das Gesamtdeutsche Institut/Bundesanstalt für gesamtdeutsche Aufgaben gebildet wurde und der UFJ als „Berliner Abteilung" darin aufging. Die Aufgabe, Gesetzgebung und Justiz in der DDR zu beobachten und zu analysieren, wurde auch in dieser neuen Struktur bis zur deutschen Wiedervereinigung wahrgenommen.

363 Mampel: Der Untergrundkampf, S. 36.
364 Vgl. ebenda, S. 30–33.

4. Repression und Propaganda

Angesichts mangelnder Legitimität und unzureichendem Konsens in der Bevölkerung erlangen Repression und Propaganda zentrale Bedeutung in der Herrschaftsausübung moderner Diktaturen. Eine Dominanz propagandistischer Anstrengungen kennzeichnet speziell kommunistische Herrschaftssysteme und in einem ganz besonderen Maße die Diktatur der SED. Denn die Disparität von erfahrbarer Realität und ideologisch begründeten Fiktionen war in vielen Bereichen so ausgeprägt, daß sie nur mit massivster Agitation notdürftig kompensiert werden konnte. Mit Blick auf die politischen Herrschaftstechniken könnte geradezu von einem Primat der Propaganda in der Politik der SED gesprochen werden.[365]

Im Bereich der Staatssicherheit bestand vordergründig ein gewisser Widerspruch zwischen der konspirativen Arbeitsweise des Apparates und propagandistischen Notwendigkeiten. Das mag auch der Grund für den relativ geringen Stellenwert sein, den agitatorische Bemühungen des MfS vor 1953 hatten. Propaganda auf den Themenfeldern der Staatssicherheit spielte allerdings auch in dieser Phase schon eine Rolle. Erinnert sei an die propagandistische Vorbereitung der Gründung des MfS im Januar/Februar 1950, die im Grunde schon alle Elemente der späteren Staatssicherheitskampagnen enthielt,[366] und an die politischen Schauprozesse dieser Zeit,[367] bei denen es sich natürlich um Staatssicherheitsverfahren handelte.

Waren Repression und Propaganda, die beiden Kernelemente der SED-Herrschaftsausübung, schon vor dem Juni-Aufstand 1953 teilweise eine enge Verbindung eingegangen, so wurde diese Verknüpfung in der Strategie der „konzentrierten Schläge“ ausgeweitet und perfektioniert. Im Unterschied zu früher schob sich dabei die Staatssicherheit selbst in den Vordergrund, und zwar mit dem primären Ziel, ihre eigene Tätigkeit zu „popularisieren“. Wie Wollweber in der schon erwähnten Dienstbesprechung am 11. November 1953 betonte, sollte dies einem doppelten Zweck dienen: der Erhöhung der „Wachsamkeit“ in der Bevölkerung, und somit der Verbesserung der Voraussetzungen für die Werbung von inoffiziellen Mitarbeitern, sowie der Einschüchterung von Regimegegnern und potentiellen „Agenten“.[368] Diese Zielsetzung entsprach ausdrücklich dem

365 Überblick zum Gesamtkomplex Agitation und Medien in der DDR mit Schwerpunkt auf der Ära Honecker bei Gunter Holzweißig: Zensur ohne Zensor. Die SED-Informationsdiktatur, Bonn 1997.

366 Vgl. den in der Presse veröffentlichten „Bericht“ Erich Mielkes: Gangster und Mörder im Kampf gegen unsere Republik, in: Neues Deutschland vom 28.1.1950.

367 Vgl. Karl Wilhelm Fricke: Politik und Justiz in der DDR. Zur Geschichte der politischen Verfolgung 1945–1968. Bericht und Dokumentation, Köln 1979, S. 273–278 und 578–590.

368 Referat Wollwebers auf der Dienstbesprechung am 11./12.11.1953; Dokument 6, S. 275 f.

Parteiauftrag und wurde von den maßgeblichen Funktionären in der SED-Führung als die Verwirklichung des Neuen Kurses im Bereich der Staatssicherheit angesehen. Hermann Matern drückte dies in derselben Dienstbesprechung vor den leitenden SfS-Kadern folgendermaßen aus:

> „Die Partei hat jetzt [mit dem Neuen Kurs] alle Voraussetzungen, den politisch und ideologisch begonnenen Umschwung fortzusetzen und die Werktätigen fest mit der Partei zu verbinden. Damit werden auch die Voraussetzungen für die Arbeit der Organe der Staatssicherheit leichter und besser. Die Popularisierung Eurer Arbeit hat zwei Seiten. Einmal die breiten Massen zur Mitarbeit aufzufordern, zur Unterstützung im Kampf gegen die feindlichen Agenturen und auf der anderen Seite den Agenten Angst und Schrecken einzujagen, daß sie unbedingt und in jedem Fall erwischt und liquidiert werden. Wir müssen den Feind mit allen Mitteln zersetzen und ihn in eine hoffnungslose Lage bringen."[369]

Die Propagandastrategie hatte einen möglichst selektiven Einschüchterungseffekt zu erzielen, um Solidarisierungseffekte in der Bevölkerung mit den Opfern der Staatssicherheit möglichst in Grenzen zu halten. Folgerichtig bemühten sich die Agitatoren, die Tragweite der Repressionen herunterzuspielen. Wollweber selbst betonte beispielweise nach den ersten Aktionen in einem Rundfunkkommentar:

> „Es gibt keine Verhaftungswelle. *Es gibt richtig gezielte Schläge auf einige wichtige Stellen der feindlichen Organisationen.* [Hervorhebung im Original] Daß die Organe der Staatssicherheit die Richtigen getroffen haben, beweisen die Geständnisse der Verhafteten schon unmittelbar nach der Verhaftung. Die schon vorher vorliegenden Beweismaterialien waren so durchschlagend, daß die festgenommenen Agenten einsahen, daß ein Leugnen zwecklos ist.
> Jeder ehrliche Mensch kann deshalb beruhigt sein. Wenn die Organe der Staatssicherheit zugreifen, greifen sie die Richtigen."[370]

Der SfS-Chef gab hier einen zentralen Topos der Staatssicherheitspropaganda wieder, der besagte, daß es sich bei allen Festgenommenen im Grunde um überführte Agenten handelte. Natürlich war dem nicht so. In einigen Fällen lagen Personenverwechslungen vor und in anderen Fällen war die Indizienlage so dünn, daß die Festgenommenen wieder entlassen werden mußten.[371] Hinzu kommt der exzessive Gebrauch des Begriffs „Agent", der selbst dann nur bei einem Teil der Verhafteten zutraf, wenn man die bei der Staatssicherheit damit verbundenen Vorstellungen zugrunde legt. In der Aktion „Blitz" etwa wurden zahlreiche Personen verhaftet, denen das SfS lediglich „Hetze", also kritische öffentliche Meinungsäußerungen, vorwarf. Anderen wurde ausschließlich der Besuch der

369 Referat Materns auf der Dienstbesprechung vom 11.11.1953; Dokument 5, S. 269.

370 Wollweber in einem Rundfunkkommentar, Manuskript o.D. (Ende 1953); BStU, ZA, SdM 2612, Bl. 106.

371 Vgl. etwa Bericht der HA V/2/III über Festnahmeaktion vom 22.3.1955 sowie Festnahmeberichte vom 12.4.1955. Hier finden sich Vermerke wie: „Verdachtsmomente wurden nicht bestätigt. Entlassung erfolgte am [...]" oder „Angaben haben sich nicht bestätigt, da es sich um eine Namensgleichheit mit der im Verdacht stehenden Person handelte, mußte die Freilassung erfolgen." BStU, ZA, AS 171/56, Bd. 2, Bl. 18–26.

Beratungsstelle des UFJ in Westberlin zur Last gelegt.[372] Welche Bedeutungserweiterung der Begriff „Spionage“ in der Sprache der Repressions- und Propagandaapparate der DDR erfahren hatte, läßt sich beispielsweise an dem Vorwurf gegenüber Festgenommenen der Aktion „Blitz“ ablesen, sie hätten Spionage für die „Liga für Menschenrechte“ oder „in der Landwirtschaft“ betrieben.[373] Im Grunde galt jegliche Informationsübermittlung in den Westen, die unter Umständen geeignet war, dem Regime zu schaden, als „Spionage“ bzw. „Agententätigkeit“. In der Strafjustiz hatte dies zur Konsequenz, daß die Ahndung vermeintlicher oder tatsächlicher Spionagedelikte auf einer Straftatbestandsbestimmung basierte, die als uferlos bezeichnet werden muß, insoweit eine juristisch eindeutige Definition nicht mehr erkennbar oder allgemeinverbindlich war. In besonders schwerwiegender Weise trat dieser Sachverhalt in der prinzipiell rechtsstaatswidrigen Anwendung von Artikel 6 der ersten DDR-Verfassung als Strafrechtsnorm in sogenannten Spionagesachen während der fünfziger Jahre zutage.

Eine besondere Rolle spielte in der Staatssicherheitspropaganda das Herausstellen von solchen „Feindaktionen“, die dem einfachen Bürger als eine potentielle persönliche Schädigung oder Gefährdung verkauft werden konnten. „Terror“ und „Sabotage“ standen daher im Mittelpunkt der Agitation gegen die Westberliner Widerstandszentren, obwohl Aktionen, die mit diesen Begriffen in Verbindung gebracht werden konnten, quantitativ ein Randphänomen waren und häufig im Planungsstadium steckenblieben. Da die Kampfgruppe gegen Unmenschlichkeit auf diesem Feld auch real am weitesten gegangen war, spielte sie als Anschauungsobjekt der Staatssicherheitsagitation eine entsprechend bevorzugte Rolle. Noch bevor spezifische Ermittlungsergebnisse vorlagen, stand in der Agitationsplanung zur Aktion „Blitz“ beispielsweise der Schwerpunkt KgU schon fest. Freilich mußten die Erkenntnisse des SfS-Untersuchungsorgans für die Propaganda zumeist noch kräftig aufgeschäumt und ausgeschmückt werden. Die Gerhard Benkowitz zur Last gelegte und von ihm auch eingestandene Übermittlung einer Photographie der Saaletalsperre an die KgU verwandelte sich in der Propaganda beispielsweise kurzerhand in eine vorbereitete Sprengung, deren Folgen in apokalyptischen Ausmaßen gezeichnet wurden:

> „Wäre das Verbrechen gelungen, der Bevölkerung unserer Republik und darüber hinaus auch der Westdeutschlands wäre unermeßlicher Schaden entstanden. Die beabsichtigte Katastrophe hätte Teile unserer Republik in eine Wasserwüste verwandelt und Hunderte von Menschen in den Tod getrieben. Das alles kümmerte die abgefeimten Verbrecher nicht. Kaltblütig befolgten sie die Aufträge der Agentenzentrale.“[374]

Ein weiteres Propagandaelement, das eine Identifizierung der Bürger mit den Staatssicherheitsaktionen herstellen sollte, war die rituelle und zumeist jeglicher Grundlage entbehrende Behauptung, die Identifizierung und Verhaftung von „Agenten“ sei durch spontane Hinweise aus der Bevölkerung erfolgt. In Wirklich-

372 Handschriftliche Aufstellung zu den Verhafteten der Aktion „Blitz“, o. D.; BStU, ZA, AS 171/56, Bd. 2, Bl. 75–105.
373 Ebenda.
374 Saaletalsperre sollte gesprengt werden, in: Neues Deutschland vom 22.6.1955.

keit beruhten die Festnahmen in hohem Maße auf der Einschleusung von Staatssicherheitsagenten in die westlichen Organisationen oder auf der sogenannten „Überwerbung" einzelner ihrer Mitarbeiter, also auf komplexen, häufig langfristig angelegten geheimpolizeilichen Operationen. Spontane Denunziationen spielten in diesem Bereich der Staatssicherheitstätigkeit eine völlig untergeordnete Rolle. Das Propagandabild einer „wachsamen Bevölkerung" entsprach aber durchaus dem, was man nicht zuletzt mit Hilfe von Agitation in der Realität erreichen wollte. Wollweber beschrieb das Verhältnis der gewünschten „Massenwachsamkeit" zur Tätigkeit seines Organs folgendermaßen:

> „Eine erhöhte Wachsamkeit ist auch in Zukunft notwendig, aber die Wachsamkeit muß einen konkreten Inhalt haben. Man muß Freund und Feind voneinander unterscheiden können. Die Menschen, mit denen man arbeitet, müssen vom Standpunkt der Einstellung zur Arbeit betrachtet werden. Gewiß gibt es einzelne Agenten, die den Auftrag haben, auf Perspektive zu arbeiten, das heißt durch gute Arbeit sich Vertrauen zu erwerben und sich in Leitungen einzuschleichen. Mit diesen Agenten müssen die Organe der Staatssicherheit durch ihre Nachforschungen fertig werden. Aber die Mehrzahl der Agenten hat die Aufgabe, jetzt aktiv verbrecherisch tätig zu sein, um die Deutsche Demokratische Republik zu schädigen. Bei der Entlarvung dieser Agenten kann jeder durch Wachsamkeit mithelfen."[375]

Als übergeordnete Bezugspunkte der Propaganda dienten politische Ziele, mit denen sich jeder identifizieren können sollte: die deutsche Einheit und der Frieden. Als Ziele der „Agentenzentralen" wurde die im Auftrag des „amerikanischen Imperialismus" erfolgende Sabotierung der Wiedervereinigung und die Entfesselung eines neuen Krieges auf deutschem Boden ausgegeben. Insbesondere die als „Überläufer" der Organisation Gehlen vorgeführten ehemaligen Doppelagenten schlugen richtiggehend nationalistische Töne an: Hans Joachim Geyer etwa sprach im November 1953 von der „schändliche[n] Tätigkeit, die den Interessen Deutschlands entgegensteht".[376] Und in der Pressekonferenz zur Aktion „Blitz" am 4. Mai 1955 erklärte der Sprecher der Staatssicherheit, Gustav Borrmann:

> „Das Ganze geschieht mit dem Ziel, den neuen Krieg auf deutschem Boden zu entfesseln. Die Tatsachen bezeugen, daß die amerikanischen und englischen Imperialisten zur unmittelbaren Vorbereitung ihres geplanten Krieges übergegangen sind. Ihre verbrecherische Tätigkeit betreiben diese Organisationen, um den bestehenden kalten Krieg, der von den gleichen Auftraggebern und Hintermännern geführt wird, in einen heißen Krieg überzuleiten."[377]

Sowjetische Stellen waren nicht nur an der Planung und Durchführung der Operationen maßgeblich beteiligt, sondern teilweise auch an deren propagandistischer Nachbereitung. Am 23. September 1954, im Nachgang der Aktion „Pfeil",

375 Wollweber in einem Rundfunkkommentar, Manuskript, o. D. (Ende 1953); BStU, ZA, SdM 2612, Bl. 109f.
376 Erklärung des ehemaligen stellvertretenden Leiters der USA-Spionagestelle „Filiale X/ 9592" in Westberlin, in: Neues Deutschland vom 10.11.1953.
377 Schluß mit den Agentenzentralen in Westberlin, in: Neues Deutschland vom 5.5.1955.

griff der sowjetische Hochkommissar Georgi M. Puschkin mit einem offenen Brief an den amerikanischen Hochkommissar James B. Conant in die Kampagne ein und hob sie damit gewissermaßen auf die alliierte Ebene. Er geißelte die gegen die DDR und sowjetische Einrichtungen gerichtete „Wühlarbeit von Spionage- und Diversionsorganisationen", die „deutsche Benennungen" trügen, faktisch aber Filialen amerikanischer Spionagezentren seien. Das Schreiben, das zur Kenntnis auch an den britischen und den französischen Hochkommissar gesandt wurde, gipfelte in der Aufforderung an die „amerikanischen Besatzungsbehörden", „wirksame Maßnahmen zur Auflösung der Spionageorganisationen in Westdeutschland und Westberlin zur Einstellung ihrer verbrecherischen, gegen die Deutsche Demokratische Republik und die sowjetischen Truppen gerichteten Tätigkeit zu ergreifen".[378] Der offene Brief endete mit dem deutschlandpolitischen Fazit: „Es unterliegt keinem Zweifel, daß die Ergreifung solcher Maßnahmen zur Schaffung einer Atmosphäre der Sicherheit und des Vertrauens in Deutschland beitragen und die Lösung der Aufgaben erleichtern würde, die mit der Wiedervereinigung Deutschlands auf friedlicher und demokratischer Grundlage zusammenhängen."[379]

Die verstärkten propagandistischen Anstrengungen der Staatssicherheit fielen in eine Zeit, in der die Propagandabereiche der Politbürokratie generell ausgebaut wurden. Im Januar 1954 erfolgte die Gründung des „Ausschusses für deutsche Einheit", der in der Folgezeit zum Hauptträger insbesondere der Westpropaganda werden sollte und dessen Sekretär Albert Norden auch den Rahmen für die internationalen Pressekonferenzen mit Staatssicherheitsthematik bereitstellte. Die SfS-Kampagnen waren mit anderen Propagandainitiativen abgestimmt und fügten sich in die politisch-propagandistische Gesamtstrategie von SED und sowjetischer Besatzungsmacht ein.

Im Jahr 1954 wurden auch im SfS die Strukturen für die Agitationsarbeit aufgebaut. Maßgeblicher Akteur war hierbei Gustav Borrmann, der Leiter der Verwaltungsabteilung „Allgemeines", der die Staatssicherheit schon auf der ersten einschlägigen Pressekonferenz am 23. November 1953 vertrat. Was Borrmann für diese Rolle prädestinierte, ist unklar. Seine Biographie verweist auf keine ausgeprägte einschlägige Berufserfahrung des gelernten Steindruckers. Es scheint eher eine politische Qualifikation gewesen zu sein, die ihn für seinen Einsatz als Sprecher der Staatssicherheit empfohlen hatte. Der damals 59jährige gehörte zu den im SfS nicht gerade im Übermaß vorhandenen politisch erfahrenen Offizieren. Er war Gründungsmitglied der KPD, in der Weimarer Zeit sowie den ersten Jahren des Nationalsozialismus mit illegaler Arbeit befaßt und emigrierte 1935 über die Zwischenstation Tschechoslowakei in die Sowjetunion. Nach seiner Heimkehr in die Sowjetische Besatzungszone 1946 wurde er stellvertretender Leiter der Landespolizeibehörde von Sachsen-Anhalt; in dieser Funktion war er 1947/48 unmittelbarer Untergebener von Wilhelm Zaisser. Seit Dezember 1950 leitete er im MfS die Hauptabteilung Allgemeine Verwaltung, die spätere Abtei-

378 Schreiben Puschkins abgedruckt in: Neues Deutschland vom 25.9.1954.
379 Ebenda.

lung Allgemeines – eine Diensteinheit ohne operative Zuständigkeiten. Offensichtlich erledigte Borrmann die Propagandaaufgaben zur Zufriedenheit seiner Vorgesetzten, denn er trat, trotz seines labilen Gesundheitszustandes, in der Folgezeit immer wieder als SfS-Sprecher auf. Gegen Ende des Jahres 1954 wurde in seiner Abteilung ein Referat Agitation gebildet, das im Sommer 1955 als selbständige Abteilung ausgegliedert wurde. Gleichzeitig wechselte Borrmann auf den Leitungsposten der neugegründeten Diensteinheit.[380]

Die Mittel der Staatssicherheitspropaganda waren vielfältig. Sie vermittelte sich zunächst über die gängigen Medien: Zeitungen, Zeitschriften, Broschüren und Rundfunksendungen. Daneben wurden Ausstellungen ausgerichtet, etwa im Nachgang der Aktionen „Feuerwerk" und „Pfeil", und auch das Medium Film wurde eingesetzt. Zahlreiche Wochenschauen, die in den DDR-Kinos gezeigt wurden, hatten die einschlägigen Pressekonferenzen, Ausstellungen, Wollweber-Reden und Schauprozesse zum Inhalt.[381] Daneben wurden 1954 Kurzdokumentarfilme zur Thematik mit den bezeichnenden Titeln „Gefahr aus der Luft" (über Flugblattballonaktionen), „Feindeswerkzeuge" und „Feinde des Friedens" sowie 1955 ein eigener 22-Minuten-Film über die Kampfgruppe gegen Unmenschlichkeit produziert.[382]

Besonders beliebt war die Vorführung von ehemaligen Mitarbeitern oder Kontaktleuten westlicher Geheimdienste oder Widerstandsorganisationen als „reuige Sünder". Es handelte sich hierbei zumeist um abgezogene Geheime Mitarbeiter der Staatssicherheit, die ohnehin als „dekonspiriert" galten, nachdem auf ihre Angaben hin Festnahmen getätigt worden waren.[383] Die Präsentation dieser „Überläufer" erfüllte eine doppelte propagandistische Funktion: Erstens sollten sic glaubhaft wirkende Feststellungen über die Aktivitäten ihrer Stellen und Organisationen machen, die als Beleg für deren verwerflichen Charakter geeignet waren. Zweitens sollte die „Nachsicht" der Sicherheitsorgane gegenüber ehemaligen „Agenten" demonstriert werden, die sich – dem Anschein nach – freiwillig gestellt hatten.

Eine nicht unbedeutende Rolle in der Praxis der Staatssicherheitsagitation spielten, wie schon angesprochen, Referate von SfS-Mitarbeitern vor Betriebsversammlungen.[384] Aus ideologischen Gründen und besonders nach den Erfahrungen des Juni-Aufstandes maß die SED dem unmittelbaren Kontakt zu den „Werktätigen" große Bedeutung zu. Eine entsprechende Vorgabe formulierte Matern auf der schon mehrmals erwähnten Dienstbesprechung im SfS vom November 1953:

> „Ich denke, daß es richtig ist, daß die leitenden Genossen in Versammlungen vor den Arbeitern auftreten. Dadurch entsteht eine andere Atmosphäre und

380 Kaderakte Gustav Borrmann; BStU, ZA, KS I 7/84. Vgl. auch Roger Engelmann und Frank Joestel: Die Zentrale Auswertungs- und Informationsgruppe (MfS-Handbuch, Teil III/2), BStU, Berlin 1998 (im Erscheinen).

381 Aufstellung des Archivs des DEFA-Studios für Dokumentarfilme o. D.

382 Ebenda.

383 Vgl. den Fall Geyer in Kapitel 2.1 der vorliegenden Studie.

384 Geradezu „klassisch" in dieser Hinsicht das Referat von Mielke vor Mitarbeitern der Leuna-Werke (Mai 1955); BStU, ZA, ZAIG 4266, Bl. 78–124.

eine andere Beziehung. Wenn wir uns nicht in der Arbeit auf die breiten Massen stützen können, werden wir die Erfolge nicht haben, die wir brauchen. Je enger die Verbundenheit besteht, um so größer werden die Erfolge sein. Ihr seid doch ein Organ der Arbeiter- und Bauernmacht und müßt mit dem arbeitenden Volk auf das engste verbunden sein."[385]

In der Tat wurde die Agitation von Staatssicherheitsfunktionären vor Betriebsbelegschaften in der Folgezeit sehr ernst genommen. Das galt insbesondere auch für Wollweber und seinen 1. Stellvertreter Mielke, die zahlreiche Kundgebungen dieser Art absolvierten, aber auch für andere leitende SfS-Mitarbeiter. Insgesamt dürften in der Zeit der „konzentrierten Schläge" 1953 bis 1955 Hunderte solcher Betriebsversammlungen abgehalten worden sein. Wollweber hielt dabei durchaus auch Referate, in denen die Staatssicherheitsthematik nicht im Mittelpunkt stand.[386] Er ließ sich über die Betriebe, in denen er auftreten sollte, genau informieren, und die betreffenden Berichte deuten darauf hin, daß diese Auftritte teilweise keine Heimspiele gewesen sein dürften. Von der Stimmung im VEB Stahlblechbau Adlershof heißt es etwa: „Keine offenen feindlichen Meinungen und Aktionen, aber zum überwiegenden Teil abwartendes Verhalten der Belegschaftsmitglieder. [...] Sich zu unserer demokratischen Ordnung bekennende Menschen sollen im Betrieb ca. nur 1/5 sein. Circa 15 Intellektuelle; westlich eingestellt."[387] Noch prekärer scheint die Situation im VEB Bremsenwerk gewesen zu sein, wo Wollweber am 15. Januar 1954 sprach. Zu der dort herrschenden Stimmung wird vermerkt: „Überwiegender Teil der Belegschaft war am 17. Juni auf der Straße. [...] Versöhnlerische Haltung eines sehr großen Teiles der Belegschaft bei der Paketaktion. Gewisses Mißtrauen bei großem Teil der Belegschaft gegenüber Meldungen über die feindliche Tätigkeit in der DDR und demokratischem Sektor von Berlin. [...] Starker sozialdemokratischer Einfluß."[388] Angesichts dieser Lage ist es nicht verwunderlich, daß eine „Sicherung" der Veranstaltung „durch Parteiorganisation, [...] Kampfgruppen und andere geeignete Belegschaftsangehörige" notwendig war.[389] Ob diese Propagandaanstrengungen von Partei und Staatssicherheit bei ihren Adressaten trotzdem die gewünschten Wirkungen erzielt haben, ist schwer zu beurteilen. Im Ganzen gesehen dürfte die Staatssicherheitsagitation aber nicht wirkungslos gewesen sein. Selbst in Kreisen jugendlicher DDR-Oppositioneller hatten die Westberliner Widerstandszentren, insbesondere die KgU, Mitte der fünfziger Jahre teilweise keinen guten Ruf mehr.[390]

385 Referat Materns auf der Dienstbesprechung am 11./12.11.1953; Dokument 5, S. 269.
386 Redemanuskripte und -dispositionen von Wollweber; BStU, ZA, SdM 2613.
387 Vermerk zum VEB Stahlblechbau Adlershof o. D. (Februar 1954); BStU, ZA, SdM 2613, Bl. 229.
388 Vermerk zum VEB Bremsenwerk Berlin o. D. (Januar 1954); ebenda, Bl. 254 f.
389 Ebenda.
390 Thomas Ammer (ehemaliges Mitglied des „Eisenberger Kreises") auf der Tagung „Widerstand und Oppositon in der DDR 1949–1989" am 13.6.1997 in Berlin. Einzelne Angehörige des „Eisenberger Kreises" hatten gleichwohl Kontakte nach Westberlin, teilweise sogar zur KgU. Vgl. Patrick von zur Mühlen: Der „Eisenberger Kreis". Jugendwiderstand und Verfolgung in der DDR 1953–1958, Bonn 1995, S. 72–75.

Eine besondere Form der Staatssicherheitspropaganda bildeten die Schauprozesse.[391] Sie waren seit den dreißiger Jahren fester Bestandteil stalinistischer Herrschaftspraxis und bestimmten in verfeinerter Form auch die Phase der „konzentrierten Schläge" von 1953 bis 1955. Dabei handelte es sich um regelrechte Inszenierungen, in denen die Angeklagten ebenso wie Richter, Staatsanwälte und Verteidiger Rollen zu spielen hatten, die sich in einen größeren propagandistischen Kontext einfügten. Verschiedene Bedingungen mußten erfüllt sein, damit ein Gerichtsverfahren als Schauprozeß durchgeführt werden konnte: Die Fälle mußten „passen", das heißt, sie mußten sich zur Exemplifizierung zentraler Propagandaaussagen eignen. Es mußten schwerwiegende Fälle sein, bei denen die Verwendung der zentralen Agitationsbegriffe „Spionage", „Sabotage" oder „Terror" mit einer gewissen Plausibilität verbunden war. Die Beschuldigten mußten geständig und vor Gericht nicht nur bereit sein, sich in vollem Umfang zu ihren Taten zu bekennen, sondern auch Selbstbezichtigungen und ihre ehemaligen „Auftraggeber" diskreditierende Beschuldigungen in der von Vernehmern und Anklage gewünschten Weise formulieren. Auch sollte die „Beweislage" auf möglichst publikumswirksame Weise präsentierbar sein: Funkgeräte, Waffen, Codebücher und Fälschungen waren zu diesem Zweck besonders geeignet. Besonders willkommen waren Angeklagte, denen man eine NS-Verstrickung nachsagen konnte, weil damit die Propagandathese von der Kontinuität zwischen „Faschismus" und gegenwärtigen „imperialistischen Kriegsvorbereitungen" unterfüttert werden konnte.

Entscheidende Kennzeichen von Schauprozessen waren die exakte Präparierung der Zeugen und Angeklagten und die psychologische Einstimmung des Publikums auf ein hohes Strafmaß. Die letzten Vernehmungen – das kann man häufig sogar an den entsprechenden Protokollen ablesen – dienten in erster Linie dem Einstudieren der Angeklagtenrollen, so wie das Prozeßdrehbuch sie vorsah. Ein der Inszenierung entsprechendes Verhalten der Beschuldigten wurde dabei, wie in Einzelfällen auch nachweisbar ist, in der Regel durch das Versprechen sichergestellt, ein vorbehaltloses Schuldbekenntnis im Sinne der Anklage würde die Richter milde stimmen.[392] In Wirklichkeit widersprachen milde Urteile grundsätzlich dem Charakter von Schauprozessen, weil diese ja gerade die Funktion zu erfüllen hatten, besonders eingefleischte „Feinde der demokratischen Ordnung" und verabscheuungswürdige Taten vorzuführen. Völlig anders als den Angeklagten suggeriert wurde, dienten ihre Selbstbezichtigungen der intensiven propagandistischen Diffamierung ihrer Person und der Begründung drakonischer Urteile.

Wie sich solche Verfahren in die allgemeinen Propagandakampagnen einfügten, zeigen die in diesem Buch ausführlich behandelten drei Schauprozesse vor dem Obersten Gericht vom Juni 1955 gegen Wilhelm Lehmann und andere (Geheimdienste), Gerhard Benkowitz und andere (KgU) sowie Joachim Wiebach und andere (RIAS). Die Auswahl der Verfahren entsprach den Festlegungen zu

391 Vgl. Fricke: Politik und Justiz in der DDR, S. 273–278.
392 Im Fall Benkowitz ist dies anhand der Akten nachzuweisen; vgl. Kapitel 6.5.

den Propagandaschwerpunkten und auch der schon vor dem Ende der Ermittlungen angelaufenen Kampagne.[393] Die Ermittlungen wurden forciert, vermutlich damit der zeitliche Zusammenhang mit dem Ende der Aktion „Blitz“ und der sich anschließenden Agitation nicht verlorenging. In kurzen Abständen und wenigen Verhandlungstagen wurden die Prozesse durchgeführt. Sie endeten mit Todesurteilen für die Hauptangeklagten: In schneller Abfolge verurteilte das Oberste Gericht Lehmann und Koch (13. Juni), Benkowitz und Kogel (23. Juni) sowie Wiebach (27. Juni) zum Tode, nachdem eine wüste „Prozeßberichterstattung“ in den DDR-Medien die Bevölkerung auf diese Strafzumessung vorbereitet hatte.[394] Angesichts der durchsichtigen Gesamtinszenierung erscheint die Charakterisierung dieser Vorgehensweise als Fallbeilpropaganda gerechtfertigt.

393 Vgl. die Presseerklärung Gustav Borrmanns vom 4.5.1955, in: Neues Deutschland vom 5.5.1955.
394 Vgl. die Kapitel 6.3, 6.5 und 6.6 der vorliegenden Studie.

5. Die Rolle der Untersuchungsorgane in der neuen Strategie und Taktik

Kennzeichnend für den Arbeitsstil in der Staatssicherheit unter der Ägide Ernst Wollwebers war das Bemühen um ein koordiniertes Zusammenwirken der für die Ermittlungsverfahren zuständigen Diensteinheiten der Hauptabteilung IX und der Abteilungen IX auf Bezirksebene mit den Diensteinheiten der operativen Hauptabteilungen und Abteilungen im Apparat der Staatssicherheit. Auf einer am 21. August 1953, also gleich zu Beginn der Wollweberschen Amtszeit durchgeführten Dienstbesprechung in Ostberlin, an der seine Stellvertreter, die Abteilungsleiter im Staatssekretariat sowie die Leiter der Bezirksverwaltungen für Staatssicherheit teilnahmen, ist Erich Mielke als für die wichtigsten „Abwehrlinien" und das Untersuchungssorgan unmittelbar verantwortlicher Stellvertreter des Staatssekretärs auf diesen Punkt eingegangen. „Die Untersuchungsabteilung steht vor einer neuen Aufgabe, den politischen Charakter und die politischen Verbrechen der Festgenommenen herauszuarbeiten", erklärte er, ohne freilich zu präzisieren, was daran sonderlich neu sein sollte.

> „Unsere Arbeit muß abgestellt sein auf das Ziel, die Agenten und Provokateure zu entlarven. Es ist wichtig, daß unsere operativen Mitarbeiter immer in Kontakt mit der Untersuchungsabteilung stehen, auch nach Abgabe des Ermittlungsvorganges an die Abteilung IX. Es ist ein großer Fehler, wenn keine konkrete operative Arbeit auch hinterher erfolgt. Die operative Abteilung muß die Untersuchungsabteilung unterstützen, den Vorgang bis zum Ende aufzudecken."[395]

Mielkes Forderung führte bei der Planung und Vorbereitung der Aktion „Feuerwerk" zu der Konsequenz, daß die Einbeziehung der Untersuchungsorgane in den zentralen Einsatzstab und in die Einsatzstäbe der Bezirksverwaltungen ausdrücklich angeordnet wurde.

An die Mitarbeiter der Linie IX erging zudem folgende Weisung: „Durch vorbereitende Arbeiten ist die sofortige Vernehmung Festgenommener zu gewährleisten, wobei im Einzelfalle die Möglichkeit einer Überwerbung zu beachten ist."[396] Der Zweck dürfte ein doppelter gewesen sein: Einerseits sollten die Untersuchungsorgane der Staatssicherheit den operativen Diensteinheiten durch kurzfristig erarbeitete Ermittlungsergebnisse Hinweise geben können, die diese operativ nutzen konnten – für ursprünglich nicht geplante Festnahmen zum Beispiel –, andererseits sollten sie auch kurzfristig Stoff für Agitation und Propaganda liefern und die umgehende Planung von Schauprozessen ermöglichen. Staatsanwaltschaft und Gerichte in der DDR sollten aus Gründen der Abschrek-

395 Protokoll von der Dienstbesprechung mit den Leitern der Bezirksverwaltungen und den Abteilungsleitern im Staatssekretariat vom 21.8.1953; Dokument 1, S. 248.
396 Einsatzbefehl 333/53 zur Aktion „Feuerwerk" vom 28.10.1953; Dokument 4, S. 259.

kung in die Lage versetzt werden, die Großaktionen ohne Zeitverzug in Strafverfahren umzusetzen. Gerade diese Folgerung entsprang dem Kalkül der neuen Strategie und Taktik, wie sie Wollweber im Sinn hatte. „Wenn wir diese Arbeit so verbessern aufgrund der grundsätzlichen Linie von Genossen Wollweber", versicherte Mielke geflissentlich, „dann werden wir sehr schnell die defätistische Linie überwinden."[397]

In dem Operativplan zur Aktion „Feuerwerk" wurde daher von Mielke noch einmal ausdrücklich verfügt:

> „Nach erfolgter Festnahme ist die Vernehmung des Agenten bzw. Spions in Verbindung mit der jeweiligen Abt. IX durchzuführen. Dabei muß besonders berücksichtigt werden, inwieweit nach der ersten Vernehmung Perspektiven der Überwerbung vorhanden sind. Bei der Vernehmung kommt es besonders darauf an, die Spione bzw. Agenten schnellstens ihrer verbrecherischen Tätigkeit zu überführen und dabei ihre Unterquellen in Erfahrung zu bringen."[398]

Erich Mielke als Chef des Operativstabes ging in seiner Weisung an die Linie IX so weit, daß er seinem Operativplan einen schematischen Vernehmungsplan beigab, einen Fragenkatalog, nach dem die Untersuchungsführer vorgehen sollten. Es darf gefolgert werden, daß die Staatssicherheit bei anderen Großaktionen in ähnlich koordinierter Weise gearbeitet hat.

Wie das konkret geschah, wie die Staatssicherheit in politischen Strafsachen die Urteile der Strafgerichte manipulierte und präjudizierte, ist für die fünfziger Jahre im einzelnen unschwer zu rekonstruieren. Ihre Untersuchungsorgane besaßen nicht nur Zugriff auf das Ermittlungsverfahren, sie waren auch imstande – sei es auf unmittelbare Weisung der Politbürokratie, sei es in deren politisch-ideologisch begründetem Auftrag –, durch Verlauf und Ergebnis der Untersuchung justitielle Entscheidungen in einschlägigen Strafsachen zu determinieren oder wenigstens mitzubestimmen.

Nachdem das MfS im Jahre 1950 geschaffen worden war, hatten auch speziell die Hauptabteilung IX und die ihr nachgeordneten Abteilungen IX in den Landes- bzw., seit 1952, in den Bezirksverwaltungen für Staatssicherheit ihre Arbeit aufgenommen. Mitte der fünfziger Jahre bestand das Untersuchungsorgan in der Berliner Zentrale aus vier Abteilungen für Spionage, für Sabotage und Untergrund, für Straftaten gegen die Volkswirtschaft sowie für die Anleitung und Kontrolle der fachlich nachgeordneten Abteilungen IX bei den Bezirksverwaltungen. Im August 1954 betrug der Personalbestand der Linie IX insgesamt 297 Mitarbeiter, von denen 96 Prozent in der SED organisiert waren. 70 Prozent waren jünger als 30 Jahre, nur 34 Mitarbeiter älter als 40 Jahre. Auch der Hauptabteilungsleiter Alfred Scholz war damals erst 33 Jahre alt.[399] Der Personalaufwand verrät die Bedeutung, die der Arbeit der Untersuchungsorgane als Voraussetzung

397 Protokoll der Dienstbesprechung vom 21.8.1953; Dokument 1, S.248.
398 Operativplan zur Aktion „Feuerwerk" vom 26.10.1953; Dokument 3, S.257.
399 Vgl. Clemens Vollnhals: Der Schein der Normalität. Staatssicherheit und Justiz in der Ära Honecker, in: Suckut/Süß (Hrsg.): Staatspartei und Staatssicherheit, S.216. – Bis zum 31.10.1989 stieg die Anzahl der Mitarbeiter der HA IX in der Berliner Zentrale auf 484 Mitarbeiter, in den Bezirksverwaltungen waren weitere 1.215 Untersuchungsführer tätig; ebenda, S.215.

für die Steuerung und Manipulation der Strafjustiz eingeräumt wurde. Dabei ist zu berücksichtigen, daß die Staatssicherheit über eigene Gefängnisse verfügte, in denen in den fünfziger Jahren ein besonders strenges Regime herrschte. Zwar war durch Beschluß des Ministerrates der DDR vom 27. März 1952 dem Generalstaatsanwalt „mit der Aufsicht über die Untersuchungen in Strafsachen der U.-Organe" auch „die Aufsicht über [...] die Haftanstalten des Ministeriums für Staatssicherheit übertragen" worden, aber diese Aufsicht durfte „gemäß Rundverfügung des Generalstaatsanwalts Nr. 12/52 vom 31.3.1952, Abschnitt I, Abs. 1 u. 2, nur von den Staatsanwälten ausgeübt" werden, „die hierzu vom Generalstaatsanwalt im Einvernehmen mit dem Ministerium für Staatssicherheit bestellt wurden".[400] Sie dürfte mithin von Staatsanwälten ausgeübt worden sein, die das uneingeschränkte Vertrauen der Staatssicherheit besaßen.

Aus einer von Otto Walter, einem weiteren Stellvertreter des Staatssekretärs für Staatssicherheit, erlassenen Dienstanweisung vom 2. Oktober 1955[401] ist zu ersehen, daß dem in den Untersuchungsgefängnissen der Staatssicherheit eingesetzten Gefängnispersonal eigens ein spezifisches Feindbild verordnet worden war:

> „Die Mitarbeiter in den Haftanstalten des Staatssekretariats für Staatssicherheit haben im Kampf gegen Spione, Schädlinge, Diversanten und andere Feinde der Deutschen Demokratischen Republik verantwortungsvolle Aufgaben.
> Ihre Arbeit dient der Isolierung von Personen, die gegen die Deutsche Demokratische Republik, den Aufbau des Sozialismus und gegen die Erhaltung des Friedens Verbrechen begangen haben.
> Sie haben beizutragen zur Wahrung der demokratischen Gesetzlichkeit und zur weiteren Festigung der Rechtsordnung in der Deutschen Demokratischen Republik.
> Die Mitarbeiter des Staatssekretariats für Staatssicherheit haben im besonderen in der Bewachung von Häftlingen Flucht, Selbstmord, Verbindungsaufnahme von Häftlingen nach innen und außen zu verhindern.
> Erfüllt mit einem hohen Klassenbewußtsein sind die Mitarbeiter in den Haftanstalten des Staatssekretariats für Staatssicherheit verpflichtet, in den Häftlingen Verbrecher und Feinde des Friedens und des Fortschritts zu sehen. Auf keinen Fall darf es zu Erscheinungen des Vorschubleistens oder der Kontaktaufnahme mit Häftlingen kommen.
> Die Mitarbeiter des Staatssekretariats für Staatssicherheit haben alle Maßnahmen zu treffen, daß die gegebenen Befehle und Anordnungen zur Isolierung und Überwachung von Häftlingen befolgt werden. Die geringste Nachlässigkeit in der Wachsamkeit beim Umgang mit Häftlingen stellt eine Gefahr dar, die ernste, nicht wieder gutzumachende Folgen nach sich ziehen kann."[402]

Ungeachtet der formalen Aufsicht durch die Staatsanwaltschaft waren die Gefangenen in den Untersuchungshaftanstalten der Staatssicherheit in den fünfzi-

400 Dienstanweisung 1/52 des Ministers für Staatssicherheit vom 15.5.1952, S. 1 und 5; BStU, ZA, DSt 100034.

401 Vgl. dazu die Dienstanweisung für den Dienst und die Ordnung in den Untersuchungshaftanstalten des Staatssekretariats für Staatssicherheit vom 2.10.1955; BStU, ZA, SdM 1872, Bl. 282–320.

402 Ebenda, Bl. 283.

ger Jahren von der Außenwelt total isoliert. Sprech- und Schreiberlaubnis wurde ihnen während der Dauer des Untersuchungsverfahrens nicht gewährt. Demütigende Schikanen und harte Haftbedingungen sollten sie demoralisieren. Zwar war den Wachhabenden ausdrücklich untersagt, „U.-Häftlinge zu mißhandeln, [zu] schlagen, [zu] stoßen oder [zu] beschimpfen",[403] aber zum einen wurde diese Bestimmung häufig genug mißachtet, zum anderen schützte sie keineswegs vor Dauerverhören, Nachtvernehmungen, Schlafentzug und Isolationshaft.[404] Die wirksame „Vorbereitung" auf politische Geheim- und Schauprozesse vor den Strafgerichten der DDR hatte „optimale" Voraussetzungen. Gerade auch die im Zusammenhang mit den Großaktionen der Staatssicherheit in den fünfziger Jahren durchgeführten Prozesse belegen das zur Genüge.

Die Steuerung der Justiz ist, wie sich im Fall Karl-Albrecht Tiemann anschaulich machen läßt, intern keineswegs kaschiert worden. Der zur Tatzeit 52jährige Angestellte war am 1. August 1954 von einer Operativgruppe der Staatssicherheit aus Westberlin über die Zonengrenze nach Potsdam entführt und am 3. März 1955 vom 1. Strafsenat des Bezirksgerichts Cottbus zum Tode verurteilt worden.[405] Der Vorwurf gegen Karl-Albrecht Tiemann hatte auf Verbindung zu westlichen Nachrichtendiensten gelautet, die der Angeklagte auf dem Territorium von Westberlin unterhalten, insoweit also legal wahrgenommen hatte, auch wenn er in der DDR ein verdecktes Netz von knapp zwei Dutzend Informanten unterhielt. Er hat den Sachverhalt vor Gericht nicht bestritten, sondern mutig die Meinung vertreten, daß er gegen kein in Westberlin geltendes Strafgesetz verstoßen habe.

Inwieweit Tiemanns Entführung im Zuge der Aktion „Pfeil" geplant und durchgeführt worden war, ist aus den Akten nicht ersichtlich. Sie stand freilich zu ihr in engem zeitlichen Kontext. Der Tatbestand der Verschleppung selbst ist aus einem Operativplan der Hauptabteilung II/3 vom 23. Juli 1954 ersichtlich. Wie später die Prozeßführung von der Staatssicherheit gesteuert und kontrolliert wurde, geht aus der Aktennotiz eines Leutnants der Untersuchungsabteilung vom 2. März 1955 hervor. Sie bietet Einblick in die Mechanik dieser Manipulation:

„1. Mit Bezirksstaatsanwalt wurden alle Maßnahmen der Gewährleistung der strengsten Konspiration veranlaßt:
   a) verläßlicher Richter, die besten Schöffen,
   b) die fortschrittlichsten Rechtsanwälte,
   c) keinerlei Auswertung des Verfahrens innerhalb der Staatsanwaltschaft und des Gerichts,
   d) strengster Ausschluß der Öffentlichkeit.
2. Mit Staatsanwalt wurden Absprachen geführt, um ihm Hinweise zur besseren Vernehmung und entsprechende Argumente gegen Tiemann zu geben.

403 Ebenda, Bl. 303.

404 Vgl. Hans-Eberhard Zahn: Haftbedingungen und Geständnisproduktion in den Untersuchungshaftanstalten des MfS – Psychologische Aspekte und biographische Veranschaulichung (Schriftenreihe des Berliner Landesbeauftragten für die Unterlagen des Staatssicherheitsdienstes der ehemaligen DDR, Heft 5), Berlin 1997.

405 Urteil des Bezirksgerichts Cottbus vom 3.3.1955, Aktenzeichen 1 Ks 23/55-I 33/55; Kopie aus den im Besitz der Witwe befindlichen Akten.

3. In ähnlicher Form wurde dem Gericht entsprechende Hilfe gegeben."[406]

Das Todesurteil gegen Karl-Albrecht Tiemann wurde vom Obersten Gericht der DDR in zweiter Instanz am 1. April 1955 bestätigt. Nachdem das Politbüro der SED der Exekution zugestimmt hatte, wurde das Urteil am 26. Juli 1955 in Dresden durch Enthauptung vollstreckt.

Die Schlußfolgerung, daß die Staatssicherheit in anderen vergleichbaren Fällen dieser Zeit – zumal in den im Zuge der Aktion „Blitz" durchgeführten Strafverfahren – analog vorgegangen ist, bedeutet keine unzulässige Verallgemeinerung. Die Vorgehensweise entsprach im Gegenteil den gegebenen Machtverhältnissen, insoweit sich die SED-Politbürokratie der Justiz politisch noch nicht so sicher war, wie das in späteren Jahren, nach politisch-ideologischer Festigung der Kader, der Fall gewesen ist. In den fünfziger Jahren verließ sie sich eher auf die Staatssicherheit und ihre Untersuchungsorgane.

Wie mißtrauisch sich die Staatssicherheit gegenüber der Justiz verhielt, deutet eine Dienstanweisung Erich Mielkes vom 20. März 1952 an:

> „Es ist wiederholt vorgekommen, daß von Dienststellen des Ministeriums für Staatssicherheit bei der Übergabe abgeschlossener U-Vorgänge an die zuständigen Gerichte Unterlagen mitgereicht wurden, aus denen die Arbeitsmethoden, der Geschäftsgang und andere Zusammenhänge der Arbeit des Ministeriums zu ersehen sind. Zur Wahrung der Konspiration der Arbeitsmethoden des Ministeriums für Staatssicherheit ist mit einer derartig fahrlässigen Bearbeitunsgweise Schluß zu machen."[407]

Danach folgten detaillierte Anordnungen, welche Unterlagen und Dokumente die Untersuchungsvorgänge, die an die Staatsanwaltschaft und die Gerichte weiterzuleiten waren, enthalten durften – und welche sie nicht enthalten durften! Zu letzteren zählten vor allem „Angaben, welche die Arbeit des Ministeriums für Staatssicherheit entkonspirieren, wie Namen von Mitarbeitern und Geheimen Mitarbeitern bzw. Informatoren, Methoden der Zusammenarbeit mit ihnen und Angaben, welche die Struktur des Ministeriums erkennen lassen".[408] Von dieser strengen Geheimhaltungspraxis hat die Staatssicherheit niemals abgelassen.

Formell gewährleistet war das Verfahren durch ihre Zuständigkeit für die Untersuchung aller im Sinne des Regimes schwerwiegenden politischen Strafsachen. Laut Statut vom 15. Oktober 1953 hatte die Staatssicherheit „alle erforderlichen Untersuchungen bis zum Schlußbericht an die Organe der Justiz zu führen".[409] Eine entsprechende gesetzliche Bestimmung wurde erst 13 Jahre

406 Bericht von Karli Coburger vom 2.3.1955, S. 1; Kopie aus dem Besitz der Witwe.

407 Dienstanweisung vom 20.3.1952, betr. Übergabe von Untersuchungsvorgängen an die Staatsanwaltschaft und die Gerichte; BStU, ZA, DSt 100855.

408 Ebenda, S. 4.

409 Statut des Staatssekretariats für Staatssicherheit vom 15.10.1953, Ziffer 4, Buchstabe b; BStU, ZA, SdM 1574, Bl. 1 f. Das zweite, am 30.7.1969 vom Nationalen Verteidigungsrat der DDR beschlossene Statut des MfS enthielt in § 2 Buchstabe c eine nähere Bestimmung seiner Hauptaufgaben. Dazu gehörte es, „Straftaten, insbesondere gegen die Souveränität der Deutschen Demokratischen Replublik, den Frieden, die Menschlichkeit und die Menschenrechte sowie gegen die Deutsche Demokratische Republik aufzudecken, zu untersuchen und vorbeugende Maßnahmen auf diesem Gebiet zu treffen." Ebenda, Bl. 9 f.

nach Gründung des MfS geschaffen. Das DDR-Staatsanwaltschaftsgesetz vom 17. April 1963[410] nannte in § 16 Abs. 2 erstmals „die Untersuchungsorgane des Ministeriums für Staatssicherheit" neben denen des Ministeriums des Innern und der Zollverwaltung der DDR.[411] In der bis 1968 gültigen Strafprozeßordnung von 1952 hieß es lediglich pauschal: „Die Untersuchungen in Strafsachen führen die staatlichen Untersuchungsorgane durch".[412] Das Fehlen einer ausdrücklichen gesetzlichen Regelung in den fünfziger und frühen sechziger Jahren über die Zuständigkeit im Ermittlungsverfahren bei sogenannten Staatsverbrechen hat das diesbezügliche Tätigwerden der Staatssicherheit freilich nicht nur nicht behindert, sondern eher begünstigt.

In der ersten Hälfte der fünfziger Jahre führte die Staatssicherheit die Untersuchungen in der Regel weitgehend unbehelligt von der staatsanwaltschaftlichen Aufsicht, die in der Strafprozeßordnung von 1952 theoretisch durchaus vorgesehen war. In wichtigen Fällen fand eine politische Abstimmung mit den zuständigen Instanzen im ZK statt, die ihren Niederschlag gegebenenfalls im Schlußbericht des Untersuchungsorgans fand. Dieser wurde dann von der Staatsanwaltschaft zumeist mit nur geringfügigen Änderungen als Anklageschrift übernommen. Die sich anschließende „Urteilsfindung" hat Falco Werkentin treffend beschrieben: „Den Richtern erleichterte dieses System das Leben. Wissend um die engen Beziehungen von Staatsanwaltschaft, Partei und MfS, brauchten sie sich nur an die Strafanträge zu halten, um im Normalfall sicher zu sein, für das ausgesprochene Urteil nicht gerügt zu werden. Und sie konnten sich sogar der Selbsttäuschung hingeben, keinen Anweisungen der Partei gefolgt zu sein."[413]

Wegen seiner präjudizierenden Wirkung war dem Schlußbericht in internen Richtlinien und Befehlen für die Untersuchungsorgane besonderes Gewicht beigelegt worden. Seine Qualität wurde in den fünfziger Jahren häufig bemängelt. „Die Abfassung der Schlußberichte ist wesentlich zu qualifizieren, besonders ist die schablonenhafte Abfassung der Schlußberichte zu beseitigen. Die Schlußberichte müssen eine qualifizierte und politisch durchdachte Darstellung der verbrecherischen Handlungen der Täter und ihrer Auftraggeber, ihrer Gesellschaftsgefährlichkeit sowie des eingetretenen politischen und materiellen Schadens geben." Und weiter: „Dabei muß die Objektivität in jedem Falle gewahrt und jede Phrasenhaftigkeit beseitigt werden."[414] Vor dem Hintergrund der realen Praxis liest sich das nun allerdings wie blanker Hohn.

Nach der Abgabe des Ermittlungsverfahrens war der zuständige MfS-Mitarbeiter verpflichtet, die Strafsache bis zum Abschluß der Hauptverhandlung zu

410 Gesetz über die Staatsanwaltschaft der Deutschen Demokratischen Republik vom 17.4.1963, in: Gesetzblatt der DDR, Teil I, vom 25.4.1963 (Nr. 4), S. 57–62.
411 Eine entsprechende Bestimmung wurde in § 88 Abs. 2 der DDR-Strafprozeßordnung vom 12.1.1968 übernommen; Gesetzblatt der DDR, Teil I, vom 22.1.1968 (Nr. 2), S. 49–96, hier 61.
412 Gesetz über das Verfahren in Strafsachen in der Deutschen Demokratischen Republik (Strafprozeßordnung) vom 2.10.1952, in: Gesetzblatt der DDR vom 11.10.1952 (Nr. 142), S. 996 bis 1029, hier 1004.
413 Werkentin: Politische Strafjustiz, S. 292 f.
414 Richtlinie Nr. 1 zur Verbesserung der Untersuchungsarbeit im Staatssekretariat für Staatssicherheit vom 21.1.1955, S. 10; BStU, ZA, DSt 101104.

verfolgen und seinem Dienstvorgesetzten entsprechend Bericht zu erstatten. Auf diese Weise stand die Amtsausübung von Staatsanwaltschaft und Richter unter ständiger Beobachtung der Staatssicherheit, was diesen selbstverständlich bewußt war.[415]

Auch und gerade die Urteile des für politische Strafsachen zuständigen 1. Strafsenats des Obersten Gerichts der DDR – also der höchstrichterlichen Instanz – unterlagen massiver politischer Einwirkung, zumal in den fünfziger Jahren, so daß seine einschlägigen Entscheidungen letztlich der justitiellen Formalisierung einer anderweitig, nämlich durch die Politbürokratie oder durch die Untersuchungsorgane der Staatssicherheit getroffenen Entscheidung gleichkam. Das läßt sich an Arbeitsprotokollen von Politbürositzungen und anhand von Akten aus der ZK-Abteilung „Staatliche Verwaltung" ebenso wie aus den Akten der Staatssicherheit nachweisen.[416] Die Mechanik hatte sich in den frühen fünfziger Jahren bereits zuverlässig eingespielt. Der Generalstaatsanwalt wurde eingeschaltet, wenn er in Fällen von „überragender Bedeutung" die Anklage vor dem Obersten Gericht erhob.

Die in § 17 des DDR-Staatsanwaltschaftsgesetzes vom 23. Mai 1952[417] niedergelegte Bestimmung, wonach dem Staatsanwalt „die Aufsicht über alle Untersuchungen" oblag, „die von den einzelnen Untersuchungsorganen durchgeführt" wurden, änderte an dieser Praxis nichts. Im Grunde genommen war damit nur gesetzlich sanktioniert, was der Ministerrat der DDR schon am 27. März 1952 beschlossen hatte: die Aufsicht des Generalstaatsanwalts über die Untersuchung in Strafsachen der Untersuchungsorgane des MfS. Wie eingeschränkt dieses Aufsichtsrecht ausgestaltet war, geht aus den einschlägigen Unterlagen des MfS hervor: „Das Aufsichtsrecht des Staatsanwaltes beginnt mit dem Zeitpunkt der Festnahme. Es erstreckt sich nicht auf Ermittlungshandlungen, die von den operativen Abteilungen vor der Festnahme durchgeführt wurden. Zu den Akten, in die der aufsichtsführende Staatsanwalt jederzeit Einblick nehmen kann, gehören alle Unterlagen, die nach Abschluß der Untersuchung an die Gerichte weitergegeben werden."[418] Alle sonstigen Unterlagen, zumal die Handakte des Untersuchungsführers, blieben dem Staatsanwalt verschlossen. „Es ist kategorisch verboten, dem aufsichtsführenden Staatsanwalt in diese Handakte Einblick zu gewähren."[419]

Auch als das Aufsichtsrecht der Staatsanwaltschaft über die Untersuchungsorgane durch § 97 der DDR-Strafprozeßordnung vom 2. Oktober 1952[420] bekräftigt wurde, erlangte es gegenüber den Untersuchungsorganen des MfS kaum prak-

415 Vgl. Wolfgang Behlert: Die Generalstaatsanwaltschaft, in: Hubert Rottleuthner (Hrsg.): Steuerung der Justiz in der DDR. Einflußnahme der Politik auf Richter, Staatsanwälte und Rechtsanwälte, Köln 1994, S. 337.

416 Besonders deutlich wird das in den in Kapitel 6.5 und 6.6 beschriebenen Fällen.

417 Gesetzblatt der DDR vom 29.5.1952 (Nr. 66), S. 407–410, hier 410.

418 Dienstanweisung 1/52 des Ministers für Staatssicherheit vom 15.5.1952, S. 4; BStU, ZA, DSt 100034.

419 Ebenda.

420 Vgl. Anm. 412.

tische Bedeutung.[421] Staatsanwälte, deren Einsatz in den politischen Abteilungen I von der Bestätigung durch die Staatssicherheit abhing, brauchte das Untersuchungsorgan nicht zu fürchten. Wie ein ZK-Papier von 1962, also aus einer der kurzen „Tauwetterphasen" der DDR-Geschichte, ungewöhnlich kritisch anmerkte, war aus dem genannten Grund ein großer Teil der Staatsanwälte der Staatssicherheit gegenüber „befangen". Die Aufsicht der Staatsanwaltschaft über die Arbeit der Untersuchungsorgane des MfS – so stellt das Dokument fest – sei ungenügend. Verstöße gegen die sozialistische Gesetzlichkeit seien den zuständigen Staatsanwälten bekannt, würden aber von ihnen geduldet.[422] Folgen hatten diese vorübergehenden Erkenntnisse freilich nicht. Die Befugnis des MfS zur Bestätigung der für politische Strafsachen zuständigen Staatsanwälte blieb so wie die sich daraus ergebende Abhängigkeit bis 1989 bestehen.[423]

Im Zuge der Aktion „Blitz" trat eine Funktion der Untersuchungsorgane hervor, die politisch von besonderer Relevanz war. Im Ergebnis ihrer Ermittlungen hatten sie auch schon mal „Beweismaterial" zu beschaffen, das nicht objektiven Tatbeständen, sondern propagandistischen Vorgaben der SED genügen sollte. Vor solche politischen Erfordernisse gestellt, hat die Staatssicherheit nie gezögert, den Gefangenen in ihren Untersuchungsgefängnissen Geständnisse abzupressen und falsche Zeugenaussagen zu produzieren, um ihrem „Parteiauftrag" zu genügen. Auf psychische Folter (Isolationshaft, nächtliche Dauerverhöre) und, jedenfalls in den frühen fünfziger Jahren, auch auf die Anwendung physischer Gewalt wurde dabei nicht verzichtet. In dem „Plan zur Operation ‚Blitz'", der vor Beginn der Aktion detailliert durchdacht worden war, wurde unumwunden folgende, offenkundig an die Untersuchungsorgane gerichtete Forderung festgelegt: „Eine große Gruppe von Personen, die früher mit den genannten Zentralen [gemeint waren Widerstandszentren und -organisationen in Westberlin] in Verbindung standen, müssen [sic!] zur Abgabe eines Geständnisses vorbereitet werden."[424] „Vorbereitet" – eine unmißverständliche Festlegung.

In eklatante Beweisnöte gerieten die Untersuchungsorgane der Staatssicherheit im Zusammenhang mit dem Aufstand vom 17. Juni 1953, der bekanntlich von der Führung der SED als von westlichen Geheimdiensten und Agentenzentralen geplanter und organisierter Putschversuch denunziert wurde. Wollweber selbst hat das auf der Dienstkonferenz im Staatssekretariat für Staatssicherheit am 11./12. November 1953 selbstkritisch eingeräumt mit dem Eingeständnis, „daß es uns bis jetzt noch nicht gelungen ist, nach dem Auftrag des Politbüros die Hintermänner und die Organisatoren des Putsches vom 17. Juni festzustellen. Es ist uns bisher nicht gelungen, diesen Auftrag zu erfüllen."[425] Es konnte nie gelingen, da „Hintermänner" und „Organisatoren" des 17. Juni nur als fixe

421 Durch Gesetz vom 12.1.1968 erhielt die DDR eine neue Strafprozeßordnung. Vgl. Anm. 411.
422 ZK-Papier o.D. (2. Halbjahr 1962), S. 2–7; SAPMO-BA, DY 30, J IV 2/202/62.
423 Vgl. Lothar Reuter: Der widerspruchsvolle Prozeß der Erneuerung der Staatsanwaltschaft, in: Neue Justiz 44 (1990) 8, S. 323.
424 Plan zur Operation „Blitz" o.D. (März 1955); Dokument 14, S. 320.
425 Referat von Ernst Wollweber auf der zentralen Dienstkonferenz am 11./12. 11.1953; Dokument 6, S. 274.

Ideen des Politbüros existierten. Die Untersuchungsorgane der Staatssicherheit dürften sich darüber durchaus klar gewesen sein, denn ihre diesbezüglichen Ermittlungen waren stets ins Leere gelaufen.

Trotz dieser Erkenntnislage, die sich auch aus anderen Vernehmungen ergeben haben dürfte und auch von Unterlagen der Organisation Gehlen gestützt wurde, die in die Hände der Staatssicherheit gefallen waren,[426] ermittelte das SfS weiter in diese Richtung, weil dies ihren politischen Vorgaben entsprach. Um die Version vom „faschistischen Putschversuch" glaubhaft zu machen, mußte sogar ein mehrtägiger Schauprozeß vor dem 1. Strafsenat des Obersten Gerichts in Szene gesetzt werden, in dem durch Urteil vom 14. Juni 1954 – politisch gezielt auf den ersten Jahrestag des Arbeiteraufstandes – vier angebliche „Rädelsführer" und „Hintermänner" des 17. Juni mit Zuchthausstrafen zwischen fünf und 15 Jahren belegt wurden.[427] Der Schlüsselsatz aus der Urteilsbegründung: „Das vorliegende Verfahren hat den Beweis für den großen Umfang und die Intensität erbracht, mit der der faschistische Putsch am 17. Juni von den Kriegstreibern organisiert wurde." Alle vier Angeklagten dieses Verfahrens – Dr. Werner Silgradt, ehemaliger Mitarbeiter beim Forschungsbeirat für Fragen der Wiedervereinigung, Werner Mangelsdorf, Streikführer am 17. Juni in Gommern und nach seiner Flucht nach Westberlin Mitbegründer des „Komitee 17. Juni", sowie die beiden Mitarbeiter des Ostbüros der FDP, Hans Füldner und Horst Gassa – waren von Operativgruppen der Staatssicherheit nach Ostberlin entführt oder durch List dorthin gelockt worden, um sie zu politischen Kronzeugen der Propaganda der SED zu machen.

Die Manipulation eines Strafprozesses konnte umgekehrt auch dazu führen, daß ein Angeklagter von der Staatssicherheit genötigt wurde, bestimmte Sachverhalte und Tatbestände zu verschweigen. Zum Beispiel haben die Angeklagten im Prozeß gegen „Hintermänner" des 17. Juni, obwohl sie aus Westberlin entführt worden waren, in der Hauptverhandlung dazu geschwiegen, statt öffentlich gegen ihre Verschleppung zu protestieren. Als der ebenfalls vor dem Obersten Gericht angeklagte ehemalige Filialleiter der Organisation Gehlen, Wilhelm van Ackern – er war im Zuge der Aktion „Blitz" am 24. März 1955 in einer Westberliner Wohnung betäubt und nach Ostberlin verbracht worden[428] –, in der Untersuchungshaft auf den Prozeß vorbereitet wurde, suchte ihn Mielke im Gefängnis auf, um ihn massiv unter Druck zu setzen und zu nötigen, vor Gericht die Entführung nicht zu erwähnen, „sonst würde ihm, van Ackern, ‚der Kopf abgehackt'".[429] Tatsächlich hat die Androhung der Todesstrafe den Angeklagten später abgehalten, im Prozeß den an ihm verübten Menschenraub zur Sprache zu bringen.

426 Rundbrief vom 20.6.1953, betr.: Politische Gesamtlage, sowie Schreiben an Leiter der Filiale 120/A vom 15.7.1953, betr.: Erfahrungen und Schlußfolgerungen aus den Ereignissen des 17.6.1953; BStU, ZA, AU 15/54, GA, Bd. 8, Bl. 200–204.

427 Vgl. Agentenzentralen bereiteten den „Tag X" vor. Aus dem Urteil des Obersten Gerichts in der Strafsache Silgradt u. a., in: Neue Justiz 8 (1954) 16, S. 459–466.

428 Vgl. dazu Kapitel 6.3 der vorliegenden Studie.

429 Anklageschrift der Staatsanwaltschaft im Kammergericht Berlin gegen Erich Mielke und Helmut Träger vom 15. Februar 1994, S. 3; Sammlung Fricke.

Zudem war ihm, der gleich anderen Untersuchungshäftlingen in überlangen Nachtvernehmungen „geständnisreif“ und „aussagebereit“ gemacht worden war, in einer Vernehmung die Frage gestellt worden, ob er die in der Untersuchungshaft gemachten Aussagen aufrechterhalte. „Ja,“ bekundete der Gefangene schriftlich, „alle von mir in der bisherigen Untersuchung zu meinen Verbrechen gemachten Aussagen entsprechen der Wahrheit. Ich halte sie vollinhaltlich aufrecht. Während meiner Untersuchungshaft bin ich anständig und menschlich behandelt worden.“[430]

Eine solche Bestätigung „anständiger und menschlicher Behandlung“ durch die Untersuchungsführer und das Wachpersonal scheint auf Bemühungen der Leitung des SfS in den fünfziger Jahren zurückzuführen zu sein, Mißstände und Unzulänglichkeiten in den Untersuchungsorganen im Interesse effizienterer Arbeit zu beheben. So erging am 25. Januar 1955 eigens eine von Erich Mielke unterzeichnete Richtlinie Nr. 1 zur Verbesserung der Untersuchungsarbeit im Staatssekretariat für Staatssicherheit, in der dem einleitenden Lob, „daß sich das Niveau der Arbeit im allgemeinen erhöht hat und in vielen Fällen beachtliche Untersuchungsergebnisse erzielt wurden“, eine geharnischte Kritik folgte:

> „Es bestehen aber in der Arbeit einiger Untersuchungsabteilungen Unzulänglichkeiten und Mängel, die sich nachteilig auf die gesamte Arbeit des Staatssekretariats für Staatssicherheit auswirken und die Durchführung erfolgreicher Untersuchungen hemmen. Die teilweise fehlerhafte Arbeit der Untersuchungsabteilungen erschwert die konzentrierte Bekämpfung feindlicher Agentenzentralen, die Auswertung erzielter Untersuchungsergebnisse, die rechtzeitige Benachrichtigung von Partei und Regierung über die Pläne, Absichten und Tätigkeit des Feindes, führt zu mangelhafter Unterstützung der Arbeit operativer Abteilungen und hat oftmals nach wochenlanger Untersuchungshaft Haftentlassungen, die Einstellung von Strafverfahren durch die Staatsanwaltschaft und gerichtliche Freisprüche zur Folge.“[431]

Ins Feuer der Kritik gerieten die Untersuchungsabteilungen in den Bezirksverwaltungen Cottbus, Dresden, Gera, Karl-Marx-Stadt (heute Chemnitz) und Potsdam, aber die Weisung, daß die Richtlinie „zum Gegenstand einer Dienstbesprechung in sämtlichen Untersuchungsabteilungen des Staatssekretariats für Staatssicherheit zu machen und allen Mitarbeitern zur Kenntnis zu geben“[432] war, mußte als Indiz für die Auffassung angesehen werden, „daß die Ursachen der in einigen Untersuchungsabteilungen festgestellten Unzulänglichkeiten und Mängel grundsätzlicher Art auch in anderen Untersuchungsabteilungen der Bezirksverwaltungen vorhanden sind“.[433] Mangelnde Vorbereitung der Untersuchungsverfahren, oberflächliche, systemlose und schematische Vernehmungen, Verzicht auf Untersuchungspläne – das war im wesentlichen das Sündenregister, das Mielke seinen Vernehmungsoffizieren aufgezogen hatte. Viel bewirkt scheint

430 Vernehmungsprotokoll vom 14.5.1955; BStU, ZA, AU 162/55, GA, Bd. 15, Bl. 127.
431 Richtlinie Nr. 1 zur Verbesserung der Untersuchungsarbeit im Staatssekretariat für Staatssicherheit vom 21.1.1955, S. 1; BStU, ZA, DSt 101104.
432 Ebenda, S. 11.
433 Ebenda, S. 2.

die Richtlinie nicht zu haben, denn durch einen Befehl vom 10. August 1955 rügte Ernst Wollweber die gleichen Mängel und verband sie sogar mit einer disziplinarischen Maßregelung: Der Leiter der Abteilung IX der Bezirksverwaltung Potsdam wurde in seiner Dienststellung herabgestuft und nach Dresden versetzt.[434]

Gelegentlich konnte Unzufriedenheit über die Arbeit der Untersuchungsorgane auch zu Weisungen der Politbürokratie führen. Als zum Beispiel der Leiter der Abteilung „Staatliche Verwaltung" im Zentralkomitee der SED, Anton Plenikowski, in einer Vorlage für das Politbüro zum Stand der Untersuchungen im Fall des verhafteten Justizministers Max Fechner die Staatssicherheit dahingehend rügte, „daß der Schlußbericht nicht in genügendem Maße die staatsfeindliche Tätigkeit Fechners ausweist", formulierte er die hernach vom Politbüro sanktionierte Empfehlung, „die Anklage stärker zu fundieren durch die Anführung einiger Tatsachen, die die staatsfeindliche Tätigkeit Fechners im Ministerium der Justiz noch besonders deutlich machen", weswegen Mielke ausdrücklich ersucht wurde, dem Generalstaatsanwalt weiteres „etwaiges Material" zuzuleiten.[435]

Auch im Kontext zur Aktion „Blitz" ist das Zusammenwirken von Politbürokratie, Staatssicherheit und Strafjustiz in mehreren Fällen erwiesen.[436] Gelegentlich wurde die Staatssicherheit sogar durch Ersuchen einer Parteileitung auf Bezirksebene mobilisiert. Konkret traf das im Fall des ehemaligen Mitarbeiters der Rostocker Bezirksleitung der SED, Paul Behm, zu. Behm war am 9. Januar 1955 nach Westberlin geflüchtet, als „Verräter" jedoch von der Staatssicherheit „zurückgeholt" worden – auf Ersuchen des Sekretariats der Bezirksleitung Rostock. In einem Operativplan vom 24. Februar 1955 wurde lakonisch verfügt: „Maßnahme einleiten, um Behm zu ziehen". Die Verschleppung gelang am 23. März 1955. Rund acht Monate später, durch Urteil des 1. Strafsenats des Bezirksgerichts Rostock vom 15. November 1955, wurde er zu 15 Jahren Zuchthaus verurteilt.[437]

Bis Mitte der fünfziger Jahre waren die Untersuchungsorgane des MfS nicht nur verpflichtet, eng mit den Untersuchungsorganen des MGB/KGB in Ostberlin zusammenzuarbeiteten oder sie zumindest über laufende Verfahren zu informieren, sondern sie wurden auch von den sowjetischen Beratern angeleitet, kontrolliert und kritisiert. In einem Vermerk vom 2. Mai 1956, der als Übersetzung gekennzeichnet ist, aber keine Unterschrift trägt, wurden die Ergebnisse der Untersuchungsarbeit im MfS der DDR für das Jahr 1955 zum Gegenstand einer Analyse gemacht, die belegt, wie genau die „Freunde" vom KGB informiert waren.

Die sowjetischen Genossen rügten „noch immer wesentliche Mängel und Fehler" in der Untersuchungsarbeit, die sie durch Zahlen anschaulich machten. „Nach

434 Vgl. Befehl 236/55 des Staatssekretärs für Staatssicherheit vom 10.8.1955, S. 3; BStU, ZA, DSt 100130.
435 Zitiert bei Karl Wilhelm Fricke: Justiz im Auftrag der Partei. Der Fall Max Fechner als Beispiel, in: Gisela Helwig (Hrsg.): Rückblicke auf die DDR, Köln 1995, S. 32.
436 Vgl. dazu die Kapitel 6.5, 6.6 und 6.10 der vorliegenden Studie.
437 Vgl. dazu Kapitel 6.9 der vorliegenden Studie.

Angaben der HA IX des MfS wurden wegen unbegründeter Verhaftung im Jahre 1955 124 Häftlinge von den Untersuchungsorganen freigelassen, 26 Häftlinge wurden aus operativen Erwägungen freigelassen. Wegen Mangels an Beweisen und unbedeutenden Tatbeständen wurden durch die Staatsanwälte 24 Mann freigelassen. Von den Gerichten wurden 36 freigelassen. Insgesamt wurden in einem Jahr 210 Häftlinge freigelassen, was 7 Prozent der Vorgänge, die sich [in] Bearbeitung befinden, ausmacht."[438] Die Anzahl der Verurteilten im Jahre 1955, die von der Hauptabteilung IX bearbeitet worden waren, wurde auf 2.272 „Verbrecher" beziffert.[439] Der Vermerk bietet interessante Einblicke in tschekistisches Denken.

> „Einer der wesentlichsten Mängel in der Arbeit der Organe des MfS, der zu unbegründeten Verhaftungen führt, besteht darin, daß die Verhaftungen oft aufgrund der ersten Agenturberichte, Untersuchungsergebnisse oder Meldungen vorgenommen wurden, ohne sie vorher genau zu überprüfen.
> Die praktische verbrecherische Tätigkeit von Personen, die der Zersetzungsarbeit verdächtigt werden, wird operativ ungenügend aufgedeckt. Aufgrund dessen sind die Mitarbeiter der Untersuchungsabteilungen, die keine Basis zur Entlarvung der Festgenommenen haben, gezwungen, sich mit den Aussagen der Beschuldigten zu begnügen. Es fehlt der notwendige Kontakt zwischen den Untersuchungs- und operativen Abteilungen zur Durchführung operativer Untersuchungsmaßnahmen für die Überprüfung der Aussagen der Häftlinge und der Aufdeckung ihrer verbrecherischen Tätigkeit."[440]

Übereilte Festnahmen, unbegründete Verhaftungen, Mißachtung der Strafprozeßordnung, formale Untersuchungspläne, oberflächliche Vernehmungen – neu waren diese Vorhaltungen nicht, aber sie erhielten ihr Gewicht dadurch, daß sie von sowjetischer Seite formuliert worden waren – freilich zu einer Zeit, als in Nachwirkung des XX. Parteitages der KPdSU und der 3. Parteikonferenz der SED auch in der DDR „politisches Tauwetter" angesagt schien.[441] Es sollte nicht lange andauern. Die Verurteilung des MfS-Kreisdienststellenleiters von Malchin zu anderthalb Jahren Zuchthaus, weil er einen Untersuchungsgefangenen zwecks Aussageerpressung mißhandelt hatte, blieb jedenfalls eine Ausnahme.[442]

438 Vermerk vom 2.5.1956; BStU, ZA, SdM 1201, Bl. 225.
439 Ebenda, Bl. 226.
440 Ebenda, Bl. 226 f.
441 Vgl. hierzu Kapitel 7.2 der vorliegenden Studie.
442 Vgl. Urteil des Stadtbezirksgerichts Berlin-Lichtenberg vom 28.2.1958; BStU, ZA, AU 29/58, Bd. 2, Bl. 89–94.

6. Widerstandsbiographien, politische Prozesse und Verfolgtenschicksale

In den folgenden Kapiteln wird das Geschehen in der Nahperspektive des jeweiligen Einzelfalles betrachtet, der Widerstand und Verfolgung in ihrer Konkretheit sichtbar werden läßt. Im Zentrum der Betrachtung stehen aktive Regimegegner, die in den fünfziger Jahren zu Verfolgten von Staatssicherheit und politischer Strafjustiz wurden, ihre unterschiedlichen Motivationen und Handlungsweisen sowie ihr persönliches Schicksal.

Die Fallstudien sind so ausgewählt, daß sie ein möglichst breites Spektrum der vielfältigen Erscheinungsformen von Widerstand und Verfolgung abdecken. Gleichwohl spiegelt auch diese Auswahl die Perspektive und Schwerpunktsetzung der Repressionsapparate wider, da sie sich zwangsläufig überwiegend aus Fällen zusammensetzt, die in den Unterlagen besonders tiefe Spuren hinterlassen haben, weil sie von SED, Staatssicherheit und Justiz als politisch bedeutsam angesehen wurden. Diese in der Aktenlage begründete Tendenz wird durch die datenschutzrechtlichen Bestimmungen des Stasi-Unterlagen-Gesetzes noch verstärkt, die zu einer Ausrichtung der historischen Aufarbeitung auf sogenannte Personen der Zeitgeschichte führen, also auf die prominenten Fälle. Nicht wenige von ihnen sind jedoch deshalb bekannt geworden, weil die Machthaber ein Interesse daran hatten, sie bekannt werden zu lassen. Dieser Umstand führt zu einem Übergewicht der Fallbeispiele mit geheimdienstlichem Hintergrund und solcher Fälle, die in einen Schauprozeß mündeten.

Trotz ihrer Verschiedenheit waren allerdings alle beschriebenen Fälle in hohem Maße politisch. Politisch war die Motivation der widerständig Handelnden, wenn auch in unterschiedlicher Intensität und bei ungleicher intellektueller Fundierung. Politisch waren ihre Zielsetzungen: Behinderung, Schädigung und letztendlich Beseitigung eines Regimes, das sie grundsätzlich oder zumindest in wesentlichen Aspekten ablehnten. Aber auch die Maßnahmen von Staatssicherheit und Justiz folgten politischen Kriterien. Die Strafverfahren hatten einen ausgeprägt politischen Charakter. Das gilt zuallererst für die Frage, ob sie vor „erweiterter" oder eingeschränkter Öffentlichkeit oder als Geheimprozesse inszeniert wurden. Politisch waren Urteilsbegründungen und Strafmaße. Und politischen Charakter trugen nicht zuletzt auch die Entscheidungen über Gnadengesuche und Strafnachlässe, Häftlingsaustausch oder -freikauf.

Auch wenn tatsächliche Spionage oder andere Handlungen im Spiel waren, die grundsätzlich in jedem Staat unter Strafe stehen, haben die behandelten Fälle mit politischem Widerstand und politischer Verfolgung zu tun. Es handelte sich um Widerstand und Verfolgung unter den Bedingungen des noch ungehemmten stalinistischen Terrors und der deutschen Teilung in der härtesten Phase des Kalten Krieges.

6.1. Ein erster Schlag gegen die Organisation Gehlen – der Fall Werner Haase und andere

Es geschah in Berlin in der Nacht vom 13. zum 14. November 1953. Bei einer geheimdienstlichen Operation an der Sektorengrenze wurde Werner Haase alias „Fritz Heisler", damals Leiter der Filiale 120 D der Organisation Gehlen in Westberlin, in einen Hinterhalt gelockt, von einer Einsatzgruppe der Staatssicherheit auf westlicher Seite der Sektorengrenze zwischen den Stadtbezirken Kreuzberg und Treptow überwältigt und in den Osten verschleppt.

> „Haase, ein besonders zuverlässiger, einsatzfreudiger und ideenreicher Mitarbeiter, hatte den Auftrag erhalten, die Verlegung eines Telefonkabels durch einen Kanal an der Sektorengrenze zwischen West- und Ostberlin zu erkunden. Es war ausdrücklich angeordnet, daß die riskante Verlegungsaktion erst auf besondere Weisung hin erfolgen sollte. Mit Hilfe des Kabels, einer sogenannten ‚Drahtschleuse', sollte die Verbindung mit V-Leuten in Ostberlin sichergestellt und der immer gefährlicher werdende Kurierweg ersetzt werden."[443]

Haase wurde von seinem Kollegen Heinze begleitet. Auf östlicher Seite hielt sich ein (vermeintlicher?) V-Mann der Organisation Gehlen bereit, der das Kabel über die hier am Ostufer des Landwehrkanals verlaufende Sektorengrenze ziehen sollte. Das entsprechende Kabelende sollte mit einem kleinen Modellschiff mit Motor den Kanal überqueren. Offenbar war die Aktion im voraus verraten worden, denn eine Operativgruppe des SfS hielt sich im Gebüsch versteckt. Haase und Heinze wurden bei ihrem Vorhaben überwältigt und anschließend in die DDR verschleppt.[444] Es war ein sorgfältig vorbereiteter Coup, der im Nachgang der Aktion „Feuerwerk" gegen die Organisation Gehlen längerfristig geplant worden war und in die Vorbereitung eines Schauprozesses gegen „Gehlen-Agenten" einbezogen werden sollte. Darauf ließ auch der ungewöhnliche Umstand schließen, daß bereits drei Tage nach der Verschleppung die „Verhaftung" Haases ausführlich gemeldet wurde – eingebunden in eine gezielte Desinformation, die von der regierungsamtlichen Nachrichtenagentur ADN in folgender Fassung verbreitet wurde:

> „In der letzten Zeit erhielten die Organe der Staatssicherheit aufgrund des an die Bevölkerung ergangenen Aufrufes zur Namhaftmachung von Agenten und Saboteuren von Einwohnern des demokratischen Sektors von Berlin Mitteilungen über geplante weitere Verbrechen der amerikanischen Spionageorganisation unter Leitung des ehemaligen faschistischen Generals Gehlen.
> So erschien zum Beispiel am 12. November 1953 ein Bewohner des demokratischen Sektors von Berlin und erklärte, daß sein unmittelbarer Chef, Leiter einer Spionage-Dienststelle Gehlens in Westberlin, beabsichtigt, am 14. November 1953 in der Kiefholzstraße in Treptow (demokratischer Sektor von

443 Gehlen: Der Dienst, S. 194.
444 Reese: Organisation Gehlen, S. 197.

Berlin) einen verbrecherischen Anschlag durchzuführen. Er meldete diesen verbrecherischen Anschlag den Staatsorganen der DDR, weil er nach den letzten Veröffentlichungen die Schändlichkeit der Tätigkeit der Gehlen-Organisation eingesehen und deshalb mit ihr gebrochen hat.
Im Ergebnis der unverzüglich getroffenen Maßnahmen gelang es den Organen des Staatssekretariats für Staatssicherheit, in der Nacht vom 13. zum 14. November den ehemaligen Major und Regimentskommandeur der faschistischen Wehrmacht und derzeitigen Leiter der Filiale 120 a [sic!] der Spionageorganisation Gehlen, Werner Haase alias Wilhelm [sic!] Heisler, wohnhaft Berlin-Steglitz, Filanderstraße 13, auf frischer Tat im demokratischen Sektor von Berlin festzunehmen.
Haase hatte gemeinsam mit Agenten seiner Filiale versucht, an der Sektorengrenze Kiefholzstraße, Bezirk Treptow, eine illegale Telefonschleuse aus dem amerikanischen Sektor in den demokratischen Sektor unter Verwendung von wasserdichtem Spezialkabel amerikanischer Herkunft zu legen. Die Telefonschleuse sollte der Übermittlung von Spionageinformationen dienen."[445]

Die Meldung, deren sprachlicher Duktus ihre Formulierung durch die Staatssicherheit verriet, endete mit dem Hinweis, daß „der beschuldigte Haase, der sich im Verlauf der eingeleiteten Untersuchung vorerst weigerte, Aussagen über seine verbrecherische Tätigkeit zu machen, [...] inzwischen ein umfassendes Geständnis abgelegt"[446] habe. Es war der Auftakt zu einer Agitationskampagne, deren Fortsetzung nicht lange auf sich warten ließ.

Werner Wilhelm Haase, geboren 1915 in Berlin, Maschinenbauingenieur von Beruf, aktiver Offizier der Wehrmacht, zeitweilig Kommandeur des Infanterieregiments 162 im Rang eines Majors und bei Ende des Zweiten Weltkrieges Kommandeur des 3. Bataillons in diesem Regiment, hatte sich zum Eintritt in die Organisation Gehlen in der Erwartung bewegen lassen, auf diesem Umweg seine Karriere als Offizier in einer neuen, damals erst geplanten bundesdeutschen Armee fortsetzen zu können. Zuvor war er in Westberlin bereits in den Zollgrenzdienst übernommen worden. Seit dem 1. Juni 1953 war er für die Organisation Gehlen tätig.[447] Seine Entführung wäre kaum möglich gewesen, wenn es der Staatssicherheit nicht schon unter Wilhelm Zaisser vermutlich gelungen wäre, einen Spitzel an Haase heranzuspielen oder in die von ihm geleitete Filiale einzubauen.

Die propagandistische Vorbereitung des Schauprozesses nahm Konturen an. Zehn Tage nach den Enthüllungen über Haase verbreitete das Presseamt beim Ministerpräsidenten in Ostberlin „Auszüge aus dem authentischen Protokoll der Vernehmung von Wolfgang Paul Höher, Berlin SO, Adalbertstraße 5, der seit Januar 1951 leitender Mitarbeiter der von den Amerikanern finanzierten und dirigierten Spionageorganisation Gehlen gewesen ist. Höher wurde im Zusam-

445 Auf frischer Tat ertappt, in: Neues Deutschland vom 17.11.1953.
446 Ebenda.
447 Vernehmungsprotokoll Werner Haase vom 14.11.1953; BStU, ZA, AU 15/54, Bd. 8, Bl. 3f.

menhang mit den Maßnahmen, welche von den Organen für Staatssicherheit der Deutschen Demokratischen Republik gegen diese Spionageorganisation durchgeführt wurden, festgenommen."[448] Tenor seiner Aussagen: Gehlen läßt nicht nur gegen den Osten spionieren, sondern auch gegen Frankreich. Er, Höher, habe den Auftrag gehabt, „die gegen Frankreich gerichtete Spionagetätigkeit zu aktivieren, damit der westdeutsche Geheimdienst über die Maßnahmen Frankreichs in der deutschen Frage ins Bild gesetzt werden könnte".[449]

Wie stark in jener Zeit die Organisation Gehlen von Agenten der Staatssicherheit unterwandert war, wie sie mit ihrer Hilfe und unter Verwendung ihrer Informationen zugleich unter konzentrisches Propagandafeuer genommen wurde, hatte die anderenorts schon erwähnte Pressekonferenz mit dem Doppelagenten Hans Joachim Geyer demonstriert, die am 9. November 1953 in Ostberlin inszeniert worden war. Sie blieb nicht die einzige ihrer Art.

Aufgrund von Aussagen der in Untersuchungshaft genommenen V-Leute der Organisation Gehlen kam es in den folgenden Wochen zu weiteren Festnahmen. Sechs der V-Leute, die im Zuge der Aktion „Feuerwerk" verhaftet worden waren, sahen sich am 18. Dezember 1953 auf der Anklagebank vor dem 1. Strafsenat des Obersten Gerichts: der Gewerbelehrer Siegfried Altkrüger aus Luckenwalde, der Elektriker Wolf Oestereich aus Wismar, der Landwirt Walter Rennert aus Blumberg (Kreis Torgau), der Dreher Karl-Heinz Schmidt aus Luckenwalde, der Kaufmann Walter Schneider aus Berlin und der Lehrer Helmut Schwenk aus Köthensdorf (Kreis Karl-Marx-Stadt). Dazu kam als Hauptangeklagter, wie erwähnt, Wilhelm Haase. Zwar entstand äußerlich der Eindruck, als hätten die Angeklagten eine Spionagegruppe oder einen Agentenring gebildet, aber tatsächlich hatten sie voneinander nichts gewußt, sie kannten einander nicht, sie wurden in dem offenkundig unter großem Zeitdruck vorbereiteten Strafprozeß willkürlich zusammengewürfelt und sahen sich zum ersten Mal in ihrem Leben im Gerichtssaal.

Der Prozeß wurde von aufwendiger Propaganda flankiert. Betriebsdelegationen, wohlsortiert, waren in den Gerichtssaal entsandt, um als Zuschauer „das Volk" zu verkörpern, in dessen Namen das Urteil gesprochen wurde, die Zeitungen unter Kuratel der SED berichteten breit und ausführlich, im Rundfunk wurden bis zu 45 Minuten dauernde Ausschnitte aus der Gerichtsverhandlung wiedergegeben – mit in den Zeitungen angekündigten Sendezeiten –, die Wochenschau filmte dramatische Höhepunkte der Hauptverhandlung, effektvoll kalkuliert, um sie in die Filmtheater der DDR zu bringen. „Neues Deutschland" veröffentlichte gleichsam als Auftakt der Kampagne ganzseitig wesentliche Auszüge aus der Anklageschrift.[450] Nach ausgiebiger Berichterstattung über den Prozeß und die Urteilsverkündung am 21. Dezember legte das Zentralorgan der

448 Spionage-Organisation Gehlen greift in innere Angelegenheiten Frankreichs ein, in: Neues Deutschland vom 27.11.1953.
449 Ebenda.
450 Vgl. Aus der Anklageschrift des Generalstaatsanwalts der Deutschen Demokratischen Republik, Dr. Ernst Melsheimer, gegen sieben ehemalige Mitglieder der Spionageorganisation Gehlen, in: Neues Deutschland vom 19.12.1953.

SED am 23. Dezember mit fast eine ganze Seite umfassenden Auszügen aus dem Protokoll der Hauptverhandlung noch einmal kräftig zu – eingeleitet durch kommentierende Passagen, die an Grobschlächtigkeit kaum überbietbar waren: „Wie in keinem Prozeß zuvor gegen vaterlandsverräterische Elemente, die sich in den Dienst der amerikanischen Kriegstreiber gestellt haben, wurde hier die barbarische Fratze des amerikanischen Imperialismus und der ihm hörigen Adenauer-Clique enthüllt, die nur ein Ziel kennen: den Krieg.“[451] Wen sollte, wen konnte solche Agitation erreichen?

Den Schlußpunkt setzte die führende Zeitung der Partei mit einem Leitartikel, der sich in nicht minder maßloser Agitation erging: „Der Prozeß entlarvte die Angeklagten als käufliche Subjekte, die für einige Silberlinge Staatsgeheimnisse der DDR an die Todfeinde unseres Vaterlandes auslieferten und aktiv mithalfen, unser Volk in die Katastrophe eines neuen Krieges zu stürzen. Sie haben ihre gerechte Strafe erhalten. Ihr Schicksal ist eine Warnung an alle, die sich als Söldlinge an die amerikanischen Imperialisten und ihre landesverräterischen Spießgesellen in Bonn verdingen.“[452] Die Polemik spiegelte die Atmosphäre im Gerichtssaal wider.

Im Zentrum der Anklage stand die Organisation Gehlen. Der für Landesverratssachen und Staatsverbrechen zuständige 1. Senat des Obersten Gerichts spielte das politische Theater mit. Als Senatsvorsitzender amtierte der kommissarische Vizepräsident des Obersten Gerichts, Oberrichter Walter Ziegler, Richterin Helene Kleine und Oberrichter Max Möbius fungierten als Beisitzer. Die Anklage vertraten Generalstaatsanwalt Dr. Ernst Melsheimer und Staatsanwalt Walter Piehl. Die Angeklagten hatten gleichsam als Medien zu dienen, mit deren Hilfe Agitation und Propaganda der SED transportiert werden sollten – sorgsam präpariert durch die Untersuchungsorgane der Staatssicherheit. In der Beweisaufnahme vor Gericht trat neben anderen Zeugen der frühere Mitarbeiter der Organisation Gehlen Wolfgang Paul Höher als Belastungszeuge auf, der nun als Kronzeuge des Generalstaatsanwalts figurierte. Die Hintergründe?

Höher, 1914 in Magdeburg geboren, von Beruf Journalist, ehemaliger Offizier, war nach seiner Heimkehr aus sowjetischer Kriegsgefangenschaft 1949 zu seiner Familie nach Westberlin zurückgekehrt. Laut stenographischem Protokoll schilderte er seinen Einstieg in die Organisation Gehlen als Zeuge vor Gericht wie folgt:

> „Ich war arbeitslos, konnte also absolut keine Arbeit finden, und unter diesen Verhältnissen lernte ich ein Jahr später, im Juni 1950, durch einen Bekannten […] die Organisation Gehlen kennen. Ich kam in Verbindung mit der Organisation, wurde Vertrauensmann und Vertrauensmannführer innerhalb dieses Geheimdienstes und wurde im Januar als hauptamtlicher Mitarbeiter übernommen. Bis zum Februar 1953 war ich so als stellvertretender Leiter einer Untervertretung des Gehlen-Geheimdienstes in Westberlin tätig. Diese Unter-

451 Ein schwerer Schlag gegen die amerikanische 5. Kolonne in der DDR, in: Neues Deutschland vom 23.12.1953.

452 Eine amerikanische Agentur zur Kriegsvorbereitung wurde zerschlagen, in: Neues Deutschland vom 24.12.1953.

vertretung fungierte unter der Tarnbezeichnung ‚Firma Heinz Merkens' und beschäftigte sich mit der Abwehr."[453]

Höher verschwand am 13. Februar 1953 spurlos aus Westberlin.[454] Er hatte sich in einem Lokal am Wittenbergplatz mit einem Kontaktmann getroffen, der als Agent für den sowjetischen Geheimdienst arbeitete. Dieser träufelte ihm unbemerkt ein Betäubungsmittel in das Weinglas und überredete ihn, für die Heimfahrt gemeinsam mit ihm die Untergrundbahn zu benutzen. In der U-Bahn wurde Höher schlecht, und der Entführer ließ ihn erst am Potsdamer Platz, der ersten Haltestelle im Ostsektor, aussteigen, wo er von der Volkspolizei festgenommen und den „Freunden" übergeben wurde.[455] In der Haft wurde Höher vom MWD „umgedreht".

Im Strafprozeß gegen Haase und andere trat er zum ersten – nicht zum letzten – Mal als „Experte des Dienstes" auf, um als Zeuge der Staatsanwaltschaft Aussagen über die Organisation Gehlen zu machen, Aussagen selbstverständlich, bei denen er bis ins Detail Erkenntnisse der Staatssicherheit als eigenes Wissen ausgab, um es authentisch erscheinen zu lassen. „Der Zeuge Höher hat bekundet, daß die Finanzierung (der Organisation Gehlen) zu etwa 99 % aus amerikanischen Geldern erfolgt sei"[456], heißt es im Urteil gegen Haase und andere, aber es war offenkundig, daß er diese im Grunde substanzlose, weil jeder konkreten Summe entbehrende Aussage aus der Luft gegriffen oder besser, von der Staatssicherheit souffliert bekommen hatte.

Höher wurde, nachdem er auch auf Pressekonferenzen aufgetreten war, in Leipzig ansässig. Er schrieb die Agitationsbroschüre „Agent 2996 enthüllt", war als „Geheimer Mitarbeiter" für die sowjetischen Sicherheitsorgane tätig und wurde erst im Oktober 1958, als das KGB seinen großen Beraterstab auflöste,[457] vom stellvertretenden Berliner KGB-Chef, Oberst Chatschik G. Oganessjan, an den Mielke-Stellvertreter Bruno Beater übergeben.[458] Im Jahre 1959 verstarb er in der Messestadt.[459]

„Während des Prozesses", schreibt Gehlen in seinen Erinnerungen über Werner Haase, „war er zu Aussagen über Vorgänge gezwungen worden, die ihm in seiner begrenzten nachrichtendienstlichen Tätigkeit überhaupt nicht zur Kenntnis gelangt sein konnten. Haase hat es verstanden, seine Aussagen bewußt so zu formulieren, daß der Gegner in vielen Punkten getäuscht wurde und daß ande-

453 Wortprotokoll der Gerichtsverhandlung gegen Haase u.a.; BStU, ZA, AU 15/54, Bd. 1, Bl. 295.

454 Vgl. Zolling/Höhne: Pullach intern, S. 256 und: Menschenraub, hrsg. Von „Freiheit"-Aktion der Jugend, Bonn 1956, S. 40f.

455 Bericht über die 2. Befragung des K. über Höher vom 10.2.1959; BStU, ASt Leipzig, AIM 355/61, Personalakte, Bl. 68f.

456 Urteil des 1. Strafsenats des Obersten Gerichts vom 21.12.1953, Aktenzeichen: 1 Zst (I) 2/53; Dokument 7. – Die Urteilsgründe sind auch in der Neuen Justiz 8 (1954) 1, S. 8–12, wiedergegeben.

457 Vgl. Engelmann: Diener zweier Herren, S. 71.

458 Aktenvermerk vom 22.10.1959, betr.: Bekanntwerden des GM „Mahnert"; BStU, ASt Leipzig, AIM 355/61, Personalakte, Bl. 10.

459 Vgl. dazu die etwas sehr phantasievolle Version von Peter-Ferdinand Koch: Die feindlichen Brüder. DDR contra BRD. Eine Bilanz nach 50 Jahren Bruderkrieg, Bern/München/Wien 1994, S. 335–337.

rerseits wir diese Täuschungen aus den Prozeßberichten erkennen konnten."[460] Da das Urteil gegen Haase und andere in Ostberlin in vollem Wortlaut und ohne jede Anonymisierung veröffentlicht worden war, konnte die Zentrale in Pullach in der Tat genau analysieren, über welchen Kenntnisstand die Staatssicherheit hinsichtlich der Zielsetzung, der Struktur, des Personals und der Arbeitsweise der Organisation Gehlen verfügte.

Haase hat durch seine Aussagen die Hauptverhandlung vor Gericht zuweilen geradezu ad absurdum geführt – so etwa, wenn er auf eine Vorhaltung des Vorsitzenden antwortete: „Frankreich als wahrscheinlich stärkster Gegner einer Remilitarisierung Westdeutschlands war ebenfalls ein Schwerpunkt in der Arbeit der Spionageorganisation. Frankreich mußte befürchten, daß die in Westdeutschland aufgestellten Truppeneinheiten Frankreich erneut besetzen könnten."[461] Was aus der Rückschau absurd erscheinen mag, war damals als Versuch der SED gedacht, auch mit der Propaganda im Schauprozeß gegen „Gehlen-Agenten" Einfluß auf die politischen Auseinandersetzungen um einen bundesdeutschen Wehrbeitrag im Rahmen der Europäischen Verteidigungsgemeinschaft zu nehmen.

Gleichwohl bot das Oberste Gericht in seinem Urteil erstmals eine umfassende Vorstellung von der Organisation Gehlen, die in Pullach kaum Freude hervorgerufen haben dürfte. Von der dortigen Zentrale, der sogenannten Generaldirektion unter Leitung von Reinhard Gehlen, entwarfen die Richter ein Geheimdienstpanorama, wie es die Staatssicherheit vorgezeichnet hatte:

> „Die ‚Generaldirektion' ist unterteilt in drei Hauptabteilungen – auch Hauptlinien genannt –, und zwar Hauptabteilung I (Spionage), Hauptabteilung II (Sabotage) und Hauptabteilung III (Abwehr). Diese gliedern sich wiederum in verschiedene Gruppen und Abteilungen mit spezifischen Sachgebieten, z. B. militärische Spionage (Heeres-, Luft- und Marinestreitkräfte), wirtschaftliche und politische Spionage. Außer diesen Hauptabteilungen bestehen bei der ‚Generaldirektion' operative und administrative Abteilungen wie Personal-, Schulungs-, Kurier-, Finanz- und Wirtschaftsabteilung, Nachrichtendienstkartei und Funkzentrale. Dieser Zentrale sind mehrere ‚Generalvertretungen' (GV) der Linie I und eine der Linie III unterstellt. Sie haben ihren Sitz ausschließlich in der ehemaligen amerikanischen Besatzungszone in Westdeutschland. Den ‚Generalvertretungen' nachgeordnet sind die sog[enannten] Bezirksvertretungen (BV), die je nach den Erfordernissen gebildet und in Abt. I und III (Spionage und Abwehr) oder in Abt. II und III (Sabotage und Abwehr) gegliedert sind und ihren Sitz gleichfalls in Westdeutschland haben. Ihnen obliegt die Aufgabe, die Arbeit der ihnen unterstellten ‚Untervertretungen' (UV), die spezialisiert auf dem Gebiet der Spionage, Sabotage oder Abwehr arbeiten, zu steuern. Die untersten operativen, von den ‚Untervertretungen' gelenkten Einheiten sind die ‚Filialen', die nach den Aufgaben ihrer jeweiligen ‚Untervertretungen' arbeiten. Von den ‚Untervertretungen', insbesondere aber

460 Reinhard Gehlen: Der Dienst, S. 194.
461 Ein schwerer Schlag gegen die amerikanische 5. Kolonne in der DDR, in: Neues Deutschland vom 23.12.1953.

von den ‚Filialen', werden die angeworbenen Agenten entweder direkt oder durch den Gruppenleiter (V-Mannführer), dem etwa zehn Agenten zugewiesen werden, angeleitet. Die ‚Filialen' haben ihren Sitz sämtlich in Westberlin, um unter Ausnutzung der für ihre Aufgaben günstigen Lage Agenten und Provokateure in die Deutsche Demokratische Republik zu entsenden und die Anwerbung und Berichterstattung der in der Deutschen Demokratischen Republik ansässigen Agenten zu erleichtern."[462]

Solche Ausführungen ließen zwar genaue Rückschlüsse auf das Wissen der Staatssicherheit über die Organisation Gehlen zu, aber sie waren kein Ergebnis der Beweisaufnahme vor Gericht, sondern ein Konglomerat aus zutreffenden Informationen und propagandistischen Attributen. Über Sabotage der Organisation Gehlen zum Beispiel ist nichts bekannt.

In einem speziellen Punkt dürfte die Staatssicherheit von den Aussagen Haases besonders enttäuscht gewesen sein. Auf die Frage, „seit wann und in welcher Form" von der Gehlen-Organisation „der faschistische Putsch am 17. Juni 1953 gegen die Deutsche Demokratische Republik vorbereitet und durchgeführt" worden sei, antwortete er in der Vernehmung vom 24. November 1953 wahrheitsgemäß:

„Von dem Putsch am 17. Juni in der Deutschen Demokratischen Republik wurden wir, soweit mir bekannt, völlig überrascht. Wir waren auch nicht an der Durchführung beteiligt. Da wir nach dem 17. Juni 1953 zirka 4 Wochen keinerlei Verbindung mit unseren Agenten in der DDR mehr hatten, wurde uns die Aufgabe gestellt, für eventuelle erneute Vorfälle ähnlich dem 17. Juni eine Nachrichtenübermittlung durch die Agenten unbedingt sicherzustellen. Daher wurde auch mit allem Nachdruck die Legung von Telefonschleusen, das sind geheime Telefonverbindungen zwischen dem amerikanischen und demokratischen Sektor von Berlin, gefordert."[463]

Indes hinderte dieser Umstand das Oberste Gericht in der Urteilsbegründung nicht an der durch die Beweisaufnahme durch nichts bewiesenen Behauptung, „daß die Organisation Gehlen Vorbereitungen zur Durchführung eines neuen Tages X in der Deutschen Demokratischen Republik für das Frühjahr 1954 getroffen hat. Der Schwerpunkt der Vorbereitung hierfür sollte eine Zersetzungsarbeit innerhalb der Kasernierten Volkspolizei, des Staatssekretariats für Staatssicherheit und der Roten Armee sein, um die Angehörigen dieser Institutionen von einem Einsatz gegen die Putschisten abzuhalten."[464]

Konkret wurde den sieben Angeklagten die Sammlung und Übermittlung von Spionageinformationen auf militärischem, wirtschaftlichem und politischem Gebiet vorgeworfen, Kuriertätigkeit, die Anlage sogenannter Toter Briefkästen zur Übermittlung von Nachrichten sowie – in einem Fall – das Verwahren und Bereithalten eines Funkgerätes, mit dem im Kriegsfall die Verbindung zur „Meldezentrale" in Westberlin gewährleistet sein sollte. Dem Hauptangeklagten wurde neben seiner leitenden Funktion in einer Westberliner Filiale der Gehlen-Orga-

462 Urteil des 1. Strafsenats des Obersten Gerichts vom 11.12.1953; Dokument 7, S. 286.
463 Vernehmungsprotokoll Werner Haase vom 24.11.1953; BStU, ZA, AU 15/54, Bd. 8, Bl. 45.
464 Urteil des 1. Strafsenats des Obersten Gerichts vom 21.12.1953; Dokument 7, S. 295.

nisation der Versuch angelastet, eine „Drahtschleuse“ über die Sektorengrenze angelegt haben zu wollen. Obwohl das Gericht den Angeklagten zumeist „Geldgier“ als Motiv unterstellte – angesichts der geringen Entgelte eine eher lächerliche Vorstellung –, konnte es nicht umhin, ihnen auch „innere Feindschaft gegenüber der Deutschen Demokratischen Republik“ und „Verhetzung“ zu attestieren. Insoweit wurden politische Tatmotive von Gerichts wegen eingeräumt.

Freilich brachte sich das Oberste Gericht, indem es die eigene Propaganda in der Urteilsbegründung maßlos überzog, selbst um jede überzeugende Wirkung. Die folgende Passage machte den agitatorischen Zweck allzu plump offenbar, als daß sie ernstgenommen werden konnte:

> „Zusammenfassend ist festzustellen, daß mit der von den amerikanischen Imperialisten gezüchteten und mit Hilfe westdeutscher faschistischer und militaristischer Kräfte geleiteten Organisation Gehlen in Westdeutschland eine in ihren Aufgaben, ihrer Struktur und ihrer Arbeitsmethode dem ehemaligen deutschen faschistischen Geheimdienst gleichartige Spionageorganisation entstanden ist, die ein umfangreiches Agentennetz in Deutschland unterhält und in Europa aufzubauen versucht. Sie ist dazu bestimmt, durch Spionage- und Zersetzungsarbeit die Einheit Deutschlands zu verhindern und einen neuen Krieg vorzubereiten, der sich gegen die Deutsche Demokratische Republik und darüber hinaus gegen die friedliebende Sowjetunion und die Volksdemokratien, aber auch gegen Frankreich richten soll, falls es den patriotischen Kräften in Frankreich gelingen sollte, die Ratifizierung des EVG-Vertrages zu verhindern.“[465]

Immerhin bedeuteten solche propagandistisch eingefärbten Passagen nicht nur hohle Phrasen, sondern sie hatten gnadenlos harten Strafen zu ihrer Scheinbegründung zu verhelfen:

> „Wegen Verbrechens gegen Art. 6 der Verfassung der Deutschen Demokratischen Republik in Verbindung mit Direktive Nr. 38 Abschn. II Art. III A III des Alliierten Kontrollrats werden verurteilt:
>
> Die Angeklagten Haase, Schmidt und Schneider
> zu lebenslangem Zuchthaus,
> die Angeklagten Altkrüger, Rennert und Oestereich
> zu je 15 – fünfzehn – Jahren Zuchthaus,
> der Angeklagte Schwenk
> zu 12 – zwölf – Jahren Zuchthaus.
>
> Das Vermögen der Angeklagten wird eingezogen.“[466]

Darüber hinaus wurden die sogenannten obligatorischen Sühnemaßnahmen wie Verlust des aktiven und passiven Wahlrechts usw. verhängt.

Die mit 67 Seiten außergewöhnlich ausführliche Urteilsbegründung bediente über weite Strecken das Bedürfnis der Politbürokratie nach Agitation und Propaganda. Der Ungeist des Kalten Krieges hatte Einzug in den Gerichtssaal gehalten, wenn es im Urteil etwa hieß:

465 Ebenda.
466 BStU, ZA, AU 15/54, HA/GA, Bd. 2, Bl. 173. In Dokument 7 nicht wiedergegebene Passage.

„In der ehemaligen sowjetischen Besatzungszone, der jetzigen Deutschen Demokratischen Republik, wurde in Verwirklichung der Grundsätze des Potsdamer Abkommens die Zerschlagung der Monopole, die Entmachtung der Konzernherren und Junker und die Bestrafung der Kriegsverbrecher konsequent durchgeführt. Die Deutsche Demokratische Republik ist entschlossen, weiter den Weg des Friedens und des friedlichen Aufbaus zu gehen. [...] In Westdeutschland dagegen sind unter Bruch des Potsdamer Abkommens die Junker und Konzernherren in ihren Stellungen belassen und die nazistischen und militaristischen Kriegsverbrecher freigelassen worden. Die Adenauer-Regierung betreibt auf Weisung und mit Unterstützung des amerikanischen Imperialismus entgegen den im Potsdamer Abkommen festgelegten Grundsätzen eine Politik der Spaltung. Das Entstehen eines neuen deutschen Imperialismus wurde durch Amerika nicht nur zugelassen, sondern darüber hinaus auch gefördert. Alle Bemühungen der Regierungen der Sowjetunion und der Deutschen Demokratischen Republik zur Schaffung eines einheitlichen Deutschlands sind deshalb bisher erfolglos geblieben. Statt dessen wird in Westdeutschland die Remilitarisierung unter Großzüchtung des Revanchegeistes durchgeführt. Das Ziel der herrschenden Kräfte in Westdeutschland ist die Entfesselung eines neuen Weltkrieges, durch den in der Sowjetunion, in den Volksdemokratien und in der Deutschen Demokratischen Republik die alten kapitalistischen Zustände wiederhergestellt werden sollen. Diesem Ziel des amerikanischen und deutschen Imperialismus dient besonders der Adenauer-Staat mit allen seinen Institutionen."[467]

Die Obersten Richter wurden nicht müde, in der Urteilsbegründung politische Tiraden zu produzieren, als hätten sie ein Pflichtsoll an Propaganda zu erfüllen. Sie ruinierten damit allerdings die eigene Glaubwürdigkeit:

„Entsprechend der von den USA und der Adenauer-Regierung betriebenen Politik der Remilitarisierung und Einbeziehung Westdeutschlands in die sog[enannte] Europäische Verteidigungsgemeinschaft, der Herstellung der Vormachtstellung des wiedererstandenen deutschen Imperialismus unter den europäischen kapitalistischen Staaten, verfolgt die Organisation Gehlen als Werkzeug des amerikanischen Imperialismus und der westdeutschen Militaristen das Ziel, durch eine umfassende, in erster Linie gegen die Deutsche Demokratische Republik gerichtete Spionagetätigkeit einen neuen Krieg, der ein Bruderkrieg zwischen Deutschen im Osten und Westen unseres Vaterlandes sein würde, vorzubereiten."[468]

Bleibt als Beleg für die Dominanz der Staatssicherheit in diesem Verfahren zu ergänzen, daß der am 12. Dezember 1953 fertiggestellte Schlußbericht des Untersuchungsführers, ein Dokument von immerhin 74 Seiten Umfang, vom Generalstaatsanwalt für die Ausarbeitung der Anklage nach Inhalt und Struktur vollständig übernommen wurde. Nur einige stilistische Korrekturen und Präzisierungen im Detail wurden handschriftlich in das Original des Schlußberichts

467 Urteil gegen Werner Haase u. a. vom 21.12.1959; Dokument 7, S. 284 f.
468 Ebenda, S. 294.

eingearbeitet und derselbe einfach zur Anklageschrift umfunktioniert. Ein Vergleich der Anklageschrift mit der Urteilsbegründung führt wiederum zu dem Ergebnis, daß auch das Oberste Gericht nicht nur in Inhalt und Struktur der Anklageschrift folgte, sondern sich zum Teil Formulierungen daraus wortwörtlich zu eigen machte. Zwar wird in der Urteilsbegründung auf die „Beweisaufnahme" und auf die „Feststellungen" in der Hauptverhandlung vor Gericht Bezug genommen, tatsächlich aber stand ihr Ergebnis schon vorher fest. Letztlich wurde das Urteil im Vergleich zu Schlußbericht und Anklageschrift lediglich gestrafft und gekürzt, durch juristische Terminologie „angereichert" und noch einmal stilistisch überarbeitet, aber in der Sache enthielt es keinerlei neue Akzente oder Aspekte – was letztlich nur dokumentiert, daß Anklage und Urteil bereits im Untersuchungsverfahren durch die Staatssicherheit in vollem Umfang präjudiziert worden waren.

Die auf Abschreckung zielenden harten Strafen, die durch das Oberste Gericht verhängt worden waren, standen nicht nur auf dem Papier. Zu großen Teilen mußten sie in den Zuchthäusern des Regimes verbüßt werden – von seltenen Ausnahmen abgesehen. Die aus der DDR stammenden sechs Angeklagten aus dem Haase-Prozeß mußten ein Dasein als Strafgefangene zwischen acht und elf Jahren fristen, ehe sie im Wege bedingter Strafaussetzung, teils dank humanitärer Bemühungen der Bonner Regierung, ihre Freiheit wiedererlangten. Ihre Entlassungstermine machen das anschaulich. Walter Rennert: 20. Juni 1961, Helmut Schwenk: 10. August 1962, Wolf Oestereich: 15. Juli 1964, Siegfried Altkrüger: 19. August 1964, Karl-Heinz Schmidt: 1. September 1964 und Walter Schneider: 6. September 1964.

Für den Hauptangeklagten hingegen öffneten sich die Zuchthaustore bereits nach drei Jahren. Durch Gnadenerweis des DDR-Präsidenten Wilhelm Pieck vom 7. Dezember 1956 wurde Werner Haase „der Rest" seiner lebenslangen Zuchthausstrafe erlassen. Drei Tage später war er ein freier Mann. Hinter der ungewöhnlichen Milde verbarg sich der wahrscheinlich erste Austausch politischer Häftlinge, der zwischen beiden deutschen Staaten zustande kam. Werner Haase wurde, wie Gehlen in seinen Erinnerungen schreibt, „nach langwierigen Bemühungen" gegen den in Westberlin festgenommenen und in die Bundesrepublik überstellten mutmaßlichen Agenten der HV A, Ule Lammert, einem Freund von Markus Wolf, ausgetauscht. Zu Recht bescheinigt der Chef der Organisation seinem freigetauschten Ex-Filialleiter „unerschrockenen Einsatz" und „vorbildliche Standhaftigkeit".[469] Über die Mitangeklagten aus der DDR verlor Gehlen kein Wort.

469 Gehlen: Der Dienst, S. 195.

6.2. Kalter Krieg und Spionage – der Fall Karli Bandelow, Ewald Misera und andere

Wo der Strafprozeß als politisches Instrument mißbraucht wird, verkommt die Hauptverhandlung vor Gericht zum justitiellen Ritual. Die Politbürokratie der SED hat dafür zahlreiche Exempel statuiert. Ein besonders abstoßendes Beispiel dafür bot ein Schauprozeß, mit dem wieder einmal die Politik Konrad Adenauers im allgemeinen und die Aktivitäten der Organisation Gehlen im besonderen an den Pranger gestellt werden sollten. Die Öffentlichkeit erlebte das makabre Theater in Gestalt einer achttägigen Hauptverhandlung gegen sieben „Gehlen-Agenten", darunter eine Frau, vor dem 1. Strafsenat des Obersten DDR-Gerichts im November 1954.

Vor Gericht standen der Bauingenieur Karli Bandelow und der Handlungsgehilfe Ewald Misera, beide aus Berlin, der Industriekaufmann Vitalis Dalchau, ebenfalls aus Berlin, der Finanzbuchhalter Gottfried Schröer aus Altenburg, der Fischer Christoph Komorek aus Wesenberg (Kreis Neustrelitz), der Dreher Werner Laux aus Leipzig und die Stenotypistin Käthe Dorn, auch sie aus Berlin. Mit Ausnahme von Werner Laux, der bereits am 29. April 1954 festgenommen worden war, hatte die Staatssicherheit die übrigen Angeklagten schlagartig im Zuge der Aktion „Pfeil" festgenommen, zumeist am 3. oder 4. August 1954.

Was während des Prozesses nur gemutmaßt, aber natürlich nicht belegt werden konnte, war seine planmäßige Inszenierung durch die Staatssicherheit im Zusammenwirken mit der Politbürokratie der SED. Anhand der Akten kann sie im Rückblick nunmehr genau rekonstruiert werden. Am 24. August 1954 wurde das Politbüro der SED erstmals mit der Sache befaßt. Laut Protokoll Nr. 22/54 erstattete Willi Stoph, damals Mitglied des Politbüros und Minister des Innern, unter Tagesordnungspunkt 18 Bericht über die Verhaftung sogenannter Gehlen-Agenten.[470] Seine Ausführungen wurden zustimmend zur Kenntnis genommen. Bereits am 3. September 1954 legte der Untersuchungsführer der Staatssicherheit seinen Schlußbericht vor, der am 23. September zur Anklageschrift umfunktioniert wurde, das heißt, er wurde üblicherweise mit ein paar handschriftlichen Änderungen des Generalstaatsanwalts versehen und durch die Überschrift „Anklage" zur Anklageschrift erhoben.[471] Einen Tag später beschloß der 1. Strafsenat die Eröffnung des Hauptverfahrens.[472] Als Termin der Hauptverhandlung wurden der 30. September bis 2. Oktober bestimmt.

Zeitlich koordiniert wurden die propagandistischen Vorbereitungen des Prozesses mit einem diplomatischen Schritt des seinerzeitigen Hohen Kommissars der UdSSR in Deutschland, Georgi M. Puschkin, sowie durch eine internationale

470 Protokoll Nr. 22/54 der Sitzung des Politbüro am 24.8.1954, S. 1; SAPMO-BA, DY 30, J IV/2/378.

471 Anklageschrift des Generalstaatsanwalts vom 23.9.1954; BStU, ZA, AU 530/54, HA/GA, Bd. 3, Bl. 57–152.

472 Eröffnungsbeschluß des 1. Strafsenats des Obersten Gerichts vom 24.9.1954; BStU, ZA, AU 530/54, HA/GA, Bd. 1, Bl. 2f.

Pressekonferenz großen Stils in Ostberlin. Wie schon erwähnt richtete Puschkin am 23. September 1954 ein ausführliches Schreiben an seinen US-amerikanischen Kollegen James B. Conant, in dem er unter Berufung auf Material der Regierung der Deutschen Demokratischen Republik feststellte, „daß Organe der Staatssicherheit der Deutschen Demokratischen Republik zahlreiche Fälle von Wühlarbeit aufgedeckt haben, die von Spionage- und Diversionsorganisationen, welche sich in Westberlin und in Westdeutschland befinden, gegen die DDR betrieben wird. Wie das Material zeigt, wurden in der letzten Zeit in der DDR mehr als 400 Spione und Diversanten dieser Organisationen festgenommen. Außerdem stellten sich mehr als 100 Agenten freiwillig, da sie ihre verbrecherische Tätigkeit bereuen.“[473]

Für den gegebenen Zusammenhang war an Puschkins Schreiben besonders signifikant, daß er einige der für den Schauprozeß vorgesehenen Angeklagten namentlich hervorhob:

> „Im August wurden von Organen der DDR die Agenten der Gehlen-Organisation Karl Bandelow, Ewald Misera und Käthe Dorn festgenommen, die Sabotage im Eisenbahnverkehr der DDR betrieben hatten. Sie alle gestanden, daß sie Diversionsakte auf wichtige Objekte der Eisenbahn (Eisenbahnknotenpunkte, Brücken, Depots, Wassertürme) vorbereiteten. Bei den Diversanten wurden chiffrierte Texte, Codes, Instruktionen und andere Mittel zur Durchführung verbrecherischer Vorhaben beschlagnahmt.“[474]

Die Nennung dieser Namen war gewiß kein Zufall.

Die zweite „aktive Maßnahme“ zur Vorbereitung des Prozesses bestand in der Durchführung einer Pressekonferenz am 4. Oktober 1954 im Steinsaal des Regierungspresseamtes der DDR in Berlin-Mitte. „Die Leitung der Pressekonferenz hat Genosse Fritz Beyling, Leiter des Presseamtes beim Ministerpräsidenten der DDR“, hieß es in einem von der Staatssicherheit ausgearbeiteten Plan. „Vertreter der Regierung und Hauptreferent: Genosse Staatssekretär Professor Albert Norden.“[475] Zudem waren genaue inhaltliche Vorgaben gemacht und die Namen der Redaktionen aufgelistet worden, die eingeladen werden sollten, insgesamt übrigens 139 Journalisten. Da der Schauprozeß gegen Bandelow, Misera und andere auf den 30. September bis 2. Oktober gelegt worden war, sollte die Pressekonferenz zwei Tage nach der Urteilsverkündung gleichsam ein letzter Paukenschlag im Konzert der Propaganda sein.

Die Pressekonferenz fand zwar termingerecht statt[476], aber sie verpuffte weithin wirkungslos, weil der Prozeß verschoben wurde. In der Sitzung des Politbüros vom 28. September wurden laut Protokoll Nr. 27/54 Durchführung und Auswertung des Prozesses konkret erörtert. Berichterstatter war Anton Plenikowski, Leiter der Abteilung „Staatliche Verwaltung“ im ZK, der dazu am 25. Sep-

473 Hoher Kommissar der UdSSR fordert erneut Auflösung aller Agentenorganisationen, in: Dokumentation der Zeit, Nr. 82/1954, Sp. 5929.
474 Ebenda, Sp. 5929 f.
475 Plan zur Pressekonferenz vom 1.10.1954; BStU, ZA, AS 183/56, Bl. 5.
476 „In der DDR werden die Agentennester ausgemerzt“. Aus der Rede von Staatssekretär Professor Albert Norden auf der Pressekonferenz am 4.10.1954, in: Dokumentation der Zeit, Nr. 82/1954, Sp. 5933–5940.

tember 1954 bereits eine zwölf Seiten umfassende „Vorlage für das Politbüro“[477] ausgearbeitet hatte. Ihren Entwurf hatte Josef Streit verfertigt, damals Leiter des Sektors Justiz in besagter ZK-Abteilung.[478] Einem Szenarium gleich waren in der Vorlage Zielsetzung, Verlauf und Urteil des geplanten Prozesses vor dem Obersten Gericht sowie dreier weiterer geplanter Prozesse vor den Bezirksgerichten Erfurt, Frankfurt/Oder und Magdeburg niedergelegt. Auch das anvisierte Urteil stand so gut wie fest. Für die Hauptangeklagten Bandelow und Misera waren ursprünglich lebenslängliche Zuchthausstrafen vorgesehen. Die übrigen Angeklagten sollten zwischen zehn und 15 Jahren erhalten.

Zur Begründung wurde in unübertroffenem Politjargon ausgeführt:

> „Das Ziel der durchzuführenden öffentlichen Prozesse ist die weitere Entlarvung der Organisation Gehlen als einer Bande von Kriegsverbrechern, Faschisten und Revanchisten, die nicht nur den Frieden des deutschen Volkes, sondern den Frieden der Welt gefährden. Die Prozesse sind die folgerichtige Fortsetzung der Aufklärungstätigkeit, die von den Organen der Staatssicherheit zur Entlarvung der Spionage- und Schädlingstätigkeit der Gehlen-Organisation begonnen wurde, in der Vorbereitung der Volkswahlen[479] aber ungenügend beachtet wird. Die Untersuchungen haben ergeben, daß die Agenten der Gehlen-Organisation sich mit verbrecherischen Methoden an alle Schichten der Bevölkerung wenden, um sie zu werben und im Falle der Ablehnung unter Druck zu setzen.[...]
>
> Die durchzuführenden Prozesse werden erneut den Beweis erbringen über [sic!] das ungeheure Ausmaß des nationalen Verrates durch die Adenauer-Regierung, die wieder an die Macht gekommenen Militaristen und Faschisten und den Verrat einzelner Personen aus den Reihen der Intelligenz.
>
> Entlarvt wird ferner die verbrecherische Tätigkeit der Bonner Regierung und der amerikanischen Kriegstreiber, die durch die Organisation Gehlen und andere Spionageorganisationen die freundschaftlichen Beziehungen zwischen den Nationen zu stören versuchen.
>
> Im Anschluß an die Prozesse ist eine breite Aufklärungskampagne durchzuführen, in der der Bevölkerung das ungeheure Ausmaß des nationalen Verrates durch die Adenauer-Regierung eindringlich dargelegt werden muß, um sie zur Wachsamkeit und breitester Mitarbeit bei der Zerschlagung aller feindlichen Umtriebe aufzurufen.“[480]

Nach ausführlicher Darstellung der zu diesem Zeitpunkt vorliegenden Ermittlungsergebnisse zu jedem der sieben Beschuldigten folgte ein „Plan zur Auswertung“ des angedachten Prozesses vor dem Obersten Gericht, in dem detailliert festgelegt wurde, wie die Propagandakampagne organisiert werden sollte:

477 Protokoll Nr. 27/54 der Sitzung des Politbüros am 28.9.1954, S. 1; SAPMO-BA, DY 30, J IV 2/2 A 380, und Vorlage für das Politbüro vom 25.9.1954, S. 1; SAPMO-BA, DY 30, J IV 2/2 A 377.

478 Vgl. Behlert: Die Generalstaatsanwaltschaft, S. 324.

479 Für den 17.10.1954 waren als „Volkswahlen“ propagierte Einheitslistenwahlen zur Volkskammer und zu den Bezirkstagen der DDR anberaumt worden.

480 Vorlage für das Politbüro vom 25.9.1954, S. 2 f.; SAPMO-BA, DY 30, J IV 2/2 A 377.

„a) Ausarbeitung einer Argumentation für die Referenten und Agitatoren über den Komplex Organisation Gehlen mit konkretem Material.
Verantwortlich: Gen. Mielke
Termin: 2.10.1954

b) Presse und Rundfunk – Film
An der Verhandlung nimmt ADN und die zentrale DDR-Presse teil. Es sind täglich die wichtigsten Ergebnisse und nach Abschluß der Verhandlung ein zusammenfassender Bericht zu bringen.
Der Rundfunk nimmt das Ergebnis auf Band auf und bringt in seinen Sendungen wichtige Auszüge aus dem Prozeßverlauf.
Die DEFA[481] wird verpflichtet, besonders wirkungsvolle Stellen [sic!] des Prozesses für den Augenzeugen[482] zu filmen.
Verantwortlich: Gen. Vossler

c) Für die Dauer des Prozesses muß die Teilnahme der Zuhörer gesichert sein.
Vorgeschlagen wird folgender Teilnehmerkreis:
Angestellte aus dem Staatssekretariat für Verkehr,
Angestellte und Arbeiter aus der Reichsbahndirektion,
Angestellte und Arbeiter aus dem E. W. ‚J. W. Stalin' in Treptow,[483]
Agitatoren der Nationalen Front aus Betrieben und Verwaltungen,
Mitarbeiter der Kaderabteilungen sowie andere Mitarbeiter aus den Ministerien und Staatssekretariaten.
Insgesamt 120–130 Personen
Verantwortlich: Abt. Agitation

d) Die Abt. Agitation bei der Bezirksleitung Groß-Berlin sorgt schon bei der Auswahl der Teilnehmer dafür, daß die Gewähr gegeben ist, daß die Teilnehmer an der Verhandlung die Ergebnisse in ihren Betrieben, Verwaltungen und in Agitationeinsätzen verwerten.
Verantwortlich: Abt. Agitation beim ZK und Abt. Agitation bei der Bezirksleitung."[484]

Indes wurden in der Politbürositzung am 28. September Bedenken gegen die zeitliche Planung des Prozesses geltend gemacht, die politisch begründet waren. Statt des ursprünglich in Aussicht genommenen Termins für die Hauptverhandlung empfahl das Politbüro, den Prozeß „in etwa 4–6 Wochen" durchzuführen, „zurückgestellt nach Volkswahlen", wie auf der im übrigen zustimmend zur Kenntnis genommenen Beschlußvorlage handschriftlich vermerkt wurde. Da der 1. Strafsenat des Obersten Gerichts in vorauseilendem Gehorsam bereits am 24. September die Eröffnung des Hauptverfahrens beschlossen und den Beginn der Hauptverhandlung entsprechend der ursprünglichen Planung Plenikowskis auf den 30. September festgelegt hatte, wurde durch Ziegler die Verschiebung des Termins „aus dienstlichen Gründen" verfügt. Die Aufhebung des Termins erfolge, weil der Generalstaatsanwalt mitgeteilt habe, daß noch dringend Ermitt-

481 DEFA: Deutsche Film-AG (staatliche Filmproduktionsgesellschaft der DDR).
482 Gemeint ist die DEFA-Wochenschau „Der Augenzeuge".
483 Gemeint ist der damalige VEB Elektro-Apparate-Werk „J. W. Stalin" in Berlin-Treptow.
484 Vorlage für das Politbüro vom 25.9.1954, S. 11 f.; SAPMO-BA, DY 30, J IV 2/2 A 377.

lungen geführt werden müßten, die durch den Prozeßverlauf nicht gestört werden dürften. Diese Begründung entsprach zwar nicht der Wahrheit, wie sich anhand der Akten nachweisen ließe, aber sie genügte dem juristischen Schein.

Am 26. Oktober stand der also verschobene Prozeß – wie durch Protokoll Nr. 30/54 belegt – erneut auf der Tagesordnung des Politbüros. Als unter Punkt 6, zu dem außer Plenikowski auch Erich Mielke, Ernst Melsheimer und Hilde Benjamin hinzugezogen worden waren, darüber beraten wurde, figurierte Mielke als Berichterstatter.

„Nach Entgegennahme des Berichts des Genossen Mielke wird festgelegt:

1) die Vorschläge zu den Urteilen für die beiden Haupttäter werden bestätigt. (Anlage Nr. 4).
2) Entsprechend den Vorschlägen des Genossen Ulbricht ist die Prozeßführung und seine [sic!] Auswertung zu organisieren.

Die persönliche Verantwortung trägt Genosse Plenikowski.

Die Verantwortung für die Behandlung in der Presse trägt der Genosse Vossler."[485]

Anlage 4 zum Protokoll Nr. 30/54 vom 26. Oktober 1954 enthielt das schicksalsschwere Verdikt: „Im Verfahren gegen Bandelow und andere ist hinsichtlich der beiden Haupttäter Bandelow und Misera auf die Todesstrafe zu erkennen."[486] Das Politbüro als gleichsam erste und letzte Instanz hatte die ursprünglichen Vorschläge zum Strafmaß unverhältnismäßig verschärft und definitiv sanktioniert.

Noch am Tage der Politbürositzung verfügte Ziegler einen neuen Termin zur Hauptverhandlung, die nunmehr am 1. November beginnen und acht (!) Verhandlungstage umfassen sollte. Das Urteil wurde am 9. November verkündet. Im Strafmaß entsprach es den Vorschlägen des Politbüros, dessen Vorgabe der 1. Strafsenat des Obersten Gerichts in der Besetzung mit Walter Ziegler als Vorsitzendem, Helene Kleine und Dr. Heinrich Löwenthal als Beisitzern durch seine Entscheidung juristisch formalisiert hatte.

Allen Angeklagten wurden Verbindungen zur Organisation Gehlen angelastet. Mit Ausnahme von Karli Bandelow und Käthe Dorn, die befreundet gewesen waren, hatten die Angeklagten einander nicht gekannt. Allein politische Zweckmäßigkeit und agitatorische Nutzanwendung hatten die personelle Auswahl für den Strafprozeß bestimmt. Bandelow war zuletzt als Hauptreferent im Staatssekretariat für Kraftverkehr und Straßenwesen tätig gewesen, Ewald Misera übte eine Tätigkeit als Disponent in der Reichsbahndirektion Berlin aus, Vitalis Dalchau arbeitete als Vertriebskaufmann im VEB Elektro-Apparate-Werke „J. W. Stalin" in Berlin-Treptow, Gottfried Schröer war als Buchhalter in der Finanzabteilung der Werkzeugfabrik Altenburg tätig, Christoph Komorek hatte zuletzt eine Stellung als Wirtschaftsleiter im VEB Binnenfischerei in Wesenberg, Werner Laux war als Dreher in einer Fahrzeugfabrik in Leipzig beschäftigt, und Käthe Dorn schließlich arbeitete als Sekretärin im VEB Projektierung Kraftverkehr und Stra-

485 Protokoll Nr. 30/54 der Sitzung des Politbüros am 26.10.1954, S. 3 f.; SAPMO-BA, DY 30, J IV 2/2 A 380. – Der Name erscheint in den Akten in unterschiedlicher Schreibweise: Vossler und Vosseler.

486 Anlage Nr. 4; ebenda.

ßenwesen. Alle Angeklagten hatten zwar Zugang zu Planunterlagen und Wirtschaftsinformationen, die für westliche Dienste interessant sein konnten, zumal angesichts der in der DDR üblichen Geheimniskrämerei, sie hatten auch Tote Briefkästen angelegt und und waren als Funker für den Kriegsfall eingeplant gewesen, aber sie gaben in keinem Fall Staatsgeheimnisse von einem Gewicht weiter, das eine Todesstrafe hätte rechtfertigen können. Die Höchststrafe war vielmehr ausschließlich auf politische und propagandistische Gründe zurückzuführen.

Die ursprünglich nach der Urteilsverkündung geplante Pressekonferenz war zwar, wie gesagt, am 4. Oktober schon über die Bühne gegangen, vermutlich sollten die dazu ergangenen Einladungen nicht mehr widerrufen werden, aber die Propagandaanstrengungen waren auch ohne sie ungewöhnlich. Die Berichterstattung in Funk und Presse war aufwendig wie selten. „Neues Deutschland" publizierte neben ganzseitigen Auszügen aus der Anklageschrift, in welcher die Angeklagten schon in der Überschrift als „bezahlte Agenten"[487] diffamiert wurden, einen Prozeßbericht. „Schon lange vor 14 Uhr war der große Sitzungssaal des Obersten Gerichts mit Delegationen der Berliner Großbetriebe, den Vertretern der in- und ausländischen Presse dicht besetzt. In den Wandelgängen demonstrierten dokumentarische Bilder und fotokopierte Geheimanweisungen die Arbeitsweise der Gehlen-Agenten."[488] In diesem Stil wurde die Kampagne während des Prozesses tagelang angeheizt. „Gehlen-Verbrecher vor Gericht" lautete der Leitartikel im „Neuen Deutschland" am dritten Prozeßtag.[489] „Scheußliche Verbrechen kommen ans Licht", „Ehrlose Schurken – die Werkzeuge der USA", „Verbrechen gegen Deutschland", „Die härteste Strafe für diese Subjekte", „Der Kriegsvorbereitung überführt" – das waren die Schlagzeilen der folgenden Tage.[490] Die intern längst festgesetzte Todesstrafe wurde durch Forderungen von „Werktätigen" nach „strengster Strafe" in Stellungnahmen psychologisch vorbereitet. „2.000 Müchelner Kumpel und 900 Funkwerker in Dresden fordern in Resolutionen die strengste Bestrafung der Gehlen-Agenten."[491] Der Rangierer Arno Lehmann vom Güterbahnhof Schwerin äußerte gegenüber dem „Neuen Deutschland": „Ich erwarte von dem Gericht, daß es eine Strafe ausspricht, die diese Parasiten für immer unschädlich macht."[492] Die Regie scheute keine Mühe.

Um die propagandistische Wirkung des Schauprozesses zu erhöhen, wurde der „militärpolitische Kommentator" beim DDR-Rundfunk, Egbert von Frankenberg und Proschlitz, als „Gutachter" aufgeboten. Erwartungsmäß bekundete er, „daß jeder Auftrag an die Agenten in der DDR der direkten Kriegsvorbereitung auf deutschem Boden dienen sollte".[493]

487 Vgl. Anklageschrift des Generalstaatsanwalts der Deutschen Demokratischen Replublik gegen die bezahlten Agenten der Gehlenorganisation Bandelow, Misera, Dalchau, Schröer, Komorek, Laux und Dorn (Auszug), in: Neues Deutschland vom 2.11.1954.
488 Gehlen-Verbrecher vor dem Obersten Gericht, in: ebenda.
489 Gehlen-Verbrecher vor Gericht, in: Neues Deutschland vom 3.11.1954.
490 Vgl. dazu in dieser Reihenfolge Neues Deutschland vom 3., 4., 5., 7. und 9.11.1954.
491 Was die Werktätigen zum Prozeß sagen, in: Neues Deutschland vom 4.11.1954.
492 Saboteure hart bestrafen, in: Neues Deutschland vom 5.11.1954.
493 Aus dem Gutachten über die militärische Bedeutung der Spionageaufträge für die Gehlen-Agenten, in: Neues Deutschland vom 7.11.1954.

Zudem präsentierte die Staatssicherheit acht Belastungszeugen, von denen drei zuvor als Doppelagenten im Einsatz gewesen waren. Außerdem kam wieder Wolfgang Paul Höher zum Einsatz, der sich bereits im Prozeß gegen Werner Haase und andere als Belastungszeuge „bewährt" hatte. Er und Hans Joachim Geyer wurden nach Aktenlage in getrennten Vernehmungen erst am 29. Oktober 1954 als Zeugen zu der anhängigen Sache gehört – drei Tage vor Beginn der Hauptverhandlung. Dies läßt auf die Bedeutungslosigkeit ihrer Aussagen für das Ermittlungsverfahren schließen. Entsprechendes gilt für das Auftreten zweier weiterer vermeintlicher „Überläufer", Gerhard Kapahnke und Gerhard Prather, die verdeckt in Westberliner Filialen der Gehlen-Organisation tätig gewesen waren, ehe sie 1954 in der DDR um „Asyl" nachgesucht hatten. Prather hatte als Geheimer Mitarbeiter der Abteilung V der Verwaltung Groß-Berlin in der Untervertretung 60/80 gearbeitet,[494] und der ehemalige Telegraphist des Reichssicherheitshauptamtes Kapahnke, seit 1946 Agent des sowjetischen Geheimdienstes, hatte es gar bis zum stellvertretenden Leiter der Filiale K in der Westberliner Untervertretung 1600 gebracht.[495] Beide hatten bereits eine Statistenrolle in der Pressekonferenz Albert Nordens am 4. Oktober zu übernehmen.

Konkrete Aussagen zu den Angeklagten konnten die Zeugen in der Beweisaufnahme nicht machen. Persönlich bekannt war ihnen keiner der Angeklagten gewesen. Ihren Auftritten vor Gericht kam gleichsam dramaturgische Funktion zu. Daß ihre Aussagen von der Staatssicherheit manipuliert waren, ergab sich auch aus den Fragestellungen, die dem Gerichtsvorsitzenden suggeriert worden waren.

Nicht minder ungewöhnlich war das Auftreten von Zeugen, die aus der Strafhaft in den Zeugenstand gerufen wurden. Einer von ihnen, Friedrich Karl Bauer, war durch Menschenraub in die Gewalt der Staatssicherheit gelangt. In seiner Zeugenaussage vor Gericht kam seine Entführung selbstverständlich nicht zur Sprache.

Friedrich Karl Bauer war als hauptamtlicher Mitarbeiter des Verfassungsschutzes in Hannover mit Wohnsitz in Goslar mit der Beschaffung von Nachrichten aus der DDR befaßt. Am 17. Juli 1954 wurde er von einem Doppelagenten an der Zonengrenze im Bereich der Ecker, einem Flüßchen im Oberharz, in einen Hinterhalt gelockt, von Mitarbeitern der Staatssicherheit zusammengeschlagen und in die DDR entführt. Über Wernigerode und Magdeburg kam er nach Ostberlin. Am 15. September 1955 – nach 14 Monaten Untersuchungshaft – wurde er vom 1. Strafsenat des Bezirksgerichts Rostock zu lebenslänglich Zuchthaus verurteilt. Erst ein Jahrzehnt später, im Dezember 1965, erhielt er dank Freikauf die Freiheit zurück.[496]

494 Abteilung V/3 der Verwaltung Groß-Berlin: Vorschlag zur Umregistrierung eines GM als GHI vom 15.12.1955; BStU, ZA, AIM 16208/63, Teil I, Bd. 1, Bl. 174. Er war ursprünglich auf die Vereinigung der Opfer des Stalinismus (VOS) angesetzt, wechselte dann aber zur Organisation Gehlen.

495 Bericht über Gerhard Kapahnke o.D. (1954), übersetzt aus dem Russischen; BStU, ZA, AIM 4952/70, Personalakte, Bl. 8–12.

496 Vgl. dazu ausführlich Hans Josef Horchem: Auch Spione werden pensioniert, Herford/Berlin/Bonn 1993, S. 46–59.

Der Zeuge Bauer war erst am 28. Oktober 1954 in siebenstündiger Vernehmung auf den Prozeß vorbereitet worden. Auch seine Aussagen betrafen die Arbeit der Organisation Gehlen generell, ohne daß sie sich konkret auf einen der Angeklagten bezogen.

Wie vom Politbüro festgelegt, verhängte das Oberste Gericht durch Urteil vom 9. November 1954 die Todesstrafe für Karli Bandelow und Ewald Misera, gegen Gottfried Schröer, Christoph Komorek und Werner Laux erkannte es auf lebenslänglich Zuchthaus, Vitalis Dalchau erhielt 15, Käthe Dorn 12 Jahre Zuchthaus.

Es entsprach dem Charakter des Schauprozesses, daß einige der Angeklagten vor Gericht nicht nur Reue bekundet, sondern sich als „abschreckende Beispiele" zur Warnung für andere dargestellt haben oder darstellen mußten. Zum Beispiel erklärte Bandelow laut stenographischem Protokoll der Gerichtsverhandlung in seinem Schlußwort:

> „Meine Richter! Ich möchte das letzte Wort nicht für mich benutzen. Ich halte das angesichts der Größe meines Verbrechens für absurd. Ich habe nur zu erklären, daß ich meine Tat tief bereue und bereit bin zu schwerer und schwerster Sühne. Aber zu einem drängt es mich. Angesichts der beantragten Todesstrafe möchte ich mein Schlußwort benutzen, um jene aufzurufen, die wie ich schuldig geworden sind an Volk und Staat, möchte sie aufrufen, Vertrauen zu haben zu unserer Regierung, Schluß zu machen mit ihrer verbrecherischen Tätigkeit, mit ihrer Hilfe zur Entfesselung eines neuen wahnsinnigen Krieges, möchte sie aufrufen, Glauben zu schenken den Versicherungen unserer Regierung, wenn ihnen Straffreiheit versprochen wird, wenn sie sich freiwillig mit ihren Unterlagen den Untersuchungsorganen zur Verfügung stellen. Ich möchte ihnen zurufen, nehmt dieses hochherzige Angebot unserer Regierung an, damit es euch nicht so geht wie mir."[497]

Die Diktion deutet darauf hin, daß Karli Bandelow zu seiner erschütternden Erklärung durch die Staatssicherheit genötigt, möglicherweise auch dadurch veranlaßt wurde, daß ihm die Umwandlung seiner Todesstrafe in lebenslänglich Zuchthaus durch Gnadenakt in Aussicht gestellt worden war.

Alles Hoffen war vergebens. Karli Bandelow und Ewald Misera wurden bereits in der Nacht vom 10. zum 11. November 1954 in der Untersuchungshaftanstalt I in Dresden durch Enthauptung hingerichtet. Nicht einmal achtundvierzig Stunden waren seit der Urteilsverkündung vergangen. Eine Begnadigung war offenkundig von vornherein ausgeschlossen worden, die Ablehnung eines entsprechenden Gesuchs an den Präsidenten der DDR – dem gemäß Artikel 107 der Verfassung vom 7. Oktober 1949 formell ein Gnadenrecht zustand – am Tage nach der Urteilsverkündung administrativ vorbereitet worden.

Karli Bandelow starb zuerst. Laut Vollstreckungsprotokoll wurde er um 4.15 Uhr gefesselt und in den Richtraum gebracht. „Dort selbst wurde ihm nochmals vom Anstaltsleiter das Urteil verlesen und er anschließend dem Scharfrichter übergeben. Das Urteil wurde um 4.18 Uhr vollstreckt. Die Vollstreckung dauerte 5 ½

497 Stenographisches Protokoll der Öffentlichen Sitzung des 1. Strafsenats des Obersten Gerichts der Deutschen Demokratischen Republik; BStU, ZA, AU 530/54, BA/GA, Bd. 3, Bl. 452.

Sekunden."[498] Eine Viertelstunde später wurde die Todesstrafe an Ewald Misera vollzogen. Seiner letzten Bitte um Beistand eines katholischen Geistlichen, um den er ausdrücklich gebeten hatte, wurde nicht entsprochen. „Aus besonderen Gründen war es jedoch nicht möglich, einen Geistlichen heranzuholen."[499]

Nicht einmal die Verteidigung wurde von dem Hinrichtungstermin rechtzeitig unterrichtet. Karli Bandelow war bereits vier Tage tot, als sein Pflichtverteidiger Friedrich Wolff in Unkenntnis der vollendeten Tatsache noch ein Gnadengesuch an Staatspräsident Wilhelm Pieck richtete.[500] Welche Gründe Staatssicherheit und Politbürokratie der SED dazu bewogen, die beiden Todesurteile in dermaßen hektischer Eile zu vollstrecken, ist aus den Akten nicht ersichtlich.

Die zu Zuchthaus verurteilten Angeklagten büßten ihre Aktivitäten für die Organisation Gehlen mit langen Jahren Haft in Brandenburg-Görden, Bautzen und Hoheneck. Christoph Komorek wurde am 10. Dezember 1962 entlassen – nach acht Jahren hinter Mauern und Eisengittern. Gottfried Schröer kehrte am 22. August, Vitalis Dalchau am 26. August und Käthe Dorn am 1. September 1964 in die Freiheit zurück – dank humanitärer Bemühungen der Bundesregierung.

Werner Laux hat den Strafvollzug nicht überlebt. Er starb am 10. September 1956 als Strafgefangener im Zuchthaus Brandenburg-Görden.

Durch Kassationsbeschluß des Landgerichts Berlin vom 4. März 1992 wurde das Urteil aufgehoben, weil es „auf einer schwerwiegenden Verletzung des Rechts" beruhte, und sämtliche Betroffenen wurden mit folgender Begründung freigesprochen:

> „Zum Zeitpunkt der Verurteilung war eine Strafbarkeit der Spionage auf dem Gebiet der DDR nicht gegeben. Die Heranziehung der Bestimmung des Artikels 6 der DDR-Verfassung und der Kontrollratsdirektive 38 stellt eine im Strafrecht verbotene Analogie dar; die Normen hatten einen anderen Regelungszweck. Das Oberste Gericht hätte die Betroffenen daher wegen der ihnen zur Last gelegten Taten nicht verurteilen dürfen. Mit langwierigen politischen Ausführungen, die einen erheblichen Teil des Urteils einnehmen, sucht das Oberste Gericht die ‚Organisation Gehlen' zu einer faschistischen Organisation zu erklären, um unter Beugung des Rechts das Verhalten der Verurteilten dem Strafrecht zu unterwerfen. Ersichtlich sollte hier mit Mitteln des Strafrechts allein politischen Erwartungen der Staats- und Parteiführung Gehorsam erwiesen werden."[501]

498 Vollstreckungsprotokoll vom 11.11.1954; BStU, ZA, AU 530/54, Vollstreckungsheft Bandelow, Bl. 14.

499 Vollstreckungsprotokoll vom 11.11.1954; BStU, ZA, AU 530/54, Vollstreckungsheft Misera, Bl. 2.

500 Schreiben des Rechtsanwalts Friedrich Wolff vom 15.11.1954; BStU, ZA, AU 530/54, HA/GA, Bd. 1, Bl. 67–69.

501 Beschluß des Landgerichts Berlin – Kassationsgericht – vom 4.3.1992, Aktenzeichen: 552/506 Kass 453/91–3 Js 217/91.

6.3. Planungen für den „Ernstfall“ als Widerstand – der Fall Wilhelm Lehmann, Hans-Joachim Koch und andere

In der Vorbereitung politischer Schauprozesse und ihrer propagandistischen Nutzanwendung hatten die Strafgerichte der DDR bereits in den ersten Jahren des zweiten deutschen Staates hinreichend Erfahrung sammeln können. Die Inszenierung einer Hauptverhandlung vor „erweiterter Öffentlichkeit“ – so die juristische Terminologie für einen Schauprozeß – durch den 1. Strafsenat des Obersten Gerichts vom 9. bis 13. Juni 1955 konnte daher mit risikoloser Routine vonstatten gehen. Angeklagt waren der Elektromeister Wilhelm Lehmann aus Anklam, der Elektriker Erich Eich aus Greifswald, der Landwirt Martin Schneising aus Anklam, zuletzt selbständiger Taxifuhrunternehmer, der Fotohändler Wilhelm van Ackern aus Westberlin, zuletzt dort als hauptamtlicher Mitarbeiter der Organisation Gehlen tätig, der Zugführer Johann Baumgart aus Forst/Lausitz, der Schauspieler Hans-Joachim Koch aus Berlin sowie Benedykt Szuminski, ein Kaufmann polnischer Nationalität, der von der Anklage als „staatenlos“ bezeichnet wurde und zuletzt mit seiner Familie in Bensheim-Auerbach ansässig war.

Die Angeklagten wurden beschuldigt, „im Gebiet der Deutschen Demokratischen Republik und in der Volksrepublik Polen Spionage größten Ausmaßes betrieben und dadurch die Bestrebungen der aggressiven Kräfte der USA, Englands und der Bonner Regierung zur Vorbereitung eines neuen Krieges unterstützt“ zu haben. „Von Westberliner Geheimdienst-Filialen wurden sie beauftragt und angeleitet, nach der Ratifizierung der Pariser Verträge sogenannte ‚Meldeköpfe‘ in der Deutschen Demokratischen Republik zu bilden, eine verstärkte verbrecherische Spionagetätigkeit auszuüben und alle Vorbereitungen zu treffen, die die Fortsetzung ihrer verbrecherischen Tätigkeit unter den Bedingungen des Krieges gewährleisten.“[502] Eine Gruppe hatten die Angeklagten nicht gebildet, einige kannten aber einander, sie hatten teilweise konspirativ zusammengearbeitet, ehe sie verhaftet wurden, andere waren sich in der Gerichtsverhandlung erstmals begegnet. Über die personelle Zusammensetzung der Angeklagten in der Hauptverhandlung war wie in anderen Prozessen zuvor unter Aspekten der Agitation entschieden worden. Schon im Stadium des Untersuchungsverfahrens waren die einzelnen Fälle auf ihre „Eignung zum öffentlichen Prozeß“ geprüft worden, wie ein die Sache bearbeitender Hauptmann der Staatssicherheit zum Untersuchungsvorgang 57/55 Koch und andere aktenkundig machte mit der Begründung:

„Mit dem Vorgang Koch kann aufgezeigt werden:
Die unmittelbare Kriegsvorbereitung durch die westlichen Geheimdienste und die dabei angewandten Methoden (Funker).
Daß sich die westlichen Geheimdienste in erster Linie auf alte Faschisten und Militaristen stützen.
(K. war HJ-Führer und Angehöriger einer SS-Polizeidivision, bei ihm wurde

502 Anklageschrift des Generalstaatsanwalts der DDR vom 5.6.1955; BStU, ZA, AU 162/55, EV, Bd. 2, Bl. 306.

umfangreiches Beweismaterial über seine faschistische Gesinnung beschlagnahmt.)“[503]

Die Einschätzung Hans-Joachim Kochs, der bei Hitlers Machtergreifung 18 Jahre alt war, als „alten Faschisten“ hinderte die Staatssicherheit nicht an dem vergeblichen Versuch, ihn als Doppelagenten zu „überwerben“.

Die propagandistische Absicht entsprach durchaus der Strategie und Taktik der Aktion „Blitz“. Sie lieferte zugleich eine Erklärung dafür, warum die öffentlichkeitswirksame Vorbereitung schon so frühzeitig eingeleitet worden war. Das Untersuchungsverfahren war noch in den Anfängen, als bereits eine filmische Umsetzung nahegelegt wurde. „Es wird vorgeschlagen, einige Rekonstruktionen über durchgeführte Verbrechen der Beschuldigten Lehmann, Schneising und Eich auf dem Filmweg zwecks propagandistischer Auswertung durchzuführen.“[504] Im einzelnen unterbreitete der Sachbearbeiter ein regelrechtes Szenarium. Unter anderem sollten folgende Handlungen nachgestellt und gefilmt werden: „Probefunk Lehmann-Eich in der Wohnung des Lehmann“, „Übergabe von zwei Funkgeräten des Lehmann an Schneising“, „Schneising beim Anlegen eines TBK“.[505]

Noch ehe das Tribunal zur Szene wurde, war die vermeintliche Schuld der Angeklagten bereits öffentlich plakatiert worden, insoweit die meisten von ihnen offiziell der Spionage und Diversion geziehen wurden. In der bereits erwähnten Erklärung des Ministerrates der DDR vom 12. April 1955 wurden Wilhelm van Ackern als Leiter einer Gehlen-Filiale und Benedykt Szuminski als langjähriger Agent des amerikanischen Geheimdienstes gebrandmarkt, ohne daß sie bereits angeklagt, geschweige denn verurteilt worden waren.[506]

Gleiches wiederholte sich am 4. Mai 1955 auf einer Pressekonferenz der Staatssicherheit in Ostberlin, auf welcher der schon mehrfach erwähnte Oberst Gustav Borrmann als Sprecher der Staatssicherheit eine umfangreiche Erklärung verlas.[507] Sie gipfelte in der Behauptung, „daß die amerikanischen und englischen Imperialisten zur unmittelbaren Vorbereitung ihres geplanten Krieges übergegangen sind. Ihre verbrecherische Tätigkeit betreiben diese Organisationen, um den bestehenden kalten Krieg, der von den gleichen Auftraggebern und Hintermännern geführt wird, in einen heißen Krieg überzuleiten. Dazu verwandeln sie Westberlin in ihr wichtigstes Spionage- und Diversionszentrum.“[508] Auch Borrmann nannte zahlreiche Namen von Verhafteten, darunter Wilhelm Lehmann, Erich Eich und Martin Schneising, die knapp sechs Wochen später zu den Angeklagten des Schauprozesses vor dem Obersten Gericht zählten. Borrmann bezichtigte sie in aller Öffentlichkeit, „eine dreiköpfige Agentengruppe des NATO-Geheimdienstes“[509] gebildet zu haben. Ein spezieller „NATO-Geheimdienst“ hat indes nie existiert. Allerdings war auf diese Weise die Gerichtsver-

503 Sachstandsbericht des Untersuchungsführers vom 27.4.1955; ebenda, Bl. 26.
504 Aktennotiz der HA IX/1 vom 29.4.1955; ebenda, Bd. 1, Bl. 198.
505 Ebenda. – TBK: Toter Briefkasten.
506 Die Erklärung des Ministerrates der DDR vom 12. April 1955, in: Dokumentation der Zeit Nr. 94/1955, Sp. 7064.
507 Schluß mit den Agentenzentralen in Westberlin, in: Neues Deutschland vom 5.5.1955.
508 Ebenda.
509 Ebenda.

handlung bereits soweit programmiert, daß ihr allenfalls noch die Funktion eines Rituals zukam, bestimmt dazu, auf anderer Ebene längst getroffene Entscheidungen in strafrechtliche Formen zu kleiden.

Sechs der sieben Angeklagten in dem hier in Rede stehenden Prozeß waren im Zuge der Aktion „Blitz" bzw. ihrer als Aktion „Frühling" bezeichneten Fortsetzung von der Staatssicherheit in Gewahrsam genommen: fünf durch Festnahme in der DDR – einer durch Entführung aus Westberlin. Letztere wurde am Abend des 24. März 1955 durchgeführt. Opfer der Verschleppung, die in monatelanger Planung minutiös vorbereitet worden war, sollte der spätere Angeklagte Wilhelm van Ackern werden. Er hatte das operative Interesse der Staatssicherheit auf sich gezogen, seitdem er als hauptamtlicher Mitarbeiter der Organisation Gehlen in der Filiale 975 in Westberlin damit begonnen hatte, ein Netz von V-Leuten in Ostberlin und der DDR mit Kontakten nach Polen und in die Sowjetunion aufzubauen. Insgesamt soll er 19 „Agenten" von Westberlin aus gesteuert haben – unter ihnen einen, der ihm zum Verhängnis wurde. Denn dieser arbeitete unter dem Decknamen „Schütte" als Geheimer Mitarbeiter des MfS und war speziell auf van Ackern „angesetzt" worden. Es gelang ihm, sich in sein Vertrauen einzuschleichen, so daß er der Staatssicherheit laufend Berichte über van Ackern liefern konnte.

Um van Ackern festnehmen zu können, wurden von Mitarbeitern der Spionageabwehr (Linie II) mehrere Entführungspläne ausgearbeitet, die sämtlich darauf hinausliefen, das Opfer durch „Schütte" in eine Wohnung in Berlin-Kreuzberg, Gneisenaustraße 93, zu locken, um es hier mit alkoholischen Getränken und mit einem in Kaffee verabfolgten Betäubungsmittel willenlos zu machen. Danach sollte van Ackern durch eine Operativgruppe der Staatssicherheit im Pkw nach Ostberlin verbracht werden, während „Schütte" sich ein Scheinalibi besorgen sollte.

Nachdem mehrere Maßnahmepläne gegen van Ackern ausgearbeitet, aber verworfen worden waren oder die hinterhältige Tat aus Termingründen verschoben werden mußte – teils von der Abteilung II in der Bezirksverwaltung Magdeburg, teils von der Hauptabteilung II in der Zentrale der Staatssicherheit –, wurde am 22. März 1955 von der Abteilung II der Bezirksverwaltung Magdeburg ein weiterer „Festnahmeplan" erstellt, der – nach Gegenzeichnung durch den Chef der Hauptabteilung II und Mielkes handschriftlich vermerktes „Einverstanden" vom 23. März – am Abend des 24. März in der Verantwortung des für die „deutsche Linie" zuständigen Abteilungsleiters der Spionageabwehr Major Helmut Träger auch tatsächlich realisiert wurde.[510]

Wie geplant lockte der GM „Schütte" das Entführungsopfer am Abend des Tattages unter dem Vorwand, er könne ihm eine auf dem Bahnhof Rathenow gefundene Meldetasche eines sowjetischen Offiziers mit Kartenmaterial und militärischen Unterlagen verschaffen, in die ausgewählte Wohnung, einem auch sonst schon genutzten, van Ackern also nicht fremden Treffort. Alles war detailliert geplant und schriftlich fixiert.

510 Festnahmeplan vom 22.3.1955; BStU, ZA, AU 162/55, BA/EV, Bd. 15, Bl. 94–96.

„Da Wilhelm van Ackern etwas russisch spricht und auch lesen kann, wird die Durchsicht des in der Meldetasche befindlichen Materials in der Wohnung des Freundes längere Zeit in Anspruch nehmen.
Während des Treffs wird der GM ‚Schütte' dem Wilhelm van Ackern wie bei den vorangegangenen Treffs Alkohol anbieten. Zur Ernüchterung wird der GM Bohnenkaffee aufbrühen und hiermit [sic!] dem Wilhelm van Ackern verabreichen.
Zeitdauer des Treffs in der Wohnung des Wartenberg 90–120 Minuten.
Nach Einnahme des Kaffees werden GM ‚Schütte' und Wilhelm van Ackern den Nachhauseweg antreten. Vor der Haustür wird van Ackern von der Operativgruppe übernommen."[511]

Wie geplant, so getan. „Schütte" und van Ackern trafen sich zu ihrer verabredeten Zusammenkunft, sie tranken gemeinsam Alkoholisches, und gegen 21.30 Uhr brühte der GM Kaffee auf, wobei er, eigener Bekundung zufolge, der für van Ackern bestimmten Tasse ein mehrere Stunden wirkendes Betäubungsmittel in flüssiger Form beimischte. Wenige Minuten, nachdem van Ackern davon getrunken hatte, konnte er seine Umgebung nur noch verschwommen wahrnehmen. Völlig willenlos wurde er von „Schütte" auf die Straße geleitet und dort mit Unterstützung eines wartenden Mitarbeiters der Staatssicherheit gegen seinen Willen, gleichwohl widerstandslos, zu einem Pkw vom Typ Opel Kapitän geschleppt, das heißt, links und rechts untergehakt, in die bereitgehaltene Limousine gesetzt und von einer dreiköpfigen Operativgruppe übernommen. Sie transportierte das Opfer in circa halbstündiger Fahrt auf genau vorgeschriebener Fahrtroute von Berlin-Neukölln nach Ostberlin in die Untersuchungshaftanstalt Hohenschönhausen. Da zu jener Zeit die Berliner Mauer noch nicht existierte, bereitete eine Autofahrt über die Sektorengrenze, zumal im Dunkeln, keine Schwierigkeiten. Auch die Verantwortlichkeit für die Aktion war befehlsmäßig geregelt: „Verantwortlich für die Anleitung des GM ist der Gen. Major Träger von der Hauptabteilung II. Verantwortlich für den Einsatz der Operativgruppe Major Pompe. Verantwortlich für den Übergang an der Sektorengrenze Gen. Leutnant Janz."[512]

In Hohenschönhausen verblieb van Ackern aufgrund eines Haftbeschlusses vom 24. März 1955 – durch Unterschrift von Erich Mielke bestätigt – sowie eines Haftbefehls des Stadtbezirksgerichts Berlin-Mitte vom darauffolgenden Tage bis zur Hauptverhandlung vor dem Obersten Gericht. Van Ackerns erstes Verhör begann am 25. März mittags um 13.30 Uhr. Es dauerte ausweislich des Vernehmungsprotokolls ohne Unterbrechung bis 5.45 Uhr des folgenden Tages, mithin sechzehneinviertel Stunden.[513] Ein solches Dauerverhör entsprach einer Vernehmungstechnik, die den durch die Entführung und Festnahme ausgelösten Schock mit physischer und psychischer Zermürbung durch Schlafentzug zu verbinden suchte, um zu einem möglichst frühen Zeitpunkt operativ nutzbare Aussagen zu produzieren.

511 Ebenda, Bl. 95f.
512 Plan zur Durchführung operativer Maßnahmen vom 22.3.1955; ebenda, Bl. 97.
513 Vernehmungsprotokoll vom 25.3.1955; ebenda, Bd. 20, Bl. 5.

Fünf weitere Angeklagte in dem hier darzulegenden Verfahren wurden etwa zeitgleich in Untersuchungshaft genommen: Johann Baumgart am 28. März, Erich Eich am 2. April, Hans-Joachim Koch ebenfalls am 2. April, Wilhelm Lehmann und Martin Schneising am 3. April. Benedykt Szuminski befand sich bereits seit dem 13. Dezember 1954 in Untersuchungshaft.

Szuminski ausgenommen, waren die Angeklagten schon längere Zeit vor ihrer Festnahme von der Staatssicherheit operativ bearbeitet worden. Ihre Festnahme aktualisierte sich im Zuge der Aktion „Frühling". Im Falle Koch war die Staatssicherheit von der sowjetischen Geheimpolizei informiert worden. „Durch die Genossen Berater wurde bekannt, daß Koch, soweit es die bisher geführten Ermittlungen ergeben haben, Agentenfunker sein muß."[514] Kurz nach dieser Notiz griff die Staatssicherheit zu. „Der Beschuldigte Koch, Hans-Joachim [...], wurde am 2.4.1955 aufgrund einer Mitteilung unserer sowjetischen Berater, daß er als Funker tätig sei, festgenommen."[515] Generell war die Inhaftierung der für den Schauprozeß in Aussicht genommenen Beschuldigten von politischen Erwägungen diktiert. Es sollte unbedingt ein Zusammenhang zur Ratifizierung der Pariser Verträge als neuer Qualität westlicher „Kriegspolitik" konstruiert werden. Das reflektierte auch der Verlauf der Gerichtsverhandlung, in der die Angeklagten durchweg geständig waren und einen eingeschüchterten Eindruck machten, vor allem auch öffentlich einräumten, daß sie zu westlichen Nachrichtendiensten Kontakte besessen hatten. Mit welchen Methoden die Staatssicherheit vorging, mußte speziell Wilhelm van Ackern erfahren. Ihm wurde in der Untersuchungshaft durch Mielke persönlich die Todesstrafe angedroht,[516] falls er während der Hauptverhandlung ein Wort über seine Entführung verlauten lassen würde.

Soweit aus den Akten ersichtlich, hatte Wilhelm Lehmann, der in Anklam eine Ankerwickelei und Elektrowerkstatt betrieb, Ende 1952 durch Vermittlung eines früheren, aus der DDR geflüchteten Geschäftspartners Verbindung zum britischen militärischen Nachrichtendienst bekommen und sich bereit gefunden, Informationen über die Kasernierte Volkspolizei zu sammeln. „Und zwar sollte er berichten über die Belegungsstärke der einzelnen Kasernierten Volkspolizeistandorte, über die Waffengattungen, über die Bewaffnung unter Angabe der einzelnen Typen, über Kraftfahrzeugtypen und -nummern, über den Stand der Ausbildung der einzelnen Einheiten, und schließlich sollte er die Standorte der Kasernierten Volkspolizei skizzenmäßig erfassen."[517] Im Juni 1953 gelang es ihm, den Taxifuhrunternehmer Martin Schneising in die konspirative Arbeit einzubeziehen. Zuvor, im April 1952, war der Angeklagte Martin Eich aus Greifswald vom britischen Geheimdienst geworben worden. Ende Februar 1955 brachte der besagte Geschäftspartner Lehmanns, ihr V-Mann-Führer, der in Hamburg an-

514 Sachstandsbericht der HA II/4 vom 25.3.1955; ebenda, EV, Bd. 2, Bl. 15.
515 Sachstandsbericht der HA II/4 vom 7.4.1955; ebenda, Bl. 22.
516 Vgl. dazu die Anklageschrift der Staatsanwaltschaft bei dem Kammergericht Berlin gegen Erich Mielke und Helmut Träger vom 15.2.1994, S. 3.
517 Die Entlarvung eines neuen Spionagezentrums. Aus dem Urteil des Obersten Gerichts vom 13. Juni 1955 – I Zst (I) 3/55 – gegen Agenten der NATO-Spionageorganisation, in: Neue Justiz 9 (1955) 13, S. 394.

sässig war, aber regelmäßig nach Westberlin kam, die drei zu einem Gespräch in Westberlin zusammen. Im Ergebnis ihrer neunstündigen Beratungen wurde die Bildung eines sogenannten Funkmeldekopfes mit der Bezeichnung „Nord/Ost“ verabredet. Die Leitung wurde Lehmann übertragen, Eich wurde als Meldekopffunker eingeteilt, Schneising als Meldekopfkurier. Seine Aufgabe bestand in der Leerung Toter Briefkästen. „Lehmann sollte das Wesentliche und Verläßliche herausschälen, die einzelnen Nachrichten koordinieren und aus ihnen gekürzte, alles für die NATO Bedeutsame enthaltende Sammelmeldungen herstellen. Diese Sammelberichte sollte Lehmann dem Eich übergeben, der sie verschlüsselt an die Funkleitstelle des NATO-Geheimdienstes durchgeben sollte. Zu diesem Zweck hatten die Angeklagten drei Funkgeräte amerikanischer Herkunft zur Verfügung gestellt erhalten.“[518] Freilich war dies alles nur Planung – der Meldekopf sollte seine Tätigkeit nur für den Fall eines Krieges ausüben.

„Die Angeklagten Lehmann, Eich und Schneising waren Feinde der friedlichen Entwicklung in der Deutschen Demokratischen Republik. Sie wünschten die Wiederherstellung kapitalistischer Verhältnisse, da sie glaubten, als Geschäftsleute in der Deutschen Demokratischen Republik keine dauerhafte Existenzgrundlage zu haben.“[519] Mit diesen Worten räumte das Oberste Gericht immerhin die politische Motivation der drei Gleichgesinnten ein.

Im Fall Wilhelm van Ackern war der Sachverhalt eindeutig. Er hat seine nachrichtendienstliche Tätigkeit für die Organisation Gehlen vor Gericht auch nicht zu bestreiten versucht. Einer seiner V-Leute war der bei der Reichsbahn angestellte Zugbegleitschaffner Johann Baumgart.

> „Er sollte durch eigene Beobachtungen den Zustand der auf der Strecke Frankfurt (Oder) – Brest (SU) befindlichen Gleisanlagen, die Beschaffenheit dieser Anlagen und die Anzahl der Gleise erkunden. [...] Der Angeklagte mußte ferner berichten, ob sich an der Strecke Fabrikanlagen, Kasernen oder Flugplätze befanden und gegebenenfalls deren genaue Lage, Beschaffenheit und Belegung mitteilen. Schließlich sollte der Angeklagte auch Auskunft über die auf der Strecke befindlichen Brücken, ihre Bauart, Tragfähigkeit, Länge und die Zahl der darauf befindlichen Gleise geben. Außerdem wurde er beauftragt, weiterhin Information über ihm entgegenkommende Transporte zu erteilen, insbesondere über die Anzahl der Güter- und Truppentransporte der sowjetischen und polnischen Armee.“[520]

Im Rahmen alltäglicher Militärspionage waren das Aufgaben, die umgekehrt die Geheimdienste der DDR im Zuge ihrer Spionagetätigkeit in Westdeutschland jederzeit wahrgenommen haben. Sie als Ausdruck akuter Kriegsvorbereitung zu deuten war ebenso absurd wie die hohen Strafen, mit der sie im Osten geahndet wurde.

Dem Angeklagten Hans-Joachim Koch, der im Juli 1952 zur Organisation Gehlen stieß, wurde vorgeworfen, seit März 1953 in seiner Wohnung in Ostber-

518 Ebenda, S. 395.
519 Ebenda, S. 396.
520 Ebenda.

lin ein Funkgerät mit den dazugehörigen Funkunterlagen aufbewahrt und zu Testsendungen benutzt zu haben.

> „Von diesem Zeitpunkt an hielt er ständige Funkverbindung mit der Leitstelle in Westdeutschland und hörte deren Blindsendungen zu Übungszwecken ab. In der Folge erhielt der Angeklagte noch zwei weitere Funkgeräte. [...] Er erhielt für den Kriegsfall (E.-Fall) folgende Anweisung: Bei Eintritt eines solchen Falles waren für ihn nach einer bestimmten Ruftabelle zwei Rufzeiten vorgesehen, und zwar sollte eine nachts und die andere am Tage gelten. Er sollte für den Funkverkehr die ihm bereits ausgehändigten Funkunterlagen benutzen. Die Sendungen sollte er an die in der Nähe von München oder Frankfurt am Main befindliche Funkleitstelle richten."[521]

Auch im Fall Koch waren es weitgehend Planung und Vorbereitung, die zum Gegenstand der gegen ihn erhobenen Vorwürfe gemacht wurden. Mit besonderer Heftigkeit empörte sich der Generalstaatsanwalt vor Gericht darüber, daß Koch während des ostdeutschen Volksaufstands Funkkontakt aufgenommen hatte.

> „Am 17. Juni 1953 nahm der Beschuldigte Koch selbständig die Funkverbindung mit der Leitstelle auf und berichtete aus eigener Initiative über seine Beobachtungen in Berlin. In diesen Tagen stand er fünfmal mit der Leitstelle in Funkverbindung und gab jedesmal Funksprüche mit Spionageinformationen über die Lage in Berlin durch. Dabei berichtete er über die Verhängung des Ausnahmezustandes, über die Absperrung der Sektorengrenze sowie über die Konzentrierung von Einheiten der sowjetischen Armee."[522]

Unausgesprochen bestätigte Melsheimer mit seinen Vorwürfen, daß von der Organisation Gehlen während des Aufstands vom 17. Juni augenscheinlich keinerlei Weisungen über Funk nach Ostberlin erteilt worden waren. Sie nahm nur Berichte entgegen.

Einen Sonderfall stellte der Angeklagte Benedykt Szuminski dar. Der aus Bromberg gebürtige Kaufmann war zwei wachsamen Transportpolizisten ins Netz gegangen. Bei dem Versuch, sich illegal durch die DDR nach Polen durchzuschlagen, wurde er beim Überqueren einer S-Bahnbrücke bei Mahlow am Abend des 13. Dezember 1954 gegen 23.00 Uhr gelegentlich einer Personenkontrolle festgenommen und zwei Stunden später, nachts um 1 Uhr, bereits der Bezirksverwaltung Potsdam der Staatssicherheit übergeben. Er hatte sich verdächtig gemacht, da er nicht nur mehrere falsche Personalausweise, ausgestellt auf die Namen Jan Kaczmarek, Jan Muszinski und Johann Maler, sondern auch eine Pistole vom Kaliber 7.65 Millimeter, ein feststehendes Messer und einen Fotoapparat, polnisches und deutsches Geld, fünf Armbanduhren, Nylon-Damenstrümpfe und Chiffon-Tücher mit sich führte. Tatsächlich hatte er sich im Auftrag des CIC illegal nach Polen begeben wollen, wie er bereits in seiner ersten Vernehmung aussagte.

Obwohl die polnischen Sicherheitsbehörden, die von der Staatssicherheit

521 Ebenda, S. 397.
522 Stenographisches Protokoll der Hauptverhandlung; BStU, ZA, AU 162/55, BA/GA, Bd. 3, Bl. 345.

zwecks Personenidentifizierung informiert worden waren, Szuminskis Auslieferung gefordert hatten, wurde er in Ostberlin vor Gericht gestellt: Zu gut fügte sich seine Gestalt in das Szenarium des Schauprozesses.

In der Hauptverhandlung, die am Morgen des 9. Juni begann, wurden alle Register der politischen Agitation und der persönlichen Diffamierung der Angeklagten gezogen. In Presse und Funk der DDR fiel die Berichterstattung zwar nicht ganz so aggressiv und extensiv aus wie ein halbes Jahr zuvor während des Prozesses gegen Karli Bandelow, Ewald Misera und andere, aber Schlagzeilen wie „NATO-Agenten vor dem Obersten Gericht“, „Die faschistische Fratze der NATO-Agenten“, „Sie wollten ein neues Völkermorden“, „Wer den Krieg vorbereitet, kann nicht mit Gnade rechnen“ dokumentierten gleichwohl die grobschlächtige Tendenz der Berichterstattung.[523] Wie der Generalstaatsanwalt schon in seiner Anklageschrift beantragt hatte, fand die Hauptverhandlung vor „erweiterter Öffentlichkeit“ statt. Vertreten wurde die Anklage vor Gericht durch Dr. Ernst Melsheimer und Staatsanwalt Walter Piehl. Als Vorsitzender Richter amtierte wie so häufig in politischen Schauprozessen der kommissarische Vizepräsident des Obersten Gerichts, Walter Ziegler, die Oberrichter Dr. Heinrich Löwenthal und Dr. Hans Rothschild waren als beisitzende Richter beteiligt. Die Atmosphäre im Gerichtssaal war durch politische Effekthascherei gekennzeichnet. Besonders der Stil des Generalstaatsanwalts, seine zuweilen sich überschlagende Stimme, seine aggressiven Fragestellungen im Kreuzverhör weckten ungute Assoziationen zu Dr. Roland Freisler, dem berüchtigten Präsidenten des nationalsozialistischen Volksgerichtshofes. In seinem Plädoyer war sich der Jurist, der es vor 1945 bis zum Kammergerichtsrat in Berlin gebracht hatte und Mitglied des nationalsozialistischen „Rechtswahrerbundes“ gewesen war, also nicht eben als überzeugender Antifaschist gelten konnte, nicht zu schade, auch ordinäre Verbalinjurien gegen die Angeklagten zu gebrauchen. Seine Auslassungen zur internationalen Situation waren in Form und Inhalt platt.

> „Oberstes Gericht der Deutschen Demokratischen Republik: Nach der Unterzeichnung der Pariser Verträge am 23. Oktober 1954 und nach der Ratifizierung dieser Verträge, die der Bonner Staat am 27. Februar 1955 gegen den Willen der werktätigen Menschen in Westdeutschland vornahm, war eine ernste Situation geschaffen. Die Kriegsgefahr in Europa hatte eine riesige Verstärkung erfahren. Aber noch haben die Kriegsinteressenten, die Liebhaber und Nutznießer von Kriegsführung und Kriegsvorbereitung das Ziel ihrer Politik der Stärke nicht erreicht. Sie werden es nie erreichen, wenn alle Menschen auf der Welt, die guten Willens sind und den Frieden lieben, sich zur Verteidigung des Friedens zusammenschließen, den Kriegstreibern in den Arm fallen und die Durchführung der Pariser Verträge verhindern.“[524]

Zuweilen geriet der Generalstaatsanwalt, wenn er in seiner Agitation im Gerichtssaal allzu stark überzog, zur politischen Selbstkarikatur:

523 Vgl. in der zitierten Reihenfolge: Neues Deutschland vom 10., 11., 12. und 14.6.1955.

524 Stenographisches Protokoll der Hauptverhandlung; BStU, ZA, AU 162/55, BA/GA, Bd. 3, Bl. 403 f.

„In atemberaubenden Tempo sind die friedliebenden Kräfte der Welt am Werk, unter Führung der großen Sowjetunion ihre Friedensoffensive voranzutreiben, diese Friedensoffensive, die den Kriegstreibern eine Schlappe nach der anderen beigebracht hat und beibringt. Da ist die Schlappe China, die Schlappe Korea und die Schlappe Vietnam. Da war die Konferenz von Bandung, auf der die Vertreter der bedeutendsten asiatischen und afrikanischen Staaten mit einer Bevölkerung von anderthalb Milliarden Menschen zusammenkamen und sich über die Prinzipien der friedlichen Koexistenz und die Sicherung des Friedens in diesem Teil der Welt verständigten. Da war die Wiener Konferenz, auf der der entschlossene Wille des österreichischen Volkes, allen Kriegsplänen eine Absage zu erteilen, genugte, den Staatsvertrag mit Österreich, den Frieden für dieses Land und den Abzug der Besatzungsmächte zu erzwingen. Millionen Deutsche blicken nach Wien und fragen sich, warum das, was dort geschah, nicht auch bei uns Wirklichkeit werden kann.“[525]

Man fragte sich vor allem, was derlei Ausführungen im Gerichtssaal zu suchen hatten.

Einer politischen Pflichtübung gleich übte sich Melsheimer in seinem Plädoyer in vordergründiger Demagogie, ehe er überhaupt zu den von ihm erhobenen Beschuldigungen gegen die Angeklagten kam. Schließlich zitierte er, als ob ihr Beweiskraft zukäme, ausführlich aus jener Erklärung des Ministerrates vom 12. April 1955, in der die Verhaftung von angeblich 521 Agenten öffentlich gemacht worden war, und fuhr fort:

„Hier auf der Anklagebank sitzen sieben von diesen Verbrechern und erwarten ihre Verurteilung. In drei Gruppen muß man diese Angeklagten einteilen: Die ersten drei Angeklagten, Lehmann, Eich und Schneising, gehörten dem NATO-Geheimdienst an. Die Angeklagten van Ackern, Baumgart und Koch waren Agenten des Gehlen-Geheimdienstes. Der Angeklagte Szuminski war Spion des amerikanischen Geheimdienstes.

Niemand, meine Herren Richter, der diesen Prozeß erlebte, kann sich des starken Eindrucks entziehen, daß der NATO-Geheimdienst eine außerordentlich große Gefahr für die friedliche Existenz der Völker Europas bedeutet. Die Verbrechen, die die Angeklagten Lehmann, Eich und Schneising im Auftrage dieses Geheimdienstes begingen, bestätigen die Rolle der NATO als eines aggressiven Militärblocks und den wahren Zweck der Pariser Verträge, der darin besteht, der NATO westdeutsche Menschen als Söldner zuzuführen.“[526]

Es war unerfindlich, was die Anklage unter dem sogenannten NATO-Geheimdienst verstand. Nach Aktenlage war der von Wilhelm Lehmann geleitete Funkmeldekopf beim britischen militärischen Nachrichtendienst angebunden. Am Ende seines Plädoyers, das abwechselnd auch von Piehl vorgetragen wurde, steigerte Melsheimer seine haßerfüllten Ausbrüche bis zu persönlichen Beschimpfungen. Nicht nur charakterisierte er die Angeklagten im einzelnen als „eingefleischte“ oder „unerhörte Feinde“ der DDR, er diffamierte einen von ihnen

525 Ebenda, Bl. 404.
526 Ebenda, Bl. 431.

auch als „eine Schmeißfliege“[527], einen anderen als „ein elendes Subjekt“, das vor Gericht „das Schauspiel eines Ekels“ bot: „Wir haben also in ihm das Bild eines abgefeimten und üblen, eines miserablen, eines charakterlich und menschlich dreckigen Subjekts.“[528]

Das waren Töne, die selbst in Gerichtssälen der DDR nicht alle Tage zu hören gewesen waren.

Melsheimer forderte für Wilhelm Lehmann und Hans-Joachim Koch, „diesen lügenden Großspion, der seit 1953 bis 1955 nur von Spionagegeldern gelebt hat, diesen Auswurf des Drecks“[529], die Todesstrafe, für Wilhelm van Ackern und Erich Eich lebenslänglich Zuchthaus sowie für Johann Baumgart und Benedykt Szuminski je 15 Jahre, für Martin Schneising zwölf Jahre Zuchthaus.[530] Der 1. Strafsenat des Obersten Gerichts entsprach in vollem Umfang den Strafanträgen des Generalstaatsanwalts.[531] Wiederum war in erster und letzter Instanz ein Exempel statuiert, das weder in den Sanktionen angemessen war noch rechtsstaatlichen Minimalforderungen genügte: Schon allein die Anwendung der in Artikel 6 Absatz 2 der Verfassung enthaltenen Generalklausel, die gegen das Verbot der Analogie im Strafrecht verstieß, machte das höchstrichterliche Urteil zu Justizunrecht – von allen sonstigen Mängeln der Entscheidung abgesehen.

Die verhängten Todesurteile wurden in der Nacht vom 28. zum 29. Juni 1955 – rund zwei Wochen nach ihrer Verkündigung – in der Untersuchungshaftanstalt I in Dresden vollstreckt. Wilhelm Lehmann starb gegen 2.12 Uhr unter dem Fallbeil,[532] acht Minuten später endete das Leben von Hans-Joachim Koch.[533] Nicht einmal zwei Jahre lang hatten sie Verbindung zu westlichen Nachrichtendiensten unterhalten. Die Freiheitsstrafen der übrigen Angeklagten mußten in langjähriger Haft verbüßt werden – Wilhelm van Ackern, Opfer eines Menschenraubs, kehrte am 5. September 1964 nach Westberlin zurück.

6.4. Widerstand in der Justiz – die Fälle Rudolf Reinartz und Lothar Cetti

Gab es Widerstand in der DDR-Strafjustiz oder waren Staatsanwälte und Richter im Staat der SED ausnahmslos willige Vollstrecker im Dienst der Politbürokratie? Der Fall des Leipziger Staatsanwalts Lothar Cetti und seiner Ehefrau liefert einen konkreten Beweis – nicht den einzigen – dafür, daß es durchaus singuläre

527 Ebenda, Bl. 437.
528 Ebenda, Bl. 439 und 443.
529 Ebenda, Bl. 447.
530 Ebenda, Bl. 446.
531 Vgl. Die Entlarvung eines neuen Spionagezentrums. Aus dem Urteil des Obersten Gerichts vom 13.6.1955 – I Zst (I) 3/55 – gegen Agenten der NATO-Spionageorganisation, in: Neue Justiz 9 (1955) 13, S. 399 f.
532 Vollstreckungsprotokoll vom 29.6.1955; BStU, ZA, AU 162/55, BA/GA, Bd. 2, Bl. 20.
533 Ebenda, Bd. 1, Bl. 14.

Versuche gegeben hat, sich dem Unrecht der Diktatur und speziell dem Justizunrecht entgegenzustellen.

Aus diesem Gesichtpunkt ist zu erklären, warum im Zusammenhang mit der Aktion „Blitz" auch ein Schauprozeß gegen ehemalige Juristen aus der DDR in Aussicht genommen war, denen Feindtätigkeit im Sinne des Regimes zum Vorwurf gemacht wurde. Ins Visier der Staatssicherheit waren in diesem Kontext der frühere Abteilungsleiter im Ministerium der Justiz, Dr. Rudolf Reinartz, geraten, der am 24. Oktober 1953 von Ost- nach Westberlin geflüchtet, aber am 4. Februar 1954 aus eigenem Entschluß nach Ostberlin zurückgekehrt und hier unverzüglich festgenommen worden war, sowie der Leipziger Staatsanwalt Lothar Cetti und seine Ehefrau, die bis zu ihrer Festnahme am 24. Dezember 1954 in der Messestadt ansässig gewesen waren. Der Staatssicherheit schwebte ein Schauprozeß gegen die drei Genannten vor, dessen politische Funktion genau bestimmt worden war:

> „Gegen den Agenten Reinartz müßte der Prozeß vor Justizangestellten durchgeführt werden, da Reinartz ehemal[iger] Hauptabteilungsleiter [sic!] des Ministeriums für Justiz war und Verbindungen zum Ostbüro der SPD, den Freiheitlichen Juristen sowie den Amerikanern unterhielt. Im Prozeß könnten aufgezeigt werden, die Methoden der Zersetzungstätigkeit sowie der Weg, den Agenten gehen müssen, nachdem sie durch die imperialistischen Geheimdienste ausgequetscht wurden.
>
> Weiter besteht die Möglichkeit, das Ehepaar Cetti, welches ebenfalls auf dem Sektor Justiz feindlich tätig war, mit diesem Prozeß zu verbinden."[534]

Als dieser Plan zu Papier gebracht wurde, befanden sich sowohl Rudolf Reinartz als auch das Ehepaar Cetti bereits in Untersuchungshaft im Zentralgefängnis der Staatssicherheit in Berlin-Hohenschönhausen.

Rudolf Reinartz, 1913 in Leipzig geboren, promovierter Volljurist, ursprünglich Richter am Landgericht Waldheim, war unter Max Fechner in das Ministerium der Justiz berufen worden, zunächst als Hauptreferent, später als Leiter der Abteilung Strafrecht in der Hauptabteilung Gesetzgebung. Die Verhaftung seines Ministers, der am 14. Juli 1953 auf Beschluß des Politbüros wegen „partei- und staatsfeindlichen Verhaltens aus der Partei ausgeschlossen" sowie „seiner Funktion als Justizminister enthoben und in Untersuchungshaft genommen" worden war,[535] führte letzlich zu seiner Flucht. Reinartz wurde offenbar verdächtigt, die „Feindtätigkeit" seines Ministers gedeckt zu haben. Im Notaufnahmeverfahren gab er jedenfalls an, er sei von zwei Kollegen vertraulich gewarnt worden, daß seine Verhaftung am 26. Oktober 1953 in einer Sitzung der Parteilei-

534 Bericht der HA V/2/II vom 26.3.1955 zur Aktion „Blitz"; BStU, ZA, AS 171/56, Bd. 2, Bl. 16.

535 Max Fechner wurde am 24.5.1955 in einem Geheimprozeß vor dem 1. Strafsenat des Obersten Gerichts nach Artikel 6 Absatz 2 der Verfassung und § 175 des in der DDR geltenden StGB zu acht Jahren Zuchthaus verurteilt und durch Beschluß einer am 19. April 1956 gebildeten Kommission des ZK der SED zur Überprüfung von Angelegenheiten von Parteimitgliedern freigelassen, ohne daß jemals das gegen ihn ergangene Urteil kasssiert oder revidiert worden wäre. – Vgl. Werkentin: Politische Strafjustiz, S. 133–139, sowie Karl Wilhelm Fricke: Justiz im Auftrag der Partei. Der Fall Max Fechner als Beispiel, in: Helwig (Hrsg.): Rückblicke auf die DDR, S. 26–35.

tung des Justizministeriums erfolgen würde, falls er die „Schädlingstätigkeit" Fechners dort nicht restlos aufdecken würde.[536] Zwar nahm Reinartz Verbindung zur Berliner Abteilung des Bundesministeriums für gesamtdeutsche Fragen, zum Untersuchungsausschuß Freiheitlicher Juristen und zum Ostbüro der SPD sowie zu anderen Dienststellen und Institutionen auf, wo er auch später publizierte Enthüllungen machte – zum Beispiel über die Rolle Hilde Benjamins bei Fechners Sturz und über den von ihr geleiteten Operativstab, der die Strafjustiz gegenüber Streikführern und Aufständischen vom 17. Juni 1953 zu steuern und zu überwachen hatte,[537] vermochte er in Westberlin nicht Fuß zu fassen. Am 4. Februar 1955 kehrte er, gut drei Monate nach seinem Seitenwechsel, offenbar aus eigenem Entschluß nach Ostberlin zurück. Ob ihm für diesen Fall Zusagen aus Ostberlin – möglicherweise die Zusicherung von Straffreiheit – erreicht hatten, die hernach nicht eingelöst wurden, ist wahrscheinlich, aber kaum mehr zu klären. Offenbar hatte er Kontakt mit Mitarbeitern des ZK-Apparates aufgenommen.[538] Er wurde nach seiner Rückkehr unverzüglich verhaftet.

Wie wichtig die Staatssicherheit die Einbeziehung des Ehepaares Cetti in den geplanten Schauprozeß vor Justizfunktionären damals nahm, erhellt die Tatsache, daß Erich Mielke auf der 23. Tagung des Zentralkomitees, die am 13. und 14. April 1955 abgehalten wurde, auf den Fall einging. In einer „kurzen Analyse der von der Staatssicherheit geführten letzten Operationen" führte er unter anderem aus: „Cetti[539] war Staatsanwalt und verhalf einigen Agenten, die in Bautzen einsaßen, durch gefälschte Dokumente zur Flucht. Angeworben wurden diese beiden Agenten durch die Neumann[540], die eine amerikanische Agentin ist."[541]

Lothar Cetti, ebenfalls gebürtiger Leipziger, Jahrgang 1922, ursprünglich kaufmännischer Angestellter, hatte sich 1947 für eine berufliche Karriere in der Justiz entschieden. Politisch aus der Zeit der nationalsozialistischen Diktatur nicht belastet, seit 1946 Mitglied der Liberal-Demokratischen Partei, war er zu einem Lehrgang an der Volksrichter-Schule in Bad Schandau zugelassen worden, konnte ihn jedoch wegen Krankheit nicht absolvieren. Aufgrund einer Bewerbung beim damaligen Justizministerium des Landes Sachsen wurde er mit Wirkung vom 6. Oktober 1947 als Justizassistent bei der Staatsanwaltschaft Leipzig eingestellt, ab 1949 als Amtsanwalt beschäftigt und am 15. Juni 1952 aufgrund guter Leistungen zum Staatsanwalt ernannt.

Mit seiner Frau und zwei Kindern lebte er in Taucha bei Leipzig. Die Eheleute wurden von der Staatssicherheit am 24. Dezember 1954 gegen 16.00 Uhr in ihrer

536 Abschrift der Begründung Reinartz' zum Antrag auf Erteilung des Ausweises C für politisch anerkannte Flüchtlinge, o. D.; BStU, ZA, AU 386, GA, Bd. 2, Bl. 204f.

537 Vgl. dazu die Aussage von Rudolf Reinartz vom 9.11.1953, in: Recht in Fesseln. Eine Sammlung von Dokumenten über die Vergewaltigung des Rechts für politische Zwecke, hrsg. von der Internationalen Juristen-Kommission, o. O. 1955, S. 13f.

538 Anklageschrift in der Strafsache Rudolf Reinartz vom 27.7.1955; BStU, ZA, AU 386/55, HA/GA, Bd. 2, Bl. 37.

539 Im Protokoll fälschlich „Zeddi".

540 Gemeint war Margarete Buber-Neumann, Vorsitzende des Befreiungskomitees für die Opfer totalitärer Willkür, die von der SED als „Trotzkistin" gebrandmarkt worden war.

541 Stenographisches Protokoll des 23. ZK-Plenums vom 14.4.1955, Redebeitrag Erich Mielke; Dokument 15, S. 332.

Wohnung festgenommen – am Heiligen Abend, eine Schikane besonderer Art, denn eine sachliche Notwendigkeit für eine Festnahme zu diesem Zeitpunkt, die namentlich die beiden Kinder traumatisiert haben dürfte, war nicht gegeben. Der Zugriff zu diesem Zeitpunkt war keineswegs etwa auf plötzlich gewonnene Erkenntnisse der Staatssicherheit zurückzuführen, die eine unverzügliche Festnahme nötig gemacht hätten. Vielmehr war das Ehepaar Cetti schon seit knapp einem Jahr in operativer Bearbeitung, Indizien für eine Fluchtgefahr hatte es nicht gegeben, im Gegenteil, Lothar Cetti hatte einen Vorschlag zum Verlassen der DDR zu diesem Zeitpunkt ausdrücklich abgelehnt.

Lothar Cetti hatte durch seine Tätigkeit als Staatsanwalt beruflich mit dem beauftragten Amtsanwalt Hans Lindemann zu tun, der bei der Staatsanwaltschaft in Leipzig tätig gewesen war, ehe er die DDR im Dezember 1951 verlassen mußte. In der DDR hatte er, ein überzeugter Gegner der Diktatur, für den Untersuchungsausschuß Freiheitlicher Juristen gearbeitet und nach seiner Flucht Kontakt zum Befreiungskomitee für die Opfer totalitärer Willkür aufgenommen, dessen Mitarbeiter er schließlich wurde. Von Westberlin aus hielt er Verbindung zu früheren Freunden und Kollegen in der Leipziger Justiz – auch zu Lothar Cetti und seiner Frau, die ihn im November oder Dezember 1952 erstmals in Westberlin besuchten. Hans Lindemann brauchte sie von der Notwendigkeit, das Justizunrecht der DDR öffentlich zu machen und etwas dagegen zu unternehmen, nicht erst zu überzeugen. Sie waren ebenfalls Gegner des Regimes und erklärten sich bereit, seine Arbeit im Befreiungskomitee zu unterstützen. Für die Staatssicherheit waren sie so zu „Agenten der Verbrecherzentrale des sogenannten ‚Befreiungskomitees für die Opfer totalitärer Willkür'" mutiert.[542] Schon in seiner ersten Vernehmung, die in der Untersuchungshaft in Hohenschönhausen noch am Heiligen Abend begann, um 20.00 Uhr des 24. Dezember 1954, und die sich bis in den frühen Morgen des ersten Weihnachtstages hinzog, bis 7.30 Uhr des 25. Dezember, machte Lothar Cetti dazu Aussagen: „Lindemann macht[e] mir das Angebot, meine bisherige Tätigkeit als Staatsanwalt niederzulegen und mit meiner Familie nach Westberlin zu kommen, das heißt, ich sollte das Gebiet der DDR verlassen. Als ich dies ablehnte, unterhielt sich Lindemann mit mir über einzelne Mitarbeiter und Angestellte der Oberstaatsanwaltschaft in Leipzig."[543] In ihrer Zusammenkunft kamen beide Kollegen überein, künftig in Kontakt zu bleiben, damit Lothar Cetti Informationen aus der Leipziger Justiz übermitteln konnte. „Wenn ich selbst keine Zeit hätte, nach Westberlin zu kommen, sollte ich meine Ehefrau mit den Informationen zu Lindemann schicken. Mit der Durchführung des erhaltenen Auftrages erklärte ich mich vorbehaltlos einverstanden."[544] Tatsächlich fuhr Lothar Cetti nur selten nach Westberlin und überließ seiner Frau in aller Regel die Fahrten dorthin.

In der politischen Vorstellungswelt des Untersuchungsführers, das veranschaulicht sein Schlußbericht, existierte das Befreiungskomitee als Feindobjekt:

542 Schlußbericht des Untersuchungsführers vom 19.3.1955; BStU, ZA, AU 140/55, EV, Bd. 1, Bl. 438.
543 Vernehmungsprotokoll vom 24./25. 12.1954; ebenda, Bl. 11.
544 Ebenda, Bl. 12.

„Die genannte Verbrecherzentrale, deren Hauptsitz sich in Frankfurt/Main befindet, wurde von der berüchtigten, seit Jahren durch ihren Verrat an der deutschen Arbeiterklasse und am gesamten deutschen Volk bekannten Trotzkistin Buber-Neumann gebildet, die dafür die finanziellen Mittel und Anleitung von dem amerikanischen Geheimdienst erhielt. Diese Zentrale, die auch eine ihrer Filialen in Westberlin, Bundesallee 156, eingerichtet hat, gehört zu jenen Agenturen des amerikanischen Imperialismus, die den faschistischen Putschversuch am 17.6.1953 gegen die Regierung der Deutschen Demokratischen Republik inszenierten."[545]

Die Qualität des Schlußberichts läßt sich auch an Details festmachen: Das Befreiungskomitee für die Opfer totalitärer Willkür stellte seine Tätigkeit im Dezember 1952 ein,[546] nachdem ihm keine finanziellen Mittel mehr zuflossen – es konnte folglich „den faschistischen Putschversuch am 17.6.1953 gegen die Regierung der Deutschen Demokratischen Republik" gar nicht mitinszeniert haben. Doch weiter im Text des Schlußberichts:

„Das Ziel des sogenannten ‚Befreiungskomitees für die Opfer totalitärer Willkür' besteht insbesondere darin, in die Organe der Justiz der Deutschen Demokratischen Republik Agenten einzuschleusen, um die demokratischen Rechte und Freiheiten der Bürger in der Deutschen Demokratischen Republik zunichte zu machen und die Arbeiter und Bauern als Träger unserer Staatsmacht bei der Einhaltung der demokratischen Gesetzlichkeit und Rechtsprechung auszuschalten. Ferner Strafgefangene, die wegen begangener Staatsverbrechen gegen die Deutsche Demokratische Republik durch die Mithilfe der werktätigen Bevölkerung von den Sicherheitsorganen der Deutschen Demokratischen Republik unschädlich gemacht werden konnten, aus den Vollzugsanstalten herauszuholen, um sie dann in führende politische und wirtschaftliche Funktionen des Bonner Terrorregimes einzusetzen oder diese wieder ihren Auftraggebern in Westberlin zur Ausübung neuer Verbrechen gegen die Deutsche Demokratische Republik zuzuführen. Nach gelungener ‚Befreiung' werden die Strafgefangenen von der Trotzkistin Buber-Neumann in Westberlin den hierfür ausgesuchten Vertretern westlich lizenzierter Zeitungen zu Pressekonferenzen vorgeführt, die nach vorherigen erhaltenen Instruktionen und gegen entsprechende Bezahlung in ihren Aussagen die in der Deutschen Demokratischen Republik geschaffene Rechtsordnung verleumden und Boykotthetze gegen leitende Angestellte der Justiz der Deutschen Demokratischen Republik betreiben."[547]

Was der Untersuchungsführer in seinem Schlußbericht derart verquast und verballhornt niedergeschrieben hatte, entbehrte nicht eines realen Kerns. In der Tat war es der Initiative zweier Westberliner Studenten, die mit dem Befreiungskomitee und der KgU in Verbindung gestanden hatten, dank der juristischen Erfahrungen und dienstlichen Erkenntnisse Hans Lindemanns mit Hilfe geschickt

545 Schlußbericht des Untersuchungsführers vom 19.3. 1955; ebenda, Bl. 438.
546 Gespräch mit Hans Lindemann am 30.7.1997 in Köln.
547 Schlußbericht des Untersuchungsführers vom 19.3.1955; BStU, ZA, AU 140/55, EV, Bd. 1, Bl. 438f.

gefälschter Entlassungspapiere gelungen, zwischen dem 14. und 17. Juli 1952 fünf politische Häftlinge aus zwei DDR-Zuchthäusern zu befreien.[548] Aus der Strafvollzugsanstalt Zwickau kamen Karl Mende, ehemals Inhaber bedeutender Glasgroßhandlungen, und Arthur Bergel, ehemals Direktor der Wollgarnspinnerei Tittel & Krüger AG Leipzig/Hamburg, frei. Sie waren beide vom Landgericht Leipzig wegen „Sabotage" und „Verbindungen zum internationalen Monopolkapital" zu hohen Zuchthausstrafen verurteilt worden. Aus dem Zuchthaus Waldheim beziehungsweise ebenfalls aus Zwickau konnten die Studenten der Freien Universität Berlin, Ekkehard Schumann und Jürgen Poppitz sowie der Leipziger Oberschüler Horst Schnabel ausgeschleust werden. Die Jugendlichen hatten in einem literarischen Zirkel in Leipzig gemeinsam westliche Literatur gelesen und diskutiert sowie während der Messe im Frühjahr 1951 vor dem Hauptbahnhof Flugblattraketen gezündet. Sie waren dafür vom Landgericht Leipzig zu Gefängnisstrafen verurteilt worden. Nach der Befreiungsaktion waren sie in Westberlin und in mehreren westdeutschen Städten der Presse vorgestellt worden. Die gelungene Häftlingsbefreiung ermutigte zu einer neuen Aktion. Lothar Cetti sollte dabei helfen.

> „So erhielt ich von Lindemann anläßlich des ersten Treffs in Westberlin den Auftrag, in meiner Funktion als Staatsanwalt Abschriften von zwei Rundverfügungen des Generalstaatsanwalts der Deutschen Demokratischen Republik anzufertigen und an Lindemann zu übergeben. Lindemann forderte die Rundverfügungen von mir, in welchen der Weg zur Haftentlassung von abgeurteilten Beschuldigten vorgeschrieben war. Wie er mir in diesem Zusammenhang mitteilte, brauchte er deshalb die Rundverfügungen, um eine zweite Aktion zur Befreiung von Strafgefangenen in der Deutschen Demokratischen Republik durchzuführen."[549]

Allerdings ist es zu einer zweiten Befreiungsaktion nicht gekommen. Unabhängig davon war die Identität von Lothar Cetti und seiner Frau trotz aller Sicherheitsvorkehrungen – sie erhielten zum Beispiel den Decknamen „Perl" – durch einen Geheimen Mitarbeiter der Staatssicherheit im Westberliner Büro des Befreiungskomitees enttarnt worden. Aus den Ermittlungsakten der Staatssicherheit geht hervor, daß die erste Information über Lothar Cetti vom 28. August 1952 datiert. Auch die geplante Befreiungsaktion war signalisiert worden: „‚Fritz' las einen Brief von Lindemann (Februar 1953), der eine 2. Befreiungsaktion plane. Darin war enthalten, daß ein gewisser ‚Perl' (Cetti) Akten mit Unterschriften der Justiz, wie Benjamin, Melsheimer nach Westberlin geschafft hatte, die dort nachgemacht wurden, um gefälschte Entlassungspapiere herzustellen. Frau Cetti war die Kurierin nach Westberlin."[550]

548 Vgl. Befreit aus Zwickau und Waldheim, in: Nachrichten des Befreiungskomitees für die Opfer totalitärer Willkür, Nr. 12/1952; ferner Dokumentation des Terrors. Namen und Schicksale der seit 1945 in der sowjetisch besetzten Zone Deutschlands verhafteten und verschleppten Professoren und Studenten. Hrsg. vom Verband Deutscher Studentenschaften, Berlin 1962, S. 132.

549 Vernehmungsprotokoll vom 28.12.1954; BStU, ZA, AU 140/55, EV, Bd. 1, Bl. 36f.

550 Aktenauszug o. D.; ebenda, Bl. 340.

Der Geheime Mitarbeiter „Fritz“ war niemand anders als der MfS-Agent Kurt Rittwagen, dem es 1952 gelungen war, sich in das Büro des Befreiungskomitees für die Opfer totalitärer Willkür in Westberlin einzuschleichen. Hier hatte er sich nützlich gemacht, indem er für Adolf Sauter alias Max Springer, der seinerzeit im Büro arbeitete, Archivarbeiten und Botengänge erledigte.

Rittwagen hatte einen verworrenen Lebenslauf. 1914 in Hamburg geboren, war er nach Absolvierung der Volksschule als Schiffsjunge und Messesteward zur See gefahren, und zwar auf der Route Hamburg-Leningrad (heute St. Petersburg), bis er sich 1935 zum Verbleib in der Sowjetunion entschied. Hier wurde er 1939 vom NKWD festgenommen und nach Deutschland ausgewiesen. Gemeinsam mit 29 Leidensgefährten wurde er am 5. Februar 1940 in Brest-Litowsk der SS übergeben. Er war einer jener Hunderte deutscher und österreichischer Kommunisten, darunter auch viele Juden, die während der Zeit des Hitler-Stalin-Paktes aus dem Exil in der Sowjetunion vertrieben und der Verfolgung in Deutschland preisgegeben wurden[551] – unter ihnen die frühere deutsche Kommunistin Buber-Neumann, deren Lebensgefährte Heinz Neumann 1937 ein Opfer der Stalinschen Säuberungen geworden war. Gewiß hat diese zufällige Fügung Rittwagens Eindringen als „Maulwurf“ in die Berliner Dependance des Befreiungskomitees 1952 erheblich erleichtert. Von 1940 bis 1945 war Rittwagen Häftling im Konzentrationslager Sachsenhausen. Nach der Befreiung Funktionär der KPD in Hamburg, seit 1946 der SED in Wismar. Als Verwaltungsangestellter in Ludwigslust beziehungsweise Potsdam war er am 18. Juni 1952 für die Landesverwaltung Brandenburg des MfS als Geheimer Mitarbeiter der Linie V mit Einsatz in Westberlin verpflichtet, gleichsam zur Bewährung, denn er war zeitweilig aus der Partei ausgeschlossen. Seine Frau Anne-Maria (Deckname „Peter“) folgte ihm als Komplizin ins „Operationsgebiet“. Durch seine Beschäftigung im Befreiungskomitee konnte Rittwagen u. a. auch das Ehepaar Cetti ans Messer liefern.[552] In seinen Vernehmungen stützte sich der Untersuchungsführer unmittelbar auf Spitzelberichte des GM „Fritz“.

Die Untersuchungshaft dauerte rund sechs Monate. Der Schlußbericht wurde am 19. März 1955 vorgelegt. Im Mittelpunkt stand die geplante zweite Häftlingsbefreiungsaktion:

> „Bei den einzelnen Treffs in Westberlin erhielt der Beschuldigte genaue Instruktionen über die geplante Befreiungsaktion von Strafgefangenen aus den Vollzugsanstalten der Deutschen Demokratischen Republik. Auftragsgemäß entwendete er zu diesem Zweck in seiner Dienststelle, der Bezirksstaatsanwaltschaft Leipzig, Dokumente, die die Unterschriften des Generalstaatsanwaltes der Deutschen Demokratischen Republik, einzelner Bezirksstaatsanwälte und entlassungsberechtigter Staatsanwälte aus Leipzig enthielten […]

551 Karl Wilhelm Fricke: Akten-Einsicht. Rekonstruktion einer politischen Verfolgung, 4. Aufl., Berlin 1997, S. 55 (mit ausführlicher Dokumentation zur Biographie Kurt Rittwagens).

552 Kurt und Anne-Maria Rittwagen waren auch in die Entführung des Journalisten Karl Wilhelm Fricke aus Westberlin verstrickt. Vgl. dazu Kapitel 6.10.

553 Schlußbericht des Untersuchungsführers vom 19.3.1955; BStU, ZA, AU 140/55, EV, Bd. 1, Bl. 439.

Der Plan zur genannten ‚Befreiungsaktion' bestand darin, das von der Obersten Staatsanwaltschaft der Deutschen Demokratischen Republik angeordnete Entlassungssystem bei vorzeitigen Entlassungen von Strafgefangenen mittels gefälschter Rundverfügungen mit dem Absender des Generalstaatsanwaltes der Deutschen Demokratischen Republik abzuändern und durch weitere gefälschte Entlassungsanweisungen die Strafgefangenen aus den Vollzugsanstalten der Deutschen Demokratischen Republik herauszuholen. Unter Verwendung der von Cetti in seiner Dienststelle entwendeten Rundverfügungen des Generalstaatsanwaltes der Deutschen Demokratischen Republik, die über das System der Entlassung von Strafgefangenen Aufschluß gaben, arbeitete er mit dem Mitarbeiter des sogenannten ‚Befreiungskomitee für die Opfer totalitärer Willkür', Lindemann, in Westberlin die Fälschungen aus, die im März 1953 in den Dienstverkehr der Justizorgane eingeschleust und an alle Bezirksstaatsanwaltschaften der Deutschen Demokratischen Republik verschickt worden sind.

Diese Aktion konnte jedoch rechtzeitig aufgedeckt und verhindert werden."[553]

Zwar bestand, wie dargelegt, das Befreiungskomitee im März 1953 schon gar nicht mehr, die geplante zweite Häftlingsbefreiungsaktion beruhte wie die erste auf privater Initiative, auch hatte Lothar Cetti nichts mit der Ausarbeitung der erforderlichen Falsifikate zu tun,[554] aber das konnte den Untersuchungsführer nicht hindern, „seine Wahrheit" niederzuschreiben. Er war sich seiner Sache so sicher, daß er seinen Schlußbericht beendete mit dem Satz: „Es wird beantragt, die Hauptverhandlung vor erweiterter Öffentlichkeit durchzuführen."[555]

Dazu sollte es jedoch nicht kommen. Das Hauptverfahren wurde beim Bezirksgericht Leipzig anhängig. Dessen 1. Strafsenat verhandelte unter Vorsitz von Bezirksgerichtsdirektor Jakob Grass am 16. und 18. Juni 1955 in nichtöffentlicher Sitzung. Das Urteil lautete auf fünfzehn Jahre Zuchthaus für Lothar Cetti, auf acht Jahre für seine Ehefrau.[556] Neben Verbrechen im Sinne von Artikel 6 Absatz 2 der Verfassung der DDR in Verbindung mit Kontrollratsdirektive Nr. 38, Abschnitt 2, Artikel III A III, wurde ihnen eine Verletzung des Gesetzes zum Schutze des innerdeutschen Handels angelastet, insoweit sie einen Fotoapparat, den sie in Leipzig legal erworben, in Westberlin verkauft hatten – und sie umgekehrt aus Westberlin Gold zum Anfertigen von Schmuck für einen Juwelier in Leipzig mitbrachten. Obwohl die Öffentlichkeit von der Verhandlung ausgeschlossen war, erfüllte das Gericht auch sein Pflichtsoll an Propaganda, gewissermaßen als agitatorische Selbstvergewisserung.

„Die Arbeiter- und Bauernmacht in der Deutschen Demokratischen Republik spielt in der Übergangsperiode vom Kapitalismus zum Sozialismus eine entscheidende Rolle. Sie ist, wie bereits auf der 2. Parteikonferenz der Sozialistischen Einheitspartei Deutschlands Anfang Juli 1952 festgestellt wurde, das Hauptinstrument bei der Schaffung der Grundlagen des Sozialismus. Ihre

554 Gespräch mit Hans Lindemann am 30.7.1997 in Köln.
555 Schlußbericht des Untersuchungsführers vom 19.3.1955; wie Anm. 553, Bl. 444.
556 Urteil des 1. Strafsenats des Bezirksgerichts Leipzig vom 18.6.1955; ebenda, GA, Bd. 2, Bl. 329–340.

Aufgabe ist es, wie der IV. Parteitag der Sozialistischen Einheitspartei im März/April 1954 feststellt, dem Volke zu dienen, dem Fortschritt [und] einem neuen gesellschaftlichen, wirtschaftlichen und kulturellen Leben einen Weg zu bahnen, die Feinde des Friedens und der Demokratie zu unterdrücken, Spione und Diversanten der imperialistischen Mächte und ihrer Bonner Regierung zu vernichten.

Damit ist die Aufgabenstellung aller Staatsfunktionäre und Staatsorgane klar umrissen. Die Gesetze unserer Arbeiter- und Bauernmacht sind für sie die Waffen im Kampf zur Erreichung dieses Zieles, die besonders von jedem Staatsanwalt richtig und konsequent angewendet werden müssen. In der Präambel des Gesetzes über die Staatsanwaltschaft in der Deutschen Demokratischen Republik vom 23. Mai 1952 heißt es unter anderem, daß es die besondere Funktion der Staatsanwaltschaft ist, die Einhaltung der Gesetze zu garantieren. Auch in § 1, Abs. 2 dieses Gesetzes kommt die besondere Funktion der Staatsanwaltschaft hinsichtlich der Aufsicht über die strikte Einhaltung der Gesetze und Verordnungen in der Deutschen Demokratischen Republik zum Ausdruck. Das bedeutet zugleich für jeden Staatsanwalt, daß er nicht nur berufen und verpflichtet ist, über die strikte Einhaltung der Gesetze zu wachen, sondern daß auch von ihm im besonderen die genaueste Einhaltung dieser Gesetze gefordert werden muß. Das trifft in vollem Umfange auch für den in diesem Verfahren angeklagten früheren Staatsanwalt Cetti, Lothar und dessen Ehefrau [...] zu."[557]

Im übrigen enthielt die Urteilsbegründung eine Charakterisierung der Angeklagten, die das Verdikt zum Zeitdokument werden ließ:

„Beide Angeklagten sind Menschen, die nichts oder nur wenig zu den in der Deutschen Demokratischen Republik erreichten Erfolgen beigetragen haben. Während der Angeklagte Cetti, Lothar, aus karrieristischen Erwägungen heraus Mitglied einer Blockpartei wurde, dort aber keinerlei politische Arbeit leistete, hat die Angeklagte [...] sich zu keiner politischen Partei oder Massenorganisation nach 1945 bekannt. Sie haben beide nur ihre persönlichen Vorteile gesehen und sich bereits seit dem Jahre 1950 durch laufendes Abhören des Hetzsenders ‚Rias' und des ‚Nordwestdeutschen Rundfunks' auf die Entwicklung in Westdeutschland orientiert. Unter dem Einfluß dieser Hetze haben sie dann immer mehr das Vertrauen zur Regierung der Deutschen Demokratischen Republik und deren Maßnahmen verloren und sind auch bereits 1950 gemeinsam in Westberlin gewesen, um sich dort von den ‚vollen Schaufenstern und dem angeblichen Wohlstand' zu überzeugen. Schon damals besprachen sich beide Angeklagten in der Richtung, die Deutsche Demokratische Republik zu verlassen und nach Westberlin überzusiedeln. Diese Erwägungen lagen auch ihrer gesamten Tätigkeit in den folgenden Jahren zugrunde. Persönliche Verärgerungen des Angeklagten Cetti, Lothar, über angeblich ungenügende Förderung und Bezahlung in seiner Dienststelle, das ständige Abhören der westlichen Hetzsender über angebliche Terrormaßnahmen der Ju-

557 Ebenda, Bl. 330f.

stiz in der Deutschen Demokratischen Republik, die gleichgültige Einstellung zu ihrer eigenen politischen Qualifizierung steigerten sich bei beiden Angeklagten bis zum Haß gegen die Deutsche Demokratische Republik und deren Staatsorgane, insbesondere gegen die Organe der Justiz, und führten beide auf den Weg der Verbrechen gegen unseren Staat der Arbeiter und Bauern."[558]

Wie im Schlußbericht der Staatssicherheit, so standen auch in der schriftlichen Urteilsbegründung die Weitergabe von Informationen aus der Leipziger Justiz und die Vorbereitung der geplanten Häftlingsbefreiungsaktion im Zentrum der Argumentation.

„Durch das Entwenden, Sammeln, Anfertigen und Weitergeben der Rundverfügungen des Generalstaatsanwalts der Deutschen Demokratischen Republik, des Siegelabdruckes des Staatsanwaltes des Landkreises Leipzig, der Aufstellung über die Struktur der Justizbehörden im Bezirk Leipzig, des Berichts über den Verlauf der Belegschaftsversammlung bei der Staatsanwaltschaft, der Haftentlassungsformulare, der namentlichen Aufstellung der für die Haftentlassung unterschriftsberechtigten Staatsanwälte und die Abgabe der Unterschrift des Generalstaatsanwalts der Deutschen Demokratischen Republik an die Agenten Lindemann und R. von der Verbrecherorganisation ‚Befreiungskomitee für die Opfer totalitärer Willkür' in Westberlin haben sich die Angeklagten der Spionage schuldig gemacht."[559]

Eine Antwort auf die Frage, warum entgegen den ursprünglichen Intentionen der Staatssicherheit auf die Durchführung eines Schauprozesses verzichtet wurde, dürfte folgender Umstand gewesen sein:

„Die Angeklagten haben [...] selbst während des Verlaufes der Hauptverhandlung keinerlei Reue gezeigt. Im Gegenteil, sie brachten es sogar fertig, während dem Plädoyer des Staatsanwalts und der Stellung seiner Anträge sich noch darüber lustig zu machen. Kaltschnäuzig haben sie diese Anträge entgegengenommen und damit erneut bewiesen, daß es sich bei ihnen um eingefleischte Feinde unserer Arbeiter- und Bauernmacht handelt, die keine Milde verdienen."[560]

Für eine Hauptverhandlung vor „erweiterter Öffentlichkeit" waren Angeklagte, die sich vor Gericht aufsässig zeigten, untauglich. Auch gegen Rudolf Reinartz fand kein Schauprozeß statt. Die Öffentlichkeit wurde hier ebenfalls ausgeschlossen. Allerdings waren die Justizministerin Hilde Benjamin und ausgesuchte Mitarbeiter ihrer Behörde im Gerichtssaal anwesend.[561]

Der ehemalige Abteilungsleiter aus dem Justizministerium wurde aus Gründen, die unerfindlich sind, vor dem Bezirksgericht Rostock angeklagt. Unter Vorsitz von Bezirksgerichtsdirektor Emil Schmiege verhandelte der 1. Strafsenat am 20. und 22. August 1955 und erkannte „für Recht":

„Der Angeklagte Reinartz wird wegen Verbrechens nach Artikel 6 der Verfas-

558 Ebenda, Bl. 332.
559 Ebenda, Bl. 337f.
560 Ebenda, Bl. 340.
561 Protokoll der Verhandlung vor dem 1. Strafsenat des Bezirksgerichtes Rostock in der Strafsache Rudolf Reinartz, 20.–22.8.1955; BStU, ZA, AU 386, GA, Bd. 2, Bl. 145.

sung der DDR und Artikel III A III der Kontr. Dir. 38 zu lebenslangem Zuchthaus und in die Kosten [sic!] des Verfahrens verurteilt.
Sein Vermögen wird eingezogen."[562]

In den Urteilsgründen wurde dem Angeklagten auch die Freundschaft zu seinem früheren Chef vorgehalten: „Der Angeklagte war als Abteilungsleiter mit dem ehemaligen Justizminister Fechner eng befreundet. Nachdem dieser wegen seiner verräterischen Rolle entfernt wurde, befürchtete der Angeklagte, daß auch gegen ihn Maßnahmen eingeleitet werden würden. Er faßte daher den Entschluß, nach Westberlin zu flüchten."[563]

Für strafrechtlich relevant erachteten die Rostocker Richter Reinartz' Aussagen in der Berliner Abteilung des Bundesministeriums für gesamtdeutsche Fragen sowie im Untersuchungsausschuß Freiheitlicher Juristen und im Ostbüro der SPD zu personellen und strukturellen Fragen der Justiz in der DDR, ferner eine Reihe von Zeitungsartikeln einschlägiger Thematik, die er in Westberlin veröffentlicht hatte. Wie andere Strafurteile der DDR damals, so strotzte auch das Urteil gegen Reinartz vor politischen Monstrositäten, wenn es zum Beispiel darin hieß:

„Die Dienststellen, die der Angeklagte in Westberlin aufgesucht hat, sind von den amerikanischen, englischen und deutschen Imperialisten geschaffen worden, um den immer mehr an Stärke zunehmenden ersten deutschen Staat der Arbeiter und Bauern, um den sich die Werktätigen immer fester zusammenschließen, zu vernichten. Die Imperialisten setzen alles daran, um entgegen den Bestimmungen des Potsdamer Abkommens und den Bestrebungen aller friedliebenden und patriotischen Kräfte in ganz Deutschland die Spaltung Deutschlands zu erhalten, sie möglicherweise noch zu vertiefen. Mit Hilfe ihrer in Westberlin geschaffenen Spionagedienststellen betreiben sie eine systematische Hetze gegen die DDR und gegen das Weltfriedenslager, um Unruhe und Unsicherheit in die Bevölkerung der DDR zu tragen, das Anwachsen der ökonomischen Macht zu verhindern und die demokratische Ordnung zu untergraben. Neben ihrer Militär- und Wirtschaftsspionage sowie Sabotageakten entfalten sie eine besondere Tätigkeit, um gegen die demokratische Rechtsprechung zu hetzen und es [sic!] so darzustellen, als herrsche in der DDR Willkür. Diese Hetze soll erstens dazu beitragen, [...] von [...] Verfolgung und Einkerkerung der Kämpfer für die Einheit Deutschlands auf demokratischer Grundlage und für die Erhaltung des Friedens abzulenken und zweitens die Menschen in den imperialistischen Staaten dahingehend zu beeinflussen, daß die Bürger in der DDR aus dem angeblichen Willkürstaat befreit werden müßten, das heißt, [...] sie für den von den Imperialisten zu entfachenden 3. Weltkrieg zu gewinnen. Für diese Tätigkeit bedienen sie sich bezahlter Agenten oder Personen, die sich selbst anbieten, um entsprechende Angaben zu tätigen [sic!]. Zu diesem letzteren Personenkreis gehört auch der Angeklagte."[564]

562 Urteil des 1. Strafsenats des Bezirksgerichts Rostock vom 22.8.1955, S.1; BA, MdJ der DDR, P-1-0027.
563 Ebenda, S.2.
564 Ebenda, S.6.

Die Rostocker Richter unterstellten dem Angeklagten, er habe in der Absicht gehandelt, die Justizministerin, den Generalstaatsanwalt der DDR und deren Mitarbeiter zu verleumden. Seine Handlungen sowie seine Bereitwilligkeit, die geforderten Artikel zu fertigen, werteten sie „als Boykotthetze gegen demokratische Einrichtungen“. Darüber hinaus sah das Gericht seine Angaben über das Instrukteursystem, bei dem Reinartz den Aspekt der justitiellen Willkür und die Tatsache hervorgehoben hatte, daß es von der UdSSR übernommen worden war, als Verleumdung der Sowjetunion und somit „als Bekundung von Völkerhaß und direkte Kriegshetze“ an. Es folgerte, der Angeklagte sei sich von vornherein darüber im klaren gewesen, daß sein Handeln nicht nur der DDR zum Schaden gereicht, sondern auch der Kriegsvorbereitung gedient habe. Er habe „gesellschaftsgefährdend und verbrecherisch gehandelt und damit den Tatbestand des Artikels 6 der Verfassung der DDR erfüllt“. Gleichzeitig, so der groteske Vorwurf, habe er „friedensgefährdende Propaganda für den Militarismus“ gemäß Artikel III A III der Kontrollratsdirektive Nr. 38 betrieben.[565] Die Willkürjustiz, gegen deren Kritik sich die Rostocker Richter in ihrem Urteil verwahrten, hatten sie mit ihrer Entscheidung gegen Rudolf Reinartz selbst erneut unter Beweis gestellt.

Er blieb über zehn Jahre in Haft. Nachdem seine Strafe auf fünfzehn Jahre herabgesetzt worden war, wurde er am 17. September 1965 entlassen. Rechtsanwalt Wolfgang Vogel hatte sich im Rahmen deutsch-deutscher Freikaufaktionen besonders für seine Freilassung eingesetzt.[566] Aber Rudolf Reinartz hat das Trauma des Strafvollzugs in der Sonderhaftanstalt Bautzen II niemals bewältigt. Im Dezember 1972 endete sein Leben durch Suizid.

Lothar Cetti erlangte seine Freiheit dank Freikauf durch die Bundesregierung zurück – am 13. August 1964 öffneten sich ihm die Zuchthaustore in Brandenburg-Görden. Seine Frau war schon am 30. November 1960 aufgrund einer Amnestie aus dem Zuchthaus Halle/Saale entlassen worden. Für ihre Einbindung in den Widerstand in der DDR-Justiz hatten die Eheleute einen hohen Preis zahlen müssen.

6.5. Ein Schauprozeß gegen die KgU – der Fall Gerhard Benkowitz, Hans-Dietrich Kogel und andere

Zu einem sehr frühen Zeitpunkt war bereits klar, daß bei der propagandistischen Nutzanwendung der Aktion „Blitz“ die Kampfgruppe gegen Unmenschlichkeit eine große Rolle spielen würde. Ein Ende Januar oder Anfang Februar 1955 etwas voreilig aufgestellter „Plan über die operative und propagandistische Auswertung der Aktion ‚Blitz‘ – Linie KgU“ enthält hierzu bereits detaillierte Fest-

565 Ebenda.
566 Vgl. Craig R. Whitney: Advocatus Diaboli. Wolfgang Vogel – Anwalt zwischen Ost und West, Berlin 1993, S. 99–102.

legungen, die später allerdings nur teilweise realisiert wurden.[567] Obwohl zu diesem Zeitpunkt noch kein einziger der Angeklagten des späteren Schauprozesses in Haft war, sah dieser Plan schon die Durchführung eines „zentralen öffentlichen Prozesses gegen die Agenten der KgU“ vor. Auch die später verfaßte „Vorlage zum Arbeitsplan für die Popularisierungskampagne der Operation ‚Frühling'“ läßt erkennen, daß die KgU neben dem RIAS einen Agitationsschwerpunkt bilden würde.[568] Die KgU eignete sich aufgrund ihrer Militanz ganz besonders als Gegenstand der Agitation; das hatte man 1952 mit den Schauprozessen gegen Johann Burianek und Wolfgang Kaiser schon einmal mit Erfolg durchexerziert.

Zwar hatte die Kampfgruppe in der Zwischenzeit ihre wirklich militanten Aktionsformen praktisch eingestellt, was der Staatssicherheit nicht entgangen sein konnte, aber die Propaganda nährte sich nach wie vor aus den alten Feststellungen. Als „wesentlicher Inhalt“ einer zu erstellenden Dokumentation über die KgU wurde im Frühjahr 1955 festgelegt: „alle bisher von der KgU durchgeführten und von den Organen der Staatssicherheit aufgedeckten Verbrechen mit gemeingefährlichem Charakter, wie Verwendung von Spreng- u. Brandmitteln, Gifte und Säuren, Waffen und sonstige Apparate zur Durchführung von Diversionen mit Anschlägen“. Als zweiter inhaltlicher Schwerpunkt der geplanten Broschüre kamen hinzu: „Fälschungen, die z.Z. solche Formen angenommen haben, daß sie unerhörte Schäden innerhalb der Wirtschaft der Deutschen Demokratischen Republik hervorrufen, so daß sie als Diversionsakte angesehen werden müssen.“[569] Wie sich zeigen sollte, spielten diese propagandistischen Vorgaben auch für den KgU-Schauprozeß im Juni 1955 eine entscheidende Rolle. Das ermittlungstaktische Vorgehen der Staatssicherheit und die Auswahl der Angeklagten war nahezu ausschließlich davon bestimmt.

Der spätere Hauptangeklagte Gerhard Benkowitz, ein Russischlehrer und stellvertretender Schulleiter aus Weimar, und seine Ehefrau wurden auf Anweisung der Hauptabteilung V von der Bezirksverwaltung Erfurt am 4. April 1955, also erst ganz am Ende der Aktion „Blitz“, verhaftet.[570] Er war wohl erst sehr kurz im Visier der Staatssicherheit, denn eine Erfassung seiner Person in einem operativen Vorgang war niemals erfolgt. Wahrscheinlich basierte seine Festnahme auf der Information eines Geheimen Mitarbeiters der Staatssicherheit, von denen mittlerweile etliche im engeren Umfeld der KgU und teilweise auch in der Organisation selbst tätig waren. Denkbar ist auch, daß der Hinweis auf Benkowitz direkt vom zuständigen Mitarbeiter der Widerstandsabteilung „Wolf“ stammte, zu dieser Zeit eine undichte Stelle in der KgU.[571] Informationen über Mitstreiter besaß das SfS zunächst noch nicht; diese erhielt es erst durch die Vernehmung von Benkowitz. Einen Tag nach ihm wurden Hans-Dietrich Kogel, dessen Ehefrau und zwei weitere Personen verhaftet. Kogel, ein persönlicher Freund von

567 BStU, ZA, AS 171/56, Bd. 1, Bl. 9–13.
568 BStU, ZA, AS 183/56, Bl. 16–22.
569 Ebenda, Bl. 19.
570 Haftbeschluß der BV Erfurt vom 4.4.1955; BStU, ZA, AU 164/55, EV, Bd. 1, Bl. 5.
571 Vgl. Plan zur Aktion „Blitz“ o. D. (März 1955); Dokument 14, S. 325.

Benkowitz, war Sachbearbeiter für Planung und Statistik beim Rat der Stadt Weimar.[572] Maßgebliche Figur in diesem Personenkreis, bei dem es sich um eine Art Weimarer KgU-Gruppe handelte, war jedoch zweifellos Benkowitz.

Gerhard Benkowitz wurde 1923 in der Sowjetunion geboren. Sein Vater war im Ersten Weltkrieg in russische Gefangenschaft geraten, hatte dort eine Einheimische geheiratet und war bald nach der Geburt des Sohnes mit der Familie nach Deutschland zurückgekehrt. 1945 wurde er von den Sowjets festgenommen, ohne daß die Familie jemals etwas Näheres über die Gründe seiner Inhaftierung oder seinen Verbleib erfuhr. Um Informationen über seinen verschleppten Vater zu bekommen, nahm Benkowitz Kontakt mit der KgU auf. Nachdem er dort mehrfach vergeblich vorgesprochen hatte, forderte man ihn im August 1949 auf, gewissermaßen als Gegenleistung für den Rechercheaufwand, zukünftig Stimmungsberichte aus Weimar zu liefern. In der Vernehmung sagte Benkowitz aus, er habe sich zunächst verweigert, aber man habe ihn mit der Drohung unter Druck gesetzt, die DDR-Behörden könnten von seinen Besuchen bei der KgU in Kenntnis gesetzt werden.[573]

Es ist schwer zu entscheiden, ob Benkowitz diese Aussage nur zu seiner Entlastung gemacht hat oder ob sie zutreffend war, was ein Schlaglicht auf moralisch fragwürdige Methoden der KgU gegenüber ihren Kontaktleuten werfen würde. Unabhängig von dieser Frage besteht allerdings kein Zweifel, daß Benkowitz ein dezidierter Gegner des SED-Regimes war und daß seine spätere Widerstandstätigkeit, die bald weit über die Lieferung von Stimmungsberichten hinausging, seiner politischen Überzeugung und teilweise auch seiner eigenen Initiative entsprang. Benkowitz übermittelte der KgU verschiedenste Informationen, zu denen er Zugang hatte, über die Versorgungslage und die Schulen, an denen er tätig war, oder auch zum Weimarer Mähdrescherwerk. Auf Anregung seines Ansprechpartners bei der KgU, des für Thüringen zuständigen Mitarbeiters der Widerstandsabteilung „Wolf", bildete er im Herbst 1950 eine regelrechte illegale Gruppe, die unter seiner Leitung Informationen aus anderen Bereichen sammelte. Es handelte sich um Personen aus seinem Bekanntenkreis, die ihm als Regimegegner bekannt waren.[574]

Benkowitz gab in den Vernehmungen zu, im Auftrag der KgU die Saaletalsperre photographiert sowie verschiedene Brücken im Weimarer Raum, Hochspannungsmasten und ein Elektrizitätswerk zu Sabotagezwecken ausgekundschaftet zu haben. Laut Angaben in den Vernehmungsprotokollen waren diese Objekte im „Ernstfall" zur Sprengung vorgesehen.[575] Der Sprengstoff und ein „Sprengkommando" sollten zum gegebenen Zeitpunkt kurzfristig in der Wohnung seines Freundes Hans-Dietrich Kogel untergebracht werden.[576] Da Ben-

572 Sachstandbericht der Abt. IX der BV Erfurt zum UV Benkowitz, Gerhard u. a. vom 5.4.1955; BStU, ZA, AU 164/55, EV, Bd. 1, Bl. 44.

573 Vernehmungsprotokoll vom 4.4.1955; ebenda, Bl. 88.

574 Zusammenfassung des Ermittlungsergebnisses zu Benkowitz in der Anklageschrift vom 14.6.1955; ebenda, GA, Bd. 17, Bl. 21–31.

575 Vernehmungsprotokolle Benkowitz vom 23., 26.4. und 20.5.1955; ebenda, EV, Bd. 1, Bl. 117 bis 136, 291–304.

576 Vernehmungsprotokoll Benkowitz vom 26.4.1955; ebenda, Bl. 128.

kowitz und Kogel hierzu in den Vernehmungen detailreiche und weitgehend gleichlautende Angaben machten, ist davon auszugehen, daß diese im wesentlichen der Wahrheit entsprachen. Somit kann auch dieser Fall als ein Hinweis darauf gewertet werden, daß die Widerstandsabteilung der KgU in den Jahren 1950 bis 1952 mit dem Aufbau einer klandestinen Sabotageorganisation befaßt war.

Im Unterschied etwa zu Burianek war Benkowitz allerdings niemals Sprengstoff ausgehändigt worden. Entsprechenden Vorhaltungen seiner Vernehmer widersprach er heftig,[577] und da die Untersuchungsabteilung von einem in Benkowitz' Gefängniszelle eingeschleusten Informator auch nichts Gegenteiliges erfuhr,[578] glaubte man ihm schließlich und ließ die Beschuldigung fallen. Benkowitz hatte sich nicht bemüht, seine Taten und Absichten herunterzuspielen. Er hatte beispielsweise eingeräumt, einen Revolver besessen zu haben und bereit gewesen zu sein, bei einer drohenden Verhaftung „bewaffneten Widerstand zu leisten".[579]

Die spätere Tätigkeit der Weimarer Gruppe um Benkowitz zeigt, wie schon an anderer Stelle ausgeführt, daß die Aktionsformen der Kampfgruppe nach 1952 merklich zurückhaltender wurden. Offensichtlich, das wird auch in den Aussagen deutlich, die Benkowitz gegenüber seinen Vernehmern machte, standen die Aktivitäten der Jahre 1950 bis 1952 unter der unmittelbaren Erwartung eines gewalttätigen Umsturzes oder einer kriegerischen Auseinandersetzung. In der Folgezeit ließ diese Stimmung bei den Beteiligten nach, aber noch immer bestimmte die Vorstellung eines kurzfristigen Endes des SED-Regimes die Widerstandsaktivitäten der KgU. Die Einholung von Informationen zu SED-Funktionären, die nach dem Sturz des Regimes in Spruchkammerverfahren einfließen sollten, oder die Ermittlung der politischen Gesinnung von leitenden Angestellten des Rates der Stadt Weimar im Hinblick auf ihre Brauchbarkeit nach dem „Tag X" stehen in diesem Zusammenhang. Darüber hinaus beschränkte sich die Weimarer Gruppe bis zu ihrer Verhaftung auf die Versendung von Drohbriefen an Partei- und Staatsfunktionäre, die Weitergabe von zum größten Teil offen zugänglichen Informationen und die Verbreitung von Informations- und Propagandamaterial, unter anderem des „Kleinen Telegraf" und der satirischen Zeitschrift „Tarantel".

Wie bei den meisten politischen Schauprozessen dieser Zeit wurde der Kreis der Angeklagten des KgU-Prozesses vom Juni 1955 nicht nach sachlich-juristischen, sondern nach propagandistischen Kriterien ausgewählt. Die zwei am stärksten belasteten Beschuldigten der Weimarer Gruppe, Benkowitz und Kogel, spannte das SfS mit drei weiteren Angeklagten zusammen, denen lediglich gemeinsam war, daß sie auch Kontakte zur KgU gehabt hatten und sich aufgrund ihrer Geständigkeit, der Beweislage und der ihnen zur Last gelegten Delikte für einen Schauprozeß eigneten. Es handelte sich um die Reichsbahnangestellten Willibald Schuster und Gerhard Kammacher aus Triptis (Bezirk Gera),

577 Vernehmungsprotokoll vom 2.5.1955; ebenda, Bl. 153f.
578 Bericht eines Zelleninformators vom 2.6.1955; ebenda, BA/EV, Bd. 21, Bl. 71.
579 Vernehmungsprotokoll vom 19.4.1955; ebenda, EV, Bd. 1, Bl. 111.

Angehörige einer KgU-Gruppe am dortigen Bahnhof, sowie den Berliner Veterinärmedizinstudenten Christian Busch, der nach den Erkenntnissen der Staatssicherheit als einzelner im direkten Kontakt mit dem Leiter der KgU-Widerstandsabteilung, Gerd Baitz, gehandelt hatte. Welche Auswahlkriterien für die Staatssicherheit relevant waren, geht aus einem vermutlich an die Hauptabteilung IX des SfS gerichteten Schreiben des Leiters der zuständigen Untersuchungsabteilung der Bezirksverwaltung Gera zum Ermittlungsverfahren gegen Schuster und Kammacher hervor:

„In Anbetracht der Tatsache, daß beide Beschuldigten aktive Spionage unter Decknamen, Deckanschrift mit Geheimtinte durchgeführt haben, ausreichendes Beweismaterial vorhanden ist und positive Zeugenaussagen, wird vorgeschlagen, diesen Vorgang vor erweiterter Öffentlichkeit zu verhandeln."[580]

Schuster warf man vor, im Auftrag der KgU Flugblätter verteilt und „Sabotage" betrieben zu haben, indem er „durch bewußt mangelhafte Durchführung bestehender Dienstvorschriften der Deutschen Reichsbahn und unter Vernachlässigung seiner Kontrollpflicht Zugverspätungen systematisch organisiert" habe.[581] Außerdem wurde ihm und seinem Kollegen Kammacher zur Last gelegt, unterschiedlichste Informationen, darunter auch solche mit militärischem Charakter, weitergegeben zu haben.[582]

Noch aufschlußreicher ist das Vorgehen des SfS im Falle Christian Busch. Als sich im Mai 1955 die Konturen des geplanten großen Schauprozesses gegen die KgU abzeichneten, wurde das bereits abgeschlossene und an die Bezirksstaatsanwaltschaft Cottbus übergebene Ermittlungsverfahren von der Staatssicherheit wieder aufgenommen. Der Leiter der Hauptabteilung IX, Alfred Scholz, schrieb an die Staatsanwaltschaft: „Aufgrund der Tatsache, daß eine Gruppe von Agenten der ‚KgU' festgenommen wurde, durch die neue Tatsachen über die verbrecherische Tätigkeit der ‚KgU' bekannt wurden, erfolgte die Zurückholung des Vorganges von der Bezirksstaatsanwaltschaft und eine erneute Aufnahme des Untersuchungsverfahrens."[583]

In Wirklichkeit standen die Ermittlungsergebnisse zum Weimarer Kreis um Benkowitz und Kogel, die zweifellos mit der festgenommenen „Gruppe von Agenten" gemeint waren, in überhaupt keinem sachlichen Zusammenhang mit dem Verfahren gegen Busch und folglich wurden auch keine weitergehenden Erkenntnisse zu Tage gefördert. Die Vernehmungsprotokolle aus der letzten Phase der Untersuchung vom 16. Mai bis zum 2. Juni machen eher den Eindruck als sei es hier in erster Linie um das genaue Einstudieren der Rolle gegangen, die Busch im geplanten Schauprozeß zugedacht war.[584] Offenbar bestand diese im

580 Schreiben des Leiters der Abt. IX der BV Gera, Bischoff, vermutlich an die HA IX, o.D.; ebenda, EV, Bd. 4, Bl. 59.

581 Anklageschrift der Generalstaatsanwaltschaft vom 14.6.1955; ebenda, GA, Bd. 17, Bl. 37. Zur späteren Aussage Schusters über die vom SfS angewandten Verhörmethoden vgl. Finn: Die Widerstandsarbeit, S. 29 f.

582 BStU, ZA, AU 164/55, GA, Bd. 17, Bl. 34–43.

583 Leiter der HA IX, Alfred Scholz, an die Oberste Staatsanwaltschaft der DDR, Abt. I, vom 25.5.1955; ebenda, EV, Bd. 6, Bl. 424.

584 Vernehmungsprokolle; ebenda, Bl. 396–423.

wesentlichen darin, öffentlichkeitswirksam Belege für die Fälschungspraxis der KgU zu präsentieren, die einen Agitationsschwerpunkt bilden sollte, weil sie angeblich zu „unerhörten Schäden“ für die DDR-Wirtschaft geführt habe.[585] Tatsächlich hatte Busch unter anderem zugegeben, von der KgU gefälschte Fleisch-, Fett- und Benzinmarken sowie gefälschte Kohlekarten erhalten und teilweise auch verbreitet zu haben.[586]

Mitte Mai zog die Hauptabteilung IX die Ermittlungen zu den ausgewählten Beschuldigten aus den Bezirksverwaltungen Erfurt, Gera und Cottbus an sich und erstellte bis zum 1. Juni 1955 den Schlußbericht dieses künstlichen Untersuchungsvorganges, den die Generalstaatsanwaltschaft – nur mit kleinen Veränderungen versehen – als Anklageschrift übernahm.[587] Schon die erste Passage des Schlußberichts zeigt, daß es in diesem Verfahren vor allem um die Stigmatisierung der KgU als reiner „Terrororganisation“ ging:

> „Die Beschuldigten sind Agenten der Westberliner Verbrecherorganisation ‚Kampfgruppe gegen Unmenschlichkeit‘, die unter Anleitung und mit Unterstützung des USA-Geheimdienstes, Bonner Regierungsstellen und Westberliner Verwaltungsstellen auftragsgemäß in der Deutschen Demokratischen Republik Diversionsakte, Sprengungen, Brandstiftungen, die Zerstörung von Kraftwerken, Industrieeinrichtungen, Brücken, Verkehrs- und Wohnobjekten und die Ermordung fortschrittlicher, demokratischer Persönlichkeiten des öffentlichen Lebens plant, organisiert und durchführt.“[588]

Obwohl gerade aus den konkreten Ermittlungen hervorging, daß die KgU offenbar seit etwa zwei Jahren auf die Planung von Anschlägen und militanten Sabotagehandlungen verzichtete, sollte dieses Verfahren in der Tradition der Schauprozesse von 1952 gegen Burianek und Kaiser geführt werden.

Vor der Eröffnung des KgU-Prozesses legte der Leiter der für die Justiz zuständigen ZK-Abteilung Staatliche Verwaltung, Klaus Sorgenicht, Ulbricht einen vierseitigen Bericht vor, der die Anklagepunkte ziemlich kursorisch skizzierte und zum Schluß die von der Justizkommission[589] ins Auge gefaßten Strafen auflistete: Für den Hauptangeklagten Benkowitz war die Todesstrafe vorgesehen, für die restlichen vier Angeklagten Strafmaße zwischen zehn und 15 Jahren Zuchthaus. Offenbar hatten Untersuchungsorgan und Staatsanwaltschaft der subalternen Stellung Kogels gegenüber Benkowitz Rechnung getragen und seine Verantwortung deutlich niedriger veranschlagt. Es wurde Kogel jedoch zum Verhängnis, daß Ulbricht über die Passage des Berichtes stolperte: „K[ogel] erklärte sich ferner bereit, [sich] an den geplanten Sprengungen zu beteiligen, die Sprengtruppe

585 Vorlage zum Arbeitsplan für die Popularisierungskampagne der Operation „Frühling“ o. D.; BStU, ZA, AS 183/56, Bl. 19.
586 Anklageschrift der Generalstaatsanwaltschaft vom 14.6.1955; BStU, ZA, AU 164/55, GA, Bd. 17, Bl. 44.
587 Zur Anklageschrift umgeschriebener Schlußbericht der Staatssicherheit vom 1.6.1955; ebenda, HA/GA, Bd. 2, Bl. 52–158.
588 Ebenda, Bl. 53.
589 In der Quelle ist lediglich die Rede von „der Kommission“; gemeint ist die Kommission für Justizfragen beim Politbüro.

und den Sprengstoff in seiner Wohnung unterzubringen."[590] Der Parteichef unterstrich diesen Satz, versah ihn am Rand mit einem Ausrufezeichen und korrigierte den Strafvorschlag für Kogel am Ende des Berichtes kurzerhand zu einem Todesurteil. Groteskerweise machte er sich noch nicht einmal die Mühe, seinen ad hoc gefällten Urteilsspruch auszuschreiben; er beließ es bei der Anfügung von „Gänsefüßchen", die anzeigen sollten, daß der eine Zeile darüber stehende Strafvorschlag für Benkowitz auch für Kogel zu gelten habe.[591]

Es spricht Bände über das Rechtsverständnis Ulbrichts, daß er sich anmaßte, die vorgeschlagene zeitlich begrenzte (also nicht einmal lebenslängliche) Haftstrafe aufgrund einer gut halbseitigen Zusammenfassung der Ermittlungsergebnisse zu Kogel in ein Todesurteil abzuändern, das vom Gericht nach der sich anschließenden Propagandainszenierung im Gewande eines Strafprozesses selbstverständlich verkündet wurde. Ohne Rücksicht auf die konkrete Tatsachenfeststellung hob Staatsanwalt Richard Krügelstein, ein notorischer Scharfmacher,[592] in seinem Schlußplädoyer die Verantwortung von Kogel mit Gewalt auf das gleiche Niveau wie die von Benkowitz. Offenbar erschien ihm die eigene Argumentation aber selbst nicht ganz überzeugend. Denn im Unterschied zu allen anderen Angeklagten, bei denen er am Ende nur kurz das beantragte Strafmaß bekanntgab, sah er sich bei seinem Strafantrag für Kogel noch zu einer bekräftigenden Charakterisierung veranlaßt. Er sagte:

> „Ich beantrage bei Benkowitz die Todesstrafe,
> ich beantrage bei Kogel, der der engste Vertraute und Mitstreiter Benkowitz' war und von allen Aufgaben Kenntnis hatte und sie gebilligt hat, gleichfalls die Todestrafe.
> Ich beantrage bei dem Agenten Schuster 15 Jahre Zuchthaus, bei dem Agenten Kammacher 10 Jahre Zuchthaus und
> bei dem Feigling Busch 15 Jahre Zuchthaus.
> Ich beantrage ferner die obligatorischen Sühnemaßnahmen."[593]

Das Mißverhältnis zwischen Schuld und beantragter Strafe war bei Kogel so augenfällig, daß sein Verteidiger A.F. Schulz nicht umhinkam, im Schlußplädoyer darauf hinzuweisen, obgleich er sonst – wie auch die anderen Anwälte – die in politischen Schauprozessen dieser Zeit übliche willfährige Rolle gespielt hatte. Nachdem er die obligatorische Bekundung losgeworden war, daß sein Mandant eine „schwere Verantwortung" auf sich geladen habe, gab er immerhin zu bedenken, daß „das Maß der strafrechtlichen Verantwortlichkeit des Angeklagten Kogel neben dem Charakter und der Gefährlichkeit der Organisation,

590 Hausmitteilung Sorgenichts an Ulbricht vom 13.6.1955; SAPMO-BA, DY 30, IV 2/13/411.
591 Vgl. auch Falco Werkentin: Walter Ulbricht als Oberster Gerichtsherr. DDR-Strafjustiz in den fünfziger Jahren, in: Vorgänge Nr. 113, 1991, S. 1–15, hier 7. Werkentin dokumentiert hier allerdings lediglich das Endergebnis. Vgl. außerdem Finn: Die Widerstandsarbeit, S. 30.
592 Richard Krügelstein (1899–1969) war als Oberstaatsanwalt in Dresden u. a. zum Mitglied einer sechsköpfigen Kommission bestellt worden, die 1950 die mit der Durchführung der „Waldheimer Prozesse" beauftragten Staatsanwälte und Richter vor Ort politisch zu kontrollieren hatte. Im Geheimprozeß gegen Justizminister Max Fechner hatte er 1955 die Anklage zu vertreten. Vgl. dazu Werkentin: Politische Strafjustiz, S. 138 und 170.
593 Stenographische Niederschrift der Hauptverhandlung; BStU, ZA, AU 164/55, GA, Bd. 7, Bl. 264.

neben dem Inhalt und der Gefährlichkeit der einzelnen Taten, auch der Gefährlichkeit des Täters, durch die Art und das Ausmaß der Mitwirkung des Angeklagten Kogel bestimmt" wird.[594] Anschließend skizzierte er die untergeordnete Rolle von Kogel. Er betonte, daß „die organisierende und bis zu einem gewissen Grad auch ausführende Tätigkeit" nicht Aufgabe Kogels gewesen sei, und widersprach der These des Staatsanwaltes, Kogel sei als „Stellvertreter" Benkowitz' anzusehen:

> „Wäre der Angeklagte Stellvertreter des Angeklagten Benkowitz gewesen, dann hätte er alle die vom Angeklagten Benkowitz geleiteten Agenten kennen müssen. [...] Ferner wußte der Angeklagte Kogel nicht, in welchem Ausmaß der Angeklagte Benkowitz Spionage in KVP-Einheiten und in einer sowjetischen Einheit betrieben hat. Auch betont der Angeklagte, er hat nichts davon gewußt, daß der Angeklagte Benkowitz demokratischen Funktionären, also Funktionären der Parteiorganisation und des Staatsapparats, Drohbriefe geschrieben hat. Ebenfalls ist der Angeklagte nicht informiert gewesen über Hetzbriefmarken, die der Angeklagte Benkowitz vertrieben hat, und über die gefälschten FDGB-Marken. Auch hat der Angeklagte, wie er darlegt, keine Hetzschriften verbreitet."[595]

Der Anwalt betonte, daß aus der Gesamtheit all dieser Umstände „der Grad der Verantwortung" von Kogel hergeleitet werden müsse und bat das Gericht „von der Anwendung der schwersten Strafe abzusehen und auf eine Zuchthausstrafe zu erkennen". Da das eigentliche Urteil von Ulbricht aber schon längst gefällt war, ging der 1. Strafsenat des Obersten Gerichts unter dem Vorsitz von Walter Ziegler über diese Einwände hinweg und lieferte auch Hans-Dietrich Kogel dem Scharfrichter aus.

Der KgU-Prozeß vom Juni 1955 kann als klassischer Schauprozeß angesehen werden, bei dem das Publikum von vornherein auf Todesurteile eingestimmt wurde. Die Öffentlichkeit erlebte eine perfide Inszenierung, bei der die Angeklagten, in Unkenntnis des Gesamtdrehbuches, brav die ihnen zugeteilten Rollen spielten und damit tatkräftig an der Legitimierung ihrer eigenen Todestrafen mitwirkten. Auf der Grundlage der Berichte von Informatoren, die die Staatssicherheit in die Zellen der Beschuldigten eingeschleust hatte, läßt sich rekonstruieren, wie die Angeklagten für ihre Rollen im Schauprozeß präpariert wurden. Die Vernehmungstaktik der Staatssicherheit bestand in erster Linie darin, den Beschuldigten einzureden, daß ihre Strafe um so milder ausfallen würde, je mehr sie gestehen würden. Mit einer Todesstrafe rechnete offenbar selbst Benkowitz zu keinem Zeitpunkt.

Am 15. Mai war Benkowitz in Vorbereitung des Prozesses vor dem Obersten Gericht von Erfurt nach Ostberlin gebracht worden, und dort erwartete ihn schon ein Zellengenosse mit dem Auftrag, ihn auszuhorchen. Am folgenden Tag berichtete dieser, Benkowitz habe ihm erzählt, daß er von seinem Vernehmer erfahren habe, er müsse „mit einer längeren Strafe" rechnen, „weil sein Fall ein

594 Ebenda, Bl. 274.
595 Ebenda, Bl. 275f.

ziemlich schwerer sei". „Bei seinen bisherigen Vernehmungen habe er ausgesagt, was er getan habe, und nichts verschwiegen. Er wisse, daß er nur dadurch seine Lage günstig gestalten könne, und er bereue seine Taten aufrichtig."[596] Offenbar gelang es den Vernehmern, Benkowitz im Glauben zu wiegen, sie wollten nur das Beste für ihn. Am 9. Juni berichtete der Zelleninformator:

> „Be[nkowitz] steht mit seinem Sachbearbeiter auf besonders gutem Fuß und kommt von den Vernehmungen immer sehr aufgeräumt zurück. Er bekommt jedes Mal Zigaretten angeboten und erfährt oft Neues aus dem Zeitgeschehen und kann sich mit seinem Sachbearbeiter auch öfter über seine Zukunft unterhalten, z. B., daß sein Fall noch im Juni verhandelt wird, daß er während des Strafvollzuges Gelegenheit zur Arbeit haben wird, daß er bei guter Führung mit einem Teilerlaß seiner Strafe rechnen kann usw."[597]

Am Tag vor der Prozeßeröffnung hatte Benkowitz dann eine lange Unterredung mit seinem Verteidiger. Der Zelleninformator berichtete auch darüber:

> „Er hat Be[nkowitz] immer wieder den guten Rat gegeben, bei der Verhandlung auf jeden Fall zu seinen bisherigen Aussagen zu stehen, sich auf keinen Fall etwa aus seiner Schuld herauszuwinden versuchen, klar und fest auf seine Hintermänner bei der KgU zu weisen und diese nicht zu schonen, sondern der Öffentlichkeit über das verbrecherische Treiben der Organisation die Augen zu öffnen. Nur durch ein solches Verhalten könne er dem Gericht beweisen, daß er mit der Vergangenheit gebrochen habe und seine Taten bereue, daß es ihm ernst sei mit dem Willen zur Wiedergutmachung und nicht etwa bloß Phrasendrescherei. [...] Auf seine Frage, wie hoch die Strafe wohl voraussichtlich ausfallen werde, antwortete ihm sein Verteidiger, daß er das vorher auch nicht annähernd sagen könne. Das habe Be[nkowitz] zu großem Teil selber in der Hand, da er allein den Gang der Verhandlung in gutem oder schlechten Sinne beeinflussen könne."[598]

Benkowitz wurde somit suggeriert, daß eine massive und schonungslose Selbstanklage das beste Mittel zu seiner Verteidigung sei. Doch genau das Gegenteil war der Fall. In der Schauprozeßinszenierung erfüllten die Selbstbezichtigungen die Funktion, die SED-Propaganda in die Lage zu versetzen, ihn und Kogel als terroristische Scheusale darzustellen, die ihr Leben verwirkt hätten. An einer entscheidenden Stelle sagte Benkowitz in der Verhandlung:

> „In die Sprengung der Sechsbogenbrücke war einbezogen die Beschaffung eines Bremsschuhs, der vor der Brücke angebracht werden sollte, um im sogenannten Ernstfall diesen Bremsschuh anzuwenden, um zu diesem Zeitpunkt, an dem die Sprengung erfolgen sollte, gleichzeitig noch den Zug, der auf der Brücke zum Stehen kam, mit in diese Sprengung einzubeziehen, um dadurch einen totalen Verkehrsausfall zu erzielen."[599]

Daraufhin fragte der vorsitzende Richter Ziegler: „Was sollte das für ein Zug

596 Bericht eines Zelleninformators vom 16.5.1955; ebenda, BA/EV, Bd. 21, Bl. 106 f.
597 Bericht eines Zelleninformators vom 9.6.1955; ebenda, Bl. 64 f.
598 Bericht eines Zelleninformators vom 21.6.1955; ebenda, Bl. 94.
599 Stenographische Niederschrift der Hauptverhandlung; ebenda, GA, Bd. 7, Bl. 38.

sein?“ Benkowitz antwortete: „Das hat er[600] mir nicht gesagt. Der Zeitpunkt lag nicht fest.“ Auf die weitere Frage von Ziegler: „Das konnte auch ein Kindertransport sein?“ antwortete Benkowitz zustimmend.[601] „Neues Deutschland“ ließ sich in seiner Prozeßberichterstattung diese Verhandlungssequenz nicht entgehen und benutzte sie als Beleg für den angeblichen Zynismus des Angeklagten.[602] Nach dem Plädoyer des Staatsanwalts erschien das Zentralorgan der SED mit der Überschrift „Keine Gnade für die Volksfeinde!“[603]

Benkowitz und Kogel hatten in der Tat keine Chance auf Gnade. „Der ganze Zorn unseres Volkes wendet sich gegen solche Kreaturen“, schrieb „Neues Deutschland“,[604] und tatsächlich wurde der Volkszorn kräftig geschürt. Parteiagitatoren sorgten dafür, daß in Betrieben und Ämtern entsprechende Resolutionen verabschiedet wurden. Kollegen von Benkowitz aus der Pestalozzi-Schule Weimar formulierten ein Schreiben, in der sie „die strenge Bestrafung der fünf Agenten“ forderten und sich verpflichteten, „noch wachsamer als bisher zu sein, um zu verhindern, daß die Erfolge unseres Arbeiter-und-Bauern-Staates durch solche verbrecherische Elemente geschmälert wird“.[605] Aus dem VEB Leipziger Werke war zu hören, „daß gegen derartige Subjekte die strengstmögliche Strafe verhängt werden muß“.[606] „Die Kolleginnen und Kollegen der Abteilung Lohn und soziale Fragen“ des VEB Optima Büromaschinenwerk Erfurt fragten sich in einem Brief an das Oberste Gericht, ob „solche Subjekte, die sich dazu hergeben, die Vorbereitung für derartige Verbrechen zu treffen, überhaupt noch als Menschen zu bezeichnen“ seien.[607] Gestanzt und „klassenmäßig“ äußerte sich eine Arbeitsgruppe der Arbeiter-und-Bauern-Fakultät „Walter Ulbricht“ in Halle. Sie forderte: „Wer […] die Hand nach den Errungenschaften der Arbeiter-und-Bauern-Macht ausstreckt, der muß unerbittlich bestraft werden.“[608]

Die von den Rechtsanwälten eingeleiteten Gnadenverfahren konnten nichts mehr ausrichten. Der Anwalt von Kogel wiederholte in seinem Gnadengesuch in pointierterer Form die Argumente seines Plädoyers,[609] und der Anwalt von Benkowitz versuchte, die große Aussagebereitschaft seines Mandanten in die Waagschale zu werfen:

> „Wie ernst es Benkowitz mit seiner Wahrheitspflicht nahm, zeigen am besten seine Antworten auf die Fragen des Präsidenten nach dem Verwendungszweck der in seinem Besitz befindlichen, kurz vor der Inhaftierung in die Ilm

600 Gemeint ist „Wolf“, der für Thüringen zuständige „Landessachbearbeiter“ der KgU-Widerstandsabteilung.
601 BStU, ZA, AU 164/55, GA, Bd. 7, Bl. 38.
602 Prozeß gegen KgU-Agenten enthüllt schwere Anschläge gegen das Leben unseres Volkes: Saaletalsperre sollte gesprengt werden, in: Neues Deutschland vom 22.6.1955.
603 Neues Deutschland vom 23.6.1955.
604 Ebenda.
605 Teuflische Pläne vereitelt, in: ebenda.
606 Schreiben an das Oberste Gericht vom 24.6.1955; BStU, ZA, AU 164/55, HA/GA, Bd. 2a, Bl. 147.
607 Schreiben an das Oberste Gericht vom 25.6.1955; ebenda, Bl. 148.
608 Erklärung vom 23.6.1955; ebenda, Bl. 152.
609 Schreiben des Rechtsanwaltes A.F. Schulz an den Präsidenten der DDR vom 24.6.1955; ebenda, Bl. 25–27.

geworfenen Pistole und den Plan der beabsichtigten Sprengung der Sechsbogenbrücke mit dem darauf befindlichen Zug. Bei dem hohen Intelligenzgrad des Benkowitz wäre es ihm wahrscheinlich ohne erhebliche Schwierigkeiten möglich gewesen, andere Motive zum Ausdruck zu bringen [...].“[610]

Schlicht und eindringlich schrieb die Mutter von Benkowitz an Wilhelm Pieck in einem ihrer mehrfachen Gnadengesuche: „Herr Präsident, er ist mein einzigster Sohn. [...] Mein Mann ist seit 1945 abgeholt und seitdem habe ich keine Nachricht von ihm. Ich stehe allein da [...]. Sehr verehrter und lieber Herr Präsident, bitte, bitte helfen sie mir, lassen sie meinen Sohn leben!“

Aber weder die einleuchtenden Argumente der Rechtsanwälte noch die verzweifelten Briefe der Angehörigen konnten den von der Parteiführung vorprogrammierten Lauf der Dinge beeinflussen. Am 29. Juni 1955, nur sechs Tage nach der Urteilsverkündung, starben Gerhard Benkowitz und Hans-Dietrich Kogel in Dresden unter dem Fallbeil.[611]

6.6. Der RIAS vor Gericht – der Fall Joachim Wiebach und andere

Im Februar 1946 war der Vorgänger des RIAS als „Drahtfunk im amerikanischen Sektor“ (DIAS) gegründet worden, um ein Gegengewicht zu dem unter sowjetischer Kontrolle stehenden „Berliner Rundfunk“ zu schaffen. Ab September 1946 strahlte die Einrichtung, nunmehr unter dem Namen „Rundfunk im amerikanischen Sektor“ von Berlin, ihre Sendungen über Mittelwelle aus und wurde für Sowjets und SED ein zunehmendes Ärgernis. Schon im Zusammenhang mit den Berliner Wahlen am 20. Oktober 1946, die für die SED desaströs endeten, stellte die RIAS-Berichterstattung eine politische Herausforderung der sowjetischen Militäradministration dar. Zur endgültigen Frontstellung kam es dann mit dem offenen Ausbruch des Kalten Krieges in der Blockadezeit 1948/49. Mit Sendungen wie „Aus der Zone – für die Zone“ griff der RIAS Probleme der Bevölkerung der SBZ/DDR auf eine Weise auf, die das SED-Regime zunehmend irritieren mußte. Der Sender stand dabei im Kontakt mit den antikommunistischen Widerstandsorganisationen, vor allem mit dem Ostbüro der SPD, das mit Hilfe des RIAS die Verbindungen zu seinen Anhängern im Osten zu halten versuchte. Der Sender ging Anfang der fünfziger Jahre so weit, regelmäßig Spitzelwarnmeldungen auszustrahlen, deren Wahrheitsgehalt naturgemäß schwer zu überprüfen war.[612]

Die zunehmende Beliebtheit des RIAS bei seinen Hörern im Osten gründete

610 Schreiben des Rechtsanwaltes Egon Rehm an das Oberste Gericht vom 25.6.1955; ebenda, Bl. 33.

611 Vollstreckungsprotokolle vom 29.6.1955; BStU, ZA, AU 164/55, Bd. 23 und 24 (Vollstreckungshefte von Benkowitz und Kogel), Bl. 11 bzw. 8.

612 Herbert Kundler: RIAS Berlin. Eine Radiostation in einer geteilten Stadt, Berlin 1994, S. 38–78 und 109–111.

sich – neben einem attraktiven Informations- und Unterhaltungsprogramm – nicht zuletzt auf eine Berichterstattung über die inneren Verhältnisse der DDR, die – im Gegensatz zur schönfärberischen Dauerpropaganda der eigenen Medien – von den regimekritischen Teilen der Bevölkerung als realitätsnah empfunden wurde. Sie basierte auf Mitteilungen, die den Sender direkt oder indirekt aus der DDR erreichten, ein Phänomen, das den DDR-Machthabern erhebliche Kopfschmerzen bereitete und für das der stalinistische Sprachgebrauch nur den Begriff „Spionage“ vorrätig hatte. Auf wachsende Sendereichweiten und Publikumserfolge reagierte das SED-Regime mit einer immer intensiveren Bekämpfung des RIAS: Die offizielle Propaganda stigmatisierte schon allein das Hören des „Spionagesenders“ als „Feindtätigkeit“; mit Hilfe einer umfassenden Postkontrolle versuchte man die brieflichen Kontakte des RIAS zu seinen Hörern in der DDR zu unterbinden.

Endgültig zum roten Tuch wurde der RIAS für die SED-Machthaber durch seine Rolle während des Juni-Aufstandes 1953. Ab 1951 hatte er sich in seiner täglichen Sendung „Werktag der Zone“ betrieblicher und tariflicher Probleme angenommen.[613] Dies war in enger Fühlung mit dem Ostbüro des DGB geschehen, der über gute Kontakte in die DDR-Betriebe bis hin zu einzelnen Funktionären des FDGB verfügte. Am Vorabend des Juni-Aufstandes brodelte es wegen der Normenerhöhung in der Arbeiterschaft der DDR. Wochenlang war es deshalb schon zu hitzigen Diskussionen, vereinzelt auch zu Protesten und Streiks gekommen. Für die „Werktag“-Sendungen des RIAS war die Normenfrage von April bis Juni 1953 das Thema Nummer eins.[614] Am 9. Juni wurde eine feurige Ansprache des Rechtsschutzsekretärs des Berliner DGB, Gerhard Haas, der gleichzeitig für das Ostbüro des DGB verantwortlich war, gesendet, in der von „Abscheu und Empörung“ die Rede war, mit der die Westberliner und westdeutschen Gewerkschafter das „brutale Normendiktat der Machthaber der Sowjetzone“ zur Kenntnis genommen hätten, und den „heldenmütigen Belegschaften, die durch ihre Streiks an die Spitze des erbitterten Abwehrkampfes gegen den Normenraubzug getreten“ waren, „Solidarität, Dank und Bewunderung“ ausgesprochen wurde.[615]

Wie gut die einschlägigen Informationsquellen des RIAS waren, zeigte sich abermals, als der Sender am 15. Juni über erste Arbeitsniederlegungen auf Ostberliner Baustellen berichten konnte; die Meldung wurde bezeichnenderweise von den großen Nachrichtenagenturen als unglaubwürdig angesehen und nicht übernommen.[616] Es war kein Zufall, daß am 16. Juni eine Delegation von streikenden Bauarbeitern der Stalinallee mit dem Ansinnen, einen Aufruf zum Generalstreik zu verlesen, gerade im RIAS-Funkhaus erschien. Dort achtete man

613 Ebenda, S. 164f.
614 Manfred Rexin: Der 16. und 17. Juni 1953 in West-Berlin, in: Deutschland Archiv 26 (1993) 8, S. 985–994, hier 989.
615 Niederschrift der RIAS-Sendung vom 9.6.1953, 5.35 Uhr, Werktag der Zone; BStU, ZA, AU 163/55, EV, Bd. 2, Bl. 71f.
616 Rexin: 17. Juni, S. 986.

allerdings, bei aller Solidarität mit den Streikenden, darauf, kein Öl ins Feuer zu gießen: Die Forderungen der Streikenden fanden lediglich Eingang in die Nachrichtensendungen. Noch vorsichtiger als die deutschen Redaktionsmitarbeiter waren die amerikanischen Verantwortlichen. Noch am 16. Juni rief der US-Hochkommissar James B. Conant beim stellvertretenden Direktor des RIAS, Gordon A. Ewing, an, stellte die rhetorische Frage, ob der Sender „vielleicht den dritten Weltkrieg beginnen wolle“, und verbot eine weitere Verbreitung der Streikforderungen.[617] Die RIAS-Redaktion mußte am 16. und 17. Juni einen Balanceakt zwischen „Solidarität und Staatsräson“[618] vollführen. Auf Initiative der politischen Redaktion des Senders gab der Berliner DGB-Vorsitzende Ernst Scharnowski eine für damalige Verhältnisse eher zurückhaltende Solidaritätserklärung ab, die allerdings einen Demonstrationsaufruf enthielt und am Morgen des 17. Juni dreimal gesendet wurde. Trotz der vorsichtigen Haltung seiner politischen Redaktion hatte der RIAS einen nicht unmaßgeblichen Anteil daran, daß sich der Aufstand am 17. Juni auf weite Teile der DDR ausbreitete.[619] Indem sie Massen erreichte, wurde die Information zur materiellen Gewalt. So ließ die Rolle, die der RIAS während des Juni-Aufstandes eingenommen hatte, den Sender in den Augen der Staatssicherheitsführung als Stabsstelle des „faschistischen Putsches“ erscheinen. Bezeichnend für die Sicht der Staatssicherheit ist die Feststellung Wollwebers, daß Feindtätigkeit, bei der keine Westverbindungen zu erkennen seien, dem RIAS zugeordnet werden müsse:

> „Es handelt sich darum, daß ein Feind nicht immer verbunden sein muß als Agent mit irgendeiner Zentrale oder Filiale. Deshalb bleibt er doch ein Feind, und diese Feinde, die schafft und dirigiert der RIAS. […] Wir dürfen nicht verkennen, daß der RIAS die besondere Rolle spielt, ganze feindliche Gruppen fernzulenken, durch seine Propaganda und Instruktionen. Das darf man nicht vergessen, wenn man nicht nachweisen kann, daß er [der Feind] eine feindliche Verbindung hat. Prüft einmal, ob er hört beim RIAS, dann werdet ihr feststellen, wes Geistes Kind er ist und zu welchen Taten er fähig ist.“[620]

Das SfS oder der sowjetische Geheimdienst verfügten im RIAS offenbar über einen Informanten, der Einblicke in das Arbeitsfeld des Mitarbeiters der Hauptabteilung Politik Franz Siegel hatte, den die Staatssicherheit schlicht als „Hauptagenten“ bezeichnete. Wie noch zu erörtern sein wird, scheint Siegels Tätigkeit tatsächlich nicht nur journalistischer Natur gewesen zu sein, und so eignete sich seine Person hervorragend als „Beleg“ für die Behauptung, der RIAS sei eine „Spionagezentrale des amerikanischen Geheimdienstes“. Ob es sich bei dem erwähnten Informanten eventuell um Siegfried Meisel handelte, einen Mitarbeiter derselben Abteilung des Senders, der einige Monate später in der DDR auf-

617 Egon Bahr: Zu meiner Zeit, München 1996, S. 78, außerdem Manfred Rexin: Aus Bonn kam die besorgte Frage: „Wollen Sie vielleicht den dritten Weltkrieg beginnen?“ In: Das Parlament vom 13.6.1997, S. 19.

618 So die Formulierung von Rexin: 17. Juni, S. 988.

619 Ebenda, S. 992.

620 Schlußwort von Wollweber auf der zentralen Dienstkonferenz am 11./12.11.1953, S. 5; BStU, ZA, DSt 102272.

tauchte und von Propaganda und Justiz als Kronzeuge gegen den RIAS benutzt wurde, ist unklar. Nach Aktenlage ist dies jedenfalls nicht zu belegen.[621]

Die geheimpolizeilichen Operationen, die schließlich zum RIAS-Schauprozeß von 1955 führten, wurden im November 1954 im engen zeitlichen Zusammenhang mit der Aktion „Blitz“, aber operativ eigenständig eingeleitet. Am 6. November versandte der Leiter der für „Spionageabwehr“ zuständigen Hauptabteilung II, Josef Kiefel, an die Leiter der „fachlich“ nachgeordneten Abteilungen II der Bezirksverwaltungen einen bemerkenswerten Rundbrief:

> „Als Anlage erhalten Sie Belastungsmaterial über Personen aus dem dortigen Bezirk, die aktive Agententätigkeit für den RIAS ausüben und mit dem Hauptagenten des RIAS – Siegel – zusammenarbeiten. Diese Personen sind sofort zu ermitteln und operativ zu bearbeiten. In Folge der Dringlichkeit ist mit allen verfügbaren Kräften die operative Bearbeitung dieser Personen durchzuführen und diese sind in einem Vorgang unter der Bezeichnung ‚Enten‘ zu erfassen und zu registrieren.“[622]

Schon 14 Tage später sollte der erste Sachstandsbericht zu den Ermittlungen vorliegen. Von vornherein war die Festnahme aller unter Verdacht geratenen mutmaßlichen Kontaktleute des Senders vorgesehen. „Über alle beschuldigten Personen“, heißt es lapidar im Schreiben Kiefels, „sind Vorführakten anzulegen“. Die Festnahmen durften allerdings angesichts der politischen Brisanz der Aktion nur mit Genehmigung der Hauptabteilung II erfolgen.[623]

Inhalt und Terminsetzung zeigen, daß die unter dem sinnigen Codenamen „Enten“ laufende Aktion gegen den RIAS selbst im Maßstab der „konzentrierten Schläge“ äußerst kurzfristig, ja geradezu überhastet geplant wurde. Bis zum November 1954 hatte sich die Staatssicherheit mit Verbindungen des RIAS in die DDR offenbar wenig befaßt, und jetzt mußten die Ermittlungen übers Knie gebrochen werden, um zum Zeitpunkt der propagandistischen Auswertung der Großaktion rechtzeitig auch „RIAS-Agenten“ vorführen zu können.

Dem SfS war es gelungen, ein Notizbuch und andere Aufzeichnungen von Franz Siegel an sich zu bringen. Ein erheblicher Teil der hieraus stammenden Hinweise führte allerdings zu keinerlei Ermittlungserfolgen.[624] Neunzehn von 23 Personenangaben, die die Hauptabteilung II beispielsweise der Verwaltung Groß-Berlin zur weiteren Bearbeitung übergab, reichten noch nicht einmal zu

621 In einem einschlägigen Dokument heißt es lediglich: „Als Mitarbeiter der politischen Abteilung erlebte der Kandidat [Meisel] selbst, mit welchen verwerflichen Mitteln und Methoden dort die Politik des Antikommunismus und des kalten Krieges mit dem Ziel der Umwandlung in einen heißen Krieg zusammengezimmert und verbreitet wird. Der Kandidat suchte deshalb Kontakt zur DDR und siedelte schließlich im April 1955 wieder in die DDR über. Er hatte einen entscheidenden Anteil an der Liquidierung des RIAS als Agenten- und Spionagezentrale.“ Vorschlag der Abteilung II der BV Halle vom 13.2.1963 zur Werbung eines inoffiziellen Mitarbeiters; BStU, ASt Halle, AIM 1778/80, Teil I, Bd. 1, Bl. 67.

622 BStU, ZA, AOP 433/57, Bd. 1, Bl. 16.

623 Ebenda.

624 Abschlußbericht der Abteilung II/1 der Verwaltung Groß-Berlin vom 20.1.1956 zum Gruppenvorgang „Enten“; ebenda, Bl. 344.

einer Identitätsfeststellung.[625] Am 24. November konnten nach ersten Ermittlungen lediglich vier Personen zweifelsfrei identifiziert werden, darunter ein Geheimer Informator der Staatssicherheit. Auch der spätere Hauptangeklagte Joachim Wiebach befand sich unter den Identifizierten; über ihn war zunächst nur in Erfahrung gebracht worden, „daß er im Wohngebiet politisch nicht in Erscheinung" trete, sich in seiner Freizeit häufig in Westberlin aufhalte und dort Kinos und Gaststätten besuche.[626] Am 9. Dezember 1954 schlug das zuständige Referat der Verwaltung Groß-Berlin der SfS-Zentrale die Verhaftung Wiebachs und sechs weitere Festnahmen vor.

Es verstrich allerdings noch einige Zeit, bis Erich Mielke grünes Licht für die Verhaftungen gab. Erst am 2. Februar 1955 wurde der zentrale Operativplan erstellt. Sein Wortlaut ließ keinen Zweifel daran, daß die Aktion „Enten" noch stärker unter dem Primat der Propaganda stehen würde als andere Operationen der Staatssicherheit in dieser Phase:

> „Die Aktion ‚Enten' stellt sich das Ziel, nicht nur die Agenturen des RIAS zu zerschlagen und sie ihrer gerechten Strafe zuzuführen, sondern durch richtige politisch-operative Maßnahmen dem RIAS einen solchen Schlag zuzufügen, der es möglich macht, diesen amerikanischen Sender vor dem gesamten deutschen Volk und der Weltöffentlichkeit als Spionagezentrale des amerikanischen Geheimdienstes zu entlarven."[627]

Zu diesem Zweck wurden in den Bezirksverwaltungen Mitarbeiter oder sogar ganze Arbeitsgruppen abgestellt, denen die Aufgabe zukam, „alles vorhandene und anfallende Material gründlich aus[zu]werten, damit dieses [...] und die Aussagen der Agenten propagandistisch in Rundfunk und Presse veröffentlicht werden können".[628]

Am 24. März, also noch bevor die ersten Festnahmen erfolgten, war schon ein detaillierter „Plan zur agitatorischen Auswertung der Aktion ‚Enten'" formuliert, der unter anderem vorsah, daß die Schlußberichte der betreffenden Untersuchungsvorgänge „rechtzeitig den verantwortlichen Genossen der Agitation des SfS zugehen, damit diese Auswertung zentral gelenkt werden kann".[629]

Gut zehn Tage später löste Mielke mit dem Stichwort „Panne" die vorgesehenen Festnahmen aus. Innerhalb von zwei Wochen kam es zur Verhaftung von insgesamt 49 Personen, denen Kontakte zum RIAS vorgeworfen wurden. Die Festnahmen betrafen das gesamte Gebiet der DDR, mit einem deutlichen Schwerpunkt im Raum Berlin/Potsdam, wo fast die Hälfte der Festgenommenen wohnte. Die berufliche Stellung der Verhafteten war heterogen: Knapp die Hälfte waren Arbeiter und Kraftfahrer, gut zehn Prozent technische oder kaufmännische Angestellte; der Rest verteilte sich auf unterschiedliche Berufsgruppen. Hervorzuheben sind dabei ein Bürgermeister, ein Justitiar, ein Gerichtsvollzieher, ein

625 Bericht der Abteilung II/1 vom 24.11.1954 zum Gruppenvorgang „Enten"; ebenda, Bl. 35–39.
626 Ebenda, Bl. 35.
627 Operativplan zur Aktion „Enten" vom 10.2.1955; Dokument 13, S. 317.
628 Ebenda, S. 318.
629 BStU, ZA, AU 163/55, EV, Bd. 2, Bl. 15–21, hier 20.

Stützpunktleiter der Gesellschaft für Sport und Technik, ein Wachleiter in einem sowjetischen Reparaturwerk, der zugleich Kreistagsabgeordneter der NDPD war, ferner ein Oberwachtmeister der Transportpolizei und der Sekretär des Hauses der Gesellschaft für deutsch-sowjetische Freundschaft in Potsdam. Die beiden letzteren mußten jedoch, wie auch mindestens drei weitere Verhaftete, wegen unzureichender Indizien umgehend wieder freigelassen werden.[630]

Überhaupt war die Beweislage insgesamt äußerst dünn. Einigen der Festgenommenen wurde lediglich die Weitergabe von Stimmungsberichten zur Last gelegt; den meisten warf die Staatssicherheit die Übermittlung von betrieblichen Informationen vor, die zum größten Teil offen zugänglich gewesen sein dürften. Bezeichnend ist etwa, daß einem Verhafteten Berichte über Kreistagssitzungen und einem anderen Informationen „über die Neuererbewegung bei der Reichsbahn und [...] die Zugführer neuen Typs" vorgehalten wurden.[631]

Für eine wirkungsvolle Propagandakampagne gegen den RIAS reichten Beschuldigungen dieser Art nicht aus, und so traf die Staatssicherheit für den „Prozeß vor erweiterter Öffentlichkeit" eine strenge Auswahl. Daß die Auswahlkriterien wie gehabt propagandistischer Natur waren, zeigt sich schon allein an der Wortwahl des Vermerkes „nicht geeignet", der sich in der Liste der Festgenommenen bei einigen Namen findet; in einem Fall trägt dieser Vermerk den bezeichnenden Zusatz: „Arbeitete für die Freunde von [19]50–52."[632]

Die besondere „Eignung" der fünf Personen, die letztlich im Schauprozeß von Juni 1955 angeklagt wurden, lag auf unterschiedlichen Ebenen. Grundvoraussetzung waren Taten, die man der Öffentlichkeit mit gewissen Erfolgsaussichten als „Verbrechen" verkaufen konnte – etwa die Weitergabe von militärischen Informationen –, eine relativ gute Beweislage und die Geständigkeit der Beschuldigten. Hinzu kam jedoch noch ein weiteres Kriterium, das überhaupt keinen strafrechtlichen Aspekt hatte, nämlich ob die Beschuldigten in ihren Vernehmungen Aussagen gemacht hatten, die sich zur Diffamierung des RIAS eigneten. So vermerkte der erste Plan für den abzuhaltenden Schauprozeß bei zwei der Angeklagten, sie hätten beim RIAS-Hören festgestellt, daß ihre Meldungen vom Sender „entstellt und in verleumderischer Weise wiedergegeben wurden". Bei einem anderen Angeklagten wurde hervorgehoben, er habe Kenntnis, daß ein bestimmter Mitarbeiter des RIAS Prostituierte an der Hand habe, die dem Sender „männliche Personen" zuführten, und daß die Sendung „Schlager der Woche" und die Suchdienste „zur Anwerbung von Agenten benutzt" würden.[633] Die fünf Angeklagten, die vor Prozeßbeginn noch nie etwas miteinander zu tun gehabt hatten, spielten so gewissermaßen die Komparsen im Drehbuch des Prozesses, dessen „politische Zielsetzung" folgendermaßen lautete:

„Es soll bewiesen werden, daß der ‚RIAS' eine amerikanische Agentenzentrale ist, deren einziger Zweck darin besteht, die Spaltung Deutschlands zu

630 Aufstellung zu den festgenommenen „RIAS-Agenten" vom 22.4.1955; ebenda, Bl. 22–48.
631 Ebenda.
632 Ebenda, Bl. 40.
633 Plan für die Vorbereitung eines Prozesses vor erweiterter Öffentlichkeit gegen den amerikanischen Hetzsender „RIAS" vom 15.5.1955; ebenda, Bl. 73–79, hier 74f.

vertiefen, die Verständigung der Deutschen untereinander zu erschweren, Wühlarbeit gegen die DDR zu betreiben und die Kriegsvorbereitungen der Imperialisten zu unterstützen, wobei Westberlin der Hauptstützpunkt dazu ist.

Durch die Entlarvung der besonders raffinierten hinterhältigen Methoden der Anwerbung von Agenten aus zum großen Teil arglosen Besuchern der Westsektoren Berlins und deren Übergabe an den amerikanischen Geheimdienst soll erreicht werden, daß die Wachsamkeit und die Ablehnung gegenüber der Tätigkeit des ‚RIAS' innerhalb der Bevölkerung der DDR erhöht wird.

Durch Aufdeckung von offensichtlichen und krassen Lügen in Berichten und Kommentaren des ‚RIAS' und die Ausnutzung der sogenannten Unterhaltungssendungen zur Anwerbung von Agenten muß erreicht werden, daß der ideologische Einfluß des ‚RIAS' auf Teile der Bevölkerung eingedämmt wird."[634]

Hervorzuheben ist die Geschwindigkeit, mit der das Verfahren durchgezogen wurde. Alle späteren Angeklagten waren Anfang April verhaftet worden. Am 15. Mai wurde der erwähnte Plan für die Vorbereitung des Schauprozesses vorgelegt. Zehn Tage später, am 26. Mai, war der Schlußbericht des Untersuchungsorgans der Staatssicherheit fertig, den Generalstaatsanwalt Melsheimer – lediglich etwas umredigiert – am 19. Juni als seine Anklageschrift vorlegte. Einen Tag darauf, am 20. Juni, erließ das Oberste Gericht den Eröffnungsbeschluß. Am 24. Juni war der erste Verhandlungstag, und am 27. Juni wurde das Urteil verkündet. Von der Erstellung des Schlußberichtes durch die Staatssicherheit bis zur Urteilsverkündung verging genau ein Monat.

Vollständig wird die Justizfarce durch die Tatsache, daß – wie im Fall Kogel – das eigentliche Urteil gar nicht im Gerichtssaal fiel, sondern knapp zwei Wochen vorher in der Spitze der SED. Ulbricht lag lange vor der Prozeßeröffnung ein Papier des ZK-Abteilungsleiters Klaus Sorgenicht vom 14. Juni mit den Strafvorschlägen für die einzelnen Angeklagten vor. Der Erste Sekretär strich das für den Hauptangeklagten Wiebach vorgesehene „lebenslänglich" durch und schrieb „Vorschlag Todesurteil" darüber. Die restlichen Strafvorschläge ließ er stehen und setzte „Einverstanden Ulbricht" darunter.[635] Es bedarf fast nicht der Erwähnung, daß der Präsident des Obersten Gerichts, Kurt Schumann, das Todesurteil – so wie vom SED-Chef dekretiert – verkündete. Da man davon ausgehen muß, daß Ulbricht das Sorgenicht-Papier unmittelbar nach seiner Abfassung vorliegen hatte, war das Urteil faktisch gesprochen, bevor Melsheimer die Anklage erhoben hatte. Beim RIAS-Prozeß vom Juni 1955 handelte es sich um eine Inszenierung, die mit einem Strafprozeß nur die äußere Form gemeinsam hatte, tatsächlich aber eine reine Propagandaveranstaltung war. Mit dem politisch verordneten Justizmord an Joachim Wiebach sollte ein Einschüchterungseffekt erzielt werden.

Wer waren die Angeklagten, und was wurde ihnen konkret vorgeworfen?

634 Ebenda, Bl. 76.
635 Sorgenicht an Ulbricht vom 14.6.1955, betr.: Strafsache gegen 5 Agenten des RIAS; SAPMO-BA, DY 30, IV 2/13/411. Vgl. auch Werkentin: Walter Ulbricht als oberster Gerichtsherr, S. 8.

Der 27jährige Hauptangeklagte Wiebach war Dekorateur, zuletzt tätig im VEB Deutsche Werbe- und Anzeigengesellschaft (DEWAG). Er wurde beschuldigt, seit April/Mai 1954 in Kontakt mit dem RIAS gestanden und den Mitarbeitern des Senders Franz Siegel und Lisa Thum alias Lisa Stein verschiedene interne Informationen aus seinem Betrieb übermittelt zu haben. Die Urteilsbegründung nennt Berichte über Materialschwierigkeiten, Struktur des Betriebes, Namen der leitenden Mitarbeiter, personelle Zusammensetzung der Leitungen der SED-Betriebsparteiorganisation sowie der Betriebsgruppen des FDGB, der FDJ und der GST. Außerdem warf man ihm vor, Angaben zu Aufträgen und Auftraggebern der DEWAG, „insbesondere soweit es sich dabei um Aufträge der Regierung oder anderer Staatsorgane, um demokratische Parteien oder Organisationen handelte", gemacht zu haben. „Auf diese Weise erhielt der RIAS und der amerikanische Geheimdienst im voraus Kenntnis von Staatsbesuchen führender Persönlichkeiten befreundeter Länder, von besonderen Feiern, Empfängen und dergleichen und wäre [...] in der Lage gewesen", so die reichlich an den Haaren herbeigezogene Folgerung im Urteil, „selbst Attentate bis in alle Einzelheiten vorzubereiten".[636]

Wiebach wurde darüber hinaus beschuldigt, auch gegenüber Mitarbeitern des Bundesamtes für Verfassungsschutz, denen er von Siegel zugeführt worden war, ähnliche Angaben zur DEWAG gemacht zu haben. Schließlich habe ihn Siegel im Februar 1955 an einen Mitarbeiter des CIC weitergereicht, der ihn zur Militärspionage angeworben habe. Wiebach habe anschließend auf der Grundlage eigener Beobachtungen Informationen zu militärischen Objekten, Truppenstärken und Waffengattungen der Roten Armee und Kasernierten Volkspolizei ermittelt, zunächst im direkten Auftrag des CIC-Mitarbeiters und später wieder auf Anforderung von Siegel.[637] Da er am 6. April verhaftet worden war, hatte die ihm zur Last gelegte, mehr als rudimentäre Militärspionage maximal zwei Monate angedauert, doch war es zweifellos diese Tätigkeit, die ihn in den Augen der Staatssicherheit für die Rolle des Hauptangeklagten geeignet erscheinen ließ und die ihm damit letztendlich das Todesurteil einbrachte. Sein Geständnis konnte erheblich besser als das seiner Mitangeklagten für die Unterfütterung der zentralen Propagandathese, der RIAS sei eine Spionagezentrale und betreibe „Kriegsvorbereitung", instrumentalisiert werden.

Wie stark die in den Vernehmungsprotokollen festgehaltenen Aussagen von Joachim Wiebach durch den Ehrgeiz des Vernehmers beeinflußt waren, der „politischen Zielsetzung" des Verfahrens zu genügen, ob sie entstellt wurden, ob Wiebach durch Druck oder Versprechungen zu Aussagen veranlaßt wurde, die nicht der Wahrheit entsprachen, darüber kann nur spekuliert werden. Unwahrscheinlich ist allerdings, wie auch in anderen Fällen aus dieser Zeit, daß das Geständnis Wiebachs lediglich ein Konstrukt der Staatssicherheit war. Dagegen spricht nicht zuletzt die Tatsache, daß Wiebach im Abschiedsbrief an

636 Urteil des Obersten Gerichts in der Strafsache gegen Wiebach und andere, ausgefertigt am 9.7.1955; BStU, ZA, AU 163/55, GA, Bd. 6, Bl. 372–421, hier 392.
637 Ebenda, Bl. 392 f.

seine Eltern, den er am Vorabend seiner Hinrichtung im Angesicht des Todes schrieb, im wesentlichen gleiche Angaben wie in den Vernehmungsprotokollen machte.[638]

Man muß somit davon ausgehen, daß die Vorwürfe gegenüber den RIAS-Mitarbeitern Siegel und Stein nicht aus der Luft gegriffen waren. Sie und möglicherweise auch noch andere „Interviewer" der Hauptabteilung Politik hatten offenbar Geheimdienstkontakte und vermengten in ihrer Arbeit wohl tatsächlich journalistische und nachrichtendienstliche Tätigkeit, was – wie sich jetzt erwies – zu einer kaum verantwortbaren Gefährdung ihrer „Berichter" führte. Was noch schwerer wiegt, sind Hinweise auf die Praxis der „Interviewer" Siegel und Stein, ihre Informanten durch Drohungen bei der Stange zu halten, wenn sie sich der Zusammenarbeit entziehen wollten. Dahingehende Angaben finden sich im Abschiedsbrief Wiebachs an seine Eltern und in den Vernehmungsprotokollen seines Mitangeklagten Manfred Vogt.[639]

Es ist davon auszugehen, daß diese Aktivitäten keineswegs dem Willen der RIAS-Verantwortlichen entsprachen, sondern wahrscheinlich hinter ihrem Rükken stattfanden. Zwar erklärte der ehemalige Mitarbeiter der Hauptabteilung Politik und „Überläufer" Siegfried Meisel, daß bei Verbindungen zu DDR-Bürgern, „die eine einflußreiche Stellung bekleiden oder über militärische und wirtschaftliche Vorgänge berichten können, [...] sofort der amerikanische Geheimdienst eingeschaltet" würde, „der diese Personen dann zur Durchführung von Spionageaufträgen nötigt". Zu diesem Zweck sei regelmäßig ein bestimmter Mitarbeiter des amerikanischen Geheimdienstes im Haus.[640] Diese Erklärung diente aber durchsichtigen Propagandazwecken und steht im Widerspruch zu anderen Angaben. Nach Aussage von Egon Bahr waren sich die verantwortlichen deutschen Redakteure zum Beispiel darin einig, daß eine Ausstrahlung von verschlüsselten Botschaften in die DDR nicht in Frage kam. Vom Programmdirektor Eberhard Schütz seien unregelmäßig Textumstellungen veranlaßt worden, um einem solchen Mißbrauch des Senders vorzubeugen.[641] Freilich zeigt dies auch, daß die Verantwortlichen eine reale Gefahr der nachrichtendienstlichen Instrumentalisierung gesehen haben.

638 Offensichtlich nicht weitergeleiteter handschriftlicher Brief an die Eltern; ebenda, EV, Bd. 2, Bl. 308–311. Daß er geschrieben wurde, nachdem ihm eröffnet worden war, daß er in wenigen Stunden hingerichtet würde, ergibt sich aus dem Tenor des Briefes und dem Vollstreckungsprotokoll, das vermerkt: „Als letzten Wunsch äußerte er, rauchen zu dürfen sowie einen Brief zu schreiben. Diese Wünsche wurden ihm erfüllt." Ebenda, HA/GA, Bd. 22 (Vollstreckungsheft Joachim Wiebach), Bl. 19.

639 Wiebach schreibt: „Ich ging einfach nicht mehr zum Treff. Ich war so naiv zu glauben, die Sache wäre damit aus der Welt geschafft. Ich erhielt Briefe, die mich unmißverständlich aufforderten, bei ihm zu erscheinen. Ich wußte, was der Inhalt der Briefe bedeutete, nämlich bei Nichterscheinen würde er mich den Sicherheitsorganen der DDR melden. Aus Angst davor bin ich immer wieder hingegangen und habe mich immer tiefer in das Netz des amerikanischen Geheimdienstes verwickelt." BStU, ZA, AU 163/55, EV, Bd. 2, Bl. 308–311; außerdem Vernehmungsprotokoll Manfred Vogt vom 27.4.1955; ebenda, Bd. 1, Bl. 70f.

640 Erklärung von Siegfried Meisel, o. D. (April/Mai 1955); BStU, ZA, AU 163/55, GA, Bd. 14, Bl. 14–22, hier 17.

641 Egon Bahr: Zu meiner Zeit, S. 76.

Die Vorwürfe gegen die Mitangeklagten von Wiebach zeigen, daß es Partei, Staatssicherheit und Justiz ohnehin in erster Linie darauf ankam, Tätigkeiten zu kriminalisieren, die in freiheitlichen Demokratien als Ausübung der Presse- und Informationsfreiheit angesehen werden. Dem Angeklagten Richard Baier, der in Ostberlin als Lektor im Zeitungsausschnittsdienst des VEB Globus tätig war, warf man in der Hauptsache die Weitergabe von Informationen an den RIAS vor, die er zuvor Presseorganen der DDR entnommen hatte.[642] Er erhielt dafür 13 Jahre Zuchthaus.

Der gelernte Drogist Günter Krause aus Königs Wusterhausen im Bezirk Potsdam lieferte der Anklage zufolge offen zugängliche Informationen aus den unterschiedlichsten Bereichen. Sie betrafen unter anderem die Bevölkerungsstimmung, Probleme der Landwirtschaft und des Gesundheitswesens, Versorgungsschwierigkeiten, die Zusammensetzung des Kreisrates und Kreistages Königs Wusterhausen. Besonders schlug wohl der Vorwurf zu Buche, er habe auch Informationen über Gebäude und Personalbestand des örtlichen Volkspolizeikreisamtes, die Verlegung einer Einheit der Kasernierten Volkspolizei und die Auflösung und Verlegung von sowjetischen Dienststellen gegeben. Außerdem hob das Urteil hervor, daß der Angeklagte seine Berichte „ausnahmslos mit der Tendenz“ verfaßt habe, „Beunruhigung unter der Bevölkerung über angebliche Versorgungsschwierigkeiten und Mißtrauen gegen die Maßnahmen der Regierung hervorzurufen“.[643] Krause erhielt lebenslänglich Zuchthaus.

Der vierte Angeklagte, Willi Gast, war SED-Mitglied und zuletzt Sachbearbeiter des staatlichen Kreiskontors für landwirtschaftlichen Bedarf in Stralsund. Auch ihm wurde vorgeworfen, daß seine für den RIAS gefertigten Berichte geeignet gewesen seien, „die Bevölkerung durch versteckte Androhung von ernsten Versorgungsschwierigkeiten, zwangsweisen Wohnungsräumungen oder bevorstehenden Massenverhaftungen zu beunruhigen und das Vertrauen zur Regierung und den örtlichen Staatsorganen anzugreifen“.[644] Gast, der vor der Zwangsvereinigung Sozialdemokrat gewesen war, legte man auch Kontakte zum Ostbüro der SPD zur Last. Wahrscheinlich war er der politisch Bewußteste der fünf Angeklagten, er hatte erst „nach längerem hartnäckigen Leugnen“ Teilgeständnisse abgelegt.[645] Als besonders schwerwiegend hob die Urteilsbegründung die „Gefährlichkeit seiner Berichterstattung“, seine „Hartnäckigkeit“ sowie die Tatsache hervor, daß er dem RIAS von sich aus die Mitarbeit angeboten hatte und sich als „Mitglied der Partei der Arbeiterklasse tarnte“.[646] Gast erhielt 15 Jahre Zuchthaus.

Der Fall des fünften Angeklagten Manfred Vogt erfüllte im Rahmen des Schauprozesses vor allem die Funktion, an einem Beispiel die Behauptung zu bele-

642 Urteil des Obersten Gerichts in der Strafsache gegen Wiebach u. a., ausgefertigt am 9.7.1955; BStU, ZA, AU 163/55, GA, Bd. 6, Bl. 372–421, hier 398f.
643 Ebenda, Bl. 404.
644 Ebenda, Bl. 408.
645 Zwischenbericht der Bezirksverwaltung Rostock, Abt. IX, zum U.-Vorgang Willi Gast u. a.; BStU, ZA, AU 163/55, EV, Bd. 3, Bl. 57.
646 Urteil gegen Wiebach u. a.; ebenda, GA, Bd. 6, Bl. 419f.

gen, der RIAS arbeite gegenüber seinen Informanten mit skrupellosen Methoden. Der 23jährige Elektriker aus dem VEB Stahl- und Walzwerk Brandenburg war laut Vernehmungsprotokoll von Siegel in Westberlin auf der Straße angesprochen worden, es wurden Adressen ausgetauscht, aber Vogt hatte sich im Hinblick auf eine mögliche Zusammenarbeit Bedenkzeit ausbedungen. Nachdem er auf ein erstes Schreiben von Siegel, in dem er aufgefordert wurde, sich mit ihm in Westberlin zu treffen, nicht reagiert hatte, erhielt er ein zweites, in dem ihm der RIAS-Mitarbeiter androhte, er werde – so die Aussage von Vogt in der Vernehmung – „die Sache weitergehen lassen".[647] Er lieferte ausschließlich Informationen aus seinem Betrieb. Ein nochmaliger Versuch, sich zu entziehen, wurde nach Angaben Vogts wieder mit einer verschlüsselten postalischen Drohung beantwortet. Unter der Zwischenüberschrift: „Die Zukunft geopfert", führte das „Neue Deutschland" den „noch jungen Angeklagten" vor, der „in die Schlingen der Agentenzentrale" geraten sei: „Mit einem Bier und einer harmlos scheinenden Unterhaltung hatte es begonnen."[648] Ungeachtet der Krokodilstränen der SED-Gazette und der Bekundung des Gerichts, daß „dem Angeklagten zugute zu halten [war], daß er zweimal den Versuch unternommen hat, die Verbindung mit dem RIAS zu lösen und durch Drohungen [...] zur weiteren Spionage veranlaßt wurde", erhielt Vogt acht Jahre Zuchthaus.[649]

Am Tag nach der Urteilsverkündung war es „Neues Deutschland" vorbehalten, das politisch-pädagogische Fazit aus dem RIAS-Schauprozeß zu ziehen:

> „Unser Volk muß aus diesem Prozeß die Lehre ziehen, die Hetzsendungen des RIAS zu verabscheuen. Dort sprechen nicht Menschen, die die kulturellen Interessen der Bevölkerung im Auge haben, sondern gemeine Kriegshetzer. Darum müssen alle friedliebenden Menschen dafür eintreten, daß dieser Sender von demokratischen und patriotischen Menschen geleitet wird, die für unsere nationalen Belange und für den Frieden kämpfen."[650]

Für den zum Tode verurteilten Hauptangeklagten Joachim Wiebach hatten die Verantwortlichen des Regimes keine Gnade. Das Gnadengesuch der Eltern wurde am 5. September 1955 von Wilhelm Pieck abgelehnt,[651] obwohl der 1. Strafsenat des Obersten Gerichts, der den Urteilsspruch gefällt hatte, in seiner in mehrerer Hinsicht aufschlußreichen Stellungnahme dafür votiert hatte:

> „Das politische Ziel des Prozesses war, den RIAS als amerikanische Spionageorganisation zu entlarven. Zur Erreichung dieses Zieles erscheint die Vollstreckung der Strafe, die wegen der großen Gefahr notwendig war, die von der verbrecherischen Organisation ausgeht, nicht unbedingt geboten, zumal der Verurteilte durch sein Geständnis dazu beigetragen hat, die Identität des CIC mit dem RIAS überzeugend festzustellen.

647 Vernehmungsprotokoll vom 27.4.1955; ebenda, EV, Bd. 1, Bl. 70f.
648 Neues Deutschland vom 28.6.1955.
649 Urteil gegen Wiebach u.a.; BStU, ZA, AU 163/55, GA, Bd. 6, Bl. 421.
650 RIAS-Spinnennetz zum Agentenfang, in: Neues Deutschland vom 28.6.1955.
651 Entscheidung des Präsidenten der DDR vom 5.9.1955; BStU, ZA, AU 163/55, HA/GA, Bd. 22 (Vollstreckungsheft Wiebach), Bl. 9.

Das Persönlichkeitsbild des Verurteilten steht nach Ansicht des Senats einer etwa beabsichtigten Begnadigung nicht entgegen."[652]

Die Generalstaatsanwaltschaft stellte dagegen fest: „Die Persönlichkeit und die Verbrechen des Verurteilten stellen einen solch hohen Grad an Gesellschaftsgefährlichkeit dar, daß ein Gnadenerweis nicht befürwortet werden kann."[653]

Am 13. September 1955, zehn Tage nach der Ablehnung des Gnadengesuchs, wurde Joachim Wiebach, der sich schon am Ort der Richtstätte, der Untersuchungshaftanstalt Dresden I, befand, durch einen Vertreter des Oberstaatsanwaltes der Volkspolizei eröffnet, daß das Gnadengesuch erfolglos war und das Urteil am Morgen des kommenden Tages vollstreckt werde.[654] Als letzten Wunsch bat Wiebach, rauchen und einen Brief schreiben zu dürfen. Er verfaßte den schon erwähnten Abschiedsbrief an seine Eltern, der mit den Worten schließt: „Wenn Ihr die Zeilen in Händen habt, habe ich alles überstanden. Bitte grämt Euch nicht zu sehr, so furchtbar es auch ist. ‚Wen die Götter lieben, holen sie früh zu sich.'"[655] Um zwei Uhr nachts starb er unter dem Fallbeil.

Der Abschiedsbrief wurde den Eltern nicht ausgehändigt, sie wurden zunächst nicht einmal von der erfolgten Vollstreckung unterrichtet. Am 6. Oktober, dem „Vorabend des Geburtstages unserer DDR", wie die Mutter formulierte, stellten die Eltern ein zweites, verzweifeltes Gnadengesuch.[656] Die Staatsanwaltschaft unterrichtete daraufhin die Eltern, daß die Gnadengesuche abgelehnt worden seien, nicht aber daß ihr Sohn bereits nicht mehr lebte. Die Mutter reagierte mit einem weiteren, zwischen Wut und Verzweiflung schwankenden Schreiben an den Generalstaatsanwalt, in dem sie bat, ihr Sohn möge „noch einmal in Güte" vernommen werden: „Für das halbe Jahr kann man ihn wohl bestrafen, aber niemals mit der Todesstrafe. Tut man es dennoch, begeht man ein riesengroßes Unrecht."[657] Erst am 14. November 1955 wurde der Vater mündlich von der erfolgten Hinrichtung informiert.

Genau ein Jahr später, der XX. Parteitag der KPdSU und die 3. Parteikonferenz der SED hatten in der Zwischenzeit stattgefunden, schrieb der stellvertretende Generalstaatsanwalt Bruno Haid in einem Bericht zum Fall Wiebach folgenden Schlußsatz: „Die Verurteilung des Wiebach zum Tode war auch unter der damaligen Betrachtungsweise ein sehr hartes Urteil."[658] Eine solche Formulierung, so zurückhaltend sie auch war, kam einer selbstkritischen Bewertung gleich. Es ist sicherlich kein Zufall, daß sie aus der Feder eines Mannes kam, der die nächste politische Eiszeit in seiner Stellung nicht überstehen sollte.[659]

652 Generalstaatsanwalt an die Präsidialkanzlei vom 4.7.1955; ebenda, Bl. 15.
653 Ebenda.
654 Vollstreckungsprotokoll vom 14.9.1955; ebenda, HA/GA, Bd. 22 (Vollstreckungsheft Wiebach), Bl. 19.
655 Ebenda, EV, Bd. 2, Bl. 308–311.
656 Ebenda, HA/GA, Bd. 22 (Vollstreckungsheft Wiebach), Bl. 21 f.
657 Ebenda, Bl. 24.
658 Bruno Haid an ZK-Abteilung Staatliche Verwaltung, Klaus Sorgenicht, vom 14.11.1956; ebenda, Bl. 36.
659 Weil er u. a. bezüglich des Verfahrens gegen Wolfgang Harich und Walter Janka eine „aufgeweichte" Position vertreten hatte, wurde er am 1.4.1958 durch Beschluß des Politbüros als Stellvertretender Generalstaatsanwalt entlassen. Vgl. Werkentin: Politische Justiz, S. 349 f.

Das „Tauwetter“ des Jahres 1956 kam für Wiebach zu spät. Bei seinen zu Freiheitsstrafen verurteilten Mitangeklagten führte es dagegen immerhin zu Strafmilderungen durch Gnadenerweise von Pieck. Die lebenslängliche Zuchthausstrafe von Joachim Krause wurde auf 15 Jahre heruntergesetzt; seine Entlassung erfolgte vorzeitig im August 1964 dank Freikauf. Der zu 15 Jahren Zuchthaus verurteilte Willi Gast wurde zu acht Jahren begnadigt und im November 1960 vorzeitig entlassen. Richard Baiers Strafe ermäßigte sich von 13 auf sieben Jahre; nach Erlaß der Reststrafe kam auch er im November 1960 frei. Manfred Vogts achtjährige Freiheitsstrafe wurde auf vier Jahre halbiert; diese Zeit mußte er allerdings bis April 1959 vollständig verbüßen.[660]

6.7. Spionage im Vorzimmer der Macht – der Fall Elli Barczatis und Karl Laurenz

„Der Gruppenvorgang wurde mit der Festnahme und der Verurteilung der beiden Beschuldigten abgeschlossen.“[661] Mit dieser lakonischen Feststellung überwies der zuständige Sachbearbeiter der Staatssicherheit am 12. Oktober 1955 die unter der Bezeichnung „Sylvester“ geführten Operativakten dem Archiv zur Ablage. Eröffnet worden war der Gruppenvorgang mit der Registriernummer 44/51 am 26. Juni 1951. Er betraf Elli Barczatis, damals Chefsekretärin beim DDR-Ministerpräsidenten Otto Grotewohl, sowie den Juristen und Journalisten Dr. Karl Laurenz, mit dem sie eng befreundet war.[662] Was in den rund vier Jahren und drei Monaten geschah, die zwischen der Anlage und der Ablage der Akte „Sylvester“ vergangen waren, geriet zwei Menschen zum tödlichen Verhängnis – und es veranschaulicht zugleich die zynische Hinhaltetaktik der Staatssicherheit, die im Fall Barczatis/Laurenz mit ihrem Zugriff so lange wartete, nämlich gut vier Jahre, bis der Fall politisch wirksam abgewickelt werden konnte. Eine Ranküne gegen Grotewohl?

„Das Wesentlichste über die durchgeführte feindliche Tätigkeit“, wie es das Formblatt für das Anlegen des Gruppenvorganges verlangte, brachte der Sachbearbeiter auf folgende Formel: „Die Barczatis, heutige Sekretärin bei Herrn Grotewohl, wurde beobachtet, wie sie in der HO Gaststätte Leipzigerstr. einem Herrn Laurenz, mit welchem sie früher in der Hauptverwaltung Kohle zusammen beschäftigt war, unter verdächtigen Umständen ein Aktenbündel übergab. Laurenz war Mitglied der SED und wurde ausgeschlossen. Er macht sich verdächtig, indem er versucht, Verhältnisse mit weiblichen Mitarbeiterinnen [sic!] anzuknüpfen.“[663] Neben den beiden Genannten wurde eine dritte Verdächtigte

660 Angaben in den entsprechenden Strafvollzugsüberwachungsheften; BStU, ZA, AU 163/55, HA/GA, Bd. 3–6.
661 Beschluß für das Ablegen eines Gruppenvorganges vom 12.10.1955; BStU, ZA, AOP 57/56, Bd. 2, Bl. 303.
662 Beschluß über das Anlegen eines Gruppenvorganges vom 26.6.1951; ebenda, Bd. 1, Bl. 67.
663 Ebenda.

genannt; gegen sie, eine frühere Kollegin von Elli Barczatis, wurde nur kurzfristig, da unbegründet ermittelt. Angelegt wurde der Gruppenvorgang von einem Offizier namens Böhm, Mitarbeiter der Abteilung VI, Referat II, das damals für die Abschirmung und Überwachung des Regierungsapparates zuständig war. Durch Unterschrift wurde der Gruppenvorgang am 28. Juni 1951 von Erich Mielke bestätigt. Die Bedeutung, die ihm in der Staatssicherheit von Anfang an beigemessen wurde, ist daran ablesbar.

Ausgelöst wurden die Ermittlungen durch eine Denunziation. Am 9. Januar 1951 teilte eine frühere Kollegin von Elli Barczatis und Karl Laurenz, die unter dem Decknamen „Grünspan" zu Spitzeldiensten für die Staatssicherheit verpflichtet worden war, schriftlich mit, wie sie in der Konditorei der HO-Gaststätte Leipziger Straße/Ecke Friedrichstraße in Ostberlin beobachtet habe, daß Elli Barczatis Karl Laurenz dilettantisch getarnt ein Bündel Akten zugesteckt habe. Es war der erste Verdacht. Durch ihn wurde die Mechanik verdeckter Ermittlungen ausgelöst – der Einsatz inoffizieller Mitarbeiter, die damals noch „Geheime Informatoren" hießen, die Überwachung von Post und Telefon, die Beschattung der Genannten, bis sich die Verdachtsmomente soweit verdichtet hatten, daß sie in dem Gruppenvorgang „Sylvester" mündeten. Die weitere Vorgehensweise der Staatssicherheit, das Eingreifen der sowjetischen Geheimpolizei, ihr taktisches Zögern bis zur Festnahme von Elli Barczatis und Karl Laurenz, das Untersuchungsverfahren, die Präjudizierung ihres Urteils durch die Politbürokratie der SED, die Verurteilung zum Tode durch das Oberste Gericht der DDR und die Hinrichtung schließlich – das alles zusammengenommen machte nicht nur einmal mehr die Instrumentalisierung der Strafjustiz zum politischen Zweck exemplarisch, es mußte auch die Frage aufwerfen, warum der „Verrat" durch rechtzeitiges Eingreifen der Sicherheitsorgane nicht minimiert worden war. Diese Frage dürfte nur politisch zu beantworten sein. Sollte der Fall so lange dilatorisch behandelt werden, bis er sich gegen Grotewohl politisch wohlkalkuliert ausspielen ließ?

Elli Helene Barczatis wurde am 7. Januar 1912 als Tochter des Schneidermeisters August Barczatis und seiner Ehefrau Anna, geborene Schwarz, in Berlin geboren[664] und – wie die Akten später besagen sollten – „im Elternhaus im kleinbürgerlichen Sinne erzogen". In den Jahren 1918 bis 1926 besuchte sie die Grundschule, um anschließend eine dreijährige kaufmännische Lehre beim Banzhaff-Verlag in Berlin zu absolvieren. Nach Abschluß ihrer Lehre arbeitete sie als Stenotypistin in der Buchhandlung Karl Block in Berlin. Von 1929 bis 1933 besuchte sie zudem die Abendrealschule in Berlin bis zur Obersekunda. In der Zeit der nationalsozialistischen Diktatur arbeitete sie als Stenotypistin – im Reichsbund der Metallwarenindustrie, im Deutschen Institut für Jugendhilfe und, seit 1938, im Ostelbischen Braunkohlen-Syndikat, wohnhaft stets in Berlin.

Politisch engagierte sie sich, die in der Weimarer Republik ihre politische So-

664 Die biographischen Angaben beruhen auf einem selbstverfaßten Lebenslauf von Elli Barczatis vom 18.4.1950; BStU, ZA, AOP 57/56, Bd. 1, Bl. 70, sowie auf einer Recherche der Abteilung VI, Referat II, des SfS vom 14.8.1951; ebenda, Bl. 69, und auf dem Schlußbericht des Untersuchungsführers vom 17.6.1955; BStU, ZA, AU 406/55; EV, Bd. 1, Bl. 370–395.

zialisation erfahren hatte, nicht. 1929 war sie zwar dem Gewerkschaftsbund Deutscher Angestellten beigetreten und 1933 in die Deutsche Arbeitsfront übernommen worden, der NSDAP aber hat sie zu keiner Zeit angehört. In den letzten Kriegswochen, am 3. Februar 1945, wurde sie mit ihrer Mutter und ihren beiden Schwestern bei einem Luftangriff auf Berlin ausgebombt. Über ihren beruflichen Weg danach schrieb sie in ihrem Lebenslauf:

> „Nach dem Zusammenbruch des Hitler-Regimes wurde ich durch die Auflösung der Konzerne aus dem Ostelbischen Braunkohlen-Syndikat entlassen und meldete mich zum Arbeitseinsatz beim Arbeitsamt Köpenick, von wo aus ich zum täglichen Arbeitseinsatz – meist für die Besatzungsmacht – herangezogen wurde. Anschließend war ich kurze Zeit als Strickerin tätig, und ab November 1945 wurde ich durch das Arbeitsamt Köpenick wieder in meinem kaufmännischen Beruf eingesetzt. Aufgrund einer früheren Bewerbung erhielt ich im Januar 1946 in der damaligen Deutschen Zentralverwaltung für Brennstoffindustrie (später Hauptverwaltung Kohle der DWK[665] und nach Bildung der DDR Hauptabteilung Kohle des Ministeriums für Industrie) eine Anstellung als Chefsekretärin des Leiters Sobottka."[666]

Bereits in der Zentralverwaltung für Brennstoffindustrie lernte sie Karl Laurenz kennen. Am 6. April 1950 wurde sie, eine tüchtige Fachfrau, in die Regierungskanzlei versetzt – als Grotewohls Chefsekretärin. Sie wohnte in Berlin-Köpenick, Rudower Straße 52, zusammen mit ihrer Mutter, für deren Lebensunterhalt sie größtenteils aufkam, denn diese erhielt keine Rente, und einer Schwester. Elli Barczatis galt nicht nur als befähigt, sondern, seit ihrem Eintritt 1946 in die SED, auch als politisch zuverlässig, zumal sie auch im FDGB, im Demokratischen Frauenbund und in der Gesellschaft für Deutsch-Sowjetische Freundschaft organisiert war. „Unter den Kollegen hat sich Fräulein Barczatis durch ihr sympathisches und freundlich-korrektes Verhalten allgemeines Vertrauen und große Sympathie erworben", hieß es in einem Zeugnis ihres Chefs. „Das ihr von mir entgegengebrachte Vertrauen hat sie nie enttäuscht."[667] Im Januar 1953 wurde sie zu einem Fünf-Monate-Lehrgang nach Potsdam-Babelsberg an die Deutsche Verwaltungsakademie „Walter Ulbricht" delegiert, der nachmaligen Deutschen Akademie für Staats- und Rechtswissenschaft. Zu dieser Zeit war sie von der Staatssicherheit bereits unter operative Kontrolle genommen. Selbst in der Akademie, einer Internatsschulungsstätte, wurde sie von einer gezielt auf sie angesetzten inoffiziellen Mitarbeiterin bespitzelt und überwacht.

Nach dem Lehrgang in Babelsberg im Juni 1953 kehrte Elli Barczatis in das Sekretariat des Ministerpräsidenten, Abteilung Industrie, Handel und Verkehr, zurück.

> „Sie war in dieser Funktion mit der Beantwortung von Eingaben und Be-

665 DWK: Deutsche Wirtschaftskommission.

666 Gustav Sobottka (1886–1953), Mitglied der KPD seit 1920, war nach seiner Rückkehr aus dem Moskauer Exil Leiter einer Initiativgruppe des ZK der KPD in Mecklenburg, später Vizepräsident und Präsident der Zentralverwaltung für Brennstoffindustrie, später Leiter der Hauptverwaltung Kohle im Ministerium für Schwerindustrie.

667 Zeugnis des Leiters der HA Kohle, Sobottka, vom 17.4.1950; BStU, ZA, AOP 57/56, Bd. 1, Bl. 72.

schwerden der Bevölkerung und mit Zuarbeiten für die Hauptreferentin, Kollegin P., beschäftigt. Dieses Zuarbeiten erstreckten sich auf die Mitarbeit bei der Durchführung der Monatsaufgaben. Es betraf im einzelnen Dienstreisen zu verschiedenen Betrieben und Verwaltungsstellen, Rücksprachen bei den einzelnen Ministerien und die Durchsicht bzw. das Exzerpieren wichtiger, an den Ministerpräsidenten gerichteter Berichte der Fachministerien, der ZKSK[668] und anderer zentraler Stellen.“[669]

Sie erhielt folglich einen realistischen Einblick in die ökonomische und politische Realität des DDR-Alltags, was möglicherweise ein kritisches Bewußtsein in ihr aufkeimen ließ, das als Motiv für ihr Engagement in Sachen Spionage denkbar wäre. Hinzu kam wohl auch ihre Zuneigung zu Karl Laurenz. Geboren am 11. September 1905 in Brünn, also fast sechseinhalb Jahre älter als sie, Sohn eines Textilarbeiters, war Anton Karl Laurenz anders als Elli Barczatis ein unruhiges und wechselreiches Leben beschieden gewesen. Von 1911 bis 1916 besuchte er die Volksschule, danach bis 1920 die deutsche Realschule in Brünn, um von hier zur Deutschen Staatshandelsakademie in Brünn zu wechseln, wo er 1924 sein Abitur machte. Nebenbei war er in dieser Zeit bereits als Telefonstenograf bei der in seiner Geburtsstadt erscheinenden Tageszeitung „Der Tagesbote“ tätig, einem liberalen Blatt, für das er später auch als Redakteur arbeitete – später, das heißt, nachdem er an den Handelshochschulen in Wien und Prag sowie an der juristischen Fakultät der Masaryk-Universität in Brünn studiert hatte. 1931 wurde er hier zum Dr.jur. et. rer. pol. promoviert – mit einer Dissertation zum Thema „Die Todesstrafe im Wandel der Zeiten“.

1935 gründete er in Brünn mit einem Studienkollegen zusammen ein Anwaltsbüro, arbeitete gelegentlich auch als Redakteur beim „Tagesboten“, als Landtagsstenograf und als Gerichtsdolmetscher. 1941 wurde er zur Deutschen Wehrmacht eingezogen, hatte aber das Glück, lange Zeit nicht zum Frontdienst, sondern als Rekrutenausbilder eingesetzt zu werden. Erst im Februar 1945, inzwischen Unteroffizier, kam er an der Westfront zum Einsatz, verließ jedoch seine Einheit im April 1945 und flüchtete mit einem Kameraden nach Profen bei Zeitz. Hier erlebte er den Einmarsch der US-Armee. Hier fand er auch unverzüglich Arbeit im Sekretariat der Anhaltinischen Kohlenwerke. Im Juni 1945 räumten die amerikanischen Truppen das Gebiet – die Rote Armee rückte ein. Karl Laurenz verlor mit der Enteignung der Anhaltinischen Kohlenwerke seine Stellung. Für etwa zwei Jahre arbeitete er als Weichensteller in den nun „volkseigenen“ Kohlenwerken.

Von hier wechselte er 1947 zur damaligen Deutschen Zentralverwaltung für Brennstoffindustrie, wo er als Justitiar begann und alsbald zum stellvertretenden Leiter der Technischen Bergbauinspektion aufstieg. Schließlich wurde er Leiter des Präsidialbüros der Zentralverwaltung für Brennstoffindustrie, wo er wie erwähnt Elli Barczatis begegnete, und danach Leiter der Hauptabteilung Allgemeine Verwaltung in der Hauptverwaltung Kohle der DWK.

668 ZKSK: Zentrale Kommission für Staatliche Kontrolle.
669 Schreiben des Sekretariats des Ministerpräsidenten an das SfS vom 14.3.1955, betr. die ehemalige Mitarbeiterin Elli Barczatis; ebenda, Bd. 1, Bl. 269.

Auch Karl Laurenz hatte eine politisch unbelastete Vergangenheit. In Brünn war er 1928 der Deutschen Demokratischen Freiheitspartei beigetreten, der er bis zu ihrer Auflösung 1939 angehörte. Der NSDAP hat er nicht angehört. 1948 war er Mitglied der SED geworden. 1950, im Zuge der ersten Parteisäuberung der SED, wurde er „wegen mangelnder Wachsamkeit und kleinbürgerlicher ideologischer Abweichung“[670] aus der Partei ausgeschlossen – womit seine berufliche Perspektive in der DDR gebrochen war. Zwar wurde er zum 1. Januar 1950 noch an das Mitteldeutsche Verkaufskontor für feste Brennstoffe nach Leipzig versetzt, aber es war ein glückloser Wechsel. Laurenz kündigte, kehrte nach Ostberlin zurück und trat, nach kurzen Zwischenspielen beim „Berliner Rundfunk“ und bei der „Berliner Zeitung“, zum 1. Januar 1951 als Anwaltsassessor in Ostberlin in die Kanzlei von Rechtsanwalt Dr. Greffin ein.

Auch hier blieb er ohne Fortüne. Späteren Aussagen zufolge war es seine berufliche Perspektivlosigkeit und seine kritische Einstellung gegenüber der SED, in der sich seine aus dieser Zeit datierenden Kontakte nach Westberlin motivierten. Ende Oktober 1951 wurde er unter dem Verdacht der Gefangenenbegünstigung in Haft genommen und am 31. März 1952 zu fünf Monaten Gefängnis verurteilt. Als er aus dem Strafvollzug entlassen wurde, war Rechtsanwalt Greffin inzwischen nach Westberlin geflüchtet. Natürlich nahm er zu ihm Verbindung auf. Hin und wieder erledigte er Anwaltsarbeiten für ihn in Westberlin, behielt jedoch seine Wohnung in der Vinetastraße 49 in Berlin-Pankow. Gelegentlich arbeitete er auch als Übersetzer von Texten aus dem Slowakischen und Tschechischen ins Deutsche für die Hochschule für Planökonomie in Ostberlin. Alles in allem war seine berufliche und soziale Situation unbefriedigend.

Ob seine Kontakte zur Organisation Gehlen erst aus dieser Zeit datieren, wenngleich erste Verdachtsmomente, wie aus dem Gruppenvorgang „Sylvester“ hervorgeht, bereits Ende 1950 aufkamen und eine erste operative Bearbeitung schon in den ersten Monaten des Jahres 1951 eingeleitet wurde, läßt sich im nachhinein kaum beurteilen. Jedenfalls scheinen sie sich im August 1952 intensiviert zu haben, als er durch einen ehemaligen Kollegen in der Zentralverwaltung für Brennstoffindustrie für die geheime Nachrichtentätigkeit gewonnen wurde.

Gleichzeitig muß Karl Laurenz in dieser Zeit auch ins Visier der sowjetischen Geheimpolizei geraten sein. Unter dem 11. Juni 1952 verfügte eine „befreundete Dienststelle“, also eine Diensteinheit des MGB in Ostberlin, sogar die Einstellung der Ermittlungen durch die Staatssicherheit. Nach Aktenlage wurden die Untersuchungsorgane der Staatssicherheit jedenfalls angewiesen, ihn nicht operativ zu bearbeiten: „Durch die befreundete Dienststelle wurde die Abteilung VI Anfang 1952 darauf hingewiesen, die Bearbeitung des Vorganges für einige Zeit einzustellen, da von ihrer Seite ebenfalls an diesem Vorgang gearbeitet wurde“, heißt es im Abschlußbericht vom 11. Oktober 1955. „Eine vorgeschlagene Kontrollfestnahme wurde abgelehnt.“[671] Die „befreundete Dienststelle“ interessierte

670 Schlußbericht des Untersuchungsführers vom 17.6.1955; BStU, ZA, AU 406/55, EV, Bd. 1, Bl. 375.

671 Abschlußbericht des Gruppenvorganges der HA V/1/I vom 11.10.1955; BStU, ZA, AOP 57/56, Bd. 2, Bl. 299.

sich offenbar für Laurenz, weil er im Verdacht stand, Kontakte zu der russischen Emigrantenorganisation NTS unterhalten zu haben. Ein Indiz dafür lieferte ein Aktenvermerk des Sachbearbeiters Böhm vom 20. Oktober 1952, wonach ihm der „Gen[osse] Instrukteur", ein Mitarbeiter des MGB im MfS, am Tage zuvor in einer Besprechung zum Vorgang „Sylvester" mitgeteilt habe, daß eine Sekretärin beim Ministerpräsidenten eine Verbindung zum Vorsitzenden der Organisation NTS haben soll,[672] die ihren Hauptsitz in Frankfurt/Main hatte, aber in Westberlin ein Büro unterhielt. Ein Aktenvermerk Böhms vom 27. November 1952 über eine neuerliche Besprechung mit dem „Gen[ossen] Instrukteur" drei Tage zuvor erhärtet diese Version. Der Instrukteur teilte bei dieser Gelegenheit mit, ein weiblicher Informator mit dem Decknamen „Isa" habe am 13. Juli 1952 „eine Sekretärin von einem Ministerpräsidenten gesehen, dieselbe war in der Wohnung bei dem Leiter der antisowjetischen Zeitschrift Dunchowitz."[673] In der Tat gab NTS eine Zeitschrift heraus, und Leiter des NTS-Büros in Westberlin war Alexander R. Truschnowitsch, dessen Name in der Aktennotiz verballhornt worden war; er wurde übrigens am 13. April 1954 von Agenten der sowjetischen Geheimpolizei aus Westberlin entführt und kam bei dieser Operation ums Leben.[674] Kannte Elli Barczatis den russischen Emigrantenführer?

Außer Zweifel steht indes, daß Karl Laurenz spätestens seit 1952 mit der Organisation Gehlen in Verbindung stand. Das geht nicht zuletzt aus den Memoiren von Reinhard Gehlen hervor, der 1971 offengelegt hat, daß Elli Barczatis in seiner Organisation zu den „Spitzen-Quellen" zählte und unter dem Codewort „Gänseblümchen"[675] lief. Karl Laurenz zu erwähnen hielt Gehlen für überflüssig, aber fraglos war er der Mann, ohne dessen Aktivitäten es einen Fall Barczatis nicht gegeben hätte.

Nach Eröffnung des Gruppenvorganges „Sylvester" wurden inoffizielle Mitarbeiter gezielt auf Elli Barczatis angesetzt, zumal in ihrem persönlichen Umfeld, während Mitarbeiter der dafür zuständigen Abteilung VIII beide observierten, und zwar nicht nur in Ostberlin, sondern auch auch in Westberlin, wo Karl Laurenz bei gelegentlichen Besuchen beschattet wurde. Beider ein- und ausgehende Post wurde kontrolliert. Vom 27. März 1953 an erhielt Karl Laurenz in den Beobachtungsberichten der Staatssicherheit den Decknamen „Knesel".[676] Die Intensität der Observierung in Westberlin mag folgender Auszug aus einem Beobachtungsbericht vom 16. April 1953 von 8.00 bis 22.00 Uhr veranschaulichen. Nach Notierung, wie und wann er mit der U-Bahn zum Bahnhof Zoo gefahren war, schildert der Bericht minutiös die weitere Bewegung „Knesels":

> „Er begab sich zum Schalter für Expreßannahme und schlüpfte 10.28 Uhr durch das Scherengitter der Annahmestelle. Der Beamte, der dem Objekt geöffnet hatte, verschwand mit dem Objekt im Dienstraum. Hier war noch ein zweiter Beamter anwesend. Knesel entnahm seiner Aktentasche ein kleines,

672 Aktenvermerk vom 29.10.1952; BStU, ZA, AOP 57/56, Bd. 1, Bl. 239.
673 Aktenvermerk vom 27.11.1952; ebenda, Bl. 281.
674 Vgl. Bailey/Kondraschow/Murphy: Die unsichtbare Front, S. 151–153 und 531 f.
675 Gehlen: Der Dienst, S. 201.
676 Beobachtungsbericht vom 27.3.1953; BStU, ZA, AOP 57/56, Bd. 2, Bl. 87.

weiß eingewickeltes Päckchen in Form 12x25x1 cm, dieses Päckchen übernahm der jüngere Beamte. Dann brachte Knesel noch einen Brief hervor, Art: Muster ohne Wert, ein braunes Kuvert Din A 4. 10.32 Uhr verließ das Objekt wieder die Expreßannahmestelle durch das Scherengitter. Der jüngere Beamte brachte ihn bis zur Tür und schloß das Gitter hinter dem Objekt ab. Knesel ging bis zur großen Bahnhofshalle, blieb hier stehen und zündete sich eine Pfeife an, wobei er sich aufmerksam umschaute. Dann begab sich Knesel durch die Hardenbergstraße bis zur Gedächtniskirche, ging den Kurfürstendamm entlang und betrat 10.50 Uhr die Konditorei Schilling (Kudamm 233).

Knesel bestellte etwas zu trinken sowie Eis-Sahne. Hier schrieb er an einem Brief oder dergleichen.

11.30 Uhr setzte sich eine männliche Person mit an den Tisch des Objektes. Beide unterhielten sich zuerst und studierten dann eine Akte, das heißt, mit einer Heftklammer zusammengeheftete, beschriebene Bögen. Wer diese Akte mitbrachte, konnte nicht festgestellt werden. Anschließend sprachen beide wieder zusammen. 13.30 Uhr verabschiedete sich der Treffpartner vom Objekt und verließ die Konditorei. Er begab sich bis zum Bahnhof Zoo."[677]

Es folgt eine Personenbeschreibung des Treffpartners. Danach heißt es weiter: „14.05 Uhr verließ Knesel die Konditorei und ging durch den Kurfürstendamm bis zur Joachimsthaler Straße. Hier in der Joachimsthaler Straße schaute sich das Objekt die Schaufenster an. Er ging bis zum Bahnhof Zoo. Hier pendelte er bis 14.45 Uhr zwischen der kleinen und der großen Bahnhofshalle hin und her. Hier konnte die Beobachtung nicht mehr aufrechterhalten werden, da das Objekt kontrollierte und der Beobachter dem Objekt mehrere Male in die Arme lief."[678] Der Bericht schließt mit dem Abbruch der Beobachtung um 15.00 Uhr in Westberlin. „Gleichzeitig wurde die Beobachtung an der Wohnung des Objektes 15.00 Uhr angesetzt und bis 22.00 Uhr durchgeführt, ohne daß das Objekt gesehen wurde."[679]

Elli Barczatis wurde mit derselben Intensität bespitzelt und beobachtet. In den Beobachtungsberichten wurde ihr der Deckname „Lore" gegeben. Nach Beendigung des Lehrganges in Babelsberg teilte ein Spitzel, der GI „Maria", am 1. Juni 1953 mit, daß sie nach vierzehn Tagen Urlaub ihre Arbeit wieder aufnehmen würde. „Sie soll im Büro des Ministerpräsidenten im Referat Handel eingesetzt werden."[680] Als sie einen Monat später die Urlaubsvertretung ihrer Nachfolgerin als Chefsekretärin Grotewohls übernehmen will, weiß das die Staatssicherheit zu verhindern. „Wir sind der Meinung, daß die Barczatis nicht wieder als Chefsekretärin eingesetzt werden soll", konstatiert Sachbearbeiter Böhm. „Mit dem Gen[ossen] Instrukteur wurde die Angelegenheit durchgesprochen und er war derselben Meinung."[681] Freilich läßt er sich seine Entscheidung durch handschriftlichen Vermerk von höchster Stelle absegnen: „Einverstanden/

677 Beobachtungsbericht vom 16.4.1953; ebenda, Bl. 108f.
678 Ebenda, Bl. 109.
679 Ebenda.
680 Aktenvermerk vom 1.6.1953; ebenda, Bl. 146.
681 Ebenda, Bl. 151f.

Mielke 8.7.53"! Zweierlei verdeutlicht die Aktennotiz: Zum einen die Beschäftigung Mielkes mit der Sache Barczatis/Laurenz – zum anderen die fortdauernde Abstimmung mit dem sowjetischen Instrukteur. Darauf läßt auch ein Bericht ohne Unterschrift vom 7. Juni 1954 schließen, eine Art Zwischenbericht, der außer dem Vermerk „Streng vertraulich!" den Vermerk „Übersetzt aus dem Russ[ischen]" erhielt.

Offensichtlich wurde die operative Bearbeitung des Gruppenvorganges „Sylvester" im Rahmen der Aktion „Blitz" intensiviert. Auch Elli Barczatis wurde nun nicht mehr nur in ihrer Umgebung bespitzelt, sondern auf Schritt und Tritt beschattet. „Um 18.05 Uhr verließ ‚Lore' die Regierungskanzlei, ging durch das Vorderhaus und verließ um 18.10 Uhr durch den Hauptausgang das H. d. M.[682] Sie begab sich zu dem gegenüberliegenden HO-Kaufhaus, kaufte sich dort etwas am Kosmetikstand, verließ das Kaufhaus, lief langsam zum U-Bahnhof ‚Thälmann-Platz', betrat den U-Bahnhof, bestieg um 18.20 Uhr einen Zug in Richtung Pankow." Und so weiter. Der Observierungsaufwand der Staatssicherheit war beachtlich.

In der letzten Phase ging die Staatssicherheit dazu über, Elli Barczatis mit Hilfe einer Kollegin, die als GI „Lina" zu Spitzeldiensten verpflichtet worden war, Fallen zu stellen. „Wie vereinbart wurde am Montag von mir ein großer Briefumschlag fertig gemacht", berichtete sie am 11. November 1954. Fingierter Empfänger war der Minister für Außen- und Innerdeutschen Handel.

> „Inhalt: Durchschriften über den Stand der Exportaufträge 1953. Auf die 3. Seite hatte ich drei gelbe Pünktchen aus einem Locher gelegt. Auf der Rückseite des Umschlages hatte ich ein Haar vom Leimpinsel angeklebt. Am Briefverschluß war ebenfalls ein kleines Pinselhaar mit eingeklebt worden. An der Seite schaute es ein kleines Stückchen heraus. Auf der Vorderseite des Umschlages befand sich unter dem t des Wortes Minister ein schwarzer Punkt, über dem s des Ministers ebenfalls.
>
> Am Montagabend, als die Genossin Barczatis sich schon auf dem Gang befand, rief ich sie zurück und sagte ihr, daß im Panzerschrank ein Brief mit wichtigen Unterlagen für Minister Gregor liegt. [...]
>
> Am Donnerstagmorgen kam ich 8.45 Uhr im Sekretariat an. Der Panzerschrankschlüssel wurde mir von der Gen[ossin] B. überreicht. Der Panzerschrank war schon geöffnet gewesen. Ich betrachtete mir sofort den Umschlag, die zwei Pinselhaare waren weg. Die schwarzen Punkte ebenfalls. Die Anschrift war neu geschrieben mit zwei Tippfehlern, die in der ersten Anschrift nicht enthalten waren. Es mußte also ein neuer Umschlag angefertigt worden sein. Von den drei Blättchen aus dem Locher war auf Seite 3 der Unterlagen nur noch eines vorhanden."[683]

Elli Barczatis war in die ihr gestellte Falle getappt. Sie schien sich auch schon zu schließen, denn am 25. November 1954 legte ein Sachbearbeiter der Hauptabteilung V namens Werner einen Operativplan vor, wie er den Gruppenvorgang

682 H. d. M.: Haus der Ministerien.
683 IM-Bericht „Lina" vom 11.11.1954 (Abschrift); BStU, ZA, AOP 57/56, Bd. 2, Bl. 184.

„Sylvester“ zum Abschluß zu bringen gedachte. Unter Einsatz des GI „Lina“ und dreier Beobachtungsgruppen der Abteilung VIII wurde die Festnahme geplant. Ursprünglicher Termin war der 8. Dezember 1954 – mithin im Zuge der Aktion „Blitz“, wie aus dem zeitlichen Kontext ersichtlich ist. Augenscheinlich genügten der Staatssicherheit das vorliegende Belastungsmaterial nicht. So wurde die Festnahme verschoben, aber die Beobachtungen und Ermittlungen verstärkt, durch zusätzlichen Einsatz inoffizieller Mitarbeiter, durch Observierungen und, als Karl Laurenz einen Fernsprechanschluß erhalten hatte, durch Telefonkontrolle.

Erst am 4. März 1955 machte die Staatssicherheit dem fatalen Katz-und-Maus-Spiel ein Ende. Major Kienberg[684] und Hauptmann Bischof stellten Haftbeschlüsse aus, die von Mielke durch Unterschrift bestätigt wurden – er dürfte ohnehin ständig in den Vorgang eingebunden gewesen sein. Einer Festnahme stand nichts mehr im Wege.

Zu Elli Barczatis wurden folgende Inhaftierungsgründe angeführt: „B. steht in enger Verbindung mit dem Agenten Laurenz. Dieser benutzte die Barczatis als Spionagequelle, da sie im Regierungsapparat tätig ist. Es besteht der Verdacht, daß die B. auch Unterlagen aus dem Sekretariat Grotewohl dem Agenten Laurenz übergeben hat.“[685] Gegen 17.30 Uhr desselben Tages, also am 4. März, wurde Elli Barczatis auf der Straße „konspirativ“ festgenommen. „Die B. wurde vor ihrer Dienststelle aufgenommen und zwischen Friedrichstraße und Französischer Straße durch den Genossen Berge angesprochen. Sie leistete keinen Widerstand und bestieg sofort das Auto. Sie wurde in die VP-Inspektion Lichtenberg gebracht.“[686] Karl Laurenz war bereits mehrere Stunden zuvor, morgens gegen 10.00 Uhr, in der Nähe seiner Wohnung in der Vinetastraße in Berlin-Pankow festgenommen worden. „Gründe der Inhaftierung“ laut Haftbeschluß: „Laurenz hat seit 1951 Verbindung zu Agenten in Westberlin, denen er Informationen gegen Bezahlung übermittelte. Für seine Information benutzte er seine Verbindungen, die vorwiegend aus Frauen bestanden, die im Staats- und Verwaltungsapparat tätig sind. Es besteht der Verdacht, daß er als Resident tätig war.“[687] Auch seine Festnahme führte die Staatssicherheit „konspirativ“ auf offener Straße durch. „Beim Verlassen des Hauses wurde die Verfolgung durch den Genossen Unterleutnant Gleisberg und Unterleutnant Paroch aufgenommen und L. wurde ein paar Häuser weiter durch die Genossen Major Kienberg und Hauptmann Bischof festgenommen“, hieß es im Festnahmebericht. „Bei der Festnahme verhielt sich Laurenz ruhig und leistete den Anordnungen Folge.“[688] Der Festgenommene wurde zunächst ebenfalls in die VP-Inspektion Lichtenberg eingeliefert. Von hier kamen beide, Elli Barczatis und Karl Laurenz, in das Zentrale Untersuchungsgefängnis in Berlin-Hohenschönhausen. Es begann eine rund halbjährige

684 Paul Kienberg, Jahrgang 1926, machte Karriere im MfS und stieg bis zum Leiter der HA XX im Rang eines Generalleutnants auf.
685 Haftbeschluß vom 4.3.1955; BStU, ZA, AOP 57/56, Bd. 2, Bl. 206.
686 Festnahmebericht vom 4.3.1955; ebenda, Bl. 210.
687 Haftbeschluß vom 4.3.1955; BStU, ZA, AU 406/55, Bd. 1, Bl. 26.
688 Festnahmebericht vom 4.3.1955; ebenda, Bl. 27.

Untersuchungshaft. Die Vernehmungen führten als verantwortliche Untersuchungsführer der damalige Leutnant Niebling[689] in der Sache Laurenz, der damalige Unterleutnant Coburger[690] in der Sache Barczatis durch.

Unter dem Schock der Festnahme und augenscheinlich konfrontiert mit den von der Staatssicherheit im Laufe der Jahre zusammengetragenen Erkenntnissen aus seiner konspirativen Überwachung legte Karl Laurenz schon in der ersten Vernehmung ein Geständnis ab. Der erste Satz seiner ersten Aussage: „Ich betrieb seit 1951 Spionage gegen die Deutsche Demokratische Republik.“[691] Zwecks Abpressung weiterer Aussagen setzte Niebling ihn vom ersten Tage der Untersuchungshaft an massiv unter Druck. Ausweislich der Vernehmungsprotokolle unterzog er ihn wochenlang zermürbenden Nachtvernehmungen, wie sie damals in der Untersuchungshaft der Staatssicherheit als psychische Folter gang und gäbe waren. In der Regel begann Laurenz’ Vernehmung in dieser Phase gegen 20.30 Uhr – sie endete laut Protokoll um 8.00 Uhr des folgenden Tages, dauerte also rund zwölf Stunden, ohne daß dem Gefangenen tagsüber Erlaubnis zum Schlafen erteilt worden wäre. Karl Laurenz zeigte sich gleichwohl standhaft und trotzte dem erpresserischen Druck seines Vernehmungsoffiziers. Er entschloß sich schließlich, als die Nachtvernehmungen bei Schlafverbot am Tage nicht enden wollten, zu einer generellen Aussageverweigerung. „In der Vernehmung vom 27.3.1955 zum 28.3.[19]55 verweigerte der Beschuldigte Laurenz, Karl, die Aussagen über seine Spionagetätigkeit gegen die Deutsche Demokratische Republik. Er erklärte, von einer Aussageverweigerung über seine Spionagetätigkeit erst Abstand zu nehmen, wenn die Nachtvernehmungen abgebrochen werden.“[692] So der Aktenvermerk von Leutnant Niebling, seines Vernehmers, der dazu den Vorschlag machte: „Nachtvernehmung weiter. – An einem vom Ref[erats]l[ei]t[e]r oder Abt[ei]l[un]g[s]l[ei]t[e]r zu bestimmenden Tag Nachtvernehmung unterbrechen und L. am Tage vernehmen. Wenn kein Geständnis – weitere Nachtvernehmung.“[693] Der Psychoterror ging also weiter. Am 29. März kam es, wie einem Aktenvermerk Nieblings zu entnehmen ist, zum Eklat:

> „In den Vernehmungen vom 27.3.1955 und 29.3.1955 provozierte der Beschuldigte Laurenz in der Weise, daß er die Organe des Staatssekretariats für Staatssicherheit der Deutschen Demokratischen Republik mit der faschistischen Gestapo und mit dem berüchtigten nazistischen Sicherheitsdienst (SD) verglich. Er äußerte, daß die Behandlung der Häftlinge durch das Staatssekretariat für Staatssicherheit schlimmer als die Behandlung durch den SD und die Gestapo ist.“[694]

689 Gerhard Niebling, Jahrgang 1932, zuletzt Leiter der Zentralen Koordinierungsgruppe des MfS im Range eines Generalmajors.
690 Karli Coburger, Jahrgang 1929, zuletzt Leiter der Hauptabteilung VIII des MfS im Range eines Generalmajors.
691 Vernehmungsprotokoll vom 4.3.1955; BStU, ZA, AU 406/55, Bd. 1, Bl. 54.
692 Aktenvermerk vom 27.3.1955; ebenda, Bl. 98.
693 Ebenda.
694 Aktenvermerk vom 29.3.1955; ebenda, Bl. 101.

Das waren Worte, die von ungebrochenem Mut zeugten – und die ihre Wirkung nicht verfehlten: Die letzte Nachtvernehmung fand in der Nacht vom 1. zum 2. April statt. Es war ein moralischer Sieg des Gefangenen über seine Peiniger.

Elli Barczatis' Vernehmungen liefen zeitlich parallel. Verantwortlicher Sachbearbeiter in der gegen sie gerichteten Untersuchung war Leutnant Coburger. Die Vernehmungsprotokolle spiegeln zweierlei wider: Erstens das Bemühen von Karl Laurenz, Elli Barczatis nicht zu belasten, sondern zu entlasten – und zweitens den Versuch der Staatssicherheit, beide gegeneinander auszuspielen. Dreieinhalb Monate nach ihrer Verhaftung kam es zu einem makabren Wiedersehen: Die Staatssicherheit arrangierte am 16. Juni 1955 eine einstündige Gegenüberstellung, über die Niebling, inzwischen zum Oberleutnant befördert, ein von beiden unterzeichnetes Protokoll anfertigte.[695] Hinter beiden Häftlingen lagen rund dreieinhalb Monate Untersuchungshaft, in der sich beide menschlich anständig verhalten haben. Elli Barczatis räumte nur ein, was ihr nachgewiesen werden konnte.

Mitte Juni waren die Untersuchungen abgeschlossen, Niebling legte am 17. Juni 1955 – das Datum dürfte kaum zufällig gewählt worden sein – einen 26 maschinengeschriebene Seiten umfassenden Schlußbericht vor, der mit dem „Vorschlag" schloß, „die Hauptverhandlung unter Ausschluß der Öffentlichkeit durchzuführen".[696]

Zuständig für die Anklage war Generalstaatsanwalt Ernst Melsheimer. Mit einem Schreiben vom 10. August 1955 machte er der Abteilung „Staatliche Verwaltung" im Zentralkomitee der SED formell Mitteilung über den geplanten Prozeß gegen Karl Laurenz und Elli Barczatis. In der Sache wiederholte er die im Schlußbericht niedergelegten Beschuldigungen. Das an den „Genossen Kern" gerichtete Schreiben war ihm allerdings am 15. Juli von Staatsanwalt Wolfgang Lindner entworfen worden, der den Fall Barczatis/Laurenz in der Obersten Staatsanwaltschaft bearbeitet hatte. Entsprechend der „Empfehlung" Nieblings enthielt Melsheimers Schreiben die Mitteilung, daß die Hauptverhandlung vor dem Obersten Gericht unter Ausschluß der Öffentlichkeit stattfinden sollte. Der letzte, schicksalsschwere Satz lautet: „Ich beabsichtige, gegen Laurenz sowie gegen die Barczatis lebenslange Zuchthausstrafe zu beantragen."[697]

Die Hauptverhandlung vor dem 1. Strafsenat des Obersten Gerichts wurde zum 23. September 1955 anberaumt. Sie begann frühmorgens um 9.00 Uhr im Gebäude des Obersten Gerichts, das damals in der Scharnhorststraße im Berliner Stadtbezirk Mitte sein Domizil hatte, und sie dauerte einschließlich der Plädoyers und der Beratungspausen bis gegen 23.30 Uhr. Vorsitzender Richter war der damalige kommissarische Vizepräsient des Obersten Gerichts, Walter Ziegler, als beisitzende Richter fungierten Oberrichter Dr. Heinrich Löwenthal und Oberrichterin Helene Kleine. Staatsanwalt Wolfgang Lindner vertrat die An-

695 Gegenüberstellungsprotokoll vom 16.6.1955; BStU, ZA, AOP 57/56, Bd. 2, Bl. 328 f.
696 Schlußbericht vom 17.6.1955; ebenda, Bl. 395.
697 Schreiben von Generalstaatsanwalt Ernst Melsheimer vom 10.8.1955; Dokument 17, S. 337.

klage. Das Gericht verhandelte in Anwesenheit von Offizieren der Staatssicherheit. Die Öffentlichkeit war im übrigen zwar nicht ausgeschlossen, aber sie war auch nicht anwesend. In der Presse der DDR durfte der Prozeß keine Erwähnung finden. Er war so gesehen ein Geheimprozeß. Ein Verteidiger stand weder für Elli Barczatis noch für Karl Laurenz zur Verfügung. Nach Feststellung Zieglers während der Hauptverhandlung hätten sie darauf „verzichtet". Der Hohe Senat erkannte „für Recht":

> „Wegen Verbrechen gegen Artikel 6 der Verfassung der Deutschen Demokratischen Republik werden verurteilt:
>
> der Angeklagte Laurenz zum Tode,
> die Angeklagte Barczatis zum Tode."[698]

Die schriftliche Urteilsbegründung war juristisch mehr als dürftig. Sie umfaßte zehneinhalb Seiten, zweizeilig maschinengeschrieben, und erging sich wie üblich über weite Passagen zunächst einmal in propagandistischen Tiraden. Als hätte das Gericht einen Leitartikel für „Neues Deutschland" im Sinn gehabt, steigerten sich seine Auslassungen über die „verbrecherische Spionageagentur des ehemaligen Nazigenerals Gehlen" zu purer Polemik:

> „Im Interesse der amerikanischen Imperialisten und des deutschen Monopolkapitals versucht diese Organisation, alle Geschehnisse auf politischem, wirtschaftlichem und kulturellem Gebiet der Deutschen Demokratischen Republik auszuspähen. Die auf diese Weise zur Kenntnis gelangten Tatsachen übermittelt sie ihren amerikanischen und westdeutschen Auftraggebern, die diese Nachrichten dazu ausnutzen, eine wilde Hetze gegen die Deutsche Demokratische Republik zu entfalten, zeitweise auftretende Schwierigkeiten in der Versorgung der Bevölkerung der Deutschen Demokratischen Republik zu vergrößern und andere Maßnahmen gegen den Aufbau unserer Wirtschaft einzuleiten. Ihr Ziel ist es, die kapitalistischen Verhältnisse in Westdeutschland aufrechtzuerhalten und das Gebiet der Deutschen Demokratischen Republik ebenfalls unter den Einfluß des Monopolkapitals zu bringen. Alle Bestrebungen der friedliebenden Völker, insbesondere der Sowjetunion und der Deutschen Demokratischen Republik, die einer Entspannung der politischen Lage und einer friedlichen Koexistenz zwischen den Ländern des Fortschritts und den kapitalistischen Ländern dienen, versucht diese Organisation zu durchkreuzen."[699]

Was folgte, war nichts als platte Propaganda, die nicht erst aus der Retrospektive ausgesprochen lachhaft anmutet:

> „Alle diese Machenschaften aber sind zum Scheitern verurteilt und haben es nicht verhindern können, daß die Stärke des Weltfriedenslagers ständig wächst und große Erfolge im Kampf um die Entspannung der internationalen politischen Situation erringt. Die Erfolge der Besprechungen [sic!] der sowjetischen Politiker mit den Regierungen Österreichs und Jugoslawiens, die Genfer Konferenz und schließlich auch die Verhandlungen mit Adenauer in Moskau

698 Urteil des Obersten Gerichts vom 23.9.1955, Aktenzeichen 1 Zst (I) 7/55; Archiv Bundesgerichtshof. Urteilsbegründung; Dokument 18.
699 Dokument 18, S. 338.

haben gezeigt, daß es der beharrlichen Friedensliebe der Sowjetunion gelungen ist, auf dem Weg des Friedens große Fortschritte zu erringen. Diese Erkenntnis ergreift auch immer mehr das Bewußtsein der Werktätigen der Deutschen Demokratischen Republik und Westdeutschlands. Damit wird den Agentenorganisationen die Basis ihrer Wirksamkeit entzogen. Es gelingt in immer stärkerem Maße, ihnen schwere Schläge zu versetzen und ihren Agentenapparat zu liquidieren."[700]

Allmählich erst kam das Gericht auf die beiden Angeklagten zu sprechen, die es als „bezahlte Agenten der Organisation Gehlen"[701] bezeichnete, obwohl das für Elli Barczatis erkennbar die Unwahrheit war, wie die Beweisaufnahme vor Gericht ergeben hatte. Die gegen Elli Barczatis und Karl Laurenz erhobenen Beschuldigungen faßte das Oberste Gericht im Ergebnis der Beweisaufnahme wie folgt zusammen:

„Sowohl in ihrer Dienststellung als Chefsekretärin des Ministerpräsidenten als auch in der Zeit des Besuchs der Verwaltungsakademie und in ihrer späteren Dienststellung in der Regierungskanzlei verriet sie an Laurenz alles, was ihr bekannt wurde und für den Nachrichtendienst wichtig und bedeutsam erschien. Aus ihrer Dienststellung als Chefsekretärin beim Ministerpräsidenten berichtete sie über Besuche westdeutscher Persönlichkeiten beim Ministerpräsidenten, insbesondere über die kirchlicher Würdenträger. Sie informierte Laurenz weiter über alle sich in Vorbereitung befindlichen Regierungsbeschlüsse, von denen sie Kenntnis hatte, machte Mitteilungen über Berichte, die von der Treuhandstelle für innerdeutschen Handel und dem Ministerium für Außenhandel und innerdeutschen Handel herausgegeben wurden und die den Interzonenhandel betrafen, gab Auskünfte über interne Korrespondenz mit anderen Regierungsstellen und den Inhalt der wöchentlichen Arbeitsbesprechungen. Laurenz erteilte ihr auch direkte Spionageaufträge. So interessierten ihn die Struktur und Arbeitsweise der zentralen Regierungsorgane, Veränderungen in den Regierungsstellen und Informationen über die Tätigkeit und Arbeitsweise der persönlichen Referenten des Ministerpräsidenten. Besonderes Interesse zeigte er auch für den etwa beabsichtigten Erlaß eines Wehrgesetzes und für eine von ihm erwartete Währungsumstellung. Alle diese Fragen beantwortete sie, soweit es ihr möglich war."[702]

Konnte dieser Sachverhalt, gesetzt den Fall, er beruhte auf Wahrheit, ein Todesurteil rechtfertigen? Nicht zufällig hatte selbst der Generalstaatsanwalt ursprünglich eine lebenslängliche Zuchthausstrafe in Aussicht nehmen wollen. Zu den Beweggründen der beiden Angeklagten machte das Gericht bezeichnende Ausführungen:

„Während der Angeklagte Laurenz offen zugibt, aus Feindschaft gegen die Sozialistische Einheitspartei Deutschlands und die von ihr maßgebend bestimmte Politik der Regierung der Deutschen Demokratischen Republik ge-

700 Ebenda, S. 338 f.
701 Ebenda, S. 339.
702 Ebenda, S. 341.

handelt zu haben, versucht die Angeklagte Barczatis, das Ausmaß ihrer Schuld zu verschleiern. Sie erklärt, sich nicht in jeder Hinsicht der letzten Konsequenzen ihrer Verbrechen bewußt gewesen zu sein und sich selbst ‚Sand in die Augen gestreut' zu haben. Dies zeigt jedoch deutlich, daß sie die Bedeutung ihrer Verbrechen erkannt hat."[703]

Den Gipfel an Zynismus erreichte das Gericht mit folgender Einschätzung:

„Die Handlungen der Angeklagten waren außerordentlich gefährlich. [...] Mit ihren Verbrechen haben sie die Bestrebungen der Deutschen Demokratischen Republik zur Herstellung eines friedlichen, einheitlichen und demokratischen Deutschlands durchkreuzt. Die Gefährlichkeit ihrer Handlungen erfordert die schwerste Strafe. Der Senat hat daher in Übereinstimmung mit dem Antrag des Generalstaatsanwalts auf die Todesstrafe für beide Angeklagten erkannt."[704]

Warum der Vertreter der Anklage entgegen der ursprünglichen Absicht Melsheimers die Todesstrafe beantragte und das Urteil nicht auf lebenslänglich Zuchthaus lautete, geht aus den Akten nicht hervor. Eine entsprechende Weisung muß aus der Politbürokratie gekommen sein.[705] In seiner Sitzung vom 1. November 1955 behandelte das Politbüro mehrere politisch motivierte Todesurteile. Unter Tagesordnungspunkt 6c las man im Protokoll: „Der Bericht in der Strafsache gegen Laurenz und Barczatis wird zur Kenntnis genommen."[706] Laut Aktenvorlage war die Ablehnung eines Gnadengesuchs durch Wilhelm Pieck von Klaus Sorgenicht mit der Begründung empfohlen: „Die Verbrechen und die Persönlichkeit der Verurteilten stellen einen solch hohen Grad der Gesellschaftsgefährlichkeit dar, daß ein Gnadenerweis nicht befürwortet werden kann."[707] Unaufhaltsam nahm das Verhängnis seinen Lauf.

Die Hinrichtung erfolgte am frühen Morgen des 23. November 1955 im Richtraum der Untersuchungshaftanstalt I in Dresden durch die Guillotine. Elli Barczatis starb als erste, etwa um 3.00 Uhr, Minuten später folgte ihr Karl Laurenz. Die Stunden vor der Exekution hatten sie, jeder für sich, ruhig und gefaßt zugebracht. Ihre Leichname wurden im Krematorium Dresden-Tolkewitz eingeäschert.

703 Ebenda, S. 342.
704 Ebenda, S. 342 f.
705 Vgl. Beckert: Die erste und letzte Instanz, S. 293 und Werkentin: Walter Ulbricht als oberster Gerichtsherr, S. 8.
706 Protokoll Nr. 51/55 der Sitzung des Politbüros am 1.11.1955, S. 3; SAPMO-BA, DY 30, J IV 2/2 A 455.
707 Vorlage der Abteilung Staatliche Organe für das Politbüro vom 14.10.1955, S. 6; ebenda.

6.8. Eine „illegale Gruppe“ in der LDPD – der Fall Alfred Effinger und andere

Am 20. Januar 1955 stellte die für die Bearbeitung der DDR-Blockparteien und der Ostbüros von CDU und FDP zuständige Abteilung 3 der Hauptabteilung V im Rahmen der Aktion „Blitz“ einen „Operativplan zur Durchführung einer Aktion in Westberlin“ auf. Grundlage hierfür war die Tätigkeit des Geheimen Mitarbeiters „Radeberg“ in der Berliner Außenstelle des Ostbüros der FDP, der seinen Auftraggebern eine Lageskizze des Büros und den Aktenplan der Organisation geliefert hatte. Mit der Durchführung der Aktion wurde die „Operativgruppe“ des Geheimen Mitarbeiters „Jawo“ betraut.

> „‚Jawo‘, der bereits die Örtlichkeit selbst überprüft hat, wird seine Gruppe anweisen, daß sie gegen 18.00 Uhr in das Gebäude, wo sich das Ostbüro befindet, eindringt und durch das Fenster im Hausflur steigt, um von dort aus auf den Balkon im Hinterhof zu gelangen. [...]
> Nachdem der Balkon bestiegen ist, wird die Balkontür durch Herausnehmen der Fensterscheiben geöffnet, wodurch das eigentliche Eindringen in das Ostbüro über die Küche erfolgen kann.
> Da uns die Stellen – wo sich die einzelnen Unterlagen befinden – im Büro bekannt sind, kann jetzt die Gruppe damit beginnen, ungestört die einzelnen Akten anhand unseres Aktenplanes durchzusehen. Da es sich bei den Unterlagen um eine Vielzahl handelt, werden nur die wichtigsten entwendet.“[708]

Zwar verschob die Staatssicherheit die Aktion aus unbekannten Gründen noch um drei Wochen, aber in der Nacht vom 12. zum 13. Februar 1955 wurde sie dann wie geplant durchgeführt. In der SfS-Zentrale in Ostberlin hielt sich der Leiter der Abteilung 3 der Hauptabteilung V Oberstleutnant Schumann mit einem Stab von zwölf Mitarbeitern bereit, die das entwendete Material unverzüglich zu sichten und auszuwerten hatten, um noch vor dem Bekanntwerden des Einbruchs die Festnahmen der aus den Unterlagen hervorgehenden Kontaktleute des Ostbüros in die Wege leiten zu können.[709] Eigentlich wollte die Staatssicherheit die Dokumente sofort kopieren und noch in der Nacht wieder in das Ostbüro zurückbringen, um einen kriminellen Einbruch zu simulieren – zu diesem Zweck sollte auch ein im Büro vorhandener Geldsafe geknackt werden[710] –, aber dieses Vorhaben mißlang. Es lag auf der Hand, wer die Urheber des Einbruchs waren, und nachdem am folgenden Tag von der Westberliner Polizei ein inoffizieller Mitarbeiter der Staatssicherheit am Tatort festgenommen werden konnte, waren alle Zweifel beseitigt.

Die FDP versuchte vergeblich die Tragweite des Einbruchs herunterzuspielen. Dagegen ließ die Stellungnahme der ermittelnden Abteilung V des Berliner Polizeipräsidiums erkennen, daß durchaus wichtige Dokumente abhanden ge-

708 Operativplan vom 20.1.1955 (im Original fälschlicherweise: 1954); BStU, ZA, AOP 1539/65, Bd. II/8, Bl. 18f.
709 Operativplan vom 11.2.1955; ebenda, Bl. 20f.
710 Ebenda.

kommen waren.[711] Noch am 13. Februar erarbeitete die Hauptabteilung V/3 aus dem Material sechs Festnahmevorschläge, die von Mielke am folgenden Tag abgesegnet wurden.[712] Sechs Tage später wurden weitere acht Festnahmen genehmigt, die sich ebenfalls unmittelbar aus dem entwendeten Material ergaben.[713] Darüber hinaus hatten die Unterlagen für die Staatssicherheit insofern einen Wert, als sie Angaben zu 957 regimekritischen LDPD-Mitgliedern in der DDR enthielten. Das SfS konstatierte etwa zwei Wochen später, daß sie bisher lediglich 100 von diesen Personen operativ bearbeite. Zu diesem Zeitpunkt waren aufgrund von Hinweisen aus dem entwendeten Material bereits 20 Verhaftungen erfolgt.[714]

Eine der ersten Festnahmen traf Otto Siber, den ehemaligen Vorsitzenden des LDPD-Kreisverbandes Pritzwalk. Unter den gestohlenen Unterlagen befanden sich zwei Briefe, die Siber im Sommer 1953 während eines Verwandtenbesuches in der Bundesrepublik an die „Parteifreunde" des Westberliner Ostbüros geschrieben hatte. Das erste Schreiben enthielt eine Schilderung der Arbeitstagung des Potsdamer Bezirksverbandes der LDPD am 13. Juli 1953, bei der es zu einer wenig regimekonformen Aufarbeitung der Vorgänge des 17. Juni gekommen war. Unter anderem war dort der Rücktritt des Parteivorsitzenden und Finanzministers Hans Loch und die Wiedereinsetzung des verhafteten Karl Hamann gefordert worden.[715] Die Abschrift eines weiteren Briefes war von Hans Füldner alias „Ludwig" an den Leiter des Ostbüros in Bonn, Karl-Heinz Naase, mit einem Begleitschreiben weitergeleitet worden, in dem Siber folgendermaßen charakterisiert wurde: „Der Genannte hat dem Ostbüro wiederholt zwar nicht ausgesprochen wertvolle, aber doch Informationen zukommen lassen, die seinen guten und festen Willen unter Beweis stellen, aktiv an der Wiedervereinigung Deutschlands in Freiheit mitzuwirken."[716] Auch der Durchschlag dieses Begleitschreibens fiel der Staatssicherheit in die Hände.

Siber wurde sofort festgenommen und in der zweiten Nachthälfte zum 15. Februar sieben Stunden lang ohne Unterbrechung verhört. Dabei nannte er Namen anderer Mitglieder der Pritzwalker LDPD, die ebenfalls Kontakte zum FDP-Ostbüro unterhielten. Am folgenden Tag verhaftete die Staatssicherheit den Leiter der Hilfsschule Pritzwalk Alfred Effinger, Sibers Nachfolger als Kreisvorsitzender der LDPD, und ein weiteres Mitglied des erweiterten Kreisvorstandes. Nach dem „Schneeballsystem" führten die Vernehmungen am nächsten Tag zu fünf weiteren Festnahmen. Alle Verhafteten waren Mitglieder der LDPD.[717] Als Grund für die Inhaftierung Effingers nannte das Untersuchungsorgan des SfS:

„Effinger steht seit mehreren Jahren mit dem Ostbüro der FDP in Verbindung

711 Vgl. Politischer Aktenraub, in: Die Welt vom 18.2.1955; SSD wollte nochmal einbrechen, in: Der Abend vom 19.2.1955; Einbruch in FDP-Ostbüro, in: Berliner Morgenpost vom 19.2.1955.
712 Vorschläge zur Festnahme vom 13.2.1955; BStU, ZA, AOP 1539/65, Bd. II/8, Bl. 23–25.
713 Vorschläge zur konspirativen Festnahme vom 19.2.1955; ebenda, Bl. 29–32.
714 Vgl. Plan zur Operation „Blitz", o. D. (März 1955); Dokument 14, S. 322 f.
715 Otto Siber an Ostbüro der FDP vom 20.7.1953; BStU, ZA, AU 350/55, EV, Bd. 3, Bl. 145 f.
716 „Ludwig" an Karl-Heinz Naase, o. D. (August 1953); ebenda, Bl. 147.
717 Erfolgte Festnahmen in der Aktion „Feierabend" vom 19.2.1955; BStU, ZA, AOP 1539/65, Bd. II/8, Bl. 33.

und überbrachte dieser Agentenzentrale fortgesetzt Spionageinformationen über die Arbeit der LDPD. Weiterhin betrieb er staatsfeindliche Hetze, indem er in Mitgliederversammlungen der LDPD den Sturz der bestehenden demokratischen Ordnung verlangte."[718]

Effinger wurde nach seiner Festnahme 14 Stunden lang ohne Unterbrechung verhört.[719] Zur Motivation seiner ersten Kontakte zur Westberliner FDP in den Jahren 1950/51 in Gestalt von Gesprächen mit dem Leiter des Ostbürovorläufers „Flüchtlingsbetreuung Ost", Paul Scheffler, vermerkt das Vernehmungsprotokoll:

„Meine Absicht war, durch persönliche Aussprachen [...] Möglichkeiten zu finden einer Zusammenarbeit zwischen LDPD und FDP. [...] Bei diesen Zusammenkünften sprach ich über die Politik der LDPD und er seinerseits über die der FDP. Dadurch wollte ich erreichen, gemeinsame Interessen festzustellen, die für die Zusammenarbeit bei der Wiedervereinigung Deutschlands meiner Meinung nach notwendig sind."[720]

Effinger gestand, daß er verschiedene Parteifreunde aus dem LDPD-Kreisverband über seine Kontakte ins Bild gesetzt hatte, bestritt aber zunächst „mit diesem Kreis von Personen in irgendeiner Form feindlich gegen die DDR gearbeitet zu haben".[721]

Effinger hatte bis zu seiner Verhaftung Aktivitäten entfaltet, die für einen oppositionellen Liberalen in dieser Zeit gewissermaßen auf der Hand lagen. Er hielt Kontakt zu dem Leiter der Berliner Außenstelle des FDP-Ostbüros Friedrich Hemminger und seinem Nachfolger Hans Bach. Von dort wurde er an den Leiter der Informationsstelle des Landesverbandes, Joachim Porzig alias „Selle", weitergereicht. Dieser eröffnete ihm laut Vernehmungsprotokoll, „daß er daran interessiert ist, von mir schriftliches und mündliches Material militärischen, politischen und wirtschaftlichen Charakters zu erhalten".[722] Militärische Informationen spielten bei der Berichtstätigkeit von Effinger allerdings eine völlig untergeordnete Rolle. Er lieferte dem Ostbüro und dem Büro „Selle" vor allem Informationen über Strukturen, Gremiensitzungen, Mitglieder und Funktionäre des LDPD-Kreisverbandes sowie der Kreis- und Stadtverwaltung Pritzwalk, außerdem über besonders scharfe lokale SED- und Staatsfunktionäre sowie vermutete Staatssicherheitsspitzel. Die Informationssammlung des Ostbüros der FDP stand im engen Zusammenhang mit Planungen für den sogenannten „Tag X". Das Ostbüro hielt sich gewissermaßen darüber auf dem laufenden, welche LDPD-Mitglieder politisch noch brauchbar und welche personalpolitischen Säuberungen im Falle der Wiedervereinigung unbedingt erforderlich waren.

Effinger berichtete außerdem über das Schul- und Erziehungswesen der DDR, über Probleme der Versorgung und der Landwirtschaft, insbesondere im Zusammenhang mit der Kollektivierung. Neben den Kontakten zu den FDP-Stel-

718 Haftbeschluß vom 15.2.1955; BStU, ZA, AU 350/55, EV, Bd. 1, Bl. 10.
719 Festnahmebericht vom 26.2.1955; ebenda, Bl. 17; Vernehmungsprotokoll vom 17.12.1955; ebenda, Bl. 34.
720 Vernehmungsprotokoll vom 17.12.1955; ebenda, Bl. 36.
721 Ebenda, Bl. 37.
722 Ebenda, Bl. 38.

len hatte er Verbindung mit dem RIAS und kurzzeitig auch mit der KgU bzw. mit ihrer Unterorganisation „Beratungsstelle Freiheitlicher Erzieher".

Unter der Führung von Effinger bildete sich im Rahmen der Pritzwalker Kreisorganisation eine Gruppe oppositioneller LDPD-Mitglieder heraus. Diese wußten von den Westkontakten Effingers und lieferten ihm Informationen aus ihren jeweiligen Arbeitsbereichen. Doch der Pritzwalker Kreis betrieb nicht nur Informationsbeschaffung für das Ostbüro der FDP, er ist vielmehr als ein Versuch liberaler Selbstbehauptung in einer zunehmend stalinisierten LDPD zu werten. Die Gruppierung arbeitete teilweise konspirativ, teilweise relativ offen gegen den vom Berliner Zentralvorstand und der SED ausgehenden Gleichschaltungsdruck. In den Jahren 1951/52 führte Effinger Schulungen für LDPD-Mitglieder durch, um sie für Auseinandersetzungen mit SED-Genossen zu wappnen. Vor Gericht sagte Effinger später, er habe in diesen Schulungen die Position vertreten, „daß der Liberalismus die Weltanschauung sei, die sich gegen jede Diktatur wendet und daß man sich auch gegen die Diktatur von links wenden müsse".[723] Auf die Frage, was er unter freien Wahlen verstehe, gab er die naheliegende Antwort, „daß mehrere Parteien aufgestellt werden, so daß die Menschen die freie Wahl haben zwischen den einzelnen Parteien".[724]

Die Akten deuten darauf hin, daß das Verfahren gegen Effinger und seinen Kreis ursprünglich als Schauprozeß durchgeführt werden sollte. Auf dem 23. Plenum des ZK am 14. April 1955 sah sich Mielke veranlaßt, Effinger in die Aufzählung der verhafteten „Hauptagenten" aufzunehmen.[725] Drei Wochen später, auf der Pressekonferenz am 4. Mai 1955, präsentierte Borrmann die Pritzwalker LDPD-Oppositionsgruppe folgendermaßen:

> „Der vormalige Kreisvorsitzende der LDPD in Pritzwalk, Alfred Effinger, schloß zehn weitere Agenten, die sich in die LDPD eingeschlichen hatten, zu einer Untergrundgruppe zusammen, die der Agentenzentrale ‚Ostbüro der FDP' unterstand, das vom amerikanischen Geheimdienst ausgenutzt wird. Diese Gruppe hatte sich neben Spionage auf allen Gebieten bereits mit der Verteilung wichtiger Funktionen beschäftigt, die sie im Falle eines geplanten Putsches auf terroristische Weise zu übernehmen und auszuüben hofften."[726]

Diese maßlose propagandistische Übertreibung hatte einen wahren Kern. Laut Ermittlungen der Staatssicherheit waren innerhalb der Gruppierung konkrete Überlegungen zur Besetzung bestimmter Funktionen im Falle eines politischen Umbruchs angestellt worden. Ein Gruppenmitglied sollte Polizeichef von Pritzwalk, ein anderes Stadtrat für Gesundheitswesen werden. Als Vorsitzender der örtlichen Vereinigung der gegenseitigen Bauernhilfe war Otto Siber vorgesehen, und Alfred Effinger selbst wollte die Stelle des Schulrates übernehmen.[727]

723 Protokoll der Sitzung des 1. Strafsenats des Bezirksgerichts Schwerin, 20.–22.10.1955, in der Strafsache Alfred Effinger u. a.; BStU, ZA, AU 350/55, GA, Bd. 5, Bl. 288.

724 Ebenda, Bl. 292.

725 Vgl. Redebeitag Mielkes auf dem 23. ZK-Plenums am 14.4.1955; Dokument 15, S. 329.

726 Erklärung des Vertreters des SfS, Oberst Borrmann, auf der Pressekonferenz am 4.5.1955; BStU, ZA, AS 183/56, Bl. 123.

727 Schlußbericht im Ermittlungsverfahren gegen Otto Siber u. a. vom 23.6.1955; BStU, ZA, AU 350/55, EV, Bd. 3, Bl. 168.

Die politischen Ansichten waren innerhalb der Gruppierung jedoch keineswegs homogen. So war Effinger selbst ein entschiedener Gegner der Kollektivierung der Landwirtschaft, was er offenbar selbst bei öffentlichen Auftritten im Rahmen der sogenannten „Landsonntage" nicht verhehlte,[728] während ein anderes Gruppenmitglied die Bildung von landwirtschaftlichen Produktionsgenossenschaften ausdrücklich befürwortete. Dieser Umstand führte dazu, daß in der illegalen Gruppierung auch über „Errungenschaften der DDR" diskutiert wurdc.[729]

Insgesamt ermittelte die Staatssicherheit im Rahmen des Falles Effinger gegen zwölf Personen, die jedoch teilweise nur ganz am Rande zur oppositionellen Gruppierung gerechnet werden können. Otto Siber zum Beispiel, der als erster verhaftet worden war, gehörte nicht zum Kern der Gruppe, vielmehr waren ihm die Aktivitäten Effingers nur zufällig zur Kenntnis gelangt; anschließend hatte er weitgehend eigenständige Kontakte zum FDP-Ostbüro hergestellt.[730] Drei der weniger involvierten Beschuldigten gaben bezeichnenderweise in der Gerichtsverhandlung an, sie hätten „diese Zusammenkünfte als legale Vorstandssitzungen der LDPD Pritzwalk angesehen"; zu ihren anderslautenden Aussagen in den Vernehmungsprotokollen seien sie vom Untersuchungsorgan gezwungen worden.[731]

Noch im Stadium der Ermittlungen wurde das Verfahren geteilt. Fünf als minderschwer betrachtete Fälle, unter anderem der von Otto Siber, wurden abgetrennt, und das Strafverfahren gegen die restlichen sieben Beschuldigten auf eine „öffentliche Auswertung" ausgerichtet. Offenbar hatte das Verfahren jedoch im Rahmen der propagandistischen Gesamtregie des Frühsommers 1955 bald keine hohe Priorität mehr. Einen Hinweis hierfür liefert der Bericht eines Angehörigen der „Gruppe Effinger", der als Informator in die Zelle von Gerhard Benkowitz eingeschleust worden war. Der Zelleninformator erfuhr von Benkowitz ein interessantes Detail, das diesem erstaunlicherweise von seinem Vernehmer anvertraut worden war: Bestimmte „Fälle von Untergrundgruppenbildungen im Auftrage des Westens" würden zeitgleich verhandelt, „um damit das schändliche Treiben der westlichen Agentenzentralen aufzudecken". Einige Fälle würden daher forciert, andere Verfahren älteren Datums, wie das gegen die Gruppe Effinger, dagegen „hinausgezögert".[732]

Die Generalstaatsanwaltschaft übergab das Verfahren ohne ersichtlichen Grund – das Ermittlungsverfahren war bei der Hauptabteilung IX in Berlin geführt worden, und der Hauptort des Geschehens Pritzwalk lag im Bezirk Potsdam – an die Bezirksstaatsanwaltschaft Schwerin. Wahrscheinlich waren in Schwerin bes-

728 Sachstandsbericht zum Untersuchungsvorgang Alfred Effinger u.a. vom 3.3.1955; ebenda, Bd. 1, Bl. 93.

729 Protokoll der Sitzung des 1. Strafsenats des Bezirksgerichts Schwerin am 28.9.1955 in der Sache Effinger u.a.; ebenda, GA, Bd. 5, Bl. 243f.

730 Protokolle der Vernehmungen von Otto Siber am 15.2.1955; ebenda, EV, Bd. 3, Bl. 31–34, 41–43.

731 Sitzungsbericht des Staatsanwaltes Uhlig über die Hauptverhandlung vor dem 1. Strafsenat des Bezirksgerichts Schwerin am 26.10.1955; ebenda, HA/GA, Bd. 8, Bl. 116f.

732 Bericht eines Zelleninformators vom 9.6.1955; BStU, ZA, AU 164/55, BA/EV, Bd. 21, Bl. 64.

sere personelle Voraussetzungen für eine zuverlässige Prozeßregie gegeben. Zu diesem Zeitpunkt war allerdings schon klar, daß ein regelrechter Schauprozeß, wie wohl ursprünglich geplant, nicht stattfinden sollte. So teilte der Generalstaatsanwalt der Abteilung 1 der Bezirksstaatsanwaltschaft Schwerin am 27. Juli 1955 bei der Übergabe des Verfahrens mit:

> „Die obige Strafsache soll in normaler Gerichtsverhandlung – *nicht* unter Ausschluß der Öffentlichkeit – durchgeführt werden. Unter keinen Umständen darf die Hauptverhandlung vor erweiterter Öffentlichkeit stattfinden. Der Prozeß kann durch die örtliche Presse ausgewertet werden. Der Bezirksleitung der SED Potsdam ist von dem Prozeßtermin Bescheid zu geben. Die örtliche Presse des Kreises Pritzwalk kann ebenfalls eine Auswertung vornehmen."[733]

Offenbar war das Verfahren mit zu vielen Unwägbarkeiten behaftet, um als echter Schauprozeß geführt werden zu können, eine gefilterte „Auswertung" durch die Presse war aber durchaus erwünscht. Auch der Bezirksverband Postdam der LDPD bekundete Interesse an einer Prozeßteilnahme. In einem Schreiben an die Bezirksstaatsanwaltschaft Schwerin betonte dessen Sekretär:

> „Da es sich zum großen Teil um ehrenamtliche Funktionäre der Kreisebene, in einem Fall sogar der Bezirksebene, handelt, liegt unsererseits ein nach unserer Auffassung berechtigtes Interesse vor, die Verbrechen der Betreffenden gegen unsere demokratische Gesetzlichkeit kennenzulernen. Es kommt für uns darauf an, nach Abschluß des Verfahrens mit unseren Mitgliedern diese Angelegenheit sehr eingehend zu diskutieren, ihnen das verbrecherische Verhalten der oben Genannten vor Augen zu führen, damit die richtigen Schlußfolgerungen aus dem Vorkommnis – Verstärkung der Wachsamkeit, das sich noch bessere Einsetzen für die weitere Festigung unseres Arbeiter- und Bauernstaates – gezogen werden."[734]

Bei so viel ostentativer politischer Konformität versteht es sich von selbst, daß der Staatsanwalt keine Einwände gegen die Anwesenheit der LDPD-Bezirksfunktionäre bei der Gerichtsverhandlung hatte.[735] Inhalt und Diktion des zitierten Schreibens sind charakteristisch für den mittlerweile erreichten Grad der Einbindung der LDPD in die stalinistischen Herrschaftsrituale. Die verantwortlichen Funktionäre hatten gelernt, daß sie sich in solchen Situationen von den in die Mühlen der politischen Strafjustiz geratenen Parteimitgliedern und -funktionären scharf zu distanzieren und verstärkte parteierzieherische Anstrengungen im Sinne des Regimes zu geloben hatten.

Am 29. August 1955 erhob Staatsanwalt Uhlig Anklage, und zwei Tage später sandte er seine Strafvorschläge zur Bestätigung an den Generalstaatsanwalt. Dieser war – außer beim Hauptangeklagten – mit allen vorgeschlagenen Strafen einverstanden. Für Effinger aber hatte der Schweriner Anklagevertreter im Über-

733 Generalstaatsanwalt an Staatsanwalt des Bezirks Schwerin, Abt. 1, vom 27.7.1955; BSTU, ZA, AU 350/55, HA/GA, Bd. 7, Bl. 63.

734 LDPD-Bezirksverband Potsdam, Sekretär Kind, an Staatsanwalt des Bezirks Schwerin vom 3.9.1955; ebenda, HA/GA, Bd. 4, Bl. 54f.

735 Notiz des Staatsanwalts o. D.; ebenda, Bl. 55.

eifer lebenslänglich Zuchthaus vorgesehen, und das erschien der Obersten Staatsanwaltschaft in Ostberlin als zu hart: Zweifellos habe Effinger in seiner feindlichen Tätigkeit „eine beträchtliche Intensität entwickelt“, argumentierte sie. Bei der Betrachtung der an den Westen weitergegebenen Informationen müsse man jedoch feststellen, daß sie sich „größtenteils auf örtliche Verhältnisse“ bezögen. Eine Reihe von Angaben seien von nicht allzu großer Bedeutung. Für Effinger solle daher nur eine Freiheitsstrafe von 15 Jahren beantragt werden.[736] Ob diese „Milde“ des Generalstaatsanwalts eventuell als Rücksichtnahme gegenüber der FDP zu deuten ist, die sich unter der Führung ihres neuen Vorsitzenden Thomas Dehler zunehmend von den deutschlandpolitischen Positionen Adenauers entfernt hatte und daher seit dem Frühjahr 1955 in das politische Differenzierungskalkül der SED einbezogen war,[737] muß hier eine offene Frage bleiben.

Obwohl der Prozeß gegen die Pritzwalker LDPD-Oppositionsgruppe nur ausgesuchten Multiplikatoren zugänglich gemacht werden sollte, verweisen Inhalt und Sprache der Anklageschrift auf eine ausgeprägt politisch-propagandistische Funktion auch dieses Verfahrens. Ihre Schlußpassage lautet:

> „Alle Beschuldigten sind geständig und haben bewußt aufgrund ihrer reaktionären Einstellung auf den Sturz der Macht der Arbeiter und Bauern in unserer jungen Republik hingearbeitet. Ihre verbrecherische Handlungsweise verfolgte das Ziel, die alten kapitalistischen Ausbeutungsverhältnisse, wie sie in Westdeutschland bestehen, in der Deutschen Demokratischen Republik wieder einzuführen, und sie haben gleichzeitig die imperialistischen Kriegstreiber unterstützt. Unsere Werktätigen und patriotischen Friedenskämpfer verlangen mit Recht, daß diesen Verrätern am deutschen Volke ein hartes, aber gerechtes Urteil gesprochen wird.“[738]

Der Prozeß fand vom 20. bis 22. Oktober 1955 statt. Es waren Vertreter der Potsdamer Bezirkspresse von SED und LDPD anwesend. Außerdem schnitten Mitarbeiter der SfS-Kreisdienststelle Pritzwalk die gesamten Verhandlung auf Tonband mit. Ursprünglich bestand nämlich die Absicht, „die Ergebnisse der Hauptverhandlung“ über die Regionalpresse zu publizieren und in Pritzwalk im Rahmen von Propagandaveranstaltungen „auszuwerten“. Einem Bericht des Untersuchungsorgans zufolge machte Effinger jedoch während der Verhandlung Aussagen, die geeignet waren, „operative Interessen [zu] gefährden“. Die Staatssicherheit veranlaßte daher, daß aus der Hauptverhandlung keine Einzelheiten publiziert wurden.[739]

Welche Aussagen das waren, läßt sich nicht genau rekonstruieren. Wahrscheinlich hatte Effinger in der Verhandlung einen Hinweis auf seine zeitweilige Tätigkeit als V-Mann sowjetischer Stellen gegeben – darauf deutet jedenfalls eine

736 Staatsanwalt Helmut Löser an Staatsanwaltschaft des Bezirks Schwerin, Abt. 1, vom 9.9.1955; ebenda, Bl. 59.

737 Vgl. Engelmann: Brüchige Verbindungen, S. 17f.

738 Anklageschrift der Bezirksstaatsanwaltschaft Schwerin vom 29.8.1955; BStU, ZA, AU 350/55, GA, Bd. 5, Bl. 201.

739 HA IX/II an HA V/III vom 22.10.1955; ebenda, BA/EV, Bd. 12, Bl. 39.

ziemlich unklare Passage im Verhandlungsprotokoll hin.[740] Der eigentliche Sachverhalt, nach dem Effinger von September 1951 bis April 1952, „laut seinen eigenen Angaben und laut Überprüfung der Freunde, Vertrauensperson der Freunde" gewesen war, geht allerdings unmißverständlich aus einem Sachstandsbericht zum Ermittlungsverfahren hervor. Es heißt hier weiter: „Über diese Tätigkeit für die Freunde hat er mit allen Angehörigen seiner Gruppe gesprochen und dies beim Untersuchungsausschuß Freiheitlicher Juristen bekanntgegeben."[741]

Es ist müßig, darüber zu spekulieren, welcher Art diese Tätigkeit für die Sowjets war und wie sie sich mit der oppositionellen Tätigkeit von Effinger vereinbaren ließ. Die MfS-Akten geben darüber keinen weitergehenden Aufschluß. Vor einer harten Bestrafung bewahrte sie ihn jedenfalls nicht. Am 22. September 1955 verurteilte das Bezirksgericht Schwerin Effinger „wegen Verbrechens nach Artikel 6 der Verfassung der Deutschen Demokratischen Republik" antragsgemäß zu 15 Jahren Zuchthaus. Bei den Mitangeklagten erkannte das Gericht auf zweimal zehn und sieben sowie einmal sechs und fünf Jahre Zuchthaus. In drei Fällen blieb das Gericht geringfügig unter den Anträgen der Staatsanwaltschaft. Nach Meinung des Bezirksstaatsanwalts waren diese „Abweichungen" vom Gericht mit einer „sehr schwachen Begründung" vorgenommen worden, doch weil er sie gleichzeitig als „nicht sehr schwerwiegend" betrachtete, verzichtete er auf die Einlegung eines Protestes.[742]

Die „Tauwetterphase" nach der 3. Parteikonferenz der SED führte im Juli 1956 bei Effinger zur Herabsetzung der Strafe von 15 auf zehn Jahre Zuchthaus. Wenig später kam es zu einer bemerkenswerten politischen Initiative aus dem Westen. Im Windschatten der offiziellen Gespräche, die Anfang Oktober 1956 in Weimar zwischen der FDP und der LDPD stattgefunden hatten,[743] stellte der Rechtsanwalt und FDP-Bundestagsabgeordnete Ewald Bucher beim Generalstaatsanwalt der DDR für Effinger ein Gnadengesuch. Mit einer unmißverständlichen Anspielung auf den aktuellen FDP-LDPD-Dialog schrieb Bucher, daß „Herr Effinger wegen Verbindungen mit Mitgliedern der Freien Demokratischen Partei verurteilt worden sein" soll. Er fuhr fort:

> „Ich darf [...] darauf hinweisen, daß die Freilassung von Personen, die aus politischen Gründen inhaftiert sind, im Interesse einer innerdeutschen Entspannung und einer Beseitigung der Folgen des kalten Krieges liegt.

740 Die äußerst schwer zu deutende Passage lautet: „Angeklagter W.: Effinger sagte, er hätte die Verbindungen nicht freiwillig aufgenommen. Angekl[agter] Effinger: Das stimmt, ich habe Berichte geben müssen dem Staatssekretariat, ich sollte Menschen nennen, die uns in unserer Arbeit Schwierigkeiten machen würden." Protokoll der Sitzung des 1. Strafsenats des Bezirksgerichts Schwerin am 20.–22.9.1955 in der Strafsache Alfred Effinger und andere; ebenda, GA, Bd. 5, Bl. 336 f.

741 Sachstandsbericht zum Untersuchungsvorgang vom 3.3.1955; ebenda, EV, Bd. 1, Bl. 97.

742 Sitzungsbericht des Bezirksstaatsanwalts über die Hauptverhandlung im Fall Effinger u. a.; ebenda, HA/GA, Bd. 2, Bl. 73 f. „Protest" heißt das Rechtsmittel, das der Staatsanwalt nach § 274 der StPO der DDR vom 2.10.1952 gegen eine gerichtliche Entscheidung einlegt.

743 Vgl. Siegfried Suckut: Die Gespräche zwischen FDP und LDPD im Jahre 1956 – Vorgeschichte, Verlauf, DDR-interne Erwartungen und Reaktionen, in: Jahrbuch der Liberalismus-Forschung 4 (1992), S. 85–141; Bernard Bode: Liberal-Demokraten und „deutsche Frage". Zum politischen Wandel einer Partei in der Sowjetischen Besatzungszone und der DDR zwischen 1945 und 1961, Frankfurt/M. 1997, S. 255–293; Engelmann: Brüchige Verbindungen, S. 17–47.

> Die politische Entwicklung im innerdeutschen Verhältnis in den letzten Monaten hat die Bereitschaft politischer Kräfte in beiden Teilen Deutschlands gezeigt, auf eine weitere Entspannung im innerdeutschen Verhältnis hinzuwirken.
> Aus dieser Erkenntnis heraus bitte ich, die Verurteilung meines Mandanten mit dem Ziele einer Begnadigung und Freilassung zu überprüfen."[744]

Zum Schluß bat Bucher mit offensichtlich gespielter Navität, „einen abschlägigen Bescheid nicht zu erteilen, ohne mir vorher Gelegenheit zur Einsichtnahme in die Strafakten und zu einem Besuch meines Mandanten in der Strafanstalt gegeben zu haben".[745]

Die Antwort der Obersten Staatsanwaltschaft fiel, wie zu erwarten, negativ aus und enthielt darüber hinaus grob irreführende Angaben zum Strafverfahren. Staatsanwalt Werner Bauch teilte Bucher mit, es treffe keineswegs zu, daß Effinger wegen Verbindung mit Mitgliedern der FDP verurteilt wurde. Vielmehr habe er „intensive Militärspionage getrieben" und „eng mit der Terrororganisation KgU zusammengearbeitet".[746] In Wirklichkeit verhielt es sich genau umgekehrt, die Hauptvorwürfe gegen Effinger betrafen seine Kontakte zum Ostbüro und zur Informationsstelle der FDP sowie die Weitergabe von politischen Informationen. Die von Bauch genannten Punkte spielten – selbst im Lichte des ergangenen Urteils – eine qualitativ und quantitativ völlig untergeordnete Rolle.[747] Dafür eigneten sie sich aber um so mehr zur Diffamierung des Häftlings und zur Abschmetterung von Buchers Initiative. Es bedarf kaum der Erwähnung, daß ihm die Akteneinsicht mit dem Hinweis verweigert wurde, daß „das – wie in der Bundesrepublik – nur Rechtsanwälten gestattet werden kann, die bei Gerichten der Deutschen Demokratischen Republik zugelassen sind".[748]

Alfred Effinger war zum gefährlichen Staatsfeind gestempelt worden. Als der Staatsrat der DDR am 1. Oktober 1960 eine Amnestie erließ, versuchte seine Ehefrau, die mittlerweile in Westberlin ansässig war, wiederum vergeblich seine Haftentlassung zu erreichen. Auch eine Initiative der Tochter wenige Monate später, bei der sie auf den angegriffenen Gesundheitszustand ihres Vaters hinwies, scheiterte, obwohl der Führungsbericht der Strafvollzugsanstalt Brandenburg, in der Alfred Effinger einsaß, ausgesprochen positiv ausfiel. Die Staatsanwaltschaft antwortete der Tochter:

> „Wenn auch die Führung bzw. die Arbeitsleistung nicht zu beanstanden sind, so ist aber doch die Handlung des Obengenannten von besonderer Gesellschaftsgefährlichkeit gewesen, so daß keinesfalls in Anbetracht des hohen Strafrestes schon jetzt eine vorzeitige Entlassung gerechtfertigt wäre."[749]

744 Ewald Bucher an Generalstaatsanwalt der DDR vom 25. 10.1956; BStU, ZA, AU 350/55, HA/GA, Bd. 1, Bl. 80f.
745 Ebenda.
746 Bauch an Bucher vom 13.12.1956; ebenda, Bl. 84f.
747 Urteil des Bezirksgerichts Schwerin vom 22.10.1955; ebenda, GA, Bd. 5, Bl. 353–376.
748 Bauch an Bucher vom 13.12.1956; ebenda, HA/GA, Bd. 1, Bl. 84f.
749 Schreiben der Staatsanwaltschaft Schwerin vom 1.7.1961; BStU, ZA, AU 350/55, HA/GA, Bd. 6, Bl. 20.

Im Juni 1962 wurde der Leiter der Strafvollzugsanstalt Brandenburg, Major Ackermann, sogar von sich aus aktiv und schrieb an die Staatsanwaltschaft Schwerin, daß er „nach nochmaliger Überprüfung zu der Meinung gelangt" sei, „daß der Strafzweck bei E[ffinger] schon jetzt als erreicht angesehen werden kann".[750] Er mußte sich von Staatsanwalt Uhlig belehren lassen, daß für „einen alten Faschisten, der seine Straftat aus Feindschaft zu unserer Arbeiter-und-Bauern-Macht begangen hat", eine bedingte Strafaussetzung derzeit nicht möglich sei.[751] Ensprechend schrieb Uhlig drei Monate später an die Tochter des Häftlings: „Alfred Effinger war der führende Kopf einer Untergrundbewegung gegen unsere Republik. Wer als Feind unseres Staates aufgetreten ist und für die ärgsten Feinde des Friedens und der Menschheit tätig wurde, hat das Recht auf Gnade verwirkt."[752] Erst mehr als ein Jahr später, am 20. Dezember 1963, kam Alfred Effinger nach fast neun Jahren Gefangenschaft auf Bewährung frei.

6.9. Die Rache der Partei – der Fall E. Ch. und Paul Behm

Einer „Kurzen Einschätzung über den bisherigen Verlauf der Aktion ‚Blitz'" vom 17. Januar 1955, unterzeichnet von Major Hugo Treßelt, ist folgende Feststellung zu entnehmen:

> „Bei den Maßnahmen gegen die Abteilung SED der HICOG[753] gelang schon im Rahmen der Aktion ‚Blitz' die lautlose Überführung des Verräters und Agenten Ch., ehemaliger 1. Sekretär der Kreisleitung L., Bezirk Gera, aus Westberlin in die DDR. In diesem Zusammenhang wurde eine weitere Festnahme durchgeführt, und vier Festnahmen sind außerdem noch geplant und die hierzu notwendigen Vorbereitungen abgeschlossen."[754]

An anderer Stelle desselben Sachstandsberichts wurde der 4. Dezember 1954 als Datum genannt, zu dem der frühere Kreisparteichef „in den demokratischen Sektor überführt"[755] worden war. Intern wurde die als „Überführung" umschriebene Verschleppung mithin unverhohlen aktenkundig gemacht. Im Falle E. Ch. war sie allerdings schon drei Tage früher als angegeben erfolgt, am Abend des 1. Dezember. Das Szenarium hätte einem zweitklassigen Kriminalfilm entstammen können. Das spätere Opfer hatte sich zu einem Rendezvous in der Francisco-Bar am Savigny-Platz in Berlin-Charlottenburg mit einer Frau verabredet, bei der es sich um eine Geheime Mitarbeiterin der Staatssicherheit handelte, sowie mit einem weiteren, nach Westberlin eingeschleusten GM, Deckname „Han-

750 StVA Brandenburg, Major Ackermann, an Staatsanwalt des Bezirks Schwerin vom 20.6.1962; ebenda, Bl. 32.
751 Staatsanwalt Uhlig an Leiter der StVA Brandenburg vom 27.6.1962; ebenda, Bl. 33.
752 Staatsanwalt Uhlig an A. T. vom 22.9.1962; ebenda, Bl. 37.
753 Im Dokument fälschlich „HEIKO".
754 Kurze Einschätzung über den bisherigen Verlauf der Aktion „Blitz" vom 17.1.1955; BStU, ZA, AS 171/56, Bd. 1, Bl. 32.
755 Plan zur Operation „Blitz", o. D. (März 1955); Dokument 14, S. 322.

sen". Der Coup war planmäßig und von langer Hand vorbereitet worden. „Hansens" Sache war es gewesen, Ch. in der Bar ein Betäubungsmittel ins Bier zu tun, während dieser mit dem weiblichen GM tanzte, sein Glas also für Minuten unbeobachtet war.

Entsprechend einem „Plan für die Aktion Ch." vom 23. Oktober 1954,[756] den Hauptmann Gerhard Ziemann von der Hauptabteilung V/2 ausgearbeitet hatte, sollte die Entführung ursprünglich in dem Tanzlokal „Walterchen" in der Bülowstraße, Berlin-Neukölln, inszeniert werden. Der Plan ist wegen seiner erstaunlichen kriminellen Akribie und seiner Sprache ausführlich zitierenswert:

> „Um einen Teil des Vorgangs ‚Bandit' zu liquidieren, ist es notwendig, Ch. in den demokratischen Sektor zu überführen und festzunehmen. Nach der Festnahme des Ch. kann eine Reihe weiterer Agenten festgenommen werden, da der Eindruck entsteht, daß Ch. diese Personen bei der Vernehmung bekanntgab und dadurch unser GM in Westberlin nicht gefährdet wird."[757]

So Ziemanns einleitende Passage.

„1. Der GM ‚Hansen' erhält den Auftrag, sich am 26., 27. oder 28.10. um 19.00 im Lokal ‚Walterchen', Bülowstr., zusammen mit Ch. und seinem ehemaligen Stettiner Bekannten [...] einzufinden."[758] Zur Konstruktion eines Alibis für den Fall späterer Ermittlungen sollte „Hansen" seinen Bekannten, den Zollangestellten O. in Westberlin, dazu einladen, ohne daß dieser selbstverständlich in die Operation eingeweiht war.

> „‚Hansen' und O. kennen sich seit ihrer Kindheit aus Stettin. Seit der ‚Flucht' des ‚Hansen' nach Westberlin verkehren beide freundschaftlich. [...] O. soll an dem Besuch des Lokals teilnehmen, damit ‚Hansen' ein einwandfreies Alibi hat und beweisen kann, daß er immer mit O. zusammen war.
>
> Im Lokal ‚Walterchen' ist jeden Abend bis in die späte Nacht Tanzvergnügen, besonders Witwenball. Jeder 2. oder 3. Tanz ist Damenwahl. Eine nette Frau hat es sehr leicht, Kontakt mit Ch. zu nehmen. Im Lokal und Tanzsaal befinden sich in vorgerückter Abendstunde meistens 70–80 Personen. [...]
>
> 2. Ch., O. und ‚Hansen' werden an einem von ‚Hansen' für richtig befundenen Tisch Platz nehmen. Nachdem Ch. + ‚Hansen' schon vor Betreten des Lokals eine Flasche Wodka getrunken haben [...], werden sie im Lokal selbst einige Biere trinken und anschließend das Tanzbein schwingen. Ein weiblicher GM wird sich dem Ch. nähern und wenn nötig bei Damenwahl auffordern. ‚Hansen' wird auf die besonderen Reize dieser Frau hinweisen, und Ch. wird sich für diesen Abend an diese Frau binden. Der weibliche GM muß gegen 19.30 das Lokal betreten und in der Nähe des Tisches, an dem Ch. sitzt, Platz nehmen.
>
> Stellt ‚Hansen' fest, daß der Kontakt zwischen Ch. und der weiblichen Person hergestellt ist, macht er dem Ch. das Narkotikum ins Bier und fordert Ch. sofort, nachdem er den Tanz beendet hat, auf zum Trinken.

756 Plan für die Aktion Ch. vom 23.10.1954; BStU, ZA, AU 399/55, EV, Bd. 1, Bl. 42–48.
757 Ebenda, Bl. 42.
758 Ebenda.

3. Stellt der GM (weiblich) fest, daß Ch. einzuschlafen beginnt, nimmt sie Ch. als Geliebten unter den Arm und verläßt das Lokal. In der Nähe des Lokals steht eine Taxe. Das sich liebende Paar besteigt die Taxe und fährt über Anhalter Bahnhof, Anhalter Str. einbiegend, in die Leipziger Str. in den demokratischen Sektor (Fahrtzeit 3–4 Minuten). […]
4. Hat Ch. mit dem weiblichen GM das Lokal ‚Walterchen' verlassen, erklärt ‚Hansen' dem O., daß es mit Ch. immer dasselbe wäre, jedesmal, wenn eine gemütliche Zusammenkunft geplant sei, haut Ch. mit einem Weib ab.
Bei einer evtl. Vernehmung durch die K V[759] hat ‚Hansen' ein einwandfreies Alibi, der O. kann jederzeit bestätigen, wo ‚Hansen' sich befand. […]
5. Faustpfänder gegen ‚Hansen': In den bisher vorliegenden Berichten des GM ‚Hansen' ist eine Unaufrichtigkeit oder ein Doppelspiel nicht in Erscheinung getreten. Ein Faustpfand stellen seine bei uns in Gotha wohnend[e] Frau und seine beiden Kinder dar, an die [sic!] er besonders hängt."[760]

Im wesentlichen ist die Entführung E. Ch.s wohl nach diesem Plan durchgeführt worden, wenn auch das Datum der Tat auf den 1. Dezember verschoben und der Tatort nach Berlin-Charlottenburg, in die Francisco-Bar, verlegt wurde. In bewußtlosem Zustand wurde das Opfer in einen Pkw gesetzt, der in der Nähe der Bar geparkt war, und von einer operativen Gruppe über die Sektorengrenze nach Ostberlin verbracht. Wie der Entführte anderthalb Jahrzehnte später ausgesagt hat, ist er „erst wieder im Auto in der Magdalenenstraße aufgewacht"[761], also in Berlin-Lichtenberg, wo sich die Untersuchungshaftanstalt II der Staatssicherheit befand.

In einem offenkundig gefälschten Festnahmebericht hat der damalige Hauptmann Heinz Volpert[762] niedergelegt, Ch. sei am 1. Dezember (eigentlich 2. Dezember) um 2.15 Uhr in einer Wohnung im Stadtbezirk Prenzlauer Berg festgenommen worden. Er habe hier „mit der Dame zu nächtigen"[763] beabsichtigt. Nach Aktenlage war Volpert gemeinsam mit dem damaligen Oberstleutnant Otto Knye[764] und einem Hauptmann Klinger für die Durchführung der Aktion

759 Kommissariat V der Westberliner Polizei.
760 Ebenda, Bl. 42–47.
761 Besuchervermerk vom 16.12.1969; UFJ-Archiv im BA, ASt Berlin.
762 Heinz Volpert (1932–1986) stieg im MfS bis zum Oberst auf und war bis zu seinem plötzlichen Tod Leiter des Sonderbereichs Devisenbeschaffung/Häftlingsfreikauf und -austausch im Sekretariat des Ministers. Seit 1951 hauptamtlicher Mitarbeiter des MfS mit verschiedenen Funktionen in der Landesverwaltung Thüringen, in der Kreisdienststelle Rudolstadt und in der Bezirksverwaltung Gera, wurde er 1954 stellv. Abteilungsleiter, 1956 Abteilungsleiter in der HA V und 1964 stellv. Leiter der HA XX, ehe er 1969 zum Büro der Leitung, 1971 zum Sekretariat des Ministers versetzt wurde. Vgl. Jens Gieseke (Hrsg.): Wer war wer im Ministerium für Staatssicherheit. Kurzbiographien des MfS-Leitungspersonals (MfS-Handbuch, Teil V/4), BStU, Berlin 1998 (im Erscheinen).
763 Festnahmebericht vom 1.12.1954; BStU, ZA, AU 399/55, EV, Bd. 1, Bl. 14.
764 Otto Knye (1920–1993) avancierte im MfS bis zum Oberst. Seit 1950 hauptamtlicher Mitarbeiter der Landesverwaltung Schwerin, 1951 Versetzung zum MfS als stellv. Leiter der Abteilung V – in dieser Funktion u. a. an der Entführung von Walter Linse beteiligt –, 1953–1956 Abteilungsleiter 5 (KgU, UFJ) in der HA V im SfS/MfS, 1956 Abteilungsleiter II/2 (zuständig für Militärspionage) in der Hauptverwaltung A, 1962–1966 Freistellung für „Sonderaufgaben" in der HV A, 1966 Versetzung zum Operativstab (1971 Arbeitsgruppe) beim 1. Stellvertreter des Ministers für Staatssicherheit, 1982 Rentner. Vgl. Gieseke: Wer war wer.

verantwortlich gewesen. Knye hatte als Abteilungsleiter zuvor schon an zahlreichen Menschenraubaktionen mitgewirkt. Als er dafür ausgezeichnet werden sollte, begründete dies sein Vorgesetzter, Oberst Beater als damaliger Leiter der Hauptabteilung V, am 5. Mai 1955 folgendermaßen:

„Die gesamte Tätigkeit des Genossen Knye in den Sicherheitsorganen war und ist durch große Aktivität gekennzeichnet. So ist es ein unbestreitbares Verdienst des Genossen Knye, daß gegen die feindlichen Agenturen, wie KgU, UFJ usw., eine Reihe von großen Schlägen geführt werden konnte.

Erst in den letzten Wochen gelang es dem Genossen Knye, im Rahmen der Aktion ‚Blitz‘ mehr als 20 Agenten der Westberliner Zentralen festzunehmen und den Untersuchungsorganen zur Aburteilung zu übergeben.“[765]

Einer von ihnen war E. Ch., 1920 geboren – also bei seiner Verschleppung vierunddreißig –, gelernter Grafiker, schien er ursprünglich einen Weg als hauptamtlicher Funktionär der SED vor sich zu haben. Seine Karriere hob ihn zuletzt in die Position eines 1. Sekretärs der Kreisleitung L. Aber am 3. November 1953 verließ er Gera, wo er seinen Wohnsitz hatte, und wechselte nach Westberlin, weil er seine unmittelbar bevorstehende Festnahme wegen Fluchthilfe befürchtete. Tatsächlich hatte er einer Familie bei ihrer Übersiedlung nach Westberlin geholfen.

In Berlin fand er nach vorübergehenden Aufenthalt im Notaufnahmelager Marienfelde Unterkunft im Bezirk Charlottenburg. Die Anerkennung als politischer Flüchtling wurde dem ehemaligen hauptamtlichen Parteifunktionär allerdings verweigert. Seinen Lebensunterhalt verdiente er sich als freiberuflich tätiger Journalist, indem er gelegentlich Berichte und Kommentare für Zeitungen in Westberlin sowie für den RIAS Berlin und für den Sender Freies Berlin (SFB) schrieb. Außerdem stand er in Kontakt mit einer Abteilung der Berliner Dependance des US-High Commissioner for Germany (HICOG), in welcher offenbar die SED beobachtet und konspirativ „bearbeitet“ wurde. Ziemlich dilettantisch wurden von dieser Abteilung unter Einbeziehung geflüchteter Funktionäre potentiell unzuverlässige Kader kontaktiert, sei es brieflich, sei es fernmündlich, um so verunsichernd, „zersetzend“ auf die SED einzuwirken. Es war immerhin die Hoch-Zeit des Kalten Krieges. Vom Standpunkt der Staatssicherheit war dies ein klarer Fall von Feindtätigkeit. Offenbar war sogar daran gedacht, in Westberlin ein Beratungsbüro für oppositionelle Genossen einzurichten, in dem E. Ch. tätig werden sollte.

Politbürokratie und Staatssicherheit, nicht immer sicher ob der Zuverlässigkeit der Kader der SED, haben im Wirken dieser Abteilung eine weit übertriebene Gefahr erblickt. Erich Mielke setzte sich nach Durchführung der Aktion „Blitz“ auf dem 23. Plenum des Zentralkomitees ausführlich mit ihr auseinander.

„Ihre verbrecherische Tätigkeit besteht in der Schaffung von Büros, die sich angeblich mit Politik befassen. Die Aufgabe der Abteilung und die Tätigkeit dieser Büros und die Tätigkeit dieser Abteilung besteht darin, selbst und durch

765 Vorschlag zur Verleihung des „Vaterländischen Verdienstordens“ in Bronze vom 5.5.1955; BStU, ASt Postdam, KS II 103/83, Bl. 50.

diese Büros zu versuchen, in unserer Partei Zersetzung durchzuführen, Anwerbungen von parteifeindlichen Elementen zu tätigen und auch den Abzug von schwankenden Funktionären zu organisieren. Ferner befassen sie sich mit der Fälschung von Dokumenten und Anweisungen auf der Linie der Partei und versuchen, eine Panikstimmung zu erzeugen. Das hängt zusammen mit ihrer Politik der Stärke. Diese Abteilung ist auch die Stelle, die sich insbesondere mit neuen Provokationen befaßt. Diese Einschätzung wird bestätigt durch die Aussage des ehemaligen Kreissekretärs [...], Ch., der nach Westberlin flüchtete und für eines dieser Büros Resident wurde."[766]

Mielkes Schilderung vor dem zwischen den Parteitagen höchsten beschließenden Gremium der SED war gehörig aufgebauscht, um die Erfolge der Staatssicherheit herauszustreichen, aber sie war nicht gänzlich falsch. Die Politbürokratie muß tatsächlich befürchtet haben, auf dem Wege solcher Kontakte könnte die Infrastruktur einer „SED-Opposition" gelegt werden. Auch E. Ch. hatte nicht nur sein Wissen über Personalien und Strukturen preisgegeben, sondern er hatte sich auch bereitgefunden, gezielt ehemalige Genossen anzusprechen und nach Westberlin einzuladen.

Auf seine Entführung folgten knapp zwölf Monate Untersuchungshaft, fast ein Jahr also, ehe er in Rostock vor Gericht gestellt werden sollte. Allerdings waren die Ermittlungen wesentlich früher beendet. Der Schlußbericht des Untersuchungsführers trug das Datum des 5. Juli 1955. Termin der Hauptverhandlung war der 15. November 1955. Der 1. Strafsenat des Bezirksgerichts tagte unter dem Vorsitz von Bezirksgerichtsdirektor Emil Schmiege, die Anklage vertrat Bezirksstaatsanwalt Saß. Auf das Urteil[767], das auf lebenslänglich Zuchthaus nach Artikel 6 Absatz 2 der DDR-Verfassung lautete, wird noch zurückzukommen sein.

Die Entscheidung, E. Ch. ausgerechnet in Rostock vor Gericht zu stellen, hing mit einem zweiten Fall zusammen, der im selben Strafprozeß abgeurteilt werden sollte und der allerdings seinen Ausgang in der Hansestadt an der Ostsee genommen hatte. Auf der Anklagebank saß in derselben Hauptverhandlung vor dem 1. Strafsenat des Bezirksgerichts auch der ehemalige „Volkslehrer" Paul Behm, Jahrgang 1915, seit 1952 hauptamtlich im Apparat der Bezirksleitung Rostock der SED tätig – zuletzt als eine Art persönlicher Sekretär oder Referent von Karl Mewis, dem damaligen 1. Sekretär der SED-Bezirksleitung Rostock. Paul Behm war im Februar 1953 an die Parteihochschule „Karl Marx" der SED, die damals ihr Domizil in Kleinmachnow hatte, zwecks Absolvierung eines „gesellschaftswissenschaftlichen" Drei-Jahres-Studiums delegiert worden.

Hier aber entschied er sich am 9. Januar 1955 zur Flucht nach Westberlin. Sein Motiv war ambivalent. Einerseits scheint er sich im Studium überfordert gefühlt zu haben, andererseits scheint er auch aus Angst vor Schwierigkeiten, die ihm aus einem heimlichen Besuch in Westberlin zu erwachsen drohten, gehandelt zu haben. Möglicherweise befürchtete er auch, daß seine frühere Mitgliedschaft in

766 Stenographisches Protokoll des 23. ZK-Plenums am 14.4.1955; Dokument 15, S. 331 f.
767 Vgl. Urteil des 1. Strafsenats des Bezirksgerichts Rostock vom 15.11.1955; BStU, ZA, AU 399/55, GA, Bd. 5, Bl. 189–197.

der NSDAP – die er verschwiegen hatte – aufgedeckt werden könnte. Jedenfalls wurde aus dem hoffnungsvollen Parteikader von einem Tag auf den anderen ein „verächtlicher Verräter“. Kaum war Behms Wechsel nach Westberlin bekannt geworden, da schaltete die Bezirksleitung der SED in Rostock unverzüglich die dortige Bezirksverwaltung der Staatssicherheit ein – und die Entführung Paul Behms wurde beschlossene Sache. Laut Operativplan vom 24. Februar 1955 wurde kurz und bündig verfügt: „Maßnahme einleiten, um Behm zu ziehen.“[768] Im Jargon der Staatssicherheit hieß „ziehen“ entführen. Behms Verschleppung gelang bereits am 24. März 1955 – er hatte sich seiner Freiheit in Westberlin genau zweieinhalb Monate lang erfreut.

Wie die Entführung konkret gelingen konnte, ist aus den Akten nur bruchstückhaft ersichtlich. Die Akten deuten darauf hin, daß das Opfer nach geübter Praxis betäubt und bewußtlos im Pkw nach Ostberlin verbracht wurde. Der Tatbestand als solcher steht außer Zweifel. Denn erstens hat ein Unterleutnant aus der SfS-Hauptabteilung V namens Maschke in einem von Oberst Jamin bestätigten Aktenvermerk festgehalten, daß ein gewisser Kurt Schliep alias GM „Steffen“ – dessen Perspektive als GM hier eingeschätzt wurde – schon „für größere Aufgaben eingesetzt“ werden konnte. „Er wurde für wichtige Ermittlungen in Westberlin und Westdeutschland eingesetzt, die er stets zur Zufriedenheit löste. Des weiteren wurde ‚Steffen‘ bei größeren Aktionen eingesetzt, wo er mit seinem Wagen mithalf, die Agenten Behm, Fricke und K. zu überführen.[769] Diese interne Feststellung ist ein schwerwiegendes Indiz. Zweitens hat E. Ch., der zeitweilig mit Behm gemeinsam in Haft zugebracht hat, nach seiner Entlasssung eine entsprechende Aussage gemacht. Und drittens hat Mielke selbst die Verschleppung Paul Behms vor dem 23. Plenum des ZK bestätigt, jedenfalls mittelbar, als er in seinem Bericht über die Aktion „Blitz“, bezogen auf Behm und Ch., unumwunden erklärte, „beide wurden im Verlaufe der Operation festgenommen“.[770] Da er zuvor deren Flucht nach Westberlin ausdrücklich erwähnt hatte, mußten sich die Mitglieder des Zentralkomitees im klaren darüber sein, daß hier zwei Fälle von Menschenraub an ehemaligen Genossen zu konstatieren waren. Die Frage, ob das massive Vorgehen der Staatssicherheit, ihre „operativen Maßnahmen“ DDR-extern gegen „Verräter“ wie Ch. und Behm, überhaupt zu rechtfertigen war, wurde nicht beantwortet. Sie war auch nicht gestellt worden.

Der Fall Paul Behm wurde von demselben Untersuchungsführer, einem Leutnant, bearbeitet wie der Fall E. Ch. In seinem bereits zitierten, beide Strafsachen betreffenden Schlußbericht faßte er das Fazit wie folgt zusammen:

> „Das Ergebnis der geführten Untersuchung beweist eindeutig, daß die Beschuldigten Ch. und Behm durch Verrat und andere hinterhältige Verbrechen bestrebt waren, die moralisch-politische Einheit der Sozialistischen Einheitspartei Deutschlands zu schwächen, um so die Partei von innen heraus zu zersetzen.

768 Operativplan vom 24.2.1955; BStU, ZA, AOP 600/56, Bl. 20.

769 Zwischenbericht der HA V/2/II vom 23.6.1955, betr. GM „Steffen“; BStU, ZA, AIM 439/57, Teil I, Bl. 63.

770 Stenographisches Protokoll des 23. ZK-Plenums; Dokument 15, S. 332.

Dadurch haben die Beschuldigten die Pläne der Feinde des deutschen Volkes aktiv unterstützt, wofür sie voll verantwortlich sind."[771]

Da Paul Behm zuletzt in Rostock ansässig war, konnte eine formale Zuständigkeit des Bezirksgerichts konstruiert werden. Zwar hatte er E. Ch. zuvor niemals kennengelernt, aber das hinderte die Justiz im Parteiauftrag nicht, ihn gemeinsam mit ihm anzuklagen. Gegen Paul Behm verhängte das Gericht 15 Jahre Zuchthaus.

Das Urteil gegen Ch. und Behm ist juristisch besonders interessant, weil beiden Angeklagten in der Hauptsache Widerstand gegen die SED, „Verrat" an der Partei, zum Vorwurf gemacht wurde. Daran vermochte auch die Anklage nichts zu ändern, die beide Beschuldigten bezichtigte, und zwar Ch. in der Zeit von November 1953 bis zu seiner Verhaftung am 2. Dezember 1954, Behm von Januar 1955 bis zu seiner Verhaftung am 24. März 1955, „fortgesetzt westlichen Geheimdienststellen in Westberlin gegen Bezahlung wichtige Partei- und Staatsgeheimnisse politischen und militärischen Charakters, die ihnen bei der Ausübung verantwortungsvoller Funktionen in der Sozialistischen Einheitspartei Deutschlands bekannt geworden sind, verraten" zu haben.

„Des weiteren haben sie verschiedene Bürger der Deutschen Demokratischen Republik als Agenten angeworben und den westlichen Geheimdienststellen zugeführt.

Im gleichen Zeitraum haben sie versucht, Funktionäre der SED und des Staatsapparates unter Anwendung von Erpressung und Gewalt zum Betreten der Westsektoren zu veranlassen, um sie dann dem amerikanischen Geheimdienst zur Anwerbung für die Spionagetätigkeit zuzuführen.

Der Beschuldigte Ch. hat darüber hinaus antidemokratische Artikel und Hörspiele für Westberliner Zeitungen und Rundfunkstationen verfaßt, um die demokratischen Errungenschaften der DDR in gemeiner Art und Weise zu verleumden."[772]

Entkleidet man die Formulierungen von ihren Übertreibungen, um sie auf ihren realen Kern zurückzuführen, so bleibt von den Vorwürfen nicht viel übrig. Laut Urteil machte E. Ch. gegenüber der erwähnten HICOG-Abteilung in Westberlin, zu der er von der amerikanischen Sichtungsstelle im Flüchtlingslager Marienfelde geschickt worden war, Aussagen und Angaben über Strukturen im Parteiapparat und in der Verwaltung in den Bezirken Erfurt, Gera und Suhl. Er nannte die Namen führender Kader in Partei und Verwaltung auf Bezirksebene, schrieb Charakteristiken über sie, versuchte – mit minderem Erfolg – mit ihnen in Kontakt zu kommen, indem er sie anschrieb und nach Westberlin einlud, und er bemühte sich um die Einrichtung einer Beratungsstelle für „flüchtige Funktionäre der SED" in Westberlin. „Diese Beratungsstelle sollte ein Informationsblatt herausgeben, dessen hetzerischer Inhalt dazu auserwählt war, einzelne Funktionäre der SED gegen die Partei aufzuwiegeln und sie dann zur Mitarbeit für die Spio-

771 Schlußbericht vom 5.7.1955; BStU, ZA, AU 399/55, EV, Bd. 4, Bl. 281.

772 Anklageschrift des Bezirksstaatsanwalts Rostock vom 4.11.1955; ebenda, GA, Bd. 5, Bl. 146f.

nagedienststellen zu gewinnen."[773] Die Preisgabe von Informationen, die nach vernünftigen Kriterien wirklich als Staatsgeheimnisse hätten gelten können, ist aus dem Urteil nicht ersichtlich.

Auch Paul Behm wurde im großen und ganzen nichts anderes angelastet als Aussagen über innere Struktur und personelle Besetzung der Parteihochschule „Karl Marx" in Kleinmachnow. „Weiterhin machte er konkrete Angaben über die Arbeitsweise und personelle Besetzung der Bezirksleitungen der SED in Rostock, berichtete über die einzelnen Arbeits- und Aufgabengebiete, in welchen Zeitabständen die Sitzungen des Büros der Bezirksleitung stattfinden und wie der Ablauf ist. Er sagte aus über die Tätigkeit der Bezirksparteikontrollkommission und deren gestellten Aufgaben."[774] Staatsgeheimnisse waren das mitnichten.

Auch Paul Behm wurde Kontaktanbahnung zu früheren Genossen angelastet. „Es sollten besonders solche Funktionäre angeschrieben werden, die bestimmte Charakterschwächen besitzen wie z. B.: Trunk, Zuneigung zu Frauen oder Bedürfnis nach Geld."[775] Immerhin bescheinigten die Rostocker Richter den beiden Angeklagten, „daß sie aus einer feindlichen Einstellung heraus gegen unseren Arbeiter-und-Bauern-Staat gehandelt hätten", um sich im Urteil ergänzend dazu in purer Propaganda zu ergehen:

> „Die Partei der Arbeiterklasse, die SED, hat das Bündnis mit den werktätigen Bauern, der fortschrittlichen Schicht der Intelligenz und den übrigen patriotischen Schichten der Bevölkerung hergestellt. Unter Führung der Partei der Arbeiterklasse ist der erste Arbeiter-und-Bauern-Staat in Deutschland erstanden, und alle Werktätigen haben Vertrauen zur Politik der Partei der Arbeiterklasse und vollbringen große Taten im Aufbau des Sozialismus. Dieses war nur dadurch möglich, daß die Werktätigen ihre Geschicke in ihre eigenen Hände genommen und sich ein Vaterland geschaffen haben, in dem sie in Frieden leben und schaffen wollen. Aus diesem Grund sind auch alle Werktätigen bereit, ihr Vaterland vor Angriffen der Feinde zu schützen. [...]
> Dieses haben die Imperialisten und Kriegshetzer, die in Westdeutschland die Macht in den Händen haben, die Werktätigen einer doppelten Ausbeutung unterwerfen und die versuchen, die Werktätigen zum Militarismus und im Revanchegeist zu erziehen, sehr gut erkannt. Nachdem ihre bisherige Agententätigkeit zur Vorbereitung des dritten Weltkrieges durch unsere Sicherheitsorgane zerschlagen wurde, versuchen sie nunmehr, die Kraft der Partei der Arbeiterklasse dadurch zu schwächen, daß sie Funktionäre oder Mitglieder der Partei, die mit Funktionären verkehren, als Agenten zu werben. Durch diese geworbenen Agenten wollen sie dann die internen Beschlüsse des ZK oder der Bezirksleitung der SED kennenlernen, die ergangen sind, nachdem die Imperialisten die Pariser Verträge ratifiziert, damit eine weitere Vertiefung der Spaltung Deutschlands herbeigeführt und eine allgemeine Kriegsgefahr her-

773 Urteil des 1. Strafsenats des Bezirksgerichts Rostock vom 15.11.1955; ebenda, Bl. 192.
774 Ebenda, Bl. 194.
775 Ebenda.

aufbeschworen haben. Welche Angst vor der Kraft der Partei der Arbeiterklasse offenbart sich in diesem Bestrebungen der Kriegshetzer."[776]

Allzu groß kann das Vertrauen des Gerichts in die Überzeugungskraft seiner Beweisaufnahme und Beweisführung nicht gewesen sein, denn es verhandelte hinter verschlossenen Türen. „Die Öffentlichkeit wird in dieser Strafsache ausgeschlossen, da die Befürchtung der Bekanntgabe von Staatsgeheimnissen besteht."[777] Freilich hatte der Untersuchungsführer im Schlußbericht bereits für eine nichtöffentliche Gerichtsverhandlung votiert.[778] Die Verhandlung begann laut Protokoll um 9.15 Uhr und war ungeachtet einer längeren Pause um 17.37 Uhr bereits abgeschlossen. Zeugen wurden nicht gehört. Anders als Behm, der auf einen Verteidiger verzichtete, war Ch. auf Gerichtsbeschluß ein Pflichtverteidiger beigeordnet worden. Dessen Plädoyer faßte eine Schriftführerin im Protokoll wie folgt zusammen: „Ich beantrage, den Angekl[agten] zu der Strafe zu verurteilen, die er verdient."[779] Da sowohl der Staatsanwalt als auch die Angeklagten auf Rechtsmittel verzichteten, wurde das Urteil unmittelbar rechtskräftig. Das Gericht faßte sein Verdikt unter Verwendung der üblichen propagandistischen Versatzstücke zusammen:

> „Die Angeklagten haben durch ihr Handeln der Boykotthetze gegen demokratische Organisationen und Einrichtungen [und] durch ihre Spionagetätigkeit für die Agentenzentralen verbrecherisch gehandelt. In engster Verbundenheit mit der großen friedliebenden Sowjetunion, den Volksdemokratien und allen friedliebenden Völkern der Erde sieht die DDR ihre Hauptaufgabe darin, den Frieden zu erhalten. Indem die Angeklagten die Bestrebungen der Kriegstreiber unterstützten, haben sie die Grundlagen der DDR angegriffen, die Entfachung eines neuen Weltkrieges gefördert und damit selbst Kriegshetze im Sinne des Artikels 6 der Verfassung der DDR betrieben. Hierbei haben beide Angeklagten schwere Schuld auf sich geladen."[780]

Noch einmal wurde den Angeklagten als besonders verwerflich angekreidet, daß sie als Funktionäre der SED „Verrat" geübt hätten. So brach das Gericht den Stab über E. Ch. mit folgenden Sottisen:

> „Durch seine Tätigkeit wurden die Spionagedienststellen in dem Glauben bestärkt, daß unser Arbeiter-und-Bauern-Staat von innen heraus vernichtet werden könnte. Diese verbrecherische Tätigkeit zeigt aber auch gleichzeitig, daß der Angeklagte, obwohl er der Partei der Arbeiterklasse angehörte und hauptamtliche Funktionen ausgeübt hat, in keiner Phase seiner Tätigkeit mit der Partei der Arbeiterklasse verbunden gewesen ist. Er gehört zu den Feinden der Arbeiterklasse und ist als höchst gesellschaftgefährdend für unseren Arbeiter-und-Bauern-Staat zu bezeichnen."[781]

776 Ebenda, Bl. 195.
777 Protokoll der Sitzung des 1. Strafsenats des Bezirksgerichts Rostock vom 15.11.1955; ebenda, Bl. 168.
778 Schlußbericht vom 5.7.1955; ebenda, EV, Bd. 4, Bl. 281.
779 Protokoll der Sitzung des 1. Strafsenats des Bezirksgerichts Rostock vom 15.11.1955; ebenda, GA, Bd. 5, Bl. 187.
780 Ebenda, Bl. 195f.
781 Urteil des 1. Strafsenats des Bezirksgerichts Rostock vom 15.11.1955; ebenda, Bl. 196.

Ähnlich rigoros formulierte das Gericht seine politisch-moralische Wertung des Mitangeklagten:

„Der Angeklagte Behm war von 1933 bis 1945 Mitglied der NSDAP, angeblich ohne Funktion. Nach der Zerschlagung des Faschismus erkannte er aufgrund seiner Intelligenz, daß die Partei der Arbeiterklasse, die sich gleich nachdem gebildet hatte, die führende Kraft im Staate werden würde. Er glaubte daher, daß es ihm durch die Mitgliedschaft in der Partei der Arbeiterklasse möglich sein müsse, höhere Funktionen zu erreichen. Unter Verschweigung seiner Mitgliedschaft in der NSDAP hat er sich dann in die Partei der Arbeiterklasse eingeschlichen, und es war ihm möglich aufgrund seiner Intelligenz, hauptamtliche Funktionen zu bekleiden. Hieraus ergibt sich eindeutig, daß [sich] der Angeklagte aus karrieristischen Gründen in die Partei der Arbeiterklasse eingeschlichen hat. [...] Da er keine Bindung zur Partei der Arbeiterklasse hatte, hatte er auch keine großen Hemmungen, ins Lager des Klassenfeindes und der Kriegshetzer herüberzuwechseln.“[782]

Paul Behm kam zum Strafvollzug in das seinerzeit als Außenstelle der Strafvollzugsanstalt Berlin-Rummelsburg konspirativ abgeschirmte sogenannte Lager X in Berlin-Hohenschönhausen, das als geheimes Haftarbeitslager des MfS in den Jahren 1952 bis 1974 in unmittelbarer Nachbarschaft zum Zentralen Untersuchungsgefängnis der Staatssicherheit ebendort existierte.[783] Obwohl sein Strafmaß zwischenzeitlich durch Amnestie auf zehn Jahre Zuchthaus reduziert worden war, brachte er nicht die Kraft auf, das Ende seiner Strafzeit zu erwarten. Nach Ablehnung eines Gesuchs um Strafaussetzung nach immerhin neuneinhalb Jahren Haft erhängte er sich am frühen Morgen des 10. September 1964. Der letzte Satz seines Abschiedsbriefes zählt fünf Wörter: „Ich bin des Treibens müde.“[784]

E. Ch. war ein schweres, wenngleich letztlich gnädigeres Schicksal beschieden. Zur Strafverbüßung ebenfalls in das „Lager X“ eingewiesen, kam er später in das Zuchthaus Brandenburg-Görden. Durch einen sogenannten Gnadenerweis des Staatsrates der DDR vom 28. Februar 1969 wurde das Strafmaß auf 15 Jahre Zuchthaus herabgesetzt. Damit war die formale Voraussetzung geschaffen, ihn mit Wirkung vom 6. November 1969 „zur Bewährung“ zu entlassen. Die Bundesregierung hatte ihn, inzwischen ein Mann von 49 Jahren, nach anderthalb Jahrzehnten Haft freigekauft – das Entführungsopfer als Devisenbringer.

Es dokumentiert die naive Skrupellosigkeit der Staatssicherheit, wenn sie – erfolglos – den Versuch unternahm, E. Ch. vor seiner Ausreise nach Westdeutschland zur inoffiziellen Mitarbeit zu verpflichten. Nach drei „Aussprachen“, die ein Offizier der Hauptabteilung XX/5 – in der Bekämpfung „politischer Untergrundtätigkeit“ zuständig für „Arbeit“ im und nach dem Operationsgebiet – mit

782 Ebenda, Bl. 196f.
783 Vgl. dazu Peter Erler: „Lager X“. Das geheime Haftarbeitslager des MfS in Berlin-Hohenschönhausen (1952–1974). Fakten/Dokumente/Personen. Mit einem ausführlichen Vorwort von Hans-Eberhard Zahn, (Arbeitspapiere des Forschungsverbundes SED-Staat an der FU Berlin, Nr. 25/1997), Berlin 1997.
784 Abschiedsbrief vom 10.9.1964; BStU, ZA, AU 772/90, Bl. 27.

dem Strafgefangenen führte, ging Ch. zum Schein darauf ein. Es war die letzte Verbindung mit ihm als „Kontaktperson". Seine Akte wurde eines Tages durch „Abverfügung zur Archivierung" geschlossen. Kommentar des Sachbearbeiters: „Nach der Haftentlassung nach W[est]D[eutschland] nahm die KP die Verbindung nicht wieder auf. Es ist anzunehmen, daß kein Interesse an einer inoffiziellen Zusammenarbeit mit dem MfS vorhanden ist."[785]

6.10. „Zur Liquidierung reif" – der Fall Karl Wilhelm Fricke

„Die Festnahme des Fricke erfolgte durch die damalige Linie V im Ergebnis einer politisch-operativen Kombination unter Mitwirkung eines inoffiziellen Mitarbeiters im Operationsgebiet."[786]

Was sich hinter dieser seltsam erscheinenden Formulierung verbarg – sie ist der Aktennotiz eines Oberstleutnants im MfS vom 12. Februar 1975 entnommen –, war nichts anderes als die Entführung des Journalisten Karl Wilhelm Fricke im Zuge der Aktion „Blitz" von West- nach Ostberlin durch eine Einsatzgruppe der Staatssicherheit. Sie wird im folgenden chronologisch nachgezeichnet, ungeachtet des eher nebensächlichen Aspekts, daß der Betroffene Mitverfasser der vorliegenden Studie ist. Ausschlaggebend für die Dokumentierung seines Falles konnte allein der Umstand sein, daß sich daran Wollwebers neue Strategie und Taktik exemplarisch machen läßt.

Fricke, 1929 in Hoym, einem Landstädtchen im Kreis Aschersleben/Sachsen-Anhalt, geboren, war am 23. Februar 1949, acht Monate nach seinem Abitur, über die damalige Demarkationslinie aus der SBZ nach Westdeutschland geflüchtet, um hier eine berufliche Perspektive als Journalist zu finden. Nach Studien an der Hochschule für Arbeit, Politik und Wirtschaft in Wilhelmshaven und, seit dem Sommersemester 1952, an der Deutschen Hochschule für Politik in Berlin, hatte er in der ersten Hälfte der fünfziger Jahre sein Ziel erreicht, in Anfängen jedenfalls, insofern er als als freier Mitarbeiter für die Wochenzeitung „Rheinischer Merkur" sowie für den Berliner „Tagesspiegel", für Zeitschriften wie die „Deutsche Rundschau" und das „SBZ-Archiv", nachmals „Deutschland Archiv", ferner für den Sender Freies Berlin tätig sein konnte.

Da er sich aus Gründen, die in seiner Biographie[787] wurzeln, frühzeitig auf DDR-Themen spezialisiert hatte, zumal auf die Problematik der politischen Verfolgung, hatte er in Westberlin auch enge Kontakte zu den Pressestellen der Berliner Abteilung des Ministeriums für gesamtdeutsche Fragen sowie der Kampf-

785 Abverfügung zur Archivierung vom 12.12.1972; BStU, ZA, AP 1442/73, Bl. 112.
786 BStU, ZA, AU 70/55, Bl. 257.
787 Als junger Mensch hatte Fricke das Schicksal seines Vaters miterlebt. Der Volksschullehrer Oskar Karl Fricke war am 20.6.1946 von den sowjetischen Sicherheitsorganen interniert und am 25.5.1950 nach seiner Übergabe an die Volkspolizei der DDR im Rahmen der Waldheimer Prozesse unter Mißachtung aller Rechtsstaatsprinzipien zu 12 Jahren Zuchthaus verurteilt worden. Er starb als Strafgefangener in Waldheim am 31.3.1952 im Alter von 48 Jahren.

gruppe gegen Unmenschlichkeit und des Untersuchungsausschusses Freiheitlicher Juristen aufgenommen, um dortige Informationen für die eigene Arbeit nutzbar zu machen. Seine Artikel und Kommentare hatten alsbald jedenfalls das Interesse der Staatssicherheit auf sich gezogen. Eine eher zufällige Fügung konnte sich die Staatssicherheit dabei zunutze machen. Fricke stand beruflich mit Erich Wollenberg, einem ehemaligen prominenten Kommunisten, und einigen seiner Freunde in Verbindung. Die Staatssicherheit hatte sie als „trotzkistische Gruppe“ ausgemacht und in dem operativen Gruppenvorgang „Illegale“ bearbeitet. Darin wurde auch Fricke einbezogen.[788] Zu dieser „trotzkistischen Gruppe“ zählte neben anderen Adolf Sauter alias Max Springer, ebenfalls ein Ex-Kommunist, der seinerzeit das im Zusammenhang mit dem Fall Lothar Cetti bereits erwähnte Berliner Büro des Befreiungskomitees für die Opfer totalitärer Willkür geleitet hatte. Wie anderweitig dargelegt, war es der Staatssicherheit gelungen, hier einen Geheimen Mitarbeiter einzuschleusen, einen „Maulwurf“ in der Person des Agenten Kurt Rittwagen, Deckname „Fritz“, der sich als angeblicher Ex-Kommunist und Flüchtling aus Potsdam Sauters Vertrauen hatte erschleichen können. Zusammen mit seiner Ehefrau Anne-Maria, Deckname „Peter“, war er zum Spitzeleinsatz in Westberlin bestimmt. Fricke hatte zum Befreiungskomitee für die Opfer totalitärer Willkür berufliche Beziehungen unterhalten, so war es für Rittwagen ein Leichtes, auch zu ihm Kontakt aufzunehmen. Fricke, der ihn für einen politischen Flüchtling hielt, bediente sich des GM zu gelegentlichen Auskünften und ließ sich von ihm über eine angebliche Verwandte Bücher aus Ostberlin beschaffen. Gegenüber Rittwagen hatte er keinerlei Mißtrauen. Nach Aktenlage legte das Agenten-Duo „Fritz“ und „Peter“ erstmals einen Spitzelbericht über ihn am 23. April 1954 vor.[789] Fortan lieferten sie ihrem Führungsoffizier in Ostberlin, Hauptmann Alfred Buchholz, regelmäßig schriftliche Berichte über die Arbeit und die Lebensgewohnheiten des Journalisten.

Als die Staatssicherheit die Aktion „Blitz“ in Angriff nahm, wurde auch der operative Vorgang „Illegale“ sozusagen als „zur Liquidierung reif“ freigegeben. Vorgesehen waren, wie in anderem Zusammenhang bereits dargelegt wurde, ausweislich des einschlägigen Maßnahmeplans auch „Überführungen“, wie Menschenraubaktionen im Sprachgebrauch der Staatssicherheit umschrieben wurden. Zur Zielperson einer solchen „Überführung“ wurde unter anderem Fricke bestimmt. Die Planung dazu wurde im Detail wie folgt festgelegt:

> „Die Überführung des Fricke ist nach folgender Variante geplant: In engen sachlichen Beziehungen mit Fricke stehen die beiden überprüften GMs ‚Fritz‘ und dessen Ehefrau ‚Peter‘. Unsere GMs werden Fricke zu sich in die Wohnung einladen. Da der Fricke die genaue Adresse nicht kennt, wird er in eine konspirative Wohnung in Westberlin geführt, dessen Inhaber in die Operation nicht eingeweiht wird und sich in dieser Zeit auf Urlaub in der DDR befindet.
> Fricke erhält im Getränk ein Schlafmittel. Die GMs ‚Fritz‘ und ‚Peter‘ werden

788 Vgl. Karl Wilhelm Fricke: Akten-Einsicht. Rekonstruktion einer politischen Verfolgung, 4. Aufl., Berlin 1997, S. 29–31.
789 BStU, ZA, AOP 22/67, Bd. 4, Bl. 45.

nach Erledigung dieser Phase in ihre richtige Wohnung fahren, während der Fricke von einer Gruppe in den demokratischen Sektor gebracht wird."[790]

Wie geplant wurde die Entführung zum 1. April 1955 Ereignis. Die Schlüsselrolle war dabei Kurt und Anne-Maria Rittwagen zugewiesen. Sie machten sogar terminliche und organisatorische Vorschläge. Schon in einem Spitzelbericht des GM „Peter" vom 30. August 1954 war Frickes Entführung in Erwägung gezogen worden: „Hierzu schlägt Fritz vor: Da Student bisher unsere Wohnung noch nicht kennt und auch nicht den richtigen Namen von Fritz, sondern annimmt, er heißt Maurer, ist hier eine Möglichkeit, evtl. eine Aktion durchzuführen, indem man Student in irgendeine Wohnung bestellt, die für eine solche Aktion günstig wäre."[791] Die bereits zitierte Variante aus dem Maßnahmeplan zur Aktion „Blitz" entsprach genau diesem Vorschlag. In einem späteren Bericht vom 27. Januar 1955 schlug Rittwagen vor, sich mit „Student" – das war der Codename der Staatssicherheit für Fricke – zu einem Treffen auf einem Westberliner Postamt zu verabreden. „Auf diesem Treff würde ich ihn dann zum Essen einladen mit der Begründung, er könne gleich seine Bücher mitnehmen. Ich bin überzeugt, daß er nicht abschlägt."[792] Am 3. Februar signalisierte er, daß „jetzt jede Voraussetzung" bestünde, „daß es nur einer Vereinbarung bedarf mit St. und er würde mich in meiner Wohnung aufsuchen".[793] Und am 7. Februar schließlich regte Rittwagen an, „für unsere Aktion" einen Schlafsack zu benützen.[794] Nach entsprechender Vorbereitung konnte der Coup steigen. Und da alles bei der Staatssicherheit seine bürokratische „Ordnung" haben mußte, unterbreitete Hauptmann Buchholz seinem Vorgesetzten, Oberst Erich Jamin, damals Leiter der Abteilung 1 (Linie SPD, DGB, Trotzkismus), drei Tage vor der Tat eine schriftliche Vorlage folgenden Wortlauts:

„Betr. Fricke

Die feindliche Tätigkeit von Fricke besteht darin, daß er durch Personen aus der DDR Unterlagen und Material über führende Funktionäre der Partei, Wirtschaft und Verwaltung erhält. […]

Des weiteren schreibt Fricke Artikel für die westdeutsche Presse.

Durch die Festnahme des Fricke soll erreicht werden, die Methoden unserer Feinde erkennen [sic!] zu lernen, mit denen es ihnen teilweise gelungen ist, in den Besitz des oben geschilderten Materials zu kommen."[795]

Die Behauptung, Fricke würde „durch Personen aus der DDR Unterlagen und Material" erhalten, war zwar lediglich eine unzutreffende Unterstellung, aber sie legte das Motiv der geplanten Verschleppung bloß. Die Spekulation der Staatssicherheit beruhte auf der Überlegung, nach gelungener Entführung würde der Journalist die Namen seiner vermeintlichen Informanten preisgeben. Wie es dem taktischen Konzept der Aktion „Blitz" entsprach, sollte nach einem Geständnis

790 BStU, ZA, AS 171/56, Bd. 1, Bl. 74 f.
791 BStU, ZA, AOP 22/67, Bd. 4, Bl. 132.
792 Ebenda, Bd. 5, Bl. 128.
793 Ebenda, Bl. 147 f.
794 Ebenda, Bl. 152.
795 Ebenda, Bl. 207.

vor den Untersuchungsorganen der Staatssicherheit die „Liquidierung“ der so Verdächtigten eingeleitet werden.

Das Geschehen nahm seinen Lauf. Nachdem sich Fricke am 1. April 1955 mit Rittwagen getroffen hatte, um sich ein ihn beruflich interessierendes Fachbuch aushändigen zu lassen, folgte er ihm in eine konspirative Wohnung, die er für dessen legale Wohnung hielt. Hier wurden er und Rittwagen von der Ehefrau des Agenten gegen 15.15 Uhr freundlich empfangen. Im Verlauf eines sich anschließenden Gesprächs tranken alle drei, wie es unter Bekannten nicht unüblich ist, gemeinsam ein Glas Weinbrand und danach ein zweites, wobei allerdings dem zweiten Glas für Fricke in einem unbeobachteten Moment ein Betäubungsmittel beigegeben wurde – natürlich, es konnte nicht anders sein, von der Agentin „Peter“, während „Fritz“ den Gast ablenkte. Innerhalb weniger Minuten verlor der Betroffene sein Bewußtsein, ohne den geringsten Verdacht zu schöpfen. Er glaubte sich von Übelkeit befallen. Erst circa siebeneinhalb Stunden später kam er wieder zur Besinnung – im Zentralen Untersuchungsgefängnis der Staatssicherheit in Berlin-Hohenschönhausen, wohin der Entführte verbracht worden war.[796]

Wie das geschehen war, kann nur aus den Akten rekonstruiert werden. Danach wurde Fricke in besinnungslosem Zustand in einen Schlafsack verschnürt und von einer operativen Gruppe im Kofferraum eines Personenkraftwagens nach Ostberlin transportiert. Ein Geheimer Mitarbeiter der Staatssicherheit, Kurt Schliep mit Namen, Deckname „Steffen“, der sich bei „wichtigen Ermittlungen in Westberlin und Westdeutschland“ sowie „bei größeren Aktionen“ bereits bewährt hatte, half dabei und stellte offenbar sogar sein eigenes Auto zur Verfügung.[797] Eine weitere Operation der Aktion „Blitz“ war gelungen. Sie hatte gelingen können, weil der Entführte natürlich keine Veranlassung gesehen hatte, sich in Westberlin konspirativ zu verhalten. Es war diese naive Arglosigkeit, die vielen Menschenraubopfern der Staatssicherheit zum Verhängnis wurde. Ihre hinterhältige Gefährlichkeit wurde weithin unterschätzt.

Hauptmann Buchholz aber notierte in einem Festnahmebericht vom 12. April 1955 zum Fall Fricke: „Festnahme erfolgte am 1. April 1955 auf der Linie Trotzkismus. Festnahme wurde durchgeführt aufgrund der Bearbeitung des Gruppenvorganges ‚Illegale‘.“ Das bis dahin erzielte Untersuchungsergebnis faßte er in drei Sätzen zusammen: „Verdachtsmomente wurden bestätigt. Beweismittel wurden keine gefunden. Weitere Hinweise können nicht gegeben werden.“[798]

In Hohenschönhausen begann für Fricke eine 467 Tage dauernde Untersuchungshaft. Seine Vernehmungen wurden in der ersten Woche durch Tag- und Nachtverhöre eingeleitet. Der Untersuchungsführer, ein Oberleutnant, war sich der Entführung bewußt. Ob er nur Mitwisser oder auch Mittäter war, geht aus den Akten nicht hervor. Das für die Aktion „Blitz“ typische Zusammenwirken zwi-

796 Näheres dazu bei Fricke: Akten-Einsicht, S. 41–52.
797 Zwischenbericht der HA V/2/II vom 23.6.1955, betr. GM „Steffen“; BStU, ZA, AIM 439/57, Teil I, Bl. 63.
798 Festnahmebericht vom 12.4.1955; BStU, ZA, AS 171/56, Bd. 2, Bl. 27.

schen der für die Entführung zuständigen operativen Hauptabteilung V und den Untersuchungsorganen der Hauptabteilung IX funktionierte jedenfalls reibungslos.

Seinem Auftrag gemäß suchte der Vernehmer Fricke zu einem „Geständnis" zu bewegen, nachdem der Entführte in aller Form in Untersuchungshaft genommen worden war: Ein Haftbefehl wegen Verbrechens nach Kontrollratsdirektive Nr. 38 wurde auf Antrag des Generalstaatsanwalts der DDR vom Haftprüfungsrichter beim Stadtbezirksgericht Mitte erlassen, allerdings erst am 4. April, vier Tage nach der „Festnahme" im Wege der Entführung. Das war eine rigorose Mißachtung der in Artikel 136 der Verfassung der DDR niedergelegten Bestimmung, wonach ein zu Verhaftender „spätestens am Tage nach dem Ergreifen dem Richter vorzuführen" war.

Die zentrale Frage der Untersuchung lautete: „Zu welchen Personen im Gebiet der Deutschen Demokratischen Republik und im demokratischen Sektor von Berlin haben Sie verbrecherische Verbindungen unterhalten?" – hier entnommen dem Vernehmungsprotokoll aus der Nacht vom 3. zum 4. April 1955. Sie wurde stereotyp wiederholt. Immer wieder. Freilich lautete auch die Antwort des Untersuchungshäftlings unverändert: „Ich verbleibe nach wie vor bei meinen bisherigen Aussagen, daß keinerlei Verbindungen verbrecherischen Charakters von mir zu Personen im Gebiet der Deutschen Demokratischen Republik und im demokratischen Sektor von Berlin unterhalten wurden."[799]

Selbstverständlich war der Vernehmer vom Wahrheitsgehalt dieser Aussage nicht zu überzeugen. Wie aus seinem Schlußbericht vom 6. August 1955 hervorgeht, war er in seinem Vorurteil durch Tatsachen nicht zu beirren. Ganz im Gegenteil, er ging darin so weit, daß er die damals in der DDR, nämlich in Harzgerode, Kreis Quedlinburg, ansässige Mutter des Entführten am 6. April 1955 wegen des absurden Verdachts festnehmen ließ, sie habe mit ihrem Sohn konspiriert. Laut Haftbefehl des Stadtbezirksgerichts Mitte vom 9. April wurde sie beschuldigt, „in nicht rechtsverjährter Zeit sich feindlich gegen die DDR betätigt zu haben. Sie hat in Abständen von 4–6 Wochen ihren Sohn, der sich als Agent für Westberliner Spionageagenturen betätigte, aufgesucht und wurde von ihm mit seinen Auftraggebern in Verbindung gebracht. Es besteht aus diesem und anderen Gründen der dringende Verdacht, daß sie im Auftrage ihres Sohnes als Kurier tätig war. Strafbar gemäß Dir. 38 III A III."[800]

Auch Frickes Mutter zählte zu den 521 „Agenten", die die Staatssicherheit im Zuge der Aktion „Blitz" in der DDR festgenommen haben wollte. Und wie im Fall ihres Sohnes konstatierte Hauptmann Buchholz auch im Fall der Mutter mit bürokratischem Stumpfsinn: „Festnahme erfolgte am 6.4.55 auf der Linie Trotzkismus. Sie erfolgte aufgrund der Bearbeitung des Gruppenvorganges ‚Illegale'. Verdachtsmomente wurden bestätigt. Beweismittel wurden keine gefunden. Weitere Hinweise können nicht gegeben werden."[801] Obwohl einfache Ermitt-

799 BStU, ZA, AU 86/56, Bd. 1a, Bl. 31
800 BStU, ZA, AU 74/56, GA, Bd. 2, Bl. 2.
801 Festnahmebericht vom 12.4.1955; BStU, ZA, AS 171/56, Bd. 2, Bl. 28.

lungen vor Ort die Unsinnigkeit dieser Anschuldigung von vornherein ergeben hätten, wurde Edith Fricke für 313 Tage in Untersuchungshaft genommen, ohne daß sie ein Geständnis ablegte. Was sollte sie auch gestehen? Auch sonstige Indizien für den gegen sie erhobenen Verdacht ergaben sich nicht. Es konnte nicht anders sein, denn die Besuche bei ihrem Sohn in Westberlin hatten rein familiären Charakter getragen.

In seinem Schlußbericht beharrte der Untersuchungsführer gleichwohl auf dem Vorwurf der Kuriertätigkeit, obwohl er nicht die Spur eines Beweises dafür zu erbringen vermochte, aber das Bezirksgericht Halle/Saale, dem Edith Fricke nach Abschluß der gegen sie geführten Ermittlungen schießlich zur Anklage überstellt werden sollte, erkannte nur noch auf „Staatsverleumdung", begangen durch eine DDR-kritische Äußerung in der Westberliner Wohnung ihres Sohnes in Gegenwart des Spitzels Rittwagen, sowie auf „Devisenvergehen", begangen durch den Umtausch von 370,– Ostmark in Deutsche Mark, in „Westgeld", wie damals die Menschen in der DDR sagten. Der 1. Strafsenat des Bezirksgerichts Halle/Saale verurteilte Edith Fricke am 14. Februar 1956 zu zwei Jahren Gefängnis.[802] Die Hallenser Richter hatten sie schuldig sprechen müssen, um die Dauer der Untersuchungshaft bei der Staatssicherheit formal gerechtfertigt erscheinen zu lassen. Immerhin wurde bereits acht Monate danach der weitere Vollzug der Strafe durch Gerichtsbeschluß mit Wirkung vom 1. November 1956 „bedingt ausgesetzt". Das Vorurteil der Untersuchungsorgane, gleichsam ein systembedingter Irrtum, hatte Frickes Mutter rund neunzehn Monate ihrer Freiheit gekostet.

Der Sohn wußte zu dieser Zeit von all dem nichts. Da er während der Untersuchungshaft weder schriftlich noch persönlich Kontakt zu seinen Familienangehörigen aufnehmen und sich auch nicht der Hilfe eines Rechtsanwalts bedienen durfte, da er vielmehr in Hohenschönhausen in totaler Isolierungshaft seiner Aburteilung entgegensah, wußte er vorerst auch nichts von der Verfolgung seiner Mutter. Dagegen war er irritiert ob der ihm unverständlichen Verzögerung seines Strafprozesses. Was er als Isolationshäftling in der Abgeschiedenheit seiner Gefängniszelle nicht wissen, nicht einmal mutmaßen konnte, waren zwischenzeitlich eingetretene Komplikationen, die sein Verfahren zu einer politisch heiklen Angelegenheit hatten werden lassen, ja, ihm war eine Bedeutung zugewachsen, die Entscheidungen auf hoher politischer Ebene erforderlich machten, ohne daß die Gründe dafür unmittelbar in der Person Frickes zu suchen gewesen wären. Vielmehr waren sie durch die Politisierung der Strafjustiz bedingt, die mal auf einen härteren, mal auf einen gemäßigten Kurs festgelegt war – je nachdem, welcher politischen Linie die SED jeweils folgte. Selbst das Oberste Gericht der DDR, dessen Entscheidungen richtungsweisend für die gesamte Justiz war, durchlief mehrfach schroffe Wechsel in seiner Spruchpraxis.

Es ist an anderer Stelle dieser Studie schon mehrfach dargelegt worden, wie in den fünfziger Jahren die Strafrechtsprechung in der DDR von der Politbüro-

802 Vgl. Urteil gegen Edith Fricke vom 14.2.1956; BStU, ZA, AU 74/56, GA, Bd. 2, Bl. 103.

kratie manipuliert und präjudiziert worden ist. Im Fall Fricke nun war die Verzögerung zwischen dem Abschluß der Untersuchung durch die Staatssicherheit und der Erhebung der Anklage durch den in dieser Sache zuständigen Generalstaatsanwalt der DDR auf objektive politische Gründe zurückzuführen. Sie resultierten aus dem kurzen „politischen Tauwetter" des Jahres 1956, das auch auf die Justiz der DDR durchschlug. Nach der Verdammung der Stalinschen Verbrechen während des XX. Parteitages der KPdSU und der auf Wiederherstellung der „revolutionären Gesetzlichkeit" gerichteten Kurskorrektur in Moskau hatte sich auch die SED auf ihrer 3. Parteikonferenz auf die neue Linie eingestellt. Für die DDR wurde beschlossen, „das neue sozialistische Recht weiter zu festigen, die strikte Wahrung der sozialistischen Gesetzlichkeit zu gewährleisten und den Schutz der Rechte der Bürger zu garantieren."[803] In dieser Situation war es politisch problematisch geworden, im Fall Fricke ein Strafurteil nach den alten stalinistischen Maximen herbeizuführen, ohne die „sozialistische Gesetzlichkeit" erneut zu verletzen.

So konnte es geschehen, daß eine Anklageschrift, die Helmut Löser, ein Oberstaatsanwalt beim Generalstaatsanwalt ausgearbeitet und am 19. April 1956 über Bruno Haid, damals Stellvertreter des Generalstaatsanwalts der DDR, der Abteilung „Staatliche Verwaltung" im Zentralkomitee der SED zur Genehmigung zugeleitet hatte, ebenso verworfen wurde wie das laut Anschreiben gegen Fricke ursprünglich erwogene Strafmaß von 15 Jahren Zuchthaus. Sie wurde über den Vizepräsidenten des Obersten Gerichts, der zugleich Mitglied der Justizkommission beim ZK war, an den Generalstaatsanwalt zurückverwiesen, der sie „entschärfen" und der Abteilung „Staatliche Verwaltung" am 26. Juni 1956 erneut zugehen ließ – zusammen mit der Mitteilung: „Ich beabsichtige, unter den veränderten Gesichtspunkten eine Strafe von 4 Jahren Zuchthaus zu beantragen."[804] Damit waren die Würfel gefallen.

Am 11. Juli 1956 verurteilte der 1. Strafsenat des Obersten Gerichts den Angeklagten „wegen Verbrechens gegen Artikel 6 der Verfassung der Deutschen Demokratischen Republik" zu vier Jahren Zuchthaus. Zur Begründung dieser Strafe, auf die die Untersuchungshaft von über 15 Monaten „in vollem Umfang" angerechnet wurde, faßte das Gericht alles zusammen, was eine Verurteilung formal zu rechtfertigen schien – selbst Belanglosigkeiten aus dem beruflichen Alltag des Journalisten:

> „Während seiner journalistischen Tätigkeit richtete der Angeklagte ein eigenes Archiv aus Veröffentlichungen der Deutschen Demokratischen Republik und aus Westzeitschriften ein und trat in enge Beziehungen zu den Pressestellen des ‚Ministeriums für gesamtdeutsche Fragen', der ‚Kampfgruppe gegen Unmenschlichkeit' und des ‚Untersuchungsausschusses Freiheitlicher Juristen', indem er teils die eigenen Archivunterlagen zur Verfügung stellte, teils die Archivmaterialien der genannten Spionageorganisationen für seine gegen die

803 Beschluß über Maßnahmen zur breiteren Entfaltung der Demokratie in der Deutschen Demokratischen Republik, in: Protokoll der Verhandlungen der 3. Parteikonferenz der SED, (Ost-)Berlin 1956, Bd. 2, S. 1124.
804 Zitiert bei Fricke: Akten-Einsicht, S. 88.

Deutsche Demokratische Republik, ihre Regierung und gegen führende Funktionäre gerichteten Artikel verwertete."[805]

Des weiteren führte das Oberste Gericht in seiner Urteilsbegründung aus, der Angeklagte habe „dabei mitgewirkt", daß Produktionsziffern über Treibstoff und Kraftfahrzeuge, die im Interesse der wirtschaftlichen Festigung der Deutschen Demokratischen Republik geheim zu halten waren, in die Hände von Spionageorganisationen kamen.

„Diese von ihm betriebene Spionage ist gemäß Artikel 6 der Deutschen Demokratischen Republik als Kriegshetze zu bestrafen. Der Angeklagte hat in zahlreichen Artikeln die Deutsche Demokratische Republik, den ersten Arbeiter- und Bauernstaat auf deutschem Boden, in gemeiner Weise angegriffen und verleumdet. Er hat damit gezeigt, daß er von tiefem Haß gegen diesen Staat erfüllt war. Diese innere Einstellung hat auch in seinen Spionagehandlungen ihren objektiven Ausdruck gefunden. [...] Das Oberste Gericht hat deshalb in Übereinstimmung mit dem Antrag des Generalstaatsanwalts auf vier Jahre Zuchthaus erkannt."[806]

Dies entsprach genau jenem Strafmaß, das vierzehn Tage vor der Hauptverhandlung der Abteilung „Staatliche Verwaltung" im ZK der SED bereits „avisiert" worden war. Das Urteil erlangte unmittelbar Rechtskraft. Die Strafe verbüßte der Verurteilte in strenger Isolation in den Strafvollzugsanstalten Brandenburg-Görden und Bautzen II. Die Einzelhaft war von der Staatssicherheit ausdrücklich verfügt worden. In einem „Führungsbericht über den Strafgefangenen Fricke" vom 1. April 1958 hieß es: „Er befindet sich in Einzelhaft, welche bei seiner Einlieferung angewiesen wurde."[807] Am 31. März 1959 wurde der Journalist legal nach Westberlin entlassen, von wo er vier Jahre zuvor im Zuge der Aktion „Blitz" illegal entführt worden war. Eine „politisch-operative Kombination" der Staatssicherheit war endgültig abgeschlossen. Welchen Nutzen das „sozialistische Sicherheitsorgan" daraus gezogen haben kann, bleibt unerfindlich.

805 Ebenda, S. 105.
806 Ebenda, S. 106.
807 Ebenda, S. 164.

7. Wendungen der Staatssicherheit nach dem Ende der Großaktionen

Nach der Unterzeichnung der Pariser Verträge im Oktober 1954 und der Billigung des Beitritts der Bundesrepublik zu NATO und WEU durch die französische Nationalversammlung im Dezember desselben Jahres ergab sich für die Sowjetunion in Mitteleuropa eine politisch-militärisch ungünstige Situation. Vor diesem Hintergrund kam es im Frühjahr 1955, während die Aktion „Blitz" bzw. ihr „Ausläufer", die Aktion „Frühling", noch im Gange waren, auf sowjetische Initiative zu einer neuen Weichenstellung, die auf eine massive Stärkung der „Westarbeit" der Staatssicherheit hinauslief.[808]

Im März 1955 fand in Moskau eine Beratung der Staatssicherheitsdienste der Sowjetunion, Polens, der ČSR und der DDR statt, die schon zu ersten Veränderungen führte. In einer Leiterbesprechung am 22. März 1955 gab Wollweber neue Aufgabenschwerpunkte bekannt. Es komme nunmehr vor allem auf die „Beschaffung von Informationen aus den politischen Zentren der feindlichen Länder" an. Besonders wichtig seien „die dokumentarischen Beweise über Geheimverträge zu den offiziellen Verträgen", die „Mobilisierungs- und Einsatzpläne des Gegners", die „Stärke der gegnerischen Stützpunkte", die „Verteilung der gegnerischen Kräfte" und die „Technik und Ausrüstung des Gegners".[809] Man müsse die „Gegensätze im feindlichen Lager" ausnützen, was bedeute, daß man sich nicht auf „Erkundung" beschränken dürfe, sondern „aktive Maßnahmen zur Vertiefung der Gegensätze" ergreifen müsse, „um die feindliche Aktionskraft nach außen zu schwächen". Konkret nannte Wollweber die Gegensätze zwischen „feindlichen Parteien, Gruppen und Personen" und bei der Ausbeutung von Rohstoffquellen, Märkten und Kapitalinvestitionen. Es müßten Pläne aufgestellt werden zur „aktiven Durchkreuzung der feindlichen Absichten", zur „Beeinflussung der öffentlichen Meinung" und „zur Unterstützung von Parteien, Gruppen und Personen, die Elemente des Widerstandes gegen die feindliche Politik bilden".[810] Als konkrete organisatorische Konsequenz wurde die Schaffung der bis dahin noch nicht existierenden Aufklärungsabteilungen XV in den Bezirksverwaltungen, die Aktivierung der „besonderen Arbeit" der Verwaltung Groß-Berlin in Westberlin und die Ausweitung der Aufklärungsaufgaben der Abwehrlinien beschlossen.[811]

Die Genfer Gipfelkonferenz im Juli 1955, auf der es trotz der festgefahrenen

808 Vgl. Valdislav Zubok: Der sowjetische Geheimdienst in Deutschland und die Berlinkrise 1958–1961, in: Krieger/Weber (Hrsg.): Spionage für den Frieden?, S. 121–143, hier 125f.
809 Protokoll der Dienstbesprechung vom 22.3.1955; BStU, ZA, SdM 1921, Bl. 104–111, hier 104.
810 Ebenda, Bl. 104f.
811 Ebenda, Bl. 105.

Situation in der deutschen Frage zu Entspannungssignalen kam, führte zur Präzisierung dieser Orientierung. Die Kriegsgefahr galt nunmehr als abgeschwächt, aber immer noch vorhanden. Außerdem betrachtete man die Differenzierungen im westlichen Lager als vertieft, womit eine weitere Umschichtung der Kapazitäten des SfS zugunsten der Aufklärung und „aktiver Maßnahmen" im Westen begründet wurde.

7.1. „Das Gesicht nach Westen" – Umorientierung der Staatssicherheit im Sommer 1955

In einem Grundsatzreferat vor den Leitern der Diensteinheiten am 5. August 1955 verkündete Wollweber die neue Linie. Aufgrund der Entwicklung der Wehrtechnik, speziell der Kernwaffen und der Langstreckenbomber als Trägerwaffen, die auch das Territorium der USA bedrohten, sei eine Lage entstanden, in der sich auch kapitalistische Kreise vor einer militärischen Auseinandersetzung fürchteten.[812] Dies müsse man ausnützen. Zwar bleibe die Tatsache „der Unvermeidlichkeit des Krieges im Zeitalter des Imperialismus [...] bestehen", aber die „Friedensfront" sei stärker geworden.[813] Man müsse auf einen Abbau des Kalten Krieges und die Normalisierung des Ost-West-Verhältnisses hinwirken. Bei einem künftigen Krieg sei das Überraschungsmoment entscheidend. Daher sei eine erhebliche Intensivierung der Aufklärungsarbeit notwendig, die nicht allein durch die Vergrößerung der Hauptabteilung XV um 100 Mitarbeiter erreicht werden könne, sondern vor allem auch durch die Ausnutzung der Aufklärungspotentiale der Abwehrlinien.[814] Die zentralen Passagen der Rede Wollwebers lauten:

> „Also ich stelle die Verstärkung der Aufklärungsarbeit, nicht nur die Verstärkung durch die Abteilung XV, sondern insgesamt die Aufklärungsarbeit mit voller Absicht in den Mittelpunkt unserer Aufgaben in der nächsten Zeit unter dem Gesichtspunkt – Kampf gegen den Krieg, den Krieg unter den Bedingungen, von denen ich gesprochen habe.
> Die Chefs der Bezirksverwaltungen müssen sich in Zukunft mindestens die Hälfte der Zeit mit der Verstärkung der Arbeit zum Eindringen in die feindlichen Agentenzentralen im Westen beschäftigen. Bei den Bezirksverwaltungen sage ich ausdrücklich, die Chefs 50 % das Gesicht dem Westen zu."[815]

Wollweber machte keinen Hehl daraus, daß diese Schwerpunktverlagerung – zumindest teilweise – auf Kosten der inneren Überwachung gehen mußte:

> „Genossen! Betrachten wir ein wenig unsere Entwicklung seit dem 15. Plenum. Das ist jetzt zwei Jahre her. Wir hatten eine Zeit, und das wiederholte

812 Referat des Staatssekretärs Wollweber auf der Dienstbesprechung am 5.8.1955; BStU, ZA, SdM 1921, Bl. 48.
813 Ebenda, Bl. 47.
814 Ebenda, Bl. 54–56.
815 Ebenda, Bl. 57.

sich zweimal, wo wir große Kräfte aufwenden mußten, um zu verhindern, daß es innerhalb der Republik zu großen provokatorischen Putschen kam, wenn auch nicht in derselben Form, doch gewissermaßen wie der 17. Juni. Das heißt, wir mußten der inneren Sicherung eine große Bedeutung beimessen. War das richtig? Ja, das war richtig. Ist das noch richtig? Ich sage für einen Teil ja, zum Beispiel für den Genossen Gartmann[816] in der Hauptsache, für den Genossen Last[817] zu einem Teil und analog für eine ganze Reihe von Genossen. Aber das Gesicht muß gerichtet werden auf die feindlichen politischen Zentralen und auf die Agentenzentralen und ich werde persönlich die Chefs der Bezirksverwaltungen vor die Frage stellen. [...] Wenn der Chef der Bezirksverwaltung wirklich mindestens die Hälfte seiner Kraft aufwendet, um persönlich dazu beizutragen, die Aufklärungsarbeit zu verstärken, sowohl die Aufklärung zur Aufdeckung der Absichten wie die Aufklärung zum Zwecke der Abwehr, wenn sie das machen, dann ist doch klar, dann können sie doch nicht jede Sache im Bezirk kennen."[818]

Angesichts des ausgeprägten 17.–Juni-Trauma von Ulbricht und der wohl noch hysterischeren Haltung des Leiters der ZK-Abteilung für Sicherheitsfragen, Gustav Röbelen,[819] kann man sich schwer vorstellen, daß diese Orientierung bei den maßgeblichen Leuten im ZK auf ungeteilte Freude fiel. Doch in der gegebenen Situation mußte sich die SED-Führung mit den Vorgaben der Brudermacht abfinden. Erst anderthalb Jahre später, als die polnischen und ungarischen Ereignisse des Sommers und Herbstes 1956 wieder einmal die mangelnde Stabilität des kommunistischen Systems in den Satellitenstaaten der Sowjetunion offengelegt hatten, trat eine Kehrtwende ein, die Ulbricht die Möglichkeit eröffnete, in der Staatssicherheitspolitik seinen Prioritäten wieder Geltung zu verschaffen. Im Juli 1957, als Wollweber de facto schon entmachtet war, brachte der Bericht des Politbüros an das 32. ZK-Plenum diesen wunden Punkt im Sinne Ulbrichts zur Sprache:

„Die vom Genossen Wollweber gegebene einseitige Orientierung: ‚Das Gesicht dem Westen zu', führte zu einer groben Vernachlässigung der Bekämpfung feindlicher Agenturen im Gebiet der Deutschen Demokratischen Republik. Der größte Teil der Dienststellen und Mitarbeiter des Ministeriums für Staatssicherheit sah seine Aufgabe darin, irgendwie in Westberlin und Westdeutschland ‚verankert' zu sein. Das führte nicht nur zu unkontrollierbaren Verbindungen nach Westen, sondern schwächte auch die Verantwortung der

816 Hermann Gartmann, damals Stellvertreter Wollwebers für den Anleitungsbereich Deutsche Grenzpolizei, Innere Truppen (Bereitschaftspolizei) und Transportpolizei; vgl. Strukturbefehl 207/55 vom 15.7.1955; BStU, ZA, DSt 100123.

817 Otto Last, damals Stellvertreter Wollwebers für den Anleitungsbereich HA III (Volkswirtschaft), HA XIII (Verkehr) und Abt. VI (Verteidigungsindustrie); vgl. ebenda.

818 Referat Wollwebers auf der Dienstbesprechung am 5.8.1955; BStU, ZA, SdM 1921, Bl. 57 f.

819 Wollweber schreibt hierzu: „Ich hatte die ganze Zeit mit der Schwierigkeit zu tun, daß er [Ulbricht] immer etwas Unheilvolles sah, das uns bevorsteht.[...] Die Sicherheitsabteilung des ZK unter Leitung von Gustav Röbelen verbreitete ausgesprochene Panikstimmung, von der er nicht unbeeinflußt war." Ernst Wollweber: Aus Erinnerungen. Ein Porträt Walter Ulbrichts, dokumentiert von Wilfriede Otto, in: Beiträge zur Geschichte der Arbeiterbewegung 32 (1990) 3, S. 350–378, hier 361 f.

Kreis- und Bezirksdienststellen der Organe der Staatssicherheit für die Sicherheit in ihrem Gebiet ab."[820]

Allerdings hinterließ die Westorientierung der Staatssicherheit in den Jahren 1955/56 in ihrer Struktur und Funktionsweise tiefe Spuren. In dieser Zeit erfolgte die forcierte Erweiterung der „Aufklärung", die im Frühjahr mit der Schaffung der Abteilungen XV der Bezirksverwaltungen begann und im Frühjahr 1956 mit dem Ausbau der Hauptabteilung XV zur Hauptverwaltung A abgeschlossen wurde. Im Zuge dieser Entwicklung wechselten hochrangige Kader der Abwehrlinien in den Bereich von Markus Wolf. So wurde der Leiter der Verwaltung Groß-Berlin, Hans Fruck, zum 1. stellvertretenden Leiter der HV A, und der Leiter der Hauptabteilung IX (Untersuchung), Alfred Scholz, zum Chef der für die Westalliierten und die Militäraufklärung zuständigen Hauptabteilung II in der HV A berufen.[821] Sein neuberufener Abteilungsleiter II/2, Otto Knye, nunmehr für Spionage in der Bundeswehr verantwortlich, war als Chef der Hauptabteilung V/5 (KgU, UFJ) einer der Protagonisten der „konzentrierten Schläge" gewesen.[822] Ähnliches gilt für den stellvertretenden Chef der „West"-Abteilung IV der Verwaltung Groß-Berlin, Hans Morgenthal, der zum Leiter der neuen Abteilung 8 der HV A ernannt wurde und dort für Ermittlung, Beobachtung sowie „konspirative Festnahmen und Durchsuchungen", also Verschleppungen und Einbrüche, auf westlichem Hoheitsgebiet zuständig wurde.[823] Durch die Aufgabenerweiterung der „Aufklärung" in Richtung „aktive Maßnahmen" und den massiven Zufluß bewährter Kader aus den geheimpolizeilichen Bereichen in die HV A hat das Prinzip der „Einheit von Abwehr und Aufklärung" im MfS zweifellos eine Stärkung erfahren.[824]

7.2. „Tauwetter" in der Staatssicherheit

Es muß hier noch einmal zurückgeblendet werden auf den XX. Parteitag der Kommunistischen Partei der Sowjetunion. Mit dieser „Heerschau der Kader" sollte eine für die Geschichte des Sowjetkommunismus schicksalhafte Wende vollzogen werden, deren Auswirkungen auch nachdrücklich die Geschichte des DDR-Sozialismus beeinflußt haben. Makabrer Höhepunkt des XX. Parteitages, der vom 14. bis 25. Februar 1956 in Moskau tagte, wurde eine Geheimrede, in

820 Protokoll des 32. Plenums des ZK, 10.–12.7.1957; SAPMO-BA, DY 30, IV 2/1/177, Bl. 43 f.
821 Vgl. Protokoll der Kollegiumssitzung des MfS am 15.2.1956, einschließlich Vorlage zur Besetzung wichtiger leitender Funktionen in der HA XV; BStU, ZA, SdM 1551, Bl. 13–24; Protokoll der Sitzung der Sicherheitskommission des Politbüros am 20.4.1956; BA-MA, DVW 1/39551.
822 Kaderakte Otto Knye; BStU, ASt Potsdam, KS II 103/83.
823 Vorlage (Februar 1956) zur Besetzung wichtiger leitender Funktionen in der HA XV; BStU, ZA, SdM 1551, Bl. 21–24.
824 Ausführlicher: Karl Wilhelm Fricke: Ordinäre Abwehr – elitäre Aufklärung? Zur Rolle der Hauptverwaltung A im Ministerium für Staatssicherheit, in: Aus Politik und Zeitgeschichte vom 5.12.1997, B 50/97, S. 17–26.

der sich Nikita S. Chruschtschow dazu entschloß, mit bis dahin unvorstellbarer Offenheit die Verbrechen Josef W. Stalins zu verurteilen. Durch Beschluß des ZK der KPdSU am 30. Juni 1956 wurde die radikale Kritik an Stalin noch einmal ausdrücklich sanktioniert.[825]

Erstmals in der Geschichte der sowjetischen KP waren stalinistische Repression und Säuberungsaktionen ex cathedra angeprangert worden – die Ermordung politisch Andersdenkender, kritischer Kommunisten und anderer „Volksfeinde“ durch die Geheimpolizei, die brutale Erpressung falscher Geständnisse durch die Untersuchungsorgane des NKWD, die Präjudizierung politischer Strafurteile durch Stalin. „Eingebürgert hatte sich die verbrecherische Praxis, im NKWD Listen derjenigen Personen anzufertigen, deren Fälle der Erörterung durch das Militärkollegium [des Obersten Gerichts] unterlagen und für die von vornherein das Strafmaß festgelegt wurde. Diese Listen übermittelte Jeshow[826] an Stalin persönlich, damit er die vorgeschlagenen Strafen bestätigte.“[827] Hatte es, wenn auch bei weitem nicht so exzessiv wie in der UdSSR, vergleichbare Praktiken, wie Chruschtschow sie hier enthüllte, nicht auch in der DDR gegeben? Traf das nicht, im Grundsatz, auch auf die Untersuchungsorgane des MfS und die Spruchpraxis der DDR-Strafgerichte in den fünfziger Jahren zu, wenn Chruschtschow von einer „krassen Vergewaltigung der revolutionären Gesetzlichkeit“ sprach? „Als hauptsächlicher und im Grunde genommen einziger Schuldbeweis wurde entgegen allen Normen der heutigen Rechtslehre das ‚Geständnis‘ der Verurteilten betrachtet, wobei dieses ‚Bekenntnis‘ – wie eine spätere Überprüfung ergab – durch physische Mittel der Beeinflussung des Angeklagten erreicht wurde.“[828] Entsprach das nicht eben dem Alltag in den Untersuchungsgefängnissen des MfS und in den Gerichtssälen der DDR, weithin jedenfalls? Es gab Grund zu politischer Verunsicherung in Ostberlin über das Geschehen in Moskau, zumal schon kurz vor dem XX. Parteitag, nämlich am 31. Dezember 1955, das Präsidium des ZK der KPdSU die Bildung einer speziellen Kommission beschloß, die sich mit der Rehabilitierung unschuldiger Stalin-Opfer zu befassen hatte.

Eine Gastdelegation der SED, der Walter Ulbricht, Otto Grotewohl, Karl Schirdewan und Alfred Neumann angehörten, war zwar auf dem XX. Parteitag in Moskau zugegen, aber an der geschlossenen Sitzung, auf der Chruschtschow seine Rede hielt, durfte sie nicht teilnehmen. Sie wurde erst danach durch einen Beauftragten des ZK der KPdSU mündlich mit dem Text vertraut gemacht. Schir-

825 Vgl. Beschluß des Zentralkomitees der KPdSU über die Überwindung des Personenkults und seiner Folgen, zitiert in: Die Geheimrede Chruschtschows. Über den Personenkult und seine Folgen. Rede des Ersten Sekretärs des ZK der KPdSU, Gen. N. S. Chruschtschow, auf dem XX. Parteitag der Kommunistischen Partei der Sowjetunion am 25. Februar 1956, Berlin 1990, S. 86–113.

826 Nikolai I. Jeshow (1895–1940) war als Volkskommissar für innere Angelegenheiten von 1936–1938 Chef der sowjetischen Geheimpolizei. 1940 vom Militärkollegium des Obersten Gerichts der UdSSR zum Tode verurteilt und hingerichtet.

827 Geheimrede Chruschtschows, S. 39.

828 Ebenda, S. 17.

dewan, damals Mitglied des Politbüros und Sekretär des ZK der SED, berichtet darüber in seinen Memoiren:

„Wir wurden gebeten, diese Rede anzuhören und Notizen zu machen. Unsere Delegation beschloß, daß ich das übernehme. [...]

Unsere innere Spannung steigerte sich natürlicherweise bei den Passagen, die die Verbrechen des Personenkults um Stalin und Berija[829] darstellten, insbesondere als von der Vernichtung Zehntausender Parteifunktionäre, leitender Offiziere der Sowjetarmee die Rede war und die Gewalttätigkeiten und Repressalien aufgelistet wurden, die gegen Hunderttausende, ja Millionen von Menschen im Laufe von Jahrzehnten durchgeführt worden waren. [...] In den Gesichtern aller Genossen zeichnete sich tiefe Erschütterung ab."[830]

Zurückgekehrt nach Ostberlin, war die Politbürokratie der SED auf Schadensbegrenzung bedacht. Ulbricht selbst zirkelte die Linie der SED in der „Entstalinisierungspolitik" ab. In einem Grundsatzartikel in der führenden Zeitung der Partei unterließ er jedes nähere Eingehen auf Chruschtschows Kritik an Stalins Verbrechen und beschränkte sich darauf, dem ehedem verherrlichten „weisen Lehrmeister" und „Bannerträger des Friedens und des Fortschritts in der ganzen Welt", dem einstmals als „größten Menschen unserer Epoche" verklärten Diktator „bestimmte theoretische Fehler" und „Personenkult" nachzusagen.

„Zweifellos hat Stalin nach dem Tode Lenins bedeutende Verdienste beim Aufbau des Sozialismus und im Kampf gegen die parteifeindlichen Gruppierungen der Trotzkisten, Bucharinleute und bürgerlichen Nationalisten. Als sich Stalin jedoch später über die Partei stellte und den Personenkult pflegte, erwuchsen der KPdSU und dem Sowjetstaat daraus bedeutende Schäden. Zu den Klassikern des Marxismus kann man Stalin nicht rechnen."[831]

Der Sache nach wiederholte Ulbricht seine Äußerungen, als er auf einer Bezirksdelegiertenkonferenz der SED in Ostberlin das Wort nahm. Allerdings ging er dabei erstmals auf die Staatssicherheit ein. „Die Genossen werden auch die Frage stellen: In der Sowjetunion hat die Staatssicherheit mehrfach die Gesetze verletzt – welche Garantien wurden in der DDR geschaffen, damit so etwas nicht passieren kann?"[832] Die Frage, ob in der Vergangenheit der DDR überhaupt Gesetze verletzt worden waren, hatte er einfach ausgeklammert. Danach verschob er das Problem auf eine gänzlich andere Argumentationsebene:

„Wir haben vor längerer Zeit, als solche Ansätze bei uns vorhanden waren, als Kollektiv des Politbüros das gemeinsam korrigiert und im Zentralkomitee

829 Lawrenti P. Berija (1899–1953) war als ehemaliger Volkskommissar (Minister) des Innern und 1. Stellvertreter des Ministerratsvorsitzenden der UdSSR sowie Mitglied des Präsidiums (=Politbüro) des ZK der KPdSU einer der engsten Vertrauten Stalins. Er wurde nach dessen Ableben von allen Funktionen entbunden, von einem Sondergericht des Obersten Gerichts der UdSSR zum Tode verurteilt und 1953 hingerichtet.

830 Karl Schirdewan: Aufstand gegen Ulbricht. Im Kampf um politische Kurskorrektur, gegen stalinistische, dogmatische Politik, Berlin 1994, S. 77.

831 Walter Ulbricht: Über den XX. Parteitag der Kommunistischen Partei der Sowjetunion, in: Neues Deutschland vom 4.3.1956.

832 Antwort auf Fragen auf der Berliner Bezirksdelegiertenkonferenz der SED. Aus der Diskussionsrede des Genossen Walter Ulbricht, in: Neues Deutschland vom 18.3.1956.

darüber berichtet. Wir haben in der letzten Zeit wiederum Stellung genommen mit der Weisung, daß die Vollmachten der Parteiorganisationen streng einzuhalten sind und daß die Bestimmungen der Partei über die innerparteiliche Demokratie, über die Kritik und Selbstkritik auch in der Parteiorganisation der Staatssicherheit eingehalten werden müssen. Die Staatssicherheit hat besondere und sehr verantwortungsvolle Aufgaben. Deshalb müssen die leitenden Parteiorgane sich mit dieser Frage beschäftigen und auch mithelfen bei der Erziehung der Parteifunktionäre, die Mitarbeiter der staatlichen Sicherheitsorgane sind."[833]

So war vorgezeichnet, wie die SED politisch und propagandistisch auf die Ergebnisse des XX. Parteitages der KPdSU eingestellt werden sollte. Als das Zentralkomitee der SED am 22. März 1956 zu seiner 26. Tagung zusammentrat, um zu beraten, welche Schlußfolgerungen sich für die Staatspartei der DDR aus den Moskauer Beschlüssen „entsprechend den Bedingungen des revolutionären Kampfes in Deutschland"[834] ergaben, fiel es Schirdewan zu, die Mitglieder des ZK über Chruschtschows Geheimrede zu informieren. Er beschränkte sich auf mündliche Mitteilungen – der Text der Geheimrede wurde selbstverständlich nicht zur Verfügung gestellt.

In der anschließenden Diskussion im Plenum des ZK warf der Minister für Staatssicherheit, Ernst Wollweber, die auch von Ulbricht schon gestellte Frage auf: „Welche Garantien bestehen bei uns, damit bei uns nicht solche Verletzungen der demokratischen Gesetzlichkeit oder etwas Ähnliches in dem Umfang vorkommt, wie wir das in dem Bericht des Genossen Schirdewan gehört haben?"[835] Er verlegte sich auf Beschwichtigung:

„Es gibt bei uns eine ganze Reihe von Sicherungen, damit etwas Derartiges oder Ähnliches auch nicht in geringerem Umfang vorkommen kann.

Erstens gibt es eine genaue Regelung darüber, wer verhaften kann. Der Kreis derjenigen, die in der Staatssicherheit eine Verhaftung anordnen können, ist außerordentlich gering. [...]

Zweitens: Bei Verhaftungen wichtiger Persönlichkeiten, die im öffentlichen Leben und politisch eine Rolle spielen, oder die zwar einen Namen haben, aber keine besondere Rolle spielen, entscheidet die Staatssicherheit nicht allein, sondern sie legt dann diese Entscheidungen der Sicherheitskommission [des Politbüros] vor."[836]

Immerhin war der Minister für Staatssicherheit, der hier einen aufschlußreichen Einblick in die Verhaftungspraxis der Staatssicherheit bot, erstmals unter politischen Rechtfertigungsdruck geraten. Die Unwahrheit sprach Wollweber freilich,

833 Ebenda.
834 Autorenkollektiv: Geschichte der deutschen Arbeiterbewegung. Chronik. Teil III. Von 1945 bis 1963, (Ost-)Berlin 1967, S.497.
835 Bericht und Diskussion auf der 26. Tagung des ZK der SED, auszugsweise dokumentiert bei Dierk Hoffmann, Karl-Heinz Schmidt und Peter Skyba (Hrsg.): Die DDR vor dem Mauerbau. Dokumente zur Geschichte des anderen deutschen Staates 1949–1961, München 1993, S.233–250, hier Diskussionsrede Ernst Wollweber, S.239.
836 Ebenda, S.239f.

wenn er „auf die Frage des physischen Drucks bei Vernehmungen“ antwortete: „Es gibt gegenüber Untersuchungsgefangenen in der Staatssicherheit keinerlei physischen Druck, um irgendein Geständnis zu erzwingen. Solche Fälle gibt es nicht. Die Untersuchungen werden im wesentlichen unter denselben materiellen und physischen Bedingungen geführt wie in den Gefängnissen der Weimarer Republik.“[837] In Wirklichkeit wurden die Untersuchungsgefangenen bei der Staatssicherheit nicht nur psychischer Folter (Isolationshaft, mehrtägige Dauerverhöre, Schlafentzug), sondern, zumindest in den frühen fünfziger Jahren, auch physischen Mißhandlungen zum Zwecke der Geständniserpressung ausgesetzt.

Noch unschuldsvoller gab sich Erich Mielke. Um glaubhaft zu machen, daß es in den Untersuchungsgefängnissen der Staatssicherheit „keine physische Anwendung“ gegeben habe, meinte er scheinheilig: „Das bezeugen unsere Prozesse, die wir gegen Agenten führen von Amerikanern usw., wo sie doch die Möglichkeit haben, vor den Gerichten zu sprechen, Gerichten, die objektiv richten.“[838]

Walter Ulbricht argumentierte raffinierter, als er im Plenum des ZK einräumte, „daß unter den Bedingungen des verschärften Kampfes, des kalten Krieges, selbstverständlich eine ganze Reihe Maßnahmen durchgeführt werden mußten, die wir heute nicht weiterführen werden. Selbstverständlich ändern wir Verschiedenes. Wir werden eine ganze Anzahl Leute rauslassen, werden das individuell prüfen, ohne Amnestie, werden sie rauslassen, jawohl, wir werden sogar Kriegsverbrecher rauslassen. Bitte schön, sollen sie draußen verfaulen. Warum müssen sie bei uns im Gefängnis verfaulen? [...] Es bleiben nur die sitzen, die wir unbedingt halten müssen, also die Agenten, Spione, die uns großen Schaden zugefügt haben. Die lassen wir sitzen.“[839]

Gleichzeitig kündigte Ulbricht die Bildung einer Kommission des ZK an, „die bei uns Fälle untersucht von Genossen, die ausgeschlossen wurden oder bestimmte Strafen erhalten haben, die nach unserer Meinung jetzt, nachdem bestimmte Zeit vergangen ist, gestrichen werden können. Soll die Kommission das untersuchen.“[840] Die Umrisse einer kalkulierten, höchst begrenzten „Entstalinisierung“, auf die die SED auf ihrer 3. Parteikonferenz orientiert werden sollte, waren damit abgesteckt. Zu prinzipieller Selbstkritik sah sich die Politbürokratie nicht veranlaßt. Zwar sprach Ministerpräsident Otto Grotewohl in seinem Grundsatzreferat auf der 3. Parteikonferenz auch über Fragen von Staat und Recht, er räumte behutsam sogar „manche Beispiele der Verletzung der Gesetzlichkeit“ ein,[841] aber auf den Kern des Problems kam er nicht zu sprechen. Eine politisch für die Politbürokratie schädliche „Fehlerdiskussison“ wurde in der SED strikt unterbunden.

837 Ebenda, S. 240.
838 Diskussionsrede Erich Mielkes; ebenda, S. 247.
839 Schlußwort Walter Ulbrichts; ebenda, S. 248 f.
840 Ebenda, S. 249.
841 Otto Grotewohl: Die Rolle der Arbeiter-und-Bauern-Macht in der Deutschen Demokratischen Republik, in: Protokoll der Verhandlungen der 3. Parteikonferenz der Sozialistischen Einheitspartei Deutschlands, Bd. 2, (Ost-)Berlin 1956, S. 674.

Auf der 3. Parteikonferenz wurde Wollweber die Aufgabe zuteil, vor den Delegierten zu erklären, daß „alle Maßnahmen, die von den Organen der Staatssicherheit ergriffen werden, […] unter der strengen Einhaltung der demokratischen Gesetzlichkeit [geschehen]. Einige Fehler, die gemacht wurden, ändern nichts an der Tatsache, daß die Organe der Staatssicherheit nach strengen Richtlinien über die Einhaltung der Gesetzlichkeit arbeiten.“[842] Ähnlich seiner Argumentation zuvor im Plenum des ZK beteuerte er auch auf der 3. Parteikonferenz: „Festnahmen durch die Organe der Staatssicherheit erfolgen erst, nachdem gründliches Beweismaterial sowohl objektiver als auch subjektiver Art vorliegt. Mit einigen Ausnahmen wurde dieses Prinzip eingehalten. Die Zahl der wegen Nichtbestätigung des Verdachts Freigelassener ist äußerst gering.“[843] Angesichts der internen Mechanismen, mit deren Hilfe die Untersuchungsorgane der Staatssicherheit die Staatsanwaltschaft und die Strafgerichte manipuliert und ihre Entscheidungen präjudiziert haben, war diese Äußerung gewiß der Gipfel der Unverfrorenheit.

Die Reaktionen von Generälen und Offizieren der Staatssicherheit auf das aufziehende „politische Tauwetter“ schildert Markus Wolf im Rückblick: „Unmittelbar nach der Konferenz[844] folgte eine Kollegiumssitzung des Ministeriums für Staatssicherheit. Nach der Auswertung erfragte Minister Wollweber Meinungen. Ich äußerte mich positiv, sprach von Erleichterung und Befreiung von einer Last. Für Mielke waren das Reizworte. Impulsiv und scharf sagte er, an mich gewandt, er habe keine Last empfunden, die extremen Repressalien habe er nicht gekannt, Stalin habe den Sieg über den Faschismus herbeigeführt.“[845] Diese Schilderung dürfte der Wahrheit ebenso entsprechen wie Wolfs Erinnerung, daß Mielke sich später, nach dem Sturz Chruschtschows, „vor versammelter Mannschaft als Stalinist [bekannte] und die Anwesenden auf[forderte], Stalin hochleben zu lassen.“[846] Seine fanatischsten Anhänger unter den deutschen Kommunisten hatte Stalin unter den Tschekisten der DDR. Nur wenige Tage vor dem XX. Parteitag der KPdSU, dessen Enthüllungen über Stalin niemand voraussehen konnte, erließ der Minister für Staatssicherheit die Direktive Nr. 1/56 vom 10. Februar 1956 über die Beseitigung von Hemmnissen bei der Entfaltung eines innerparteilichen Lebens durch eine unbehinderte Kritik und Selbstkritik in den Parteiorganisationen der Organe der Staatssicherheit, in der Stalin ausführlich – und natürlich zustimmend – zitiert wurde, unter anderem mit dem Satz: „Die Stärke des Bolschewismus besteht ja gerade darin, daß er sich nicht fürchtet, seine Fehler einzugestehen.“[847]

842 Diskussionsrede Ernst Wollweber, in: ebenda, S. 952.
843 Ebenda, S. 953.
844 Gemeint ist die 3. Parteikonferenz der SED.
845 Markus Wolf: In eigenem Auftrag. Bekenntnisse und Einsichten, München 1991, S. 89.
846 Ebenda.
847 Direktive 1/56 des Ministers für Staatssicherheit vom 10.2.1956 über die Beseitigung von Hemmnissen bei der Entfaltung eines innerparteilichen Lebens durch eine unbehinderte Kritik und Selbstkritik in den Parteiorganisationen der Organe der Staatssicherheit; SAPMO-BA, DY IV 2/12/102, dokumentiert bei Schumann: Parteierziehung in der Geheimpolizei, S. 200–204.

Die von Ulbricht angekündigte, vom ZK auf Vorschlag des Politbüros berufene „Kommission zur Überprüfung von Angelegenheiten von Parteimitgliedern“, die sich aus acht Mitgliedern zusammensetzte und daher auch als „Achterkommission“ bezeichnet wurde, trat am 19. April 1956 erstmals zusammen. Fatalerweise gehörte ihr auch Ernst Wollweber an, der nun über das Schicksal derselben politisch Verfolgten mitzuentscheiden hatte, für deren Verhaftung vormals erst die Staatssicherheit gesorgt hatte. Mielke war zwar formell nicht Mitglied der Achterkommission, aber er hat an allen ihren Sitzungen, sechs insgesamt, beratend teilgenommen. So sorgte die Staatssicherheit, deren ungebrochene Kontinuität sich in der Person Mielkes geradezu verkörperte, für die „Bereinigung“ eines bescheidenen Teils jenes Justizunrechts, das sie mit heraufbeschworen hatte.

Nach Abschluß ihrer Arbeit – sie verfügte zahlreiche Haftentlassungen, unter anderem auch prominenter Partei- und Staatsfunktionäre, aus den Zuchthäusern der DDR[848] – veröffentlichte die Achterkommission am 21. Juni 1956 eine wortreiche Erklärung, die für die verhaltene und hinhaltende „Entstalinisierung“ im Staat der SED exemplarisch war. Was in der Justiz der DDR während der vorausgegangenen Jahre geschehen war, wurde darin nicht etwa verworfen, sondern gerechtfertigt:

> „Zahlreiche Strafurteile der Vergangenheit erscheinen heute, nachdem sich die Arbeiter-und-Bauern-Macht im Osten Deutschlands in den letzten Jahren sowohl politisch als auch ökonomisch in zunehmendem Maße gefestigt hat, in ihrem Strafmaß zu hoch. Sie waren aber in der Vergangenheit, insbesondere in der Zeit, als von amerikanischer Seite mit allen Mitteln versucht wurde, aus dem kalten Krieg einen Atomkrieg auf deutschem Boden entstehen zu lassen, notwendig und geboten.“[849]

Bezeichnenderweise wurden der Staatssicherheit ausgerechnet in diesem Zusammenhang „Erfolge in der Bekämpfung von Spionen, Agenten, Saboteuren und Terroristen“[850] bescheinigt. In ihrer künftigen Arbeit sah sie sich keineswegs Anfechtungen oder Skrupeln ausgesetzt.

Eben diesen Standpunkt bekräftigte Walter Ulbricht am 11. Mai 1956, als er auf einer Parteiaktivtagung der Staatssicherheit in Ostberlin unter unmittelbarer Bezugnahme auf die 3. Parteikonferenz der SED ein Grundsatzreferat hielt. Was er offenbar in freier Rede ausführte, war dazu bestimmt, die Irritationen in den Reihen der Tschekisten abzubauen und ihr Selbstbewußtsein zu stabilisieren. Einige kritische Sätze, die er – natürlich in seinen Worten – über ungerechtfertigte Verhaftungen und über die Manipulation von Strafverfahren durch die Untersuchungsorgane verlor, stießen zum eigentlichen Problem strukturell bedingter Mißachtung der „sozialistischen Gesetzlichkeit“ erst gar nicht vor.

848 Vgl. Zur Entlassung werden vorgeschlagen. Wirken und Arbeitsergebnisse der Kommission des Zentralkomitees zur Überprüfung von Angelegenheiten von Parteimitgliedern 1956. Dokumente, mit einem Vorwort von Josef Gabert, Berlin 1991.
849 Alles für die Festigung der demokratischen Gesetzlichkeit, in: Neues Deutschland vom 21.6.1956.
850 Ebenda.

„Unter den Bedingungen des Kampfes um die Herbeiführung auch der Entspannung in Europa und in Deutschland“, so leitete der Erste Sekretär des ZK der SED seine Ausführungen ein, „wird die Aufgabe der Festigung der Arbeiter-und-Bauernmacht und der Arbeit der Staatssicherheit komplizierter.[...] Es ist also notwendig, die Arbeit zu verbessern entsprechend den neuen Aufgaben und bestimmter Schwächen und Fehler, die sich gezeigt haben, Überspitzungen und was es in einigen Fällen gab, daß Ihr Euch beschäftigt habt mit x-tausend Kleinigkeiten [...], daß man diese Dinge in aller Sachlichkeit in Ordnung bringt, ja, aber die Linie fest und konsequent weiter durchführt.“[851] Ulbricht entwickelte sodann eine Analyse der politischen Situation, die in folgendem Resümee gipfelte:

> „Es steht nicht mehr, wie die Leute diskutiert haben, vor der Genfer Konferenz[852], die Frage: was wird in der DDR geändert, sondern geschichtlich steht auf der Tagesordnung, wie kann man Westdeutschland, das ein technisch hoch entwickeltes Land ist, wie kann man dieses Westdeutschland auch zu einem gesellschaftlich fortschrittlichen Land machen, indem eben die Herrschaft der Militaristen dort beseitigt wird. So steht die Frage, das ist [...] auf der 3. Parteikonferenz klar dargelegt worden.“[853]

Damit war für die Mitarbeiter der Staatssicherheit „die Frage der Perspektive geklärt“ und die vermeintliche Sinnfälligkeit ihres „tschekistischen Kampfes“ sanktioniert. Konkret wandte sich der Parteichef gegen übereilte Verhaftungen. „Warum sage ich das jetzt? Weil kleine Leute verhaftet wurden ohne genügenden Grund.“[854] Zuviel Verhaftungen würden „zu einer bestimmten Atmosphäre in der Republik führen. Und ich sage, zu einer gefährlichen Atmosphäre.“[855] Es waren mithin politische Überlegungen, die Ulbricht bewegten, nicht etwa rechtsstaatliche Skrupel. Zudem kritisierte er, „daß die Sache mit den Vernehmungsprotokollen nicht immer in Ordnung geht“.

> „Die Untersuchungsabteilungen müssen ihre Arbeit verbessern und es müssen normale Beziehungen zu den Staatsanwälten hergestellt werden. Also die Tendenzen, ja, manchmal so ein bißchen zu drücken auf den Staatsanwalt und auf den Richter, das muß man also vermeiden und muß durch die Beweisführung im Untersuchungsprotokoll [...] überzeugen und nicht dadurch, daß man Anweisungen gibt an den Staatsanwalt oder an den Richter. Das geht nicht, Genossen. Das verstößt gegen unsere demokratische Gesetzlichkeit.“[856]

Die praktischen Auswirkungen solch bescheidener Kritik an der Arbeit der Untersuchungsorgane der Staatssicherheit sind nicht allzu hoch zu veranschlagen: Wo es der „Parteiauftrag“ erforderlich machte, wurde durch das MfS nicht nur in den fünfziger Jahren nachhaltig auf die Strafjustiz eingewirkt. Ulbricht beklagte einen Mißstand, den er politisch selbst verursacht hatte.

851 Rede Ulbrichts auf der Parteiaktivtagung im MfS am 11.5.1956; BStU, ZA, SdM 2366, Bl. 20.
852 Gemeint ist die Genfer Gipfelkonferenz der vier ehemals alliierten Mächte unter erstmaliger Beteiligung beider deutscher Regierungen vom 18. bis 23.7.1955.
853 Ebenda, Bl. 21.
854 Ebenda, Bl. 30.
855 Ebenda.
856 Ebenda.

Kritik an der Staatssicherheit war nach wie vor verpönt – selbst während des „politischen Tauwetters“. Der kommissarische Vizepräsident des Obersten Gerichts, Walter Ziegler, der als Vorsitzender des 1. Strafsenats für zahlreiche politische Geheim- und Schauprozesse mitverantwortlich war, bekam das zu spüren. Offenbar hatte sich der Jurist politische Illusionen über die Justizpolitik der SED nach der 3. Parteikonferenz gemacht. In einem Schreiben an Generalstaatsanwalt Ernst Melsheimer, dessen Behörde aufsichtsführend gegenüber den Untersuchungsorganen der Staatssicherheit war, verwahrte er sich am 13. Juli 1956 dagegen, „daß Häftlinge eine Woche lang jeweils die ganze Nacht und dabei an 3 Tagen Tag und Nacht vernommen werden. Wenn solche Häftlinge ihre in derartigen Vernehmungen gemachten Aussagen widerrufen, halte ich es für unmöglich, unter solchen Umständen gemachte Aussagen als beweiskräftig anzusehen.“[857] Durch dieses Schreiben und einige andere „liberalistische Abweichungen“, zum Beispiel durch sein Nein zur Todesstrafe im Strafrecht der DDR, zog er sich den Unwillen der Politbürokratie zu und bekam dies nach dem Ende des „Tauwetters“ zu spüren. Seine im Politbüro bereits beschlossene Wahl als Vizepräsident des Obersten Gerichts wurde im November 1957 zurückgezogen, sie verzögerte sich um rund fünf Jahre infolge eines politischen „Bewährungseinsatzes“ als Direktor des Bezirksgerichts Frankfurt/Oder.[858]

7.3. Wollwebers Sturz und Mielkes Aufstieg

Als genuiner Machtmensch witterte Ulbricht von vornherein die Gefahren, die vom „Tauwetter“ des Jahres 1956 für seine persönliche Herrschaft und das Regime überhaupt ausgingen. Im Kampf „zwischen den zwei Systemen in Deutschland“, betonte der SED-Chef schon im Mai 1956 vor dem Parteiaktiv des MfS, versuche der Gegner durch Ausnutzung von Stimmungen und Fehlerdiskussionen in intellektuellen Kreisen und der Partei „bei uns“ einzudringen. Partei und Staatssicherheit aber seien auf diese „neuen Methoden und Formen“ nicht vorbereitet.[859] Seine Befürchtungen sah er wenig später in Polen und Ungarn bestätigt.[860] Insbesondere die ungarischen Vorgänge waren in den Augen der deutschen Stalinisten ein Musterfall aktueller „konterrevolutionärer“ Gefahren, und das vor allem im Hinblick auf die Rolle, die im vorausgegangenen Liberalisierungsprozeß intellektuelle Wortführer gespielt hatten. Solche Gefahren der ideologischen „Aufweichung“, die geeignet waren, eine Existenzkrise der kommunistischen Herrschaft einzuleiten, diagnostizierte Ulbricht auch in der DDR.

857 Zitiert bei Karl Wilhelm Fricke: Akten-Einsicht. Rekonstruktion einer politischen Verfolgung, 4. Aufl., Berlin 1997, S. 110.
858 Vgl. Werkentin: Politische Strafjustiz, S. 295 f.
859 Rede Ulbrichts auf der Parteiaktivtagung des MfS am 11.5.1956; BStU, ZA, SdM 2366, Bl. 24–26.
860 Zu den Auswirkungen der polnischen Ereignisse: Stefan Wolle: Polen und die DDR im Jahre 1956, in: Hans Henning Hahn und Heinrich Olschowsky (Hrsg.): Das Jahr 1956 in Ostmitteleuropa, Berlin 1996, S. 46–57.

Auf dem 29. Plenum des ZK am 12. November 1956 signalisierte der Parteichef, daß er eine grundsätzliche Richtungsänderung in der Arbeit der Staatssicherheit anvisierte. Unverhohlen kündigte er eine neuerliche Verschärfung der politischen Repression an: Nach dem XX. Parteitag seien „manche Genossen der Staatssicherheit so vorsichtig" geworden, „daß sie nicht mehr die Kraft" gehabt hätten, gegen bestimmte Feinde des Staates energisch vorzugehen. Es komme jetzt darauf an, sie zu ermuntern, ihre Pflicht zu erfüllen „und unter den veränderten Bedingungen auch manches in ihrer Arbeitsmethode [zu] verbessern".[861]

Zum Schlüsselvorgang für die Neuorientierung der Arbeit der Staatssicherheit wurde der Fall Wolfgang Harich. Vor dem Hintergrund der ungarischen Entwicklung waren die nationalkommunistischen Ideen Harichs für Ulbricht das „Programm der Konterrevolution" schlechthin.[862] Er drängte Wollweber, ihn möglichst schnell zu verhaften[863] und inszenierte den Fall zielstrebig als politisches Lehrstück und als Einschüchterungssignal an die Adresse kritischer Intellektueller. Das Verfahren gegen die „Harich/Janka-Gruppe" war ein wichtiges Element in der Strategie zur Beendigung des politischen „Tauwetters". Über Erich Mielke verschaffte er sich direkten Zugang zu den Ermittlungsakten, noch bevor Wollweber sie zur Kenntnis bekommen hatte.[864]

Vor dem Hintergrund, daß es über die Vorverurteilung Harichs im „Neuen Deutschland" zwischen Ulbricht und Wollweber schon zu einer Kontroverse gekommen war,[865] reagierte dieser außergewöhnlich entschieden mit einem Befehl zur Meldeordnung, der seinen Stellvertretern faktisch verbot, zukünftig eigene dienstliche Verbindungen zur Parteiführung zu pflegen. Diese Maßnahme, die Ulbricht als Kampfansage auffassen mußte, war von den sowjetischen Beratern zuvor als sachlich richtig anerkannt worden. Sie gaben zwar zu bedenken, der Befehl könne falsch ausgelegt werden, verzichteten jedoch auf einen Einspruch.[866]

Auf dem wenig später stattfindenden 30. Plenum wurden unter Federführung Ulbrichts die ungarischen und polnischen Ereignisse sowie die verschiedenen

861 Stenographisches Protokoll des 29. ZK-Plenums, 12.–14.11.1956; SAPMO-BA, DY 30, IV 2/1/166, Bl. 147f., dokumentiert bei Engelmann/Schumann: Kurs auf die entwickelte Diktatur, S. 29f.

862 Ernst Wollweber: Erinnerungen, S. 366.

863 Ebenda: „Ich bat um die Genehmigung, noch 14 Tage bis zur Festnahme zu warten, ihn ruhig noch nach Westberlin fahren zu lassen, die von ihm beabsichtigte Reise nach Hamburg vornehmen zu lassen."

864 Unmittelbar nach der Verhaftung Harichs gab Mielke aus dessen Wohnung beschlagnahmtes Material an Ulbricht, das Wollweber noch nicht gesehen hatte; Wollweber: Erinnerungen, S. 366. Außerdem sandte Mielke am 14. und 17.12.1956 Memoranden Harichs an Ulbricht; Mielke an Ulbricht am 17.12.1956; BStU, ZA, SdM 1480, Bl. 12f.

865 Wollweber war der Ansicht, daß die Vorwegnahme des Ermittlungsergebnisses in der Pressemitteilung des „Neuen Deutschland" zur Verhaftung Harichs politisch unklug sei; Wollweber: Erinnerungen, S. 367. Seine Befürchtungen bewahrheiteten sich. Tatsächlich fühlten sich intellektuelle Kreise durch das Kommuniqué von Neues Deutschland an die Zeiten Berijas erinnert.

866 Zur Auseinandersetzung zwischen Ulbricht und Wollweber ausführlicher: Engelmann/Schumann: Der Ausbau des Überwachungsstaates; dies.: Kurs auf die entwickelte Diktatur.

„abweichlerischen“ Diskussionen des Jahres 1956 in der DDR[867] in den Kontext einer „Aufweichungstaktik des Imperialismus“ eingeordnet.[868] Für die Staatssicherheit bedeutete dies, daß sie sich auf die diagnostizierten neuen Methoden des „Klassenfeindes“ zur „ideologischen Zersetzung“ durch „revisionistische, opportunistische und liberalistische Anschauungen“ einzustellen hatte.[869] Außerdem kritisierte Ulbricht, daß nach der 3. Parteikonferenz der SED „in Verbindung mit der Milderung der Spannungen und der Konzentrierung der Abwehr auf die auswärtigen feindlichen Agenturen die Wachsamkeit nachgelassen“ habe. Die Staatssicherheit habe „lange Zeit überhaupt niemanden mehr verhaftet“. Solche Erscheinungen seien „nicht normal“ und der Gegner habe das auszunutzen versucht; er sei „frech geworden“.[870]

Auf diesem Plenum hatte Ulbricht nach der Durststrecke des Jahres 1956 endgültig wieder politisches Oberwasser bekommen. Wenig später rief er das MfS-Kollegium zu sich und geißelte den Meldeordnungsbefehl als den Versuch Wollwebers, sich über Partei und Regierung zu stellen. Zwar war der Minister für Staatssicherheit nicht bereit, dieser Deutung zuzustimmen, und auch der Chefberater Pitowranow weigerte sich, die Ulbrichtsche Lesart zu akzeptieren, doch letztlich setzte sich der SED-Chef politisch durch. Pitowranow mußte wenig später seine Deutschlandmission beenden.[871] Durch einen Beschluß des Politbüros vom 9. Februar 1957 wurde das Ministerium für Staatssicherheit nunmehr enger an die SED angebunden. Er enthielt unter anderem die ausdrückliche Regelung, daß der Minister für Staatssicherheit sowie seine Stellvertreter Erich Mielke und Otto Walter „wichtige Vorgänge“ an den Sekretär der Sicherheitskommission, Erich Honecker, zu übermitteln hätten, der sie dann dem Vorsitzenden der Sicherheitskommission, Walter Ulbricht, unterbreite.[872]

Im Frühjahr 1957 veranlaßte Ulbricht eine exemplarische Überprüfung der „Hauptfragen der operativen Arbeit“ in den Bezirksverwaltungen der Staatssicherheit von Magdeburg und Potsdam durch eine hochrangige Kontrollbrigade des MfS, der mit Fritz Renckwitz auch ein Funktionär der Sicherheitsabteilung des ZK angehörte.[873] Das Überprüfungsergebnis erbrachte selbstverständlich die weitgehende Bestätigung der zuvor vom Parteichef geäußerten Kri-

867 Vgl. Analyse der Feindtätigkeit innerhalb der wissenschaftlichen und künstlerischen Intelligenz, o. D. (1958); BStU, ZA, DSt 102107.
868 Vgl. Protokoll des 30. Plenums des ZK, 30.1.–1.2.1957, Bericht des Politbüros vorgetragen von Erich Honecker; SAPMO-BA, DY 30, IV 2/1/170, Bl. 6–53, hier 30–40; Referat von Walter Ulbricht; ebenda, Bl. 54–85, hier 77–85.
869 Vgl. Richtlinie der SED-Kreisleitung im MfS zur Auswertung des 30. ZK-Plenums in den Grundorganisationen vom 14.2.1957; BStU, ZA, KL-SED 364, Bl. 1001–1003.
870 Stenographisches Protokoll des 30. ZK-Plenums, 30.1.–1.2.1957, Schlußwort Walter Ulbrichts; SAPMO-BA, DY 30, IV 2/1/171, Bl. 85–107, hier 101.
871 Das geht hervor aus dem Schreiben Wollwebers an Ulbricht vom 28.3.1957; BStU, ZA, SdM 1200, Bl. 151; außerdem Wollweber, Erinnerungen, S. 369 f.
872 SAPMO-BA, DY 30, J IV 2/2/527, Bl. 7 f., dokumentiert bei Engelmann/Schumann: Der Ausbau des Überwachungsstaates, S. 367 f.
873 Protokoll der Kollegiumssitzung im MfS am 15.3.1957; BStU, ZA, SdM 1552, Bl. 82–101, hier 83.

tik.[874] Daraufhin erging am 8. April 1957 ein Beschluß der Sicherheitskommission „zur Verbesserung und Änderung der Arbeit des Ministeriums für Staatssicherheit“, der im Nachgang von Ulbrichts Kritik „ernsthafte Fehler und Mängel“, insbesondere die ungenügende Beachtung der Tätigkeit konterrevolutionärer Kreise in der DDR und die mangelhafte Wahrnehmung der „neuen Methoden der imperialistischen Kräfte“, konstatierte.[875] Den leitenden Kadern des MfS wurde die neue politische Wegweisung am 26. April 1957 in Anwesenheit von Ulbricht, Honecker und Stoph nahegebracht. Ulbricht persönlich schärfte den MfS-Leitern ein, daß man die „Demokratisierung nicht von der Sicherung der Staatsmacht“ trennen dürfe, denn das hieße, „den Gegner eindringen zu lassen“.[876]

Er formulierte zwei zentrale Anliegen: die stärkere Verankerung der Staatssicherheit in den Großbetrieben und die Erhöhung der Verantwortung der territorialen Gliederung des MfS. Beides war – wie sich in den wenig später ausgearbeiteten Dienstanweisungen zeigte – verbunden mit der Stärkung der Anleitungsbefugnisse der zuständigen Parteileitungen. Erstmals wurde festgelegt, daß die territorialen Dienststellen der Staatssicherheit ihre Arbeit auch „entsprechend den Weisungen“ des 1. Sekretärs der örtlichen Bezirks- bzw. Kreisleitung durchzuführen hätten. Außerdem sollten zukünftig die Arbeitspläne der Bezirksverwaltungen und Kreisdienststellen und sogar die der neu installierten Objektdienststellen und Operativgruppen in den Großbetrieben mit dem 1. Sekretär der jeweiligen Parteileitung abgestimmt werden.[877] Die territoriale Dezentralisierung der Leitungsverantwortung im MfS zielte zugleich auf eine stärkere Verzahnung mit den Parteiinstanzen und damit auf eine stärkere Durchsetzung der führenden Rolle der SED. Auf der zentralen Ebene war man schon im April noch einen Schritt weiter gegangen, in dem man den gerade neu berufenen Leiter des zuständigen ZK-Sektors, Artur Hofmann, zur ständigen Teilnahme an den Kollegiumsberatungen des MfS verpflichtete.[878]

Die wichtigste Maßnahme zur Unterordnung des MfS unter die politischen Vorgaben der SED-Führung dürfte in den Augen Ulbrichts jedoch die Ablösung Ernst Wollwebers und die Berufung Erich Mielkes zu seinem Nachfolger gewesen sein. Hiermit wurde erstmals ein dem Parteichef kongenialer Staatssicher-

874 Beschluß der Sicherheitskommission vom 8.4.1957 zur Verbesserung und Änderung der Arbeit des Ministeriums für Staatssicherheit, Anlage 1 zum Protokoll der Sitzung der Sicherheitskommission am 3.4.1957; BA-MA, DVW 1/39557, Bl. 4–6.

875 Ebenda.

876 Rede Ulbrichts auf der Dienstkonferenz am 26.4.1957; SAPMO-BA, NL 182/523, Bl. 2f.

877 Dienstanweisung 17/57 des Ministers vom 18.6.1957, S. 2; BStU, ZA, DSt 100989; Dienstanweisung 16/57 des Ministers vom 30.5.1957, S. 6f.; BStU, ZA, DSt 100996. Wörtlich heißt es hier: „Die Aufgaben der Mitarbeiter der Staatssicherheit werden festgelegt entsprechend der von dem 1. Sekretär der Parteileitung gegebenen Einschätzung der politischen und wirtschaftlichen Lage des Objektes und der von der Parteileitung gegebenen politischen Aufgabenstellung. Über die Erfüllung des Arbeitsplanes ist dem 1. Sekretär zu berichten.“

878 Artur Hofmann war erst am 3.4.1957 als Leiter der HA III (Sicherung der Volkswirtschaft) des MfS entbunden und als Sektorenleiter MfS in der ZK-Abteilung S eingesetzt worden; Protokoll der Sitzung der Sicherheitskommission am 3.4.1957; BA-MA, DVW 1/39557. Seit der Sitzung am 16.4.1957 war Hofmann regelmäßiger Gast in den Kollegiumssitzungen des MfS; vgl. die entsprechenden Protokolle des Kollegiums; BStU, ZA, SdM 1552ff.

heitsminister ins Amt gehoben, von dem zu erwarten war, daß er Ulbrichts Vorstellungen ohne Einschränkungen realisieren würde.

Die Ernennung erfolgte mit einem an den „Genossen Erich Mielke“ gerichteten Schreiben des Ministerpräsidenten Otto Grotewohl. Es umfaßte einen einzigen Satz: „Nachdem ich der Bitte des Ministers für Staatssicherheit, Genossen Ernst Wollweber, ihn aus Gesundheitsrücksichten von seiner Funktion zu entbinden, entsprochen habe, berufe ich Sie mit Wirkung vom 1. November 1957 zum Minister für Staatssicherheit.“[879] Der Mann, der im MfS seit seiner Gründung an verantwortlicher Stelle Dienst getan hatte, hatte damit endlich selbst die Leitung des von ihm ohnehin entscheidend mitgeprägten Überwachungs- und Unterdrückungsapparates übernommen. Daß er dieses Ziel beharrlich verfolgt hatte, darf ihm unterstellt werden. Seit jeher galt Mielke als „eifrig dienender Ehrgeizling“.[880] Dennoch bleibt es eine erstaunliche Erfahrung, daß sich ein Mann seines geistigen und moralischen Zuschnitts im Staat der SED in der Hierarchie der Macht überhaupt so weit hatte emporarbeiten können.

An seiner Wiege war das Erich Mielke nicht unbedingt bestimmt worden. „Geboren am 28. Dezember 1907 in Berlin als Kind einer Arbeiterfamilie“[881], schien ihm eher ein kleinbürgerlicher Lebenslauf beschieden. Sein Vater, Stellmacher von Beruf, „klassenbewußt“, war Mitglied der KPD. Bei einer Begabtenauswahl in Berlin wurde dem Arbeiterkind aus dem Roten Wedding und zweitältestem von vier Kindern immerhin der Besuch eines „bürgerlichen“ Gymnasiums ermöglicht. Mielke verließ es mit sechzehn Jahren, um eine Lehre als Expedient bei einer Speditionsfirma in Berlin aufzunehmen. Hernach arbeitete er als Angestellter bei mehreren Berliner Firmen und zuletzt beim Arbeitsamt in Kreuzberg, ehe er im Herbst 1930 arbeitslos wurde.

Mit vierzehn Jahren bereits engagierte sich Mielke in der kommunistischen Jugendbewegung, dem KJVD. Und 1925 schon, als Achtzehnjähriger, soll er nach parteioffizieller Quelle[882] das Mitgliedsbuch der Kommunistischen Partei Deutschlands erworben haben. Das Datum ist freilich strittig. Einer anderen parteioffiziellen Quelle zufolge soll er der KPD erst 1927 beigetreten sein.[883] Wie auch immer, seine frühe politische Sozialisation erfuhr er in einem kommunistischen Milieu. In den frühen dreißiger Jahren versuchte er sich gelegentlich als

879 Schreiben von Ministerpräsident Otto Grotewohl an Erich Mielke vom 1.11.1957, zitiert nach einem Faksimile bei Jochen von Lang: Erich Mielke. Eine deutsche Karriere, Berlin 1991, S. 229.

880 Wilfriede Otto: Zur Biographie von Erich Mielke. Legende und Wirklichkeit, Berlin 1994, S. 11.

881 Die Volkskammer der Deutschen Demokratischen Republik, 9. Wahlperiode, (Ost-)Berlin 1987, S. 456. – Weitere biographische Daten in: Biographisches Handbuch der SBZ/DDR 1945–1990, hrsg. von Gabriele Baumgartner und Dieter Hebig, Bd. 2, München 1997, S. 545. Die dort enthaltete Behauptung, Mielke wäre 1934 „in Abwesenheit zum Tode verurteilt“, ist allerdings unzutreffend.

882 Vgl. S. 5 der Vorbemerkung zu den vom Institut für Marxismus-Leninismus beim ZK der SED herausgegebenen Reden und Aufsätzen von Erich Mielke, die 1987 zu seinem 80. Geburtstag unter dem Titel: Sozialismus und Frieden – Sinn unseres Kampfes, in (Ost-)Berlin erschienen sind.

883 Vgl. Protokoll der Verhandlungen des III. Parteitages der Sozialistischen Einheitspartei Deutschlands, Berlin 1951, Bd. 2, S. 192.

Reporter der „Roten Fahne“, dem Zentralorgan der KPD. Zudem scheint er sich zum Dienst im Parteiselbstschutz hingezogen gefühlt zu haben, einer paramilitärischen Organisation der KPD zum Schutz ihrer Versammlungen und zur Absicherung von Demonstrationen, die den Politleitern der Parteibezirke unterstellt war – in Berlin damals also Walter Ulbricht. Die jungen Genossen im PSS wurden körperlich „gestählt“ und „wehrsportlich“ ausgebildet. Sie lernten, konkret gesagt, die Faust und die Pistole zu gebrauchen, sie wurden auf den „revolutionären Kampf“ vorbereitet.

Für Erich Mielke sollte die Zugehörigkeit zum Parteiselbstschutz die schicksalhafte Verstrickung in eine politische Mordaffäre bedingen. Während einer von der Partei Ernst Thälmanns organisierten Demonstration vor der Zentrale der KPD nahe dem Bülowplatz in Berlin-Mitte war er am Abend des 9. August 1931, gegen 20.30 Uhr, an einem Pistolenattentat auf die Polizeihauptleute Paul Anlauf und Franz Lenck sowie auf den Polizeioberwachtmeister Richard Willig beteiligt. Während Letztgenannter schwer verletzt mit dem Leben davon kam, trugen die beiden Offiziere tödliche Verletzungen davon. Sie wurden hinterrücks erschossen. Es war kaltblütiger Mord.

Gut sechs Jahrzehnte später, durch Entscheidung der 23. Großen Strafkammer des Landgerichts Berlin vom 26. Oktober 1993, wurde Mielke wegen „in Tateinheit begangener zweier vollendeter Morde und eines versuchten Mordes“ zu sechs Jahren Freiheitsstrafe verurteilt – eine leichte Sühne für eine schwere Schuld.[884] Sein Mittäter Erich Ziemer, der ebenfalls aktiv an der Bluttat beteiligt war, fand 1937 den Tod im spanischen Bürgerkrieg.[885]

Es war die Sowjetunion Stalins, die seinerzeit den beiden Todesschützen im Parteiauftrag unmittelbar nach der Tat Schutz und Unterschlupf gewährt hatte. Die Genossen ließen Mielke nicht im Stich. „Aufgrund meiner Teilnahme an der Bülowplatzaktion wurde ich vom ZK der KPD in die SU geschickt“, schrieb er 1951 in einem handschriftlich verfaßten Lebenslauf.[886] Hier besuchte er 1932 zunächst eine Spezialschule zur Ausbildung militärischer Kader, die sicher nicht nur der Komintern unterstand,[887] sondern auch der sowjetischen Geheimpolizei, und setzte seine Ausbildung in den nächsten Jahren unter dem Decknamen Paul Bach an der Internationalen Lenin-Schule in Moskau fort. Hier brachte er es zuletzt gar zum „Lektor“.

Im Juli 1936 brach der Bürgerkrieg in Spanien aus. Mielke meldete sich unverzüglich als Freiwilliger zu den Internationalen Brigaden und nahm in verschiedenen Funktionen, als Ausbildungsoffizier, Adjutant und Vernehmer, unter dem Decknamen Fritz Leisner am Bürgerkrieg auf der iberischen Halbinsel teil. Zwischen September 1936 und Februar 1939 hielt er sich in Madrid und in

884 Vgl. Urteil des Landgerichts Berlin, 23. Große Strafkammer, vom 26.10.1993; Aktenzeichen: Js 1655/90 Ks. 523–10/91.

885 Vgl. Peter Jochen Winters: Erich Mielke – der falsche Prozeß?, in: Deutschland Archiv 26 (1993) 12, S. 1347–1350.

886 Zitiert nach einem Faksimile bei Heribert Schwan: Erich Mielke. Der Mann, der die Stasi war, München 1997, S. 57.

887 Otto: Zur Biographie von Erich Mielke, S. 8.

Guadalajara, in Albacete und Alicante sowie zuletzt in Barcelona auf. An der kämpfenden Front wurde er kaum gesehen. Insider wollen wissen, daß er damals im Zusammenwirken mit der sowjetischen Geheimpolizei Untersuchungen gegen „Anarchisten" und „Trotzkisten" durchgeführt hat. Jedenfalls wird das von Spanienkriegsteilnehmern wie Bruno Haid und Walter Janka bekundet.[888]

Nach dem Ende des Bürgerkrieges nach Frankreich geflüchtet, schickte ihn die Leitung der Exil-KPD zu illegaler Parteiarbeit nach Belgien mit Kontakten nach Deutschland. Nach dem Einmarsch der Wehrmacht in Holland, Belgien, Luxemburg und Frankreich wechselte Mielke zunächst in den von deutschen Truppen unbesetzten Süden Frankreichs, wo er eine Zeitlang im Lager Saint Cyprien interniert war und, nachdem er das Lager illegal verlassen hatte, in Marseille und Toulouse unter dem Decknamen Richard Hebel lebte. Nach seiner „Legalisierung" arbeitete er zeitweilig als Holzfäller. Da seine wahre Identität nicht bekannt war, wurde er 1944 in Frankreich zur „Organisation Todt" verpflichtet, einer NS-Organisation zur Kooperation von Staat und privater Bauwirtschaft, die unter Einsatz dienstverpflichteter Arbeitskräfte Kriegs- und Rüstungsbauten im Reich und im okkupierten Ausland ausführte. Im Troß einer Baukompanie der „OT" kam Mielke beim Rückzug aus Frankreich schließlich nach Südwestdeutschland, wo er das Ende des Zweiten Weltkrieges erlebte.

1945 schlug er sich unverzüglich nach Berlin durch und meldete sich am 15. Juni zunächst schriftlich in der Zentrale der nach der deutschen Kapitulation wiedergegründeten KPD. Ulbricht, der sich seiner gut erinnerte, ließ ihn noch im selben Monat als Chef der Polizeiinspektion in Lichtenberg einsetzen – dem Stadtbezirk im Osten Berlins, in dem Mielke bis 1989 seinem Dienst nachging. Vom 1. Dezember 1945 bis 31. August 1946 war er mit Ulbrichts Protektion in der Abteilung Allgemeine Verwaltung beim ZK der KPD bzw. beim Parteivorstand der SED für Polizei- und Justizfragen zuständig. Damit hatte Mielke die ersten Meilensteine auf seinem Marsch in den Polizei- und Sicherheitsbereich hinter sich gebracht.

Mit der Bildung der Deutschen Verwaltung des Innern durch Befehl der SMAD vom 30. Juli 1946 wurde er zu einem ihrer Vizepräsidenten berufen. Mielke war für den Bereich Kader und Schulung zuständig und übernahm gleichzeitig Verantwortung für den Aufbau des Bereichs Kriminalpolizei 5, der frühen Kader einer unter dem Kürzel „K 5" alsbald berüchtigten politischen Polizei.

Als Mielke im Mai 1949 in der DVdI mit dem Aufbau des Apparates der späteren Hauptverwaltung zum Schutze der Volkswirtschaft beauftragt wurde, war das Fundament seiner Karriere gelegt, denn nach Gründung der DDR wurde diese Hauptverwaltung nach vorläufiger Eingliederung in das Ministerium des Innern durch Gesetz vom 8. Februar 1950 aus dem MdI herausgelöst und als Ministerium für Staatssicherheit verselbständigt. Zum Minister wurde, wie schon erwähnt, Wilhelm Zaisser berufen. Erich Mielke, einer der Mörder vom Bülowplatz, wurde Staatssekretär im MfS. Ulbrichts Versuch, „seinen

888 Ebenda.

Mann“ schon damals zum Minister zu machen, scheiterte wohl am Veto der Sowjets.[889]

Vom Standpunkt der SED aus war Mielkes Bestallung eine kaderpolitisch geschickte Entscheidung. Trotz seiner erst knapp 43 Jahre immerhin schon „Alt-Kommunist“ und Sowjetemigrant, schien er geeignet wie wenige, zumal er außerdem über hervorragende Kenntnisse sowohl der organisatorischen Strukturen im Polizeiapparat als auch über dessen Personal, „die Kader“, verfügte; obendrein kannte er Zaisser gut aus der Zeit des Bürgerkriegs in Spanien, er brachte, ein Stalinist par excellence, die vom Standpunkt der Partei erforderliche fanatische Gesinnung mit, und im übrigen besaß er, was mitentscheidend war, Ulbrichts Vertrauen. Auch nach Wesen und Charakter schien er geeignet. Autoren, die sich mit seiner Biographie auseinandergesetzt haben, kennzeichnen ihn als ehrgeizigen, überheblichen und skrupellosen Biedermann mit einem parteiergebenen Willen zur Macht. Zweifellos besaß er, ein „Apparatschik“ mit ausgeprägtem Organisationstalent, ungewöhnliche Entscheidungskraft und unnachgiebige Militanz, er war respektiert und gefürchtet. „Mielkes militante Persönlichkeit, sein ganzes Führungsgebahren, sein eiserner Wille ebenso wie sein oft unnachsichtiges Durchsetzungsvermögen machten das MfS aus“ – erinnert sich aus späterer Zeit ein ehemaliger General der Staatssicherheit.[890] Allerdings traten diese Charakterzüge, auch seine Überheblichkeit und Schroffheit im Umgang mit Untergebenen, schon in den fünfziger Jahren hervor. Und alle, selbst Offiziere höchster Dienstgrade wie Markus Wolf, kuschten vor ihm. „Wegen seines herrischen Auftretens, seines Kommandotons und der häufig ungerechten Behandlung von Mitarbeitern war er bei vielen Tschekisten unbeliebt.“[891]

Nicht erst als Minister, schon als „zweiter Mann“ unter Zaisser und seit 1953 unter Wollweber, war Mielke eine Schlüsselfigur der Staatssicherheit, die sich gleichsam persönlich für die Durchsetzung und Sicherung der Diktatur der SED verantwortlich fühlte. Er hat dem MfS seinen Stempel aufgedrückt und war an seinem Aufbau maßgebend beteiligt. Zugleich verstand er es, seine Karriere in der Staatssicherheit frühzeitig in der SED politisch abzustützen. Als er auf Vorschlag der von Ulbricht geleiteten Wahlkommission auf dem III. Parteitag der SED im Juli 1950 zum Mitglied des Zentralkomitees gewählt worden war – nichts außer der Begünstigung durch den damaligen Generalsekretär der SED hatte ihn dafür qualifiziert –, war er in der Hierarchie des Systems bereits so prominent verankert, daß er in den Reihen der Staatssicherheit schon kaum mehr angreifbar war.

Er hat sich allerdings auch stets voll eingebracht und trat im Zentralkomitee schon bald als Scharfmacher hervor, als es 1950/51 im Zuge der ersten Säuberungen in der SED darum ging, unter Einsatz auch der Staatssicherheit, nicht nur der Zentralen Parteikontrollkommission, „Parteifeinde“ aufzuspüren und zu

889 Vgl. Bailey/Kondraschow/Murphy: Die unsichtbare Front, S. 174 f.
890 Zitiert bei Schwan: Erich Mielke, S. 118.
891 Ebenda, S. 116.

„entlarven“. Als Staatssekretär im MfS hat sich Mielke nicht gescheut, vermeintliche „Abweichler“ von der Linie der Partei auch persönlich ins Verhör zu nehmen – wie zum Beispiel im Fall Kurt Müller, ehedem Vize-Vorsitzender der westdeutschen KP, seit 22. März 1950 beim MfS in Ostberlin als „Trotzkist“ und „Titoist“ in Untersuchungshaft.[892] Er gefiel sich in der Rolle des Vernehmers: „Wir wissen, daß Sie Mitglied einer trotzkistischen Organisation waren.“ Antwort Kurt Müllers: „Das stimmt nicht.“ Darauf Mielke: „Ich fordere Sie auf, die volle Wahrheit zu sagen. Sind Sie Mitglied einer trotzkistischen Organisation?“[893] Das Vernehmungsprotokoll glich einem Auszug aus Arthur Koestlers Roman „Sonnenfinsternis“ und war doch MfS-Realität.

Vor diesem Hintergrund ist die Karriere zu sehen, die Erich Mielke bis zu seiner Berufung als Minister und danach bis 1989 durchlaufen hat. Sein grobschlächtiges und hypertrophes Sicherheitsdenken bestimmte die „operative Arbeit“ der Staatssicherheit vom Anfang bis zum Ende der DDR. Auch die „konzentrierten Schläge“ der Staatssicherheit 1953 bis 1955 trugen seinen Stempel. Noch bedeutender war aber möglicherweise seine Rolle bei der Neuausrichtung des MfS nach dem Ende des politischen „Tauwetters“, als die Staatssicherheit zur „Ideologiepolizei“[894] mutierte. Unter der Leitung Mielkes gerann die von Ulbricht 1956/57 vorgenommene Diagnose „neuer Feindmethoden“ der ideologischen „Aufweichung und Zersetzung“ zum Schlüsselbegriff der „politisch-ideologischen Diversion“, der in dieser Form Wahrnehmung und Tätigkeit der Staatssicherheit bis zu ihrem Ende bestimmte.

Im Bericht des Politbüros auf dem 35. ZK-Plenum am 3. Februar 1958 tauchte der Terminus „materielle und ideologische Diversionsarbeit der Feinde“ erstmals auf.[895] Kurz darauf wurde im Kollegium des MfS unter dem Tagesordnungspunkt „Berichterstattung über die 35. Tagung des ZK“ folgende Definition festgelegt: „Die ideologische Diversion ist die Methode des Feindes zur Zersetzung der Partei, um ihre führende Rolle beim Aufbau des Sozialismus zu beseitigen, zur Aufweichung der DDR und des ganzen sozialistischen Lagers.“[896] Auf dem V. Parteitag der SED war es dem Minister für Staatssicherheit vorbehalten, vor dem „großen Plan der Aufweichung und ideologischen Diversion gegen die Länder des Sozialismus“ zu warnen.[897] Ab 1960 bürgerte sich der Ausdruck „politisch-ideologische Diversion“ ein, als deren Erscheinungsformen „Sozialdemokratismus, Opportunismus, Revisionismus“ ausgemacht wurden.[898] Politisch

892 Vgl. Der Fall Kurt Müller, in: Karl Wilhelm Fricke: Warten auf Gerechtigkeit. Kommunistische Säuberungen und Rehabilitierungen. Bericht und Dokumentation, Köln 1971, S. 85f.

893 Protokoll der Vernehmung von Kurt Müller durch den Staatssekretär Mielke am 23.3.1950, zitiert nach Lang: Erich Mielke, S. 232.

894 Begriffsprägung bei Siegfried Mampel: Das Ministerium für Staatssicherheit der ehemaligen DDR als Ideologiepolizei. Zur Bedeutung einer Heilslehre als Mittel zum Griff auf das Bewußtsein für das Totalitarismusmodell, Berlin 1996.

895 Stenographisches Protokoll des 35. ZK-Plenums, 3.–5.2.1958; SAPMO-BA, DY 30, IV 2/1/191, Bl. 78, dokumentiert bei Engelmann/Schumann: Kurs auf die entwickelte Diktatur, S. 65–70.

896 Protokoll der Kollegiumssitzung am 20.2.1958; BStU, ZA, SdM 1554, Bl. 63.

897 Protokoll der Verhandlungen des V. Parteitages der SED, Berlin 1959, S. 551.

898 Bruno Beater an die Leiter der Bezirksverwaltungen vom 21.11.1960; BStU, ZA, DSt 101156.

abweichendes Denken und Handeln – auch von subjektiv DDR-loyalen Bürgern – wurden grundsätzlich in den Kontext „imperialistischer Feindtätigkeit“ eingeordnet und waren somit Hauptgegenstand geheimpolizeilicher „Abwehr“.

Konsequenz dieser Ausrichtung war ein mit dem Beginn der Ära Mielke einsetzendes zügelloses Wachstum des Apparates der Staatssicherheit, der den „entwickelten Sozialismus“ der sechziger und siebziger Jahre kennzeichnen sollte. In den beiden letzten Amtsjahren Wollwebers war der Staatssicherheitsdienst erstmals seit seiner Gründung etwas geschrumpft. 1957 bestand er aus 14.442 hauptamtlichen Mitarbeitern. Im Jahre 1958 erhöhte sich die Mitarbeiterzahl wieder und wuchs dann kontinuierlich weiter.[899] 1971 hatte sich der Kaderbestand verdreifacht und bis Mitte der achtziger Jahre dann nochmals auf über 90.000 hauptamtliche Mitarbeiter verdoppelt.[900] Gemäß der von Ulbricht 1957 ausgegebenen Maxime, daß „Entspannung“ mit noch größeren Anstrengungen der Herrschaftssicherung einhergehen müsse,[901] betrieb Mielke gerade in Phasen der innen- und außenpolitischen Lockerung systematisch die Ausweitung und Qualifizierung seines Apparates und erreichte damit die zunehmende geheimdienstliche Durchdringung immer zahlreicherer „Schwerpunktbereiche“. Die „Gestaltung einer effektiven politisch-operativen Arbeit in allen gesellschaftlichen Bereichen der DDR zum vorbeugenden Verhindern, Zurückdrängen [und] Überwinden von Auswirkungen der politisch-ideologischen Diversion“[902] – und damit in letzter Konsequenz die geheimdienstliche Omnipräsenz – war für das MfS zentrale politische Zielvorgabe.

Politisch sollte Ulbricht ihm zwar den Aufstieg in die höchste Spitze der Partei vorenthalten, unter seiner Ägide blieb Mielke der Einzug ins Politbüro der SED verwehrt, aber sein Einfluß war ungeachtet dessen erheblich – nicht nur als Minister für Staatssicherheit, sondern auch als Mitglied des Nationalen Verteidigungsrates der DDR, in den er am 16. März 1960 berufen worden war[903] und dem er bis zur Endzeit der DDR angehörte. In dieser Eigenschaft hatte er jederzeit Zugriff auf alle sicherheitspolitischen Entscheidungen des Regimes von Relevanz. In der Ära Erich Honecker durfte Mielke endlich auch in den „Rat der Götter“ einziehen: 1971 wurde er Kandidat, 1976 Mitglied des Politbüros. Damit war er endgültig zu einem der mächtigsten Männer im Staat der SED aufgestiegen.

Erst die friedliche und demokratische Revolution in der DDR beendete seine fatale Laufbahn, die ungezählten Opfern zum Schicksal werden sollte. Am 3. Dezember 1989 wurde Erich Mielke, nachdem er als Minister für Staatssicherheit bereits gestürzt worden war, auf Vorschlag des Politbüros sowohl aus dem Zentralkomitee als auch aus der SED ausgeschlossen, gemeinsam übrigens mit Ho-

899 Vgl. das Diagramm zur Entwicklung des Mitarbeiterbestandes bei Jens Gieseke: Die hauptamtlichen Mitarbeiter des Ministeriums für Staatssicherheit (MfS-Handbuch, Teil IV/1), BStU, Berlin 1995, S. 39.

900 Ebenda, S. 98 f.

901 Vgl. Engelmann/Schumann: Der Ausbau des Überwachungsstaates, S. 350.

902 Die politisch-ideologische Diversion gegen die DDR, Lehrbuch, hrsg. von der Juristischen Hochschule (des MfS), Postdam 1988, S. 269.

903 Vgl. das Faksimile des Berufungsschreibens bei Lang: Erich Mielke, S. 230.

necker und weiteren zehn ehemals prominenten Genossen.[904] Für den damals 82jährigen begann ein Dasein in Gerichtssälen und Gefängniszellen, bis ihm nach Verbüßung von zwei Dritteln seiner Freiheitsstrafe am 28. Juli 1995 Haftverschonung zuteil wurde. Weitere Anklagen wegen Begünstigung einer terroristischen Vereinigung, Freiheitsberaubung, Vertrauensmißbrauch, Amtsanmaßung und Untreue kamen aufgrund seiner Haft- und Verhandlungsunfähigkeit nicht mehr zum Tragen.

904 Vgl. dazu Zeno und Sabine Zimmerling: Neue Chronik DDR. Berichte, Fotos, Dokumente. 3. Folge, Berlin 1990, S. 37.

Dokumente

Editorische Vorbemerkung

Die in den Originaldokumenten zahlreich vorhandenen Rechtschreib-, Interpunktions- und kleineren Grammatikfehler wurden aus Gründen der besseren Lesbarkeit stillschweigend bereinigt. Größere grammatikalische Korrekturen sind durch eckige Klammern oder Fußnoten gekennzeichnet. Die Schreibweise wurde generell den heutigen Duden-Regeln angepaßt; dies gilt auch für Abkürzungen. Bedeutungstragende Hervorhebungen sind in Kursivschrift gekennzeichnet. Die in bestimmten Staatssicherheitsdokumenten übliche generelle Hervorhebung von Eigennamen wird nicht wiedergegeben.

Verzeichnis der Dokumente

21. August 1953

Protokoll der Dienstbesprechung mit den Leitern der Bezirksverwaltungen und den Abteilungsleitern im Staatssekretariat für Staatssicherheit (Auszug)[905]

Gen[osse] Mielke:
Zur Untergrundbewegung und Untersuchung:
Der neue Kurs der Regierung kompliziert die Arbeit der Staatssicherheit:

1. Das Anwachsen der Ausgabe von Interzonenpässen;
   das Anwachsen der Ausgabe von Aufenthaltsgenehmigungen;
   die Zulassung von kapitalistischen Elementen in Industrie und Landwirtschaft;
   verschiedene Beschlüsse, die feindlichen Kräften die Möglichkeit geben, diese legalen Möglichkeiten für sich auszunutzen.
2. Der Kampf der Sowjetunion und des Weltfriedenslagers um den Frieden und des amerikanischen Imperialismus gegen das Weltfriedenslager verschärft den Klassenkampf. Der amerikanische Imperialismus versucht, unseren neuen Kurs durch Provokationen zu stören. Dazu gehört auch die Paketaktion. Diese wird ausgenützt zu bestimmten Zwecken, anknüpfend an den 17. Juni. Der Gegner macht auch Pläne, um zu Attentaten überzugehen und Sabotage und Diversionen zu organisieren. Daraus ergibt sich, daß unsere Arbeit so gestaltet werden muß, um den Beschlüssen unserer Partei nachzukommen, daß der Gegner seine Möglichkeiten nicht ausnutzen kann.

Die erste Schlußfolgerung ist eine Analyse in jedem Bezirk mit was wir eigentlich in diesem Bezirk zu tun haben. Welche Kräfte sind vorhanden, die zu solchen legalen Stützpunkten des Feindes werden können. Das muß politisch erarbeitet werden. Bei Nichtbefassung mit dieser Aufgabe werden wir keine guten Agenturen schaffen können. Wir müssen die Stützpunkte des Feindes kennen, um die Menschen zu finden, die in den feindlichen Zentralen Einblick bekommen können. Der Schlüssel zur Verbesserung unserer Arbeit liegt in der grundsätzlichen Feststellung, welchen Personenkreis hat der Gegner, der seine feindlichen Ziele verfolgt.
Daraus ergibt sich, welche Kreise müssen wir also ansprechen.
Das Verhältnis zu den werktätigen Massen:
Eine grundsätzliche Lehre des 17. Juni ist: Unser Informatorennetz war schwach. Wir liquidierten wohl, sogar ernste Gruppen, hatten aber nicht das Informatorennetz, um alle Stimmungen unter den Werktätigen zu erkennen.
Schaffung des Vertrauensverhältnisses zu den Werktätigen ist erforderlich.
Aufklärung der feindlichen Zentralen ist die entscheidende Frage. Aus dem Personenkreis in der DDR (Offiziere usw.) Menschen herausbrechen, die bei den

905 BStU, ZA, SdM 1921, Bl. 203–228, hier 209f. Anwesend: alle Stellvertreter des Staatssekretärs, die Leiter aller Bezirksverwaltungen, alle Abteilungsleiter (der Zentrale), außer der Abt. XV (damals zuständig für Agenturen in Strafvollzugseinrichtungen) sowie der Abteilungen Allgemeines, Wirtschaft und Kasse.

feindlichen Zentralen angenommen werden. Wo sind vor 1933 und nach 1945 starke SPD-Gruppen gewesen und welche Stellungen hatten oder haben sie in der Wirtschaft? Wo sind die ehemaligen Gewerkschaftsbonzen geblieben? Welche Gruppen von Menschen haben nicht die Vereinigung der beiden Arbeiterparteien mitgemacht oder waren nicht einverstanden; sind seit dieser Zeit parteilos oder zu anderen Parteien übergegangen? Oder solche, die die Vereinigung mitgemacht haben und in unsere Partei eingedrungen sind. Man muß sehen, daß sich auch der Feind mit dem Parteibuch tarnt.

Konkret feststellen, wo sind solche Elemente, solche populären SPD-Leute gewesen, die sich nach dem Westen absetzten. Daraus ergibt sich, daß dort starke Stützpunkte sein müssen.

Man wird diese Arbeit weiterführen und sich Stützpunkte schaffen, die notwendig sind. Daraus ergibt sich, daß man bei der Aufklärung und zur Schaffung eines soliden Agentennetzes sich auf diesen Personenkreis stützen muß, der die Möglichkeit gibt, in diese Zentralen einzudringen und uns wertvolle Mitteilungen machen kann. Zu diesem Zweck ist es notwendig, daß man die Methoden des Gegners genau kennt. Das ist nur möglich, wenn man die Zentralen aufklärt und feststellt, welche Zentren sie sich für ihre Zwecke und mit welchen Methoden aussuchen. Nicht nur in den Gewerkschaften, sondern auch bei der Sozialversicherung.

Auch diese Objekte sind in den Bereich unserer Arbeit zu ziehen, um die Untergrundbewegung zu erkennen.

Die Werbung von GM und GI qualifizierter durchführen. Nach Direktive 21 arbeiten.

Bei allen Feststellungen, die wir treffen bezüglich Agentenzentralen, muß nach Schwerpunkten gearbeitet werden.

Erfassung aller Vorgänge, die reif sind zum Abschließen.

Diese Aufgabe ist zu lösen und durchzuführen in allen Verwaltungen. Es gibt viele Vorgänge, die nicht zum Abschluß gebracht werden. Es ist notwendig, eine Reihe von Vorgängen abzuschließen, um dem Feind den Boden zu nehmen. Das Abschließen ermöglicht uns auch, unsere Arbeit zu verbessern und die feindlichen Agenturen aufzuklären.

Die Feststellung des Genossen Wollweber, daß wir uns auf die Genossen, die Erfahrung aus der Arbeiterbewegung haben, stützen müssen, ist von großer Bedeutung. Es gehört zu der Arbeit der Schaffung der breiteren Basis der Informatoren. Die Mitarbeiter für die Untergrundbewegung, die z. B. [das] Ostbüro bearbeiten, sind politisch nicht so reif. In Zukunft müssen die entsprechenden Kräfte an die entscheidenden Stellen kommen, die diese Arbeit durchführen.

Fragen der Untersuchung:

Die Untersuchungsabteilung steht vor einer neuen Aufgabe, den politischen Charakter und die politischen Verbrechen der Festgenommenen herauszuarbeiten. In den Beschlüssen des 15. Plenums wurde die Partei verantwortlich gemacht für die Zerschlagung der Untergrundbewegung. Wir dürfen nicht hinterherlau-

fen, sondern [müssen] rechtzeitig feststellen, welche großen Ziele hat sich die Partei dort gestellt und was will sie erreichen. Unsere Arbeit muß abgestellt sein auf das Ziel, die Agenten und Provokateure zu entlarven. Es ist wichtig, daß unsere operativen Mitarbeiter immer in Kontakt mit der Untersuchungsabteilung stehen, auch nach Abgabe des Ermittlungsvorganges an die Abteilung IX.
Es ist ein großer Fehler, wenn keine konkrete operative Arbeit auch hinterher erfolgt. Die operative Abteilung muß die Untersuchungsabteilung unterstützen, den Vorgang bis zum Ende aufzudecken.
Die Verwaltungschefs müssen sich Gedanken darüber machen, daß die Arbeitsgebiete der Abteilungen genau abgegrenzt werden und wie muß *innerhalb* einer Abteilung die Arbeit abgegrenzt werden.
Wenn wir diese Arbeit so verbessern aufgrund der grundsätzlichen Linie von Genossen Wollweber, dann werden wir sehr schnell die defätistische Linie überwinden.
Wir sind verpflichtet, diesen Fehler wieder gutzumachen. Die große Schwäche der Abteilung[en] IV, V und VI besteht darin, daß sie keine Verbindungen zu den feindlichen Zentralen haben, die den Kampf organisieren. Wir müssen unsere Arbeit umstellen und verbessern.

Dokument 2

23. September 1953

Beschluß des Politbüros[906]

Die Juni-Ereignisse in der DDR deckten große Mängel in der Arbeit der Organe der Staatssicherheit auf.

Trotz der vorhandenen großen Anzahl operativer Mitarbeiter erwiesen sich die Organe des MfS der DDR nicht fähig, die Vorbereitung des faschistischen Putsches in Berlin und anderen Städten und Industriezentren der DDR aufzudecken, sie gaben nicht ein einziges Signal über die Vorbereitung der Provokationen.

Trotzdem schon drei Monate seit den Ereignissen des 17. Juni vergangen sind, haben die Staatssicherheitsorgane auch bis jetzt nicht die Organisatoren der Provokationen entlarvt. Sie decken nur wenige faschistische Untergrundzentren auf, obwohl sie auf die Konzentration von sozialdemokratischen und faschistischen Elementen in Leipzig, Halle, Magdeburg und anderen Bezirken hingewiesen wurden.

Die Leitung des MfS hat die Verschärfung der politischen Situation in der DDR nicht beachtet und übersehen, daß gegen die DDR die Hauptschläge der Spionagezentren der Westmächte sowie der westdeutschen und Westberliner Spionage- und Diversionsorganisationen gerichtet sind, besonders um die mit der Durchführung des neuen Kurses zusammenhängenden Maßnahmen zu verhindern.

Die Unterschätzung der Kräfte und der Fähigkeiten des Feindes führte zu einer schlechten Organisation der operativen Agenturarbeit auf allen wesentlichen Gebieten.

In Westdeutschland und in Westberlin haben die Organe des SfS und des außenpolitischen Aufklärungsdienstes der DDR keine verläßlichen Agenturen in den Aufklärungsorganen und in den Besatzungsinstitutionen der USA, Englands, Frankreichs, in der Bonner Regierung, insbesondere dem Ministerium Kaiser und in den Zentren der westdeutschen und Westberliner Besatzungsorganisationen.

Innerhalb der DDR ist die operative Agenturarbeit nicht richtig aufgebaut. Sie ist gleichmäßig auf alle Objekte verteilt, ohne Beachtung der Bedeutung der einzelnen Abschnitte sowie der Konzentrierung faschistischer und anderer feindlicher Elemente.

Die Staatssicherheitsorgane haben zwar eine Reihe von Spionen unschädlich gemacht, deckten aber die Zersetzungstätigkeit der faschistischen Untergrundorganisationen und des Ostbüros der SPD nicht auf, führten keine konzentrierten Schläge gegen die großen feindlichen Nester.

Der Informationsapparat der Staatssicherheitsorgane ist außerordentlich schwach.

906 SAPMO-BA, DY 30, J IV 2/202/62, ohne Blattzählung. Anwesend: Otto Grotewohl, Walter Ulbricht, Hermann Matern, Karl Schirdewan, Willi Stoph, Ernst Wollweber, Erich Mielke, Otto Walter. Vermerk auf S. 1: Streng vertraulich! – Handschriftlicher Vermerk: 1. Exemplar. Zum Kontext des Dokuments siehe Schumann: Parteierziehung in der Geheimpolizei, S. 36f.

Das Netz ist mit Provokateuren, Doppelzünglern, Desinformatoren sowie mit solchen Informatoren und Agenten durchsetzt, die aufgrund ihrer persönlichen Eigenschaften und ihrer Verbindungen nicht fähig sind, die feindliche Untergrundbewegung und die Agenten ausländischer und westdeutscher Spionagedienste aufzuklären.
Es fehlen wertvolle Agenturen innerhalb der bürgerlichen Parteien der DDR. Bis zur Zeit werden die sozialdemokratischen Organisationen sowie die leitenden Organe der Gewerkschaften und die feindlichen Elemente in den Gewerkschaftsorganisationen ungenügend bearbeitet. Es gibt keine Agentur in kirchlichen Kreisen und unter den früheren Faschisten.
Zahlenmäßig sehr klein und schwach ist das Netz der Informatoren in den Betrieben der DDR und des demokratischen Sektors von Berlin.
Die Werbung von Informatoren in den Betrieben und auf anderen Objekten wird nicht zielbewußt durchgeführt. Die am stärksten von feindlichen Elementen durchsetzten Betriebe und Objekte und ihre entscheidenden Stellen werden nicht von entsprechenden Informatoren erfaßt. Ernste Mängel bestehen auch in der Arbeit mit den Informatoren. Ein großer Teil leitender Mitarbeiter der Staatssicherheitsorgane, wie Abteilungs- und Verwaltungsleiter arbeiten nicht unmittelbar mit den Informatoren. Die Arbeit mit den Agenturen wird im wesentlichen von Sachbearbeitern durchgeführt, die in der Regel keine Erfahrung in der operativen Tätigkeit und kein ausreichendes politisches und allgemeines Bildungsniveau besitzen.
Die Anleitung und die Kontrolle der Arbeit der Dienststellen in den Bezirken und Kreisen wird vollkommen ungenügend durchgeführt. Viele operative Abteilungen kennen die tatsächliche Sachlage ihres Arbeitsgebietes in diesen Dienststellen nicht. Dienstreisen in die nachgeordneten Dienststellen einerseits und Einladungen von Mitarbeitern dieser Dienststellen in das Staatssekretariat andererseits erfolgen selten. Die nachgeordneten Dienststellen erhalten keine genügende Orientierung für ihre Arbeit.
In den Organen hat sich ein formal-bürokratischer, administrativer Arbeitsstil eingebürgert, der die Entwicklung der Initiative und der persönlichen Verantwortung der Mitarbeiter behindert. Die Kritik und Selbstkritik an den Schwächen in der Arbeit fehlt vollkommen.
Der schlechte Zustand, in dem sich die Staatssicherheitsorgane der DDR befanden, erklärt sich in erster Linie durch die schlechte Leitung.
Der auf Beschluß des 15. Plenums des ZK der SED wegen fraktioneller und gegen die Einheit der Partei gerichteter Tätigkeit aus dem ZK ausgeschlossene ehemalige Minister für Staatssicherheit, Zaisser, leitete faktisch die Arbeit der Organe nicht an, sondern isolierte sie von der Parteileitung und ihrer Kontrolle. Die führende Rolle der Partei wurde mißachtet.
Er informierte das Politbüro nicht über die wichtigsten Probleme der Arbeit der Organe. Das führte dazu, daß die Bezirksverwaltungen und Kreisdienststellen keine genügende Verbindung zu den entsprechenden Parteileitungen der Bezirke, Kreise und zu den Parteileitungen der Betriebe hatten und diese nicht über die Lage informierten. Sie arbeiteten vollkommen losgelöst von diesen.

Zaisser verhinderte eine kollektive Beratung erstrangiger politischer und operativer Probleme in der Leitung des früheren Ministeriums. Er unterdrückte jede Kritik an seiner Arbeit.
Für den unzulänglichen Zustand der Staatssicherheitsorgane ist auch der Genosse Mielke verantwortlich und die anderen Stellvertreter, die Genossen Walter, Last, Weikert, Menzel und Gartmann, die nicht gegen die falsche Linie Zaissers gekämpft haben. Die Parteiorganisation und ihre Leitung haben Zaisser auch keiner Kritik unterzogen und das Politbüro des ZK über die wahre Lage in den Organen der Staatssicherheit nicht informiert.
Die Parteiorganisation befindet sich in einem organisatorisch und ideologisch sehr vernachlässigten Zustand und war deshalb nicht in der Lage, zur Beseitigung der Mißstände in der Arbeit der Organe der Staatssicherheit beizutragen.
Einer der wichtigsten Gründe des Mißerfolges der Arbeit der Staatssicherheitsorgane ist das äußerst niedrige Niveau der marxistisch-leninistischen Erziehung der Kader der Staatssicherheit.
Zur Durchführung des Beschlusses des Politbüros des ZK vom 18. Juli über die Aufhebung des MfS als selbständiges Ministerium und seine Eingliederung in das Ministerium des Innern der Deutschen Demokratischen Republik als Staatssekretariat sowie zwecks grundlegender Verbesserung der Arbeit der Staatssicherheitsorgane beschließt das Politbüro des ZK der SED:

1. Die Leitung der Staatssicherheit ist verantwortlich für die Durchführung der Beschlüsse des ZK und des Politbüros. Sie ist verpflichtet, das Politbüro über die Ergebnisse der Arbeit und über den Zustand in den Organen der Staatssicherheit zu informieren, die Pläne und Absichten des Feindes zu signalisieren.
2. Der außenpolitische Aufklärungsdienst der Deutschen Demokratischen Republik wird in das Staatssekretariat für Staatssicherheit des Ministeriums des Innern der Deutschen Demokratischen Republik eingegliedert, wobei die Dezentralisierung unter Tarnung von solchen Institutionen des Ministeriums des Innern der Deutschen Demokratischen Republik, wie dem kartographischen Büro, Meldeamt u. ä. sichergestellt werden muß.
   Der Leiter ist Stellvertreter des Staatssekretärs und ihm unmittelbar unterstellt. Den Genossen Stoph und Wollweber wird die Bestätigung des Planes für die konkreten Maßnahmen zur Reorganisierung des außenpolitischen Nachrichtendienstes aufgrund seiner Eingliederung in das Staatssekretariat für Staatssicherheit übertragen.
3. Der von den Genossen Stoph und Wollweber vorgelegte Entwurf des Statutes des Staatssekretariats für Staatssicherheit wird bestätigt.
4. Dem Staatssekretariat für Staatssicherheit der Deutschen Demokratischen Republik werden folgende Aufgaben zur Durchführung übertragen:
   a) Die Durchführung einer aktiven Aufklärungsarbeit in Westdeutschland und Westberlin mit dem Ziel des Eindringens in die wichtigsten Institutionen der westlichen Besatzungsmächte, der Bonner Regierung, in die Zentralvorstände der SPD und der bürgerlichen Parteien und besonders in ihre Ostbüros, in den Kreis westdeutscher Industrieller und

anderer monopolistischer Vereinigungen, in militärische und wissenschaftliche Forschungsämter und Institutionen.

b) Die Durchführung einer aktiven Spionageabwehr in Westdeutschland und Westberlin sowie auf dem Territorium der Deutschen Demokratischen Republik.
Das Eindringen der Informatoren in die Spionageorgane, Schulen und Zentren von Spionage- und Diversionsorganisationen zwecks Aufdeckung der Pläne und Absichten des Feindes sowie der in die DDR, UdSSR und in die Länder der Volksdemokratien eingeschleusten Agenten der feindlichen Spionagedienste, der westdeutschen und Westberliner Spionage-, Diversions- und terroristischen Organisationen.

c) Die Durchführung der Agenturarbeit in der Deutschen Demokratischen Republik innerhalb der bürgerlichen politischen Parteien, der gesellschaftspolitischen Massenorganisationen und der kirchlichen Organisationen, in den Kreisen der Intelligenz und der Jugend zwecks Aufdeckung von illegalen antidemokratischen Organisationen und Gruppen und der Beseitigung ihrer Zersetzungstätigkeit.

d) Die Durchführung des Kampfes gegen Schädlingstätigkeit, Sabotage und Diversionen in der Volkswirtschaft, die rechtzeitige Aufdeckung und Abstellung der Zersetzungstätigkeit ausländischer Spionagedienste und ihrer Untergrundorganisationen in der Industrie, in der Landwirtschaft und im Transportwesen, um die Durchführung des neuen Kurses zu gewährleisten, der auf eine entschiedene Verbesserung der materiellen Lage der Bevölkerung der DDR gerichtet ist.

e) Die Durchführung der Abwehrtätigkeit unter dem Personal der Kasernierten See-, Luft-, Transport- und übrigen Volkspolizei einschließlich Kriminalpolizei, mit dem Ziel, diese Organe vor dem Eindringen der Agenten der imperialistischen Spionagedienste und der westdeutschen Untergrundzentralen zu schützen.

f) Die Gewährleistung eines zuverlässigen Schutzes der verantwortlichen Funktionäre der Partei und Regierung.

g) Die Gewährleistung einer exakten Zusammenarbeit der Staatssicherheitsorgane mit den Polizeiorganen im Zentrum und in den nachgeordneten Dienststellen.

Das ZK der SED lenkt die Aufmerksamkeit der Staatssicherheitsorgane besonders auf die Notwendigkeit einer westlichen Verstärkung der Arbeit in den Bezirken und Kreisen, wo eine Konzentration von ehemaligen Sozialdemokraten, ehemaligen Faschisten und bürgerlichen Spezialisten, die in Verbindung mit westdeutschen und Westberliner Konzernen stehen, festgestellt ist.

Das ZK verlangt von den Staatssicherheitorganen die Aufdeckung und Entlarvung der Untergrundorganisationen der westdeutschen und Westberliner Zentralen in Magdeburg, Halle, Leipzig, Dresden, Jena und anderen Städten, wo während der Provokationen am 17.6.1953 die aktivste faschistische Tätigkeit zu verzeichnen war.

5. Die Leitung des Staatssekretariats für Staatssicherheit des Ministeriums des Innern der Deutschen Demokratischen Republik wird verpflichtet, die persönliche Verantwortung aller Mitarbeiter für die ihnen übertragenen Arbeitsgebiete genau zu umgrenzen und festzulegen.
Eine grundlegende Umgestaltung der Organisation und der Arbeitsmethoden der Organe der Staatssicherheit durchzuführen, die Kräfte der operativen Mitarbeiter nicht gleichmäßig auf alle Objekte und Richtungen zu verteilen, sondern auf die entscheidenden Stellen zu konzentrieren.
6. Um eine Verzettelung der Kräfte zu verhindern und die ganze Kraft der Staatssicherheitsorgane auf die Erfüllung der wichtigsten Aufgaben zu konzentrieren, hat die Leitung des Staatssekretariats darauf zu achten, daß nur jene Aufgaben durchgeführt werden, die zum Arbeitsbereich der Staatssicherheit gehören.
7. Die Leitung des Staatssekretariats für Staatssicherheit und der Parteiorganisation der Organe der Staatssicherheit haben von allen Mitarbeitern die Beachtung einer eisernen Disziplin, der strengsten Konspiration in der operativen Arbeit zu fordern. Die Konspiration darf jedoch nicht zur Verdeckung der eigenen Fehler und Mängel benutzt werden.
8. Die Genossen Stoph und Wollweber werden verpflichtet, die Anleitung der nachgeordneten Dienststellen zu verstärken und die regelmäßige persönliche Anleitung und Kontrolle der leitenden und operativen Mitarbeiter des Staatssekretariats bei der Bearbeitung konkreter Vorgänge in den Bezirken und Kreisen zu gewährleisten.
Der Genosse Wollweber ist persönlich für die Anleitung der Leiter der Bezirksverwaltungen bei der Durchführung der entscheidenden Aufgaben und die Organisierung einer wirksamen Kontrolle verantwortlich.
Es sind regelmäßig Richtlinien für alle Arbeitsgebiete zu geben, welche die örtlichen Organe auf die Lösung der Hauptaufgaben hinweisen.
9. Zwecks Verbesserung der Leitung durch die Parteiorganisationen der Organe für Staatssicherheit und zwecks Hebung ihrer Rolle bei der Erziehung der Kader sind die Parteiorganisationen in den Bezirksverwaltungen und Kreisdienststellen den entsprechenden Bezirks- und Kreisparteiorganen zu unterstellen.
Die Bezirks- und Kreisparteileitungen sind zu verpflichten, eine aktive und tägliche Leitung der parteipolitischen Arbeit in den Organen zu gewährleisten und zu erwirken, daß alle operativen Mitarbeiter die Politik der SED und die sich aus dem neuen Kurs ergebenden Aufgaben gut kennen und all ihre Kräfte und all ihr Können für die ehrenvolle Sache der Gewährleistung der staatlichen Sicherheit der Deutschen Demokratischen Republik einsetzen.
Zur Wahrung der Konspiration dürfen sich jedoch die örtlichen Parteiorgane nicht unmittelbar in die Arbeit mit den Informatoren der Staatssicherheitsorgane einmischen.
Für die Transportpolizei, die Wacheinheiten, die Mitarbeiter der Organe in den bewaffneten Formationen (KVP – VP-See – VP-Luft – Grenzpolizei und

HVDVP) sowie für die Mitarbeiter des Aufklärungsdienstes (APA) sind für die politische und organisatorische Arbeit besondere Richtlinien herauszugeben.
Verantwortlich: Gen[ossen] Stoph und Wollweber

10. Die Genossen Stoph und Wollweber werden verpflichtet, bis zum 15. Oktober den Struktur- und Stellenplan des Staatssekretariats für Staatssicherheit unter Beachtung der Gewährleistung einer zuverlässigen Zusammenarbeit zwischen operativen Abteilungen, der Beseitigung der doppelten Arbeit in einzelnen Teilen des Apparates sowie der Vereinfachung der Organisation der Leitung der Staatssicherheitsorgane auszuarbeiten und dem Politbüro des ZK der SED zur Bestätigung vorzulegen.
Für die Stellvertreter und Abteilungsleiter ist die Verantwortung genau festzulegen und für ihr Arbeitsgebiet die Selbständigkeit zu sichern.
Die Disziplinarordnung ist unter diesen Gesichtspunkten zu überprüfen.
11. Die Genossen Schirdewan, Stoph und Wollweber werden beauftragt, einen Plan konkreter Maßnahmen zur Einstellung […][907] 1.500 politisch zuverlässiger und geschulter Mitglieder der SED und FDJ,
darunter 60–70 Fachleute, die über besondere Kenntnisse auf dem Gebiet der Ökonomie und der Technik verfügen,
mindestens 100 Mitglieder der Partei, die in der Partei und Arbeiterbewegung erfahren sind, den Kampf gegen das Ostbüro der SPD zu führen, auszuarbeiten und diesen Plan bis zum 15. Oktober dem Politbüro zur Bestätigung vorzulegen.
12. Der Genosse Wollweber wird beauftragt, in einem Monat Vorschläge zur Verbesserung der Schulung und der Qualifizierung der operativen Kader für die Organe der Staatssicherheit der DDR vorzulegen.
13. Die Genossen Stoph und Wollweber zu verpflichten [sic!], dem Politbüro der SED Vorschläge über eine grundlegende Verbesserung der marxistisch-leninschen Schulung der Kader der Organe für Staatssicherheit, wobei besondere Aufmerksamkeit auf ein ernstes Studium der marxistisch-leninschen Theorie durch die Leiter und alle verantwortlichen Mitarbeiter der Organe zu wenden ist [sic!], zu unterbreiten.
Die leitenden Kader in den Organen der Staatssicherheit haben regelmäßig in Versammlungen von Arbeitern, Bauern und der Intelligenz mit Vorträgen über die Fragen der Entlarvung der Methoden feindlicher Tätigkeit imperialistischer Spionagedienste und über die Fragen der Erziehung der Bevölkerung zur Wachsamkeit aufzutreten.
Das ZK verlangt von der neuen Leitung der Organe der Staatssicherheit, daß sie auf der Grundlage einer entschiedenen Umgestaltung der gesamten Arbeit der Organe die Gewährleistung der Durchführung der sich aus dem neuen Kurs ergebenden politischen Aufgaben verwirklicht.
14. Die Genossen Stoph und Wollweber werden verpflichtet, im Dezember 1953 dem ZK über den Verlauf der Durchführung dieses Beschlusses zu berichten.

907 Nicht passendes Wort „von“ gestrichen.

20. Oktober 1953

Operativplan der Abteilung IV/4 des Staatssekretariats für Staatssicherheit zur Aktion „Feuerwerk“[908]

Die vom amerikanischen Geheimdienst finanzierte Spionage- und Agentenzentrale des deutschen Geheimdienstes General von Gehlen [sic!] betreibt eine aktive Militär-, Wirtschafts- und politische Spionage.
Diese Aktivität unter Ausführung der Spionage- und Agententätigkeit läuft parallel zur verstärkten Kriegsvorbereitung des amerikanischen Imperialismus gegen die Deutsche Demokratische Republik, gegen die Sowjetunion und gegen die Länder der Volksdemokratien.
Um die feindlichen Handlungen der Agenturen des deutschen Geheimdienstes General von Gehlen [sic!] zu bekämpfen, weise ich an, alle in der Anlage aufgeführten Agenten bzw. Spione, die im Bezirk …[909] wohnhaft sind und in der Agentenkartei des deutschen Geheimdienstes General von [sic!] Gehlen einliegen, festzunehmen.
Die Festgenommenen sind anhand des vom Staatssekretariat für Staatssicherheit, Abt. IV, ausgearbeiteten Vernehmungsspiegels zu vernehmen.
Die Festnahmen der bekannten Agenten bzw. Spione sind gut vorbereitet und nach Möglichkeit konspirativ durchzuführen. Hierzu ist erforderlich, daß der zuständige Mitarbeiter die Örtlichkeit genau ermittelt und einen Festnahmeplan ausarbeitet.
Für die Durchführung der Aktion „Feuerwerk“ innerhalb der einzelnen Bezirke ist der Leiter der Bezirksverwaltung verantwortlich.
Die Realisierung der operativen Maßnahmen übernimmt der Leiter der Abt. IV der jeweiligen Bezirksverwaltung. Vom SfS, Abt. IV, wird ein verantwortlicher Instrukteur zugeteilt, der die Aufgabe hat, die Verbindung vom Bezirk zum SfS während der Aktion aufrechtzuerhalten.

Vorbereitungsmaßnahmen:

Die vom SfS eingesetzten Instrukteure werden einen Tag vor Beginn der Aktion „Feuerwerk“ mit über jeden einzelnen Agenten bzw. Spion angelegten Handakten in die jeweiligen Bezirke fahren. Diese Handakten beinhalten das von diesen Spionen an den deutschen Geheimdienst General von [sic!] Gehlen bisher gelieferte Material bzw. Personalangaben über die betreffenden Personen.
Die vom SfS eingesetzten Instrukteure haben die Aufgabe, mit dem Leiter der

908 BStU, ZA, DSt 100077, ohne Blattzählung (des BStU). – Handschriftlicher Vermerk: Bl. 12–15. – Vermerk: Anlage Nr. 1 zu GVS, Tgb.-Nr. 3316/53, 7 Blatt; hierbei handelt es sich um ein Rundschreiben der Abteilung IV des SfS an die Bezirksverwaltungen vom 26.10.1953. – Handschriftlich gezeichnet auf S. 4: Mielke, Generalleutnant.
909 Im Original Auslassung zur Einfügung des jeweiligen Bezirks.

jeweiligen Bezirksverwaltung sowie dem Leiter der Abt. IV einen Maßnahmeplan über die durchzuführende Aktion zu erstellen.

Vom SfS, Abt. IV, werden folgende Genossen als verantwortliche Instrukteure vorgeschlagen:
Bezirk Halle: Oberstleutnant Heine,
Bezirk Leipzig: Oberstleutnant Kukelski,
Bezirk Magdeburg: Major Grünert,
Bezirk Dresden: Hauptmann Krusch,
Bezirk Potsdam: Hauptmann Schneider,
Bezirk Cottbus: Hauptmann Bauer,
Bezirk Schwerin: Hauptmann Staudte,
Bezirk Frankfurt: Oberleutnant Sonntag,
Verwaltung Groß-Berlin: Major Träger.
Bei den Bezirken, wo nur zwei bis drei Agenten bzw. Spione bekannt sind, werden die Leiter der Abt. IV zwei Tage vor Beginn der Aktion nach Berlin bestellt. Sie erhalten hier die Anweisungen über die durchzuführenden Maßnahmen.
In den einzelnen Bezirken sind Festnahmegruppen zu bilden und entsprechend dem Festnahmeplan anzuweisen.

Besondere Anweisungen:

Bei den Festnahmen ist zu beachten (Spione und Funker), daß die jeweilige Ehefrau von der Spionagetätigkeit ihres Mannes Kenntnis hat und als Kurier bzw. Vor- und Nachsicherung dient (evtl. auch andere Familienangehörige, wenn Ehefrau nicht vorhanden).
Von der Spionagezentrale besteht ferner eine Anweisung, daß sich die Funker ein Funkausweichquartier beschaffen sollen, dessen Inhaber ebenfalls Kenntnis von der Spionagetätigkeit des Funkers haben bzw. durch den Funker angeworben wurden.
Es ist bekannt, daß ein eingesetzter Funker im Besitz von zwei bzw. drei Funkgeräten ist sowie sechs Schlüsselbücher hat. Weiterhin besitzt er Geheimtinte und entsprechendes Zubehör zum Funkgerät (Antennendraht, Kopfhörer, Akkumulatoren, Frequenzquarze bzw. lose Quarze, Morsetaste, Reserveröhren und Beutel zum Verpacken der Funkgeräte).
Bei der Festnahme von Kurieren ist darauf zu achten, daß von diesen sogenannte „tote Briefkästen" angelaufen werden, um hinterlegte Spionagenachrichten abzuholen oder dort Material zu hinterlegen.
Aufgrund der bisher gemachten Erfahrungen ist es notwendig, die Familienverhältnisse der Spione bzw. Agenten genauestens zu studieren, ob die Ehefrau oder ein anderes Familienmitglied bis zur Klärung der strafbaren Handlung in Gewahrsam genommen werden müssen, da sie die Aufgabe haben, Material (Funkgeräte usw.), das den Spion belasten kann, sofort zu vernichten.
Nach erfolgter Festnahme ist sofort eine Hausdurchsuchung vorzunehmen, wobei besonders auf die angeführten Punkte zu achten ist.

Weitere Maßnahmen:

Nach erfolgter Festnahme ist die Vernehmung des Agenten bzw. Spions in Verbindung mit der jeweiligen Abt. IX durchzuführen. Dabei muß besonders berücksichtigt werden, inwieweit nach der ersten Vernehmung Perspektiven der Überwerbung vorhanden sind. Bei der Vernehmung kommt es besonders darauf an, die Spione bzw. Agenten schnellstens ihrer verbrecherischen Tätigkeit zu überführen und dabei ihre Unterquellen in Erfahrung zu bringen.
Alle neu bekanntwerdenden Agenten bzw. Spione sind nach Rücksprache mit dem vom SfS eingesetzten Instrukteur sofort festzunehmen, und das SfS, Abt. IV, ist in Kenntnis zu setzen.
Alle neuen Maßnahmen, die sich aus der Aktion ergeben, wie Anwerbungen und weitere Festnahmen, müssen vor der Durchführung dem SfS, Abt. IV, gemeldet werden. Ohne Zustimmung dieser Abteilung sind alle Handlungen untersagt. Für die Aktion „Feuerwerk“ ist Oberst Markert, Leiter der Abt. IV des SfS, verantwortlich.
Die Aktion beginnt mit der Bekanntgabe des Kennwortes „Angel“.

28. Oktober 1953

Einsatzbefehl Nr. 333/53 des Staatssekretärs für Staatssicherheit zur Aktion „Feuerwerk“[910]

Um die Aktion „Feuerwerk“ einheitlich und erfolgreich durchzuführen wird angeordnet:

1. Im Staatssekretariat für Staatssicherheit ist ein Einsatzstab zu bilden, unter meiner Leitung.
   Stabschef – Gen[osse] Generalleutnant Mielke
   Vertreter – Gen[osse] Oberst Markert
   Tel.-Nr. 502/212
   Dem Einsatzstab gehören an:
   Gen[osse] Oberst Beater – Abt. V – Tel.-Nr. 243/571
   Gen[osse] Oberst Scholz – Abt. IX – Tel.-Nr. 238
   Das Dienstzimmer des Einsatzstabes befindet sich im Staatssekretariat für Staatssicherheit, Zimmer 2282, Tel.-Nr. 502/212
   Dem Leiter des Stabes unterstehen sämtliche an der Aktion beteiligten operativen Mitarbeiter.
2. In sämtlichen an der Aktion „Feuerwerk“ beteiligten Bezirksverwaltungen ist gleichfalls ein Einsatzstab zu bilden.
   Die Leitung des Einsatzstabes in den Bezirksverwaltungen hat der Leiter der Bezirksverwaltung zu übernehmen.
   Als Mitarbeiter im Einsatzstab sind heranzuziehen:
   der Leiter der Abteilung IV,
   der Leiter der Abteilung V,
   der Leiter der Abteilung IX und
   der Leiter der Abteilung VIII.
   Die Einsatzstäbe unterstehen direkt und unmittelbar dem Leiter des Einsatzstabes im Staatssekretariat für Staatssicherheit.
3. Die an die Leiter der Bezirksverwaltung[en] gegebenen Operativ- und Vernehmungspläne sind als zentrale Richtlinien für die Durchführung der Aktion „Feuerwerk“ zu betrachten und bei der Durchführung der Aktion strengstens zu beachten.
4. Gleichzeitig mit der Durchführung der Aktion „Feuerwerk“ sind sämtliche z. Zt. in Bearbeitung befindlichen Vorgänge zu liquidieren, sofern diese operativ ausgereift und strafrechtlich dazu die Voraussetzungen vorliegen.
   Diese Voraussetzungen sind gegeben, wenn:

910 BStU, ZA, DSt 100077, ohne Blattzählung (des BStU). – Kopf: Regierung der Deutschen Demokratischen Republik, Ministerium des Innern, Staatssekretariat für Staatssicherheit. – Handschriftlicher Vermerk auf S. 1: 3116/61, Ltg. 17646/53. – Handschriftlich gezeichnet auf S. 4: Wollweber, Staatssekretär; F. d. R.: Mielke, Generalleutnant.

a) der operative Stand der Bearbeitung die Liquidierung des Vorganges zuläßt und als zweckmäßig erkannt wird;
b) die strafrechtliche Grundlage gegeben ist und somit getätigte Festnahmen keine Haftentlassung zur Folge haben werden.

Es sind unverzüglich Maßnahmen zu treffen zur Auswahl und Vorbereitung der Liquidierung solcher in Frage kommenden Vorgänge.

5. Alle Maßnahmen zu der unter Punkt 2 geforderten Liquidierung von Vorgängen erfolgen unter der Bezeichnung „Nachschlag“ und analog auf der Grundlage der für die Aktion „Feuerwerk“ herausgegebenen Operativ- und Vernehmungspläne.
Den Leitern der Bezirksverwaltungen Gera, Erfurt, Suhl, „W“ Karl-Marx-Stadt, Neubrandenburg und Verwaltung Groß-Berlin sind die Operativ- und Vernehmungspläne zur Aktion „Feuerwerk“ bis zum 30.10.1953 nachzureichen.
Sämtliche während der Aktion[en] „Feuerwerk“ und „Nachschlag“ durchzuführenden Maßnahmen sind rechtzeitig mit den sowjetischen Instrukteuren abzustimmen.
6. Durch vorbereitende Arbeiten ist die sofortige Vernehmung Festgenommener zu gewährleisten, wobei im Einzelfalle die Möglichkeit einer Überwerbung zu beachten ist.
Die Sachbearbeiter der Untersuchungsabteilungen sind anzuweisen, im Verlaufe der Vernehmung der Vorbereitung eines neuen Tag[es] „X“ besondere Aufmerksamkeit zu widmen.
7. Die Auslösung der Aktion[en] „Feuerwerk“ und „Nachschlag“ hat nach telefonischer Durchsage des Stichwortes „Angel“ durch Generalleutnant Mielke persönlich an die Leiter der Bezirksverwaltungen zu erfolgen.
8. Die an den Aktionen „Feuerwerk“ und „Nachschlag“ beteiligten Bezirksverwaltungen haben über den Verlauf der Aktionen, die getätigten Festnahmen, die erzielten Untersuchungsergebnisse sowie anderweitige besondere Vorkommnisse ständig und unverzüglich an den Leiter des Einsatzstabes im Staatssekretariat für Staatssicherheit, Gen[ossen] Generalleutnant Mielke, und linienmäßig an die Mitglieder des Einsatzstabes zu berichten.
9. Nach Abschluß der Aktion ist ein zusammenfassender Bericht an den Leiter des Einsatzstabes im Staatssekretariat für Staatssicherheit, Gen[ossen] Generalleutnant Mielke, zu übergeben.

11. November 1953

Referat von Hermann Matern auf der zentralen Dienstkonferenz im Staatssekretariat für Staatssicherheit[911]

Genossen!

Das Verlesen der Dokumente hat meinen Ausführungen die Grundlage gegeben. Ich kann mich deshalb auf einiges Wesentliche beschränken, um insbesondere der Diskussion Raum zu geben. Für die Entwicklung und Verbesserung der Arbeit der Organe der Staatssicherheit wird dieses von großer Bedeutung sein. Aus den Beschlüssen des 15. Plenums, in denen das frühere Ministerium für Staatssicherheit ernst kritisiert ist, wurden bereits einige Schlußfolgerungen gezogen und entsprechende Maßnahmen durchgeführt. Es kommt aber darauf an, die Beschlüsse der Partei in den Fragen der Organisierung der Staatssicherheit ohne jede Einschränkung durchzuführen und auch aus den eigenen Erfahrungen zu lernen.

Im Leben und im Kampf der Partei ist es selbstverständlich, an den Ergebnissen der Arbeit die Richtigkeit der Politik zu überprüfen. Deshalb ist auch jede Parteileitung verpflichtet, Rechenschaft über ihre Tätigkeit zu erstatten und kritisch zu überprüfen. Das gilt auch für die Leitung und alle ihre Organe: die Kontrolle der Durchführung der Beschlüsse, der Anordnungen und Befehle und zum zweiten in den erheblichen Kontrollen der[912] Richtigkeit der getroffenen Entscheidung.

Ich weiß nicht, ob es im Ministerium für Staatssicherheit üblich war, kritisch die Ursachen zu untersuchen, wenn ein Mitarbeiter, führend oder nicht, rechtzeitiges Zugreifen zur Flucht verhinderte, was aber notwendig ist.

Das wichtigste Entwicklungsgesetz der Partei und jeder Arbeit ist die Kritik und Selbstkritik. Ohne ihre allseitige umfassende Anwendung gibt es keine Vorwärts- und Aufwärtsentwicklung. Es ist sicher nicht schlecht, wenn jeder für sich und im Kollektiv immer wieder die Arbeit in den Ergebnissen kritisch überprüft, um die Ursachen der Fehler und Mängel aufzudecken und sie zu überwinden.

Das gab es in der Vergangenheit in den Organen der Staatssicherheit so gut wie überhaupt nicht.

Vom früheren Minister wurde ja faktisch die Kritik unterbunden. Nach unten wurde zwar manchmal gedroschen, anstatt zu erziehen. Aber oben wurde vornehmlich Schweigen gewahrt, selbst wenn die größten Fehler gemacht wurden. Die schlimmsten Feinde eines Marxisten-Leninisten – entschuldigt, wenn ich so kritisch spreche – sind Überheblichkeit, Aufgeblasenheit, selbstgefälliges Spießertum und blindmachende Eigenliebe. Das gab es im früheren Ministerium für

911 BStU, ZA, DSt 102272, ohne Blattzählung. – Titel im Wortlaut: „Referat des Genossen Hermann Matern auf der Dienstbesprechung am 11. November 1953". – Vermerke auf S. 1: Abschrift des Stenogramms; Anlage Nr. 1. zu GVS, Tgb.-Nr. 4026/53, 16 Blatt.

912 Im Original fälschlich: die.

Staatssicherheit in einer ganzen Menge. Der hervorragendste Vertreter darin war der Genosse Zaisser, und das hat auch auf manche Genossen abgefärbt. Mir scheint, Genossen, daß es notwendig ist, dieses unangenehme Erbe gründlich [und][913] vollständig zu beseitigen. Ich glaube, daß es bis jetzt noch nicht vollständig der Fall ist. Wo Genossen mit solchen Eigenschaften auftreten, muß man schroff und kompromißlos dagegen kämpfen. Unabhängig, um wen es sich dabei handelt. Das muß eine der ersten Lehren aus der Vergangenheit sein. Niemand darf sich mit schlechten Erscheinungen abfinden und glauben, es ginge ihn nichts an oder es könnte seiner Karriere schaden.

Die Staatssicherheit ist eine eingerichtete Organisation gegen die Feinde unserer Arbeiter- und Bauernmacht. Die Wachsamkeit gilt auch in den eigenen Reihen, um die größte Sicherheit und größte Aktionsfähigkeit zu haben. Der Feind scheut keine Anstrengungen, um in die Organe der Staatssicherheit einzudringen.

Die 2. Parteikonferenz unserer Partei hat als eine der wichtigsten Aufgaben mit gestellt die Stärkung der Staatsmacht als das Hauptinstrument bei der Schaffung der Grundlagen des Sozialismus. Es ist selbstverständlich, daß dazu in erster Linie die Sicherheitsorgane des Staates gehören, die alle Errungenschaften und den Aufbau schützen.

Es ist doch klar, die Verwirklichung der Ziele der Partei ist kein Spaziergang, sondern hartentschlossener Kampf in wechselnder Form und verschiedenster Methode. Wir haben es mit einem Feind zu tun, der mit allen Mitteln seine ihm verbliebenen Positionen ausnützen und die verlorengegangenen zurückerobern will.

Das Finanzkapital ist eine Macht gewohnte Bande, die keine Skrupel kennt. Die Hauptaufgabe unserer Politik und unseres Kampfes ist die Wiedervereinigung Deutschlands auf demokratischer und friedlicher Grundlage. Von diesem Ziel werden wir keineswegs abgehen. Wir werden uns mit der von den anglo-amerikanischen Imperialisten gewaltsam hintertriebenen Wiedervereinigung Deutschlands nicht abfinden. Die Adenauer-Regierung und ihre Hintermänner wollen die Deutsche Demokratische Republik gewaltsam erobern und sogar Polen gleichschalten. Gestützt auf die amerikanischen Imperialisten soll Westdeutschland zur Aufmarschbasis für den amerik[anischen] Krieg und den Revanchekrieg der deutschen Imperialisten und Monopolisten werden. Deshalb wurden alle Vorschläge der Sowjetregierung zur friedlichen Lösung der deutschen Frage von den drei Westmächten und der Bonner Regierung abgelehnt. Bekanntlich hat die Sowjetregierung immer wieder vorgeschlagen, eine Konferenz der Regierungen der drei Westmächte und der Sowjetunion einzuberufen und folgende Fragen zu erörtern:

Einberufung einer Friedenskonferenz zur Wiedervereinigung Deutschlands auf friedlicher und demokratischer Grundlage, die Bildung einer prov[isorischen] gesamtdeutschen Regierung und Durchführung gesamtdeutscher Wahlen. Darüber hinaus hält die Sowjetregierung es nach wie vor für richtig, die Fragen einer

913 Im Original fälschlich: gründliche zu.

Erleichterung der mit den Folgen des Krieges verbundenen finanziellen und wirtschaftlichen Verpflichtungen Deutschlands zu prüfen. Für die DDR sind von der Sowjetregierung nicht nur diese Erleichterungen bereits gegeben, sondern [ist] außerdem große wirtschaftliche und finanzielle Hilfe gewährt. Die Westmächte und die Bonner Regierung jedoch haben kein Interesse an einer friedlichen Lösung der deutschen Frage. Deshalb wurden auch bisher alle Vorschläge der Sowjetregierung abgelehnt und die Eingliederung Westdeutschlands in den Nordatlantikpakt mit allem Nachdruck betrieben. Damit soll Westdeutschland in eine Aufmarschbasis für die Vorbereitung und Durchführung eines neuen Krieges gegen die Sowjetunion und die Volksdemokratien sowie gegen die DDR verwandelt werden.
Gestern wurde bekannt, daß die Westmächte allein zusammentreten wollen, um auf ihre Weise die deutsche Frage zu lösen. Es ist verständlich, daß von diesem Pack niemals die friedliche Lösung des deutschen Problems zu erwarten ist.
Von entscheidender Bedeutung für die Wiederherstellung der demokratischen Einheit Deutschlands ist die Verbrüderung der Deutschen aus Ost und West. Die Regierung der Deutschen Demokratischen Republik hat bekanntlich keine Anstrengungen gescheut und alles unternommen, um die Annäherung der Deutschen aus Ost und West zu ermöglichen. Das wird auch in Zukunft so sein. Auch die Durchführung und Verbreitung des neuen Kurses der Partei und Regierung in der DDR dient unter anderem diesem Ziel. Deshalb wurde die Ausgabe von Interzonenpässen zu Besuchsreisen nach Westdeutschland wesentlich erleichtert. Das erschwert etwas Eure Arbeit. Umgekehrt werden von den westdeutschen Regierungsstellen den Einwohnern Westdeutschlands Besuchsreisen in die DDR wesentlich erschwert und ihnen alle möglichen Schwierigkeiten gemacht. Es wurden so wenig wie möglich Pässe ausgegeben, um zu verhindern, daß die westdeutschen Bürger die wirkliche Lage in der DDR kennenlernen. Auch die Maßnahmen von Partei und Regierung zur Verbesserung der wirtschaftlichen und materiellen Lage in der DDR sind ein nicht unwesentlicher Teil, um die Wiedervereinigung Deutschlands auf demokratischer Grundlage [zu erreichen]. D[as] h[eißt], die Aufgabe besteht darin, die DDR zu festigen, die Lebenslage der werktätigen Bevölkerung wesentlich zu verbessern und einen für ganz Deutschland vorbildlichen Staat zu schaffen. Es ist kein Zweifel, daß die Arbeiter und Werktätigen Westdeutschlands an der DDR lernen werden, daß es ohne Imperialisten und Junker sich besser leben läßt. Ich weiß, daß die Feinde unserer Republik die Bedeutung des neuen Kurses von Partei und Regierung für den Kampf um die demokratische Einheit Deutschlands viel schneller erkennen als manche Menschen von uns – auch als mancher Genosse. Um die Durchführung des neuen Kurses zu verhindern, wurde der 17. Juni inszeniert. Das Ziel war, die Arbeiter- und Bauernmacht zu stürzen und die absolute Gleichschaltung der DDR mit der Bonner Marionettenregierung durchzuführen. Es gelang ihnen, auch Teile der Arbeiterschaft für kurze Zeit irrezuführen. Der Ausgang dieses faschistischen Abenteuers ist bekannt. Ich brauche nicht ausführlich darüber zu sprechen. Es konnte nur mit einem Fiasko für die Provokateure enden, weil die große Mehrheit der Bevölkerung die Putschisten nicht unterstützte. Der Einsatz

der Sowjetarmee bewies allen Kriegsprovokateuren, daß die Elbe nicht und niemals ein 38. Breitengrad wird. Aber im Ergebnis wurden der Partei viele wichtige und ernste Lehren vermittelt und schwache Stellen bloßgelegt. In diesen Tagen zeigte sich auch, daß die Organe der Staatssicherheit ihren Aufgaben nicht gewachsen waren. Das hat natürlich in erster Linie politische Ursachen. Aus den Beschlüssen des 15. Plenums ist uns bekannt, daß im Politbüro einige Mitglieder vor dem feindlichen Druck zurückwichen und den Kampf gegen den führenden Kern der Partei offen begannen. Zu diesen gehörte auch der frühere Minister Zaisser, der fraktionelle Gruppen schuf. Er tat dies zusammen mit dem Redakteur des Zentralorgans unserer Partei „Neues Deutschland", Herrnstadt. Diese fraktionelle defätistische Plattform richtete sich gegen die Politik und die führenden Persönlichkeiten unserer Partei. Was sind die Ursachen und worin liegen die verschärfte Kriegshetze und die verzweifelten Anstrengungen der amerikanischen Imperialisten und ihrer deutschen Handlanger begründet? Das kommt zum Ausdruck in der Niederlage des amerikanischen Imperialismus in Korea, in den gewaltigen Bewegungen in den kolonialen und abhängigen Ländern, in den großen Streiks und gewaltigen Massenaktionen der Arbeitermassen und Werktätigen in den kapitalistischen Ländern, besonders in Italien und Frankreich. Die Sowjetunion führt allein den Kampf um die Erhaltung und Sicherung des Friedens und für die Beseitigung der Spannungen in der Welt.
Eine ständige Gefährdung des Friedens ist das gespaltene Deutschland und die Remilitarisierung Westdeutschlands. Ein Teil des Kampfes um die Erhaltung des Friedens ist also die Überwindung der Spaltung Deutschlands, die Herstellung eines friedliebenden deutschen Staates. Diese Friedenspolitik der Sowjetunion, die den tiefsten nationalen Interessen des deutschen Volkes entspricht, hat Zaisser so verstanden, daß wir die Positionen der Deutschen Demokratischen Republik aufgeben und dem Adenauer-Regime eingliedern. Ihr wißt, daß er solche Auffassungen in Euren Kreisen schon vor längerer Zeit vertreten hat. Es ist doch klar, daß, wenn man der Auffassung ist, daß ein verbürgerlichtes Deutschland entsteht, das von deutschen Militaristen beherrscht wird, ist der Ausbau der Organe der Staatssicherheit nicht notwendig. Ich brauche nicht besonders zu erläutern, wie gefährlich eine solche kapitulantenhafte Vorstellung von der Einheit Deutschlands ist. Mir scheint, daß darin eine Ursache für das Versagen der Organe der Staatssicherheit vor und am 17. Juni ist.
Die Politik unserer Partei war immer dieser defätistischen Auffassung völlig entgegengesetzt, und besonders auf dem 16. Plenum des ZK wurde nochmals eindeutig die Erklärung gegeben, wie wir uns ein einheitliches Deutschland vorstellen. Für uns ist immer selbstverständlich, daß die Deutsche Demokratische Republik das feste Bollwerk aller friedliebenden Deutschen im Kampf um die Einheit Deutschlands ist. Deshalb ist die Politik der Partei in der Hauptsache der Kampf um die Festigung der Arbeiter- und Bauernmacht.
Welche Konsequenzen sich aus der Liquidationspolitik der Partei ergeben, wird deutlich, wenn wir uns den Vorschlag Herrnstadts nehmen. Dieser ist überschrieben „Der neue Kurs und die Erneuerung der Partei". Um klarzumachen, was das bedeuten würde, möchte ich einiges zitieren. Es heißt darin: „Welches sind die

Gründe, aus welchen sich die Partei von den Massen entfernt hat? Der Hauptgrund liegt darin, d.h., daß große Teile des Parteiapparates verbürgerlicht sind und nicht mit den Massen gehen als deren Diener, sondern ohne die Massen und als deren Vormund. Die Verbürgerlichung zeigte sich in verschiedenen Formen." – Von der führenden Rolle der Partei ist also keine Rede mehr. In der Stellungnahme kommt zum Ausdruck ihr Verhältnis zur Partei. Sie wußten, daß sie mit solcher Auffassung keinen Anhalt finden würden. Deshalb forderten sie Erneuerung der Parteiführung und des zentralen Parteiapparates. Herrnstadt und Zaisser hassen den Parteiapparat. Zu dem wird in der Plattform gesagt:

> „Der Parteiapparat zieht die Arbeit des Verwaltungsapparates auf sich, statt diese anzuleiten und zu kontrollieren. Der Parteiapparat leistet nicht die Arbeit, die er leisten muß. Auch sind im Verwaltungsapparat keine Fachleute und Funktionäre, die selbständige Arbeit entwickeln, weil sie nicht von Verantwortung getragen sind, sondern zum Parteiapparat schielen."

D[as] h[eißt], daß der Verwaltungsapparat verfault ist und nicht in der Lage ist, seine Aufgaben durchzuführen. Also muß unter der Führung von Herrnstadt und Zaisser alles erneuert werden, weil alles bisherige verfault und schlecht war. Natürlich gibt es Erscheinungen bei Teilen des Parteiapparates, wo Aufgaben der Verwaltung mit übernommen werden müssen. Wo das nicht der Fall ist, wurde das nicht durchgeführt, weil es nicht den Aufgaben der Partei entspricht. In der Plattform erfolgt eine generelle Mißkreditierung der Partei, als hätte sie nichts geleistet und versagt. Diese vorgeschlagene Änderung des Parteiapparates sollte der Abhebung der Parteiführung dienen.

Die ganze Feindlichkeit dieser Plattform kommt im folgenden zum Ausdruck:

> „Hunderttausende Funktionäre kennen diese Schwäche, rebellieren gegen diese und stellen sich für den Kampf gegen diese zur Verfügung. Millionen Werktätiger schreien nach Abschaffung dieser Schwächen. Sie bringen damit zum Ausdruck, daß sie die Führung der Partei nicht anerkennen."

Sie bringen gleichzeitig zum Ausdruck, daß sie entschlossen sind, gegen die Parteiführung aufzutreten. Die Massen wurden also direkt gegen die Partei aufgewiegelt.

In den Artikeln des Neuen Deutschlands in den Tagen des 17. Juni und danach kam die Stimme des Feindes offen zum Ausdruck, indem die Massen gegen die Partei aufgerufen wurden. Mit dieser zersetzenden Anklage sollte die Partei erneuert werden. Diese Erneuerung entsprach der Vorstellung der Entwicklung eines verbürgerlichten Deutschlands.

> „Wenn die Partei die berechtigten Interessen auch der anderen Klassen und Klassenteile, der Bauern, der Intelligenz, der Handwerker und des kleinen kapitalistischen Privatbesitzers wahrnehmen wird, wird sie die volle Unterstützung der Arbeiterklasse wie auch der anderen Klassen und Schichten finden."

Das bedeutet Preisgabe der Klassenpositionen der Partei. Dieser Angriff erfolgte zu einer Zeit, in der sich die Partei in einer schwierigen Situation befand. Die Partei hatte beschlossen, einen neuen Kurs durchzuführen, d.h., die politischen Verhältnisse zu verbessern und die Lebenslage der Werktätigen zu erhöhen. Dazu waren und sind eine ganze Reihe wirtschaftlicher Maßnahmen notwendig. Der Feind arbeitete mit einem konzentrierten Angriff auf die Partei und ihre Führung, um die Durchführung des für ihn gefährlichen neuen Kurses zu verhindern. In dieser Situation traten Herrnstadt und Zaisser fraktionell mit einer ...[914]

Das ZK hat im 15. Plenum die entsprechende Antwort gegeben und allen Feinden bewiesen, daß die Partei und unsere Arbeiter- und Bauernmacht fest und unerschütterlich sind. Zaisser glaubte, sich in seinem Versuch, die Parteiführung zu erobern, auf seine Staatsposition stützen zu können. Deshalb hat er schon mit der Schaffung des Ministeriums für Staatssicherheit begonnen, eine Mentalität zu schaffen, das Ministerium über die Partei zu stellen. Die Auffassung, daß die Staatssicherheitsorgane außerhalb oder über der Partei stehen, ist bei den Mitarbeitern ziemlich weit verbreitet. Aber es muß ein für allemal damit Schluß sein. Es gibt nichts neben und nichts über der Partei. Alle Organe sind der Partei untergeordnet und werden von der Partei geleitet. Alles, was wir sind, sind wir durch die Partei. (Beifall)

Ich könnte für diese gefährliche Erscheinung, sich über die Partei zu stellen, eine Anzahl Tatsachen anführen. Eine möge zur Orientierung genügen:

Der Genosse Barth, Sekretär der Parteiorganisation der Staatssicherheit in Halle, vertrat die Auffassung, daß im Staatssekretariat für Staatssicherheit Beschwerden nicht an das ZK weitergeleitet werden.

Aus dem Beschluß des ZK über die Lehren aus dem Slansky-Prozeß geht hervor, daß alle Genossen ihre Beschwerden an das ZK mitteilen sollen. In dem Bericht über den Beschluß des ZK ließ der Gen[osse] Barth die Stellen streichen, in denen die Mitglieder aufgefordert werden, Mitteilungen über unklare Verhältnisse an das ZK zu geben. Das ist natürlich völlig unzulässig.

Die Auffassungen vom Über-der-Partei-stehen sind noch nicht völlig überwunden. Wie die Tatsachen aber beweisen, wird der, der sich über die Partei stellt oder Staatspositionen zum Kampf gegen die Partei benutzen will, unbedingt scheitern. Jedes Staatsorgan kann seine Pflichten nur erfüllen, wenn es der Partei untersteht und unter Anleitung der Partei arbeitet.

In diesem Zusammenhang möchte ich eine Bemerkung machen.

Genossen, Ihr habt in Eurer Arbeit nur mit Strolchen, mit Verbrechern und Lumpen, mit negativen Erscheinungen zu tun. Das habe ich in meiner Arbeit in der Regel auch. Dabei entsteht sehr leicht, besonders bei jungen Menschen, die nicht eine feste marxistisch-leninistische Einstellung haben, so eine Mentalität der Verachtung gegenüber allen Menschen und eine solche Vorstellung, als wäre bei uns alles Dreck, als gäbe es bei uns nichts anderes als Dreck.

Aber, Genossen, wir müssen doch sehen, daß Tag für Tag Millionen Menschen anständig und sauber ihre Pflicht gegenüber dem Staat, gegenüber dem Volk erfüllen. Denn, wenn nicht die übergroße Mehrheit Tag für Tag anständig und ehrlich ihre Pflicht erfüllen würde, dann wären ja eine Entwicklung und ein Aufstieg überhaupt unmöglich. Also, mit dem Teil, mit dem Ihr zu tun habt, das sind

914 Satz bricht im Originaldokument hier ab.

gewissermaßen – wie kann man sagen – Abfallprodukte. Das sind nicht die Menschen – ich sage das deswegen, damit wir beim Kampf gegen den Feind und bei der Beschäftigung nur mit den negativen Seiten nicht in eine schiefe Position der Betrachtung und des Verhältnisses zum Volk gelangen. Ich habe bereits darüber gesprochen, daß es im früheren Ministerium für Staatssicherheit keine Kritik und Selbstkritik gab, das wurde von Zaisser verboten, und niemand von den Genossen hat widersprochen, und niemand hat es der Partei gesagt. Es war vielleicht auch manchen Genossen ganz angenehm. Aber wohin das führt, das zeigt das Versagen in den Tagen des faschistischen Putsches. Man darf die Unterdrückung von Kritik und Selbstkritik nicht dulden. Wie das im Beschluß zum Ausdruck gebracht wird, haben die leitenden Mitarbeiter im früheren Ministerium für Staatssicherheit nicht genügend ihre Pflicht erfüllt. Sie sind nicht gegen die falschen Auffassungen Zaissers aufgetreten oder haben das ZK informiert. Das muß eine der ernstesten Lehren sein.
Es kann passieren, daß einem Genossen, der Kritik übt, vorübergehend Unrecht geschieht, das kommt vor. Aber es besteht kein Zweifel, daß unbedingt und in jedem Falle die Partei das korrigieren wird. Wenn es auch manchmal etwas dauert. Ich unterstreiche noch einmal: Jedes Mitglied hat das Recht, sich in jeder Frage an das Zentralkomitee zu wenden. Wenn die Kritik und Selbstkritik unterdrückt werden, dann besteht die Gefahr der Entwicklung von Kriechern und Speichelleckern.
Genossen, ich habe vor längerer Zeit einen Artikel geschrieben: „Duldet keine Paschas und Kriecher!" Sucht ihn Euch wieder vor. Der hat auch heute noch Gültigkeit.
Harte Disziplin und bedingungslose Durchführung von Befehlen und Aufträgen sind notwendig und haben nichts zu tun mit Kriecherei. In Eurer Arbeit ist die Disziplin selbstverständlich Voraussetzung für eine erfolgreiche Arbeit. Aber noch selbstverständlicher ist die Entfaltung von Kritik und Selbstkritik, um die Arbeit ständig zu verbessern und die Schlagkraft zu erhöhen. Die vordringlichste Disziplin ist die Parteidisziplin.
Auf dem 15. Plenum wurde das ehemalige Ministerium für Staatssicherheit ernsthaft kritisiert. Diese Kritik hat nur zum Ziel, die Organe der Staatssicherheit zu festigen und schlagkräftiger zu machen. Es wäre völlig falsch, aus der Kritik der Partei die Schlußfolgerung zu ziehen, daß die Arbeit der Staatssicherheit bei uns abgeschwächt werden soll. Ganz im Gegenteil. Ich brauche nicht auseinanderzusetzen, daß der Klassenkampf an Schärfe zunimmt. Wir haben ein gespaltenes Vaterland. Die imperialistischen Agenturen und die Adenauer-Bande versuchen alles, um die Entwicklung in der Deutschen Demokratischen Republik zu verhindern. Wir wissen, daß der Aufstieg zu einem besseren Leben anziehend auf die Werktätigen in Westdeutschland wirkt. Die Schläge, die in den letzten Tagen von Euch gegen Agentengruppen in der Deutschen Demokratischen Republik erfolgten, zeigen ein Ausmaß der erfolgreichen Arbeit und daß Ihr stärker geworden seid, die Agenten vernichtend zu schlagen.
In den Reihen der Staatssicherheit darf es keinen Liberalismus geben gegen die Feinde unserer Republik. Wir müssen hart und rücksichtslos zuschlagen. Für

knieweiche Pazifisten oder Mondgucker ist in unseren Reihen kein Platz. Genosse Ulbricht hat einmal auf einer ZK-Sitzung erklärt: „Wir müssen die Deutsche Demokratische Republik zu einer Hölle für die feindlichen Agenten machen.“ Genossen, das ist im wesentlichen Eure Aufgabe. Bei der Kritik des Zentralkomitees an der Arbeit des früheren Ministeriums wurde jedoch auch ausgesprochen, daß viele Mitarbeiter in angestrengter Arbeit treu ihre Pflicht gegenüber der Partei und dem Staat erfüllt haben und erfüllen, daß aber die Anleitung fehlte und die Arbeitsmethoden nicht immer den Aufgaben entsprachen. Die Kritik aber soll und muß helfen, die Arbeit zu verbessern, die feindlichen Agenturen aufzuspüren, zu zerschlagen und die Agenten unschädlich zu machen. Es kommt also darauf an, die Arbeit so zu entwickeln, daß sie die größten Erfolge bringt und das anständige und friedliche Leben unserer Bürger geschützt wird. Euer Kampf dient dem Schutz des Volkes. Ich denke, daß die Erfolge der letzten Wochen nicht schlecht sind und beweisen, daß die Voraussetzungen gegeben sind, erfolgreiche Schläge zu führen. Das Zentralkomitee ist der Auffassung, wie das im Beschluß zum Ausdruck kommt, daß Ihr die Arbeit auf Schwerpunkte orientieren müßt in der operativen Arbeit. Genosse Ulbricht sagte auf dem 15. Plenum: „Ihr dürft keine Studiengesellschaft und kein Klub der Harmlosen sein.“ Der 17. Juni hat gezeigt, daß der Feind sich immer auf bestimmte Punkte und auf bestimmte Aufgaben konzentriert. Am 17.6.1953 konzentrierte er seine feindliche Tätigkeit in der Hauptsache auf Großbetriebe und auf die Bauunionen. Seine Sabotage richtet er immer auf solche Punkte, die unseren Aufbau besonders schädigen können. Wir müssen uns in der Arbeit also auch auf Schwerpunkte konzentrieren, um die Versuche der feindlichen Tätigkeit dort zu zerschlagen.

Nach dem 17. Juni begann erst sehr langsam die Parteiorganisation (gesamte Parteiorganisation) die Kampagne zu führen, die Provokateure in den Großbetrieben zu entlarven und zu entfernen. Das geschieht jetzt zum Teil, ist aber noch ungenügend verbunden mit der politischen Aufklärungs- und Entlarvungskampagne. Um feindliche Nester in den Betrieben aufzuspüren, müssen sich die Genossen der Staatssicherheit mit den Arbeitern eng verbinden und sich auf die Arbeiter in den Betrieben stützen. Allein und isoliert werden wir selbst nicht in der Lage sein, die feindlichen Agenten aufzuspüren und zu entlarven. Es ist selbstverständlich, daß diese Arbeit in enger Verbindung mit der Partei erfolgt, daß die Partei Hinweise gibt und für politische Kampagnen informiert wird. Wir haben in der Republik bestimmte Schwerpunkte, wo das Ostbüro der SPD Voraussetzungen für seine feindliche Tätigkeit hat. Ihr wißt, die rechten Sozialdemokraten, die Ollenhauer und Konsorten wollen alles tun, um den Monopolisten den Weg in die Deutsche Demokratische Republik zu ebnen, damit die gleichen Adenauer-Verhältnisse auch bei uns entstehen. Nun also, wir werden ihnen das nicht erlauben, sondern ihnen entschieden auf die Finger klopfen. Ich denke, wenn ich mir die Positionen des Ostbüros anschaue in Bautzen, Görlitz, Dresden, Halle, Magdeburg und einigen anderen Städten. Sehr oft arbeiten die Agenten des Ostbüros mit faschistischen Agenturen und imperialistischen Spionen zusammen. Wir dürfen nicht annehmen, daß das getrennte, mit ganz verschiede-

nen Zielen arbeitende Einrichtungen sind. Sie haben alle denselben Herrn, den amerikanischen Imperialismus, und jeder arbeitet nur auf einem bestimmten Gebiet nach derselben Richtung und mit demselben Ziel. Sie arbeiten also sehr oft zusammen. Dafür gibt es Tatsachen in Halle, Jena, Brandenburg und in anderen Städten, hier in Berlin auch.
Gegenwärtig sehen wir eine Verstärkung der feindlichen Tätigkeit auf dem Lande, um die Versorgung unserer Bevölkerung zu erschweren. Ihr wißt, in den Tagen des 17. Juni war auf dem Lande im wesentlichen Ruhe. Es gab keine Unruheherde. Es wäre aber falsch anzunehmen, daß der Feind dort keine Positionen hat. Offensichtlich hat er einen bestimmten Plan der Entfaltung seiner feindlichen Kräfte. Jetzt, wo bei uns im Vordergrund steht, mit dem neuen Kurs die Verbesserung der Lage der Werktätigen herbeizuführen, konzentrieren sie sich auf Sabotagearbeit im Dorf, in der Landwirtschaft, um die Versorgung unserer Bevölkerung zu erschweren. Ich brauche Euch nicht von terroristischen Überfällen und Sabotageakten zu erzählen, sie sind Euch genügend bekannt. Um noch einige Schwerpunkte feindlicher Tätigkeit zu nennen, möchte ich besonders an Leuna, Buna und die Bitterfelder Betriebe erinnern. Dort arbeiten Konzernkreaturen, faschistische Kreaturen und Agenten des Ostbüros zusammen. Mir scheint, wir haben die eigentlichen Organisatoren des faschistischen Putsches noch nicht völlig aufgespürt und liquidiert. Ein Teil ist wahrscheinlich davongelaufen, aber ein Teil und Hauptakteure sitzen noch bei uns. In den Bauunionen treiben noch eine ganze Menge ihr Unwesen. Das trifft auch auf eine Anzahl Großbetriebe zu. Die Eisenbahner haben sich am 17. Juni an den faschistischen Aktionen nicht beteiligt. Es wäre aber völlig falsch, anzunehmen, daß es unter ihnen keine feindlichen Agenturen gibt. Besonders trifft das auch zu auf die Eisenbahnausbesserungswerke. Ob wir da Leipzig, Halle oder Kirchmöser annehmen, es ist klar, Genossen, daß sich Agenten und Provokateure auch mit dem Parteibuch tarnen. Das Parteibuch ist also nicht in jedem Falle ein absolutes Alibi. Das gibt es besonders im Staats- und Wirtschaftsapparat und immer dort an solchen Punkten, wo sie ihren feindlichen Auftraggebern am meisten dienen können mit Nachrichten und mit Desorganisationen der Arbeit. Wir müssen uns also darauf orientieren: eine Basis für die feindliche Tätigkeit – das wird auch im Beschluß des Politbüros gesagt – gibt es natürlich in den Blockparteien und in den Massenorganisationen. Es ist klar, daß die Westberliner Pestzentralen sich auf diese Leute in den Parteiorganisationen stützen, weil es in den bürgerlichen Parteien bestimmte klassenmäßige Voraussetzungen gibt. Wenn wir also die ganze Summe zusammennehmen, ist der Umfang der Arbeit und der Aufgaben wirklich nicht gering. Es wäre eine verhängnisvolle Illusion, zu glauben, daß die feindliche Tätigkeit irgendwann automatisch aufhört. Allein mit einem Teil des Staatsapparates den Kampf gegen die feindlichen Agenturen zu führen, kann nicht erfolgreich sein. Wir müssen uns bei unserer Arbeit auf die breite Masse der Werktätigen stützen können. Deshalb ist es richtig und notwendig, daß über die Arbeit der Staatssicherheitsorgane in der Öffentlichkeit berichtet wird. Ein gutes Beispiel, wie die Aktion des Feindes zur Mißkreditierung der Arbeit unserer Staatssicherheitsorgane zerschlagen werden können, ist der Fall Jädicke. Hier

wurden schnell und gründlich die Provokation und ihre Hintermänner entlarvt und die Glaubwürdigkeit der feindlichen Presse erschüttert. Ich denke, sehr gut sind auch die bisherigen Veröffentlichungen und popularisierenden Maßnahmen über die jetzigen geführten Schläge.
Ich habe früher Zaisser sehr oft vorgeschlagen, er sollte nicht den Mann im Hintergrunde spielen oder, wie ich im ZK gesagt habe, versuchen, die „graue Eminenz“ zu spielen, sondern er solle in Versammlungen auftreten. Er hat das zwar immer anerkannt, aber niemals getan.
Ich denke, daß es richtig ist, daß die leitenden Genossen in Versammlungen vor den Arbeitern auftreten. Dadurch entsteht eine andere Atmosphäre und eine andere Beziehung. Wenn wir uns nicht in der Arbeit auf die breiten Massen stützen können, werden wir die Erfolge nicht haben, die wir brauchen. Je enger die Verbundenheit besteht, um so größer werden die Erfolge sein. Ihr seid doch ein Organ der Arbeiter- und Bauernmacht und müßt mit dem arbeitenden Volk auf das engste verbunden sein.
Durch die Verwirklichung des neuen Kurses, die Lohnerhöhungen, die Steuerherabsetzung, die große Preissenkung, wird in der Bevölkerung eine aufgeschlossenere Atmosphäre geschaffen. In steigendem Maße bringen die Werktätigen [durch] die Wettbewerbsverpflichtungen und Steigerungen der Arbeitsproduktivität ihre Verbundenheit mit der Partei und Regierung zum Ausdruck. Die Partei hat jetzt alle Voraussetzungen, den politisch und ideologisch begonnenen Umschwung fortzusetzen und die Werktätigen fest mit der Partei zu verbinden. Damit werden auch die Voraussetzungen für die Arbeit der Organe der Staatssicherheit leichter und besser. Die Popularisierung Eurer Arbeit hat zwei Seiten. Einmal die breiten Massen zur Mitarbeit aufzufordern, zur Unterstützung im Kampf gegen die feindlichen Agenturen und auf der anderen Seite den Agenten Angst und Schrecken einzujagen, daß sie unbedingt und in jedem Fall erwischt und liquidiert werden. Wir müssen den Feind mit allen Mitteln zersetzen und in eine hoffnungslose Lage bringen. Natürlich müssen wir verstehen, daß der Feind seine Methoden ständig ändert und vor den hahnebüchensten Provokationen nicht zurückschreckt. Wir müssen also eine gründliche und harte Arbeit leisten und nicht auf die Provokationen des Gegners hereinfallen. Schnell und gründlich prüfen und dann hart und rücksichtslos zuschlagen. Es ist notwendig, daß die Organe der Staatssicherheit sich auf ihre Aufgabe des Kampfes gegen feindliche Agenturen orientieren. Wir dürfen nicht zulassen, daß die Organe der Staatssicherheit Mädchen für alles sind. Natürlich ist es schwer, im Staats- und Wirtschaftsapparat zu unterscheiden, was Fehler, Unzulänglichkeiten, Dummheiten und Fehldispositionen sind und was absichtlich Feindarbeit ist. Für die Kontrolle des Staats- und Wirtschaftsapparates bestehen verschiedene Organe. Beim Ministerpräsidenten und den Ministerien sind oder werden Kontrollorgane geschaffen, um den Ablauf der Arbeit der Ministerien zu kontrollieren. Es wäre auch falsch, Aufgaben der Zentralen Kontrollkommission zu übernehmen. Die Organe der Staatssicherheit sollen sich einschalten, wenn Verdacht oder Momente feindlicher Arbeit vorliegen.
Und nun, Genossen, erlaubt mir einiges zu den Aufgaben der Parteiorganisation

in den Organen der Staatssicherheit zu sagen. Ihr wißt, daß im Plenum des ZK der Zustand und die Arbeit der Parteiorganisation im früheren Ministerium für Staatssicherheit kritisiert und als im vernachlässigten Zustand bezeichnet wurde. Das ist eine harte, aber zutreffende Kritik. Die Parteiorganisation hat in der Vergangenheit ihre Pflicht offensichtlich nicht erfüllt. Im wesentlichen haben die Parteiorganisationen in den Organen der Staatssicherheit die gleichen Aufgaben wie die übrigen Parteiorganisationen. Wir haben deswegen beschlossen, das wurde auch vordem mitgeteilt, die selbständige Parteiorganisation von oben bis unten aufzuheben. Die Parteiorganisation im Staatssekretariat wird vom ZK direkt angeleitet und die Parteiorganisationen in den Bezirken und Kreisen werden angeleitet von der jeweiligen Bezirksleitung. Wir wollen eine engere Verbindung zur Partei erreichen. Das wird aber auch die Arbeit erleichtern und verbessern. Ich brauche nicht besonders darüber zu sprechen, daß es Seiten in Eurer Arbeit gibt, über die nicht im breiten Forum diskutiert wird. Aber in den Parteiorganisationen ist es möglich und notwendig, durch die kritische Diskussion die allgemeine operative Arbeit und den moralisch-politischen Zustand der Mitarbeiter zu verbessern. Die Parteiorganisation hat besonders die Aufgabe, ein hohes Parteibewußtsein zu entwickeln und die Mitarbeiter zu einer strengen Disziplin zu erziehen. Es ist klar, daß der Feind besondere Anstrengungen macht, in die Organe der Staatssicherheit einzudringen und Mitarbeiter für sich zu gewinnen. Aus Eurer Arbeit ist Euch bekannt, daß der Feind sehr systematisch und auf lange Sicht Genossen in ihrem Leben, in ihrem moralisch-politischen Zustand, in ihrem Verhalten beobachtet, um irgendeinen Punkt zu finden, an dem er anknüpfen kann, um ihn zu feindlichen Handlungen zu pressen.
Um so ernster ist die Aufgabe der Parteiorganisationen in den Organen der Staatssicherheit, bei jedem einzelnen ein hohes politisch-moralisches Bewußtsein zu erziehen und zum Bewußtsein unseres unvermeidlichen Sieges zu erziehen. Ich sage dies deshalb, weil es hier und da in moralischer Hinsicht bedenkliche Erscheinungen gibt. Ich denke, daß es notwendig ist, auch den Mitarbeitern der Staatssicherheit die Möglichkeit zu geben,

1. sich gründlich zu schulen, den Marxismus-Leninismus zu studieren und
2. am kulturellen Leben teilzunehmen.

In dieser Hinsicht müssen die Parteiorgane eine intensive und vorbildliche Arbeit leisten. Erlaubt mir, Genossen, in diesem Zusammenhang noch einige Bemerkungen:
In meiner Parteifunktion wenden sich viele Genossen mit den verschiedensten Fragen und Beschwerden an mich, nicht nur Genossen von hier, sondern von überall und auch viele parteilose Menschen. Sehr oft sind es Beschwerden über das schlechte Verhalten leitender Genossen einfachen Mitarbeitern gegenüber. Manche Genossen, die durch die Partei in irgendeine Funktion gekommen sind, vergessen vollkommen, daß sie auch die Pflicht haben, sich um die Sorgen und Nöte ihrer Mitarbeiter zu kümmern. Es gibt Genossen, die glauben, Autorität durch Nichtachtung der einfachen Menschen und durch ein hochtrabendes Wesen zu erhalten. Das ist ein gewaltiger Irrtum. Weder durch plumpe Annäherung noch Mißachtung der Mitarbeiter gewinnt man Achtung und Vertrauen. Ich möchte

unterstreichen, im Mitarbeiter den Menschen und Genossen zu sehen, was nichts mit Gleichmacherei zu tun hat oder die notwendige Disziplin abschwächt. Wenn sich in dieser Hinsicht bei leitenden Genossen das Verhalten etwas ändern würde, wäre das für die Arbeit nicht schlecht. Es ist selbstverständlich, daß die Parteiorganisationen zu den Beschlüssen der Partei Stellung nehmen, sie gründlich studieren und behandeln, wie jede andere Parteiorganisation, und sich aus den Beschlüssen ergebende konkrete Aufgaben der Arbeit herausarbeiten.

Wenn wir also die richtige Lehre aus der Kritik des ZK ziehen, und auch aus den Erfahrungen Eurer eigenen Arbeit, wird die Arbeit viel erfolgreicher sein, werden die Schläge auf den Feind noch härter erfolgen und dann werden wir die DDR wirklich für die feindlichen Agenten zur Hölle machen.

11. und 12. November 1953

Referat von Ernst Wollweber auf der zentralen Dienstkonferenz im Staatssekretariat für Staatssicherheit (Auszug)[915]

Die Bedeutung des Beschlusses des Politbüros vom 9. Juni und der Regierung vom 11. Juni, die den neuen Kurs des ZK und der Regierung einleiteten, wurde von der Bourgeoisie schnell erkannt, und sie stellte ihre Maßnahmen darauf ein, diesen neuen Kurs schon im Beginn zu durchkreuzen.
Die Bedeutung des neuen Kurses lag darin, die Lebenshaltung der Bevölkerung durch Produktionssteigerung in der Konsumgüterindustrie schnell zu heben, die großen Investitionen für die Schwerindustrie zeitweilig einzuschränken, um mehr Mittel freizubekommen für eine forcierte Entwicklung der Leichtindustrie. In diesen wirtschaftlichen Maßnahmen, die auf die Erhöhung der Lebenshaltung der Bevölkerung in der DDR abzielen, sah die Bourgeoisie eine Gefahr. Die westdeutschen Monopolkapitalisten bereiten sich zur gleichen Zeit auf eine neue Rüstungskonjunktur vor, die automatisch eine Senkung der Lebenshaltung der westdeutschen Bevölkerung nach sich ziehen muß. Die Durchsetzung des neuen Kurses auf wirtschaftlichem Gebiet bedeutet also in dem politischen Ergebnis, daß die Anziehungskraft des wirtschaftlichen Aufbaus in der DDR auf die westdeutsche Bevölkerung steigen mußte und damit in Westdeutschland gleichzeitig die Opposition gegen den Adenauer-Kurs.
Der neue Kurs in der DDR schafft die Bedingungen zur Durchkreuzung des Adenauer-Kurses auf Militarisierung Westdeutschlands und der Aufrechterhaltung der Spaltung Deutschlands.
Der neue Kurs in der DDR entspricht in der gegebenen historischen Situation in vollem Umfang den nationalen Interessen des ganzen deutschen Volkes.
Deshalb wurde durch die monopolkapitalistischen Kreise alles versucht, diesen neuen Kurs zu durchkreuzen. Der faschistische Putsch am 17. Juni war der Versuch der amerikanisch-antisowjetischen Politik in Europa und der[916] Politik Adenauers, die[917] Liquidierung der DDR und die[918] Schaffung neuer Bedingungen für einen Revanchekrieg gegen die Sowjetunion und die volksdemokratischen Länder Osteuropas durchzusetzen.
Das Gelingen eines solchen Putsches hätte die Kriegsgefahr in Europa sehr schnell erhöht.
Die Niederlage der Organisatoren des faschistischen Putsches – herbeigeführt durch den Widerstand des entscheidenden Teiles der deutschen Bevölkerung

915 BStU, ZA, DSt 102272, ohne Blattzählung. – Vermerk auf S. 1: Anlage Nr. 2 zu GVS Tgb.-Nr. 4026/53, 26 Blatt.
916 Im Original fälschlich: die.
917 Im Original fälschlich: zur.
918 Im Original fälschlich: zur.

und dem schnellen Eingreifen der Sowjetmacht – war ein wichtiger Beitrag zur Erhaltung des Friedens.
Die Sowjetmacht unterstützte aber nicht nur die Arbeiter- und Bauernmacht in der Deutschen Demokratischen Republik bei der Niederschlagung des faschistischen Putsches, sondern unterstützte auch in großem Umfange die wirtschaftliche Aufwärtsentwicklung der Deutschen Demokratischen Republik, was insbesondere zum Ausdruck kommt durch die Vereinbarungen der Regierung der Sowjetunion und der Regierung der DDR vom 21.8.1953 über die wirtschaftliche Hilfeleistung der SU für die DDR.
Demgegenüber bedeutet der Wahlerfolg Adenauers keineswegs, daß sich das Kräfteverhältnis in der Welt zugunsten der Aggressoren eines neuen Krieges verändert hat. Kein einziges Problem, vor dem die Adenauer-Regierung steht, kann durch einen jeweiligen Wahlerfolg gelöst werden.
Es ist wiederholt in der Geschichte der letzten Jahrzehnte in Deutschland vorgekommen, daß man durch soziale Demagogie, Aufpeitschung chauvinistischer Leidenschaften und Aufputschung revanchelüsterner Elemente breite Massen der Bevölkerung verwirren konnte. Das hat aber die Demagogen, Putschisten und die Aggressoren eines Krieges nie davor bewahrt, am Schluß vernichtend geschlagen zu werden.
Scheinbare und zeitweilige Erfolge der reaktionären Kreise dürfen uns nicht täuschen bei einer Einschätzung des internationalen Kräfteverhältnisses zwischen den Kräften im Lager des Friedens und den Aggressoren eines neuen Krieges. Alle ihre Versuche, die internationale Politik zur Erhaltung des Friedens, die nationale Politik in Deutschland zur Herstellung der Einheit unseres Landes, den wirtschaftlichen Aufschwung in der SU, den Ländern der Volksdemokratien und der Deutschen Demokratischen Republik zu durchkreuzen, müssen scheitern. Von diesem Gesichtspunkt aus muß der Versuch betrachtet werden, der unternommen wurde, um durch die Paketaktion die Aufbauarbeit in der Deutschen Demokratischen Republik aufs neue zu stören.
Die Paketaktion zeigte im ersten Abschnitt, daß es den Hetzern immer noch möglich ist, größere Teile der Bevölkerung der Deutschen Demokratischen Republik irrezuführen, daß aber die Maßnahmen des Politbüros und der Regierung schließlich dazu führen, daß die gegnerischen Versuche scheitern mußten. Bei der sogenannten Paketaktion zeigte sich aber deutlich die Absicht der Feinde, die Staatsautorität zu untergraben, was seinen Ausdruck u. a. in der Tatsache fand, daß polizeiliche Anordnungen mißachtet werden sollten. Wenn eine in jedem Lande gültige polizeiliche Bestimmung, nach der Personalausweise nur im persönlichen Besitz des Inhabers sein dürfen, gröblich mißachtet wurde, indem Bettelpaketabholer[919] eine größere Anzahl von Personalausweisen und amtlichen Dokumenten bei sich trugen, so zeigt das […][920] die Bestrebungen des Feindes, allgemein zu einer Mißachtung staatlicher Anordnungen zu kommen, also die staatliche Autorität zu untergraben. Diesem Bestreben, die staatliche Autorität

919 Im Original fälschlich: von Bettelpaketabholern.
920 Nicht passendes Wort „daß“ gestrichen.

zu untergraben, müssen entgegengesetzt werden die Maßnahmen zur Stärkung der Staatsautorität. Im letzten Abschnitt der sogenannten Paketaktion ist das auch geschehen, aber in dem 1. Abschnitt zeigten sich Schwankungen, was man tun sollte. Die dann eingeleiteten Maßnahmen von polizeilicher Seite und die Fahrkartensperre nach Berlin haben sich dann als wirksam erwiesen, den Versuch, die Staatsautorität zu untergraben, zum Scheitern zu bringen. Ich sage das deshalb, weil wir mit neuen Versuchen der Untergrabung der Staatsautorität rechnen müssen.
Für die Zukunft müssen wir daraus lernen, eine gegen den Staat gerichtete Aktion von Anfang an im Keime zu ersticken. Das gilt auch in bezug auf den Kampf gegen Banditen. Es darf sich nicht wiederholen, daß Banditen wochenlang eine Gegend unsicher machen können, weil am Anfang nicht richtig gehandelt, die MP auf die Schulter gehangen wurde, um etwas zu kontrollieren, und man dabei unsere Volkspolizisten erschossen hat, anstatt die Leute[921], die im Verdacht des Banditentums standen, […][922] unter der Mündung der MP zu zwingen, selbst die Arme zu heben. Durch diesen Fehler am Anfang und die nicht richtige Arbeit ist es dem Gegner möglich gewesen, seine Banditen richtig, so wie er es wollte, nach Westberlin zu bringen. Hier haben wir einen Mißerfolg, der zuerst seine Ursache hat in nichtgenügender Wachsamkeit und nicht energischem Eingreifen gegen diese Elemente.
Es ist aber eine allgemeine Erscheinung – und das war am 17. Juni sehr klar zu erkennen –, daß die faschistischen Halunken vor den sowjetischen Soldaten Respekt hatten, leider nicht in demselben Maße vor unserer Volkspolizei. Das ist Aufgabe der Organe der Staatssicherheit, zusammen mit den Leitungen der Volkspolizei bei irgendwelchen Aktionen sofort energische Maßnahmen festzulegen, um den Feinden wirksam entgegentreten zu können und um sich den notwendigen Respekt zu verschaffen, weil das dazu gehört, die Staatsautorität zu sichern und zu heben.
Keinen Augenblick darf Zweifel darüber bestehen, daß der Feind aus seiner inneren Schwäche heraus gerade in Zeiten, wo bei uns Erfolge in Aussicht stehen, seine Anstrengungen zur Durchführung von Sabotage, Diversionsakten und Zersetzungsarbeit verdoppelt.
Es ist also notwendig, daß der Kampf gegen Provokateure, gegen Saboteure, Diversanten, Putschisten und die Organisatoren der Zersetzung offensiv geführt wird, mit konzentrierten Schlägen gegen die Feinde. Hier müssen wir feststellen, daß es uns bis jetzt noch nicht gelungen ist, nach dem Auftrag des Politbüros die Hintermänner und die Organisatoren des Putsches vom 17. Juni festzustellen. Es ist uns bisher nicht gelungen, diesen Auftrag zu erfüllen. Der Auftrag besteht nicht allein darin, festzustellen, daß es amerikanische faschistische Elemente waren, sondern er lautet konkret: Wer ist beteiligt, wo, wann und mit wem diese Aktion vorbereitet wurde, weil das diese Kreise sein werden, die in Zukunft ebenfalls die Aktionen mit größter Wahrscheinlichkeit leiten werden.

921 Im Original fälschlich: den Leuten gegenüber.
922 Nicht passendes Wort „erst“ gestrichen.

Den ersten konzentrierten Schlag haben wir durchgeführt, wobei das Schwergewicht bei der Zerschlagung einer Reihe Agenturen der Spionageorganistionen Gehlen lag. Die wichtigste Voraussetzung, um einen solchen Schlag führen zu können, war die Beseitigung der Folgen der Zaisserschen Politik, die darin bestand, daß die Staatssicherheit losgelöst vom Volk und der Arbeiterklasse arbeitete, viel die einzelnen Menschen studierte, anstatt die Organisationen zu zerschlagen, die Gefährlichkeit dieser Organisationen der Bevölkerung vor Augen zu führen, um die Unterstützung der Bevölkerung bei Aufdeckung von Spuren und bei der Zerschlagung von Organisationen zu gewinnen.
Wir haben einen großen Erfolg zu verzeichnen. Alle unsere Mitarbeiter, die daran beteiligt sind an diesem Erfolg, können stolz sein. Aber wir dürfen keinen Augenblick vergessen, daß die Kritik des ZK an der früheren Arbeit der Staatssicherheit wesentlich dazu beigetragen hat, die Folgen der Zaisserschen Politik zu überwinden und damit die Voraussetzungen zu schaffen für einen großen Erfolg. Dieser Erfolg darf jedoch nicht zu einer falschen Einschätzung führen. Es wäre falsch anzunehmen, daß der Gegner entscheidend geschlagen wäre. Der Gegner ist an einigen wichtigen Punkten stark angeschlagen, aber nicht geschlagen und nicht gelähmt. Wir müssen uns nicht nur vor einer falschen Einschätzung hüten, sondern auch davor, daß Erfolge zu Kopf steigen und wir dadurch eine neue Quelle der persönlichen Überheblichkeit bekommen. Auf etwas stolz sein oder überheblich sein, das ist etwas Grundverschiedenes.
Welches ist der Sinn, der dem konzentrierten Schlag und den Veröffentlichungen über diesen Schlag zugrunde liegt?
Wir wollen erst einmal der ganzen Bevölkerung und insbesondere der Arbeiterklasse die Gefährlichkeit dieser Banditen für jeden einzelnen Menschen zeigen, um die Wachsamkeit zu erhöhen, um aus der Bevölkerung große Hilfe zu bekommen, zahlreiche neue GI und GM auf dieser Grundlage zu werben, damit der Wirkungskreis der Organe der Staatssicherheit erweitert wird, um in alle Organisationen und Zentren des Gegners einzudringen.
Wenn unsere Mitarbeiter es jetzt richtig auffassen, dann haben sie durch diese Veröffentlichungen viel bessere Voraussetzungen zur Werbung von GI und Heranbildung von GM, als das bisher der Fall war. Aber nicht nur das, sie werden auch, ohne daß jemand GI oder GM ist, einzelne Hinweise aus der Bevölkerung bekommen, die wertvoll sein können für die Aufdeckung von Spuren.
Wollen wir auf der einen Seite auf diese Weise die Wachsamkeit der Bevölkerung erhöhen und den Wirkungskreis der Organe der Staatssicherheit erweitern, so wollen wir auf der anderen Seite die Zentren der feindlichen Tätigkeit desorientieren und unsicher machen, dem einzelnen Agenten feindlicher Organisationen die Gefährlichkeit seines Tuns vor Augen führen, daß er nur kurze Zeit gefährlich in Freiheit leben kann und dann lange sitzen muß, wenn er seine Tätigkeit fortführt. Wir müssen dabei auch die Möglichkeit ausnutzen, den Agenten die Chance zu geben, durch frühzeitiges Melden bei den Organen der Staatssicherheit straffrei auszugehen oder auf Strafmilderung rechnen zu können. Deshalb haben wir das Beispiel des Studenten Eckstein publiziert. Das ist auch mit ein Grund, warum wir Geyer auf der Pressekonferenz auftreten ließen, und wir werden noch einige

Erklärungen in derselben Richtung bringen. Es kommt also darauf an, unsere Veröffentlichungen darauf einzustellen, die Agenten zu schockieren, durcheinander zu bringen, möglichst zu veranlassen sich zu melden, um dadurch neue Spuren zu bekommen.
Wollen wir also mit den Veröffentlichungen eine Schockwirkung auf die Agenten erreichen, so dürfen wir es nicht zu einer Schockwirkung auf die Bevölkerung kommen lassen in der Weise, daß man glauben könnte, es sei jetzt eine Verhaftungswelle im Gange, wo man irgendwelche Verdächtige festnimmt und wo mitunter schwankende Menschen glauben, daß sie auch als solche betrachtet werden könnten. Das darf bei den Veröffentlichungen nicht herauskommen. Deshalb haben wir auch gesagt, es handelt sich nicht[923] um eine Verhaftungswelle, sondern um eine Operation, die innerhalb 24 Stunden abgeschlossen war. Deshalb haben wir auch gesagt, man soll nicht überall Agenten sehen, um nicht Panikstimmung zu erzeugen, sondern daß Wachsamkeit heißt, Freund und Feind voneinander unterscheiden zu können: Inmitten der Menschen, mit denen man zusammen lebt und arbeitet, zu erkennen, wer ist Freund und wer kann Feind sein, damit sich die zu unserer Republik stehenden Menschen verbinden gegen die Feinde und mithelfen, diese Feinde zu entlarven.
Deshalb haben wir auch gesagt, wenn man schlägt, muß man richtig treffen, damit nicht der Eindruck erweckt wird, daß wir schlagen aufgrund irgendwelcher Verdächtigungen, sondern eben aufgrund eines wirklich begründeten Verdachtes, so daß die Menschen, die ein reines Gewissen haben, beruhigt sein können. In den Veröffentlichungen müssen wir insbesondere zeigen die Gefährlichkeit dieser Agenten für die Bevölkerung und die Staatssicherheit als eine Organisation, die nicht irgendwo und irgendwie existiert im Dunkeln und irgendwo blind hineingreift, sondern eine Organisation zum Schutze der Bevölkerung, insbesondere der Arbeiter, ihres Arbeitsplatzes, ihrer Gesundheit und zur Sicherung des Staates gegen feindliche Anschläge ist.
Wenn man eine Sache bei uns richtig anfaßt, kann sie auch international günstige Wirkungen auslösen, die für unser Volk und unser Land von großer Bedeutung sein können. Z. B. haben diese Veröffentlichungen über die Organisation Gehlen dazu beigetragen, daß in Frankreich das Mißtrauen gegen den deutschen Militarismus verstärkt wird und damit die Widerstandskraft gegen den EVG-Vertrag, der bekanntlich eine Remilitarisierung Westdeutschlands und die Eingliederung einer deutschen Armee in die sogenannte Europäische Verteidigungs-Gemeinschaft bedeutet. Diese Politik der Amerikaner und Adenauers bedeutet naturgemäß eine Erhöhung der Kriegsgefahr und die Verewigung der Spaltung Deutschlands. Indem die Widerstandskräfte z. B. in Frankreich gegen den EVG-Vertrag verstärkt werden, in dem Maße wird die Kriegsgefahr vermindert, die Voraussetzungen für die Schaffung eines einheitlichen Deutschlands verbessert. Der französische Rundfunk und Teile der französischen Presse sind außerordentlich interessiert an unseren Enthüllungen über diese gefährliche Gehlen-Organisation.

923 Im Original fälschlich: nur.

Wir sehen also, daß durch ein umsichtiges, richtiges Arbeiten unserer Organe wichtige politische Wirkungen erzielt werden können, auch auf internationalem Gebiet, die rückwirken auf unseren Kampf zur Erhaltung des Friedens und zur Herstellung der Einheit Deutschlands. Daraus ist zu ersehen, daß unsere Genossen in dieser Aktion auch einen wesentlichen Beitrag auf diesem Gebiet geleistet haben.

Es gibt Genossen bei uns, die glauben, die operative Arbeit besteht ausschließlich in guten, speziellen Kenntnissen auf ihrem Teilgebiet. Natürlich gehört das dazu. Aber die operative Arbeit muß im Zusammenhang gesehen werden mit den verschiedenen operativen Vorgängen und ihrer Bedeutung in einer bestimmten Situation, in ihrer Fernwirkung auf die Menschen und weiteren Entwicklung der Lage. Es kommt nicht nur darauf an, eine operative Aufgabe solide, organisatorisch und technisch richtig durchzuführen, sondern sie auch je nach den Bedingungen politisch richtig auszuwerten. Das ist diesmal geschehen.

Betrachtet man, wie die Westpresse reagiert, so kann man sagen, daß die angeschlagenen Zentralen sich in einer ziemlichen Verwirrung befinden, unsicher geworden sind und wie auf der anderen Seite ihre Konkurrenten, z. B. der Engländer gegenüber dem Amerikaner mit einer gewissen Schadenfreude und Überheblichkeit schildert, wie sich nach seiner[924] Meinung die Sache abgespielt hat. Während die amerikanisch beeinflußte Presse versucht, durch einige dumme Bemerkungen sich aus der Affäre zu ziehen, so ist die englisch beeinflußte Presse dabei, indirekt zu bestätigen, daß die amerikanisch geleitete Organisation Gehlen wirklich einen schweren Schlag bekommen hat. Auch das war berechnet, deshalb hatten wir in diesem Zusammenhang nichts über die Arbeit des englischen Geheimdienstes gesagt, weil uns solche Gegensätze bei einer richtigen Ausnutzung auch für die weitere operative Arbeit nützlich sein können.

Völlig falsch wäre es jedoch, aus all dem die Schlußfolgerung zu ziehen, daß diese augenblicklich bestehende Verwirrung bleibt. Wir müssen damit rechnen, daß sie zur Ablenkung von ihrer Niederlage ein Manöver starten, mit irgendwelchen Dingen. Wir haben ihnen allerdings auf dem Gebiet der Ablenkungsmanöver in letzter Zeit eine Schlappe beigebracht. Der von den Amerikanern groß aufgezogene Fall Jädicke, der den Zweck hatte, eine breite Kampagne zu starten, wurde für sie zu einem Schlag, der die Glaubwürdigkeit der Westpresse bedeutend herabsetzte. Das ist aber nicht zufällig geschehen, die Herrschaften waren gewohnt, daß die Staatssicherheit der DDR zu allem, was vom Westen gesagt wird, sich in vornehmes und mystisches Schweigen hüllt. Dadurch, daß die Staatssicherheit sofort reagiert hat, wurde auch aus diesem Vorstoß zu einer Hetzkampagne eine ansehnliche Blamage für die westlichen Drahtzieher.

Es wird also immer wieder bestätigt, daß es notwendig und richtig ist, offensiv zu handeln. Das wurde in beiden Fällen getan, im Fall Jädicke und bei dem Schlag gegen die fasch[istischen] Spionage-, Zersetzungs- und Diversionsorganisationen.

Die duchgeführten Prozesse müssen auch unter diesem Gesichtspunkt geführt

924 Im Original fälschlich: ihrer.

und ausgewertet werden, natürlich auch die weitere operative Arbeit mit dem Ziel, möglichst bald schon beim 2. oder 3. Schlag den Gegner bei seiner Sabotagearbeit ernsthaft anzuschlagen.
Die gesteigerte Aktivität der Parteiorganisationen in den Betrieben im Kampf um die Gewinnung der Massen und die Entlarvung der Provokateure und zersetzenden Elemente muß durch die Organe der Staatssicherheit durch Festnahmen der entlarvten Provokateure und zersetzender Elemente unterstützt werden, und sie dürfen vor der Lösung dieser Aufgabe nicht zurückweichen durch formale Bedenken. So zeigte sich in den Organen der Staatssicherheit in einigen Fällen ein Zurückweichen gegenüber feindlichen Elementen, bei denen es angeblich nicht ausreichte, um sie festzunehmen.
Ein solches Beispiel haben wir in den Rathenower Optischen Werken, wo durch ein unentschlossenes Handeln unserer Genossen es den Provokateuren gelang, sich nach Westberlin abzusetzen und sich somit der Verantwortung zu entziehen.
Ein weiteres Beispiel in dem IFA-Phänomen-Werk Zittau zeigt ebenfalls, wie durch mangelhafte Arbeit unserer Organe den feindlichen Elementen die Flucht nach Westberlin ermöglicht wurde. Berechtigterweise wurde diese schlechte Arbeit unserer Genossen der Kreisdienststelle von der Bezirksparteikontrollkommission Dresden scharf kritisiert. Auf meine Aufforderung an den Leiter der Bezirksverwaltung Dresden, zu der an unserer Arbeit geübten Kritik Stellung zu nehmen, teilte man mir mit, daß unsere Genossen diese Entlarvung vorher mit der zuständigen Parteiorganisation beraten hätten und festgelegt worden wäre, mit der Festnahme der Provokateure zu warten. „Dadurch ist die Flucht ohne weiteres verständlich", schreibt ein Genosse aus Dresden. Diese Stellungnahme ist vollkommen falsch. Dabei spielt es keine Rolle, ob außerhalb der Staatssicherheit jemand der Meinung ist, daß man mit der Verhaftung warten sollte, um einen sogen[annten] erzieherischen Wert durch eine Entlarvung vor der Belegschaft zu erreichen.
Besteht bei einem Verdächtigen Fluchtgefahr, und das wird in den meisten Fällen von den Mitarbeitern der Staatssicherheit festgestellt, so ist entweder die Verhaftung durchzuführen, oder es sind Maßnahmen zu treffen, die eine Flucht unmöglich machen. Weil unsere Mitarbeiter in diesem angeführten Fall nicht nach diesen Grundsätzen handelten, deshalb konnten sich die Provokateure der Verantwortung entziehen.
Ein Zurückweichen vor feindlichen Elementen, ein ängstliches und feiges Verhalten zeigte sich auch bei der Großfahndung nach den faschistischen Banditen, die in die DDR eingeschleust worden sind. Zwei unserer Mitarbeiter der Kreisdienststelle Lübben bekamen am 31.10. wahrscheinlich einen der Gesuchten zu Gesicht. Obwohl diese Genossen bewaffnet waren und ein Motorrad zur Verfügung hatten, nahmen sie die Verfolgung dieser Banditen nicht auf.
Ich will hier erklären, daß wir in Zukunft ein solches Zurückweichen an irgendwelchen Punkten nicht mehr dulden werden. (Beifall)
Beispiele einer liberalistischen Auffassung gegenüber feindlichen Elementen gibt es besonders stark in den Organen der Justiz. So wurden die Beschuldigten

G. und V.[925] von einer Westberliner Spionageorganisation, die vom amerikanischen Geheimdienst geleitet wird, als Agenten angeworben. G. nahm im Juni 1952 die Verbindung mit einem Westberliner Residenten auf, wurde zur Durchführung von Spionagetätigkeit angeworben und erklärte sich hierzu bereit. Er bekam detaillierte Spionageaufträge militärischer und wirtschaftlicher Art und wandte sich an den Beschuldigten V., von dem er konkrete Informationen über Einheiten der Sowjetarmee erhielt. Bereits bei der ersten Zusammenkunft teilte er dem Residenten mündlich eine Reihe von Informationen mit. Er betätigte sich außerdem als Kurier und hatte Verbindung zu weiteren Personen, die für Westberliner Agenturen tätig waren. Der Beschuldigte V. wurde ebenfalls zur Durchführung von Agententätigkeit angeworben, wozu er sich auch bereit erklärte. Er erhielt konkrete Spionageaufträge militärischer Art und hatte auch Kenntnis von der Tätigkeit des G. sowie dessen Ehefrau, die mit Agenten in Verbindung stand.
Die Beschuldigten waren geständig und konnten infolge der Festnahme ihre Spionageaufträge nicht mehr durchführen.
Im August dieses Jahres fand vor dem 1. Strafsenat des Bezirksgerichts Magdeburg die Hauptverhandlung statt, in der beide freigesprochen wurden.
Ein weiterer Fall, obwohl es davon sehr viele gibt:
Der Beschuldigte Gr.[926] hatte sich aktiv an der Plünderung der Dienststelle des SfS in Merseburg beteiligt und Einrichtungen dieser Dienststelle zertrümmert. Der Gr. ließ sich 1949 als sogenannter „Politischer Flüchtling" in Westberlin anerkennen und lieferte an eine Agentenzentrale in Westberlin Spionageinformationen über die Wismut-AG. Der Beschuldigte wurde durch das Bezirksgericht Halle nur zu neun Monaten Gefängnis verurteilt.
Dieses Zurückweichen unserer Organe vor feindlichen Elementen, dieses zögernde, unentschlossene Handeln, diese liberalistischen Auffassungen in den Organen der Justiz müssen schnellstens und restlos beseitigt werden.
Um das Ziel, die Vernichtung feindlicher Organisationen zu erreichen, damit unseren Staat, die Bevölkerung und die betrieblichen Einrichtungen zu sichern, ist in erster Linie notwendig, die Aufklärungsarbeit zu verstärken, um über die Zentren feindlicher Tätigkeit durch unsere GI und GM jederzeit unterrichtet zu sein über die Absichten und Pläne der Feinde. Die schwierigste und wichtigste Aufgabe, die wir haben, ist die Aufklärungsarbeit in den Zentralen des Feindes, und alle Möglichkeiten müssen ausgenutzt und mitgeteilt werden.
Die Aufklärungsarbeit muß zuerst darauf konzentriert werden, in die feindlichen Zentren, sowohl die politischen Zentren in Westdeutschland und Westberlin, also die entscheidenden Regierungsorgane, die Leitungen der Parteien, in den Apparat der Hohen Kommissare des Westens, einzudringen als auch in die militärischen Zentren, d. h. insbesondere in das Amt Blank und die Zentren der westlichen Besatzungsmächte, in die westlichen wirtschaftlichen Monopolgebilde, die in der Politik und auch in der militärischen Vorbereitung des Krieges

925 Namen anonymisiert.
926 Name anonymisiert.

eine große Rolle spielen, wie auch in die Zentren der wissenschaftlich-technischen Forschung, die der Vorbereitung des Krieges dienen. Diese Arbeit ist die schwierigste, aber auch wichtigste Aufgabe in der nächsten Zeit gerade deshalb, weil auf diesem Gebiet eine ganze Reihe von Unterlassungssünden begangen wurden.
Auf diesem Gebiet ist eine radikale Wendung in der Arbeit notwendig. Das ist die Aufgabe einer dafür besonders geschaffenen Organisation. Aber sie kann nur erfüllt werden, wenn alle Mitarbeiter der Staatssicherheit darauf eingestellt sind, bei dieser Arbeit zu helfen und jede Verbindung, die nach dem Westen führt, auszunützen, zu festigen und Verbindungen, die unter den von mir gezeigten Gesichtspunkten interessant werden können, mir mitzuteilen.
Des weiteren ist die Aufklärung feindlicher Tätigkeit in den Betrieben zu verstärken, in den Organen der Planung, des Finanzwesens, dem Verkehr und im staatlichen Erfassungs-, Verteilungs- und Handelsapparat. Dazu kommt die Notwendigkeit der Aufklärung von Waffenlagern, insbesondere in der Nähe wichtiger diversionsgefährdeter Objekte wie Brücken, Nachrichten- und Befehlsübermittlungsstellen und maschinellen Einrichtungen von entscheidender Bedeutung. In jedem Betrieb, in jedem Kreis und in jedem Bezirk muß man feststellen, wo sind diese gefährdeten Punkte, wo der Gegner uns am stärksten schädigen kann.
In der Unterschätzung der Bedeutung der GI und GM, in der vernachlässigten Erziehungsarbeit unter den GI und GM, in der vollkommen ungenügenden Durchführung des Befehls vom 1. September 1953 über die Erweiterung des Informatorennetzes und des Einsatzes von Hauptinformatoren kommt die Unterschätzung der Aufklärungsarbeit insgesamt und damit eine Unterschätzung des Feindes zum Ausdruck.
Genossen!
Ich will mit aller Deutlichkeit sagen, daß Befehle und Dienstanweisungen, die gegeben werden, durchgeführt werden müssen und daß man nicht einige Monate später kommen kann und sagen, was wir brauchen, sind Hauptinformatoren, die wir schon lange haben müßten. Wir werden in Zukunft auf die Durchführung der Befehle größere Aufmerksamkeit legen. Zur Erleichterung der Aufklärung gehört, daß unter den feindlichen Elementen das Vertrauen zu ihren Auftraggebern erschüttert wird, indem Beispiele demonstriert und publiziert werden, die zeigen, wie solche Verräter von ihren Auftraggebern selbst verraten werden, wenn sie für sie wertlos geworden sind. Solche Beispiele, wie das des halleschen Studenten der Physik Eckstein müssen deshalb in weitem Umfange veröffentlicht werden.
Ich will auch keinen Zweifel darüber lassen, daß Verräter aus unseren eigenen Reihen die härteste Strafe trifft, wie z.B. den nach Westberlin geflüchteten Leiter der Kreisdienststelle Prenzlau unserer Organe, der zurückgeholt wurde und demnächst sein Urteil zu erwarten hat. Ganz gleichgültig, wo solche einzelnen Verräter aus den Reihen der Staatssicherheit sich hinbegeben, sie werden zurückgeholt und in jedem Falle ihrer verdienten Strafe zugeführt. Denn sie gehören zu den schlimmsten Feinden, mit denen wir es zu tun haben.

Zur Erleichterung der Aufklärungsarbeit gehört aber noch, daß unsere Untersuchungsabteilungen sich in stärkerem Maße einstellen auf ihre aufklärende Tätigkeit. Es gab doch eine solche Auffassung, und sie ist heute noch nicht überwunden, daß in der vorbereitenden operativen Arbeit schon fast alles aufgeklärt sein muß. Das ist nicht richtig. Besteht ein dringender Verdacht und sind die hauptsächlichsten Verbindungen in einer feindlichen Organisation aufgeklärt, erfolgen die Festnahmen. Dabei wird es in manchen Fällen notwendig sein, daß die ersten Vernehmungen von Beauftragten der entsprechenden operativen Abteilungen vorgenommen werden. Die ersten Vernehmungen auch in den Untersuchungsabteilungen müssen darauf eingestellt sein, nicht die formalen, juristischen Begründungen für die Verurteilung zu erreichen, sondern für die Ausstellung eines Haftbefehls, und in sachlicher Beziehung müssen die Vernehmungen in erster Linie darauf eingestellt sein, anderen Spionen, Diversanten usw. auf die Spur zu kommen. Gerade die letzte Aktion hat das mit besonderer Eindeutigkeit gezeigt. Die Qualifizierung der Vernehmung erfordert aber, daß unsere Untersuchungsabteilungen einige Mitarbeiter erhalten, die imstande sind, ihre technisch-wissenschaftlichen Kenntnisse oder ihre Erfahrungen im Kampf der revolutionären Arbeiterfunktionäre gegen Sozialdemokraten auszunutzen.
Die neue Struktur, der Werbeplan, der Stellenplan, über den ich nachher noch etwas sagen werde, berücksichtigen diese Notwendigkeit. Von besonderer Bedeutung ist die Arbeit zur Aufklärung der Agenturen des Ostbüros. Im Kampf gegen Spione, gegen KgU, gegen die sogenannten „Freiheitlichen Juristen“ haben wir eine ganze Reihe beachtenswerter Erfolge. Der schwache Punkt sind jedoch die vollkommen ungenügenden Ergebnisse gegen die Tätigkeit des Ostbüros der SPD.
Als erstes ist dazu notwendig, die früheren fanatischen Sozialdemokraten zu erfassen, zu registrieren, um festzustellen, wo sind sie beschäftigt.
Soweit nicht Funktionärlisten der früheren SPD-Mitglieder in unseren Händen sind, kann man diese Aufgabe nur lösen, wenn man zur Information alte erfahrene kommunistische Arbeiterfunktionäre heranzieht, die sich mit diesen fanatischen Sozialdemokraten jahrelang in den Betrieben, Gewerkschaften und Genossenschaften herumgeschlagen haben.
Sie wissen am besten, wer die alten Sozialdemokraten sind. Dann muß man sich diese, in den Betrieben oft als Meister, untere Angestellte, teilweise sogar in leitenden Stellungen, in den Gewerkschaften, Genossenschaften usw. tätigen sozialdemokratischen Fanatiker ansehen, ihre Tätigkeit und ihr Verhalten unter Kontrolle nehmen durch Werbung insbesondere solcher Informatoren aus den Kreisen ehemaliger Sozialdemokraten, die loyal zu uns stehen.
Der neue Struktur-, Stellen- und Werbeplan trägt bereits der bedeutenden Verstärkung der Arbeit gegen die Agenturen des Ostbüros Rechnung. Es wird im Staatssekretariat dafür eine besondere Abteilung geschaffen, und in allen wichtigen industriellen Bezirken soll in den Bezirksverwaltungen ein besonders starkes Referat für den Kampf gegen die Agenten des Ostbüros gebildet werden unter Hinzuziehung erfahrener Kommunisten, die die Sozialdemokraten kennen.
Z. Zt. ist die Hauptmethode des Gegners gegen uns die Sabotage. Diese Methode

wendet er immer an, im Gegensatz zu putschistischen Aktionen und Diversionsakten, die er zeitweilig anwendet. Die Sabotage ist die ständig zur Anwendung kommende Methode des Gegners. Die Agenturen des Ostbüros der SPD sind aber in erster Linie die Träger dieser ständig vor sich gehenden Sabotage in den Betrieben.
Eine andere Gruppe, die auf dem Gebiet der Sabotagetätikeit sehr gefährlich ist, sind die früheren leitenden Angestellten der Konzerne, die heute noch in den wirtschaftlichen Ministerien, anderen zentralen Dienststellen und in größeren Betriebsverwaltungen arbeiten.
Die Tätigkeit dieser früheren leitenden Angestellten der Konzernverwaltung muß deshalb unter Kontrolle gehalten werden. Dabei dürfen keine Maßnahmen getroffen werden, die dazu führen, daß wir zu einer neuen Republikflucht von Angehörigen der techn[ischen] Intelligenz kommen.
In bezug auf die technisch-wissenschaftliche Intelligenz gilt das, was ich früher über Festnahmen gesagt habe, nicht in dem Umfange, in diesen Fällen muß die operative Bearbeitung vor der Festnahme einen in allen Einzelheiten begründeten Verdacht einer feindlichen Tätigkeit aufzeigen. Eine richtige operative Arbeit ist nur möglich bei einer systematischen Erfassung aller feindlich eingestellten Personengruppen. Dazu gehören in erster Linie die fanatischen Sozialdemokraten, ehem[alige] Offiziere der faschistischen Wehrmacht, SS- und SA-Angehörige, Nachrichtenoffiziere, Funker, in der Umsiedlerbewegung aktiv tätige Leute und ehem[alige] konzernverbundene Personen. Alle diese Personengruppen müssen wir systematisch erfassen und registrieren, um die Ermittlungsarbeit zu erleichtern. Das ist eine Aufgabe von großer Bedeutung, mit der sich die Chefs der Bezirksverwaltungen beschäftigen müssen.
Die Sicherung eines schnellen Einsatzes unserer Kräfte bei Gefahr putschistischer Aktionen oder Diversionsakte erfordert festumrissene Alarm- und Einsatzpläne für jeden wichtigen Betrieb, in jeder Kreisdienststelle, in jeder Bezirksverwaltung und im Staatssekretariat. Diese Alarm- und Einsatzpläne müssen mit denen der Volkspolizei genau abgestimmt und koordiniert werden.
Jedem Gerücht oder Information [sic!] über beabsichtigte Diversionsakte oder putschistische Aktionen muß man nachgehen, darf sich aber nicht durch Gerüchtemacherei und Desinformationen irreführen lassen. Diese Gerüchte und Informationen müssen also überprüft werden. Das ist nur möglich bei einem funktionierenden System in unserem Informationsnetz. Deshalb hat die Arbeit mit den Informatoren auch eine solche überragende Bedeutung.
Eine erfolgreiche Arbeit ist nur möglich bei der Konzentration auf Schwerpunkte. Es ist nicht möglich, alle Aufgaben zu gleicher Zeit durchführen zu wollen. Deshalb muß in jeder Kreisdienststelle und Bezirksverwaltung ein Schwerpunktplan bestehen, in dem die Objekte und Maßnahmen enthalten sind, die vordringlich durchgeführt werden müssen. Der Gegner hat auch eine Orientierung auf bestimmte Schwerpunkte. Sichern wir diese Schwerpunkte, decken wir dort die feindlichen Aktionen auf, dann haben wir das entscheidende Kettenglied erfaßt und, wie Lenin im anderen Zusammenhang sagt, „mit dem man die ganze Kette mit sich zieht".

Die intensive Bearbeitung der VP, der freiwilligen Feuerwehr und der Strafanstalten durch die Abt. VII ist unbedingt erforderlich. Einige VP-Objekte wurden bisher ungenügend oder gar nicht bearbeitet. Die freiwillige Feuerwehr muß von der Abteilung VII bearbeitet werden.
Bei dem Personen- und Objektschutz in unseren politischen Zentren haben wir einige Schwächen, die schnellstens überwunden werden müssen durch eine bessere Arbeit der Abteilung PS. Diese schwachen Punkte will ich hier nicht behandeln. Ich will jedoch darauf hinweisen, daß die Überprüfung der Arbeit des PS vom Gesichtspunkt ihrer Wirksamkeit bei Beschränkung auf die Aufgaben, die sie wirklich hat, notwendig ist.
Bei der Durchsetzung der Wendung in unserer Arbeit, die mit der Absetzung Zaissers begonnen hat, gibt es auch eine Reihe von Hemmnissen. Wir haben uns auf den Parteiaktivtagungen ziemlich gründlich mit den falschen und gefährlichen Auffassungen Zaissers auseinandergesetzt, und im Beschluß des Politbüros wird die Auffassung Zaissers richtig charakterisiert, auch die versöhnlerische Haltung einer Reihe von Genossen gegenüber diesen falschen Auffassungen. Man muß aber sagen, daß die Mitarbeiter der Staatssicherheit bis auf wenige Ausnahmen Zaissers Politik nicht nur formal, sondern ihrer inneren Überzeugung nach verurteilt haben.
Was noch nicht überall durchgesetzt ist, das sind die praktischen Schlußfolgerungen, die sich aus der Aufgabe ergeben, die mit der Zuendeführung der Wendung in unserer Arbeit zusammenhängen. Es kommt also jetzt darauf an, die Wendung zu Ende zu führen und die Wirkung der Zaisserschen Politik endgültig aus der Welt zu schaffen.
Das bedeutet, daß den Mitarbeitern der Staatssicherheit eine klare Orientierung gegeben wird für die ganze nächste Zeit. Ich glaube, die Orientierung auf die Hauptpunkte der Arbeit ist jetzt für die nächste Zeit gegeben.
[...]
Alle Aufgaben zur Sicherung unseres Staates können nur erfüllt werden, wenn in allen Teilen unserer Organisation der revolutionäre Kampfgeist wachgehalten wird und entwickelt wird. Unsere Arbeit ist ein revolutionärer Kampf. Die Bourgeoisie und ihre Agenturen werden ihre Anstrengungen verdoppeln, und unsere Aufgabe ist es, den Staat der Arbeiter- und Bauernmacht zu sichern. Mit dem revolutionären Kampfgeist ist unvereinbar eine versöhnlerische Haltung gegenüber den Feinden und den Abweichungen in den eigenen Reihen.
Die Mitarbeiter der Staatssicherheit dürfen keinen Augenblick vergessen, daß die unwandelbare Treue zu unserer Partei, die feste, unverbrüchliche Treue und Freundschaft zur Sowjetunion, die engste Verbindung mit der Arbeiterklasse und allen fortschrittlichen Menschen, der glühende Haß gegen alle Feinde unserer Sache, die rücksichtslose Entschlossenheit, durch konzentrierte Schläge den Feind zu schwächen und schließlich zu vernichten, die grundlegende Voraussetzung für den Erfolg unserer Arbeit sind.

21. Dezember 1953

Urteil des 1. Strafsenates des Obersten Gerichts der DDR gegen Werner Haase und andere (Auszug)[927]

I

Der durch den Hitlerfaschismus entfachte 2. Weltkrieg hatte für die Völker der Welt unermeßliches Leid und eine unübersehbare Vernichtung wertvollster wirtschaftlicher und kultureller Güter zur Folge. In der richtigen Erkenntnis der Notwendigkeit, weitere Kriege zu vermeiden und den Frieden der Welt zu sichern, haben sich eine Reihe von Nationen von dem imperialistischen System, das immer wieder zu neuen Kriegen führt, abgewandt. Sie haben die Staatsmacht in die Hände des Volkes gelegt und sind bemüht, in engster freundschaftlicher Zusammenarbeit mit der Sowjetunion, die seit ihrem Bestehen unbeirrbar den Weg des Friedens gegangen ist, der Welt den Frieden zu erhalten. Diese Stärkung des Friedenslagers hat bei den Kriegstreibern, an deren Spitze der amerikanische Imperialismus steht, ohnmächtige Wut ausgelöst. Als einzigen Ausweg, die Schwächung des Kriegslagers und die Verkleinerung ihres Einflußbereiches zu beseitigen, sehen die Kriegstreiber nur die Entfesselung eines neuen Weltkrieges.
Auch Deutschland ist nach Beendigung des 2. Weltkrieges in zwei Lager gespalten. In der ehemaligen sowjetischen Besatzungszone, der jetzigen Deutschen Demokratischen Republik, wurde in Verwirklichung der Grundsätze des Potsdamer Abkommens die Zerschlagung der Monopole, die Entmachtung der Konzernherren und Junker und die Bestrafung der Kriegsverbrecher konsequent durchgeführt. Die Deutsche Demokratische Republik ist entschlossen, weiter den Weg des Friedens und des friedlichen Aufbaus zu gehen. Die Regierung der Deutschen Demokratischen Republik hat durch dauernde intensive Bemühungen um die Einheit Deutschlands mit weitestgehender freundschaftlicher Unterstützung durch die Sowjetunion ihren unbeirrbaren Friedenswillen gezeigt.
In Westdeutschland dagegen sind unter Bruch des Potsdamer Abkommens die Junker und Konzernherren in ihren Stellungen belassen und die nazistischen und militaristischen Kriegsverbrecher freigelassen worden. Die Adenauer-Regierung betreibt auf Weisung und mit Unterstützung des amerikanischen Im-

927 BStU, ZA, AU 15/54, HA/GA, Bd. 2, Bl. 172–215, hier dokumentiert Bl. 174–184 (allgemeiner Teil der Urteilsbegründung). Aktenzeichen: 1 Zst (I) 2/53: Strafsache gegen Werner Haase, Karl-Heinz Schmidt, Siegfried Altkrüger, Walter Rennert, Wolf Oestereich, Helmut Schwenk und Walter Schneider wegen Verbrechens gegen Artikel 6 der Verfassung der DDR in Verbindung mit Kontrollratsdirektive Nr. 38 Abschn. II Art. III A III. Vorsitzender Richter: Walter Ziegler; beisitzende Richter: Helene Kleine und Max Möbius. Anklagevertreter: Generalstaatsanwalt Ernst Melsheimer und Staatsanwalt Walter Piehl. – Handschriftlicher Vermerk auf Bl. 172: Ausfertigung. – Auf Bl. 215 gezeichnet: Ziegler, Kleine, Möbius. – Vermerk: Ausgefertigt: Berlin, den 28.12.1953, Sekretär (Unterschrift unleserlich). Dieser Textauszug wurde seinerzeit schon publiziert in: Neue Justiz 8 (1954) 1, S. 8–12. Rest der Urteilsbegründung in: ebenda, S. 26–31.

perialismus entgegen den im Potsdamer Abkommen festgelegten Grundsätzen eine Politik der Spaltung. Das Entstehen eines neuen deutschen Imperialismus wurde durch Amerika nicht nur zugelassen, sondern darüber hinaus auch gefördert. Alle Bemühungen der Regierungen der Sowjetunion und der Deutschen Demokratischen Republik zur Schaffung eines einheitlichen Deutschlands sind deshalb bisher erfolglos geblieben. Statt dessen wird in Westdeutschland die Remilitarisierung unter Großzüchtung des Revanchegeistes durchgeführt. Das Ziel der herrschenden Kräfte in Westdeutschland ist die Entfesselung eines neuen Weltkrieges, durch den in der Sowjetunion, in den Volksdemokratien und in der Deutschen Demokratischen Republik die alten kapitalistischen Zustände wiederhergestellt werden sollen. Diesem Ziel des amerikanischen und deutschen Imperialismus dient besonders der Adenauer-Staat mit allen seinen Institutionen. Seit 1945 wurden in Westdeutschland und Westberlin eine Reihe von Spionageorganisationen unter allen möglichen Tarnungen geschaffen. So entstanden die sog[enannte] „Kampfgruppe gegen Unmenschlichkeit“, der „Bund Deutscher Jugend“, der „Bund Freiheitlicher Juristen“, der „Bund der Heimatvertriebenen“, die „Dienststelle Blank“ u.a. Spionage- und Terrororganisationen, die zum Teil in Prozessen vor dem Obersten Gericht und anderen Gerichten der Deutschen Demokratischen Republik entlarvt wurden.
Im vorliegenden Verfahren hatte sich das Oberste Gericht mit sieben Mitarbeitern der Spionageorganisation Gehlen zu befassen. Eine große Anzahl weiterer Mitarbeiter dieser Verbrecherorganisation befindet sich noch in Untersuchungshaft. Auch sie werden sich wegen ihrer Verbrechen vor den Gerichten der Deutschen Demokratischen Republik zu verantworten haben.

II

A. In der Hauptverhandlung vor dem Obersten Gericht ist festgestellt worden, daß der ehemalige General Gehlen der faschistischen Wehrmacht und Leiter der Abteilung „Fremde Heere Ost“ des faschistischen Spionage- und Abwehrdienstes im Generalstab Hitlers unter Ausnutzung der dort gemachten Erfahrungen bereits im Jahre 1946 in Westdeutschland mit dem Aufbau eines Spionage-, Sabotage- und Abwehrdienstes begann, der dazu bestimmt sein sollte, wieder in eine künftige westdeutsche Wehrmacht eingebaut zu werden. Die Durchführung dieser Aufgabe erfolgte unter Heranziehung von I c Offizieren des ehemaligen Generalstabs, Mitarbeitern der Gestapo und des Reichssicherheitshauptamtes des Hitlerregimes sowie früheren Berufsoffizieren und SS-Führern. Nachdem der Aufbau der Organisation – nach ihrem Gründer „Organisation Gehlen“ genannt – im wesentlichen im Jahre 1950 abgeschlossen und in Westdeutschland ein gut getarntes Spionagenetz unter der Leitung deutscher Faschisten und Militaristen errichtet worden war, wurde in den nachfolgenden Jahren ein umfassendes Netz von „Vertrauensleuten“ in wirtschaftlichen und politischen Institutionen und Organisationen in Westdeutschland und Westberlin geschaffen. So sind der Kommandeur der Westberliner Schutzpolizei, Duensing, der Chef der bayerischen Land-Schutzpolizei, Freiherr von Godin, der in der Zentrale des Bundes-

amtes für Verfassungsschutz in Köln tätige leitende Mitarbeiter Radtke, der Leiter der Vorprüfung II der Dienststelle zur Bearbeitung des Flüchtlingswesens – Anerkennung „politischer Flüchtlinge“ – Coßmann und dessen Stellvertreter Rahn Vertrauensleute der Organisation Gehlen.
Darüber hinaus wurden in großem Umfang in der Deutschen Demokratischen Republik wohnhafte Personen als Agenten angeworben, die entsprechend den ihnen erteilten Aufträgen Informationen über die gesellschaftlichen und wirtschaftlichen Verhältnisse in der Deutschen Demokratischen Republik sammelten und der Organisation Gehlen darüber Bericht erstatteten oder als Kuriere für die Überbringung derartiger Berichte fungierten.
B. In ihrer Struktur und Gliederung gleicht die Organisation im wesentlichen der des ehemaligen deutschen faschistischen Geheimdienstes, auf dessen Erfahrungen und Mitarbeiter sie sich seit ihrem Entstehen gestützt hat. Die Zentrale, die sog[enannten] Generaldirektion (GD), auch „Führungsstab“ genannt, mit ihrem Leiter Gehlen an der Spitze, befindet sich im amerikanischen Viertel in München, Pullacher Str. Die „Generaldirektion“ ist unterteilt in drei Hauptabteilungen – auch Hauptlinien genannt – und zwar Hauptabteilung I (Spionage), Hauptabteilung II (Sabotage) und Hauptabteilung III (Abwehr). Diese gliedern sich wiederum in verschiedene Gruppen und Abteilungen mit speziellen Sachgebieten, z. B. militärische Spionage (Heeres-, Luft- und Marinestreitkräfte), wirtschaftliche und politische Spionage. Außer diesen Hauptabteilungen bestehen bei der „Generaldirektion“ operative und administrative Abteilungen wie Personal-, Schulungs-, Kurier-, Finanz- und Wirtschaftsabteilung, Nachrichtendienstkartei und Funkzentrale. Dieser Zentrale sind mehrere „Generalvertretungen“ (GV) der Linie I und eine der Linie III unterstellt. Sie haben ihren Sitz ausschließlich in der ehemaligen amerikanischen Besatzungszone in Westdeutschland. Den „Generalvertretungen“ nachgeordnet sind die sog[enannten] Bezirksvertretungen (BV), die je nach den Erfordernissen gebildet und in Abt. I und III (Spionage und Abwehr) oder in Abt. II und III (Sabotage und Abwehr) gegliedert sind und ihren Sitz gleichfalls in Westdeutschland haben. Ihnen obliegt die Aufgabe, die Arbeit der ihnen unterstellten „Untervertretungen“ (UV), die spezialisiert auf dem Gebiet der Spionage, Sabotage oder Abwehr arbeiten, zu steuern. Die untersten operativen, von den „Untervertretungen“ gelenkten Einheiten sind die „Filialen“, die nach den Aufgaben ihrer jeweiligen „Untervertretungen“ arbeiten. Von den „Untervertretungen“, insbesondere aber von den „Filialen“, werden die angeworbenen Agenten entweder direkt oder durch den Gruppenleiter (V-Mannführer), dem etwa zehn Agenten zugewiesen werden, angeleitet. Die „Filialen“ haben ihren Sitz sämtlich in Westberlin, um unter Ausnutzung der für ihre Aufgaben günstigen Lage Agenten und Provokateure in die Deutsche Demokratische Republik zu entsenden und die Anwerbung und Berichterstattung der in der Deutschen Demokratischen Republik ansässigen Agenten zu erleichtern. Bei dieser Struktur handelt es sich jedoch um kein starres System, sondern es ist jederzeitigen Änderungen unterworfen. Den übergeordneten Stellen ist es möglich, besonders bedeutsame „Untervertretungen“, „Filialen“ und Agenten direkt anzuleiten.

Neben den genannten Spionagestellen unterhält die Organisation Gehlen noch eine Anzahl technischer Spezialabteilungen. Für die hauptamtlichen Mitarbeiter besteht in Westdeutschland eine Agentenschule, in der sie in gewissen Zeitabständen zu 14tägigen Lehrgängen einberufen und für ihre spionagedienstliche Tätigkeit geschult werden. Außerdem sind mehrere Geheimfotolabors eingerichtet, so u.a. eines in Westberlin. Eine in Westdeutschland bestehende Spezialabteilung (G.-Wesen) hat die Aufgabe, Agenten, die in die Deutsche Demokratische Republik und in fremde Länder eingeschleust werden sollen, mit den hierzu erforderlichen gefälschten persönlichen Dokumenten und den übrigen zur Tarnung benötigten Gegenständen auszustatten. Dies geschieht aufgrund von Originalmaterialien, die von Agenten beschafft werden. In Westdeutschland besteht ferner ein Laboratorium für technische Apparate. In Westberlin ist eine Abteilung für Funkwesen eingerichtet, die für die Funkarbeit der Spionageorganisation verantwortlich ist, mehrere Funkausbilder zur Seite hat und Agenten im Funkwesen ausbildet und fortlaufend schult.

Sämtliche Dienststellen der Organisation Gehlen arbeiten illegal und streng konspirativ, wobei sie sich zur Tarnung der Bezeichnung von Handelsfirmen bedienen. So verbarg sich bis vor kurzem hinter der Bezeichnung „Georg Gottschalk & Co., Asphalt und Teer“ die Spionagezentrale in München und unter der Tarnbezeichnung „Firma Ernst Meißner & Co., Grob- und Feinkeramik“ die „Generalvertretung III“ (Abwehr) in Karlsruhe, während sich eine in Stuttgart bestehende Bezirksvertretung unter der Bezeichnung „Firma Wachsmut“ tarnte und eine Bezirksvertretung in Hamburg als „Firma Kühn“ in Erscheinung trat. Unter der Firma „Erwin Bender & Co.“ verbarg sich die Untervertretung, die der von dem Angeklagten Haase geleiteten Filiale 120 A übergeordnet war. Die Filiale X 9592 war durch die Bezeichnung „Firma Nordland“ getarnt. Das in Westberlin bestehende Fotolabor führte die Bezeichnung „Unionsversicherung Berlin“.

Die Beweisaufnahme hat eindeutig gezeigt, in welchem starken Maße sich die im Geheimdienst Gehlen hauptamtlich beschäftigten Mitarbeiter aus ehemaligen faschistischen Spionage- und Abwehroffizieren, Angehörigen des hitlerischen Sicherheitsdienstes, SS-Führern und ehemaligen Berufsoffizieren zusammensetzen; z.B. war der als Leiter der Filiale 120 A eingesetzte Angeklagte Haase Berufsoffizier und Bataillons- und Regimentskommandeur in der faschistischen Wehrmacht. Die dem Angeklagten Haase übergeordnete Untervertretung wurde von einem mit dem Ritterkreuz ausgezeichneten ehemaligen Sturmbannführer der Waffen-SS geleitet, der in der „Organisation“ die Decknamen Brandler, Kerner, Hartmann, Holten und Brenner führte. Der Leiter einer Bezirksvertretung, der den Decknamen „Reckenstein“ führte, war höherer Abwehroffizier im ehemaligen Generalstab des Oberkommandos der faschistischen Wehrmacht, während die unter der Bezeichnung „Firma Schlosser“ getarnte Untervertretung dem Mitarbeiter Westphal alias Donner, einem ehemaligen Waffenoberstleutnant, unterstand. Eine andere Untervertretung wurde von einem unter dem Decknamen „Thüssen“ bekannten ehemaligen Hauptmann der Nachrichtentruppe und dessen Vertreter Gröter (Deckname), einem ehemaligen SS-Offizier, geleitet. Der

frühere SS-Untersturmführer Schnuppe wurde in dieser Spionagedienststelle als Gruppenleiter eingesetzt. Der ehemalige Personalchef im Generalstab Hitlers, General Kleikamp (Deckname Kleier), war der Leiter der unter der Reklamefirma „Werbezentrale Berlin“ getarnten Kurierstelle und Meldezentrale.
Die im Dienst der Geheimorganisation Gehlen tätigen Agenten werden entsprechend ihrer Vorbereitung, Eignung, Tätigkeit und ihren Kenntnissen in „Tipper“, „Forscher“, „Heranholer“, „Quellen“, „Kuriere“ und „Funker“ unterteilt. Die „Tipper“ machen auf Personen aufmerksam, die für den Geheimdienst nützlich sein könnten. Die Tätigkeit der „Forscher“ erstreckt sich auf die umfassende Feststellung der persönlichen Verhältnisse und Neigungen der von den „Tippern“ benannten Personen. Als „Heranholer“ werden Agenten bezeichnet, die die zur Anwerbung vorgesehenen Personen dem Leiter der Filiale bzw. dem Gruppenleiter in Westberlin zuführen, nachdem das Ergebnis der Forschung sie hierfür geeignet erscheinen läßt. Bei den „Quellen“ handelt es sich um den Kreis der Agenten, der sich auftragsgemäß durch eigene Beobachtungen über die den Geheimdienst interessierenden Objekte informiert und über die getroffenen Feststellungen Berichte erstattet. Diese „Quellen“ sind, entsprechend ihrer gesellschaftlichen Stellung und Funktion und den sich daraus ergebenden Spionagemöglichkeiten, untergliedert in „Penetrierungsquellen“ (verantwortliche Mitarbeiter in den Staats- und Wirtschaftsorganen, die in der Lage sind, wertvolles Spionagematerial zu liefern); „Überprüfungsquellen“ sind Agenten, die aufgrund der Lage ihrer Wohnung, ihres Arbeitsplatzes oder sonstiger Möglichkeiten in der Lage sind, die interessierenden Objekte direkt zu beobachten und auszuspionieren; „Reisequellen“ sind Agenten, die infolge ihrer beruflichen Tätigkeit Reisen unternehmen und sich dabei über die wirtschaftlichen und gesellschaftlichen Verhältnisse und sonstigen Vorkommnisse in den von ihnen bereisten Gegenden informieren können. Als „IIIer Quellen“ werden die Agenten bezeichnet, die bei der Volkspolizei, KVP oder bei sowjetischen Dienststellen tätig sind und Informationen aus ihrem Arbeitsbereich liefern; „S-Quellen“ haben die Aufgabe, Spionageverbindungen zur Sowjetunion und den Volksdemokratien aufzunehmen. Kuriere halten die Verbindung zwischen „Quelle“ und Filiale. Bei den Funkern handelt es sich um im Funkwesen und im Geheimverschlüsselungssystem ausgebildete Agenten, die Funkgeräte erhalten und auf diesem Weg Spionagematerial übermitteln.
C. Die Grundlage für die Durchführung der verbrecherischen Tätigkeit der Spionageorganisation Gehlen ist ein ausgedehntes Agentennetz zur Erlangung von Informationen. Die Anwerbung geeigneter Agenten und deren Sicherung ist daher von großer Bedeutung. Sie wird streng konspirativ und mit einem bis ins einzelne gehenden System von Tarnungs- und Vorsichtsmaßnahmen durchgeführt.
Die Agentenwerbung ist grundsätzlich an keinen bestimmten Personenkreis gebunden. Es werden jedoch bevorzugt Personen angeworben, die dafür wegen ihrer antidemokratischen oder faschistischen Einstellung oder Vergangenheit besonders geeignet erscheinen. Für die Spionage- und Sabotagetätigkeit werden aber auch asoziale und kriminelle Elemente angeworben. Ganz besonderes Inter-

esse besteht andererseits an der Werbung von Personen, die in den Organen der Regierung, Verwaltung, Wirtschaft und in den politischen Organisationen tätig sind und aufgrund der von ihnen ausgeübten Funktion die Möglichkeit der Einsichtnahme in geheimzuhaltende und vertraulich zu behandelnde Unterlagen haben und von denen bekannt ist, daß sie in ihrer politischen Haltung schwankend sind. Eine besonders gefährliche Methode der Anwerbung besteht darin, daß sie unter der Tarnung „nationale Befreiung" und unter Mißbrauch des Nationalbewußtseins deutscher Menschen und in spekulativer Absicht auf ihren Patriotismus durchgeführt wird. Diese Methode, die bevorzugt gegenüber Umsiedlern angewendet wird, ist eine der hinterhältigsten Formen der Ausnutzung der Gefühle von Menschen, bei denen auf diese Weise ganz bewußt der Chauvinismus und Revanchismus geschürt und unter dem Hinweis einer möglichen Rückkehr in ihre alte Heimat die Bereitschaft zur Agententätigkeit geweckt wird. Ihren besonderen Ausdruck findet sie in der von dem Angeworbenen zu unterschreibenden Verpflichtungserklärung, in der es heißt: „In der festen Überzeugung, daß die bolschewistische Unterdrückung meiner Heimat nur durch entschlossenes Handeln aller anständigen Männer und Frauen begegnet werden kann, übernehme ich heute anläßlich meines endgültigen Eintritts in die Organisation folgende feierliche Verpflichtung ...".

Die hauptamtlichen Mitarbeiter haben wie die übrigen Agenten neben ihren speziellen Aufgaben den allgemeinen Auftrag, alle Möglichkeiten und Anzeichen für eine neue Agentenwerbung wahrzunehmen. So geben die von den „Tippern" erhaltenen Hinweise Veranlassung, eine eingehende Forschung über die privaten Verhältnisse der betreffenden Personen, ihre politische Einstellung und charakterlichen Eigenschaften durchzuführen, ohne daß die in Frage kommende Person hiervon überhaupt Kenntnis hat. Fällt das Forschungsergebnis im Sinne des Geheimdienstes positiv aus und hat eine Personal-Anfrage bei der „Generaldirektion" keine Bedenken ergeben, erfolgt die Ansprache in der Form einer direkten Unterhaltung, die entsprechend den privaten Gepflogenheiten der anzusprechenden Person sorgfältig vorbereitet und grundsätzlich in Westberlin durchgeführt wird. Ergibt die Ansprache eine Bereitschaft zu einer Agententätigkeit, so erfolgt die direkte Anwerbung.

In der Agentenwerbung wird der Geheimdienst durch seine insbesondere in Westberliner Organisationen und Verwaltungsdienststellen tätigen Vertrauensleute durch Zuführung geeignet erscheinender Personen unterstützt.

Ein weiteres Mittel der Agentenanwerbung bei festgestellter wirtschaftlicher Notlage oder bei Ermittlung charakterlicher Schwächen wie Trunksucht und sonstiger Verirrungen ist das Angebot von Geld und die Anwendung von Druckmitteln. Auch die von den USA unter heuchlerischen Phrasen veranstaltete Bettelpaketaktion, eine Form der Führung des „kalten Krieges", diente der Anwerbung von Agenten. So äußerte der hauptamtliche angestellte Agent Paulberg (Deckname) dem Zeugen Kranz gegenüber, daß er während der Paketaktion an einem Tag „ein paar fette Brocken erwischt" hätte.

Unter den Tarnbezeichnungen „Tiefe und Forschung" und „Aktion Pfiffikus" verbergen sich der Ausdehnung der Agententätigkeit in das Ausland dienende

Methoden der Werbung. Während die „Aktion Pfiffikus“ die Werbung nachdrücklich insbesondere von[928] Personen aus der Wirtschaft, Facharbeiter und Ingenieure sowie auf Studenten und Mitglieder kultureller Institutionen, die Reisen in andere Ländern unternehmen, vorsieht, erstreckt sich die Werbung „Tiefe und Forschung“ direkt auf die Bürger anderer Nationen. In Durchführung der „Aktion Pfiffikus“ wurde z.B. der Filiale X 9592 der „Plan 1953 für die Teilnahme von Fachleuten aus der SBZD an Tagungen der ständigen Kommission des Rates für Gegenseitige Wirtschaftshilfe (Sessionen und Beschlüsse) und für längere Aufenthalte aufgrund der Beschlüsse“ übersandt, in dem die Zahl der Teilnehmer, die Dauer des Aufenthaltes und die zu bereisenden Länder – Polen, Tschechoslowakei, Ungarn, Bulgarien, Rumänien, Sowjetunion, Albanien und China – verzeichnet waren.
Auch die „Aktion Hermes“ diente der Ausdehnung der Spionage auf das Ausland, indem insbesondere aus der Sowjetunion kommende Heimkehrer oder Fachkräfte, die dort gearbeitet hatten, über die ihnen durch ihren Auslandsaufenthalt bekanntgewordenen Verhältnisse ausgefragt werden sollten.
Die Tarnung und Sicherung der angeworbenen Agenten erfolgte in der Weise, daß sie einen Decknamen und nach bestandener Probezeit eine von der Generaldirektion zugewiesene Decknummer, in besonderen Fällen sogar einen auf ihren Decknamen ausgestellten Personalausweis erhielten. Besonders bedeutungsvolle Mitarbeiter und Agenten erhielten eine Sicherheitsnotnummer, die sie bei ev[en]t[ue[l]]len Festnahmen durch Westberliner Polizei berechtigte, jegliche Angaben zu verweigern, die Herbeirufung eines amerikanischen Offiziers des CIC zu fordern, dem gegenüber die Notnummer genannt wurde und der daraufhin die Einstellung aller Untersuchungshandlungen veranlaßte und etwaige vorhandene Unterlagen vernichtete. Charakteristisch hierbei ist, daß diese Notnummer nur im amerikanischen Sektor von Berlin benutzt werden durfte.
In regelmäßigen Abständen wurden die Agenten durch ihre Gruppenleiter (V-Mannführer) allgemein in der Spionagetechnik, vorwiegend an Hand der ihnen erteilten Aufträge in Westberlin geschult. Besonders wichtige Agenten wurden auf kurzen Lehrgängen in Westdeutschland von Sachbearbeitern der Generaldirektion in sog[enannten] Gästehäusern weiter ausgebildet.
Aus Gründen der Sicherheit besteht auch innerhalb der Organisation Gehlen von den Agenten bis zur Generaldirektion ein tief gegliedertes Meldesystem. Die von den Agenten getroffenen Feststellungen werden entweder von ihnen selbst in Westberlin dem Gruppenleiter (V-Mannführer) mündlich berichtet oder aber auf dem Postwege unter Verwendung von Geheimtinte, die von der vorgesetzten Spionagestelle ausgegeben wird, übermittelt. Außer dieser direkten Verbindung zwischen den Agenten und ihren Auftraggebern besteht die Zwischenschaltung eines Kurierweges in der Form, daß die Agenten ihre Berichte einer ihnen genannten Deckadresse übersenden. Von dort werden die Berichte durch einen Kurier abgeholt und dem Auftraggeber überbracht. Die Inhaber der Deckadressen sind über die Art und den Inhalt der ihnen übergebenen Berichte nicht infor-

928 Im Original fälschlich: auf.

miert. Sie haben ihre Anschrift zur Verfügung gestellt, weil ihnen erklärt wurde, daß in der Deutschen Demokratischen Republik wohnende Angehörige von nach Westberlin geflüchteten Personen Bedenken hätten, auf direktem Wege dem Geflüchteten zu schreiben und im Rahmen der „Flüchtlingshilfe" um die Vermittlung einer „neutralen" Anschrift gebeten hätten.
Außerdem besteht das System der Telefonbriefkästen. Es handelt sich hierbei um einen dem Agenten bekanntgegebenen Telefonanschluß einer mit dem Auftraggeber in Verbindung stehenden Person, bei der sich unverhofft in Westberlin eintreffende Agenten telefonisch melden und ihre Anwesenheit anzeigen. Der Gruppenführer, der täglich bei dem Telefonbriefkasten fernmündlich nachfragt, ob eine Nachricht für ihn eingegangen sei, erfährt auf diese Weise von der Anwesenheit des Agenten, so daß eine Zusammenkunft an einem für solche Fälle vorgesehenen Treffpunkt ermöglicht wird, ohne daß der Inhaber des Telefonbriefkastens die seine Vermittlung in Anspruch nehmenden Personen kennt.
Zur Weitergabe der von den Untervertretungen und Filialen an die vorgesetzte Dienststelle zu erstattenden Berichte über die Ergebnisse der Tätigkeit ihrer Agenten existiert in Westberlin eine sog[enannte] Meldezentrale unter Leitung des ehemaligen Generals Kleikamp (Deckname Kleier). Die Meldezentrale überbringt die für die Dienststellen in Westdeutschland bestimmte Post einem Verbindungsmann der Military-Post (amerikanische Feldpost), die in versiegelten Postsäcken der Military-Post die Kurierpost des Geheimdienstes Gehlen auf dem Luftweg mit Militärflugzeugen nach Frankfurt/Main befördern läßt. Dort wird die Post aussortiert und an die jeweiligen Bezirks- und Generalvertretungen oder auch direkt an die Generaldirektion weitergeleitet. Auf dem gleichen Wege wird auch die Verbindung der zentralen Nachrichtendienststellen in Westdeutschland zu den unteren operativen Spionagestellen aufrechterhalten.
Außerdem bestehen bei den einzelnen Spionagedienststellen Sicherheitskalender, die eingehende Verhaltungsmaßregeln für die Sicherheit der Agenten enthalten. Für jeden Agenten wird ein besonderes Warnsystem ausgearbeitet, um im Falle einer drohenden Festnahme eines Agenten ihn und die ihm bekannten weiteren Agenten rechtzeitig warnen zu können und andererseits sofort von einer erfolgten Festnahme Kenntnis zu erhalten.
Ferner existiert die Einrichtung der „toten Briefkästen", die insbesondere aufgrund der im Zusammenhang mit den Ereignissen des 17. Juni 1953 erforderlichen Maßnahmen und der dadurch bedingten zeitweiligen Unterbrechung der Agentenverbindungen geschaffen wurde mit dem Ausblick, bei ähnlichen Ereignissen, insbesondere jedoch im Kriegsfall, dennoch die Verbindung aufrechtzuerhalten. Tote Briefkästen werden an unauffälligen Stellen, z.B. Friedhöfen, Parkanlagen usw. unter Zuhilfenahme von vereinbarten Zeichen festgelegt. Hier muß der Agent zu einem vorher festgelegten Zeitpunkt seinen Bericht ablegen, den ein Kurier zu einem anderen ebenfalls genau festgelegten Zeitpunkt von dort abholt und entweder direkt nach Westberlin bringt oder aber nach Eintritt des Kriegsfalles einem als Funker tätigen Agenten zur Durchgabe an die Funkzentrale der Spionageorganisation übermittelt. Auf diese Weise wird jedes überflüssige und gefährliche persönliche Kennenlernen der beteiligten Personen vermieden.

Neben der verstärkt betriebenen Anlage von toten Briefkästen ging die Organisation Gehlen mit Nachdruck dazu über, in der Deutschen Demokratischen Republik ein überlagerndes Funknetz einzurichten, das einmal der zusätzlichen Sicherung der Nachrichtenverbindungen zwischen den Quellen und den Spionagestellen in Westberlin und Westdeutschland dienen sollte, insbesondere aber dazu bestimmt war, für den sog[enannten] „E.-Fall“ (Ernstfall) eingesetzt zu werden. E.-Fall gleich Ernstfall bedeutete nach den von der Generaldirektion herausgegebenen Richtlinien, wie den Mitarbeitern und Agenten der Organisation bekannt war, Beginn eines Krieges, der Kriegsfall. Der Vorbereitung auf den E.-Fall gleich Ernstfall gleich Kriegsfall diente auch die nach den Anweisungen der Spionageorganisation bis Ende Dezember 1953 durchzuführende Anlage von „Drahtschleusen“, geheimen Telefonverbindungen zwischen Westberlin und dem demokratischen Sektor von Berlin, um auf diese Weise die Übermittlung der Spionageberichte über telefonische Leitungen sicherzustellen.
Wie intensiv und planmäßig die Vorbereitungen für den E.-Fall getroffen wurden, ergibt sich aus den Aussagen des Angeklagten Schmidt und des Zeugen Grabe. Schmidt als Netzführer der in seiner Wohnung befindlichen Funkgeräte wurde beauftragt, da im Kriegsfall mit seiner Einberufung als Soldat zu rechnen sei, Vorschläge für einen stellvertretenden Netzführer zu unterbreiten, der nach Möglichkeit körperbehindert sein sollte und bei dem daher nicht die Gefahr bestand, als Soldat einberufen zu werden. Aus dem gleichen Grunde wurde auch der wegen seiner Kriegsversehrtheit als Soldat nicht wieder verwendungsfähige Zeuge Grabe von der Spionageorganisation als Funker angeworben und ausgebildet. Dem Angeklagten Schmidt sollte außer den in seinem Besitz befindlichen Funkgeräten noch ein drittes von ihm sicher einzugrabendes Ersatzgerät übergeben werden für den Fall, daß die anderen Geräte durch Kriegseinwirkungen ausfallen sollten.
D. Die Beweisaufnahme hat weiter ergeben, daß die Organisation Gehlen nicht nur mit Billigung, sondern mit direkter Unterstützung und Finanzierung der Vereinigten Staaten von Amerika und in Übereinstimmung mit der amerikanischen Politik der Stärkung des deutschen Imperialismus und des Adenauer-Regimes ihre verbrecherische Tätigkeit ausübt. Schon die Tatsache, daß diese verbrecherische Organisation bereits im Jahre 1946 gegründet wurde, ist ein Beweis hierfür. Zu dieser Zeit unterlagen sämtliche Organisationen einer strengen Kontrolle der jeweiligen Militärregierung, und die Neugründung einer Organisation konnte ohne Wissen und Wollen der zuständigen Besatzungsmacht nicht vorgenommen werden. Auch der Umstand, daß Gehlen zum Aufbau der Organisation Kräfte heranziehen durfte, die wegen ihrer militaristischen und faschistischen Vergangenheit nach den Grundsätzen des Potsdamer Abkommens zumindestens schärfstens zu überwachen und aus dem öffentlichen Leben zu entfernen waren, ist eine Bestätigung dafür, daß die Amerikaner schon unmittelbar nach der Zerschlagung des Hitlerfaschismus in Vorbereitung der Durchführung des von ihnen verfolgten Zieles der Remilitarisierung Westdeutschlands die Gründung und den Aufbau der Organisation direkt unterstützt haben. Die der Organisation Gehlen unmittelbar gewährte Anleitung, Hilfe und Unterstützung durch die USA ist

ferner bewiesen durch die Tätigkeit von Verbindungsoffizieren des amerikanischen Geheimdienstes in der Generaldirektion in München. Bei den der Spionageorganisation zur Verfügung gestellten technischen Mitteln wie Ausrüstungen handelt es sich um amerikanisches Material. Die dem Angeklagten Schmidt als Netzführer übergebenen Funkgeräte, die Gegenstand der Beweisaufnahme waren, sind amerikanische Spezialgeräte mit der Inschrift „Made in USA". Auch das dem Angeklagten Haase zur Verfügung gestellte Kabel für die Anlegung einer Drahtschleuse ist amerikanisches Fabrikat. In der Filiale 120 A wurden zur Instruktion der Agenten Landkarten amerikanischer Herstellung verwendet.

Die Personalakten der hauptamtlichen Mitarbeiter und die Fragebogen der Agenten und deren Verpflichtungserklärungen wurden in einer amerikanischen Dienststelle in München aufbewahrt; sämtliche Dienstreisen der hauptamtlichen Mitarbeiter der Organisation Gehlen zwischen den Geheimdienststellen in Westdeutschland und Westberlin erfolgten auf dem Luftwege in amerikanischen Flugzeugen auf „Airlift Order" und die Weiterreise mit der Bahn in Westdeutschland auf „Travel Order". Die Beförderung der Agentenpost wurde mit amerikanischen Militärflugzeugen durchgeführt. Die Filialen der Spionageorganisation in Westberlin wurden von Offizieren des amerikanischen Geheimdienstes CIC hinsichtlich der Führung und Aufbewahrung von Geheimdokumenten und Materialien kontrolliert. Ihre Anweisungen mußten befolgt werden. Die Offiziere des amerikanischen Geheimdienstes CIC traten bei Westberliner Polizeibehörden offiziell als „Schutzmacht" für die mit einer „Notnummer" ausgestatteten Mitarbeiter der Spionageorganisation Gehlen auf. Auserwählten Kräften des Mitarbeiterstabes der Organisation Gehlen wurden Reisen in die USA zum Studium der Organisation und der Arbeitsmethoden [des] FBI – amerikanische Bundespolizei – ermöglicht. War in Anweisungen der übergeordneten Spionagestellen auf „befreundete Seite" Bezug genommen, so war dies für die Mitarbeiter der Organisation der Hinweis, daß es sich um einen direkten Auftrag der Amerikaner handelte. Auch die von dem Geheimdienst Gehlen mit Nachdruck geforderte Schaffung einer Drahtverbindung zwischen den Westsektoren und dem demokratischen Sektor Berlins war von den Amerikanern angeordnet.

Ferner wurde die Organisation Gehlen, die zur Aufrechterhaltung und Erweiterung ihres Spionageapparates monatlich Millionensummen benötigte – selbst die Agenten bezogen monatliche Festgehälter von 100,– bis 200,– DM –, fast ausschließlich vom Amerikaner finanziert. Der Zeuge Höher hat bekundet, daß die Finanzierung zu etwa 99 % aus amerikanischen Geldern erfolgt und im übrigen von westdeutschen Wirtschafts- und Regierungsstellen vorgenommen wurde. Von dem Chef Benzinger alias Leidl der Generalvertretung in Karlsruhe hat er Kenntnis, daß dieser zu einer Etatbesprechung zu den Amerikanern bestellt worden war. Bei allen leitenden Mitarbeitern war die finanzielle Abhängigkeit eine Selbstverständlichkeit.

Dem Angeklagten Haase wurde anläßlich der Abrechnung über die Gelder der Filialen 120 A und D geraten, hierbei besonders sorgfältig zu verfahren, da der Amerikaner darin „sehr gewissenhaft" sei. In einer diesem Angeklagten bekannt gewordenen schriftlichen Anweisung über die Kürzung der von den Filialen

benötigten Mittel wurde ausdrücklich darauf hingewiesen, daß die amerikanischen Geldmittel teilweise eingeschränkt seien.
Diese Tatsachen offenbaren, daß die Organisation Gehlen das Werk des amerikanischen Imperialismus ist, von ihm nicht nur gebilligt, sondern direkt unterstützt, geleitet und finanziert wurde. Außerdem stand die Organisation Gehlen durch einen Stab von Vertrauensleuten in enger Verbindung zu Regierungs- und Verwaltungsstellen in Westdeutschland und Westberlin. Darüber hinaus wurden sie, wie der Zeuge Höher bekundet, zu einem Teil von westdeutschen Wirtschafts- und Regierungsstellen unterstützt.
E. Entsprechend der von den USA und der Adenauer-Regierung betriebenen Politik der Remilitarisierung und Einbeziehung Westdeutschlands in die sog[enannnte] Europäische Verteidigungsgemeinschaft, der Herstellung der Vormachtstellung des wiedererstandenen deutschen Imperialismus unter den europäischen kapitalistischen Staaten, verfolgt die Organisation Gehlen als Werkzeug des amerikanischen Imperialismus und der westdeutschen Militaristen das Ziel, durch eine umfassende, in erster Linie gegen die Deutsche Demokratische Republik gerichtete Spionagetätigkeit einen neuen Krieg, der ein Bruderkrieg zwischen Deutschen im Osten und Westen unseres Vaterlandes sein würde, vorzubereiten. Diese Spionagetätigkeit erstreckte sich auf alle Gebiete des wirtschaftlichen und gesellschaftlichen Lebens der Deutschen Demokratischen Republik sowie auf die Erkundung der Wirtschaftsstruktur, Wirtschaftsplanung, Planerfüllung; es sollte über den Staats- und Verwaltungsapparat, die politischen Parteien, Organisationen, über deren personelle Besetzung, über die Behandlung politischer Tagesfragen, über die Auswirkungen des neuen Kurses und die Stimmung der Bevölkerung berichtet werden.
Besonderes Interesse bestand an bis in alle Einzelheiten gehenden Berichten über die Volkspolizei, die Kasernierte Volkspolizei und die Rote Armee.
Das wirtschaftliche Potential sollte insbesondere im Hinblick auf seine Ausnutzungsmöglichkeit in einem künftigen Krieg erkundet werden, inwieweit in der Deutschen Demokratischen Republik ein Mangel an Gütern besteht, die im Wege der Einfuhr, insbesondere aus westlichen Ländern, beschafft werden müßten und welche Ersatzmaterialien hierfür aus der Sowjetunion und den volksdemokratischen Ländern zur Verfügung stehen. Es sollte damit eine Sperrung der Einfuhr von aus westlichen Ländern eingeführten Gütern und eine Schwächung der Deutschen Demokratischen Republik für den Kriegsfall erreicht werden. Außerdem richtete sich die Spionagetätigkeit gegen die zwischen der Deutschen Demokratischen Republik und Westdeutschland bestehenden wirtschaftlichen Beziehungen mit dem Ziele, das von den Amerikanern befohlene Embargo in vollem Umfange durchzuführen und die in direkten Handelsbeziehungen zur Deutschen Demokratischen Republik stehenden westdeutschen oder Westberliner Firmen durch entsprechende Hinweise und Aufträge an die im Wirtschafts-, Verwaltungs- und Regierungsapparat tätigen V-Männer im Falle der Aufrechterhaltung der Handelsbeziehungen wirtschaftliche Schwierigkeiten zu bereiten.
Darüber hinaus erstreckt sich die Spionagetätigkeit aber auch auf die Länder der Volksdemokratien – Polen, ČSR, Ungarn, Bulgarien, Rumänien – und die Volks-

republiken Albanien und China sowie auf die Sowjetunion. Durch die Aktionen „Pfiffikus“, „Tiefe und Forschung“ und „Hermes“ sollte die Möglichkeit geschaffen werden, die Verhältnisse dieser Länder auszuspionieren. Die verbrecherische Tätigkeit erstreckte sich insbesondere auch darauf, Agenten in die Volksdemokratien Polen und CSR zu entsenden. Bereits im Jahre 1951 wurde ein Agent in die Volksdemokratie Polen eingeschleust, um dort Spionage und Zersetzungsarbeit zu treiben. Der Zeuge Liebner, der in der Nähe der deutsch-tschechoslowakischen Grenze wohnt, sollte im Herbst 1953 dazu bestimmt werden, die Möglichkeiten illegaler Grenzübergänge zu erkunden und einen Bürger der ČSR für eine Agentenanwerbung vorzubereiten, um dadurch die Möglichkeit einer Übergangsstelle für Agenten zu schaffen.
Außerdem ist festgestellt worden, daß die Organisation Gehlen auch in Frankreich ein Agentennetz unterhält. Dieses Spionagenetz war insbesondere zu dem Zweck geschaffen, um die gegen die Ratifizierung des EVG-Vertrages arbeitenden patriotischen Kräfte kennenzulernen und nach Möglichkeit auszuschalten. Ferner ist festgestellt, daß die Organisation Gehlen Vorbereitungen zur Durchführung eines neuen Tages X in der Deutschen Demokratischen Republik für das Frühjahr 1954 getroffen hat. Der Schwerpunkt der Vorbereitung hierfür sollte eine Zersetzungsarbeit innerhalb der Kasernierten Volkspolizei, des Staatssekretariats für Staatssicherheit und der Roten Armee sein, um die Angehörigen dieser Institutionen von einem Einsatz gegen die Putschisten abzuhalten. Darüber hinaus war beabsichtigt, für die Vorbereitung des Putsches die Vertreter der einzelnen Terror- und Sabotageorganisationen, der Ostbüros politischer Parteien, Angehörige der Bonner Regierung, des Westberliner Magistrats und Vertreter der Industrie zu einer Konferenz nach Frankfurt/Main zusammenzurufen.
Zusammenfassend ist festzustellen, daß mit der von den amerikanischen Imperialisten gezüchteten und mit Hilfe westdeutscher faschistischer und militaristischer Kräfte geleiteten Organisation Gehlen in Westdeutschland eine in ihren Aufgaben, ihrer Struktur und ihrer Arbeitsmethode dem ehemaligen deutschen faschistischen Geheimdienst gleichartige Spionageorganisation entstanden ist, die ein umfangreiches Agentennetz in Deutschland unterhält und in Europa aufzubauen versucht. Sie ist dazu bestimmt, durch Spionage- und Zersetzungsarbeit die Einheit Deutschlands zu verhindern und einen neuen Krieg vorzubereiten, der sich gegen die Deutsche Demokratische Republik und darüber hinaus gegen die friedliebende Sowjetunion und die Volksdemokratien, aber auch gegen Frankreich richten soll, falls es den patriotischen Kräften in Frankreich gelingen sollte, die Ratifizierung des EVG-Vertrages zu verhindern.

26. Juli 1954

Dienstanweisung Nr. 44/54 Erich Mielkes zur Aktion „Pfeil“[929]

Die bisher geführten Aktionen „Feuerwerk“, „Anton“ und „Rakete“ haben gezeigt, in welchem Ausmaß der amerikanische und die vom amerikanischen Geheimdienst finanzierten Spionage- und Agentenzentralen aktive Militär-, Wirtschafts- sowie politische Spionage betreiben.
Die Sammlung von Spionageinformationen dient der Kriegsvorbereitung. Das Spionagematerial wird ausgewertet zum Zwecke der Organisierung von Sabotage-, Diversions- und Terrorakten. Die Aktion „Feuerwerk“ im Zusammenhang mit anderen durchgeführten Aktionen beweist, daß bei einer guten gründlichen operativen Führung und Vorbereitung des Schlages gegen die feindlichen Agentenzentralen dieser Schlag nicht nur seine Auswirkung zeigt durch Festnahmen und Liquidierung von Agentengruppen und in der Festnahme von Residenten oder ihrer Bearbeitung, so daß sie sich freiwillig den Organen der Staatssicherheit stellen, sondern daß die Agentenzentralen durch den Schlag so getroffen werden, daß sie angeschlagen, ja teilweise zerschlagen werden und in deren Reihen bis in die Führung hinauf Panik und Unsicherheit eintritt.
Die Spionageorganisation Gehlen hat sich von diesem letzten Schlag noch nicht erholt. Noch herrscht in ihren Reihen große Unsicherheit. Fortlaufend werden weitere große Prüfungen auf die Zuverlässigkeit ihrer Mitarbeiter durchgeführt.
Die politische Kampagne, die gleichzeitig als Auswertung der Aktion „Feuerwerk“ geführt wurde, trug mit zur Erhaltung des Friedens bei. Selbst solche kapitalistische Länder wie Frankreich wurden gegen die Spionageorganisation Gehlen mobilisiert, die sich ihre Agenturen in Frankreich schafft.
Die Aktion „Pfeil“ stellt sich das Ziel, wiederum nicht nur Agentengruppen zu zerschlagen und festzunehmen, sondern durch richtige operative Maßnahmen die politische Auswirkung des letzten Schlages zu vertiefen und der Spionageorganisation Gehlen einen solchen Schlag zuzufügen, der es möglich macht, diese so zu kompromittieren, daß es unter Umständen sogar zur Auflösung der Gehlen-Organisation kommen kann.
Die Durchführung der Aktion „Pfeil“ erfordert daher von den Leitern der Bezirksverwaltungen gründliches und gewissenhaftes Arbeiten.
Die Leiter der Verwaltungen tragen die Verantwortung dafür, daß diese Aktion nicht dadurch Schaden erleidet, daß unqualifizierte Festnahmen getätigt werden und Festgenommene freigelassen werden müssen oder andererseits es Agenten gelingt zu flüchten sowie Beweismaterial nicht sichergestellt wird.

929 BStU, ZA, DSt 100929, ohne Blattzählung. – Kopf: Leitung. – Vermerk auf S. 1: Anlage Nr. 1 zu GVS, Tgb.-Nr. 1346/54, 4 Blatt. Hierbei handelt es sich um ein Rundschreiben Mielkes an die Bezirksverwaltungen vom 27.7.1954. – Handschriftlich gezeichnet auf S. 4: Mielke, Generalleutnant.

Folgende Maßnahmen sind in der Aktion „Pfeil“ durchführen:
Alle in der Anlage aufgeführten Agenten bzw. Spione, die im Bezirk … [930] wohnhaft sind, sind festzunehmen.
In den Bezirken ist ein Einsatzstab zu bilden, der sich zusammensetzt aus dem Leiter der Bezirksverwaltung, [sowie] den Leitern[931] der Abteilung[en] II, VIII und IX.
Der Leiter der Bezirksverwaltung ist für die gesamte Aktion im Bezirk verantwortlich.
Der Leiter der Abt. II in Verbindung mit dem Leiter der Abt. VIII ist für die Durchführung der operativen Maßnahmen (Vorbereitung zur Festnahme und deren Durchführung sowie gründlicher Hausdurchsuchung) verantwortlich. Die Hausdurchsuchung darf erst dann erfolgen, wenn keine operative Maßnahme gefährdet ist.
Die Festnahmen der bekannten Agenten bzw. Spione sind gut vorbereitet und nach Möglichkeit konspirativ durchzuführen. Hierzu ist erforderlich, daß der zuständige Mitarbeiter die Örtlichkeit und die Lebensgewohnheiten des Festzunehmenden genau ermittelt und einen Festnahmeplan ausarbeitet, den der Leiter bestätigen muß.
In den Bezirksverwaltungen sind Festnahmegruppen zu bilden und entsprechend dem Festnahmeplan einzuweisen.
Die Festgenommenen sind anhand der vom SfS ausgearbeiteten Vernehmungsspiegel zu vernehmen.
Für den Leiter der Abt. IX besteht die Aufgabe darin, die Agenten ihrer verbrecherischen Tätigkeit zu überführen und dabei ihre Hilfsquellen in Erfahrung zu bringen.
Des weiteren ist er für eine schnelle und reibungslose Durchführung von Vernehmungen der Agenten verantwortlich.
Der Leiter der Abt. II in Verbindung mit dem Leiter der Bezirksverwaltung ist verantwortlich für die in Frage kommenden Überwerbungen von Agenten, die Perspektive besitzen, in die feindlichen Zentralen einzudringen.
Alle neu bekanntwerdenden Agenten sind nach Rücksprache mit dem jeweiligen Einsatzstab in den Bezirken sofort festzunehmen, wovon der Einsatzstab im SfS in Kenntnis zu setzen ist.
Zur Durchführung der Aktion ist im Staatssekretariat für Staatssicherheit ein Einsatzstab gebildet.
Leiter des Einsatzstabes ist:

Generalleutnant Mielke.

Mitglieder:
Leiter der Hauptabteilung II, Oberst Kiefel,
Stellvertreter des Leiters der Hauptabt[ei]l[un]g II/4, Major Träger,
Leiter der Hauptabt[ei]l[un]g II/1, Oberstleutnant Boede,

930 Auslassung zur Einfügung des jeweiligen Bezirks. Im Original handschriftlich „Karl-Marx-Stadt“ eingefügt.
931 Im Original fälschlich: dem Leiter.

Stellvertreter des Leiters der Hauptabt[ei]l[un]g IX, Oberstleutnant Heinitz,
Stellvertreter des Leiters der Abt. VIII, Major Keßler.
Alle weiteren Maßnahmen, die sich aus der Aktion ergeben, müssen vor der Durchführung dem Einsatzstab gemeldet werden, ohne Zustimmung von seiten des Einsatzstabes sind alle Handlungen untersagt.
Die Aktion beginnt mit der Bekanntgabe des Kennwortes

„Echo“

durch den Einsatzstab.

9. August 1954

Protokoll der Sitzung des Kollegiums des Staatssekretariats für Staatssicherheit (Auszug)[932]

Gen[osse] Generalleutnant Mielke berichtet über die durchgeführten Ergebnisse der Aktion „Pfeil“.
Die Durchführung der Aktion ist besonders mit darauf orientiert aufzuzeigen, daß die Gehlen-Organisation nicht für Verständigung der Deutschen untereinander ist, sondern eine Organisation der Schädlinge, Diversanten und Saboteure.
Dabei wird die Arbeit so gestaltet, daß die Differenzen im Lager der Bonner Regierung weiter vertieft werden.
Den positiven und fortschrittlichen Elementen ist zu beweisen, daß die DDR bereit ist, ihre Interessen zu verteidigen.
Als weitere operative Maßnahmen liegen vor uns:

1. Hausdurchsuchungen und Finden von sehr wichtigem Material;
2. aufgrund der Vernehmungen weitere Durchführung von Festnahmen;
3. Auswertung der gefundenen wichtigen Materialien.

Bei der Durchführung der Aktion zeigte sich, daß sich die Koordinierungsarbeit durch die bei den Abteilungen III und XIII vorhandenen Materialien auf die Ausführung der Aktion sehr nützlich ausgewirkt hat.
Die Vorbereitung der Aktion „Pfeil“ wurde gründlich durchgeführt. Es wurden an die einzelnen Abteilungen und Bezirksverwaltungen schriftliche sowie mündliche Anweisungen gegeben.
Schwierigkeiten bei der Durchführung der Aktion zeigten sich in der Suche nach Beweismaterial, da der Gegner bei der Aufbewahrung der Dokumente mit hohen technischen Mitteln, wie z. B. Mikro-Filme, gearbeitet hat.
Das gefundene Material zeigt die Gefährlichkeit der Organisation Gehlen, deren Ziel die Vorbereitung eines neuen Krieges ist; davon zeugt das gefundene Material.
Das vorhandene Material sowie die Belastungen geben große Möglichkeiten zur Durchführung von Prozessen und Aufzeigen des Tatsachenmaterials in der Öffentlichkeit.
In der Durchführung der Vernehmungen gibt es keine besonderen Schwierigkeiten. Instrukteure der Abt. IX helfen den Bezirksverwaltungen in den Schwerpunkten. Im Zeitraum von 14 Tagen werden die meisten Vernehmungen ihren Abschluß finden.
Es ist notwendig, die Auswertung durch eine politische Erklärung, Aufzeigen von

932 BStU, ZA, SdM 1549, Bl. 12–22, hier dokumentiert Bl. 14–17. Datum der Abfassung: 11.8.1954. – Vermerke auf Bl. 12: Geheim! Persönlich! – Handschriftlicher Vermerk: 2/54. – Auf Bl. 22 handschriftlich gezeichnet: Weikert, Generalmajor.

Material und eine Pressekonferenz durchzuführen. Es ist dadurch das öffentliche Interesse zu wecken im Kampf gegen EVG und für die Vorbereitungen der Durchführung der Volkswahl.

Schwächen in der Durchführung:

Die Festnahmen wurden nicht immer richtig durchdacht und planmäßig durchgeführt, und nicht immer wurde nach den gegebenen Anweisungen gehandelt, wie zum Beispiel in der Dienststelle Riesa/Bez[irk] Dresden und der Dienststelle Oranienburg/Bez[irk] Potsdam.
Die Hausdurchsuchungen wurden oft oberflächlich und nach altem Stil durchgeführt.
Ungenügende Mobilisierung der Mitarbeiter auf die Durchführung einer qualifizierten Aktion.

Schlußfolgerungen:

1. Alle Genossen mobilisieren zur intensiven und festen Bearbeitung und Durchführung der Aktion „Pfeil".
2. Es gilt, energisch gegen die falsche Berichterstattung zu kämpfen und besser die Kreisdienststellen zu mobilisieren.
3. Durchführung von Prämierungen und Auszeichnungen einiger Mitarbeiter.

Die Auswertung der Aktion soll zuerst nach der durchgeführten Aktion Dr. John beginnen, nicht gleichzeitig mit der jetzigen Aktion, da sonst keine Steigerung der Propaganda und Auswertung erzielt wird.
Die Vorschläge zur Auszeichnung sollen außerhalb des Staatsfeiertages „Tag der Republik" durchgeführt werden, und zwar zum Abschluß der Aktion.

Beschlußfassung:

1. Die Durchführung der Pressekonferenz mit Dr. John wurde bestätigt.
   Verantwortlich und nach außen hin federführend: „Ausschuß für deutsche Einheit".
   Für dic Durchführung der Organisation seitens des SfS: Oberst Borrmann.
   Verantwortlich für geeignete Sicherheitsmaßnahmen: Generalleutnant Mielke.
2. Die Propaganda zur Auswertung der Aktion „Pfeil" wird planmäßig durchgeführt.
3. Die öffentlichen Versammlungen in den Betrieben sind in der Woche vom 16. bis 21.8.54 durchzuführen.
4. Die Rededisposition zu den Versammlungen erhalten die Genossen bis Ende dieser Woche zugestellt. Sie ist ausgearbeitet von dem Gen[ossen] Staatssekretär Wollweber.
5. Zusammenstellung von Beispielen, die auf den Versammlungen mit ausgewertet werden.

Termin: Sonnabend, den 14.8.54
Verantwortlich: Gen[osse] Generalleutnant Mielke

6. Die Dienstbesprechung wurde auf Freitag, den 13.8.54, 10.00 Uhr, festgelegt.
7. Für die Organisierung eines Zusammentreffens zwischen Dr. John, Ebert und Paulus bekommt der Gen[osse] Oberst Borrmann nähere Anweisungen.

8. September 1954

Redebeitrag Erich Mielkes auf dem 20. Plenum des Zentralkomitees der SED[933]

Genossinnen und Genossen!
Mit dem Ziel der Stärkung der Deutschen Demokratischen Republik als Bastion im Kampf um den Frieden und der Vorbereitung der Volkswahlen wurde eine Aktion durch die Organe der Staatssicherheit durchgeführt, die am 2. August 1954 schlagartig ausgelöst wurde. Das Ziel der Aktion bestand darin, der bedeutendsten und gefährlichsten Spionage- und Sabotageorganisation der Imperialisten in Westdeutschland, der Organisation Gehlen, und dem amerikanischen Geheimdienst einen fühlbaren Schlag zu versetzen, die Formierung und Festigung der Spionageorganisation Gehlen zu verhindern und in deren Reihen die Unsicherheit und Zersetzung zu verstärken, die Differenzen in den Bonner Regierungskreisen und Parteikreisen zu vertiefen, um damit die Politik der Partei und Regierung zur Herstellung eines einheitlichen und demokratischen Deutschlands und im Kampf um den Frieden zu unterstützen.
Durch die Aktion, welche innerhalb von 24 Stunden im wesentlichen beendet war, wurden folgende Ergebnisse erzielt:
Erstens: Das gestellte Ziel wurde erreicht. Die Organisation Gehlen wurde nicht unbedeutend angeschlagen. Die Differenzen und das Mißtrauen unter den hauptamtlichen Mitarbeitern wurden weiter verstärkt. Es wurde z. B. über eine ganze Reihe Residenten, also Hauptagenten, Ausgehverbot verhängt.
Zwei Filialen der Spionageorganisation Gehlen wurden vollständig zerschlagen, vier Residenturen ausgeschaltet und eine Reihe angeschlagen. Vom amerikanischen Geheimdienst wurden vier Residenturen liquidiert, vom französischen Nachrichtendienst wurde eine sehr gefährlich angeschlagen und eine liquidiert. Gleichzeitig wurde ein Schlag gegen das Bonner Amt für Verfassungsschutz geführt. Einige Hauptresidenten westdeutscher und amerikanischer Geheimdienste aus Westberlin und Westdeutschland wurden verhaftet. Andere stellten sich freiwillig den Organen der Staatssicherheit. Von Agenturen westdeutscher und amerikanischer Geheimdienste innerhalb der Deutschen Demokratischen Republik wurden starke Gruppen, die eine sehr gefährliche und schädigende Arbeit gegen die Deutsche Demokratische Republik führten, liquidiert und 274 Agenten innerhalb dieser 24 Stunden verhaftet.
Aber die Gesamtzahl geht weit über das Doppelte hinaus. Funker und Kuriere wurden festgenommen, die für folgende Organisationen tätig waren:
Davon gehörten nach der Analyse 277 Agenten zur Gehlen-Organisation, 176

933 Stenographisches Protokoll. SAPMO-BA, DY 30, IV 2/1/132, Bl. 144–158. Zweitüberlieferung: BStU, ZA, ZAIG 4267, Bl. 102–114. Hier mit handschriftlichem Vermerk fälschlicherweise dem 25. Plenum zugeordnet und auf 1956 datiert.

zum amerikanischen Geheimdienst und 94 zum französischen Geheimdienst. Aus dieser Aktion wird noch eine Reihe hinzukommen.
Schwerpunkte der aufgedeckten feindlichen Tätigkeit sind die staatlichen Institutionen, volkseigenen Betriebe und die Eisenbahn in der Deutschen Demokratischen Republik.
Die gesellschaftliche Stellung der Festgenommenen gliedert sich folgendermaßen:
25 Angestellte[934] der staatlichen Institutionen, darunter ein Abteilungsleiter aus dem Ministerium für Schwerindustrie, ein Leiter der Kontrollabteilung des Ministeriums für Land- und Forstwirtschaft, ein Hauptreferent aus dem Ministerium für Schwerindustrie, [ein] Referent vom Ministerium für Post- und Fernmeldewesen, ein Hauptreferent vom Staatssekretariat …[935], ein Hauptsachbearbeiter des Ministeriums für Lebensmittelindustrie, ein Direktor der Wasserstraßendirektion, ein Hauptsachbearbeiter der DHZ Kraftstoffe und Mineralöle, ein Leiter einer DHZ-Niederlassung Metallurgie, ein Leiter der Deutschen Handelsgenossenschaft, ein Registerführer einer Kreisstaatsanwaltschaft, ein Redakteur des ADN, zwei Offiziere der KVP, ein Major und ein Hauptmann, ein Angehöriger der VP, zehn Ingenieure.
Die zweite Gruppe umfaßte 20 Reichsbahnangestellte, alle in verantwortlichen und entscheidenden Positionen.
Die dritte Gruppe: 70 Angestellte volkseigener Betriebe und von Privatbetrieben.
Die vierte Gruppe: 29 Gewerbetreibende.
Die fünfte Gruppe: elf Wissenschaftler, darunter ein Doktor der Naturwissenschaften, ein Diplom-Chemiker, ein Diplom-Biologe, ein Privatgelehrter und fünf andere wissenschaftliche Assistenten.
Die sechste Gruppe: sechs Ingenieure,
die siebente Gruppe: drei Ärzte,
die achte Gruppe: …[936] Studenten,
die neunte Gruppe: 78 Arbeiter,
die zehnte Gruppe: sechs Rentner,
die elfte Gruppe: drei Hausfrauen.
Soweit die Übersicht nach der gesellschaftlichen Stellung, was nach meiner Meinung sehr wichtig ist zur Analyse.
Mir scheint, es sollte auch die politische Vergangenheit ganz kurz gesagt werden: NSDAP 33, Wehrmachtdienstgrade (Offizier) acht, Feldwebel 13, Unteroffiziere 14, Funker fünf.
Auch die Parteizugehörigkeit bedarf einer gründlichen Analyse. Es sind von der SED 48, LDP neun, CDU neun, NDP sechs, SPD einer, Parteilose 201. Soweit zu der jetzigen Parteizugehörigkeit.
Die sichergestellten Beweismaterialien und die Aussagen der Festgenommenen ergeben ein klares Bild vom Charakter und Umfang der von den zerschlagenen

934 Im Widerspruch zu dieser Zahl ergeben die nachfolgend aufgeführten Personen eine Summe von 27.
935 Auslassung im Protokoll.
936 Auslassung im Protokoll.

Agenturen innerhalb der Deutschen Demokratischen Republik durchgeführten feindlichen Tätigkeit. Die von den Agenten betriebene Spionage bezieht sich vorwiegend auf Militärspionage, Objekte der KVP und der Sowjetarmee, wie Flugplätze, Unterkünfte, Übungsplätze, Truppenverschiebungen und Brücken. Gleichzeitig wurde eine intensive Spionagetätigkeit auf wirtschaftlichem Gebiet festgestellt, die sich besonders gegen die Anlagen und Transporte der Reichsbahn, gegen die chemische und feinmechanische Industrie richtete. Weitere Aufträge zur Durchführung der Sabotagetätigkeit galten dem Gebiet der Materialversorgung. Die Sammlung der Spionageinformationen dient nicht nur der Vorbereitung des Krieges, sondern auch der sofortigen Auswertung zur Organisierung und Durchführung von Sabotage-, Diversions- und Terrorakten.
Zur Nachrichtenübermittlung wurde ein raffiniertes und ausgeklügeltes System von Sicherungen verwendet, die sogenannten „toten Briefkästen", Geheimtinte, Kleinbildkameras, präpariertes Papier und Chiffre, was die Aufdeckung dieser Spionage unmöglich machen sollte.
Es trat stark in Erscheinung, daß die Agentenzentralen zur Durchführung dieser verbrecherischen Tätigkeit hohe Geldbeträge zur Verfügung haben. Der eine Gehlen-Agent erhielt vom April 1951 bis zu seiner Festnahme ca. 15.000 Westmark, ein anderer einen ähnlichen Betrag.
Es wurde auch festgestellt, daß Agenten ein Konto in Westberlin unterhielten, um auf diese Weise durch Kontrollen nicht erkannt zu werden. Nur ein Drittel der Summe, welche sie für ihre Spionagetätigkeit bekamen, erhielten sie bar ausgezahlt. Der Rest wurde auf ihr Konto in Westberlin überwiesen.
Bei dieser Aktion wurde aufgedeckt, daß die Organisation Gehlen und die anderen imperialistischen Geheimdienste nicht sich damit begnügten, umfangreiche Spionage und Sabotage gegen den Aufbau und die Festigung der Deutschen Demokratischen Republik zu betreiben, sondern aktive Kriegsvorbereitung trafen und zu diesem Zweck in der Deutschen Demokratischen Republik eine fünfte Kolonne aufbauten, die erst im Kriegsfalle in Aktion treten soll. Es wurden Funker festgenommen und Funkgeräte amerikanischer Herkunft, die zum Teil als Kofferradio getarnt waren, sichergestellt, die zur Zeit nicht aktiv gegen die Deutsche Demokratische Republik arbeiteten, sondern erst im Kriege ihre verbrecherische Tätigkeit aufnehmen sollten.
Durch die Aktion der Organe für Staatssicherheit wurden die konkreten Anweisungen der imperialistischen Geheimdienste für diese fünfte Kolonne aufgeklärt. Es liegen Originaldokumente vor in raffinierten Verstecken, wie Lichtschaltern und unter Dachziegeln, in Form von Bromsilberfolien 23 x 36 mm, mit Aufträgen für den Kriegsfall. Darin wird unter anderem die Aufgabe gestellt, wie sich die alliierten Luftangriffe auf Bahnanlagen, Straßen, Brücken, größeren Telegrafenämtern usw. auswirken, welche Verluste bei der deutschen Bevölkerung eintreten und welche Seuchen bei der Zivilbevölkerung auftreten, womit offenbar die Wirkung von Bakterienwaffen gemeint ist.
Weiter wurden Päckchen mit Funkcodebüchern gefunden, die auf Anweisung der Zentrale erst im Kriege geöffnet und verwendet werden dürfen. Zur Organisierung der Spionagetätigkeit während des Krieges wurden bereits jetzt Trefforte

und Trefflosungen festgelegt, und einige Agenten erhielten sogenannte … [937] Nummern, unter denen sie mit jedem Truppenteil der imperialistischen Mächte in Verbindung treten können.
Das beweist die Gefährlichkeit und den militaristischen Charakter der Spionageorganisation Gehlen und des USA-Geheimdienstes. Die Aktion bewies erneut, daß sich der westdeutsche Geheimdienst Gehlen und der amerikanische Geheimdienst mit der Spionage und der Bildung von fünften Kolonnen in den Ländern der Volksdemokratien, gegen Polen, die Tschechoslowakei, aber insbesondere gegen die UdSSR befassen. Diese verbrecherische Tätigkeit läuft unter der Tarnung „Tiefe und Forschung“. Diese verbrecherische Tätigkeit wird auch direkt gegen die kapitalistischen Länder – wie Frankreich und auch Italien – und das Saargebiet geführt.
Die Festgenommenen wurden ihrer verbrecherischen Tätigkeit überführt und sind bis auf wenige Ausnahmen geständig. Die Organe der Staatssicherheit legten Wert darauf, daß ein Teil der Agenten oder Mitwisser sich freiwillig stellten bzw. selbständig reumütige Geständnisse abgaben. Dabei wurde erreicht, daß eine weitere Zersetzung in die noch bestehenden Agenturen getragen wurde und die Agenten die Möglichkeit bekamen, mit ihrer verbrecherischen Tätigkeit zu brechen und sich freiwillig den Organen der Staatssicherheit zu stellen.
Die Entlarvung und Aufdeckung der raffinierten und verfeinerten Methoden dieser Spionageorganisation erfordert eine gründliche Auswertung für die Staatssicherheit zur Hebung des Wissens der operativen Mitarbeiter, besonders aber der[er], die mit der Frage der Durchsuchung betraut sind.
Um den Schlag gegen die Gehlen-Organisation und den amerikanischen Geheimdienst so wirksam wie möglich zu gestalten, wurde eine propagandistische und publizistische Auswertung durchgeführt, die in der Zwischenzeit auch bekannt wurde, um den verbrecherischen Charakter dieser Organisation öffentlich zu entlarven, Zersetzung innerhalb ihrer Organisation hervorzurufen und die Wachsamkeit der Werktätigen zu erhöhen. Über 200 Versammlungen in Großbetrieben, in Berlin in HF [938], im EAW Stalin, bei Bergmann Borsig, in Leuna, im EKS usw. wurden durchgeführt und werden noch durchgeführt.
Durch diesen Schlag soll eine Verstärkung der Wachsamkeit der Werktätigen und der leitenden Funktionäre in dem Staats- und Wirtschaftsapparat und in der Partei erreicht werden. Es gilt also, aus dieser Berichterstattung die notwendigen Schlußfolgerungen zu ziehen. Gleichzeitig soll die Verbindung der Organe der Staatssicherheit zu den Massen, wie auch das Vertrauen der Massen zu unseren Organen verstärkt und vertieft werden.
Die Hauptfrage aber ist die, es geht nicht um die einzelnen Festnahmen, sondern darum, daß die Werktätigen erkennen, daß unsere Arbeit dem Frieden und der Einheit Deutschlands dient und daß jetzt Generalagenten und Residenturen vernichtet bzw. festgenommen werden, um somit die Deutsche Demokratische Republik, die junge Staatsmacht unserer DDR noch mehr zu stärken.

937 Auslassung im Protokoll.
938 Wahrscheinlich: (Werk für) Hochfrequenz und Fernmeldewesen.

Genossen, gestattet noch ein anderes Beispiel zu bringen.
Es wurden z.B. zehn Personen festgenommen. Die bisherige Untersuchung ergab folgendes:
Bei den aufgeführten Personen handelt es sich um eine organisierte Spionagegruppe innerhalb der Deutschen Reichsbahn, die von Ludwig Buchowski gebildet wurde und die Spionageinformation über die Deutsche Reichsbahn in der Deutschen Demokratischen Republik im Auftrage einer Westberliner Spionagedienststelle, vermutlich Ostbüro des DGB, sammelte. Der Agent übergab dem Residenten in Westberlin, M.[939], einige hundert Telegramme der Deutschen Reichsbahn, die Spionageangaben von Sonderzugfahrten, Transportnummern, Militärtransporten der sowjetischen Armee, der Kasernierten Volkspolizei sowie weitere interne Angaben der Deutschen Reichsbahn enthielten und weitere Spionageunterlagen der Deutschen Reichsbahn, welche er unter Ausnutzung seiner verantwortlichen Funktion bei der Deutschen Reichsbahn entwendet und von seinen angeworbenen Agenten erhalten hatte. Im Verlaufe seiner Spionagetätigkeit warb Buchowski eine Reihe Reichsbahnangestellter an. Buchowski ist seit 1950 Mitglied des DGB. Durch die Aussage Buchowskis wurde bekannt, daß die Reichsbahnangestellten St., R., M., Br.[940] usw. Mitglieder des DGB in Westberlin sind.
Dieses Beispiel ist deshalb so lehrreich, Genossen, weil Buchowski hauptamtlicher BGL-Vorsitzender der Deutschen Reichsbahn [im] Bahnhof Lichtenberg war, und er selbst war also ebenfalls Mitglied des DGB und warb andere an.
Ich frage: Fordert dieser Fall nicht geradezu zur Wachsamkeit heraus und dazu, daß die ideologische Erziehungsarbeit verstärkt werden muß? Wieso kommt es, daß niemand etwas davon merkte, wo solch große Anzahl von Angestellten der Reichsbahn sogar Mitglieder des DGB wurden? Ich spreche nicht einmal von der Tatsache der Spionagetätigkeit. Mir scheint also, daß viele dieser Menschen nicht von der Richtigkeit unseres Weges überzeugt sind und unsere Arbeit nicht konkret geführt wird.
Die Parteiarbeit wird in vielen Fällen also nicht konkret geführt, so daß also mit den Losungen Einheit und Frieden nur im allgemeinen argumentiert wird, ohne die Arbeiter, Angestellten und auch die Angehörigen der Intelligenz wirklich mit dem großen grundsätzlichen Unterschied hier in der Deutschen Demokratischen Republik zur Entwicklung in Westberlin und Westdeutschland vertraut zu machen. Das Bestehen von Westberlin und Westdeutschland erschwert unsere Arbeit wesentlich.
Ein anderes Merkmal ist, daß die Arbeit der Nationalen Front unten nicht lebendig geführt wird, und auch ein drittes Merkmal konnte als Ursache festgestellt werden, daß die Mitglieder der Blockparteien manchmal zu Feinden wurden, nämlich daß die Blockpolitik, die Zusammenarbeit mit den Blockparteien von unseren Genossen negiert wird, und mir scheint, daß man damit Schluß machen muß. Der Genosse Grotewohl hat auch in der Analyse der Volksbefragung gerade

939 Name anonymisiert.
940 Namen anonymisiert.

das bestätigt, daß das wesentliche Ursachen mit waren, daß das dazu führte, daß solche Ergebnisse in den Kreisen, in vielen Kreisen zustande kamen. Das deckt sich mit unserer Feststellung. Dort, wo also in dieser Beziehung große Fehler vorhanden sind, sind also auch die Ergebnisse entsprechend, und die negativen Stimmen sind besonders hoch.

Soweit also zu diesem positiven Teil unserer Arbeit, um den Mitgliedern des ZK einen Überblick zu geben, welche Bedeutung diese Aktion hatte und welche Schlußfolgerungen zu ziehen sind, insbesondere die, daß der Feind sich auch darauf konzentriert, Mitglieder unserer Partei zu werben, weil das Parteibuch eine gute Tarnung zur Durchführung der Spionagearbeit ist.

Einerseits erleichtert das dem Gegner die Arbeit, und andererseits wird die Arbeit der Staatssicherheitsorgane dadurch erschwert, weil natürlich unsere Arbeit darauf ausgerichtet ist, sich in erster Linie mit Personen zu befassen, die nicht Mitglieder unserer Partei sind, denn die Mitglieder unserer Partei sind unsere naturgemäßen Verbündeten in dem Aufspüren der Feinde, und es ist natürlich klar, daß der Feind dieses Moment mit in Rechnung stellt und für seine Arbeit ausnutzt. Deshalb ist es wichtig, nicht sorglos zu sein, sondern auch diese Tatsache in Betracht zu ziehen und zu berücksichtigen, daß einer, der manchmal sehr progressiv auftritt und sich besonders hervortut, nicht immer vor dem Ankratzen des Feindes gefeit ist und es sehr oft vorkommt, daß solche Menschen, die sehr progressiv auftreten, sogar selbst als Feinde und Agenten des Gehlen-Geheimdienstes entlarvt wurden.

Jetzt wurde hier an unserer Arbeit Kritik geübt. Mir scheint, daß die Einhaltung der demokratischen Gesetzlichkeit die vornehmste Pflicht jedes Mitarbeiters der Staatssicherheit ist. Wir nehmen unsere Arbeit sehr ernst. Unsere Arbeit ist nicht einfach, und wenn jemand hier in diesem Kreis auf die Bemerkung des Genossen Grotewohl, daß sogar jemand mit Fesseln aus dem Betrieb geführt wurde, aufstöhnt „um Gottes Willen", erscheint mir, daß der betreffende Genosse nicht weiß, daß es bei uns Schwerverletzte und auch Tote in dem Kampf gibt, den wir führen, denn wir führen einen wirklichen Klassenkampf mit der Waffe in der Hand, tagtäglich. Die Bedeutung der Fälle, die vom Genossen Grotewohl angeführt wurden, besteht doch nicht darin, daß man jemand mit Handfesseln abführt – das mag sogar manchmal notwendig sein – sondern daß man einen Unschuldigen, einen Menschen, wo man nicht den Beweis geführt hat, daß er ein Feind ist, abgeführt hat. Darin erscheint mir das Wesentliche dieses Beispiels.

Unsere Arbeit liegt im Interesse des Friedens und der Einheit unseres Volkes. Man mag vielleicht denken, der redet jetzt allgemeine Losungen. Aber es ist notwendig. Wenn Hunderte und Tausende dieser Menschen, die wir festnehmen, diese Überzeugung zur Sache unserer DDR hätten, würde es eine Reihe Agenten weniger geben. Das Wesen unserer Deutschen Demokratischen Republik ist noch nicht in das Herz jedes Bewohners der DDR eingedrungen. Natürlich gibt es in dieser Hinsicht, in der Frage Einheit und demokratische Gesetzlichkeit einige Fehler, eine Reihe Fehler, die sich gegen die Politik unserer Partei wandten und auswirkten. Nun, wir führen einen sehr energischen Kampf dage-

gen. Wir untersuchen diese Fehler, und wir glauben auch, daß wir mit Hilfe der Kritik diese Fehler beheben.
Es gibt im Bezirk Dresden und auch im Bezirk Potsdam eine Reihe erster Signale, die zeigen, daß eine Reihe von Mitarbeitern der Staatssicherheitsorgane die Verhaftungen nicht auf konkretes Beweismaterial hin durchführen, so daß das dazu führt, daß diese Menschen verärgert werden, gegen unsere Republik gebracht werden und somit womöglich sogar zu Feinden werden. Das ist richtig, und deshalb muß man einen energischen Kampf führen.
Es gibt aber auch andere Erscheinungen, so daß man annehmen müßte, daß in einem Teil der Deutschen Demokratischen Republik bereits die zweite Phase des Kommunismus ausgebrochen ist. Das ist zum Beispiel Suhl. Suhl hat bei der ganzen Aktion, die wir hatten, nur eine einzige Festnahme getätigt, und diesen einen Agenten zu überführen, fiel ihnen unerhört schwer, bis wir ihnen zu Hilfe kamen.
Mir scheint also, daß in Suhl trotz des relativ guten Ergebnisses zur Volksbefragung doch etwas nicht in Ordnung ist und uns das Veranlassung gibt, darüber nachzudenken, warum eigentlich Suhl so eine ruhige Bastion in der Deutschen Demokratischen Republik ist. Ist es etwa so, daß dort kein Klassenkampf mehr existiert? Entweder müßte man dann die Bezirksverwaltung von uns auflösen – vielleicht gilt diese Schlußfolgerung auch für die Partei – oder wir begeben uns alle nach Suhl, weil dort bereits ein herrliches Leben ist. Aber mir scheint, daß es notwendig ist, klar zu erkennen, daß der Klassenkampf sich täglich verschärft, daß das Scheitern der EVG eine Verschärfung des Klassenkampfes bedeutet, weil die Amerikaner die Remilitarisierung Westdeutschlands vorantreiben.
Wenn wir also mit solchen Auffassungen, daß in Suhl schon sozusagen der Klassenkampf beendet ist, arbeiten …
(Heinz Keßler: Das hat doch niemand gesagt!)
Ich sage das. Genosse Keßler ist nämlich einer von denen gewesen, als Genosse Grotewohl über die guten Leistungen der Staatssicherheit sprach, hat er steif dagesessen, und als er anfing, über die Fehler zu sprechen, hat er genickt. Natürlich, wo gearbeitet wird, fallen auch Späne.
(Heinz Keßler: Nur mußt du über die Fehler reden, nicht über die Sache!)
Das sind unsere Fehler von Suhl. Wir sprechen von unserer Bezirksverwaltung. Wir sprechen über unsere Fehler. Aber dabei ziehen wir auch einige Schlußfolgerungen, weil unsere Verwaltung nicht losgetrennt ist, und deshalb scheint mir, daß diese Kritik zu Recht besteht, und wir haben eine ganze Reihe anderer Mängel. Wir haben zum Beispiel so eine Tatsache, daß jemand festgenommen wird aufgrund nicht genügend bestätigten Materials und wo [es] dann notwendig ist, von oben, von Berlin aus, die Sache zu korrigieren. Das war auch in Potsdam und Premnitz der Fall.
Jetzt möchte ich auch erklären, worin einige Schwierigkeiten in unserer Arbeit bestehen, sehr ernste Schwierigkeiten, worüber man manchmal hinweggeht.
Seht, es besteht Westberlin. Daß man jetzt zugibt, daß dort 42 Spionageorganisationen sind, ist noch wenig, denn die „Hannoversche Allgemeine“ hat sogar von 80 gesprochen.

Westberlin bringt natürlich Schwierigkeiten in unsere Arbeit. Schaut, wenn eine Sache entsteht und der Verdacht besteht, daß dieser Betreffende ein feindlicher Agent ist, besteht immer die Gefahr, daß er sich nach Westberlin absetzt, und diese Tatsache zwingt manchmal zum Handeln, wo man vielleicht sagen würde, wir müssen noch länger, gewissenhafter und gründlicher nachdenken. Aber mit unserem revolutionären Elan ist nicht vereinbar, daß man einen Feind entweichen läßt, und da müssen manchmal Entscheidungen gefällt werden, die nicht einfach sind, die in erster Linie politische Entscheidungen sind, weil unsere Arbeit unter dem Gesichtspunkt der Einheit Deutschlands und der Erhaltung des Friedens steht. Das zeigen jetzt die ganzen letzten Ereignisse, über die ich gar nicht sprechen wollte, sondern ich wollte nur über einen Teil unserer Arbeit sprechen.

Mir scheint, daß auch noch eine andere Seite zu beachten ist, die ebenfalls offen angesprochen werden muß. Das ist solche Tatsache, daß auch manchmal die Parteisekretäre erkennen, daß dort jemand ist, und jetzt wird eine Festnahme gefordert.

Ja, da kommen wir auch in eine komplizierte Lage. Wir besitzen noch nicht das Material, haben noch nichts erarbeitet. Vielleicht waren sie nicht fähig genug, das ist möglich, vielleicht hat man es übersehen. Alles das selbstkritisch zugegeben. Aber es gibt auch solche Sachen, wo manchmal von der politischen Seite aus etwas anders eingeschätzt wird, als es sich nachher von der juristischen Seite darstellt.

Dafür ein Beispiel: Ich war im Bergmann-Borsig und sprach mit dem Parteisekretär und fragte ihn, was es für feindliche Erscheinungen gibt. Wir hatten eine Reihe von Material, weil wir sehr gute Verbindungen mit den Arbeitern und Wissenschaftlern haben und nützen das natürlich in den Versammlungen aus. Er sagte mir Sabotage. Ich fragte: Welche Sabotage?

Nun, zum Beispiel war in einer Ölbuchse ein Lappen liegengeblieben, also das ist Sabotage – glatt erwiesene Sabotage. Das kann Sabotage sein, aber ich sagte ihm, wenn ich dieses Beispiel vor den Hunderten von Belegschaftsmitgliedern [bei] Bergmann-Borsig bringe, muß ich den endgültigen Nachweis bringen, daß das Sabotage ist, denn wenn ich nur so oberflächlich sage, es ist Sabotage, entkräfte ich damit den Kampf gegen die Sabotage, und man wird uns keinen Glauben schenken, und wir sind dafür, ganz konkret mit unwiderlegbaren Beweisen anzutreten.

Also viele Dinge, viele betriebliche Dinge und Erscheinungen, mit denen wir uns befassen müssen, haben ihre Wurzel zum Teil darin, daß man nicht verantwortlich auf seinem Posten arbeitet, daß zum Beispiel zum i auch der I-Punkt gehört. Diese Eigenschaften sind nicht jedermanns Sache. Wenn wir es verständen, das zu erreichen, würde ein großer Teil dieser Schwierigkeiten beseitigt und die Agententätigkeit liquidiert werden.

Warum sind die Menschen unzufrieden? Die Arbeiter sind es doch, die die Sachen auch produzieren. Nehmen wir zum Beispiel eine solche Sache wie die Zahnpasta. Die Zahnpasta z. B., die aus Gera kommt, ist nach wenigen Tagen hart und steif. Wer fertigt die an? Arbeiter im Betrieb. Aber wer bekommt die

Zahnpasta? Die Arbeiter, die Bevölkerung, und sie sind unzufrieden, was sich dann gegen die Regierung und gegen die leitenden Funktionäre richtet. Das ist nur ein kleines Beispiel, so sieht es in vielen Dingen aus, wo die Möglichkeiten gegeben sind, bessere und qualifiziertere Arbeit zu leisten.
Mir scheint also, daß die Frage der Wachsamkeit also auch unmittelbar verbunden ist mit der Verantwortlichkeit und der Disziplin, und deshalb glaubte ich, daß es notwendig ist, auch über diese Frage hier einmal zu sprechen.
Wir haben die Funktion von der Partei übertragen bekommen in der Staatssicherheit und werden die Schlußfolgerungen aus der Kritik ziehen, so wie wir sie auch aus den Ereignissen des 17. Juni gezogen haben. Wir werden sehr ernst darum kämpfen, daß unsere gesamte Arbeit in diesem Sinne geführt wird, wie sie hier heute in der ZK-Sitzung beschlossen wurde, und daß jeder einzelne Mitarbeiter der Staatssicherheit von dem Gedanken mobilisiert wird, daß es sich lohnt, für dieses Ziel so zu kämpfen, und in diesem Sinne glaubte ich, war es notwendig, diese Arbeit der Staatssicherheit einmal hier darzulegen.

9. September 1954

Redebeitrag Ernst Wollwebers auf dem 20. Plenum des Zentralkomitees der SED (Auszug)[941]

Jetzt einige Bemerkungen über die veränderten Bedingungen der Arbeit der Staatssicherheit. Es hat keinen Zweck mehr, darüber zu reden, daß es richtig war, daß die Staatssicherheit aus der Anonymität heraustrat und in die Betriebe gegangen ist.
Es ist erwiesen, daß das richtig war. Das ist klar. Aber die Aufgaben stehen etwas anders, erweitert. Wir müssen heute dazu kommen, durch die operative Arbeit der Staatssicherheit der politischen Führung unserer Partei Waffen in die Hand zu geben für ihren politischen Kampf.
Nun, einiges auf dem Gebiete im Zusammenhang mit dem Kampf gegen EVG ist gemacht worden, sogar mit internationalem Ergebnis, aber wenn man diese Waffen in die Hand gibt, bedeutet das gleichzeitig, daß wir durch die veränderte politische Situation in Westberlin und Westdeutschland bestimmte Möglichkeiten haben für Anknüpfungspunkte, für neue operative Aufgaben. Also hier muß man den Zusammenhang sehen. Es kommt also darauf an, jetzt durch bestimmte Schläge an bestimmten Punkten die Verwirrung im Lager des Gegners zu vergrößern, um dadurch gleichzeitig neue operative Aufgaben erfüllen zu können. Das ist das eine, dann das andere! Es steht nicht mehr nur die Aufgabe, Agenten, Agenturen zu liquidieren. Die Aufgabe steht anders, steht erweitert. Es kommt darauf an, feindliche Zentralen zu liquidieren. An einigen Punkten ist uns das gelungen. Die Zentrale des BDJ wurde zerschlagen. Das „Komitee 17. Juni", dem einmal große Aufgaben zugedacht wurden, haben wir zerschlagen. [Den] Verfassungsschutz haben wir im wesentlichen zumindest zeitweilig in seiner Funktions- und Aktionsfähigkeit stark beschränkt. Wir müssen eine Lage erreichen, daß nicht nur, wie wir früher gesagt haben, in der Deutschen Demokratischen Republik eine Hölle für Agenten sein soll, sondern wir müssen eine Lage erreichen, wo Westberlin auch ein gefährliches Pflaster für alle Chefs der Zentralen ist. Nun, was sich daraus ergibt, will ich hier nicht erläutern. Das ist auch gar nicht notwendig. Aber dahin müssen wir kommen, und in dem Maße, wie wir hier gegen die Zentralen schlagen, in dem Maße wird sich natürlich der Gegner an anderen Punkten festsetzen. Unter diesem Gesichtspunkt bekommt die erhöhte Wachsamkeit an der Demarkationslinie eine größere Bedeutung. Ich denke, daß diese Andeutungen zu diesem Punkt genügen.
Was sind nun die Gründe für die Schläge gegen die Gehlen-Organisation? Die Gehlen-Organisation hat einige Besonderheiten. Erstens, im Gegensatz zu allen anderen Organisationen hat die Gehlen-Organisation ihre Agenten auch in sämt-

941 Stenographisches Protokoll. SAPMO-BA, DY 30, IV 2/1/133, Bl. 34–42, hier dokumentiert Bl. 35–38.

lichen anderen feindlichen Agenturen mit Ausnahme des amerikanischen Geheimdienstes, überall! Das haben die anderen nicht. Wir können eine Organisation aufdecken, wie wir wollen, soweit es nicht amerikanischer Geheimdienst ist, kommen wir zum Schluß auf Gehlen. Ob das ist Verfassungsschutz, KgU, Freiheitliche Juristen, Ostbüros, SPD oder DGB oder was wir wollen, d.h. Gehlen sitzt überall drin. Das ist auch ganz klar. Die Amerikaner haben über Gehlen alle anderen Organisationen gleichgeschaltet und über Gehlen also eine Quelle bekommen, wo man ausnutzt, was alle anderen haben. Die Gehlen-Organisation ist außerdem die bestorganisierte, dadurch, daß sie die qualifiziertesten Agenten hat. Sie ist im Gegensatz zu den anderen geführt von erfahrenen faschistischen Nachrichtenoffizieren, nicht nur deutschen. Sie arbeitet nicht nur in der Deutschen Demokratischen Republik, sondern sie arbeitet auch in den volksdemokratischen Ländern, und in der Deutschen Demokratischen Republik ist die Werbung für diese Organisation, da sie als deutsche Organisation auftritt, erleichtert.
Nun, Genossen, was wollen wir mit diesen Schlägen erreichen? Natürlich haben wir nicht die Illusion, daß wir die ganzen Agentenzentralen der Deutschen Demokratischen Republik liquidieren können. Das ist Unsinn. Das wird sich immer wieder zeigen. Sonst ist unsere Auffassung über die Verschärfung des Klassenkampfes nicht richtig. Nicht nur das, sondern der hauptsächlichste Konzentrationspunkt sämtlicher feindlicher Agenturen ist seit einiger Zeit die DDR, und das ist auch ganz natürlich, und die Verbindungslinien dieser feindlichen Zentralen nach Polen, nach der Tschechoslowakei, nach der Sowjetunion gehen über die DDR, und Gehlen arbeitet auch dort. Wir müssen erreichen, nicht nur, daß bei den Gehlen-Agenten eine Unsicherheit ist über ihr Schicksal – nun, auf dem Gebiet haben wir allerhand Erfolge –, sondern wir müssen erreichen, daß selbst die Amerikaner mißtrauisch werden gegenüber Gehlen, der Effektivität seiner Organisation nicht mehr trauen. Wir müssen Gehlen schlagen, weil die Gehlen-Organisation ein politischer Faktor in Westdeutschland ist, auf den sich auch Adenauer mit stützt, und wir müssen Gehlen schlagen, um unsere Genossen in den volksdemokratischen Ländern zu unterstützen und auch teilweise die Verbindungen aufzudecken, die nach der Sowjetunion gehen.

Also, die Aufgaben sind nicht gering und sind auch nicht einfach. Wie messen? Genossen! Wenn wir das messen, was wir in der letzten Zeit erreicht haben gegenüber dem, was früher war, können wir sagen, wir haben große Erfolge. Das ist richtig. Aber die Kampffähigkeit der Organe der Staatssicherheit, gemessen an den Aufgaben, muß man feststellen, ist noch nicht auf der Höhe der Aufgaben. Aber die Kampffähigkeit muß erhöht werden. Es gibt dabei eine Reihe von Fragen, die unmittelbar die Partei berühren. Wie ist die gesamte kadermäßige Zusammensetzung der Organe der Staatssicherheit? Das ist wichtig für die Partei, das ZK. Zwei Fünftel aller Mitarbeiter der Staatssicherheit sind unter 25 Jahren alt. 70 % der Mitarbeiter der Staatssicherheit haben keine praktischen eigenen Erfahrungen aus den Klassenschlachten vor 1933 oder aus den Kämpfen unter den Bedingungen der Illegalität. Das ist für die Zukunft gesehen eine gute kadermäßige Zusammensetzung. Wir können mit Erfolg auf die Zukunft warten.

Wir müssen die Kampffähigkeit erhöhen, indem wir in erster Linie diese jungen Kader im besseren Maße befähigen, im stärkeren Maße befähigen, die schwierigen Aufgaben zu erfüllen, und hier steht damit neben der unmittelbaren Aufgabe der Liquidierung von Agentenzentralen, von Verbindungen, Agenturen innerhalb der Staatssicherheit die Aufgabe der Erziehung der Mitarbeiter im Zentrum der Aufgaben, und damit muß sich wirklich die Partei beschäftigen. Die Parteiorganisation in der Staatssicherheit muß sehr ernst angeleitet werden, und auf diesem Gebiet gibt es die größten Schwächen, und ich bitte die Genossen Bezirkssekretäre, die hier anwesend sind, sich mit der Frage zu beschäftigen, was sie angesichts solcher Aufgaben, angesichts solcher kadermäßigen Zusammensetzung selbst getan haben, um die Parteiorganisation in Gang zu bringen, damit sie bei dieser Erziehungsarbeit ihre Aufgaben mit erfüllt.

16. November 1954

Dienstanweisung Nr. 54/54 des Leiters der Hauptabteilung V, Bruno Beater, zur Aktion „Blitz“[942]

Anläßlich der Arbeitsbesprechung vom 11.11.1954 unter Anwesenheit der Genossen Abteilungsleiter der Hauptabteilung V und der Abteilungsleiter der Bezirksverwaltungen wurde nach eingehender gründlicher Diskussion aller Abteilungsleiter einstimmig beschlossen,

einen konzentrierten Schlag

gegen die Untergrundbewegung zu führen.
Im Zuge dieses Beschlusses wurde festgelegt, daß dieser Schlag bis zum 5. Jahrestag der Staatssicherheit der Deutschen Demokratischen Republik abgeschlossen sein muß.
Die Aktion wird unter der Bezeichnung

„Blitz“

geführt.
Verantwortlich für die gesamte Aktion „Blitz“ ist der Genosse Oberst Beater. Hierzu ist das gesamte Material
a) des Staatssekretariats für Staatssicherheit,
b) der Bezirksverwaltungen,
c) der Kreisdienststellen,
das gegen die Untergrundgruppen in der Deutschen Demokratischen Republik vorhanden ist, sofort auszuwerten und zum Zwecke der Koordinierung aller Maßnahmen in der Aktion „Blitz“ der Hauptabteilung V des SfS vorzulegen.
Um die Aktion zielerreichend vorbereiten zu können, wurde am 15. November 1954 ein Einsatzstab in der Hauptabteilung V des SfS gebildet:
Leiter des Stabes: Major Treßelt,
Abteilung 1: Major Eichler,
Abteilung 2: Ob[er]f[eld]w[ebel] Mederake,
Abteilung 3: L[eu]tn[ant] Richter,
Abteilung 4: Ob[er]l[eu]tn[ant] Franke, Werner,
Abteilung 5: L[eu]tn[ant] Eichhorn.
Diese Aktion soll, wie in der obenerwähnten Dienstbesprechung festgelegt wurde, in drei Etappen vorbereitet werden.

942 BStU, ZA, DSt 100932, ohne Blattzählung. Zweitüberlieferung: BStU, ZA, AS 171/54, Bd. 1, Bl. 2–5. – Kopf: Regierung der Deutschen Demokratischen Republik, Ministerium des Innern, Staatssekretariat für Staatssicherheit, Hauptabteilung V. – Adressat: Abteilungen der HA V. – Vermerke auf S. 1: GVS 2205/54, Geheime Verschlußsache: 21 Exemplare je 4 Blatt. – Auf S. 4 gezeichnet: Beater, Oberst.

Für die *erste Etappe* ist der Termin 25.11.54 festgesetzt. Bis dahin sind von allen Dienststellen des SfS die Sachstandsberichte der Vorgänge vorzulegen, die zur Liquidierung reif und als Festnahmeaktion von Bedeutung sind.
In den Sachstandsberichten sind[943] der Beginn und der Hinweis, wodurch der Vorgang entstanden ist, sowie die Weiterentwicklung, Anwerbungen und sonstige Maßnahmen bis zum gegenwärtigen Stand mit zu schildern.
Weiter ist zu diesen Vorgängen ein Operativplan auszuarbeiten, der das Ziel der Liquidierung oder des Ansetzens festlegt und alle dazu erforderlichen Maßnahmen vorsieht, wobei festgehalten werden muß, wer konkret für diese Maßnahmen verantwortlich ist.
Besondere Bedeutung kommt hierbei den Vorgängen zu, deren Liquidierung in Westberlin und Westdeutschland ihren Ausgang finden muß.
Zu diesen Vorgängen ist eine gründliche Absprache mit den hier zuständigen Mitarbeitern durchzuführen und ein Abschlußbericht über die Durchführung der Maßnahmen schriftlich auszuarbeiten.
Für die *zweite Etappe* wird der genaue Termin nach dem 25.11.1954 bekanntgegeben.
Hierbei handelt es sich um Materialien und Vorgänge, welche zur Zeit noch der Ergänzung bedürfen[944] und in den Bezirksverwaltungen laufen[945].
Die *dritte Etappe* ist die Zeit, in der alle Materialien und Vorgänge, die[946] in den Kreisdienststellen gesammelt und zusammengestellt werden, um dann nach hier zu gehen, wozu die gleichen Sachstandsberichte, wie bereits erwähnt, ebenfalls zu geben sind.
Der Erfolg der Aktion „Blitz" hängt in erster Linie davon ab, daß alle Mitarbeiter in Richtung V wirklich eine qualifizierte Arbeit leisten, um den Gegner empfindlich zu treffen.
Berichte und Hinweise, die bisher noch nicht überprüft worden sind bzw. werden konnten, sind unverzüglich auf ihre Echtheit zu untersuchen, gegebenenfalls sind mit größter Eile – selbstverständlich aber trotzdem mit äußerster Gewissenhaftigkeit und Zweckmäßigkeit – geeignete Anwerbungen zu tätigen.
Im Interesse der schnellsten operativen Bearbeitung ist es erforderlich, daß die einzelnen Bezirksverwaltungen sich gegenseitig unterstützen und ergänzen und Ermittlungen nicht selbst in anderen Bezirken, sondern diese von der jeweiligen zuständigen Bezirksverwaltung bzw. Kreisdienststelle gemacht werden.
Alle diesbezüglichen Ermittlungen sind ebenfalls mit dem Kennwort „Blitz" zu versehen, was für den betreffenden Empfänger bedeuten muß, größte Eile walten zu lassen.
Nach gründlicher Auswertung aller nach hier gegebenen Materialien sowie der geprüften und abgeschlossenen Vorgänge wird ein Gesamtplan, der die Übersicht über alle operativen Maßnahmen gibt, von dem Stab des Staatssekretariats

943 Im Original fälschlich: ist.
944 Im Original fälschlich: Ergänzungen bedarf.
945 Im Original fälschlich: läuft.
946 Im Original fälschlich: das.

für Staatssicherheit, Hauptabteilung V, ausgearbeitet und in Details, die die Aufgaben der einzelnen Bezirksverwaltungen betreffen, nach dort gegeben.
Hierin müssen auch die Maßnahmen enthalten sein, die von den Bezirksverwaltungen vorgeschlagen werden, um bis zu diesem Zeitpunkt das GI-Netz zu verdichten und den GM-Apparat zu qualifizieren und die Einrichtung oder [den] Ausbau der Stützpunkte in Westdeutschland und Westberlin, besonders an der D[emarkations]-Linie zu erreichen.
Die Leiter der Bezirksverwaltungen werden gebeten, die Bemühungen der Abteilung V durch Rat und Tat zu unterstützen und vor allem die Vorgänge und Materialien, die auf dcr Linie der Abteilung V liegen, aber von anderen Abteilungen bearbeitet werden, so zu koordinieren, daß sie der Aktion „Blitz“ zur Unterstützung dienen.
Im Hinblick auf die Westberliner Wahlen, die von großer nationaler und internationaler Bedeutung sind, ist es erforderlich, daß die einzelnen Bezirksverwaltungen den Termin – 25.11.1954 – nicht nur unbedingt einhalten, sondern möglichst sofort die Sachstandsberichte der reifen Vorgänge nach hier geben.

10. Februar 1955

Operativplan zur Aktion „Enten"[947]

Die vom amerikanischen Geheimdienst finanzierte Rundfunkstation „RIAS" im amerikanischen Sektor von Berlin betreibt aktive Militär-, Wirtschafts- und politische Spionage. Die Sammlung von Spionageinformationen dieser Agentur dient der unmittelbaren Kriegsvorbereitung gegen die Deutsche Demokratische Republik, gegen die Sowjetunion und gegen die Länder der Volksdemokratien.
Das Spionagematerial wird auch ausgewertet zum Zwecke der Organisierung von Sabotage, Diversions- und Terrorakten.
Die verbrecherische Tätigkeit des „RIAS" dient u. a. auch [dazu], durch Lüge, Hetze und Verleumdung die politische und moralische Einheit der Bevölkerung der Deutschen Demokratischen Republik zu zersetzen. Der Rias, der äußerst aktiv in der Werbung von Agenturen ist, leitet einen Teil dieser Agenturen an andere imperialistische Geheimdienste weiter. Insbesondere an andere amerikanische Zentralen sowie an westdeutsche Geheimdienste.
Die Aktion „Enten" stellt sich das Ziel, nicht nur die Agenturen des Rias zu zerschlagen und sie ihrer gerechten Bestrafung zuzuführen, sondern durch richtige politisch-operative Maßnahmen dem Rias einen solchen Schlag zuzufügen, der es möglich macht, diesen amerikanischen Sender vor dem gesamten deutschen Volk und der Weltöffentlichkeit als Spionagezentrale des amerikanischen Geheimdienstes zu entlarven.
Die Durchführung der Aktion „Enten" erfordert daher insbesondere von den Leitern der Bezirksverwaltungen sowie von den an der Durchführung der Aktion beteiligten Mitarbeitern gründliches und gewissenhaftes Arbeiten.
Die Leiter der Bezirksverwaltungen tragen die Verantwortung dafür, daß diese Aktion nicht dadurch Schaden erleidet, daß unqualifizierte Festnahmen getätigt werden und festgenommene Personen freigelassen werden müssen oder andererseits es Agenten gelingt zu flüchten.
Sie tragen die Verantwortung für die richtige Sicherstellung und Auswertung des Beweismaterials.
Folgende Maßnahmen sind in Aktion „Enten" durchzuführen:

> Alle in der Anlage aufgeführten Agenten bzw. Spione, die im Bezirk …[948] wohnhaft sind, sind nach Auslösung der Aktion zu verhaften bzw. festzunehmen. In den Bezirken ist ein Einsatzstab zu bilden, der sich zusammensetzt

947 BStU, ZA, DSt 102103, ohne Blattzählung. – Kopf: Regierung der Deutschen Demokratischen Republik, Ministerium des Innern, Staatssekretariat für Staatssicherheit, Stellvertreter des Staatssekretärs. – Vermerke auf S. 1: GVS 751/55, Geheime Verschlußsache: 18 Exemplare je 4 Blatt. Auf S. 4 gezeichnet: Mielke, Generalleutnant.
948 Im Original Auslassung zur Einfügung des jeweiligen Bezirks.

aus dem Leiter der Bezirksverwaltung, dem Leiter der Abteilung II, dem Leiter der Abteilung VIII und [dem] der Abteilung IX.
Der Leiter der Abteilung II in Verbindung mit dem Leiter der Abteilung VIII ist für die Durchführung der operativen Maßnahmen (auch Vorbereitung zur Festnahme und gründliche Hausdurchsuchungen) verantwortlich.
Die Festnahmen der Agenten sind gut vorzubereiten und nach Möglichkeit konspirativ zu führen, d. h. sie aus ihren Lebensbedingungen herauszunehmen, ohne daß ihr Fehlen oder Fernbleiben sofort Verdacht erregt.
Hierzu ist erforderlich, daß der zuständige Mitarbeiter die Örtlichkeit und die Lebensgewohnheiten des Festzunehmenden genau ermittelt und einen Festnahmeplan ausarbeitet, der von dem Leiter zu bestätigen ist.
In den Bezirksverwaltungen sind Festnahmegruppen zu bilden und entsprechend dem Festnahmeplan einzuweisen.
Nach erfolgter Festnahme ist die Vernehmung des Agenten durch die Abteilung IX in Verbindung mit der Abteilung II durchzuführen.
Dabei muß besonders berücksichtigt werden, inwieweit nach den ersten Vernehmungen Perspektiven der Überwerbung zum Eindringen in die feindlichen Zentralen vorhanden sind.
Anwerbungen müssen vor der Durchführung von der Hauptabteilung II bestätigt werden.
Die Aufgabe der Abteilung IX besteht darin, die Agenten ihrer verbrecherischen Tätigkeit zu überführen und dabei ihre Hilfsquellen in Erfahrung zu bringen.
Alle neu bekanntwerdenden Agenten sind nach sorgfältiger Prüfung (falls keine Fluchtgefahr vorliegt) nur mit Genehmigung der Hauptabteilung II des SfS festzunehmen.
In den Bezirken ist ein Auswerter oder eine Auswertungsgruppe einzuteilen, die alles vorhandene und anfallende Material gründlich auswerten, damit dieses Material und die Aussagen der Agenten propagandistisch in Rundfunk und Presse veröffentlicht werden können.
Das von den Auswertungsgruppen zum Zwecke der propagandistischen Auswertung zusammengestellte Material der Gruppe A (Fotokopien, Berichte usw.) ist unverzüglich der Hauptabteilung II zu übersenden.
Die propagandistische Auswertung (Rundfunk, Presse, Versammlungen, Organisationen usw.) des Materials der Gruppe B wird von der jeweiligen Bezirksverwaltung nach Bestätigung durch den Chef der Bezirksverwaltung vorgenommen.
Besonders wertvolles und interessantes Material ist der Hauptabteilung II zuzustellen.
Über die durchgeführten Maßnahmen (Festnahmen, Durchsuchungen u. a.) ist der Hauptabteilung IX nach dem Meldeformular A und B nach Auslösung der Aktion täglich zweimal (um 10.00 und 17.00 Uhr) Bericht zu erstatten. Die Meldung erfolgt zahlenmäßig über Fernschreiber nach den Ziffern und Buchstabenbezeichnung[en] des Meldeformulars (Meldungen mit Namensangaben über Abteilung XI).

Bericht über die Ergebnisse der Vernehmungen, aus denen eine besondere feindliche Tätigkeit des Agenten ersichtlich ist, Fotokopien von Beweismaterial u. a. sind mit Sonderkurier der Hauptabteilung II des SfS zuzustellen.
Alle weiteren Maßnahmen, die sich aus der Aktion ergeben, müssen vor der Durchführung der Hauptabteilung II, in besonders wichtigen Fällen mir persönlich gemeldet werden.
Für die Durchführung der Aktion „Enten" sind[949] im SfS der stellvertretende Leiter der Hauptabteilung II, Oberstleutnant Folk, verantwortlich sowie Oberstleutnant König (Zimmer 2247, Telefon 371).
Die Aktion wird von mir mit der Bekanntgabe des Kennwortes „Panne" ausgelöst.

949 Im Original fälschlich: ist.

Ohne Datum (März 1955)

Plan zur Operation „Blitz" (Auszug)[950]

Die Operation „Blitz" soll in erster Linie dazu dienen, um rücksichtslos die verbrecherische Rolle der amerikanischen Spionagezentralen in Deutschland vor der ganzen deutschen Öffentlichkeit zu entlarven. Dieses wird erreicht durch einen konzentrierten operativen Schlag, der sich gegen die Spionagezentralen in Westberlin und deren Agenturen richtet.

In der 1. Phase der Operation ist geplant, den Schlag gegen folgende Feindzentralen in Westberlin zu richten: Ostbüro der CDU, VPO, Ostbüro der FDP, UFJ, sogenannte „Kampfgruppe gegen die Unmenschlichkeit" sowie gegen die von den Amerikanern in Westberlin geschaffenen feindlichen Gruppierungen, welche unter der Tarnung „SED-Opposition" ihre gesamte Tätigkeit gegen unseren Parteiapparat richten.

Die Operation „Blitz" sieht folgende operative Maßnahmen vor:

1. Überführung von einer Reihe offizieller Mitarbeiter und Residenten der obengenannten Feindzentralen, um
   a) sie zu überwerben,
   b) die freiwillige Rückkehr mit eigenem Geständnis zu inszenieren oder
   c) sie zu verhaften.
2. Herbeischaffung von Unterlagen aus den genannten Feindzentralen, welche die feindliche Tätigkeit dieser Zentralen und ihre Verbindungen zu den ausländischen Geheimdiensten beweisen und entlarven.
3. Die im Gebiet der Deutschen Demokratischen Republik aufgeklärten Agentengruppen der oben angeführten Zentralen sind zu liquidieren.
4. Durch die Kompromittierung einzelner Leiter sowie Mitarbeiter der feindlichen Zentralen werden diese im Westen unmöglich gemacht.
5. Es sind neue Anwerbungen von offiziellen Mitarbeitern sowie Residenten der angeführten Feindzentralen durchzuführen [und] Maßnahmen zur Festigung der Stellung der jetzt[951] schon in den Feindzentralen vorhandenen Agenturen. Eine Reihe unserer Agenturen sind nach dem Westen zu überführen mit dem Ziel, sie in die feindlichen Zentralen eindringen zu lassen.
6. Die während der ganzen Operation erarbeiteten Materialien sind in politischer Hinsicht folgendermaßen auszuwerten:
   a) Eine große Gruppe von Personen, die früher mit den genannten Zentralen in Verbindung standen, müssen [sic!] zur Abgabe eines Geständnisses vorbereitet werden.

950 BStU, ZA, AS 171/56, Bd. 1, Bl. 68–88. – Handschriftlicher Vermerk auf Bl. 68: Streng vertraulich! – Handschriftlicher Vermerk auf Bl. 88: Übersetzt aus dem Russischen: Carlsohn.
951 „Jetzt" handschriftlich eingefügt.

b) Durchführung von öffentlichen Prozessen.
c) Es sind dementsprechende Veröffentlichungen in den Organen der demokratischen Presse, im Rundfunk usw. durchzuführen, Pressekonferenzen zu organisieren, Mittel und Wege zur Veröffentlichung einiger Berichte in der Westpresse zu finden sowie die Verbreitung von Flugblättern und Broschüren im Westen zu organisieren.
d) Seitens der leitenden Mitarbeiter der Organe der Staatssicherheit der DDR sind in den größten Betrieben vor den Werktätigen Vorträge über die schmutzige, verbrecherische Tätigkeit der westlichen Geheimdienste sowie deren feindlichen Absichten abzuhalten.

Die gesamte Operation wird von der H[au]ptabt[eilung] V des SfS der DDR und deren Abteilungen in den Bezirksverwaltungen durchgeführt. Von den anderen Abteilungen wird die H[au]ptabt[eilung] V ebenfalls durch Materialbringung unterstützt.
Einige operative Maßnahmen zur Operation „Blitz" wurden schon am 15. November 1954 begonnen; so z. B. einige Verhaftungen von Agenten der feindlichen Zentralen vorgenommen.

Zu den konkreten Maßnahmen

Es ist vorgesehen, drei bis vier offizielle Mitarbeiter und Residenten der Feindzentralen aus Westberlin in den demokratischen Sektor zu überführen:
1. *Pleschinger – stellv. Leiter*[952] vom Ostbüro der CDU in Westberlin.
Dieser kennt die Struktur, eine ganze Reihe offizieller Mitarbeiter und Residenten sowie eine große Anzahl von Agenten des CDU-Ostbüros und der VPO, die in der DDR ihre verbrecherische Tätigkeit ausüben. Die Überführung des *Pleschinger* soll mit Hilfe des *Fahrers* des CDU-Ostbüros, eines gewissen …[953], durchgeführt werden. Dieser hat einen Bruder in der DDR, welcher unter dem Decknamen „…[954]" ein GM des SfS ist. In einer Unterredung mit unserem GM äußerte sich …[955] abfällig über die Leitung des Ostbüros der CDU und erklärte sich bereit, alle seine Möglichkeiten auszunutzen und der DDR zu helfen.
[…]
6. *Fricke*, ehem[aliges] SED-Mitglied, flüchtete 1948 nach dem Westen, weil ihm die Verhaftung drohte. *Fricke* absolvierte in Westdeutschland das Institut für Journalistik. Danach wurde er in Westberlin im Apparat Sesslers, einem offiziellen Mitarbeiter des amerikanischen Geheimdienstes, eingesetzt. Bekanntlich arbeitet letzterer gegen den Parteiapparat der SED.
Fricke, der ein offizieller Mitarbeiter der Adenauerzeitung „Rheinischer Merkur" ist, unterhält enge Verbindung zu Carola Stern. Diese war vor ihrer Flucht Lehrkraft an der Parteihochschule des ZK der SED. In Westberlin schrieb Ca-

952 Diese sowie alle folgenden kursiven Textstellen in diesem Dokument (außer Überschriften) sind im Original handschriftliche Einfügungen.
953 Im Original Aussparung für eine nicht erfolgte Texteinfügung.
954 Im Original Aussparung für eine nicht erfolgte Texteinfügung.
955 Im Original Aussparung für eine nicht erfolgte Texteinfügung.

rola Stern ein verleumderisches Buch gegen die SED. Es ist bekannt, daß *Fricke* in seiner Westberliner Wohnung ein trotzkistisches Archiv aufbewahrt.
Die Überführung des *Fricke* ist nach folgender Variante geplant: In engen sachlichen Beziehungen mit *Fricke* stehen die beiden überprüften GM des SfS „Fritz" und dessen Ehefrau „Peter". Unsere GM werden Fricke zu sich in die Wohnung einladen.
Da der *Fricke* die genaue Adresse nicht kennt, wird er in eine konspirative Wohnung in Westberlin geführt, deren Inhaber in die Operation nicht eingeweiht wird und sich in dieser Zeit auf Urlaub in der DDR befindet.
Fricke erhält im Getränk ein Schlafmittel. Die GM „Fritz" und „Peter" werden nach Erledigung dieser Phase in ihre richtige Wohnung fahren, während der *Fricke* von einer Gruppe in den demokratischen Sektor gebracht wird.
Gleichzeitig operiert eine Gruppe von GM in der Wohnung des *Fricke* mit dem Auftrag, die dort vorhandenen Unterlagen nach hier zu bringen.
[…]
8. *Müller/Zachmann – stellv. Leiter* des SPD-Ostbüros in Westberlin. Kennt die Struktur, die offiziellen Mitarbeiter, Residenten sowie eine große Anzahl der Agenten des Ostbüros. Ab Mai 1952 unterhält der GM „Laterne" enge Verbindungen zu *Müller*. Der genannte GM machte selbst den Vorschlag, den *Müller* in den demokratischen Sektor von Berlin zu bringen. Der GM behauptet, daß *Müller* zu ihm vollstes Vertrauen hegt und er deshalb in der Lage ist, bei günstigen Bedingungen den *Müller* ohne zusätzlicher Hilfe zu überführen.
Um diese Aufgabe zu erfüllen, machte „Laterne" den Führerschein, und in den nächsten Tagen wird er zum Treff mit *Müller* mit seinem Wagen kommen.
[…]
Am 4. Dezember 1954 wurde in den demokratischen Sektor Berlins der ehem[alige] Kreissekretär der SED Ch.[956] überführt. Dieser flüchtete nach Westberlin im November 1953.
Ch. gab an, Resident des amerikanischen Geheimdienstes gewesen zu sein und in dessen Auftrage eine Feindtätigkeit gegen die SED durchgeführt zu haben.
Gleichfalls im Dezember 1954 wurde der Resident des amerikanischen Geheimdienstes sowie der Gehlen-Organisation und des „Amtes für Verfassungsschutz" H.[957] in den demokratischen Sektor überführt und verhaftet.

Maßnahmen zur Beschaffung von Unterlagen der Feindzentralen

1. Nach dem Plan, der mit unmittelbarer Unterstützung des GM „Radeberg", welcher im Ostbüro der FDP beschäftigt ist, aufgestellt wurde, gelang es einer aktiven Gruppe in der Nacht zum 13. Februar 1955 in das Gebäude des FDP-Ostbüros einzudringen und eine große Menge von Unterlagen in den demokratischen Sektor Berlins zu bringen.
Durch diese Aktion wurde Material über 957 LPD-Mitglieder aus der DDR er-

956 Name anonymisiert.
957 Name anonymisiert.

halten. In den genannten Unterlagen werden diese Bürger der Republik von den durch das Ostbüro befragten Flüchtlingen als zur DDR feindlich eingestellte Personen beurteilt und damit Hinweise gegeben, daß diese zu Spionagetätigkeit brauchbar sind. Von den 957 werden 100 Personen vom SfS operativ bearbeitet. Durch die Verhaftung von 20 Personen wurde festgestellt, daß diese Agenten des FDP-Ostbüros waren. [...]
Unter den beschafften[958] Unterlagen befinden sich auch Berichte für die Zentrale in Bonn, welche von uns gut zur Kompromittierung dieser Feindzentrale ausgewertet werden können.
Die Überprüfung von operativen Materialien sowie Verhaftungen werden weiter fortgesetzt.
2. Gleichzeitig mit der Überführung des G. und Fricke werden ihre Unterlagen, die sie in ihren Wohnungen haben, durch Einsatz von besonderen Gruppen beschafft.
[...]
Verhaftung feindlicher Agenturen in der DDR
I. In der Zeitspanne vom 15. November 1954 bis 1. März 1955 wurden 146 feindliche Agenten im Zuge der Operation „Blitz“ von den Organen der Staatssicherheit verhaftet, davon 15 Agenten des CDU-Ostbüros und der VPO, 34 Agenten der „Kampfgruppe gegen die Unmenschlichkeit“, 30 Agenten des UFJ und 15 Agenten des amerikanischen Geheimdienstes.
Durch die erfolgten Verhaftungen wurden folgende Agentengruppen liquidiert:
1. eine Agentengruppe der „KgU“, bestehend aus vier Personen, im Bezirk Cottbus;
2. im Bezirk Potsdam eine Agentengruppe aus zwölf Personen – diese Gruppe leistete ihre Verbrechertätigkeit in den Eisenbahnobjekten der DDR im Auftrage des amerikanischen Geheimdienstes;
3. eine Agentengruppe des amerikanischen Geheimdienstes in Leipzig – unter den Verhafteten befindet sich ein Offizier vom operativen Stab der Kasernierten Volkspolizei;
4. Weiterhin wurden die Mitglieder von zwei Untergrundgruppen, die im Auftrage des amerikanischen Geheimdienstes über das SPD-Ostbüro arbeiteten, in den Bezirken Karl-Marx-Stadt und Erfurt verhaftet.

II. Es ist geplant, noch 100 feindliche Agenten zu verhaften, die in den operativen Vorgängen angefallen sind. In dieser Zahl sind noch nicht die Agenten einbegriffen, die nach der Überführung von offiziellen Mitarbeitern und Residenten der feindlichen Zentralen bekannt werden.

Maßnahmen zur Kompromittierung der Feindzentralen und deren Leitungen

1. Aus Unterlagen geht hervor, daß der Leiter des UFJ, sein Stellvertreter sowie einer der Residenten und ein Fahrer dieser Zentrale früher Agenten der *sowjetischen Dienststelle* waren.

958 Im Original fälschlich: beschaffenen.

Wegen Doppelspiels wurden mit ihnen alle Verbindungen abgebrochen, und diese flüchteten nach dem Westen. Es bestehen Möglichkeiten, um bei gewissen Personen den Eindruck zu erwecken, daß diese jetzt noch Verbindung zu *uns* haben und für *sowjetische Dienststellen* arbeiten.
Die Kombination ist vorgesehen, folgendermaßen durchzuführen [sic!]:
Vor ihrer Flucht nach dem Westen waren *Friedenau* und sein Stellvertreter *Rosenthal* im Bezirk Potsdam wohnhaft, wo sie mit den *sowjet[ischen] Dienststellen* in Verbindung standen.
Ein vor kurzer Zeit „entlassener" Mitarbeiter der Bezirksverwaltung Potsdam entschließt sich, aufgrund seines Grolls auf die Organe der Staatssicherheit, seine Ehefrau zu der politischen Abteilung der Westberliner Polizei zu schicken. Diese erklärt dort, daß ihr Ehemann über für die Polizei interessantes Material verfügt. Zunächst wird der Stummpolizei gegen entsprechendes Entgelt das Duplikat einer Personalakte eines perspektivlosen GM der Bezirksverwaltung Potsdam, der in Westberlin wohnhaft ist, übergeben.
Bei der Übergabe dieser Personalakte wird der Westpolizei erklärt, daß der „Entlassene" noch viel wichtigere Unterlagen besitzt. Es ist anzunehmen, daß die Stummpolizei, um die Angelegenheit zu überprüfen, den genannten GM verhaften wird.
Etwas später wird der Westpolizei frisiertes Material als Anweisung des SfS für die Bezirksverwaltung Potsdam [sic!], in der man die entsprechenden Anweisungen betreffs der weiteren Zusammenarbeit mit dem GM „Schmidt" *Rosenthal* erteilt, übergeben. In diesem Schreiben wird außerdem darauf hingewiesen, daß *Rosenthal* den Organen der Staatssicherheit von den *sowjet[ischen] Dienststellen* übergeben wurde, daß aber „Bild" *(Friedenau)* noch mit den sowjetischen Freunden zusammenarbeitet.
2. Die Grundlagen zur Kompromittierung des FDP-Ostbüros in Westberlin wurden durch die Beschaffung von Unterlagen aus dem Gebäude des Ostbüros in der Nacht zum 13. Februar d[es] J[ahres] geschaffen.
Nach dem Verschwinden von Unterlagen aus dem FDP-Ostbüro wurden sämtliche Mitarbeiter durch die Stummpolizei zeitweilig festgenommen und vernommen. Außerdem ergriff die Polizei alle Maßnahmen zur Bewachung des Gebäudes und setzt z.Z. die Untersuchungen fort. Mit gleichen Absichten kam nach Westberlin der Leiter des FDP-Ostbüros in Bonn Naase. Im Ergebnis wurde der Leiter des FDP-Ostbüros in Westberlin Bach nach Bonn abberufen.
Die Veröffentlichung einiger Berichte, die für die Zentrale in Bonn bestimmt waren, wird zweifellos zur Entlarvung der verbrecherischen Tätigkeit des FDP-Ostbüros beitragen.
3. Durch die Sicherstellung der Unterlagen von *G.*, *Fricke* und *Stern* sowie vollste Auswertung der operativen Materialien über Ch.[959] wird die Grundlage zur Zerschlagung der Lügen über das Bestehen einer „SED-Opposition" und zur Entlarvung dieser Personen als Agenten des amerikanischen Geheimdienstes geschaffen.

959 Name anonymisiert.

Anwerbungen und Maßnahmen zur Sicherung der Agenturen, die in den Feindzentralen in unserem Auftrage arbeiten

1. Sicherung des GM „Karl“ bei der „Kampfgruppe gegen die Unmenschlichkeit“. Mitte 1954 wurde der GM „Karl“, der offizieller Mitarbeiter der KgU ist, von der Berliner Verwaltung des SfS angeworben. Der genannte GM übergab in dieser Zeit uns eine Reihe wertvoller Berichte über die Struktur, die Mitarbeiter und Aktionen, die von der KgU vorbereitet wurden. Weiterhin nannte „Karl“ 15 Agenten der KgU, die ihre feindliche Tätigkeit auf dem Territorium der DDR durchführen

Um die Sicherung dieses GM zu gewährleisten, wird die von ihm genannte Agentur der KgU nicht im Zuge der Operation „Blitz“ verhaftet. Es gibt ernste Hinweise, aus denen man schließen kann, daß der GM „Karl“ in der nächsten Zeit als stellv. Leiter des Aufklärungsdienstes der KgU eingesetzt wird und dadurch auch Zugang zur gesamten Agentur sowie den gesamten Unterlagen der Feindzentrale erhalten wird.

Der GM versteht voll und ganz unsere Absichten und verspricht eine Aktion vorzubereiten, die zur endgültigen Entlarvung der KgU führen wird.

2. Resident der KgU für das Land Thüringen ist „Wolf“. Im Dezember 1954 wurde mit ihm durch seinen Verwandten aus der DDR, den GM „Gottlieb“, das Werbungsgespräch begonnen. Da „Wolf“ materiell sehr interessiert ist, nahm er das Angebot für die Zusammenarbeit mit den Organen der Staatssicherheit an und lieferte über den GM „Gottlieb“ wertvolles Material über die Vorbereitung verschiedener Aktionen gegen die DDR von seiten der KgU. „Wolf“ nannte außerdem zwölf Agenten, von denen zehn verhaftet wurden. Bei den Vernehmungen bestätigten diese, Agenten der KgU gewesen zu sein.

„Wolf“ meldete auch die Vorbereitungen der KgU zu einem ungeheuerlichen Anschlag auf die wirtschaftlichen Grundlagen der DDR, als diese Zentrale anderthalb Millionen Liter Benzin der Wirtschaft entziehen wollte durch Verbreitung gefälschter Benzinmarken in der DDR. Dank der rechtzeitigen Meldung von „Wolf“ konnte dieser Anschlag abgewehrt werden.

Außerdem berichtete „Wolf“ über gefälschte Schreiben, die im Namen des DDR-Außenhandelsamtes an 60 ausländische Firmen gerichtet wurden. Mit dieser Maßnahme plante die KgU, die Außenhandelsbeziehungen der DDR zu stören.

Auf einem der letzten Treffs mit „Gottlieb“ berichtete ihm „Wolf“, daß nach seinen Informationen die Amerikaner in der nächsten Zeit in München eine neue Dienststelle zur „psychologischen Vorbereitung des Krieges“ einrichten werden. Die Kader für diese Stelle sollen aus offiziellen Mitarbeitern des Geheimdienstes und verschiedener Zentralen zusammengesetzt werden. „Wolf“ hofft, ebenfalls dort eingesetzt zu werden.

3. Im November 1954 wurde der GM „Panter“ an den Leiter der Deutschen Partei Segel angesetzt und später vom letzteren angeworben. Segel, der gleichzeitig Resident des amerikanischen Geheimdienstes ist, überprüfte den GM „Panter“ eingehend und schickte diesen dann auf eine Funkerschule in Westberlin, die der GM mit Erfolg beendete. In der nächsten Zeit erwartet „Panter“ von dort das

Funkgerät. „Panter" erhielt vom Westen den Auftrag, Kandidaten zur Funkerschule aus der DDR zu benennen.
Von Segel erfuhr der GM, daß das Ostbüro der DP eine großangelegte Aktion zur Schaffung von Unruhen in den Reihen der Kasernierten Volkspolizei, durch Versendung an Offiziere von gefälschten Beförderungsschreiben, starten will. Außerdem plant man, an Mitglieder der FDJ (Jugendliche) Einberufungsschreiben zu verschicken.
[…]
5. Zum Zweck der aktiven Entlarvung des amerikanischen Geheimdienstes, der seine verbrecherische Tätigkeit auch gegen die SED richtet, wurde der GM „Heinz" an die Amerikaner „Dreiser" und „Backster" angesetzt. Der GM „Heinz" studierte an der Parteihochschule, danach nahm er eine leitende Stellung im Parteiapparat ein. Es ist ihm gelungen, das Vertrauen der beiden Amerikaner zu erwerben. Auf einem der letzten Treffs machte „Backster" dem GM das Angebot, als stiller Mitarbeiter des amerikanischen Geheimdienstes für monatlich 750 Westmark zu arbeiten.
Der GM „Heinz" bekam von den Amerikanern den Auftrag, in der DDR illegale Gruppen zu schaffen. Nach der Überführung nach hier der Residenten der sogenannten „SED-Opposition" wird der GM legalisiert unter der Variante seiner freiwilligen Rückkehr mit eigenem Geständnis.
6. 1952 wurde der GM „Wegner" im Auftrage des SfS nach Westberlin geschickt. Dieser GM berichtete Ende 1954, daß sich einige Mitarbeiter des SPD-Ostbüros an ihn gewandt haben, mit der Bitte, ihnen einen Raum in seiner Gaststätte zur Verfügung zu stellen, wo diese ihre Treffs durchzuführen beabsichtigen. Dieser Raum wurde mit Technikanlage versehen und ihnen zur Verwendung gegeben. Durch diese Maßnahme wird es uns gelingen, einen Einblick in die Arbeitsmethoden des SPD-Ostbüros zu erhalten und außerdem ihre Agenturen zu entlarven. Gleichzeitig werden der GM sowie dessen Ehefrau noch mehr an das SfS herangezogen.
[…]

Freiwillige Rückkehr mit Geständnissen von Personen, die früher mit ausländischen Geheimdiensten und anderen feindlichen Zentralen in Verbindung standen

Zu dieser Operation werden ca. 20 offizielle Mitarbeiter und Agenten der verschiedensten Feindzentralen in Westberlin vorbereitet.
Diese Maßnahme wird ebenfalls Anwendung bei perspektivlosen Agenten (unseren GM) finden.
Zu diesen gehören folgende GM:
1. „Jahn" war auf die Amerikaner[960], die eine feindliche Tätigkeit gegen den SED-Parteiapparat durchführen, angesetzt.
2. „Emma" arbeitet auf der Linie der KgU. Sie ist in der Lage, eine Reihe von geplanten verbrecherischen Aktionen der KgU zu entlarven.

960 Im Original fälschlich: an den Amerikanern.

3. „Dieter Schmidt“ – ehem[aliger] offizieller Mitarbeiter der KgU. Auf eigenen Wunsch wurde er 1954 aus dieser Zentrale entlassen.
4. „Christian“ arbeitete auf der Linie des CDU-Ostbüros und VPO; hatte direkte Verbindung zum 2. Leiter der VPO Kintzel.
5. „Pecht“ wurde auf den Residenten des amerikanischen Geheimdienstes N.[961] angesetzt.

Personen, die mit Westberliner Feindzentralen in Verbindung stehen, jedoch nur geringe Vergehen haben, werden gleichfalls in diese Maßnahme mit einbezogen.

2. *Öffentliche Prozesse*

Durch die öffentlichen Prozesse werden folgende Geheimdienste und Agentenzentralen entlarvt:

a) der amerikanische Geheimdienst, der in Westdeutschland sowie in Westberlin seine Agenturen unter dem Deckmantel einer sogenannten „SED-Opposition“ geschaffen hat und durch diese seine verbrecherische Tätigkeit gegen unsere Partei ausübt,
b) die sogenannte „Kampfgruppe gegen Unmenschlichkeit“ des „Untersuchungsausschusses Freiheitlicher Juristen“ [sic!], das Ostbüro der CDU, die „Vereinigung politischer Ostflüchtlinge“, die alle im Auftrage des amerikanischen Geheimdienstes ihre Spionagetätigkeit ausüben.

Die Erklärungen der freiwillig Zurückgekehrten, die Unterlagen der Untersuchung, die beschafften[962] Unterlagen aus den Feindzentralen und andere Beweismittel werden zu Veröffentlichungen in der Presse und [im] Rundfunk ausgewertet.

Ein Teil der Materialien wird unter Ausnutzung der Möglichkeiten der Abteilung für Außenpolitische Aufklärung[963] des SfS auch in der Westpresse veröffentlicht.

Mit dem Ziel, zur Erhöhung der Wachsamkeit der Werktätigen der Deutschen Demokratischen Republik und Festigung der Verbundenheit des Volkes zu den Organen der Staatssicherheit der DDR beizutragen, werden die leitenden Mitarbeiter des SfS in den größten Betrieben sprechen, gerade dort, wo die besonders gefährlichen feindlichen Agenten entlarvt wurden.

961 Name anonymisiert.
962 Im Original fälschlich: beschaffenen.
963 Gemeint ist die für Auslandsspionage und „aktive Maßnahmen“ im Westen zuständige damalige HA XV, die spätere HV A.

14. April 1955

Redebeitrag Erich Mielkes auf dem 23. Plenum des Zentralkomitees der SED (Auszug)[964]

Genossinnen und Genossen! Ich möchte eine kurze Analyse der von der Staatssicherheit geführten letzten Operationen geben. Eine vorläufige Analyse zeigt folgende Ergebnisse:

Der Verlauf der Operation führte zu Inhaftierungen von 521 Personen in folgenden Bezirken: in Berlin 159, Verwaltung Wismut zehn, Cottbus zwölf, Dresden 23, Erfurt 42, Frankfurt/O. 14, Gera 22, Halle 53, Karl-Marx-Stadt 23, Leipzig 32, Magdeburg 29, Neubrandenburg 16, Potsdam 43, Rostock 24, Schwerin 15 und Suhl vier Personen. Diese Zahlen sind sehr wichtig für die Einschätzung der Lage der Partei und auch für die Staatssicherheit wie auch für alle anderen Organe.

Auf folgender Linie erfolgten die Festnahmen: amerikanischer Geheimdienst 188 Agenten, englischer Geheimdienst 105 Agenten, deutscher Geheimdienst (Gehlen und Blank) ca. 100 Personen, KgU 56 Agenten, der sogenannte Untersuchungsausschuß Freiheitlicher Juristen 32, Ostbüro der FDP 27, Ostbüro der SPD 17 usw. Das ermöglicht eine Einschätzung der Gefährlichkeit der Agenturen, die liquidiert wurden.

Die altersmäßige Zusammensetzung, die für die Mitglieder des ZK interessant ist, weil sie den Kampf der Gefährlichkeit der Agenturen ebenfalls einschätzen läßt: Bis 20 Jahre zehn, von 20–30 Jahren 169, von 30–50 Jahren 240, über 50 Jahre 102.

Die soziale Herkunft: bürgerlich 66, kleinbürgerlich 183, Arbeiter 272.

Die politische Vergangenheit: NSDAP 84, SPD elf und auch einige von der KPD, acht.

Nach 1949 aus Parteien ausgeschlossene und ausgetretene Personen: aus unserer Partei 35, LDP neun, CDU fünf, NDPD zwei. Das zeigt, wie die Feinde diese ausgeschlossenen Elemente bearbeiten und für ihre Zwecke verwenden. Deshalb nenne ich auch diese Zahlen.

Die jetzige Parteizugehörigkeit: Mitglieder der Partei 36, davon zwei Funktionäre der Ortsleitung. LDP 35, davon ein Funktionär der Ortsleitung, zwei Funktionäre der Kreisleitung und ein Funktionär der Bezirksleitung. CDU elf, davon ebenfalls ein Funktionär der Ortsleitung. NDPD 15, davon vier Funktionäre der Ortsleitung, drei Funktionäre der Kreisleitung und ein Funktionär der Bezirksleitung. Wir haben bei der NDPD eine Zunahme, die sich aus dem Charakter der Zusammensetzung der Partei, ehemalige Nazis und auch ehemalige Wehrmachtsangehörige, bis zu Offizieren, ergibt. Bei der Bauernpartei waren auch einige Festnahmen, und der Rest sind Parteilose.

Gestattet eine kurze Analyse der gesellschaftlichen Stellung der Verhafteten: ein Wissenschaftler, sechs Ingenieure, sechs Lehrer, 42 Gewerbetreibende, acht Groß-

964 Stenographisches Protokoll. SAPMO-BA, DY 30, IV 2/1/143, Bl. 16–25.

bauern, 103 Angestellte staatlicher Institutionen, darunter drei Angestellte im Ministerium und ein Angestellter eines Staatssekretariats, zwei Angehörige der Volkspolizei, zwei Angehörige der KVP, ein Angehöriger der Transportpolizei, 34 Angehörige der Reichsbahn, sechs der Post, sechs von der DHZ, 46 sonstige Verwaltungsangestellte, sieben Studenten, 63 Angestellte aus volkseigenen Betrieben, die übrigen Arbeiter, Hausfrauen, Rentner und andere Berufe und ohne Beschäftigung. Einige Hauptagenten, die also festgenommen worden sind, vom amerikanischen Geheimdienst Newitzky, Berthold, Zimmermann, Günther, vom englischen Geheimdienst Noschke, Paul, von der Gehlen-Spionageorganisation van Ackern[965], vom Ostbüro der FDP Effinger, Alfred, von der KgU Benkowitz[966], Gerhard, und eine Reihe anderer Hauptagenten und Residenten, die noch Gegenstand weiterer Untersuchungen sind und später noch dem ZK zur Kenntnis gebracht waren. Weiter Kuriere und Verbindungsleute 31, darunter eine Reihe Funker mit Funkgeräten, wie sie bereits aus der Presse zu entnehmen sind.
Als Schwerpunkte wurden bisher festgestellt:
Großberlin: amerikanischer Geheimdienst mit der Bildung von Stützpunkten, Funkgeräte, Spionage aller Art, Brandstiftung, Desorganisierung der Wirtschaft durch Fälschungen.
Erfurt: Gruppenbildung der Kampfgruppe gegen Unmenschlichkeit, Funkgeräte, viele Waffen, Spionage vorwiegend militärischer Art.
Potsdam: amerikanischer Geheimdienst, Spionage gegen KVP und Sowjetarmee, Bildung von Agentengruppen innerhalb der Eisenbahn.
Schwerin: vorwiegend Spionage gegen KVP und Sowjetarmee und insbesondere Auftreten der Organisation Gehlen.
Rostock: mit Funkern ausgerüstete Agentengruppen und wahrscheinlich Verbindung mit dem NATO-Geheimdienst mit der Absicht, vom Norden zu funken, wenn die Möglichkeiten vom Westen erschwert sind, das heißt also aktive Kriegsvorbereitung und Erkundung der Verkehrswege.
Der größte Teil der festgenommenen Agenten und Saboteure wurde von Westberlin aus angeleitet und erhielt die Aufträge zur Schädigung der Deutschen Demokratischen Republik von den Geheimdiensten der Imperialisten und den Bonner Verbrecherorganisationen in Westberlin.
Die Beurteilung des vorliegenden Beweismaterials als auch die bisherigen Geständnisse und Aussagen der Verhafteten zeigen, daß eine Zunahme der Diversionstätigkeit, besonders der Brandstiftung, zu verzeichnen ist, auch eine Zunahme der Versuche der Durchführung von terroristischen Provokationen. Das beweisen insbesondere die aufgedeckten Fälle und die zahlreichen Waffenfunde.
Weiter bestätigt die hohe Prozentzahl der festgenommenen Angestellten der Reichsbahn, daß die letzte Analyse bestätigt wird, nämlich, daß sich der Feind auf die Zersetzung und Schaffung von Stützpunkten in unserem Verkehrsnetz konzentriert, um in entscheidenden Momenten Störungen hervorzurufen bzw. zu versuchen, es lahmzulegen.

965 Im Original fälschlich: van Acker.
966 Im Original fälschlich: Batschowitz.

Unter diesem Gesichtspunkt müssen auch die bereits in den Referaten und Diskussionen angeführten Stellen von Unzufriedenheit bei der Eisenbahn aufgrund der Einführung einer neuen Dienstzeit betrachtet werden.
Die Ergebnisse der Operation zeigen weiter, daß es der Gegner besonders auf Militärspionage abgesehen hat, insbesondere auf das Ausspionieren der KVP als auch der in der DDR stationierten Sowjettruppen.
Die Informationen, in deren Besitz wir sind, sind für die Ergreifung von Maßnahmen zur Sicherung der Deutschen Demokratischen Republik bedeutend. Die Agentenzentralen haben alle ihre Agenten angewiesen, hauptsächlich die Zersetzungs- und Spionagetätigkeit innerhalb der KVP zu organisieren, Offiziere der KVP nach Westberlin abzuziehen, und dafür ergreifen die Agentenzentralen bestimmte organisatorische Maßnahmen. Sie versuchen Stützpunkte einzurichten, von denen aus sie diese Offiziere bearbeiten und abziehen, und insbesondere geeignete weibliche Personen werden besonders an Offiziere der KVP herangeschickt. Eine Reihe dieser Personen sind verhaftet worden und bestätigen das, daß ein Zentrum existiert, das systematisch und organisiert weibliche Personen zum Einsatz bringt. Dabei ist noch eine andere Gefahr, daß auch unsere Angehörigen der KVP und auch der anderen militärischen Formationen durch Geschlechtskrankheiten usw. angesteckt werden, also auch eine Form der Zersetzung unserer Verteidigungskraft.
Diese Konzentrierung des Gegners auf unsere Verteidigungskraft ist bei der letzten Operation und durch die neuesten Informationen besonders stark sichtbar geworden. Deshalb unterstreichen wir das hier.
Eine weitere Lehre aus der Operation ist, daß der Gegner zur totalen Spionage übergegangen ist, um alles auszuspionieren und das gesamte Potential der DDR zu erforschen für die Vorbereitung eines neuen Krieges. Das zeigen die beschlagnahmten Funkgeräte wie auch die festgenommenen Funker und auch die Anweisungen und nachrichtendienstlichen Mittel, die beschlagnahmt wurden, wie auch weiter die aufgedeckten Methoden zur Übermittlung von Nachrichten im Falle einer Verschärfung der Lage. Bei einem Funker wurden z.B. drei Funkgeräte sichergestellt. Der Funker hatte den Aufrag, für den Ernstfall bereitzustehen – ich bringe nur Beispiele –, das heißt für den Kriegsfall bereitzustehen, und dieser Funker befand sich nicht irgendwo, wo man annehmen könnte, es wäre sehr wichtig, ihn dort zu haben, sondern im demokratischen Sektor von Berlin.
Unter den Festgenommenen befinden sich zahlreihe Agenten, die den Auftrag haben, bestimmte Stützpunkte für den Beginn bewaffneter Provokationen vorzubereiten. Ganze Banden sind verhaftet worden.
Die Spionageinformationen nutzt der Gegner zur Durchführung von Schädlingstätigkeit, zur Vergrößerung von bestehenden Schwierigkeiten, insbesondere an solchen Punkten, wo für uns Engpässe bestehen, aus.
Der nächste Schwerpunkt, der sich aus der Analyse der Operation [ergibt], ist, daß die Agentenzentralen, insbesondere Gehlen, versuchen, die bürgerlichen Parteien LDP, CDU, NDPD in der DDR zu zersetzen. Eine große Anzahl der in dieser Hinsicht festgenommenen Agenten haben den Auftrag, innerhalb dieser Parteien wichtige Funktionen vom Hauptvorstand bis in die kleinste Ortsgruppe

zu besetzen. Die Durchsetzung der bürgerlichen Parteien durch Agenten dient dem Ziel der Ausnutzung derselben für Spionageinformationen usw. als auch für die Zukunft, indem die Feinde darauf spekulieren, daß diese Parteien für sie bei einer verschärften Lage Stützpunkte sein könnten.
Genossen! Erleichtert wird das Eindringen der feindlichen Agenturen durch die vorhandene Tendenz des Rückversicherns bei Funktionären dieser Parteien, das heißt des Unglaubens an die Entwicklung der Deutschen Demokratischen Republik.
Die Ostbüros der verschiedenen Parteien in Westberlin sind Agentenzentralen des amerikanischen und englischen Geheimdienstes. Sie üben ihre Tätigkeit sehr raffiniert aus, indem sie unter der Tarnung der Sammlung von politischen Informationen eine offene Anwerbung von Agenten für die Geheimdienste der Imperialisten und Bonner Verbrecherzentralen durchführen, und so mancher Funktionär dieser Parteien glaubt, er wäre nur in Westberlin gewesen zum politischen Meinungsaustausch. Das ist eine wichtige Lehre aus der Operation.
Zur klaren Charakterisierung ist es noch notwendig zu wissen, daß in fast allen Fällen die Agenten, die innerhalb der bürgerlichen Parteien Spionage usw. betreiben, direkt oder indirekt von der Spionageorganisation Gehlen angeleitet werden und in ihrem Auftrag tätig sind. Das zeigt den besonderen Grad der Gefährlichkeit.
Die Operation führte auch zur restlosen Entlarvung des amerikanischen Senders Rias. Der amerikanische Sender Rias hat selbst ein breites Netz von feindlichen Agenturen in der DDR. Unter dem Deckmantel der Sammlung von Informationen für Rundfunksendungen wirbt er Personen an und führt sie insbesondere dem amerikanischen Geheimdienst zu. Diese Tätigkeit wird ihm erleichtert, indem er betrügerisch zeitweilige Verärgerung oder Verstimmung einzelner Bürger der DDR ausnutzt.
Aber die Verbrechen, die bereits in der Erklärung gebracht wurden und beliebig erweitert werden können – wie überhaupt nur ein Teil der Verbrechen gebracht wurde und nicht die schlimmsten sogar –, beweisen, daß der Rias eine gefährliche Agentenzentrale ist, weil Leichtgläubigkeit und Objektivismus dem Rias zu wichtigen und wertvollen Informationen verhelfen, die großen Schaden für die DDR hervorrufen.
Ein weiteres Ergebnis der Operation ist die weitere Aufklärung der Abteilung des amerikanischen Geheimdienstes, die sich als eine Abteilung der HICOG[967] tarnt. Diese Abteilung wird geleitet von [den] amerikanischen Offizieren „Baxter“ und „Dreyser“[968]. Ihre verbrecherische Tätigkeit besteht in der Schaffung von Büros, die sich angeblich mit Politik befassen. Die Aufgabe der Abteilung und die Tätigkeit dieser Büros und die Tätigkeit dieser Abteilung besteht darin, selbst und durch diese Büros zu versuchen, in unserer Partei Zersetzung durchzuführen, Anwerbungen von parteifeindlichen Elementen zu tätigen und auch den Abzug von schwankenden Funktionären zu organisieren. Ferner befassen sie sich

967 Im Original fälschlich: Heikok.
968 Im Original ohne Anführungszeichen. Es handelt sich hierbei aber höchstwahrscheinlich um Decknamen.

mit der Fälschung von Dokumenten und Anweisungen auf der Linie der Partei und versuchen, eine Panikstimmung zu erzeugen.
Das hängt zusammen mit ihrer Politik der Stärke. Diese Abteilung ist auch die Stelle, die sich insbesondere mit neuen Provokationen befaßt. Diese Einschätzung wird bestätigt durch die Aussage des ehemaligen Kreissekretärs [...], Ch.[969], der nach Westberlin flüchtete und für eines dieser Büros Resident wurde. Ferner durch den Schüler des Dreijahreslehrganges von der Karl-Marx-Hochschule, Behm, der gleichfalls nach Westberlin flüchtete und gleichfalls als Resident tätig wurde. Beide wurden im Verlaufe der Operation festgenommen. Ein weiterer Beweis für die verbrecherische Tätigkeit dieser Abteilung ist das Ehepaar Cetti[970] aus Leipzig. Cetti war Staatsanwalt und verhalf einigen Agenten, die in Bautzen einsaßen, durch gefälschte Dokumente zur Flucht.
Angeworben wurden diese beiden Agenten durch die Neumann[971], die eine amerikanische Agentin ist. Nach ihrer Anwerbung wurden sie dieser Abteilung des amerikanischen Geheimdienstes übergeben, wo dann dieses Ehepaar bis zu seiner Verhaftung weiter arbeitete.
Genossen! Eine schon bekannte, aber verstärkte Linie aus diesen Operationen ist, daß Westberlin auch ein Stützpunkt und Ausgangspunkt für Verbrechen gegen die UdSSR und gegen die Länder der Volksdemokratien ist. Das brachten wir schon einmal bei dem Problem Tiefe und Forschung zur Kenntnis.
[...]
Eine weitere Lehre ist die, daß wir in Westberlin die Arbeit gegen die feindlichen Agentenzentralen verstärken müssen durch die Aufklärung der Westberliner Bevölkerung.

(Hermann Matern: die politische Arbeit!)

Nach den Wahlen haben wir wieder etwas nachgelassen. Doch auf dem 21. und dem 22. Plenum sprachen wir darüber, daß wir dort weiter in Aktion bleiben müssen. Die Verbrechen müssen der Westberliner Bevölkerung als Verbrechen gezeigt werden, die sich auch gegen sie richten und die auch ihr Leben in Gefahr bringen, so wie das auch in der Erklärung zum Ausdruck gebracht wird.
Genossen! Die durchgeführte Operation gibt den Organen der Staatssicherheit Veranlassung, ihre Arbeitsmethoden noch mehr zu verbessern. Die Erfolge sind ein Ansporn für die Vorbereitung neuer wuchtiger Schläge. Der Feind ist noch lange nicht in seinen wertvollen Agenturen getroffen. Wir wissen aus Informationen, die wir haben, und auch aus Hinweisen aus der Bevölkerung, daß der Feind seine Agenturen für bestimmte Zwecke schont. Die Organe der Staatssicherheit müssen daher ihre Arbeit so organisieren, daß sie durch konzentrierte Schläge gegen die Feinde diese wertvollen Agenturen und Stützpunkte liquidieren. Das ist unsere nächste große Aufgabe. Kein Kopfschütteln, sondern das Erkennen, daß wir bisher nur ein Teilchen unserer Arbeit getan haben, wird uns helfen, mit Hilfe der werktätigen Bevölkerung und unter richtiger Führung unserer Partei weiter unsere Aufgaben zur Sicherung der Deutschen Demokratischen Republik zu erfüllen.

969 Name anonymisiert.
970 Im Original fälschlich: Zeddi.
971 Gemeint ist Margarete Buber-Neumann.

27. Juni 1955

Urteil des 1. Strafsenates des Obersten Gerichts der DDR gegen Joachim Wiebach und andere (Auszug)[972]

Die von den westlichen Imperialisten betriebene „Politik der Stärke“, die sich gegen das Weltfriedenslager, insbesondere aber gegen die sozialistischen und friedliebenden Staaten richtet und ihren schärfsten Ausdruck in den Pariser Verträgen findet, hat die Gefahr eines neuen Krieges im besonderen in Europa erhöht. Gegen diese Pläne, deren Verwirklichung die Menschenopfer des 2. Weltkrieges weit übersteigen würde, und in die die westdeutschen Imperialisten und Revanchepolitiker einbezogen worden sind, wenden sich voller Empörung alle friedliebenden Menschen der Welt. Sie kämpfen mit Entschlossenheit für die Erhaltung und Verteidigung des Friedens. Sie werden den Kriegstreibern ein energisches Halt gebieten und die Durchführung der Pariser Verträge verhindern. In welchem Maße die unter der Führung der Sowjetunion stehende Friedensoffensive bestimmend für die Entspannung der internationalen Lage und damit für die Erhaltung des Friedens ist, wird durch die Existenz der immer mehr erstarkenden und die Weltpolitik mitbestimmenden Volksrepublik China, die Einstellung der Kampfhandlungen in Korea und Vietnam, durch das Zustandekommen der Konferenzen von Berlin und Genf bewiesen. Die Konferenz von Bandung, die eine machtvolle Demonstration der bedeutendsten asiatischen und afrikanischen Staaten für eine friedliche Koexistenz und für die Sicherung des Friedens in diesem Teil der Welt war, hat bewiesen, daß das Zeitalter der kolonialen Unterdrückung und Mißachtung des Selbstbestimmungsrechtes der friedliebenden Völker sein Ende findet. Die aggressiven Pariser Verträge wurden mit dem Warschauer Vertrag über Freundschaft, Zusammenarbeit und gegenseitigen Beistand beantwortet, der von hoher Verantwortung für die Erhaltung und Sicherung des Friedens getragen ist. Dieser Vertrag, mit dem ein neuer Abschnitt in den Beziehungen der Völker eingeleitet wird, stellt den aggressiven Blockbildungen ein System gegenüber, das die friedliche Koexistenz durch kollektive Sicherheit gewährleistet und den Beitritt allen friedliebenden Völkern eröffnet. Auf der jetzigen Tagung der UNO in San Franzisko aus Anlaß ihres zehnjährigen Bestehens hat die Sowjetunion durch ihren Außenminister Molotow nachgewiesen, daß die von ihr und den friedliebenden Staaten verfolgte Friedenspolitik von dem Gedanken der friedlichen Koexistenz getragen wird, der zur Grün-

972 BStU, ZA, AU 163/55, GA, Bd. 6, Bl. 372–421, hier dokumentiert Bl. 374–376 (Anfang der Urteilsbegründung). Aktenzeichen: 1 Zst (I) 5/55: Strafsache gegen Joachim Wiebach, Richard Baier, Günther Krause, Willi Gast und Manfred Vogt wegen Verbrechens gegen Artikel 6 der Verfassung der DDR in Verbindung mit Kontrollratsdirektive Nr. 38 Abschn. II Art. III A III. Vorsitzender Richter: Kurt Schumann; beisitzende Richter: Helene Kleine und Hans Rothschild. Anklagevertreter: Ernst Melsheimer und Walter Piehl. – Auf Bl. 421 gezeichnet: Schumann, Kleine, Dr. Rothschild. – Ein längerer Textauszug aus der Urteilsbegründung wurde seinerzeit schon publiziert in: Neue Justiz 9 (1955) 14, S. 425–429.

dung der UNO geführt hat. Dieser Gedanke muß, wie Außenminister Molotow dargelegt hat, konsequent in die Tat umgesetzt werden, um die UNO zu dem Instrument der Friedensbestrebungen der Völker zu machen, das sie nach ihrer Satzung sein soll. Gegen die unentwegten Bemühungen des amerikanischen Imperialismus, bei jeder sich bietenden Gelegenheit Spannungen und kriegerische Konflikte herbeizuführen, wenden sich nicht nur die Regierungen der Länder des Friedenslagers, sondern auch die breiten Massen der Völker der ganzen Welt und damit auch Millionen friedliebender Menschen in anderen Ländern. Hunderte Millionen Menschen haben mit der Unterzeichnung des Stockholmer Appells ihrem Friedenswillen Ausdruck gegeben, und noch mehr Menschen erheben in diesen Tagen in Helsinki die einmütige Forderung, die Welt vor den Schrecken eines neuen Krieges zu bewahren. Der energische Friedenswille des österreichischen Volkes war es, der die Kriegstreiber zum Rückzug zwang und zum Abschluß des Staatsvertrages mit Österreich und Abzug der Besatzungstruppen führte. Gegen den Willen der Mehrheit des deutschen Volkes wird in Deutschland die von den westdeutschen Imperialisten und den durch die Pariser Verträge wieder mit ihren alten Machtbefugnissen ausgestatteten Militaristen herbeigeführte Spaltung ständig vertieft, um so einen Unruheherd in Europa und einen Ausgangspunkt für den beabsichtigten 3. Weltkrieg zu erhalten.
Angesichts der wachsenden Stärke des ersten deutschen Staates der Arbeiter und Bauern, um den sich die werktätigen Menschen fest zusammenschließen, versuchen die amerikanischen, englischen und westdeutschen Imperialisten in ständig steigendem Maße und mit allen Mitteln, die Staatsmacht der Deutschen Demokratischen Republik zu beseitigen. Unter Ausnutzung der Spaltung Deutschlands bedienen sie sich hierzu eines weit verzweigten Netzes von verbrecherischen Organisationen, die in der Mehrzahl von dem amerikanischen Geheimdienst unmittelbar geleitet oder kontrolliert und mit amerikanischen Mitteln finanziert werden. Durch Spionage, Sabotage, Terror und Hetze soll Unsicherheit und Unruhe in die Bevölkerung der Deutschen Demokratischen Republik getragen, das Anwachsen der ökonomischen Macht verhindert und die demokratische Ordnung der Deutschen Demokratischen Republik untergraben werden.
Diese Organisationen sind insbesondere in Westberlin konzentriert, das die westlichen Imperialisten unverhohlen als ihren Brückenkopf für ihre Angriffspläne bezeichnen. Sie sind an maßgeblicher Stelle an der künstlichen Aufrechterhaltung der Spaltung unseres Vaterlandes beteiligt. Zu diesen verbrecherischen Organisationen gehört auch der wiederholt in Prozessen vor dem Obersten Gericht und den Gerichten der Deutschen Demokratischen Republik genannte „Rundfunk im amerikanischen Sektor“, RIAS, hinter dem sich eine Spionagezentrale verbirgt.
Im vorliegenden Verfahren hatte sich das Oberste Gericht mit fünf Agenten des RIAS zu befassen. Eine große Anzahl weiterer Agenten dieser Organisation konnte durch die Wachsamkeit der Bürger und Sicherheitsorgane der Deutschen Demokratischen Republik festgenommen werden.

10. August 1955

Schreiben des Generalstaatsanwalts, Ernst Melsheimer, an Herbert Kern, Abteilung Staatliche Verwaltung beim Zentralkomitee der SED, in der Strafsache Karl Laurenz und Elli Barczatis[973]

Der am 11. September 1905 in Brünn geborene Jurist und Journalist Karl Laurenz, zuletzt tätig gewesen als freischaffender Übersetzer, wohnhaft in Berlin-Pankow, und die
am 7. Januar 1912 in Berlin geborene kaufmännische Angestellte Elli Barczatis, zuletzt tätig gewesen als Referentin im Büro des Ministerrats der Deutschen Demokratischen Republik, vorher als persönliche Sekretärin des Ministerpräsidenten der Deutschen Demokratischen Republik,
sind langjährige Agenten der Spionageorganisation Gehlen.
Sie begingen schwersten Verrat am deutschen Volke, indem sie fortgesetzt und gemeinsam handelnd unter Ausnutzung ihrer staatlichen Funktionen und unter Mißbrauch ihrer Verbindungen zu Mitarbeitern staatlicher Dienststellen höchst wichtige Staatsgeheimnisse der Regierung der Deutschen Demokratischen Republik gegen Bezahlung an die Spionageorganisation Gehlen auslieferten.
Laurenz entstammt einer Arbeiterfamilie, wurde aber im kleinbürgerlichen Sinne erzogen. Er besuchte die Volksschule und die Deutsche Oberrealschule sowie die Staatshandelsakademie und die Masaryk-Universität in Brünn. Sein juristisches Studium beendete er 1931 mit dem Titel Dr. jur. et rer. pol. Anschließend war er als Rechtsanwalt tätig, daneben als Redakteur der liberal-demokratischen Zeitung der „Tagesbote" in Brünn, Landtagsstenograf und Gerichtsdolmetscher. 1941 wurde er zur faschistischen Wehrmacht einberufen, wo er bis 1944 als Divisionsschreiber eingesetzt war. Danach meldete er sich zu einem Offizierslehrgang. Sein letzter Dienstgrad war Unteroffizier.
Im April 1945 flüchtete er aus seiner Einheit und wurde am 15. April 1945 im Sekretariat der Anhaltinischen Kohlenverwaltung in Profen eingesetzt. Nach dem Einzug der Roten Armee arbeitete er eine Zeitlang als Weichensteller in den VE Kohlenwerken. Aufgrund seiner Bewerbung im Jahr 1947 erhielt er eine Anstellung in der Deutschen Zentralverwaltung für Brennstoffindustrie. Vom Justitiar stieg er auf bis zum Leiter des Präsidialbüros der DZVB. Infolge seiner fragwürdigen Vergangenheit und insbesondere deswegen, weil er interessenlos an wirklicher Arbeit war, sollte er Anfang 1950 entlassen werden. Er kündigte selbst und war bis Ende 1950 einige Wochen beim Berliner Rundfunk und als Redakteur beim Berliner Verlag tätig. Wegen parteischädigenden Verhaltens wurde er 1950 aus der Sozialistischen Einheitspartei Deutschlands, der er 1948 beige-

973 SAPMO-BA, DY 30, IV 2/13/411, ohne Blattzählung. Aktenzeichen: I a 77/55. – Handschriftlicher Vermerk auf S. 1: Sichtvermerk Sorgenicht 17.8.1955. – Auf S. 4 handschriftlich gezeichnet: Melsheimer.

treten war, ausgeschlossen und aus dem Berliner Verlag entlassen. Er begann dann beim dem Rechtsanwalt Dr. Greffin als Anwaltsassessor.
Am 31. März 1952 wurde er wegen Gefangenenbegünstigung zu fünf Monaten Gefängnis verurteilt. Nach Verbüßung dieser Strafe, bis zur Verhaftung in dieser Sache, wirkte er weiter für den nach Westberlin geflüchteten Dr. Greffin. Des weiteren arbeitete er im demokratischen Sektor von Groß-Berlin an Übersetzungen aus der tschechischen und slowakischen Sprache für die Hochschule für Ökonomie und Planung.
Die Beschuldigte Barczatis stammt aus einer kleinbürgerlichen Familie und wurde in diesem Sinne erzogen. Sie besuchte die Volksschule und Abendrealschule in Berlin und war anschließend an ihre Lehrzeit in der Buchhandlung Block als Stenotypistin beschäftigt. Später war sie bis 1938 im Deutschen Institut für Jugendhilfe tätig. Von 1938 bis zur Zerschlagung des Hitlerfaschismus arbeitete sie als Stenotypistin im Ostelbischen Braunkohlesyndikat. Anfang 1946 wurde sie in der Zentralverwaltung für die Brennstoffindustrie, der späteren HV Kohle, als persönliche Sekretärin des Präsidenten der Hauptverwaltung eingesetzt. Im Jahr 1950 wurde sie in die Regierungskanzlei versetzt und erhielt die Stellung einer persönlichen Sekretärin des Ministerpräsidenten der Deutschen Demokratischen Republik.
Nach dem Besuch eines Lehrgangs an der Deutschen Akademie für Staats- und Rechtswissenschaft vom Januar bis Juni 1953 wurde sie Hauptsachbearbeiterin im Referat Wirtschaft des Ministerpräsidenten. Im Jahr 1954 wurde sie aufgrund ihrer Qualifikation Referentin. In dieser Stellung war sie bis zu ihrer Festnahme. Im Mai 1946 wurde sie Mitglied der Sozialistischen Einheitspartei Deutschlands.
Der Beschuldigte Laurenz erhielt im August 1952 durch den ehemaligen Leiter der Abteilung Steinkohle in der DZVB, L.[974], Verbindung mit der Spionageorganisation Gehlen. L. ist bekannt als Agent verschiedener imperialistischer Geheimdienste und wird schon genannt in der Strafsache gegen die Schädlinge und Spione Dr. F., H. und Dr. Z.[975]
Dieser brachte Laurenz mit dem stellvertretenden Leiter der Generalvertretung „H“ Darmstadt, einem gewissen Dr. Schu.[976], zusammen. Dieser ermöglichte ihm, mit der bei Gehlen üblichen Airlift-Order nach Westdeutschland zu fliegen, wo er in Frankfurt/Main mit dem hauptamtlichen Mitarbeiter der Untervertretung der Gehlen-Spionageorganisation Schr.[977] zusammenkam. Im Oktober 1952 traf er erneut mit Dr. Schr. im Tanzcafé „Mörike“ zusammen und wurde zur Spionagetätigkeit unter Zusicherung eines Monatslohnes in Höhe von 400 DM angeworben. Er erhielt den generellen Auftrag, wirtschaftliche, politische sowie handels- und kulturpolitische Spionageinformationen zu sammeln und diese der Spionageorganisation Gehlen zu übermitteln.
L. war unterrichtet darüber, daß Laurenz ein intimes Verhältnis zu der Barczatis

974 Name anonymisiert.
975 Namen anonymisiert.
976 Name anonymisiert.
977 Name anonymisiert.

unterhielt und wurde darum beauftragt, vermittels dieser die benötigten Informationen zu erlangen. Schon vor der Anwerbung der Barczatis durch Laurenz hat Laurenz alle von ihr erhaltenen Informationen an die Spionageorganisation Gehlen weitergeleitet.

Unter Ausnutzung seines intimen Verhältnisses zur B. und mit deren Wissen verschaffte er sich durch sie alle Informationen über interne Vorgänge im Büro des Präsidiums des Ministerrates.

Ob es sich um angesagte und stattgefundene Besuche westdeutscher Patrioten, wie Altreichskanzler Dr. Wirth, Frau Prof. Clara Maria Faßbänder, Dr. Wilhelm Elfes oder hohe kirchliche Würdenträger handelte, alles war für die Gehlen-Spionageorganisation wichtig, Antrittsbesuche und Empfänge von Botschaftern sowie die interne Korrespondenz mit Staatsmännern der UdSSR und den volksdemokratischen Staaten wurden von der Barczatis über Laurenz an unsere Feindes verraten. Nach ihrer Versetzung in das Referat Wirtschaft übermittelte sie interne Informationen aus diesem Arbeitsbereich.

Sie verriet die Produktionskapazitäten, die Auftragslage und die Auslastung der Leipziger Kirow-, Niles- und Bleichert-Werke sowie die Magdeburger Betriebe Ernst Thälmann, Karl Liebknecht und Georgi Dimitroff. Sie verriet wichtige Exportaufträge aus den volksdemokratischen Staaten und deren Erfüllung in den betreffenden VEB.

Sie verriet die auftretenden Engpässe und die ihr aus Berichten bekanntgewordenen Schwierigkeiten in der Produktion. Sie entwendete eine Reihe von Unterlagen, welche sie wie alles andere dem Agenten Laurenz zur Information an die Gehlen-Organisation aushändigte.

Beide Beschuldigten haben sich schwerster Verbrechen am deutschen Volke schuldig gemacht. Sie leisteten den amerikanischen und deutschen Imperialisten beachtliche Handlangerdienste zur Vorbereitung eines neuen Krieges gegen die friedliebenden Völker der Welt und unterstützten die verbrecherischen Bestrebungen, die Spaltung unseres Vaterlandes zu vertiefen. Beide sind geschworene Feinde der Arbeiterklasse und der Deutschen Demokratischen Republik.

Die Hauptverhandlung soll vor dem Obersten Gericht der Deutschen Demokratischen Republik unter Ausschluß der Öffentlichkeit stattfinden.

Ich beabsichtige, gegen Laurenz sowie gegen die Barczatis lebenslange Zuchthausstrafe zu beantragen.

23. September 1955

Urteil des 1. Strafsenates des Obersten Gerichts der DDR gegen Karl Laurenz und Elli Barczatis (Auszug)[978]

In einer Vielzahl von Prozessen vor dem Obersten Gericht und den übrigen Gerichten der Deutschen Demokratischen Republik ist die große Gefährlichkeit der imperialistischen Agentenorganisationen für die Einheit Deutschlands und für den Frieden der Welt dargelegt worden. Eine besondere Rolle innerhalb dieser Organisationen spielt die verbrecherische Spionageagentur des ehemaligen Nazigenerals Gehlen. Im Interesse der amerikanischen Imperialisten und des deutschen Monopolkapitals versucht diese Organisation, alle Geschehnisse auf politischem, wirtschaftlichem und kulturellem Gebiet der Deutschen Demokratischen Republik auszuspähen. Die auf diese Weise zur Kenntnis gelangten Tatsachen übermittelt sie ihren amerikanischen und westdeutschen Auftraggebern, die diese Nachrichten dazu ausnutzen, eine wilde Hetze gegen die Deutsche Demokratische Republik zu entfalten, zeitweise auftretende Schwierigkeiten in der Versorgung der Bevölkerung der Deutschen Demokratischen Republik zu vergrößern und andere Maßnahmen gegen den Aufbau unserer Wirtschaft einzuleiten. Ihr Ziel ist es, die kapitalistischen Verhältnisse in Westdeutschland aufrechtzuerhalten und das Gebiet der Deutschen Demokratischen Republik ebenfalls unter den Einfluß des Monopolkapitals zu bringen. Alle Bestrebungen der friedliebenden Völker, insbesondere der Sowjetunion und der Deutschen Demokratischen Republik, die einer Entspannung der politischen Lage und einer friedlichen Koexistenz zwischen den Ländern des Fortschritts und den kapitalistischen Ländern dienen, versucht diese Organisation zu durchkreuzen. Zu diesem Zweck werben sie Personen an, die spezielle Kenntnisse über wichtige Vorkommnisse in der Deutschen Demokratischen Republik haben, zahlen ihnen Gehälter und veranlassen sie, alles das zu verraten, was im Interesse des Friedens der Welt und der Einheit Deutschlands geheimgehalten werden muß. Ihr besonderes Augenmerk richten sie dabei auf Personen, die in verantwortlichen Stellungen tätig sind. Sie nutzen deren Schwächen aus und machen sie ihren Interessen dienstbar. Alle diese Machenschaften aber sind zum Scheitern verurteilt und haben es nicht verhindern können, daß die Stärke des Weltfriedenslagers ständig wächst und große Erfolge im Kampf um die Entspannung der internationalen politischen Situation erringt. Die Erfolge der Besprechungen der sowjetischen Politiker mit den Regierungen Österreichs und Jugoslawiens, die Genfer Konferenz und schließlich auch die Verhandlungen mit Adenauer in Mos-

978 Archiv des Bundesgerichtshofes, Aktenzeichen: 1 Zst (I) 7/55, hier dokumentiert die Urteilsbegründung. Fassung mit zahlreichen handschriftlichen Korrekturen. Strafsache wegen Verbrechens gegen Artikel 6 der Verfassung der DDR. Vorsitzender Richter: Walter Ziegler; beisitzende Richter: Heinrich Löwenthal und Helene Kleine. Auf S. 11 handschriftlich gezeichnet: Ziegler, Dr. Löwenthal, Kleine.

kau haben gezeigt, daß es der beharrlichen Friedensliebe der Sowjetunion gelungen ist, auf dem Weg des Friedens große Fortschritte zu erringen. Diese Erkenntnis ergreift auch immer mehr das Bewußtsein der Werktätigen der Deutschen Demokratischen Republik und Westdeutschlands. Damit wird den Agentenorganisationen die Basis ihrer Wirksamkeit entzogen. Es gelingt in immer stärkerem Maße, ihnen schwere Schläge zu versetzen und ihren Agentenapparat zu liquidieren. Auch die beiden Angeklagten, die sich in diesem Verfahren zu verantworten haben, waren bezahlte Agenten der Organisation Gehlen.

1. Karl Laurenz

Der Angeklagte wurde am 11. September 1905 in Brünn (ČSR) als Sohn eines Textilarbeiters geboren. Er wurde im kleinbürgerlichen Sinne erzogen und legte im Jahre 1924 die Reifeprüfung ab. Danach wurde er Redakteur bei einer liberalen deutschen Zeitung. Er ließ sich gleichzeitig an der Universität immatrikulieren und promovierte im Jahre 1931 zum Dr. jur. et rer. pol. Nach Abschluß seiner Studien war er in der Kanzlei eines Rechtsanwaltes als Volontär tätig und eröffnete im Jahre 1935 gemeinsam mit zwei Kolleginnen ein Anwaltsbüro in Brünn. Dieses Büro bestand bis zum Einmarsch der Naziwehrmacht im Jahre 1939. Außerdem war er Landtagsstenograf, Gerichtsdolmetscher und Redakteur des „Tagesboten". Nach dem Einmarsch der Naziwehrmacht nahm diese Zeitung den Namen „Volksdeutsche Zeitung" an; der Angeklagte blieb bis zum Jahre 1941 ihr Redakteur. Dann wurde er zur faschistischen Wehrmacht eingezogen und besuchte einen Reserveoffiziersbewerberlehrgang und wurde danach in verschiedenen Garnisonen als Rekrutenausbilder eingesetzt. Im Februar 1945 wurde er zum Unteroffizier befördert und kam zum Einsatz an die damalige Westfront. Er wartete das Ende des Krieges nicht ab, sondern ging nach Groß-Grimma bei Leipzig und verbarg sich dort bei einem ehemaligen Kameraden. Mitte April 1945 wurde er im Anhaltinischen Kohlenwerk in Profen eingestellt. Nach dem Einmarsch der sowjetischen Armee war er bis 1947 Weichensteller. Anschließend bewarb er sich bei der ehemaligen Deutschen Zentralverwaltung für Brennstoffindustrie und erhielt dort eine Stellung als Justitiar in der Technischen Bergbauinspektion (TBI). 1948 wurde er stellvertretender Leiter der TBI und Anfang 1949 Leiter des Präsidialbüros und der Hauptabteilung Allgemeine Verwaltung. Zum 1. Januar 1950 wurde er als Justitiar in das Mitteldeutsche Verkaufskontor für feste Brennstoffe nach Leipzig versetzt. Da er in Berlin bleiben wollte, bewarb er sich beim Berliner Rundfunk und beim Berliner Verlag. Im Februar 1950 wurde er beim Berliner Rundfunk eingestellt, aber bereits nach 14 Tagen wieder entlassen. Er fand dann Anstellung beim Berliner Verlag. Hier wurde er im August 1950 ebenfalls entlassen. Ab Januar 1951 war er bei dem Berliner Rechtsanwalt Dr. Greffin tätig. Ende Oktober 1951 wurde er wegen des Verdachtes der Gefangenenbegünstigung in Haft genommen und zu fünf Monaten Gefängnis verurteilt. Nach der Strafverbüßung stellte er fest, daß Rechtsanwalt Dr. Greffin nach Westberlin verzogen war. Er suchte ihn wieder auf und arbeitete später weiterhin für ihn. Seit dieser Zeit hatte der Angeklagte kein geregeltes Arbeitsverhält-

nis. Er half seiner Ehefrau, die nebenberuflich als Übersetzerin tätig war. Seit Frühjahr 1954 war er auch als Übersetzer für die Hochschule für Planökonomie tätig.
Im Jahre 1928 trat der Angeklagte in Brünn in die Deutsche Demokratische Freiheitspartei ein, der er bis 1939 angehörte. Bis 1945 war er dann politisch nicht organisiert. In diesem Jahr wurde er Mitglied des FDGB. Zur gleichen Zeit bewarb er sich erfolglos um die Aufnahme in die Kommunistische Partei Deutschlands. Anfang des Jahres 1948 trat er der Sozialistischen Einheitspartei Deutschlands bei, aus der er im Jahre 1950 wegen mangelnder Wachsamkeit und kleinbürgerlicher ideologischer Abweichungen ausgeschlossen wurde.

2. Elli Barczatis

Die Angeklagte wurde am 7. Januar 1912 in Berlin als Tochter eines Schneiders geboren. Nach dem Besuch der Volksschule trat sie in die kaufmännische Lehre und erwarb sich anschließend in Abendkursen die Obersekundarreife. Sie war bei verschiedenen Firmen Stenotypistin oder Sekretärin. Im Januar 1946 wurde sie bei der Zentralverwaltung für Brennstoffindustrie als Sekretärin des damaligen Präsidenten angestellt. Im April 1950 wurde sie Chefsekretärin des Ministerpräsidenten der Deutschen Demokratischen Republik. In dieser Stellung war sie bis zum Januar 1953 tätig. Anschließend besuchte sie einen Qualifizierungslehrgang der Deutschen Verwaltungsakademie „Walter Ulbricht“. Danach war sie im Referat Wirtschaft beim Ministerpräsidenten der Deutschen Demokratischen Republik Hauptsachbearbeiterin und später Referentin.
Im Jahre 1929 wurde sie Mitglied des Gewerkschaftsbundes der Angestellten. Zwischen 1933 und 1945 gehörte sie der Deutschen Arbeitsfront und dem Luftschutzbund an. Im August 1945 trat sie dem FDGB und im Mai 1946 der Sozialistischen Einheitspartei Deutschlands bei. Im Jahre 1951 besuchte sie die Kreisparteischule. Zeitweilig war sie Leitungsmitglied ihrer BPO und Mitglied der BGL der Regierungskanzlei. Außerdem gehörte sie der Gesellschaft für Deutsch-Sowjetische Freundschaft und dem Demokratischen Frauenbund Deutschlands an.
Der Angeklagte Laurenz kannte den Agenten der Gehlen-Organisation L. aus der gemeinsamen früheren Tätigkeit bei der Deutschen Zentralverwaltung für Brennstoffindustrie. L. war im Jahre 1949 aus der Brennstoffverwaltung ausgeschieden, weil er es abgelehnt hatte, seinen Wohnsitz in den demokratischen Sektor von Berlin zu verlegen. Der Angeklagte traf ihn im Jahr 1952, nachdem er die wegen der Gefangenenbegünstigung verhängte Strafe verbüßt hatte, zufällig auf der Straße. Von diesem Zeitpunkt an kam er regelmäßig wöchentlich einmal in Westberliner Lokalen mit ihm zusammen. Etwa seit November 1952 wußte der Angeklagte, daß L. im Auftrag einer imperialistischen Nachrichtendienststelle Spionage betrieb und lieferte ihm Informationen, die L. zum Schaden der Deutschen Demokratischen Republik auswertete und weiterleitete. Der Angeklagte war auch mit weiteren Agenten, die sämtlich der Gehlen-Organisation angehörten, in Verbindung. Es handelte sich dabei um die Agenten Dr. Schu.,

Schr., einen Agenten Stefan K., H.[979] und einen weiteren Agenten, den er nur unter dem Decknamen „Schatten“ kannte. Im September 1952 und im Frühjahr 1954 reiste der Angeklagte auf Kosten der Gehlen-Organisation mit Airlift- und Travel-Order nach Westdeutschland. Auch dort traf er mit Agenten, insbesondere mit Schr., zusammen. Der Angeklagte hatte wöchentlich etwa einmal Zusammenkünfte mit den verschiedenen Gehlen-Agenten, insgesamt circa 120mal. Für seine verbrecherische Tätigkeit erhielt er ein festes Gehalt. Insgesamt wurden etwa 1.100,– DM-West und 3.000,– DM der Deutschen Notenbank an ihn gezahlt.

Dem Angeklagten war es möglich, der Gehlen-Organisation außerordentlich wichtige geheimzuhaltende Tatsachen mitzuteilen, da er von der Angeklagten Barczatis, mit der er ein intimes Verhältnis unterhielt, genauestens über alle Vorkommnisse unterrichtet wurde, die ihr in ihrer Dienststellung bekannt wurden. Die Angeklagte Barczatis wußte, daß Laurenz zu Spionagezwecken Informationen sammelte. Auch sie kannte L. und hatte ihn selbst gemeinsam mit Laurenz in Westberlin getroffen. Der Angeklagten war auch bekannt, daß L. Agent der Gehlen-Organisation war und Laurenz mit ihm in Verbindung stand. Sie lehnte unmittelbare Geldzuwendungen im allgemeinen ab, erhielt aber von Laurenz wertvolle Geschenke und Zuschüsse für Urlaubsreisen. Ihr war bekannt, daß Laurenz über dieses Geld nur verfügen konnte, weil er Spionage betrieb. Sowohl in ihrer Dienststellung als Chefsekretärin des Ministerpräsidenten als auch in der Zeit des Besuchs der Verwaltungsakademie und in ihrer späteren Dienststellung in der Regierungskanzlei verriet sie an Laurenz alles, war ihr bekannt wurde und für den Nachrichtendienst wichtig und bedeutsam erschien. Aus ihrer Dienststellung als Chefsekretärin beim Ministerpräsidenten berichtete sie über Besuche westdeutscher Persönlichkeiten beim Ministerpräsidenten, insbesondere über die kirchlicher Würdenträger. Sie informierte Laurenz weiter über alle sich in Vorbereitung befindlichen Regierungsbeschlüsse, von denen sie Kenntnis hatte, machte Mitteilungen über Berichte, die von der Treuhandstelle für innerdeutschen Handel und dem Ministerium für Außenhandel und innerdeutschen Handel herausgegeben wurden und die den Interzonenhandel betrafen, gab Auskünfte über interne Korrespondenz mit anderen Regierungsstellen und den Inhalt der wöchentlichen Arbeitsbesprechungen. Laurenz erteilte ihr auch direkte Spionageaufträge. So interessierten ihn die Struktur und Arbeitsweise der zentralen Regierungsorgane, Veränderungen in den Regierungsstellen und Informationen über die Tätigkeit und Arbeitsweise der persönlichen Referenten des Ministerpräsidenten. Besonderes Interesse zeigte er auch für den etwa beabsichtigten Erlaß einen Wehrgesetzes und für eine von ihm erwartete Währungsumstellung. All diese Fragen beantwortete sie, soweit es ihr möglich war. Als sie auf der Verwaltungsakademie war, unterrichtete sie Laurenz über die Unterbringung der Hörer, über den dargebrachten Lehrstoff, über den Lehrkörper und Besuch von Gastdozenten an der Schule. Nach ihrer Rückkehr von dem Lehrgang berichtete sie über die Abteilung Wirtschaft, in der sie als Hauptsachbearbeiterin und Re-

979 Namen anonymisiert.

ferentin beschäftigt war. Sie gab ihm Kenntnis von vertraulichen Unterlagen, besonders aber von Maßnahmen, die sich noch im Stadium der Vorbereitung befanden, und informierte ihn über den Zweck und das Ergebnis ihrer Dienstreisen, die sie vorwiegend in Großbetriebe der Deutschen Demokratischen Republik führten. Ferner machte sie ihm Mitteilung über alle wichtigen Angelegenheiten, die auf Arbeitsbesprechungen erörtert wurden, nannte ihm Mitarbeiter der Regierungskanzlei. Auch interne Vorgänge aus der BPO und der Gewerkschaftsorganisation ihrer Dienststelle gab sie preis. Laurenz wies sie darauf hin, stets Auge und Ohr offen zu halten und ihm alles, was wichtig sein könnte, zu berichten. Diesem Wunsch kam sie auch nach. Ihre Bereitschaft, Laurenz umfassend über alles, was wichtig und geheimzuhalten war, zu informieren, ging so weit, daß sie auch dienstliche Unterlagen mit in ihre Wohnung nahm und ihm dort zugänglich machte. Aus den ihm von der Angeklagten Barczatis gemachten Mitteilungen stellte Laurenz Spionageberichte zusammen. Dabei schied er das, was bereits in der Presse veröffentlicht war, aus und berichtete nur über solche Vorkommnisse, von denen seine Auftraggeber noch keine Kenntnis haben konnten. Aus Vorsicht stellte er die Berichte nicht im demokratischen Sektor Berlins, sondern in Westberlin zusammen.
Während der Angeklagte Laurenz offen zugibt, aus Feindschaft gegen die Sozialistische Einheitspartei Deutschlands und die von ihr maßgebend bestimmte Politik der Regierung der Deutschen Demokratischen Republik gehandelt zu haben, versucht die Angeklagte Barczatis, das Ausmaß ihrer Schuld zu verschleiern. Sie erklärt, sich nicht in jeder Hinsicht der letzten Konsequenzen ihrer Verbrechen bewußt gewesen zu sein und sich selbst „Sand in die Augen gestreut" zu haben. Dies zeigt jedoch deutlich, daß sie die Bedeutung ihrer Verbrechen erkannt hat. Besonders klar wird dies auch aus der Tatsache, daß sie mit Laurenz mehrfach Unterhaltungen über die Gefahren, in denen sie sich befanden, führte. Sie ließ sich von Laurenz dadurch beruhigen, daß er ihr versicherte, seine Spionageberichte nicht im demokratischen Sektor, sondern in Westberlin niederzuschreiben, daß er seine Informationen so wiedergab, daß nicht auf die Herkunft geschlossen werden konnte und die Nachrichten nicht in Westberlin blieben, sondern unmittelbar nach Westdeutschland gingen und dadurch eine Entdeckung der Verbrechen ausgeschlossen sei. Darüber hinaus erteilte ihr Laurenz Verhaltensmaßregeln für den Fall ihrer Verhaftung und riet ihr, niemals zuzugeben, ihm Informationen aus ihrer Dienststelle gegeben zu haben. Damit ist erwiesen, daß beide Angeklagten ihre Verbrechen vorsätzlich begangen haben.
Die von den Angeklagten begangenen Spionageverbrechen sind Kriegshetze im Sinne des Art. 6 der Verfassung der Deutschen Demokratischen Republik. Die Handlungen der Angeklagten waren außerordentlich gefährlich. Sie haben die geheimsten Tatsachen aus dem unmittelbaren Tätigkeitsbereich des Ministerpräsidenten der Deutschen Demokratischen Republik berichtet und damit der Deutschen Demokratischen Republik sehr großen Schaden zugefügt. Durch ihre Berichte über westdeutsche Politiker gaben sie den Behörden der Adenauer-Regierung die Handhabe, fortschrittliche westdeutsche Persönlichkeiten zu terrorisieren. Mit ihren Verbrechen haben sie die Bestrebungen der Deutschen

Demokratischen Republik zur Herstellung eines friedlichen, einheitlichen und demokratischen Deutschlands durchkreuzt. Die Gefährlichkeit ihrer Handlungen erfordert die schwerste Strafe. Der Senat hat daher in Übereinstimmung mit dem Antrag des Generalstaatsanwalts auf die Todesstrafe für beide Angeklagten erkannt.
Die Kostenentscheidung beruht auf § 353 StPO.

Anhang

Ausgewählte Literatur

Ammer, Thomas: Die Gedanken sind frei. Widerstand an den Universitäten 1945 bis 1961, in: Poppe/Eckert/Kowalczuk (Hrsg.): Zwischen Selbstbehauptung und Anpassung, S. 142–161.

Bahr, Egon: Zu meiner Zeit, München 1996.

Bailey, George, Sergej A. Kondraschow und David E. Murphy: Die unsichtbare Front. Der Krieg der Geheimdienste im geteilten Berlin, Berlin 1997.

Barth, Bernd-Rainer, Christoph Links, Helmut Müller-Enbergs und Jan Wielgohs (Hrsg.): Wer war wer in der DDR. Ein biographisches Handbuch, Frankfurt/Main 1995.

Bärwald, Helmut: Das Ostbüro der SPD, Krefeld 1991.

Baumgartner, Gabriele und Dieter Hebig (Hrsg.): Biographisches Handbuch der SBZ/DDR 1945–1990, 2 Bde., München 1997.

Behlert, Wolfgang: Die Generalstaatsanwaltschaft, in: Hubert Rottleuthner (Hrsg.): Steuerung der Justiz in der DDR. Einflußnahme der Politik auf Richter, Staatsanwälte und Rechtsanwälte, Köln 1994, S. 287–349.

Besymenski, Lew: Sowjetischer Nachrichtendienst und Wiedervereinigung Deutschlands: Der Berija-Plan von 1953, in: Krieger/Weber (Hrsg.): Spionage für den Frieden?, S. 155–159.

Bode, Bernard: Liberal-Demokraten und „deutsche Frage". Zum politischen Wandel einer Partei in der Sowjetischen Besatzungszone und der DDR zwischen 1945 und 1961, Frankfurt/Main 1997.

Bouvier, Beatrix: Ausgeschaltet! Sozialdemokraten in der Sowjetischen Besatzungszone und in der DDR 1945–1953, Bonn 1996.

Braun, Günter: Wahlen und Abstimmungen, in: Broszat/Weber (Hrsg.): SBZ-Handbuch, S. 381–431.

Broszat, Martin und Hermann Weber (Hrsg.): SBZ-Handbuch. Staatliche Verwaltungen, Parteien, gesellschaftliche Organisationen und ihre Führungskräfte in der Sowjetischen Besatzungszone Deutschlands 1945–1949, 2. Aufl., München 1993.

Buchheit, Gert: Die anonyme Macht. Aufgaben, Methoden, Erfahrungen der Geheimdienste. Mit einer Einführung von Wilhelm Ritter von Schramm, Frankfurt/Main 1969.

Buschfort, Wolfgang: Das Ostbüro der SPD. Von der Gründung bis zur Berlin-Krise, München 1991.

Buschfort, Wolfgang: Das Ostbüro der CDU, unveröffentlichtes Manuskript.

Buschfort, Wolfgang: Die Tätigkeit des Ostbüros der FDP, unveröffentlichtes Manuskript.

Charisius, Albrecht und Julius Mader: Nicht länger geheim. Entwicklung, System

und Arbeitsweise des imperialistischen deutschen Geheimdienstes, (Ost-)Berlin 1969.
Diedrich, Torsten: Zwischen Arbeitererhebung und gescheiterter Revolution in der DDR. Retrospektive zum Stand der zeitgeschichtlichen Aufarbeitung des 17. Juni 1953, in: Jahrbuch für Historische Kommunismusforschung 1994, S. 289–305.
Engelmann, Roger: Brüchige Verbindungen. Die Beziehungen zwischen FDP und LDPD 1956–1966, in: ders. und Paul Erker: Annäherung und Abgrenzung. Aspekte deutsch-deutscher Beziehungen, München 1993, S. 13–132.
Engelmann, Roger und Silke Schumann: Der Ausbau des Überwachungsstaates. Der Konflikt Ulbricht-Wollweber und die Neuausrichtung des Staatssicherheitsdienstes der DDR 1957, in: Vierteljahrshefte für Zeitgeschichte 43 (1995) 2, S. 341–378.
Engelmann, Roger und Silke Schumann: Kurs auf die entwickelte Diktatur. Walter Ulbricht, die Entmachtung Ernst Wollwebers und die Neuausrichtung des Staatssicherheitsdienstes 1956/57, BStU, Berlin 1995.
Engelmann, Roger: Diener zweier Herren. Das Verhältnis der Staatssicherheit zur SED und zu den sowjetischen Beratern 1950–1959, in: Siegfried Suckut und Walter Süß (Hrsg.): Staatspartei und Staatssicherheit. Zum Verhältnis von SED und MfS, Berlin 1997, S. 51–72.
Erler, Peter: „Lager X“. Das geheime Haftarbeitslager des MfS in Berlin-Hohenschönhausen (1952–1974). Fakten – Dokumente – Personen. Mit einem ausführlichen Vorwort von Hans-Eberhard Zahn (Arbeitspapiere des Forschungsverbundes SED-Staat der FU Berlin, Nr. 25/1997), Berlin 1997.
Fehse, Erika: Bomben, Gift und Reifentöter. Die Kampfgruppe gegen Unmenschlichkeit, Filmmanuskript, o. O., o. D. (Köln 1996).
Finn, Gerhard: Die Widerstandsarbeit der Kampfgruppe gegen Unmenschlichkeit, in: Unrecht überwinden – SED-Diktatur und Widerstand (Aktuelle Fragen der Politik, Bd. 38, hrsg. von der Konrad-Adenauer-Stiftung), Sankt Augustin 1996, S. 23–32.
Flocken, Jan von und Michael F. Scholz: Ernst Wollweber. Saboteur, Minister, Unperson, Berlin 1994.
Florath, Bernd, Armin Mitter und Stefan Wolle (Hrsg.): Die Ohnmacht der Allmächtigen. Geheimdienste und politische Polizei in der modernen Gesellschaft, Berlin 1992.
Fricke, Karl Wilhelm: Warten auf Gerechtigkeit. Kommunistische Säuberungen und Rehabilitierungen. Bericht und Dokumentation, Köln 1971.
Fricke, Karl Wilhelm: Politik und Justiz in der DDR. Zur Geschichte der politischen Verfolgung 1945–1968. Bericht und Dokumentation, Köln 1979.
Fricke, Karl Wilhelm: Opposition und Widerstand in der DDR. Ein politischer Report, Köln 1984.
Fricke, Karl Wilhelm: Die DDR-Staatssicherheit. Entwicklung – Strukturen – Aktionsfelder, Köln 1989.
Fricke, Karl Wilhelm: MfS intern. Macht, Strukturen, Auflösung der DDR-Staatssicherheit, Köln 1991.

Fricke, Karl Wilhelm: Das Ministerium für Staatssicherheit als Herrschaftsinstrument der SED, in: Klaus Schönhoven und Dietrich Staritz (Hrsg.): Sozialismus und Kommunismus im Wandel. Hermann Weber zum 65. Geburtstag, Köln 1993, S. 399–414.
Fricke, Karl Wilhelm: Das Zusammenspiel von Politbürokratie, Staatssicherheit und Justiz in der DDR. Eine Fallstudie, in: Deutschland Archiv 26 (1993) 8, S. 1004–1008.
Fricke, Karl Wilhelm: Politische Strafjustiz im SED-Staat, in: Aus Politik und Zeitgeschichte, Heft B 4/1993, S. 13–22.
Fricke, Karl Wilhelm: Kein Recht gebrochen? Das MfS und die politische Strafjustiz der DDR, in: Aus Politik und Zeitgeschichte, Heft B 40/1994, S. 24–33.
Fricke, Karl Wilhelm: „Jeden Verräter ereilt sein Schicksal". Die gnadenlose Verfolgung abtrünniger MfS-Mitarbeiter, in: Deutschland Archiv 27 (1994) 3, S. 258–265.
Fricke, Karl Wilhelm und Bernhard Marquardt: DDR Staatssicherheit. Das Phänomen des Verrats. Die Zusammenarbeit zwischen MfS und KGB, Bochum 1995.
Fricke, Karl Wilhelm: Justiz im Auftrag der Partei. Der Fall Max Fechner als Beispiel, in: Gisela Helwig (Hrsg.): Rückblicke auf die DDR, Köln 1995.
Fricke, Karl Wilhelm: Entführungsopfer postum rehabilitiert, in: Deutschland Archiv 29 (1996) 5, S. 713–717.
Fricke, Karl Wilhelm: Postskriptum zum Fall Walter Linse, in: Deutschland Archiv 29 (1996) 6, S. 917–919.
Fricke, Karl Wilhelm: Akten-Einsicht. Rekonstruktion einer politischen Verfolgung, 4. Aufl., Berlin 1997.
Fricke, Karl Wilhelm: Ordinäre Abwehr – elitäre Aufklärung? Zur Rolle der Hauptverwaltung A im Ministerium für Staatssicherheit, in: Aus Politik und Zeitgeschichte, Heft B 50/97, S. 17–26.
Gehlen, Reinhard: Der Dienst. Erinnerungen 1942–1971, Mainz/Wiesbaden 1971.
Geiger, Hansjörg: Justizakten in den Beständen des ehemaligen Ministeriums für Staatssicherheit (MfS) der DDR, in: Im Namen des Volkes? Über die Justiz im Staat der DDR. Wissenschaftlicher Begleitband zur Ausstellung, hrsg. vom Bundesministerium der Justiz, Leipzig 1994, S. 37–43.
Gieseke, Jens: Die hauptamtlichen Mitarbeiter des Ministeriums für Staatssicherheit (MfS-Handbuch, Teil IV/1), BStU, Berlin 1995.
Gieseke, Jens (Hrsg.): Wer war wer im Ministerium für Staatssicherheit. Kurzbiographien des MfS-Leitungspersonals (MfS-Handbuch, Teil V/4), BStU, Berlin 1998.
Gill, David und Ulrich Schröter: Das Ministerium für Staatssicherheit. Anatomie des Mielke-Imperiums, Berlin 1991.
Hagemann, Frank: Der Untersuchungsausschuß Freiheitlicher Juristen 1949 bis 1969, Frankfurt/Main 1994.
Halter, Hans: Berlin, Hauptstadt der Agenten. Der Kalte Krieg und seine Schauplätze, in: Die Welt der Agenten, in: Spiegel-spezial, Nr. 1/1996 (Beilage).
Henke, Klaus-Dietmar und Roger Engelmann (Hrsg.): Aktenlage. Die Bedeu-

tung der Unterlagen des Staatssicherheitsdienstes für die Zeitgeschichtsforschung, Berlin 1995.
Herbst, Andreas, Gerd-Rüdiger Stephan und Jürgen Winkler (Hrsg.): Die SED. Geschichte – Organisation – Politik. Ein Handbuch, Berlin 1997.
Hoffmann, Dierk, Karl-Heinz Schmidt und Peter Skyba (Hrsg.): Die DDR vor dem Mauerbau. Dokumente zur Geschichte des anderen deutschen Staates 1949–1961, München 1993.
Holzweißig, Gunter: Zensur ohne Zensor. Die SED-Informationsdiktatur, Bonn 1997.
Horchem, Hans Josef: Auch Spione werden pensioniert, Herford/Berlin/Bonn 1993.
Hurwitz, Harold: Die Anfänge des Widerstands. Teil 1: Führungsanspruch und Isolation der Sozialdemokraten, Teil 2: Zwischen Selbsttäuschung und Zivilcourage: Der Fusionskampf, unter Mitarbeit von Andreas Büning, Johannes-Berthold Hohmann, Klaus Sühl und Ingolore Mensch-Kahn (Demokratie und Antikommunismus in Berlin nach 1945, Bd. IV), Köln 1990.
Internationaler Juristen-Kongreß. Gesamtbericht, hrsg. vom Internationalen Juristen-Ausschuß Den Haag, Berlin 1952.
Knabe, Hubertus: Die Stasi als Problem des Westens. Zur Tätigkeit des MfS im „Operationsgebiet“, in: Aus Politik und Zeitgeschichte, Heft B 50/97, S. 3–16.
Koch, Peter-Ferdinand: Die feindlichen Brüder. DDR contra BRD. Eine Bilanz nach 50 Jahren Bruderkrieg, Bern/München/Wien 1994.
Kondraschew, Sergei A.: Stärken und Schwächen der sowjetischen Nachrichtendienste, insbesondere in bezug auf Deutschland in der Nachkriegszeit, in: Krieger/Weber (Hrsg.): Spionage für den Frieden?, S. 145–153.
Kowalczuk, Ilko-Sascha, Armin Mitter und Stefan Wolle (Hrsg.): Der Tag X – 17. Juni 1953. Die „Innere Staatsgründung“ der DDR als Ergebnis der Krise 1952/54, 2. durchges. Aufl., Berlin 1996.
Krieger, Wolfgang und Jürgen Weber (Hrsg.): Spionage für den Frieden? Nachrichtendienste in Deutschland während des Kalten Krieges, München 1997.
Kundler, Herbert: RIAS Berlin. Eine Radiostation in einer geteilten Stadt, Berlin 1994.
Lang, Jochen von: Erich Mielke. Eine deutsche Karriere, Berlin 1991.
Laufer, Jochen: Die Ursprünge des Überwachungsstaates in Ostdeutschland. Zur Bildung der Deutschen Verwaltung des Innern in der Sowjetischen Besatzungszone (1946), in: Florath/Mitter/Wolle (Hrsg.): Die Ohnmacht der Allmächtigen, S. 146–168.
Mampel, Siegfried: Der Untergrundkampf des Ministeriums für Staatssicherheit gegen den Untersuchungsausschuß Freiheitlicher Juristen in Berlin (West) (Schriftenreihe des Berliner Landesbeauftragten für die Unterlagen des Staatssicherheitsdienstes der ehemaligen DDR, Bd. 1), Berlin 1994.
Mampel, Siegfried: Das Ministerium für Staatssicherheit der ehemaligen DDR als Ideologiepolizei. Zur Bedeutung einer Heilslehre als Mittel zum Griff auf das Bewußtsein für das Totalitarismusmodell, Berlin 1996.
Marquardt, Bernhard: Die Zusammenarbeit zwischen MfS und KGB, in: Mate-

rialien der Enquete-Kommission „Aufarbeitung von Geschichte und Folgen der SED-Diktatur in Deutschland“, hrsg. vom Deutschen Bundestag, Bd. VIII: Das Ministerium für Staatssicherheit – Seilschaften, Altkader, Regierungs- und Vereinigungskriminalität, Baden-Baden 1995, S. 297–361.

Materialien der Enquete-Kommission „Aufarbeitung von Geschichte und Folgen der SED-Diktatur“ (12. Wahlperiode des Deutschen Bundestages), hrsg. vom Deutschen Bundestag, insbesondere Bd. IV: Recht, Justiz und Polizei im SED-Staat; Bd. VII/1–2: Möglichkeiten und Formen abweichenden Verhaltens und oppositionellen Handelns, die friedliche Revolution im Herbst 1989, die Wiedervereinigung Deutschlands und Fortwirken von Strukturen und Mechanismen der Diktatur; Bd. VIII: Das Ministerium für Staatssicherheit – Seilschaften, Altkader, Regierungs- und Vereinigungskriminalität, Baden-Baden 1995.

Meinl, Susanne: Im Mahlstrom des Kalten Krieges. Friedrich Wilhelm Heinz und die Anfänge der westdeutschen Nachrichtendienste 1945–1955, in: Krieger/Weber (Hrsg.): Spionage für den Frieden?, S. 247–266.

Merz, Uwe: Kalter Krieg als antikommunistischer Widerstand. Die Kampfgruppe gegen Unmenschlichkeit 1948–1959, München 1987.

Mielke, Erich: Sozialismus und Frieden – Sinn unseres Kampfes. Ausgewählte Reden und Aufsätze, hrsg. vom Institut für Marxismus-Leninismus beim ZK der SED, (Ost-)Berlin 1987.

Mitter, Armin und Stefan Wolle: Untergang auf Raten. Unbekannte Kapitel der DDR-Geschichte, München 1993.

Mitter, Armin: Der Tag X und die „Innere Staatsgründung“ der DDR, in: Kowalczuk/Mitter/Wolle (Hrsg.): Der Tag X, S. 9–30.

Müller-Enbergs, Helmut (Hrsg.): Inoffizielle Mitarbeiter des Ministeriums für Staatssicherheit. Richtlinien und Durchführungsbestimmungen, 2. durchges. Aufl., Berlin 1996.

Müller-Enbergs, Helmut: Der Fall Rudolf Herrnstadt. Tauwetterpolitik vor dem 17. Juni, Berlin 1991.

Naimark, Norman M.: The Russians in Germany. A History of the Soviet Zone of Occupation, 1954–1949, Cambridge Mass., London 1995.

Neubert, Ehrhart: Geschichte der Opposition in der DDR 1949–1989, Berlin 1997.

Otto, Wilfriede: SED und MfS – zur Rolle einer stalinistischen Grundstruktur, in: Gregor Gysi, Uwe Jens Heuer und Michael Schumann (Hrsg.): Zweigeteilt. Über den Umgang mit der SED-Vergangenheit, Hamburg 1992, S. 157–166.

Otto, Wilfriede: Zur Biographie von Erich Mielke. Legende und Wirklichkeit (Hefte zur DDR-Geschichte 23), Berlin 1994.

Die politisch-ideologische Diversion gegen die DDR, Lehrbuch, hrsg. von der Juristischen Hochschule (des MfS), Potsdam 1988.

Poppe, Ulrike, Rainer Eckert und Ilko-Sascha Kowalczuk (Hrsg.): Zwischen Selbstbehauptung und Anpassung. Formen des Widerstandes und der Opposition in der DDR, Berlin 1995.

Protokoll der Verhandlungen der 3. Parteikonferenz der Sozialistischen Einheitspartei Deutschlands, 2 Bde., (Ost-)Berlin 1956.

Reese, Mary Ellen: Organisation Gehlen. Der Kalte Krieg und der Aufbau des deutschen Geheimdienstes, Berlin 1992.
Reichenbach, Alexander: Chef der Spione. Die Markus-Wolf-Story, Stuttgart 1992.
Reinke, Herbert: Staatssicherheit und Justiz, in: Im Namen des Volkes? Über die Justiz im Staat der DDR. Wissenschaftlicher Begleitband zur Ausstellung, hrsg. vom Bundesministerium der Justiz, Leipzig 1994, S. 239–247.
Reuter, Lothar: Der widerspruchsvolle Prozeß der Erneuerung der Staatsanwaltschaft, in: Neue Justiz 44 (1990) 8, S. 322–324.
Rexin, Manfred: Der 16. und 17. Juni 1953 in West-Berlin, in: Deutschland Archiv 26 (1993) 8, S. 985–994.
Richter, Michael: Die Ost-CDU 1948–1952. Zwischen Widerstand und Gleichschaltung, Düsseldorf 1991.
Rottleuthner, Hubert (Hrsg.): Steuerung der Justiz in der DDR. Einflußnahme der Politik auf Richter, Staatsanwälte und Rechtsanwälte, Köln 1994.
Schirdewan, Karl: Aufstand gegen Ulbricht. Im Kampf um politische Kurskorrektur, gegen stalinistische, dogmatische Politik, Berlin 1994.
Schlomann, Friedrich-Wilhelm: Mit so viel Hoffnung fingen wir an. 1945 bis 1950, München 1991.
Schneider, Dieter Marc: Innere Verwaltung/Deutsche Verwaltung des Innern (DVdI), in: Broszat/Weber (Hrsg.): SBZ-Handbuch, S. 207–217.
Schollwer, Wolfgang: Liberale Opposition gegen Adenauer. Aufzeichnungen 1957–1961, hrsg. von Monika Faßbender, München 1990.
Schollwer, Wolfgang: Die Staatssicherheit und das Ostbüro der FDP, in: Deutschland Archiv 29 (1996) 1, S. 100–106.
Schollwer, Wolfgang: Das Ostbüro der FDP. Aufzeichnungen 1951–1957, unveröffentlichtes Manuskript.
Schulz-Heidorf, Walter: Preis unbezahlbar – Die „Tarantel". Heiße Lektüre im Kalten Krieg, Berlin 1997.
Schumann, Silke: Parteierziehung in der Geheimpolizei. Zur Rolle der SED im MfS der fünfziger Jahre, Berlin 1997.
Schwan, Heribert: Erich Mielke. Der Mann, der die Stasi war, München 1997
Sélitrenny, Rita und Thilo Weichert: Das unheimliche Erbe. Die Spionageabteilung der Stasi, Leipzig 1991.
Siebenmorgen, Peter: „Staatssicherheit" der DDR. Der Westen im Fadenkreuz der Stasi, Bonn 1993.
Suckut, Siegfried: Die Gespräche zwischen FDP und LDPD im Jahre 1956 – Vorgeschichte, Verlauf, DDR-interne Erwartungen und Reaktionen, in: Jahrbuch der Liberalismus-Forschung 4 (1992), S. 85–141.
Suckut, Siegfried: Ost-CDU und LDPD aus der internen Sicht von SED und MfS, in: Jürgen Frölich (Hrsg.): Bürgerliche Parteien in der SBZ/DDR. Zur Geschichte von CDU, LDP(D), DBD und NDPD 1945 bis 1953, Köln 1995, S. 103–120.
Suckut, Siegfried (Hrsg.): Das Wörterbuch der Staatssicherheit. Definitionen zur „politisch-operativen Arbeit", Berlin 1996.

Suckut, Siegfried und Walter Süß (Hrsg.): Staatspartei und Staatssicherheit. Zum Verhältnis von SED und MfS, Berlin 1997.
Sudoplatow, Pawel A. und Anatolij Sudoplatow: Handlanger der Macht. Enthüllungen eines KGB-Generals, Düsseldorf 1994.
Süß, Walter: „Schild und Schwert“ – Das Ministerium für Staatssicherheit und die SED, in: Henke/Engelmann (Hrsg.): Aktenlage, S. 83–97.
Süß, Walter: Zum Verhältnis von SED und Staatssicherheit, in: Herbst/Stephan/Winkler (Hrsg.): Die SED. Ein Handbuch, S. 215–240.
Teller, Hans: Der kalte Krieg gegen die DDR. Von seinen Anfängen bis 1961, (Ost-)Berlin 1979.
Unrecht als System. Dokumente über planmäßige Rechtsverletzungen im sowjetischen Besatzungsgebiet, hrsg. vom Bundesministerium für gesamtdeutsche Fragen, Bde. I-IV, Bonn/Berlin 1952–1962.
Vollnhals, Clemens: „Ausführendes Organ der Diktatur des Proletariats“. Das Ministerium für Staatssicherheit, in: Jürgen Weber (Hrsg.): Der SED-Staat. Neues über eine vergangene Diktatur, München 1994, S. 51–72.
Vollnhals, Clemens: Das Ministerium für Staatssicherheit. Ein Instrument totalitärer Herrschaftsausübung, in: Hartmut Kaelble, Jürgen Kocka und Hartmut Zwahr (Hrsg.): Sozialgeschichte der DDR, Stuttgart 1994, S. 498–518.
Vollnhals, Clemens: Der Schein der Normalität. Staatssicherheit und Justiz in der Ära Honecker, in: Suckut/Süß (Hrsg.): Staatspartei und Staatssicherheit, S. 213–247.
Vom Höllenmaschinisten zum Staatssekretär, hrsg. von „Freiheit“-Aktion der Jugend, Bonn o. D. (1953).
Werkentin, Falco: Walter Ulbricht als Oberster Gerichtsherr, in: Vorgänge Nr. 113, 1991, S. 1–15.
Werkentin, Falco: Gelenkte Rechtssprechung – zur Strafjustiz in den frühen Jahren der DDR, in: Neue Justiz 45 (1991) 11, S. 479–483.
Werkentin, Falco: Strafjustiz im politischen System der DDR: Fundstücke zur Steuerungs- und Eingriffspraxis des zentralen Parteiapparates der SED, in: Rottleuthner (Hrsg.): Steuerung der Justiz, S. 93–133.
Werkentin, Falco: Zwischen Tauwetter und Nachtfrost (1955–1957) – Justizfunktionäre auf Glatteis, in: Deutschland Archiv 26 (1993) 3, S. 341–349.
Werkentin, Falco: Politische Strafjustiz in der Ära Ulbricht, 2. überarb. Auflage, Berlin 1997.
Whitney, Craig R.: Advocatus Diaboli. Wolfgang Vogel – Anwalt zwischen Ost und West, Berlin 1993.
Winters, Peter Jochen: Erich Mielke – der falsche Prozeß?, in: Deutschland Archiv 26 (1993), S. 1347–1350.
Wolf, Markus: In eigenem Auftrag. Bekenntnisse und Einsichten, München 1991.
Wolf, Markus: Spionagechef im geheimen Krieg. Erinnerungen, München 1997.
Wolle, Stefan: Polen und die DDR im Jahre 1956, in: Hans Henning Hahn und Heinrich Olschowsky (Hrsg.): Das Jahr 1956 in Ostmitteleuropa, Berlin 1996, S. 46–57.
Wollweber, Ernst: Aus Erinnerungen. Ein Porträt Walter Ulbrichts, dokumen-

tiert von Wilfriede Otto, in: Beiträge zur Geschichte der Arbeiterbewegung 32 (1990) 3, S. 350–378.

Zahn, Hans-Eberhard: Haftbedingungen und Geständnisproduktion in den Untersuchungshaftanstalten des MfS. Psychologische Aspekte und biographische Veranschaulichung (Schriftenreihe des Berliner Landesbeauftragten für die Unterlagen des Staatssicherheitsdienstes der ehemaligen DDR, Bd. 5), Berlin 1997.

Zolling, Hermann und Heinz Höhne: Pullach intern. General Gehlen und die Geschichte des Bundesnachrichtendienstes, Hamburg 1971.

Zubok, Vladislav: Der sowjetische Geheimdienst in Deutschland und die Berlinkrise 1958–1961, in: Krieger/Weber (Hrsg.): Spionage für den Frieden?, S. 121–143.

Abkürzungsverzeichnis

Abschn.	Abschnitt
Abt.	Abteilung
ADN	Allgemeiner Deutscher Nachrichtendienst
AG	Aktiengesellschaft
AIM	Archivierter Vorgang eines inoffiziellen Mitarbeiters oder IM-Kandidaten
AKG	Auswertungs- und Kontrollgruppe
AOP	Archivierter Operativer Vorgang
AP	Allgemeine Personenablage
APA	Außenpolitische Aufklärung
Art.	Artikel
AS	Allgemeine Sachablage
ASt	Außenstelle
AU	Archivierter Untersuchungsvorgang
BA	Bundesarchiv, Beiakte
BA-MA	Bundesarchiv-Militärarchiv
BA/EV	Beiakte zum Ermittlungsverfahren
BBC	British Broadcasting Corporation
BDJ	Bund Deutscher Jugend
BGL	Betriebsgewerkschaftsleitung
BPO	Betriebsparteiorganisation
BStU	Der Bundesbeauftragte für die Unterlagen des Staatssicherheitsdienstes der ehemaligen Deutschen Demokratischen Republik
BV	Bezirksverwaltung
BV/V	Bezirksverwaltungen/ Verwaltungen
BVSA	Bundesverfassungsschutzamt, eig. Bundesamt für Verfassungsschutz
CDU	Christlich Demokratische Union
CIA	Central Intelligence Agency
CIC	Counter Intelligence Corps
Co.	Compagnie
ČSR	Československá Republika: Tschechoslowakische Republik
DDR	Deutsche Demokratische Republik
DEFA	Deutsche Film-Aktiengesellschaft
DEWAG	VEB Deutsche Werbe- und Anzeigengesellschaft
DGB	Deutscher Gewerkschaftsbund
DHZ	Deutsche Handelszentrale
DIA	Defence Intelligence Agency
Dir.	Direktive
DSt	Dokumentenstelle
DVdI	Deutsche Verwaltung des Innern
DWK	Deutsche Wirtschaftskommission
DZVB	Deutsche Zentralverwaltung für Brennstoffindustrie
E.-Fall	Ernstfall
EAW	Elektro-Apparate-Werke
EV	Ermittlungsverfahren
EVG	Europäische Verteidigungsgemeinschaft
F. d. R.	Für die Richtigkeit
FBI	Federal Bureau of Investigation
FDGB	Freier Deutscher Gewerkschaftsbund
FDJ	Freie Deutsche Jugend
FDP	Freie Demokratische Partei
FU	Freie Universität Berlin
FWH-Dienst	Friedrich-Wilhelm-Heinz-Dienst (Amt Blank)
GA	Gerichtsakte

GD	Generaldirektion
Gestapo	Geheime Staatspolizei
GI	Geheimer Informator
GM	Geheimer Mitarbeiter
GRU	Glawnoje raswedywatelnoje uprawlenije Hauptverwaltung für Aufklärung (beim Generalstab der Sowjetarmee)
GST	Gesellschaft für Sport und Technik
GV	Generalvertretung
GVS	Geheime Verschlußsache
HA	Hauptabteilung
HA/GA	Handakte zur Gerichtsakte
HICOG	High Commissioner for Germany
HJ	Hitlerjugend
HO	Handelsorganisation
Hrsg.	Herausgeber
HV	Hauptverwaltung
HV A	Hauptverwaltung A (Aufklärung)
HVDVP	Hauptverwaltung der Deutschen Volkspolizei (im Ministerium des Innern)
IFA	Industrieverband Fahrzeugbau
ISH	Internationale der Seeleute und Hafenarbeiter
JHS	Juristische Hochschule des MfS
KGB	Komitet gossudarstwennoi besopasnosti: Komitee für Staatssicherheit
KgU	Kampfgruppe gegen Unmenschlichkeit
KJVD	Kommunistischer Jugendverband Deutschlands
KP	Kontaktperson
KP	Kommunistische Partei
KPD	Kommunistische Partei Deutschlands
KPdSU	Kommunistische Partei der Sowjetunion
KS	Kader und Schulung
KuSch	Kader und Schulung
KVP	Kasernierte Volkspolizei
KZ	Konzentrationslager

LDP(D)	Liberaldemokratische Partei Deutschlands
Ltg.	Leitung
MAD	Militärischer Abschirmdienst
MdB	Mitglied des Bundestages
MdJ	Ministerium der Justiz
MfS	Ministerium für Staatssicherheit
MGB	Ministerstwo gossudarstwennoi besopasnosti: Ministerium für Staatssicherheit
MI	Militärinspektion
MI 5	Military Intelligence No. 5 (britische Spionageabwehr)
MI 6	Military Intelligence No. 6 (britischer Auslandsnachrichtendienst)
MP	Maschinenpistole
MWD	Ministerstwo wnutrennich del: Ministerium für innere Angelegenheiten
NATO	North Atlantic Treaty Organization
NDP(D)	Nationaldemokratische Partei Deutschlands
NGO	Nurgewerkschaftliche Opposition (im FDGB)
NKGB	Narodny kommissariat gossudarstwennoi besopasnosti: Volkskommissariat für Staatssicherheit
NKWD	Narodny kommissariat wnutrennich del: Volkskommissariat für innere Angelegenheiten
NL	Nachlaß
NS	Nationalsozialismus
NSDAP	Nationalsozialistische Deutsche Arbeitspartei
NTS	Narodno-trudowoi sojus: Volksarbeitsbund (russische Emigrantenorganisation)
o. D.	ohne Datum
o. O.	ohne Ort
OPC	Office of Policy Coordination (der CIA)
OSS	Office of Strategic Services

OT	Organisation Todt
OV	Operativer Vorgang
PS	Personenschutz
PSS	Parteiselbstschutz
RGO	Revolutionäre Gewerkschaftsopposition
RIAS, Rias	Rundfunk im amerikanischen Sektor
SA	Sturmabteilung (der NSDAP)
SAPMO-BA	Stiftung Archiv der Parteien und Massenorganisationen der DDR im Bundesarchiv
SBZ(D)	Sowjetische Besatzungszone (Deutschlands)
SD	Sicherheitsdienst der SS
SDECE	Service de Documentation Extérieure et de Contre-Espionage
SdM	Sekretariat des Ministers
SDS	Sozialistischer Deutscher Studentenbund
SED	Sozialistische Einheitspartei Deutschlands
selbst. Abt.	selbständige Abteilung
SFB	Sender Freies Berlin
SfS	Staatssekretariat für Staatssicherheit
SIS	Secret Intelligence Service
SMA(D)	Sowjetische Militäradministration (in Deutschland)
SN	Sûreté Nationale
SOPADE	Sozialdemokratische Partei Deutschlands im Exil
SPD	Sozialdemokratische Partei Deutschlands
SS	Schutzstaffel (der NSDAP)
SSD	Staatssicherheitsdienst
StPO	Strafprozeßordnung
StVA	Strafvollzugsanstalt
SU	Sowjetunion
TBI	Technische Bergbauinspektion
TBK	Toter Briefkasten
Tgb.-Nr.	Tagebuchnummer
U	Untersuchung
UdSSR	Union der Sozialistischen Sowjetrepubliken
UFJ	Untersuchungsausschuß Freiheitlicher Juristen
UGO	Unabhängige Gewerkschaftsopposition
UNO	United Nations Organization
US	United States
USA	United States of America
UV	Untervertretung
V-Leute	Vertrauensleute
V-Mann	Vertrauensmann
VE	volkseigene(r)
VEB	Volkseigener Betrieb
VOS	Vereinigung der Opfer des Stalinismus
VP	Volkspolizei
VPO	Vereinigung Politischer Ostflüchtlinge
VVS	Vertrauliche Verschlußsache
„W“	Wismut
WD	Westdeutschland
WEU	Westeuropäische Union
ZA	Zentralarchiv
ZAIG	Zentrale Auswertungs- und Informationsgruppe
ZK	Zentralkomitee
ZK-Abteilung S	Abteilung für Sicherheitsfragen des ZK
ZKSK	Zentrale Kommission für Staatliche Kontrolle
ZPKK	Zentrale Parteikontrollkommission

Personenregister

Angaben zu den Autoren

KARL WILHELM FRICKE
Jahrgang 1929, studierte Politische Wissenschaft und arbeitete als Journalist in Westberlin. Aufgrund seiner kritischen Berichterstattung über die DDR wurde er 1955 von der Staatssicherheit von West- nach Ostberlin entführt und wegen „Kriegshetze“ zu vier Jahren Zuchthaus verurteilt. 1959 bis 1969 freiberufliche Tätigkeit in Hamburg. 1970 bis 1994 Leitender Redakteur beim Deutschlandfunk in Köln, 1996 Promotion zum Dr. phil. h. c.
Zahlreiche Veröffentlichungen zu den Themen Staatssicherheit, politische Strafjustiz und Opposition in der DDR.

ROGER ENGELMANN
Jahrgang 1956, studierte Geschichte, Germanistik und Sozialwissenschaften in München, 1990 Promotion zum Dr. phil., 1990 bis 1992 wissenschaftlicher Mitarbeiter des Instituts für Zeitgeschichte München, seit 1992 Leiter eines Forschungssachgebietes beim Bundesbeauftragten für die Unterlagen des Staatssicherheitsdienstes der ehemaligen DDR.
Veröffentlichungen zum italienischen Faschismus, zu den innerdeutschen Beziehungen und zum Staatssicherheitsdienst der DDR.

Analysen und Dokumente

Die wissenschaftliche Reihe des Bundesbeauftragten für die Unterlagen des Staatssicherheitsdienstes im Ch. Links Verlag, Berlin

Redaktion Klaus-Dietmar Henke (bis Januar 1997), Siegfried Suckut, Ehrhart Neubert (seit April 1997), Clemens Vollnhals, Walter Süß, Roger Engelmann

---

Band 1: Klaus-Dietmar Henke, Roger Engelmann (Hrsg.): **Aktenlage**. Die Bedeutung der Unterlagen des Staatssicherheitsdienstes für die Zeitgeschichtsforschung, 256 Seiten; 2. Auflage 1996, 30,– DM

Band 2: Karl Wilhelm Fricke: **Akten-Einsicht**. Rekonstruktion einer politischen Verfolgung. Mit einem Vorwort von Joachim Gauck, 264 Seiten; 4., durchges.und aktualisierte Auflage 1996, 34,– DM

Band 3: Helmut Müller-Enbergs (Hrsg.): **Inoffizielle Mitarbeiter des Ministeriums für Staatssicherheit**. Richtlinien und Durchführungs–bestimmungen, 544 Seiten, 2., durchges. Auflage 1996, 40,– DM

Band 4: Matthias Braun: **Drama um eine Komödie**. Das Ensemble von SED und Staatssicherheit, FDJ und Ministerium für Kultur gegen Heiner Müllers „Die Umsiedlerin oder Das Leben auf dem Lande“ im Oktober 1961, 172 Seiten, 2., durchges. Auflage 1996, 24,– DM

Band 5: Siegfried Suckut (Hrsg.): **Wörterbuch der Staatssicherheit**. Definitionen zur „politisch-operativen Arbeit“, 472 Seiten, 2., durchges. Auflage 1996, 40,– DM

Band 6: Joachim Walther: **Sicherungsbereich Literatur**. Schriftsteller und Staatssicherheit in der Deutschen Demokratischen Republik, 888 Seiten, Berlin 1996, 68,– DM

Band 7: Clemens Vollnhals (Hrsg.): **Die Kirchenpolitik von SED und Staatssicherheit**. Eine Zwischenbilanz, 464 S., 2., durchges. Auflage, Berlin 1997, 48,– DM

Band 8: Siegfried Suckut und Walter Süß (Hrsg.): **Staatspartei und Staatssicherheit**. Zum Verhältnis von SED und MfS, 352 Seiten, Berlin 1997, 38,– DM